Dennis Pausch

Biographie und Bildungskultur

Millennium-Studien

zu Kultur und Geschichte des ersten Jahrtausends n. Chr.

Millennium Studies

in the culture and history of the first millennium C.E.

Herausgegeben von / Edited by
Wolfram Brandes, Alexander Demandt, Helmut Krasser,
Hartmut Leppin, Peter von Möllendorff

Band 4

Walter de Gruyter · Berlin · New York

Biographie und Bildungskultur

Personendarstellungen bei Plinius
dem Jüngeren, Gellius und Sueton

von

Dennis Pausch

Walter de Gruyter · Berlin · New York

∞ Printed on acid-free paper which falls within the guidelines
of the ANSI to ensure permanence and durability.

ISBN 3-11-018247-5

Library of Congress − Cataloging-in-Publication Data

A CIP catalogue record for this book is available from the Library of Congress.

Bibliographic information published by Die Deutsche Bibliothek

Die Deutsche Bibliothek lists this publication in the Deutsche Nationalbibliografie;
detailed bibliographic data is available in the Internet at <http://dnb.ddb.de>.

Printed in Germany.

Cover design: Christopher Schneider, Berlin.

Meinen Eltern

Vorwort

Die vorliegende Arbeit stellt die geringfügig veränderte Fassung meiner im Wintersemester 2003/2004 vom Fachbereich 04 ‚Geschichts- und Kulturwissenschaften' der Justus-Liebig-Universität Gießen angenommenen Dissertation dar. Sie ist im Rahmen des Sonderforschungsbereichs ‚Erinnerungskulturen' entstanden, dessen latinistisches Teilprojekt sich in der zweiten Bewilligungsphase (2000-2002) mit dem Thema ‚Bildungskultur des 2. Jh. n. Chr. und Medien des historischen Erinnerns' beschäftigt hat.

Ausgehend von der Annahme, daß gesellschaftliche und literarische Entwicklungen in einem engen und wechselseitigen funktionalen Zusammenhang zueinander stehen,[1] und angeregt durch die Ergebnisse, die in der interdisziplinär ausgerichteten AG ‚Wissensordnungen' erarbeitet wurden, war für die Auswahl des Gegenstandbereiches die Überlegung von zentraler Bedeutung, daß sich insbesondere bei solchen Werken, die der Tradierung, Präsentation und Vermittlung von historischen Wissensbeständen dienen, eine enge Interdependenz mit den soziokulturellen Rahmenbedingungen beobachten läßt, auf die sie antworten, die sie aber zugleich auch mitprägen und verändern. Diese Zusammenhänge näher zu beleuchten, stellt das Ziel des hier verfolgten funktionsgeschichtlichen Ansatzes dar, der bei der Betrachtung des wechselseitigen Verhältnisses von Form und Funktion kulturwissenschaftliche Fragestellungen mit den Methoden der Literaturwissenschaft zu verbinden sucht.[2]

Angesichts der großen Bedeutung, die biographischen Informationen für die zeitgenössische Allgemeinbildung sowohl in Form relevanter historischer Fakten wie als Modell für den Erwerb und die Anwendung von Wissen zukam, hat sich ferner eine Fokussierung auf diejenigen Autoren als sinnvoll erwiesen, in deren Werken die Darstellung von Personen eine prominente Rolle spielt. Im folgenden werden daher die Porträtbriefe des jüngeren Plinius, diejenigen Kapitel in den *noctes Atticae* des Gellius, die sich mit bedeutenden Persönlichkeiten der Vergangenheit und der Gegenwart beschäftigen, und die Kaiserbiographien Suetons im Mittelpunkt der Aufmerksamkeit stehen. Ihrer Auswahl lag einerseits die Beobachtung zugrunde, daß diese Werke exemplarisch für die verschiedenen literarischen Reaktionen auf die gesellschaftlichen Rahmenbedingungen der Bildungskultur stehen können. Andererseits war die Überlegung ausschlaggebend, daß angesichts der sich traditionell entlang der Gattungsgren-

---

1   Vgl. SCHMITZ 1997, 26ff.

2   Vgl. KRASSER 2002, 151ff.

zen orientierenden Forschungslandschaft eine gattungsübergreifend angelegte Untersuchungsbasis einen Erkenntnisgewinn für das Verständnis des Gesamtphänomens, aber auch für die Interpretation der einzelnen Autoren verspricht.[3]

Mich an dieser Stelle bei denjenigen Personen und Institutionen zu bedanken, ohne deren Mitwirkung die vorliegende Arbeit nicht entstehen hätte können, ist mir eine besondere Freude. Dies gilt vor allem für das Engagement meines Betreuers, Prof. Dr. Helmut Krasser, der mir nicht nur die Anregung und die Möglichkeit zur Arbeit an diesem Projekt gegeben hat, sondern seinen Fortgang auch durch vielerlei Hilfestellung und stete Gesprächsbereitschaft ganz wesentlich gefördert hat. In gleicher Weise weiß ich mich für die kritische und konstruktive Auseinandersetzung mit meiner Arbeit Prof. Dr. Manfred Landfester, der zudem die Aufgabe des Zweitgutachters übernommen hat, und Prof. Dr. Peter von Möllendorff verbunden. Mein besonderer Dank gilt ferner Dr. Vera Binder, Dr. Ulrike Egelhaaf-Gaiser und Prof. Dr. Peter Kuhlmann (Göttingen), von deren aufmerksamer Lektüre das Manuskript in vielfältiger Weise profitiert hat, sowie allen Angehörigen des Gießener Instituts für Klassische Philologie, dessen kollegiale Atmosphäre einen nicht zu unterschätzenden Beitrag zum Gelingen dieser Arbeit geleistet hat. Zahlreiche Anregungen verdanke ich ferner den Mitgliedern des Sonderforschungsbereichs ‚Erinnerungskulturen', vor allem den Teilnehmern an den Diskussionen in den fächerübergreifenden AGs ‚Wissensordnungen' und ‚Gedächtnistheorien'.

Darüber hinaus möchte ich meinen Dank der Deutschen Forschungsgemeinschaft für die finanzielle Unterstützung meines Projektes, der Maria und Dr. Ernst Rink-Stiftung für einen großzügigen Zuschuß zu den Druckkosten und den Herausgebern der ‚Millennium-Studien' für die Aufnahme meiner Arbeit in diese Reihe aussprechen. Mein besonderer Dank gilt ferner der Auswahlkommission und dem Präsidium der Justus-Liebig-Universität Gießen für die Verleihung der sektionsunabhängigen Dissertationsauszeichnung des Jahres 2004.

Gießen, im Juli 2004   Dennis Pausch

---

3   Den im Text verwendeten lateinischen und griechischen Zitate wurde zum besseren Verständnis in
    der jeweiligen Anmerkung eine Übersetzung durch den Verfasser beigegeben; bei den in den Anmerkungen selbst angeführten Zitaten wurde darauf verzichtet. Die Abkürzungen antiker Autoren und
    der gängigen Forschungsliteratur richten sich nach den Konventionen des Neuen Pauly.

Inhaltsverzeichnis

Vorwort VII

I. Biographisches Wissen in der Bildungskultur des 2. Jh. n. Chr. 1

1. ‚Männer sind es, die Geschichte machen’:
   Rom und die großen Gestalten der Vergangenheit 1
2. Bildungswissen und gesellschaftlicher Erfolg im 2. Jh. n. Chr. 9
3. Die biographische Literatur in der Bildungskultur 21
   a) Autor und Publikum 22
   b) *Claros viros colere*: Kommemoration und Identität 24
   c) ‚Auf den Schultern von Riesen’: Subsidiarität und neue Funktionalität 30
   d) Anekdotisches Erzählen zwischen *delectare* und *prodesse* 33
   e) Form follows function? Die Biographie und die Gattungsfrage 42
4. Disposition 47

II. Monument und Modell: Der plinianische Porträtbrief 51

1. Plinius in der Forschung: Vom Epistolographen zum Autor 51
2. Biographie en miniature? Der Porträtbrief in der Bildungskultur 56
   a) *amor immortalitatis* und das epistolographische Selbstporträt 57
   b) Brief und Briefsammlung in der Bildungskultur 65
   c) Die Darstellung von Personen in der plinianischen ‚lettre d’art’ 71
   d) Plinius’ *recusatio* der Historiographie und die ‚lettre historique’ 79
   e) Das Erbe der *exitus illustrium virorum*-Literatur 88
3. *immortalem ... effigiem conor effigere*:
   Der Porträtbrief zwischen *memoria* und *exemplum* 98
   a) Die Politik als Pflichterfüllung: Verginius Rufus (2,1) 99
   b) Der Lebensabend als literarisches *otium*: Vestricius Spurinna (3,1) 114
   c) Die Fremdheit als Freiheit: Euphrates (1,10) und Isaios (2,3) 129
4. Form und Funktion der plinianischen Personendarstellung 141

III. Zwischen Lexikoneintrag und Vorbildfunktion:
     Die *clari homines* in den *noctes Atticae* 147

1. Gellius in der Forschung:
   Vom ‚Schaf mit goldenem Fell’ zum Bildungsschriftsteller 147

2. Die *noctes Atticae* in ihrer Zeit: Bildung und Konversationskultur 150

3. Biographische Buntschriftstellerei?
   Personenbezogenes Wissen in den *noctes Atticae* 164
   a) Die *viri illustres* als Gegenstand und Modell gebildeter Konversation 164
   b) Biographische Basisdaten und Chronographie:
      Das synchronistische Kapitel (17,21) 172
   c) Biographie in traditioneller Form: Die Euripidesvita (15,20) 179
   d) Biographie als lockere Szenenfolge: Das Beispiel des Demosthenes 191
   e) Zeitgenossen als Handlungsmodelle: Das Beispiel des Herodes Atticus 206

4. Form und Funktion biographischen Wissens in den *noctes Atticae* 227

IV. Biographie nach den Regeln der Gattung? Suetons Kaiserviten 233

1. Sueton in der Forschung:
   Von der historischen Quelle zum Biographen in seiner Zeit 233

2. Die Kaiserbiographien im Kontext der Bildungskultur 237
   a) Suetons *viri illustres* und Plutarchs Kaiserviten:
      Modelle der suetonischen *Caesares*? 237
   b) Die Datierung der *Caesares* und die Reihenfolge ihrer Abfassung 252
   c) Die Konzeption der *Caesares*: Der Inhalt und seine Vermittlung 258

3. Von Capri zu den *scalae Gemoniae*:
   Vitellius' Leben zwischen Rubrik und *narratio* 275
   a) Im Schatten der Forschung: Suetons Vitelliusvita 275
   b) Im Dunstkreis des Hofes:
      Das Leben vor dem Antritt der Herrschaft in Rubriken 278
   c) ‚Einmal Germanien und zurück': Der Weg auf den Thron als *narratio* 286
   d) *sed vel praecipue luxuriae saevitiaeque deditus*:
      Die Ausübung der Herrschaft in Rubriken 294
   e) Der Kaiser als Pförtner: Vitellius' Lebensende als *narratio* 301

4. Form und Funktion der suetonischen Biographie 317

V. Fazit 325

Literaturverzeichnis 337
   Ausgaben und Übersetzungen 337
   Forschungsliteratur und Kommentare 339

Register 389
   Allgemeines Register 389
   Stellenregister 399

I. Biographisches Wissen in der Bildungskultur des 2. Jh. n. Chr.

1. ‚Männer sind es, die Geschichte machen':[1] Rom und die großen Gestalten der Vergangenheit

Eines der längsten Kapitel der *noctes Atticae*, das 21. des 17. Buches, besteht aus der Zusammenstellung der Lebensdaten berühmter Persönlichkeiten der griechischen und römischen Geschichte aus der Zeit zwischen der Gründung Roms und dem zweiten Krieg gegen Karthago. Gellius begründet die Aufnahme dieser umfangreichen Materialmenge in sein Werk folgendermaßen:

> *ut conspectum quendam aetatum antiquissimarum, item virorum inlustrium, qui in his aetatibus nati fuissent, haberemus, ne in sermonibus forte inconspectum aliquid super aetate atque vita clarorum hominum temere diceremus, sicuti sophista ille ἀπαίδευτος, qui publice nuper disserens Carneadem philosophum a rege Alexandro, Philippi filio, pecunia donatum et Panaetium Stoicum cum superiore Africano vixisse dixit. ut ab istiusmodi, inquam, temporum aetatumque erroribus caveremus, excerpebamus ex libris, qui chronici appellantur, quibus temporibus floruissent Graeci simul atque Romani viri, qui vel ingenio vel imperio nobiles insignesque post conditam Romam fuissent ante secundum bellum Carthaginiensium, easque nunc excerptiones nostras variis diversisque in locis factas cursim digessimus.[2]*

---

1   Zum Hintergrund dieses nur mündlich überlieferten Diktums HEINRICH VON TREITSCHKES vgl. LANGER 1998, 341ff.

2   Vgl. Gell. 17,21,1 („Damit uns eine Art Übersicht über die ältesten Epochen und zugleich die berühmten Persönlichkeiten, die in diesen Epochen gelebt haben, zur Verfügung steht, und damit wir uns im Gespräch nicht zu einer unbedachten Äußerung über die Epoche und das Leben berühmter Persönlichkeiten hinreißen lassen – wie jener ungebildete Sophist, der kürzlich bei einem öffentlichen Vortrag die Behauptung aufstellte, der Philosoph Karneades habe von König Alexander, Philipps Sohn, Geld erhalten und der Stoiker Panaetius sei ein Zeitgenosse des älteren Scipio gewesen –, damit wir also bei der Angabe von Daten und Epochen Fehler dieser Art vermeiden können, habe ich aus den sogenannten chronographischen Schriften Auszüge angefertigt, aus denen hervorgeht, zu welchen Zeiten Griechen und zugleich auch Römer gelebt haben, die durch geistige Begabung oder die Übernahme politisch-militärischer Verantwortung in der Zeit vor dem Zweiten Punischen Krieg Ruhm und Auszeichnung erworben haben, und habe meine an mehreren und ganz verschiedenen Stellen angefertigten Auszüge hier flüchtig zusammengestellt.").

Nicht nur die Länge des Kapitels, sondern auch die Tatsache, daß Gellius gerade in diesem Zusammenhang die expliziteste Aussage zur Wirkungsabsicht seines Werkes außerhalb der *praefatio* plaziert hat,[3] beleuchten schlaglichtartig die große Bedeutung, die biographischen Informationen in den *noctes Atticae* wie auch allgemein innerhalb der gebildeten Oberschicht des 2. Jh. n. Chr. zukommt.

Daß es vor allem die großen Männer waren, von denen die Geschichte gemacht wurde, war in der Antike freilich auch schon vor dem 2. Jh. n. Chr. die bestimmende Grundwahrnehmung historischen Geschehens, die weder von den ‚Fragen eines lesenden Arbeiters' noch von einer sozialgeschichtlichen Perspektive im Sinne der longue durée ernsthaft in Frage gestellt worden war.[4] Das Denken in personalen Kategorien dient den Produzenten historiographischer Literatur dazu, komplexe geschichtliche Entwicklungen zu erklären und auf diese Weise für ihre Zeitgenossen nachvollziehbar darzustellen.[5] Andererseits stießen die *viri excellentis ancipites variique casus* aber auch auf das besondere Interesse der Leser, wie die wenigen aussagekräftigen Zeugnisse zur Rezeption antiker Geschichtsschreibung mehrheitlich festhalten.[6]

Biographische Elemente haben daher nicht nur in der eigentlichen Gattung der Biographie, wie sie sich aus verschiedenen Vorformen im Griechenland des 4. und 3.

---

3   Vgl. ferner v.a. Gell. 9,4,5 (zur Behandlung Mirabilienliteratur) *ut, qui eos lectitabit, is ne rudis omnino et* ἀνήϰοος *inter istiusmodi rerum auditiones reperiatur*; Gell. 18,10,8 (zur Behandlung medizinischer Fachterminologie): *hoc ego postea cum in medico reprehensum esse meminissem, existimavi non medico soli, sed omnibus quoque hominibus liberis liberaliterque institutis turpe esse ne ea quidem cognovisse ad notitiam corporis nostri pertinentia* u. Gell. 20,10,6 (zur Behandlung juridischer Grundbegriffe): *itaque id, quod ex iureconsultis quoque ex libris eorum didici, inferendum his commentariis existimavi, quoniam, in medio rerum et hominum vitam qui colunt, ignorare non oportet verba actionum civilium celebriora.*

4   Zur kritischen Wahrnehmung biographischer Darstellungsformen in der modernen Geschichtswissenschaft vgl. HÄHNER 1999, der vor dem Hintergrund des ‚linguistic turn' eine Renaissance des biographischen Zugriffes auf historischen Geschehen auch in der Gegenwart vermutet.

5   Vgl. z.B. Cic. de or. 2,63 (*volt etiam quoniam in rebus magnis memoriaque dignis consilia primum, deinde acta, postea eventus expectantur, et de consiliis significari quid scriptor probet, et in rebus gestis declarari non solum quid actum aut dictum sit, sed etiam quomodo, et cum de eventu dicatur, ut causae explicentur omnes vel casus vel sapientiae vel temeritatis hominumque ipsorum non solum res gestae, sed etiam, qui fama ac nomine excellant, de cuiusque vita atque natura*) u. Liv. praef. 9 (*ad illa mihi pro se quisque acriter intendat animum, quae vita, qui mores fuerint, per quos viros quibusque artibus domi militiaeque et partum et auctum imperium sit*) sowie ferner z.B. LUCE 1998 [1997], 160ff.; FLACH 1998, 17ff., u. MEHL 2001, 202ff.

6   Vgl. v.a. Cic. fam. 5,12,5 (*at viri saepe excellentis ancipites variique casus habent admirationem, exspectationem, laetitiam, molestiam, spem, timorem; si vero exitu nobili concluduntur, expletur animus iucundissima lectionis voluptate*); Cic. fin. 5,42 (*quid, cum volumus nomina eorum, qui quid gesserint, nota nobis esse, parentes, patriam, multa praeterea minime necessaria?*) u. Tac. ann. 4,33,3 (*nam situs gentium, varietates proeliorum, clari ducum exitus retinent ac redintegrant legentium animum*).

Jh. v. Chr. entwickelte,[7] sondern auch in anderen der Darstellung von Vergangenheit dienenden Literaturformen schon früh eine prominente Rolle gespielt.[8] In der Geschichtsschreibung sei nur auf die personenzentrierte Darstellung des Geschehens, das große Interesse für Sterbeszenen[9] oder die besondere Form der Todesnachrichten, die bereits bei Thukydides zu einer starken erzählerischen Eigenständigkeit tendieren,[10] hingewiesen.

Eine stärkere Orientierung an einzelnen Individuen als an sozialen Strukturen oder gesellschaftlichen Prozessen läßt sich jedoch nicht nur auf dem Gebiet der politischen Geschichte beobachten, sondern in gleicher Weise auch bei der Erfassung anderer Bereiche der Vergangenheit. Von der starken Fokussierung auf die *summi viri* im geschichtlichen Denken der Römer können die Relevanz der Figur des πρῶτος εὑρετής,[11] die zahlreichen Statuen historisch bedeutsamer Personen im römischen Stadtbild,[12] der hohe Anteil historischer Porträts in der Villenausstattung[13] oder die Beliebtheit von Sammelwerken zum Thema *de viris illustribus* auf dem Gebiet der Kulturgeschichte[14] ebenso Zeugnis ablegen wie die Tradition der *exempla*, in denen politische, soziale oder mentalitätsgeschichtliche Aspekte der Vergangenheit tradiert und auf die jeweilige Gegenwart bezogen werden konnten.[15]

---

7   Zur Entwicklung der Biographie und den Schwierigkeiten der Abgrenzung von den verschiedenen Vor- und Nebenformen s.u. S. 42ff.

8   Zu biographischen Elementen in der frühen griechischen Geschichtsschreibung vgl. z.B. BRUNS 1896, 1ff.; HOMEYER 1962 u. SONNABEND 2002, 21ff.

9   Vgl. z.B. SAUER 1930; SCHUNK 1955; GNILKA 1979 u. ARAND 2002.

10   Dieses Verfahren, den Tod einer bedeutenderen Persönlichkeit mit einer Art Nekrolog zu markieren, ist bereits Seneca dem Älteren als Bestandteil der antiken Historiographie erkannt und zugleich in seiner diachronen Entwicklung zutreffend beschrieben worden: *quotiens magni alicuius <viri> mors ab historicis narrata est, totiens fere consummatio totius vitae et quasi funebris laudatio redditur. hoc, semel aut iterum a Thucydide factum, item in paucissimis personis usurpatum a Sallustio, T. Livius benignus omnibus magnis viris praestitit. sequentes historici multo id effusius fecerunt* (vgl. Sen. suas. 6,21 sowie ferner BRUNS 1898, 53ff., u. POMEROY 1991).

11   Vgl. z.B. Plin.n.h. 7,191-209, sowie ferner KLEINGÜNTHER 1933; THRAEDE 1962; NOVARA 1982/83, v.a. 123ff., u. BAUMBACH 2001.

12   Vgl. SEHLMEYER 1999 u. HÖLSCHER 2001.

13   Vgl. NEUDECKER 1988, 64ff.

14   Die bereits in alexandrinischer Zeit blühenden Sammelbiographien περὶ ἐνδόξων ἀνδρῶν enthielten allerdings in der Regel auch Rubriken für bedeutende Personen aus der politischen oder militärischen Geschichte (vgl. allg. MOMIGLIANO 1993, 73ff.) Die von GEIGER 1985 vertretene These, Nepos habe als erster antiker Autor Biographien von politischen Figuren verfaßt, wurde mit guten Gründen zurückgewiesen (vgl. z.B. HOLZBERG 1989, 162ff., u. TUPLIN 2000).

15   Zur republikanischen *exempla*-Tradition und der biographischen Tradition zu den ,großen Männern Roms' vgl. HÖLKESKAMP 1996; SKIDMORE 1996, 13ff.; CHAPLIN 2000, 11ff.; STEMMLER 2000; HÖLKESKAMP / STEIN-HÖLKESKAMP 2000; HALTENHOFF 2000; HALTENHOFF 2001; STEMMLER 2001; COUDRY / SPÄTH 2001; FLAIG 2003, 74ff., u. WALTER 2003 sowie zum Fortbestehen dieser Denkkategorie bis in die Spätantike EIGLER 2003, 12ff.

Bereits die große Bedeutung der *exempla*-Tradition für das römische Geschichtsdenken macht es wahrscheinlich, daß auch die historiographische Literatur der römischen Republik ein starkes personales Element enthalten hat.[16] Eine tragende Rolle der *summi viri* in den für uns meist nur in der Vermittlung durch Livius greifbaren Werken der republikanischen Historiker wird aber vor allem durch die Erinnerungsinteressen der einzelnen *gentes* nahegelegt, die ihre jeweiligen Vertreter adäquat dargestellt und tradiert sehen wollten.[17] Wie beherrschend der Einfluß gentilizischen Kommemorationsstrebens auf die republikanische Geschichtsschreibung war, kann nicht zuletzt der Umstand verdeutlichen, daß Cato der Ältere, der als erster *homo novus* in Rom historiographisch tätig wurde, sich entschied, in seinem Werk die Namen aller Protagonisten zu unterdrücken, um mit dieser künstlich geschaffenen Anonymität das Erinnerungsmonopol der etablierten *gentes* zu unterlaufen.[18]

Geht man von diesem Befund aus, so läßt sich die oft geäußerte These, mit der Errichtung der Monarchie sei es in der römischen Kaiserzeit zu einer stärker biographischen Wahrnehmung von Geschichte gekommen,[19] zumindest hinsichtlich der Quantität des Interesses an historischen Personen falsifizieren. Allerdings lassen sich in dieser Zeit einige qualitative Veränderungen im Umgang mit biographischem Wissen beobachten, die mit der Etablierung des Prinzipates in Zusammenhang stehen, obwohl die Anfänge dieser Entwicklungen bereits in der Mitte des letzten vorchristlichen Jahrhunderts und damit noch in den letzten Jahrzehnten der Republik anzusetzen sind. Dabei handelt es sich zum einen um die Herauslösung der Erinnerung an bedeutende Männer der römischen Geschichte aus dem Kraftfeld der gentilizischen *memoria* und zum anderen allgemein um jenen Transformationsprozeß, der in spätrepublikanischer Zeit verschiedene Wissensgebiete und die *modi* ihrer Vermittlung erfaßte und der von ANDREW WALLACE-HADRILL als ‚cultural revolution' beschrieben wurde.[20]

Mit der Ablösung der *res publica* durch den augusteischen Prinzipat endete auch der in den letzten Jahrzehnten mit zunehmender Intensität geführte Konkurrenzkampf unter den *gentes* der Nobilität, der nicht zuletzt auf dem Feld der Erinnerungspolitik

16   Vgl. v.a. DREXLER 1954 u. ferner z.B. FORNARA 1983, 114ff.

17   Vgl. Cic. Brut. 62; Liv. 4,16,3-4 u. 8,40,4 sowie ferner z.B. RIDLEY 1983; MEHL 2001, 36ff., u. WALTER 2001, 246ff.

18   Vgl. Nep. Cato. 3,3 (*atque horum bellorum duces non nominavit, sed sine nominibus res notavit*); Plin.n.h. 8,11 u. als Beispiel FRH 3 F 4,7a (= Gell. 3,7) sowie ferner BLÖSEL 2003.

19   Vgl. z.B. FORNARA 1983, 184ff.; PERL 1984, 571; DIHLE 1987, 78ff., u. SONNABEND 2002, 113f.

20   Vgl. WALLACE-HADRILL 1997, der diesen Transformationsprozeß an den Beispielfeldern der antiquarischen Literatur, der Jurisprudenz, sowie des Wissens über Zeit, Sprache und Geographie veranschaulicht, sowie ferner RAWSON 1985, v.a. 38ff.317ff., die das gleiche Phänomen aus einer anderen Perspektive beschreibt.

ausgetragen worden war.[21] An die Stelle der republikanischen Polyphonie trat eine
Konzeption der römischen Geschichte als ‚Nationalgeschichte', in deren Kontext sich
auch die Erinnerung an historische Figuren aus dem Kraftfeld der gentilizischen *memoria* lösen konnte.[22] Mit Blick auf unsere Fragestellung haben unter den zahlreichen
Manifestationen des neuen Geschichtsbewußtseins in augusteischer Zeit sicherlich die
Heldenschau in Vergils Aeneis,[23] das Statuenprogramm des Augustus-Forums[24] und
das Geschichtswerk des Livius, als dessen Protagonist die *praefatio* zwar den *populus
Romanus* nennt, das aber zugleich eine Fülle exemplarisch verstandener historischer
Figuren enthält,[25] die größte Wirkung entfaltet. In diesen Präsentationsformen werden
die *summi viri* der Vergangenheit aus dem Kommemorationskontext ihrer jeweiligen
gentes gelöst und zu einer ‚hall of fame' zusammengestellt, die über ein sich an alle
Römer gleichermaßen richtendes Identifikationspotential verfügte.[26]

Daß sich die Erinnerung an die bedeutenden Persönlichkeiten der römischen Geschichte aus der Deutungshoheit der nobilitären *gentes* löst, stellt jedoch nur einen
Teilbereich der sogenannten ‚cultural revolution' dar, die in den letzten Jahrzehnten
der Republik verschiedene Wissensgebiete erfaßte und neben den Inhalten auch die
Formen ihrer Vermittlung fundamentalen Veränderungen unterwarf. Am Beispiel der
antiquarischen Literatur läßt sich dieser Prozeß besonders gut nachvollziehen. In
einem Werk wie den *antiquitates rerum humanarum et divinarum* Varros, von Cicero
euphorisch als zentrale Orientierungshilfe in der geschichtlichen Überlieferung Roms
begrüßt,[27] wurde Vergangenheitswissen in einer neuen Weise verfügbar gemacht.[28]
Dazu kommt, daß es sich bei den Autoren dieser Werke im Gegensatz zu den Verfassern republikanischer Geschichtsschreibung in der Regel – Varro bildet hier allerdings eine Ausnahme – nicht um Angehörige der Nobilität, sondern um finanziell
saturierte, politisch aber meist nicht hervorgetretene ‚professionals' handelte, deren
Autorität bei der Vermittlung historischen Wissens in einen zunehmenden Wider-

---

21 Ein illustratives Beispiel für eine von gegensätzlichen Tradierungsinteressen bestimmte biographische
    Überlieferung bietet die Figur des M. Claudius Marcellus (vgl. FLOWER 2003).

22 Vgl. z.B. TOHER 1990, 145ff.

23 Vgl. Verg. Aen. 6,752-853 sowie ferner SKARD 1965; V. ALBRECHT 1967 u. GREBE 1989, 71ff.

24 Vgl. SHA Sev. Alex. 28,6 sowie ferner ZANKER 1968; FLOWER 1996, 224ff.; ZANKER 1997, 213ff.;
    SPANNAGEL 1999 u. SEHLMEYER 1999, 262ff.

25 Vgl. Liv. praef. 1.3.7 sowie ferner LUCE 1990; JAEGER 1997 u. CHAPLIN 2000.

26 Dies kommt unter anderem darin zum Ausdruck, daß die politischen Gegner der Republik nebenei-
    nander Eingang in die Statuengalerie fanden und die Gegensätze der Bürgerkriegszeit somit bewußt
    aufgehoben wurden; vgl. HÖLSCHER 1984, 11; GALINSKY 1996, 210f.; SEHLMEYER 1999, 267ff., u.
    KRASSER 2004.

27 Vgl. Cic. ac 1,9: *nam nos in nostra urbe peregrinantis errantisque tamquam hospites tui libri quasi
    domum deduxerunt, ut possemus aliquando qui et ubi essemus agnoscere.*

28 Vgl. KRASSER 2004.

spruch zu den gentilizischen Erinnerungstraditionen geriet,[29] wie sie beispielsweise im Rahmen einer *pompa funebris* zur Darstellung kamen.[30]

Beide Prozesse vollziehen sich vor dem Hintergrund eines rasanten Anstiegs der verfügbaren Literatur, die vom prosperierenden Buchhandel[31] und von den seit der Mitte des letzten vorchristlichen Jahrhunderts in Rom aufkommenden öffentlichen Bibliotheken bereitgestellt wurde.[32] Die Zahl der auf diese Weise erreichbaren Bücher überstieg schnell die Aufnahmefähigkeit des einzelnen Lesers, wie sich an verschiedenen diesen Umstand beklagenden Äußerungen ablesen läßt.[33] Eine Reaktion auf Überforderung durch das Lektüreangebot bestand in der Favorisierung einer strikten Auswahl und der Tendenz zur Kanonisierung, wie sie insbesondere von Seneca dem Jüngeren[34] und Quintilian[35] vertreten wurde.

Eine andere Möglichkeit bestand in der Entwicklung neuer literarischer Formen, die dem Leser einzelne Fachgebiete in konsumierbarer Quantität zu erschließen versprachen.[36] Explizit bekennt sich Valerius Maximus in der *praefatio* seiner ‚Exempelsammlung'[37] zu dieser Intention:

---

29 Vgl. WALLACE-HADRILL 1997, 14: „Antiquarianism presented a frontal challenge to the authority on which the nobility based their claim to power. It was now the antiquarian, by his laborious study of obscurely worded documents, and displaying the credentials of Greek academic learning, who 'knew' what the 'real' Roman tradition was. The 'memory of good men' as Varro puts it, now started from books, not oral tradition. The noble priest and jurisprudent not only find his authority subverted, but is subjected to comtumely as the man who has betrayed his own ancestors." Zwei illustrative Beispiele aus dem Bereich des biographischen Wissens bietet Cicero, der als *homo novus* einem Nachkommen des Scipio Africanus dessen mangelnde Kenntnisse der eigenen Familiengeschichte vorwerfen (vgl. Cic. Att. 6,1,17) und seinen Briefpartner L. Papirius Paetus über das Alter von dessen patrizischer Familie belehren kann (vgl. Cic. fam. 9,21,2-3).

30 Vgl. allg. zur *pompa funebris* FLAIG 1995; FLOWER 1996, 91ff.; FLAIG 2001, 230ff.; BLÖSEL 2003; FLAIG 2003, 51ff., u. WALTER 2003. Zur Interaktion zwischen *laudatio funebris* und einigen Personendarstellungen bei Plinius s.u. S. 103f. u. 108f.

31 Vgl. KLEBERG 1967, 23ff.; BLANCK 1992, 120ff., u. FEDELI 1989.

32 Vgl. z.B. Suet. Iul. 44,1-3 (zum Bibliotheksprojekt Caesars) sowie ferner BLANCK 1992, 160ff.; KRASSER 1996, 44ff.; BALENSIEFEN 2002; CASSON 2002, 113ff., u. KRASSER 2004.

33 Vgl. KRASSER 1996, 84ff.

34 Vgl. v.a. Sen. epist. 2,3-4 u. de tranq. anim. 9,4-9 sowie ferner KRASSER 1996, 66ff., u. KRASSER 1999, 63.

35 Zu den Lektüreempfehlungen und Kanonisierungen bei Quintilian vgl. STEINMETZ 1964; SCHWINDT 2000, 153ff., u. VARDI 2003.

36 Vgl. KRASSER 2004 (im Druck): „So entstehen in der frühen Kaiserzeit eine ganze Reihe von Werken, die sich der systematischen Erschließung von spezifischen Wissensgebieten oder der Bereitstellung von im Bildungsbetrieb relevanten Informationen bemühen. Ein erstes Beispiel ist Vitruvs Werk *de architectura*, in dem er sich um eine durch ausführliche Einleitungen Resümees und Überleitungsbemerkungen erschlossene Disposition des Stoffes bemüht. Des weiteren ist auf das rhetorische Exerzitienbuch Senecas d.Ä., den historischen Kurzabriß des Velleius Paterculus, auf die Werke des Julius Modestus und Masurius Sabinus, die Rezeptsammlung de Scribonius Largus sowie die Enzy-

urbis Romae exterarumque gentium facta simul ac dicta memoratu digna, quae apud alios
latius diffusa sunt, quam ut breviter cognosci possint, ab illustribus electa auctoribus dige-
rere constitui, ut documenta sumere volentibus longae inquisitionis labor absit.[38]

Die Nützlichkeit seines Werkes für die derart beschriebenen Interessen hat er dann
noch erheblich gesteigert, wenn das Inhaltsverzeichnis und die Kapitelüberschriften
tatsächlich von ihm selbst stammen.[39] Die Entscheidung, den Lesern auf diese Weise
Hilfsmittel zur schnelleren Erschließung des Textes an die Hand zu geben, wäre charakteristisch für eine Zeit, in der verschiedene Formen solcher ‚Dienstleistungen des
Autors gegenüber dem Leser' entwickelt wurden.[40]

Eine andere Reaktion auf die enorme Expansion des in Buchform verfügbaren
Wissens bestand in der Tendenz zur Kürze. Für diese literarische Strategie kann
exemplarisch das Geschichtswerk des Velleius Paterculus stehen, das seinen Lesern
eine Universalgeschichte der griechisch-römischen οἰκουμένη[41] in lediglich zwei Büchern bieten sollte.[42] Eine verwandte Erscheinung stellen die Epitomierungen dar, die

---

klopädie des Celsus und die naturwissenschaftlichen Schriften des jüngeren Seneca und Columellas
Schrift über die Landwirtschaft zu verweisen. Einen Meilenstein in der komplexen differenziert erschlossenen Wissenspräsentation stellt die *naturalis historia* des älteren Plinius dar."

37   Die Forschung hat in den *facta et dicta memorabilia* lange Zeit ausschließlich eine für den Rhetorik-
     unterricht konzipierte Exempelsammlung erblickt; erst in den letzten Jahrzehnten zeichnet sich eine
     Rehabilitierung des Autors ab (vgl. schon HONSTETTER 1977, v.a. 5.15ff., u. MASLAKOV 1984), des-
     sen didaktische Intention (vgl. BLOOMER 1992; SKIDMORE 1996; DAVID 1998 u. WEILEDER 1998,
     30ff.) jetzt ebenso gewürdigt wird wie seine auf diese ausgerichtete literarische Technik (vgl. v.a. RÖ-
     MER 1990 u. THURN 2001).

38   Vgl. Val. Max. 1 praef. 1 („Ich habe den Plan gefaßt, die erinnerungswürdigen Taten und Aussprüche
     aus der Geschichte der Stadt Rom und der auswärtigen Völker, die bei anderen Autoren so weit ver-
     teilt sind, daß es unmöglich ist, sie in schnell zu überblicken, hier zusammenzustellen, nachdem ich
     sie aus den Büchern anerkannter Autoritären ausgewählt habe, damit dem, der historische Belege
     sucht, die Mühe einer langen Suche erspart bleibt.").

39   Die Authentizität der vorangestellten Inhaltsübersicht sowie der Kapitelüberschriften wird vor allem
     aus stilistischen Gründen zurückgewiesen (vgl. HELM 1955, 97f.; HONSTETTER 1977, 16ff.; RÖMER
     1990, 100 Anm. 7), sollte aber vor dem Hintergrund des in erster Linie informativen Charakter des
     Werkes neu überdacht werden (vgl. BLOOMER 1992, 17f.27f., u. SCHRÖDER 1999, 101f.).

40   Vgl. KRASSER 1996, 148.166; KRASSER 1999, 62, u. SCHRÖDER 1999, 92ff.106ff.156ff., die außer-
     dem plausibel machen kann, daß Indizes aufgrund der gewandelten Rezeptionsbedingungen im Laufe
     handschriftlichen Überlieferung besonders gefährdet waren. Eine wichtige Rolle bei der Etablierung
     dieser literarischen Techniken spielte die *naturalis historia* des älteren Plinius (vgl. CONTE 1991,
     95ff.; SCHMIDT 1997a, 225f.; NIKITINSKI 1998, 345ff., u. SCHRÖDER 1999, 92ff.).

41   Die von BEATUS RHENANUS gewählte Bezeichnung als *historia Romana* ist also in gewisser Weise
     irreführend, wenn der Schwerpunkt der Darstellung auch deutlich auf der römischen Geschichte liegt
     (vgl. z.B. SUMNER 1970, 280ff.; STARR 1981, 163ff., u. SCHMITZER 2000, 37ff.).

42   Velleius selbst betont die *brevitas* bzw. *festinatio* (1,16,1; 2,41,1; 2,108,2 u. 2,124,1) seiner Darstel-
     lung und bezeichnet sein Werk als *transcursus* (2,55,1; 2,86,1 u. 2,99,3-4 sowie ferner WOODMAN
     1975, 278ff.). Eine solche Kurzfassung der römischen Geschichte richtet sich nicht zwangsläufig an

für Livius möglicherweise schon sehr früh bezeugt sind,[43] ihre eigentliche Blütezeit aber ab dem 2. Jh. erlebten.[44] Im Unterschied zu Exzerpten, die zu privaten Zwecken angelegt werden und die es zu jeder Zeit gegeben hat,[45] handelt es sich bei diesen Epitomai um zur Veröffentlichung bestimmte Kurzfassungen längerer Werke, die dezidiert der Zeitersparnis des Lesers dienen sollen.

Obwohl mit Herauslösung der Erinnerung an die *summi viri* aus dem Kraftfeld der gentilizischen Memorialtraditionen und mit der Expansion der verfügbaren Literatur entscheidende Bedingungen für den spezifischen Umgang mit historischen Figuren, wie er im folgenden als charakteristisch für das 2. Jh. n. Chr. erwiesen werden soll, bereits in der späten Republik angelegt sind, findet auf dem Gebiet der biographischen Literatur zunächst keine kontinuierliche Weiterentwicklung dieser Ansätze statt. So knüpft beispielsweise erst wieder Sueton an die Tradition der Sammelbiographien, wie sie von Varro, Santra, Nepos oder Hygin begründet worden war, mit der Abfassung seiner Schrift *de viris illustribus* an.[46] Zur Erklärung dieser verzögerte Entwicklung bietet sich die Beobachtung an, daß die historischen Figuren der Republik in der frühen Kaiserzeit politisch gleichsam ‚zwischen die Fronten gerieten' und einer doppelten Funktionalisierung unterzogen wurden, die um die Pole der Affirmation beziehungsweise der Kritik des Prinzipates kreiste. Exemplarisch läßt sich dieser Prozeß

---

einen anderen Personenkreis als die wesentlich umfangreichere livianische Version (vgl. z.B. STARR 1981, 173), sondern von ein und demselben Rezipienten kann je nach Situation auf beide Werke zurückgegriffen werden (vgl. ferner RÜPKE 1997, 79, Anm. 84: „In dem von Liviuslesern zu Analphabeten reichenden Spektrum macht der Abstand von Livius zu Velleius nur eine geringe Strecke aus.").

43 Vgl. Mart. 14,190: *pellibus exiguis artatur Livius ingens, // quem mea non totum bibliotheca capit.* Ob hier allerdings wirklich eine Epitome gemeint ist, bleibt umstritten (vgl. zustimmend STEINMETZ 1982, 145, u. BESSONE 1982, 1231ff., sowie dag. HOSE 1994, 63ff.481, u. SCHMIDT 1997b).

44 Vgl. allg. FLACH 1998, 259: „Der höhere Schulbetrieb verlangte nach kurzgefaßten Handbüchern wie dem Abriß des Florus, der Merkstoffzusammenstellung des Ampelius oder dem Leitfaden des Granius Licinianus. Jedes von ihnen eignete sich auf seine Weise für den Unterricht in den Rhetorikschulen. Florus gab einen Überblick über die äußeren und inneren Kriege, die das römische Volk von dem Anfängen der Stadt bis zu der Zeit des Augustus, dem Friedensschluß mit dem Partherkönig Phraates IV., geführt hatte. Ampelius faßte in seinem *liber memorialis* das Grundwissen über die Welt und ihre Geschichte bis zu Trajans erfolgreichen Feldzügen zusammen. Granius Licinianus legte ein sachliches, von quellenkritischen Bemerkungen und kulturgeschichtlichen Einlagen durchsetztes Lehrbuch der römischen Geschichte vor, in dem der Prüfungsstoff dieses Wissensgebietes nach Jahren geordnet zusammengestellt war. Mit solchen Kurzlehrbüchern erwarb man die notwendigen Grundkenntnisse weitaus schneller als wenn man etwa die 142 Bücher des Livius las." u. zum 4. Jh. v.a. EIGLER 2003, 184ff.

45 Vgl. die Nachrichten über Brutus als Epitomator: Plut. Brut. 4,4; Cic. Att. 12,5,3 u. 13,8 (mit RAWSON 1985, 227), sowie allg. OPELT 1963 u. MALITZ 1990, 339, der auf Papyrusfunde mit Exzerpten aus historiographischer Literatur verweist: P.Oxy. 857 (aus Herodot); FGrH 115 F 217 (aus Theopomp); FGrH 155 (‚Heidelberger Epitome' zur Diadochengeschichte).

46 S.u. S. 239ff.

an den sich stark wandelnden Darstellungen des jüngeren Cato[47] oder in den Schriften der sogenannten *exitus illustrium virorum*-Literatur[48] beobachten.[49]

Erst mit dem Beginn der Adoptivkaiserzeit verliert das Verhältnis von erinnerter Vergangenheit und erlebter Gegenwart in Hinsicht auf die Herrschaftsform an Konfliktpotential,[50] und mit dieser ‚Abkühlung' in der Auseinandersetzung mit der eigenen Geschichte treten auch die Formen ‚kontrapräsentischer' Erinnerung zusehends in den Hintergrund.[51] Der damit verbundene intentionale Wandel in der Beschäftigung mit biographischen Informationen läßt sich an der Entpolitisierung der Cato-Figur, die zunehmend als rein moralpädagogisches *exemplum* aufgefaßt wird, ebenso ablesen wie in der bereits unter Nerva einsetzenden ‚Nachblüte' der *exitus*-Literatur, deren Autoren sich nicht mehr allein den senatorischen Oppositionellen, sondern allgemein besonders bemerkenswerten Persönlichkeiten zuwenden. Neben dem Verblassen der politischen Dimension lassen sich im 2. Jh. n. Chr. aber auch einige weitere qualitative Veränderungen im Umgang mit den großen Gestalten der Vergangenheit feststellen, die in einer engen Interaktion mit den spezifischen kulturellen und gesellschaftlichen Rahmenbedingungen dieser Zeit stehen.

2. Bildungswissen und gesellschaftlicher Erfolg im 2. Jh. n. Chr.

Die politisch stabile, militärisch unbedrohte und wirtschaftlich prosperierende Epoche von der Ermordung Domitians bis zum Regierungsantritt des Commodus wurde bereits von Zeitgenossen wie auch von der Nachwelt vielfach als eine der glücklichsten Epochen der Menschheit beschrieben.[52] Für die Angehörigen der römischen Nobilität ist jedoch mit der Herrschaft der Adoptivkaiser zugleich der Abschied von der republikanischen Staatsform und von den mit ihr verbundenen Möglichkeiten selbständigen politischen Handelns zu einer unumkehrbaren Tatsache geworden. Als Folge

---

47   Vgl. PECCHIURA 1965; GEIGER 1979; ZECCHINI 1980; FEHRLE 1983 u. GOAR 1987 sowie ferner RAWSON 1986 (zu Brutus und Cassius).

48   Zur *exitus illustrium virorum*-Literatur s.u. S. 88ff.

49   Zur von einer *laudatio temporis acti* geprägten und daher zumindest latent prinzipatskritischen Richtung in der Literatur der frühen Kaiserzeit vgl. allg. BRACHER 1987 [1948]; TIMPE 1987 u. DÖPP 1989.

50   Vgl. allg. STEINMETZ 1982, 379ff.

51   Beide Formulierungen stammen von JAN ASSMANN, der eine sich kritisch mit der eigenen Gegenwart auseinandersetzende Form der Beschäftigung mit Geschichte in Anlehnung an die von CLAUDE LÉVI-STRAUSS geprägte Metaphorik als ‚heiße Erinnerung' bezeichnet (Vgl. STRAUSS 1973 [1962], 270, u. ASSMANN 1992, 66ff.).

52   Vgl. z.B. Cass. Dio 72,36,4 u. Flor. praef. 8 sowie ferner STEINMETZ 1982, 5ff.32ff., CHRIST 1988, 285ff., GRANT 1994, 147ff., u. BELLEN 1998, 116ff., die jedoch auch die politischen und gesellschaftlichen Problemfelder diskutieren.

dieser Entwicklung verlagern sich die Aktivitäten und Bemühungen der Mitglieder der römischen Oberschicht, die gesellschaftliche Anerkennung ihrer Zeitgenossen und die noch sehnlicher erstrebte *fama apud posteriores*[53] zu erlangen, zunehmend in den literarischen und kulturellen Bereich.

Der Nachweis kultureller Kompetenz und die Ostentation vorwiegend griechischer Bildung waren zwar bereits von der republikanischen Oberschicht in das Repertoire nobilitärer Selbstdarstellung übernommen worden.[54] Doch angesichts der Fixierung der römischen classe dirigente auf militärische und politische Betätigung wurden literarische *studia* während der Republik lediglich in der Sphäre des *otium* geduldet und blieben den eigentlich standesgemäßen Aufgaben, den *negotia*, stets untergeordnet oder wurden – wie im Falle der von Senatoren betriebenen Geschichtsschreibung[55] – eng auf diese bezogen.[56] In der veränderten gesellschaftlichen Situation des Prinzipats jedoch boten kulturelle Aktivitäten ein alternatives Feld gerade auch der öffentlichen Betätigung und damit zugleich eine neue Möglichkeit der sozialen Distinktion.[57] Diese Option blieb allerdings nicht auf die politisch entmachtete Nobilität beschränkt, sondern fand schon bald auch Eingang in die kaiserliche Repräsentation,[58] wofür die Stilisierung Hadrians zum Philhellenen ein gutes Beispiel liefert.[59]

---

53   Vgl. z.B. Tac. Agr. 46,4: *quicquid ex Agricola amavimus, quicquid mirati sumus, manet mansurumque est in animis hominum, in aeternitate temporum, fama rerum; nam multos veterum velut ingloriosos et ignobiles oblivio obruet: Agricola posteritati narratus et traditus superstes erit* u. Plin. ep. 9,3,1 *alius alium, ego beatissimum existimo, qui bonae mansuraeque famae praesumptione perfruitur certusque posteritatis cum futura gloria vivit* sowie ferner BRACHER 1987 [1948], 121ff.

54   Vgl. RAWSON 1985, 38ff.; ZANKER 1995, 197ff., u. KRASSER 1996, 17ff.

55   Zur Auswirkung der gewandelten gesellschaftlichen Verankerung auf das Selbstverständnis der römischen Historiker vgl. SCHMAL 2002.

56   Vgl. KNOCHE 1934; TILL 1940; VERMEULEN 1981, 199ff.; RAWSON 1985, v.a. 38ff.; HÖLKESKAMP 1987, 204ff.; FLAIG 1993; ZANKER 1995, 194ff.; CHRISTES 1996 u. FLAIG 1999, 97ff.

57   Vgl. z.B. Hor. epist. 2,1,108-10 u. ferner bereits FRIEDLÄNDER 1996 [1862-71], 565: „Der allgemeine Friede nach der Schlacht von Actium und das Absterben des politischen Lebens seit der Alleinherrschaft Augusts verschlossen die beiden Gebiete fast ganz, auf denen sich die geistige Kraft des römischen Volkes während so vieler Jahrhunderte aufs reichste und kräftigste entfaltet hatte. Eine Masse von Talent, Kraft und Regsamkeit, die durch diese Revolution aus ihrer natürlichen Bahn gedrängt war, warf sich nun auf die Literatur." sowie ferner z.B. ANDRÉ 1965; CHRISTES 1975, 233ff.; FANTHAM 1998 [1996], 50ff.173ff.; KRAUS 2000, 450ff., u. STEIN-HÖLKESKAMP 2003.

58   Vgl. KRASSER 1996, 60ff., u. KRASSER 1999, 63f. Von den literarischen Aktivitäten der römischen Herrscher können vor allem die den *studia liberalia* gewidmeten Rubriken in den Kaiserbiographien Suetons Zeugnis ablegen (vgl. z.B. Suet. Aug. 84-89; Tib. 70-71; Claud. 41-42 sowie ferner DILKE 1957; BARDON 1968; DEMANDT 1996, 180ff., u. FANTHAM 1998 [1996], 131ff.). Zu den kulturellen Aktivitäten der Frauen im Kaiserhaus vgl. MRATSCHEK-HALFMANN 1993, 14f. mit Anm. 3.

59   Vgl. SHA Hadr. 25,9 sowie ferner ANDRÉ 1993; STERTZ 1993; FEIN 1994; ZANKER 1995, 206ff., u. BIRLEY 1997, 58ff.193ff. Sogar Nerva wurde von den Zeitgenossen als Dichter gefeiert (vgl. Mart. 8,70; 9,261 u. Plin. ep. 9,26,1).

An der Wende zum 2. Jh. n. Chr. nehmen schließlich für weite Teile der Oberschicht nicht mehr länger die althergebrachten Betätigungsfelder eines *vir nobilis* in
Politik und Krieg den ersten Rang im Streben nach gesellschaftlichem Prestige ein,
sondern die *studia*.[60] In den Briefen des jüngeren Plinius läßt sich dieser Prozeß, in
dessen Folge Bildung, literarische Kennerschaft und euergetisches Engagement im
kulturellen Bereich zum zentralen Feld adeliger Repräsentation und zur gesellschaftlichen Schlüsselqualifikation schlechthin aufsteigen, in einer noch relativ frühen Phase beobachten. Denn nicht nur in den Selbstaussagen des Autors, sondern auch in den
Porträts, die er von zahlreichen seiner Zeitgenossen entwirft, tritt die Spannung zwischen dem alten und neuen Lebensideal der römischen Oberschicht deutlich zutage.[61]
    Dieselbe Spannung läßt sich auch zwischen den verschiedenen Medien beobach-
ten, die von Plinius zu Aussagen über seine eigene Person genutzt werden. Denn
während er in dem Bild, das er von sich innerhalb seiner Briefsammlung entwirft, den
literarischen *studia* eine große Bedeutung einräumt, fehlt dieses Element in der epigraphisch überlieferten Ehreninschrift aus Como vollständig: Dort beschränkt sich
seine Selbstdarstellung auf die traditionellen Komponenten des *cursus honorum* und
auf die euergetischen Verdienste.[62] Mit seiner Entscheidung, im Medium der Inschrift
auf die Thematisierung kontroverser Inhalte zu verzichten, liegt Plinius ganz auf einer
Linie mit der überwiegenden Mehrzahl seiner Zeitgenossen. Diese Tendenz verstärkt
den ohnehin stark traditionellen und häufig standardisierten Charakter des epigraphischen Materials, bei dem es sich zu einem überwiegenden Teil um Grabinschriften
handelt, zusätzlich.[63] Daher erweist sich diese Quellengattung trotz der enormen Expansion in quantitativer Hinsicht, die sich seit augusteischer Zeit und verstärkt gegen
Ende des 1. Jh. n. Chr. beobachten läßt,[64] auch nur in seltenen Fällen[65] als geeignet,

---

60   Vgl. z.B. Plin. ep. 3,7,14 (*sed tanto magis hoc, quidquid est temporis futtilis et caduci, si non datur*
     factis – nam horum materia in aliena manu –, certe studiis proferamus et, quatenus nobis denegatur
     diu vivere, relinquamus aliquid, quo nos vixisse testemur) u. Tac. ann. 12,28,2 (*decretusque Pompo-*
     nio triumphalis honos, modica pars famae eius apud posteros, in quis carminum gloria praecellit)
     sowie ferner z.B. LEFÈVRE 1989; KRASSER 1995, 79ff.; KRASSER 1996, 121ff., u. STEIN-HÖLKES-
     KAMP 2003, 328ff.

61   Vgl. v.a. Plin. ep. 2,1 u. 3,1; s.u. S. 98ff.

62   Vgl. CIL V 5262 sowie ferner ECK 1999, 50f., u. ECK 2001. Das gleiche gilt im übrigen für Tacitus
     (vgl. CIL VI 1574 mit ALÖLFY 1995; ECK 1999, 51, u. BIRLEY 2000b).

63   Auch auf den ersten Blick individuell wirkende Momente erweisen sich bei genauerem Hinsehen
     häufig als Reaktion auf kulturelle Werte und Normen: So dient beispielsweise die Angabe des Alters
     in einer Grabinschrift eines Angehörigen der römischen Oberschicht, die sich besonders häufig bei
     jung verstorbenen Personen findet, in erster Linie der Kompensation der von den Standesgenossen
     erwarteten, von dem Toten aufgrund seiner kurzen Lebensspanne aber nicht erreichten Ämter und
     Auszeichnungen (vgl. ECK 1981).

64   Vgl. v.a. ALÖLFY 1991 sowie ferner ELSNER 1996 u. BODEL 2001, 6ff.

um individuelle Aussagen über Verstorbene zu treffen oder aktuelle zeitgenössische Debatten zu rekonstruieren.[66]

Dagegen bieten die Pliniusbriefe die Möglichkeit, den Mentalitätswandel innerhalb der römischen Oberschicht, der sich seit der frühen Kaiserzeit vollzog und in dessen Folge sich eine primär literarisch verstandene Bildung als gesellschaftlicher Leitwert etablieren konnte, anhand der Wahrnehmung und der Reflexion eines Zeitgenossen mitzuverfolgen.[67] Vergleichbare Einblicke in die Formierungsphase der ‚Bildungs- und Lesekultur' des 2. Jh. n. Chr.[68] erlauben allenfalls der von Tacitus[69] etwa zur gleichen Zeit verfaßte *dialogus de oratoribus*,[70] insbesondere in den beiden längeren Reden des Curatius Maternus.[71] Dazu treten mit den Epigrammen Martials,[72] den Silven des Statius[73] oder der nicht sicher datierbaren, aber wahrscheinlich ebenfalls in der zweiten Hälfte des 1. Jh. entstandenen *laus Pisonis*[74] weitere Zeugnisse aus dem

---

65   Eine Ausnahme stelle die sog. *laudatio Turiae* dar (vgl. das Vorwort zur Edition von FLACH 1991, v.a. 14ff.) sowie ferner die Beispiele bei ALFÖLDY 1980, 12ff.; BEARD 1998 u. BODEL 2001, 39ff.

66   Vgl. ECK 1987; MORRIS 1992, 156ff.; ECK 1995b; ECK 1999, 33ff., u. BODEL 2001, 30ff.

67   Vgl. KRASSER 1996, 114ff.

68   Vgl. KRASSER 1999, 57ff.

69   Zur Verfasserfrage vgl. GÜNGERICH/HEUBNER 1980, 191f., u. die *praefatio* der Edition von MAYER 2001, 18ff.

70   Das fiktive Gespräch spielt in der Vergangenheit und enthält daher keine eindeutigen Hinweise zur Abfassungszeit. Als *communis opinio* kann aber die Ermordung Domitians 96 n. Chr. als *terminus post quem* und die relative Einordnung des *dialogus* im taciteischen Œuvre als Frühschrift gelten (vgl. GÜNGERICH/HEUBNER 1980, 195f.; MURGIA 1980; BARNES 1986, 225ff., u. MAYER 2001, 22ff.). Trotz der von Tacitus in Übereinstimmung mit der Tradition der Gattung vorgenommenen Verlagerung des Gesprächs wahrscheinlich in die Zeit Vespasians (vgl. Tac. dial. 17,3 u. 24,3 sowie ferner GÜNGERICH/HEUBNER 1980, 196f.), sollen die von den Unterrednern getroffenen Aussagen natürlich auch und gerade für die Gegenwart des Autors Gültigkeit haben (vgl. MANUWALD 2001, 1 mit Anm. 1, mit einem Überblick über die Forschungsdiskussion).

71   Vgl. Tac. dial. 11-13 u. 36-41 sowie ferner v.a. MANUWALD 2001 u. die *praefatio* in der Edition von MAYER 2001, 1ff. In der Forschung wurde verschiedentlich vermutet, daß sich Tacitus` eigene Meinung vor allem in den Aussagen des Curatius Maternus artikuliert (vgl. z.B. GÜNGERICH/HEUBNER 1980, 202; HELDMANN 1982, 271, u. FLACH 1998, 201ff.), der im übrigen nur aus dieser Schrift bekannt ist (vgl. dag. BARNES 1980 u. BARNES 1986, 238ff., mit einem Identifikationsversuch).

72   Vgl. KRASSER 1996, 88ff.

73   Vgl. KRASSER 2002.

74   Die der *laus Pisonis* in diesem Kontext zukommende Bedeutung wurde vor allem von HARTMUT LEPPIN überzeugend dargelegt (vgl. LEPPIN 1992, v.a. 231ff., u. ferner z.B. STEIN-HÖLKESKAMP 2003, 327f.). Eine Mehrheit in der Forschung neigt zu einer Datierung in neronische Zeit und identifiziert den Widmungsträger mit Calpurnius Piso, dem Namensgeber der Pisonischen Verschwörung (vgl. LEPPIN 1992, 221f. mit Anm. 4, mit einem Überblick über die Forschungsliteratur, dag. aber auch BELL 1985, der eine Abfassung in trajanischer Zeit favorisiert). Als Verfasser des unter dem Namen Vergils überlieferten Gedichtes wurden unter anderem Lucan (vgl. die Ausgabe von SEEL 1969,

gleichen Zeitraum, in denen sich diese Entwicklung zwar spiegelt, deren Autoren den Prozeß der Etablierung der Bildungskultur jedoch nicht in vergleichbar expliziter Art und Weise reflektieren.

Im Laufe des 2. Jh. n. Chr. nimmt die Zahl der literarischen Werke, die im Kraftfeld von Bildung und ihrer erhöhten gesellschaftlichen Relevanz stehen, naturgemäß noch einmal zu. Neben den Florida des Apuleius[75] oder den Briefen Frontos, denen für die spätere Phase dieser Entwicklung eine ähnlich zentrale Rolle wie der plinianischen Briefsammlung für die Anfangszeit zukommt,[76] sind im Zusammenhang der gegenwärtigen Untersuchung vor allem die *noctes Atticae* des Gellius[77] und die Kaiserbiographien Suetons von Interesse. Bei den beiden letzten Autoren wird überdies ebenso wie in den Briefen des jüngeren Plinius besonders deutlich, daß es sich bei der Bildungskultur der römischen Kaiserzeit nicht um ein rein innerliterarisches Phänomen handelt, sondern daß ein Engagement auf kulturellem Gebiet für die Angehörigen der Oberschicht wie auch für den Kaiser selbst als Feld öffentlichen Handelns und als zentrale Möglichkeit der sozialen Distinktion zunehmend an Bedeutung gewann.

In diesem Zusammenhang kommt zum einen der Dichterpatronage eine wichtige Rolle zu,[78] von deren privater Variante Plinius ein anschauliches Bild liefern kann,[79] während Sueton die in diese Richtung weisenden Aktivitäten einzelner Herrscher zusammenfaßt.[80] Zum anderen verlagern sich auch die euergetischen Aktivitäten, traditionell ein wichtiges Betätigungsfeld sozialer Eliten,[81] mehr und mehr in den kulturellen Bereich. Vor diesem Hintergrund ist es sicherlich kein Zufall, daß sich in dieser Zeit die Nachrichten über die Stiftung von Bibliotheken häufen. Dies gilt nicht nur für die römischen Kaiser, aus deren zahlreichen Bauprojekten hier nur exemplarisch auf die *bibliotheca Ulpia* und ihre exponierte Stellung in der Anlage des Trajansforums hingewiesen sei,[82] sondern auch für zahlreiche Privatpersonen. So haben Dio Chrysostomos in Prusa,[83] Celsus Polemaeanus in Ephesos oder Plinius der Jüngere in seiner

---

139ff.) und Calpurnius Siculus (vgl. z.B. die Ausgabe von VERDIÈRE 1954, 27f.) ins Gespräch gebracht, doch vermochte bislang keine Zuschreibung völlig zu überzeugen.

75 Vgl. SANDY 1997 u. HARRISON 2000, 39ff.89ff.

76 Vgl. CHAMPLIN 1980, v.a. 29ff.48ff.

77 Vgl. KRASSER 1996, 148ff.

78 Vgl. SALLER 1982; WALLACE-HADRILL 1989 u. FANTHAM 1998 [1996], 61ff., u. NAUTA 2002.

79 Vgl. z.B. Plin. ep. 1,16; 4,20; 4,27; 5,10 u. 9,22.

80 Vgl. z.B. Suet. Vesp. 18; Dom. 4,4 u. Aug. 89,3 sowie ferner WALLACE-HADRILL 1983, 85f.

81 Vgl. allg. VEYNE 1990 [1976].

82 Zur symbolischen Repräsentation der Bildung als gesellschaftlichem Leitwert in der Anlage des Trajansforum vgl. KRASSER 1995, 85f., u. KRASSER 1996, 141ff., sowie allg. ZANKER 1970.

83 Der sich um die Errichtung dieser Bibliothek und die Bestattung der Frau und des Sohnes des Stifters in ihrem Innenhof entspinnende Rechtsstreit wird durch Briefe des 10. Buches der plinianischen Korrespondenz dokumentiert (vgl. Plin. ep. 10,81 u. 82 sowie ferner KRASSER 1996, 139f.).

Heimatstadt Como Bibliotheken gestiftet. Der letztere vergleicht in diesem Zusammenhang sogar explizit die von ihm getroffene Entscheidung mit anderen Möglichkeiten eines euergetischen Engagements wie etwa der Ausrichtung von Schauspielen oder Gladiatorenkämpfen und gewährt auf diese Weise einen interessanten Einblick in die Überlegungen und Prioritäten eines zeitgenössischen Stifters.[84]

Zwei weitere soziale Institutionen gewinnen im Zuge der Bildungskultur des 2. Jh. n. Chr. für die Mitglieder der römischen Oberschicht an Bedeutung. Dies gilt einerseits für die seit augusteischer Zeit bezeugten öffentlichen Rezitationen, die im Laufe des ersten Jahrhunderts zu einem festen Bestandteil des gesellschaftlichen Lebens geworden sind und von denen sich insbesondere aus den Pliniusbriefen,[85] aber auch aus den suetonischen *Caesares* eine gute Vorstellung gewinnen läßt.[86] Andererseits läßt sich vor allem innerhalb der gellianischen *noctes Atticae* beobachten, wie das Symposion, das bereits traditionell einen Ort gepflegter Konversation darstellte, mehr und mehr dazu genutzt wird, Bildung gezielt zur Schau zu stellen.[87] Die Etablierung einer regelrechten ,Salonkultur'[88] ließ das Symposion sogar zu einem zentralen Ort der Abfrage und des Nachweises von Bildungswissen werden.[89]

Die Inszenierung literarischer Kennerschaft und kultureller Kompetenz blieb jedoch weder auf leicht abgrenzbare soziale Gruppen, wie sie dem lange Zeit intensiv diskutierten Modell der literarischen *circuli* zugrunde liegen,[90] noch auf bestimmte Situationen wie die Rezitation oder das Symposion beschränkt. Ein spezifisches Charakteristikum der Bildungskultur besteht vielmehr gerade darin, daß historische, philosophische oder philologische Fragestellungen im gesellschaftlichen Leben des 2. Jh. n. Chr. überall und zu jeder Zeit anzutreffen sind.[91] Von der Ubiquität solcher The-

---

84   Vgl. Plin. ep. 1,8 sowie ferner NICLAS 1980; KRASSER 1996, 135ff.; LUDOLPH 1997, 67ff., u. KRIECKHAUS 2002, 26ff.

85   Vgl. BINDER 1995; KRASSER 1996, 177ff., u. FANTHAM 1998 [1996], 77ff.199ff.

86   Vgl. z.B. Suet. Tib. 61,3; Claud. 41,1; 42,2 u. Nero 10,2.

87   Vgl. z.B. Gell. 15,20; 17,8; 18,13 u. 19,7 sowie ferner allg. ZANKER 1995, 237f., u. EGELHAAF-GAISER 2004. Einen guten Einblick in die zeitgenössische Symposialkultur bietet vor allem Athenaios (vgl. LUKINOVICH 1990; BRAUND 2000; ROMERI 2000 u. WILKINS 2000).

88   Vgl. ANDERSON 1990, 102; V. ALBRECHT 1992, II 1174, u. KRASSER 1999, 59f.

89   Vgl. SCHMITZ 1997, 127ff., der aber auch die wichtige Einschränkung trifft: „Doch ist die Prüfungssituation wohl eher die Ausnahme denn die Regel. Im allgemeinen versammelte ein Gastmahl Teilnehmer, die ihre Zugehörigkeit zur gebildeten Oberschicht seit langem bewiesen hatten und nicht fürchten mußten, bei einem einzigen sprachlichen Schnitzer als unwürdig verwiesen zu werden. In solchen Fällen diente das ernste Spiel mit der sprachlichen Bildung vielmehr der Selbstbestätigung der kulturellen Überlegenheit der Gruppe; das Bewußtsein, sich auf so hohem Bildungsniveau unterhalten und behaupten zu können, förderte das Gefühl der Zusammengehörigkeit." (S. 132f.).

90   Vgl. GUILLEMIN 1927; GUILLEMIN 1929 u. CIZEK 1989 sowie die Kritik von WHITE 1975, v.a. 293.

91   Vor diesem Hintergrund ist in Bezug auf die Kaiserzeit auch die strikte Unterteilung von *otium* und *negotium* zu hinterfragen, die CATHERINE CONNORS ihrer Interpretation der ,literature of leisure' der

men können die Szenen aus dem Alltagsleben der antoninischen Zeit eindrucksvoll Zeugnis ablegen, die Gellius einigen der Kapitel seiner *noctes Atticae* als Rahmenhandlung beigegeben hat.[92]

Mit der zunehmenden Verlagerung der Aktivitäten in den kulturellen Bereich und der Etablierung der Bildung als zentralen gesellschaftlichen Leitwert wandelten sich jedoch nicht nur die Formen des sozialen Agierens, sondern auch das Selbstverständnis der Oberschicht, deren Mitglieder sich mehr und mehr als Teil einer ‚société de lettrés‘[93] verstanden. Die Zugehörigkeit zur Welt der *litterae* sollte dabei auch im individuellen Erscheinungsbild zum Ausdruck kommen, so daß im 2. Jh. n. Chr. der ‚Bildungsbart‘ seinen Siegeszug in der römischen Porträtkunst antreten konnte.[94] Im weiteren Verlauf dieser Entwicklung und mit der steigenden Akzeptanz des neuen Leitbildes wurden dann auch in den römischen Grab- und Ehreninschriften die Bildungsaspekte stärker betont,[95] wie es in Griechenland schon seit dem Hellenismus vielfach üblich gewesen war.[96]

Im Zuge dieses gesellschaftlichen Prozesses wurden kulturelle Kompetenz und literarische Kennerschaft zu entscheidenden Kriterien für die Zugehörigkeit zur sozialen Elite und zu wichtigen Faktoren ihrer Legitimation.[97] Dies gilt sowohl für die ‚informelle‘ Frage, ob jemand von den Standesgenossen als gleichberechtigtes Mitglied der Oberschicht anerkannt wurde, als auch für das Erreichen konkreter Karrierestufen.[98] Auch in dieser Hinsicht löste also die Bildung als sozialer Leitwert innerhalb

---

römischen Oberschicht zugrunde gelegt hat (vgl. CONNORS 2000), wenn die Analyse der intensiven Beschäftigung mit Literatur als Form der ‚conspicuous leisure‘ (vgl. VEBLEN 1918 [1899], v.a. 35ff.) gleichwohl bedenkenswert ist.

92 Vgl. z.B. Gell. 5,4; 13,31 u. 18,4 (Buchhandlungen); 18,2 u. 18,13 (Symposion); 6,4 (kaiserliche *salutatio*); 2,21 u. 19,1 (an Bord eines Schiffes) sowie ferner KRASSER 1995, 87ff., u. KRASSER 1999, 57ff.

93 Vgl. GUILLEMIN 1929, 1.

94 Vgl. ZANKER 1995, 190ff., dag. aber auch FISCHER-BOSSERT 2001, v.a. 148ff., der in dem in hadrianischer Zeit aufkommenden Bart ein Symbol für das Militär erblickt.

95 Vgl. NIQUET 2002, 167ff.

96 Vgl. SCHMIDT 1997, 97ff.

97 Eine Beschreibung der kaiserzeitlichen Gesellschaftsordnung, die über die von den Zeitgenossen verwendete dichotomische Differenzierung in *humiliores* und *honestiores* hinausgeht, fällt schwer: vgl. z.B. JACQUES / SCHEID 1998 [1996], 329: „Die antiken Quellen, nicht einmal die juristischen, liefern eine genaue Definition. Man verwendet eine Reihe von Begriffen, die, ohne Synonyme zu sein, je nach Kontext spezifisch konnotiert sind und sich auf alle beziehen, die zu den herrschenden Schichten der Stadt oder des Reiches gehören. Politische, moralische und soziale Faktoren sind untrennbar verbunden."

98 Besonders deutlich wird der Zusammenhang zwischen literarischer Bildung und politisch-militärischer Karriere in einigen Empfehlungsschreiben des jüngeren Plinius: vgl. z.B. Plin. ep. 2,13,7; 4,4,1; 4,15,7; 6,6,3; u. 7,31,5 sowie ferner BARDON 1971, 101ff.; CHRISTES 1975, 235ff.; MRATSCHEK-

der Oberschicht die Politik ab, der diese Funktion in der Republik zugekommen war. In Abwandlung der pointierten Charakterisierung der republikanischen Nobilität durch CHRISTIAN MEIER[99] ließe sich daher für das 2. Jh. n. Chr. die These formulieren, daß wer gebildet war, praktisch immer der Oberschicht angehörte, und daß vor allem auch umgekehrt jeder, der der Oberschicht angehörte, gebildet war.[100]

Wie konsequent Bildung und die Zugehörigkeit zur Oberschicht gleichgesetzt werden konnten, läßt sich vielleicht noch deutlicher anhand desjenigen Phänomens beobachten, für das sich in Anlehnung an Philostrat die Bezeichnung als Zweite Sophistik eingebürgert hat[101] und das nach langer Vernachlässigung und Geringschätzung durch die Forschung in jüngerer Zeit auf ein verstärktes Interesse gestoßen ist.[102] Insbesondere die enge Verbindung einer hervorgehobenen gesellschaftlichen Stellung und dem Ideal des πεπαιδευμένος, wie sie vor allem von THOMAS A. SCHMITZ unter dem programmatischen Titel ,Bildung und Macht' herausgearbeitet wurde,[103] bietet bei aller Vorsicht, die gegenüber einer voreiligen Übertragung von Beobachtungen zur Kultur der griechischen Reichshälfte auf den lateinischen Westen geboten ist, ein geeignetes Erklärungsmodell auch zum Verständnis der römischen Entwicklungen.

Die soziale Funktion von Bildung und ihrer gesellschaftlichen Präsentation wurde von THOMAS SCHMITZ in Anlehnung an die Theorien PIERRE BOURDIEUS[104] vor allem daraufhin befragt, welchen Beitrag sie zur Legitimation der gesellschaftlichen Privilegierung einer verhältnismäßig schmalen Oberschicht leisten konnte.[105] Als Identifika-

---

HALFMANN 1993, 18ff., u. allg. zur Rekrutierung der Führungskräfte in der Kaiserzeit JACQUES / SCHEID 1998 [1996], 376ff. (mit weiterführender Literatur).

99 Vgl. MEIER 1992, 9: „Wer Politik trieb, gehörte praktisch immer zum Adel (...) und vor allem auch umgekehrt: wer zum Adel gehörte, trieb Politik." Daneben waren selbstverständlich hinreichende finanzielle Ressourcen eine *condicio sine qua non* (vgl. z.B. JACQUES / SCHEID 1998 [1996], 331ff.), doch wurde die in Rom durch verschiedene *leges sumptuariae* erschwerte Ostentation von Reichtum nicht zu einem integralen Bestandteil des Selbstverständnisses der Oberschicht (vgl. BALTRUSCH 1989, 40ff.; HÖLKESKAMP 1987, 227f., u. BLEICKEN 1995, 56ff.).

100 Zur Rolle von literarischer Bildung als Kriterium der Zugehörigkeit zur römischen Oberschicht im 4. Jh. n. Chr. vgl. EIGLER 2003 passim u. v.a. 114ff.

101 Vgl. Philostr.soph. 1,481 mit ROTHE 1989, 6ff., ANDERSON 1990 u. BOWIE 2003, 851f. Die von PETER BRUNT vertretene These, daß es sich bei der Zweiten Sophistik um ein Konstrukt Philostrats zur Beschreibung eines allgemeinen Phänomens des griechischen Geisteslebens handle, wurde entschieden zurückgewiesen (vgl. BRUNT 1994 sowie dag. z.B. SWAIN 1996, 2 Anm. 2, u. SCHMITZ 1997, 14ff.).

102 Vgl. z.B. ANDERSON 1993; GLEASON 1995; SWAIN 1996; SCHMITZ 1997 u. WHITMARSH 2001.

103 Vgl. SCHMITZ 1997, 26ff.44ff.209ff., sowie ferner z.B. HOSE 1999, 162ff.; KORENJAK 2000, 40.52ff., u. FLAIG 2002, 125ff., aber auch die Modifikation durch WHITMARSH 2001, 90ff., der die prinzipielle Verfügbarkeit von Bildung für alle Gesellschaftsschichten betont.

104 Vgl. v.a. BOURDIEU 1987 [1979] u. BOURDIEU 1990 [1982].

105 Es gelingt SCHMITZ dabei, über die Beschreibung des Phänomens als ,conspicuous leisure' (vgl. VEBLEN 1918 [1899], v.a. 35ff.) wesentlich hinaus zu gelangen.

tionsfaktor und Distinktionsmerkmal einer etablierten Elite gegenüber sozialen Aufsteigern bietet sich Bildung dabei deswegen in besonderem Maße an, weil ihr Erwerb unter den Bedingungen der römischen Kaiserzeit in der Regel deutlich langsamer vonstatten ging als derjenige finanzieller Ressourcen.[106] Verdeutlichen läßt sich diese Funktion als retardierendes Moment am Beispiel des attizistischen Sprachideals, dessen Erlernung eine erhebliche zeitliche Investition darstellte und das sich gerade deswegen in besonderer Weise als soziales Distinktionsmerkmal anbieten mußte.[107] Eine vollgültige Zugehörigkeit zur Oberschicht konnte daher in den meisten Fällen erst mit einer Verzögerung von mehreren Generationen erreicht werden.[108]

Auf der anderen Seite wurde eine zum gesellschaftlichen Distinktionsmerkmal avancierte Bildung naturgemäß gerade für die in den ersten beiden Jahrhunderten der römischen Kaiserzeit verhältnismäßig breite Gruppe der sozialen Aufsteiger interessant.[109] Da die allgemeine Anerkennung des eigenen Aufstieges nur durch die Übernahme der oberschichtlichen Verhaltensmodelle erreicht werden konnte, läßt sich eine

---

106 Vgl. SCHMITZ 1997, 44ff. Ein aufschlußreiches Zeugnis für die antike Wahrnehmung, daß der Erwerb von Bildung eine zeitintensive Angelegenheit darstellte, liefert Laktanz, der die Dauer einer philosophischen Ausbildung ausführlich beschreibt, um dagegen den christlichen Glauben als ‚schnellen Weg zum Heil‘ ausspielen zu können: *discendae istae communes litterae propter usum legendi, quia in tanta rerum varietate nec disci audiendo possunt omnia nec memoria contineri. grammaticis quoque non parum operae dandum est, ut rectam loquendi rationem scias; id multos annos auferat necesse est. ne oratoria quidem ignoranda est, ut ea quae didiceris proferre atque eloqui possis. geometria quoque ac musica et astrologia necessaria est, quod hae artes cum philosophia habent aliquam societatem. quae universa perdiscere neque feminae possunt, quibus intra puberes annos officia mox usibus domesticis profutura discenda sunt, neque servi, quibus per eos annos vel maxime serviendum est quibus possunt discere, neque pauperes aut opifices aut rustici, quibus in diem victus labore quaerendus est* (vgl. Lact. inst. 3,25).

107 Vgl. ANDERSON 1993, 86ff., u. SCHMITZ 1997, 83ff., v.a. 90: „Diejenigen, die die Mühe auf sich nahmen, die komplizierten Regeln des Attizismus zu erlernen, und ihre Sprache unter diese strenge Kontrolle stellten, sahen ihre Handlungsweise also unter dem Muster eines wirtschaftlichen Vorgehens: Im Gegensatz zur großen Masse gebrauchten sie ‚kostbares‘ Sprachmaterial, investierten also mehr in ihre Sprache. Dieser höheren Investition aber entsprach auch eine Rendite: Die Elite gewann symbolische Macht, indem sie sich von πολλοὶ καὶ ἀμαθεῖς absetzte. Solche Mechanismen hat Bourdieu mit dem treffenden Begriff des ‚sprachlichen Marktes‘ beschrieben: ... [vgl. BOURDIEU 1990 [1982], 43]." sowie ferner EIGLER 2003, v.a. 32f.98f., zu Sprachnorm als Kriterium der Zugehörigkeit zur Oberschicht in der Spätantike.

108 Vgl. SCHMITZ 1997, 50ff., aber auch 28f.: „Den Akteuren selbst ist die strukturelle Verbundenheit von symbolischer und politischer Macht in den meisten Fällen nicht bewußt: Die gesellschaftlich dominierenden Schichten profitieren davon, daß die Legitimierungsfunktion von Kultur möglichst verborgen bleibt. ... Hinter der Betonung der Autonomie steckt keine irgendwie geartete Verschwörung der dominierenden Schichten; jeder einzelne Angehörige dieser Schichten wird vielmehr aufrichtig das Gefühl haben, die Kultur sei ein vom politischen Machtkampf völlig isoliertes Feld, seine eigenen kulturellen Aktionen seien daher unabhängig von jedem Macht- oder Klasseninteresse: ...".

109 Zur parallelen Entwicklung im 4. Jh. n. hr. vgl. EIGLER 2003, v.a. 122f.

erstaunlich weite Verbreitung dieser Verhaltensformen in der römischen Gesellschaft beobachten. Für eine vorwiegend als Statusimitation verstandene Bildungsostentation bietet insbesondere die Figur des Trimalchio ein gutes Beispiel, mit der Petron zwar ein satirisch zugespitztes, im Kern aber durchaus zutreffendes Bild vom Typus des Neureichen im kaiserzeitlichen Rom gezeichnet hat.[110] Eine soziale Einordnung dieser *homines novi* läßt sich meist nur schwer vornehmen,[111] doch dürften vor allem die nach Rom übersiedelnden Angehörigen der Munizipalaristokratie[112] und die kaiserlichen *liberti*, die am Hof und im ‚Staatsdienst' wichtige Funktionen übernahmen,[113] in diesem Zusammenhang relevante Personengruppen sein.

Inhaltlich lassen sich bei den im 2. Jh. n. Chr. zur Allgemeinbildung zählenden Themengebieten deutliche Schwerpunkte beobachten, die weder mit dem in der späten Republik intensiv rezipierten Konzept der hellenistischen ἐγκύκλιος παιδεία[114] noch mit den spätantiken *septem artes liberales* völlig übereinstimmen.[115] Insbesondere die große Bedeutung historischer Wissensbestände, die sich bereits in den analogen Tendenzen zur sprachlichen ‚Repristinierung'[116] in der Form des Attizismus wie des römischen Archaismus manifestiert und die nicht einseitig auf den lexikalischen Aspekt reduziert werden sollte,[117] markiert hier einen wichtigen Unterschied. Denn trotz der ausgeprägten Traditionsorientierung der römischen Gesellschaft spielte die Geschichte noch im Fächerspektrum des 1. Jh. v. Chr. eine eher untergeordnete Rolle.[118] Im 1. und 2. Jh. n. Chr. zeigt sich dagegen sowohl eine gesteigerte Bedeutung historischer Lehrinhalte im kaiserzeitlichen Schulunterricht[119] als auch eine Blüte sol-

---

110   Vgl. z.B. Petron. 59 sowie ferner VEYNE 1988, 43ff.; HORSFALL 1989 u. KRASSER 1999, 63.

111   Vgl. SCHMITZ 1997, 152ff. u. allgemein JACQUES / SCHEID 1998 [1996], 329ff.

112   Vgl. MRATSCHEK-HALFMANN 1993, 219ff.; ECK 1995a, 141ff., u. JACQUES / SCHEID 1998 [1996], 373ff.388ff.

113   Vgl. MRATSCHEK-HALFMANN 1993, 169ff.212ff.; ECK 1998 u. JACQUES / SCHEID 1998 [1996], 378ff.

114   Vgl. MARROU 1957, 141ff., u. CHRISTES 1975, 15ff., u. CHRISTES 1997b.

115   Vgl. MARROU 1957, 355ff. ; CHRISTES 1975, 196ff., u. CHRISTES 1997a.

116   Vgl. DIHLE 1977, 164.

117   Vgl. v.a. SCHINDEL 1994.

118   Prominente Ausnahmen stellen die Bemerkungen Ciceros (vgl. z.B. Cic. de or. 1,158-159.201 sowie ferner MÜLLER 1965; FLECK 1993, 15ff.; BITTNER 1999, 276ff., u. EIGLER 2003, 51ff.) oder Vitruvs (vgl. Vitr. 1,1,5-6) dar; vgl. allg. KÜHNERT 1961, 25f.89f.; STRASBURGER 1982a [1966], 963ff., u. MALITZ 1990, 325f.

119   Vgl. NICOLAI 1992, 32ff.; HOSE 1994, 5ff., u. EIGLER 2003, v.a. 234ff., die ein differenziertes Bild des Anteils rekonstruieren konnten, den historische Wissensinhalte im antiken *curriculum* ausmachten: Obwohl die Kenntnis der Vergangenheit niemals den Rang eines antiken ‚Schulfaches' eingenommen hat, kam der junge Römer in der Regel bereits beim Grammatiker mit Geschichte in Berührung (vgl. NICOLAI 1992, 177ff., u. EIGLER 2003 *passim*), vor allem in Form der historischen Epen des Ennius und Vergil (vgl. Serv.Aen. 6,752 sowie ferner HÄUSSLER 1976, 299ff.; NICOLAI 1992, 177ff., u. EIGLER 2003, 64ff.), und auch beim Rhetor bildete historiographische Literatur einen integ-

cher Gattungen, die historisches Wissen in literarischer Form vermitteln wollen. In diesen Zusammenhang gehört die Universalgeschichtsschreibung des Pompeius Trogus ebenso wie die geschichtlichen Abrisse, die Velleius Paterculus, Florus und Granius Licianus verfaßt haben, oder die beliebten Epitome historischer Großwerke.[120]

Die Interpretation der gestiegenen Bedeutung geschichtlicher Inhalte im Rahmen der kaiserzeitlichen Allgemeinbildung erfolgte in der Forschung allerdings lange Zeit unter wenig freundlichen Prämissen. Man führte das verstärkte Interesse an historischen Gegenständen einseitig auf die Bedürfnisse der Rhetorenschule und ihrer vermeintlich weltfremden Deklamationsübungen zurück und erblickte in der intensiveren Beschäftigung mit der eigenen Geschichte in erster Linie einen eskapistischen ‚cult of the past'.[121] Gegenüber diesen Deutungsansätzen wurde in jüngerer Zeit vor allem mit Blick auf das griechische Phänomen der Zweiten Sophistik die hohe gesellschaftliche Relevanz dieser Form der Erinnerungskultur betont.[122] Daß es sich bei den Protagonisten dieser vermeintlich weltabgewandten ‚Stubengelehrsamkeit' häufig zugleich um die führenden Männer ihrer Zeit handelt,[123] daß die Vorträge dieser ‚Konzertredner' gerade auch über geschichtliche Themen ein gesellschaftliches Ereignis ersten Ranges darstellten,[124] daß die Bezüge auf die historische und mythologische Vergangenheit wichtige Argumente auch auf der politischen Ebene darstellten[125] und daß die Aktivierung der Erinnerung an die eigene Geschichte einen wichtigen Beitrag zur kul-

---

ralen Bestandteil des Lektürekanons und diente als Materialvorlage für die Deklamationsübungen (vgl. v.a. Quint. inst. 2,4,18-21 u. 10,1,31-34 sowie allg. AX 1990 u. NICOLAI 1992, 55ff.61ff.). MARTIN HOSE kommt daher zu folgendem, vor dem Hintergrund der Geringschätzung der rhetorischen Schule in der älteren Forschung überraschendem Ergebnis: „... während der gebildete, d.h. alle drei Stufen schulischer Ausbildung durchlaufende Grieche sich im Unterricht lediglich mit der eigenen klassischen Geschichte beschäftigt, ist der gebildete Römer sowohl mit der klassischen griechischen wie mit der eigenen Geschichte bis zum Ende der Republik vertraut." (HOSE 1994, 18).

120 Vgl. z.B. STEINMETZ 1982, 121ff.; ALONSO-NÚÑEZ 1990; HOSE 1994; ALONSO-NÚÑEZ 1995 u. BESSONE 1996.

121 Vgl. VESSEY 1994. Zu der analogen Bewertung der Zweiten Sophistik vgl. v.a. BOWIE 1970, sowie ferner z.B. CHRIST 1988, 545: „Die Themen waren dabei häufig den großen Situationen der griechischen Geschichte des 5. und 4. Jahrhunderts v. Chr. entnommen – und die Hörer haben sich an solchen historischen Reminiszenzen offensichtlich begeistert. Sie waren zudem auch noch bereit, für diese völlig anachronistischen Schaustellungen artifizieller Redekunst zu bezahlen." u. die von SCHMITZ 1997, 9ff., zusammengestellten Zeugnisse.

122 Vgl. ANDERSON 1993, 83ff.101ff.; ZANKER 1995, 234ff., u. SCHMITZ 1997, 18ff.193ff.

123 Diesen Sachverhalt kann am eindrucksvollsten der häufig angeführte Umstand verdeutlichen, daß im Jahre 143 n. Chr. Herodes Atticus als consul ordinarius und Fronto als consul suffectus fungierten; vgl. allg. z.B. BOWERSOCK 1969a, passim; MRATSCHEK-HALFMANN 1993, 30ff., u. SCHMITZ 1997, 18f.

124 Vgl. v.a. KORENJAK 2000, 38f.

125 Vgl. z.B. WEISS 1984, u. allg. SCHEER 1993.

turellen Selbstdefinition[126] wie auch zur Legitimation der bestehenden gesellschaftlichen Verhältnisse[127] leistete, sind dabei Beobachtungen, die sich zumindest in einigen Aspekten auch auf die römischen Parallelerscheinungen übertragen lassen. Im Lichte dieser gewandelten Wahrnehmung zeigt sich, daß gerade diejenigen Segmente des zeitgenössischen Bildungskanons, die einen starken Vergangenheitsbezug aufwiesen, eine wichtige Funktion in dem komplexen sozialen und kulturellen Feld übernommen haben, das die Grundlage der spezifischen Bildungskultur des 2. Jh. n. Chr. darstellt.

Bereits angesichts des stark an individuellen Personen orientierten Geschichtsverständnisses der Antike[128] konnte das verstärkte Interesse an historischen Gegenständen in der römischen Kaiserzeit nicht ohne Auswirkungen auf die Beschäftigung mit den bedeutenden Persönlichkeiten der Vergangenheit bleiben. Doch stellt diese Entwicklung nicht den einzigen Grund für die Intensivierung der biographischen Erinnerung dar, die sich im 2. Jh. n. Chr. beobachten läßt und die ihm zu recht die Bezeichnung als das große Zeitalter der Biographie eingetragen hat.[129] Informationen über die *viri illustres* vergangener Epochen nehmen vielmehr bereits *suo iure* einen zentralen Platz im Spektrum der zeitgenössischen Allgemeinbildung ein.

Wie empfindlich die öffentliche Wahrnehmung als Gebildeter durch einen Fauxpas auf diesem Gebiet berührt wurde, kann exemplarisch die Häme verdeutlichen, die Gellius in der eingangs zitierten Passage über den *sophista ille* ἀπαίδευτος ausgießt, der den älteren mit dem jüngeren Scipio verwechselt und den Skeptiker Karneades zum Zeitgenossen Alexanders des Großen macht.[130] In dieses Bild der hohen sozialen Relevanz biographischer Informationen paßt es vorzüglich, daß einige Villenbesitzer des 2. und 3. Jh. n. Chr. sich durch die alphabetische Aufstellung von Porträtbüsten „steinerne Enzyklopädien klassischer Bildung" zulegten, „die man im Auf- und Abgehen memorieren konnte"[131] und deren Nützlichkeit noch dadurch gesteigert wur-

---

126 Dieser Aspekt wurde vor allem in Hinblick auf die ‚kontrapräsentische' (vgl. ASSMANN 1992, 66ff.) Form der Erinnerung in der östlichen Reichshälfte stark betont und in der Rekurs auf die glanzvollen Epochen der griechischen Geschichte als Reaktion auf die politische Machtlosigkeit der Gegenwart interpretiert (vgl. z.B. ANDERSON 1993, 101ff.; WOOLF 1994; SWAIN 1996, 65ff.; GOLDHILL 2001 u. WHITMARSH 2001, 41ff.). Zur Übertragbarkeit auf die römischen Verhältnisse vgl. KORENJAK 2000, 39f. mit Anm. 106: „Etwas anders liegen die Dinge in der römischen Gesellschaft, die nicht wie die griechische mit dem Verlust ihrer politischen Souveränität fertigwerden muß. Dort steht weniger das Bestreben, eine Brücke zur glorreichen Vergangenheit zu schlagen, als vielmehr die ständige Diskussion der grundlegenden Werte der eigenen Gesellschaft im Zentrum.".

127 S.o. S. 16ff.

128 S.o. S. 2ff.

129 Vgl. z.B. LEO 1901, 321; GUGEL 1977, 148.154f., u. SWAIN 1997, 36.

130 Vgl. Gell. 17,21,1.

131 Vgl. ZANKER 1995, 199.

de, daß auf dem Hermenschaft neben dem Namen der jeweiligen Berühmtheit auch Zitate, ein Werkverzeichnis oder kurzgefaßte Viten angebracht werden konnten.[132]

Die prominente Rolle biographischer Informationen ist neben dem Wert, den sie als in unmittelbar nachvollziehbarer Form präsentiertes Vergangenheitswissen bereits in sich tragen, nicht zuletzt auf ihre verschiedenen Verwendungsmöglichkeiten im Rahmen der Vermittlung von Wissen zurückzuführen. Bereits auf einer rein materiellen Ebene können die Lebensdaten berühmter Männer – wie im sogenannten synchronistischen Kapitel der *noctes Atticae*[133] – der chronologischen Orientierung dienen. Eine solche Hilfestellung muß in der Antike um so erwünschter gewesen sein, als die Bedeutung von Zeitrechnungen, die nicht auf den Namenslisten lokaler Amtsträger basierten, immer marginal geblieben ist.[134] Doch auch darüber hinaus kann biographisches Wissen, zumal wenn es narrativ beispielsweise in Form von Anekdoten aufbereitet wird, zahlreiche andere Funktionen übernehmen, die von der reinen Unterhaltung in der Art von Mirabilien über die lebendige Präsentation von Bildungsstoff bis hin zur Übernahme moralischer Vorbildfunktionen und zur Vermittlung erwünschter Verhaltensweisen am Modell historischer Personen reichen können. Gerade die zuletzt genannten Funktionen können die enorme Bedeutung der großen Gestalten der Vergangenheit in unterschiedlichen literarischen Werken der Adoptivkaiserzeit erklären, denen wir uns im Folgenden zuwenden wollen.

3. Die biographische Literatur in der Bildungskultur

Nachdem zunächst der Versuch unternommen wurde, den Prozeß der Etablierung der Bildungskultur der römischen Oberschicht des 2. Jh. n. Chr. in seiner historischen Genese stichpunktartig vorzustellen, wird im weiteren Verlauf der Untersuchung insofern ein Perspektivenwechsel erfolgen, als nun die formale Seite stärker in den Vordergrund rücken wird. Dabei sollen anhand der drei ausgewählten Autoren verschiedene Reaktionen innerhalb der literarischen Landschaft der Adoptivkaiserzeit auf die oben skizzierten gesellschaftlichen und kulturellen Entwicklungen in den Blick genommen und der jeweilige Beitrag ihrer Werke zur Formierung der spezifischen Bildungskultur des 2. Jh. n. Chr. herausgestellt werden.

---

132   Vgl. NEUDECKER 1988, 64ff.

133   S.u. S. 172ff.

134   Zur Bedeutung solcher Kategorien für das historische Bewußtsein der Antike vgl. Tac. dial. 16,5-6: *ego enim cum audio antiquos, quosdam veteres et olim natos intellego, ac mihi versantur ante oculos Ulixes et Nestor, quorum aetas mille fere et trecentis annis saeculum nostrum antecedit; vos autem Demosthenen et Hyperiden profertis, quos satis constat Philippi et Alexandri temporibus floruisse, ita tamen ut utrique superstites essent. ex quo apparet non multo plures quam trecentos annos interesse inter nostram et Demosthenis aetatem.*

Doch ehe sich die Untersuchung im Folgenden den einzelnen Werken jeweils getrennt zuwendet, sollen an dieser Stelle zunächst einige alle drei Autoren verbindende Elemente zusammenhängend vorgestellt werden. Dabei werden sich an den Versuch, die soziale Stellung von Produzenten und Rezipienten der betreffenden Werke knapp zu skizzieren, zwei Abschnitte anschließen, die charakteristische Aspekte der biographischen Literatur des 2. Jh. n. Chr., ihre Funktionalisierung von Personendarstellungen und ihre Stellung innerhalb einer Epoche des saturierten Buchwissens, mit Blick auf die historische Entwicklung und die gesellschaftlichen Rahmenbedingungen zu erklären versuchen. Die letzten beiden Abschnitte widmen sich der Bedeutung des anekdotischen Erzählens im 2. Jh. n. Chr. und der Frage nach der antiken Vorstellung von der Biographie als Gattung. Mit diesem ‚tour d'horizon', in dem unterschiedliche, aber für die biographische Literatur in der Bildungskultur gleichermaßen zentrale Aspekte thematisiert werden, soll gleichsam der Rahmen für die sich anschließenden Einzeluntersuchungen abgesteckt werden.

a) Autor und Publikum

Über den sozialen Hintergrund der drei Autoren sind wir vergleichsweise gut informiert, wenn wir uns bei der Rekonstruktion der Lebensumstände vor allem des jüngeren Plinius und des Aulus Gellius auch zu einem Großteil auf ihre eigenen Aussagen und damit auf das Bild stützen müssen, das sie von sich vor den Zeitgenossen erzeugen und der Nachwelt tradieren wollten. Vergleicht man die zur Verfügung stehenden prosopographischen Informationen, so fällt das Ergebnis für die drei Autoren freilich recht disparat aus. Nicht nur ihre Lebensdaten weichen zum Teil deutlich voneinander ab, sondern auch hinsichtlich ihrer sozialen Stellung differieren der Konsular Plinius auf der einen Seite sowie Sueton, der verschiedene Ämter in der kaiserlichen Verwaltung bekleidet hat, und Gellius, der immerhin seine Tätigkeit als Richter erwähnt, auf der anderen Seite nicht unerheblich voneinander. Daß dennoch alle drei Autoren der Oberschicht im weiteren Sinne angehören, kann schon deswegen nicht überraschen, da finanzielle Ressourcen in einem gewissen Umfang die *condicio sine qua non* bildeten, um überhaupt schriftstellerisch tätig zu werden, wenn man sich nicht der Patronage eines wohlhabenden Mäzens erfreuen konnte.[135]

Bereits aufgrund des disparaten sozialen Hintergrunds ist es nicht verwunderlich, daß sich bei den drei Autoren auch kein einheitliches Motiv feststellen läßt, schriftstellerisch tätig zu werden. Ebenfalls als heterogen erweist sich das Publikum, das die einzelnen Werke jeweils intendiert beziehungsweise gefunden haben dürften, insofern Aussagen hierüber angesichts der in der Regel äußerst spärlichen antiken Rezeptions-

---

135 Vgl. MRATSCHEK-HALFMANN 1993, 21ff.

zeugnisse überhaupt in sinnvoller Weise möglich sind.[136] Dennoch kann gerade das komplexe Bild, das sich aus den plausibeln Vermutungen zu den von den drei Autoren jeweils verfolgten Intentionen und zur zeitgenössischen Rezeption ihrer Werke ergibt, eine gute Vorstellung von der Vielschichtigkeit der literarischen Landschaft der Adoptivkaiserzeit geben.

Denn während es als relativ wahrscheinlich gelten kann, daß sich Plinius mit der Publikation seiner Briefe in erster Linie an ein Publikum richtet, dessen soziale Zusammensetzung sich nicht wesentlich von derjenigen des ursprünglichen Adressatenkreises seiner Schreiben unterschieden haben wird und das daher primär in der bereits etablierten Oberschicht und insbesondere unter seinen senatorischen Standesgenossen zu suchen sein wird,[137] liegt der Fall bei Gellius und Sueton anders. Vor allem die gellianischen *noctes Atticae* mit ihrer starken pädagogischen Komponente lassen in vielerlei Hinsicht erkennen, daß ihr Autor gerade in denjenigen Personenkreisen sein Publikum erblickte, die einen sozialen Aufstieg anstrebten, deren Bildungsdefizite jedoch die volle Anerkennung durch die etablierten Kreise verhinderten.[138] Diese *homines novi* dürften naturgemäß ein starkes Interesse an solchen Schriften entwickelt haben, die ihnen den Zugang zu den gesellschaftlich erwarteten Kenntnissen und Verhaltensweisen eröffnen und nach Möglichkeit erleichtern konnten.

Für dieses vermutlich recht umfangreiche und zudem in aller Regel zahlungskräftige Publikum mußten auch die suetonischen *Caesares* ein willkommenes Kompendium zur Geschichte der frühen Kaiserzeit darstellen. Daß Sueton jedoch darüber hinaus zahlreiche Informationen zu den ersten zwölf römischen Herrschern liefert, die weder Bestandteil anderer Schriften noch einer oberschichtlichen Erziehung und Ausbildung gewesen sein dürften, macht ihn zugleich aber auch für Leser aus den bereits etablierten Eliten interessant. Einen möglicherweise eher punktuellen Zugriff auf sein Werk, wie ihn Lesern, die mit den Grundzügen des historischen Geschehens bereits vertraut sind, favorisiert haben werden, hat Sueton denn auch mit verschiedenen Maßnahmen zur Texterschließung, wie etwa die Verwendung eines Rubrikenschemas, erleichtert.[139]

Überhaupt weisen die Kaiserbiographien einen ausgeprägten ‚Dienstleistungscharakter' auf, der in der übersichtlichen Gliederung des Materials ebenso zutage tritt wie in der vorwiegend um Präzision und Eindeutigkeit bemühten Diktion. Mit dieser starken Orientierung am Rezipienten und seiner Bereitschaft, selbst ganz hinter seinem Material zurückzutreten, nimmt Sueton eine Extremposition in der zeitgenössischen literarischen Landschaft ein. Für Plinius dagegen spielt das Bestreben, die eigene lite-

---

136 Vgl. allg. Fantham 1998 [1996], 1ff.
137 Vgl. v.a. Beutel 2000, 148, u. s.u. S. 77f.
138 Vgl. z.B. Beall 1988, 36, u. s.u. S. 159ff.
139 Zur Forschungsdiskussion um das von Sueton intendierte Publikum s.u. S. 321ff.

rarische Virtuosität und kulturelle Kompetenz adäquat zum Ausdruck zu bringen, eine wesentlich wichtigere Rolle. Dementsprechend tritt bei ihm trotz der an vielen Stellen deutlich zu spürenden protreptischen Intention[140] gleichwohl die Orientierung an den Bedürfnissen des Lesers ein stückweit zurück, wenn auch nicht ganz soweit, wie vielfach vermutet.[141] In diesem Fall erweist sich Gellius als die vermittelnde Instanz, denn in den *noctes Atticae* geht eine klar formulierte didaktische Intention mit dem Wunsch einher, sich selbst im Besitz der erwünschten Eigenschaften zu zeigen und damit als vollwertiges Mitglied einer sich über Bildung definierenden sozialen Elite darzustellen.

Innerhalb eines kulturellen Bezugssystems, das einen solchen Komplexitätsgrad aufweist, wie die Gesellschaft des kaiserzeitlichen Roms im 1. und 2. Jh. n. Chr., kann es naturgemäß auch auf die Frage nach der Interaktion zwischen Autor und Publikum keine einfachen Antworten mehr geben. Nichtsdestotrotz kann die Rekonstruktion des allgemeinen sozialgeschichtlichen Rahmens einen wichtigen Beitrag dazu leisten, einen plausiblen Hintergrund für die weitergehende Interpretation der einzelnen Autoren und ihrer Werke bereitzustellen, ohne diese freilich durch jenen a priori determinieren zu wollen.

b) *Claros viros colere*: Kommemoration und Identität

Die auktoriale Selbstdarstellung, die sich in der plinianischen Briefsammlung ebenso beobachten läßt wie in den *noctes Atticae* des Gellius, beinhaltet nicht selten zugleich eine Spiegelung der sozialen Gruppe, der sich der Autor zugehörig fühlt. Die doppelte Funktionsweise dieses Aspektes können exemplarisch die unter vergleichbaren gesellschaftlichen Bedingungen entstandenen ἐπιδημίαι des Ion von Chios aus dem 5. Jh. v. Chr. verdeutlichen:[142] In seiner Schrift wie in den Werken des 2. Jh. n. Chr. kommt der Porträtierung von Zeitgenossen einerseits eine große Bedeutung für die Identifikation und die Selbstwahrnehmung der betreffenden sozialen Gruppe zu, andererseits handelt es sich bei der Auswahl der dargestellten Personen angesichts des für das antike Denken zentralen Motivs der literarischen Unsterblichkeit um einen hochsensiblen und vom Autor durchaus reflektiert vorgenommenen Akt.

---

140 Vgl. v.a. Plin. ep. 1,10; 2,3 u. 3,1.

141 Dies würde insbesondere dann gelten, wenn sich die handschriftlich überlieferten Indizes zu einzelnen Briefbüchern als authentisch erweisen ließen: s.u. S. 68f.

142 Ion von Chios hat in Form kurzer Szenen über sein Zusammentreffen mit politischen und intellektuellen Größen seiner Zeit berichtet, so daß sich ein Bild der Epoche und ihrer führenden Persönlichkeiten ergeben mußte. Von Form und Inhalt läßt sich aus den wenigen erhaltenen Fragmenten allerdings nur eine ungefähre Vorstellung gewinnen (vgl. WEST 1985; GENTILI / CERRI 1988, 70ff., u. PICCIRILLI 1998, 147ff.).

Das Streben nach einer *fama apud posteriores* und einer *sequentis aevi memoria* kann geradezu als eine anthropologische Konstante und Grundbedingung der antiken Gesellschaft, zumal ihrer Oberschicht,[143] gelten.[144] Schon früh hat dieser Wunsch daher auch seinen Niederschlag in verschiedenen literarischen Gattungen gefunden und läßt sich in Rom in der epischen Dichtung seit Ennius[145] ebenso nachweisen wie in der Historiographie seit Fabius Pictor.[146] Der kommemorative Aspekt bleibt in der Geschichtsschreibung auch nach dem Ende der Republik und dem mit ihm verbundenen Verblassen des gentilizischen Erinnerungsdiskurses virulent. Im Zusammenhang mit einer veränderten Akzentuierung läßt sich im Laufe des 1. Jh. n. Chr. sogar eine Steigerung der Bedeutung beobachten, die dieser Intention von den Verfassern historiographischer Werke beigemessen wird. Die Möglichkeit, historischen Personen mit der Aufnahme in das eigene Geschichtswerk literarische Unsterblichkeit zu gewähren und auf diese Weise Einfluß darauf zu haben, an wen zukünftige Generationen sich erinnern werden, wird von den Autoren der Kaiserzeit zunehmend bewußt reflektiert und als entscheidender Vorteil historiographischer Tätigkeit wahrgenommen.[147] Daß dadurch nicht zuletzt auch die Abgrenzung von der Panegyrik virulent wird, kann vor

---

143 Vgl. ECK 1999, 31: „Doch Mitglieder einer Elite sind häufig, wenn nicht sogar stets, darauf bedacht, der eigenen Person Dauer zu verschaffen und damit Tod und Vergänglichkeit – also auch der Gleichheit – zu entkommen, diese zu überwinden."

144 Vgl. z.B. Enn. Frg. 574 SKUTSCH; Cic. Arch. 26.29; Cic. Tusc. 1,31-34; Val. Max. 8,14; Tac. Agr. 46; Tac. ann. 4,38,1-5; Plin. ep. 7,33,1;9,3,1; 9,14,1-2 u. 9,19,3 sowie ferner z.B. LEEMANN 1949, v.a. 123ff., u. zur Berücksichtigung dieses Anliegens in der Anlage antiker Grabbauten DAVIES 2000, 120ff.

145 Vgl. z.B. GRUEN 1990, 79ff.; GOLDBERG 1995, 111ff.; MUTSCHLER 2000b u. RÜPKE 2001.

146 Die Erinnerung an die κλέα ἀνδρῶν gehört schon bei Herodot zum homerischen Erbe der Geschichtsschreibung, der als Motivation zur Abfassung seines Werkes angibt, er könne es nicht zulassen, daß die γενόμενα ἐξ ἀνθρώπων und die ἔργα μεγάλα τε καὶ θωμαστά bei den kommenden Generationen ἀκλεᾶ würden (vgl. Hdt. 1,1,1; ferner Dion. Hal.ep. Pomp. 3 u. Ps.-Longin. de subl. 13,2-3 sowie STRASBURGER 1982b [1972]; WISEMAN 1979, 143ff.; FORNARA 1983, 30ff.76f.96f.; WOODMAN 1988, 1ff.40ff. u. MARINCOLA 1997, 6). Zur kommemorativen Aufladung der republikanischen Geschichtsschreibung s.o. S. 4f.

147 Vgl. v.a. Tac. Agr. 1,1-2: *clarorum virorum facta moresque posteris tradere, antiquitus usitatum, ne nostris quidem temporibus quamquam incuriosa suorum aetas omisit, ... sed apud priores ut agere digna memoratu pronum magisque in aperto erat, ita celeberrimus quisque ingenio ad prodendam virtutis memoriam sine gratia et ambitione bonae tantum conscientiae pretio ducebatur.* An anderen Stellen verbindet Tacitus das kommemorative Moment eng mit einer erzieherischen Komponente (vgl. z.B. Tac. ann. 3,65,1: *quod praecipuum munus annalium reor, ne virtutes sileantur utque pravis dictis factisque ex posteritate et infamia metus sit*). Die Wahrnehmung der Geschichtsschreibung in ihrer kommemorativen Funktion tritt am prägnantesten in Plinius' Überlegungen zur Abfassung einer historiographischen Schrift hervor: *mihi pulchrum in primis videtur non pati occidere, quibus aeternitas debeatur, aliorumque famam cum sua extendere* (vgl. Plin. ep. 5,8,1; s.u. S. 79ff.).

allem Lukians Traktat πῶς δεῖ ἱστορίαν συγγράφειν verdeutlichen, der dieser Problematik eine umfangreiche Passage widmet.[148]

Ein für die Zeitgenossen so zentrales Motiv blieb dabei natürlich nicht auf die Geschichtsschreibung beschränkt, sondern wirkte sich auch auf verwandte Gattungen aus. Es spielt in der Literaturgeschichtsschreibung ebenso eine prominente Rolle[149] wie in der biographischen Literatur, die hierfür naturgemäß in besonderer Weise prädestiniert erscheinen mußte.[150] Die Kommemoration erinnerungswürdiger Personen als Anliegen der Biographie zeigt sich schon in der Wahrnehmung der varronischen *hebdomades vel de imaginibus* durch Plinius den Älteren.[151] In der frühen Kaiserzeit erfährt sie im Kontext der Prinzipatsopposition und der *exitus illustrium virorum*-Literatur eine spezifisch politische Aufladung, ehe mit dem Beginn der Adoptivkaiserzeit im Rahmen der Bildungskultur die spätrepublikanischen Ansätze aufgegriffen und zur vollen Entwicklung gebracht werden.[152]

Mit dem Heraustreten der biographischen Kommemoration aus dem Kraftfeld der gentilizischen *memoria* am Ende der Republik und mit dem Verblassen der politischen Dimension am Ende des 1. Jh. n. Chr. ist zugleich noch eine andere wichtige Neuerung verbunden: Neben die Erinnerung an historische Figuren tritt jetzt programmatisch auch diejenige an ausgewählte Zeitgenossen. Die prononcierte Gleichstellung beider Personengruppen kann dabei als Beleg für die Überwindung des in der frühen Kaiserzeit noch vorwiegend deszendenten Geschichtsbildes verstanden werden,[153] da

---

148 Vgl. Lukian. hist. conscr. 7-13 u. ferner allg. ZIMMERMANN 1999.

149 Während bei Quintilian aus dem Verzicht auf die Namensnennung noch lebender Personen hervorgeht, daß er sich der Bedeutung der Aufnahme eines Autors für dessen Nachruhm bewußt war (vgl. Quint. inst. 3,1,21: *sunt et hodie clari eiusdem operis auctores, qui si omnia complexi forent, consuluissent labori meo: sed parco nominibus viventium; veniet eorum laudi suum tempus: ad posteros enim virtus durabit, non perveniet invidia*), wird eine kommemorative Absicht von Seneca dem Älteren mit Blick auf die in seinen rhetorischen Schriften behandelten Redner explizit gemacht hat: *ipsis* [sc. celeberrimis viris] *quoque multum praestaturus videor, quibus oblivio imminet nisi aliquid, quo memoria eorum producatur, posteris tradetur. fere enim aut nulli commentarii maximorum declamatorum extant aut, quod peius est, falsi. itaque ne aut ignoti sint aut aliter quam debent noti, summa cum fide suum cuique reddam* (vgl. Sen. contr. 1 praef. 11 u. ferner SCHWINDT 2000, 190ff., zum *memoria*-Konzept Senecas des Älteren).

150 Vgl. z.B. LEWIS 1993, 658: „Hence the supposition that the Roman biography, and with it the autobiography, was essentially commemorative in nature, deeply rooted in instinctive atavistic desires to ensure a favourable impression of the subject a lasting fame among the succeeding generations."

151 Vgl. Plin. n.h. 35,11: *non passus intercidere figuras aut vetustatem aevi contra homines valere, inventor muneris etiam dis invidiosi, quando immortalitatem non solum dedit, verum etiam in omnes terras misit, ut praesentes esse ubique ceu di possent. et hoc quidem alienis ille praestitit.*

152 Zur *exitus illustrium virorum*-Literatur s.u. S. 88ff.

153 Vgl. z.B. Vell. 1,17,6-7; Sen. contr. 1 praef. 6-7; Colum. 1 praef. 28 u. Lact. inst. 7,15,14 sowie ferner allg. BRACHER 1987 [1948]; HELDMANN 1982 u. DÖPP 1989, v.a. 96: „Zunächst einmal stellt die in der Kaiserzeit so verbreitete Klage ... keineswegs schon ein Symptom von Niedergang dar; sie setzt

sich die Größen der eigenen Zeit bewußt in den *summi viri* der Vergangenheit spiegeln, sie erreichen und im günstigsten Fall sogar übertreffen sollen.

Die ‚engagierte Bewunderung‘[154] der historischen und zeitgenössischen *ingenia* und die Gewährleistung einer ihnen angemessenen *memoria apud posteros* konnte sogar als moralische Verpflichtung empfunden werden. Zugleich führte diese Form der Kommemoration zu einer partiellen Öffnung des ‚Kanons‘ erinnerungswürdiger Personen und leistete auf diese Weise einen wichtigen Beitrag zum wachsenden Selbstbewußtsein der Autoren des 2. Jh. n. Chr. und zur Überwindung des Eindrucks der eigenen Epigonalität, wie vor allem bei Plinius dem Jüngeren deutlich wird: *sum ex iis, qui mirer antiquos, non tamen (ut quidam) temporum nostrorum ingenia despicio. neque enim quasi lassa et effeta natura nihil iam laudabile parit.*[155]

Das Beispiel des jüngeren Plinius, der es bei anderen stets besonders lobend hervorvorhebt, wenn sie sich im *claros viros colere* hervorgetan haben,[156] kann darüber hinaus einen weiteren wichtigen Aspekt dieser Form der literarischen Kommemoration verdeutlichen: Wer den richtigen Personen Lob zu spenden versteht, auf den fällt diese Auszeichnung zugleich selbst zurück.[157] Die adäquate Würdigung von als vorbildhaft verstandenen Zeitgenossen leistet daher nicht zuletzt einen wichtigen Beitrag zur Selbstdarstellung des Autors, der sich als Teil einer sozialen Gruppe und zugleich als

---

vielmehr die Anerkennung hoher Wertmaßstäbe voraus, und zwar derjenigen, deren Geltung man der Vergangenheit zuschreibt. So verweist dieses Verfallsräsonnement auf eine große Achtung vor der Tradition. Und mit dieser Achtung verbindet sich eine besondere Aufgeschlossenheit für geschichtliche Entwicklungen. In keiner anderen Periode haben römische Autoren mit solch großem Ernst, mit solch wacher Intensität über die ‚*differentia specifica*‘ der eigenen Zeit und über Ursachen historischen Wandels nachgedacht."

154 Vgl. KRASSER 1993a, 63: „Unter engagiert verstehe ich eine Form der Bewunderung, die nicht beim stummen Staunen halt macht, die nicht passiv bleibt, sondern Wirkungen zeitigt, die zugleich aber nicht nur auf die Einlösung eines scheinbar objektiven Wertekanons angelegt ist, wie etwa im Falle der Exempelsammlung des Valerius Maximus, sondern stets das bewundernde Subjekt und seine Wertvorstellungen mit zur Sprache bringt und erkennbar werden läßt."

155 Vgl. Plin. ep. 6,21,1 („Ich gehöre zwar zu denen, die die alten Autoren bewundern, ich verachte deswegen aber nicht – wie es einige tun – die Begabungen unserer eigenen Zeit. Denn es ist ja nicht so, daß die Natur gleichsam müde und erschöpft ist und daher nichts lobenswertes hervorbringen kann.") u. ferner KRASSER 1993a, v.a. 69ff.

156 Vgl. v.a. Plin. ep. 1,17,1-2 (*est adhuc curae hominibus fides et officium, sunt, qui defunctorum quoque amicos agant. Titinius Capito ab imperatore nostro impetravit, ut sibi liceret statuam L. Silani in foro ponere. (2) pulchrum et magna laude dignum amicitia principis in hoc uti, quantumque gratia valeas, aliorum honoribus experiri. est omnino Capitoni in usu claros viros colere*) u. ferner z.B. Plin. ep. 3,7,8.

157 Vgl. KRASSER 1993a, 65ff.

kompetenter Beurteiler ihrer gemeinsamen Wertvorstellungen wirkungsvoll in Szene setzen kann.[158]

Auf diese Weise der eigenen literarischen Unsterblichkeit näherzukommen muß für die Autoren der Kaiserzeit um so reizvoller gewesen sein, als mit dieser Form der Selbstinszenierung die Problematik des direkten Eigenlobes umgangen werden konnte, wie sie in anschaulicher Weise von Plutarch in seiner kleinen Abhandlung περὶ τοῦ ἑαυτὸν ἐπαινεῖν ἀνεπιφθόνως thematisiert wird.[159] Da aber der Gedanke an den eigenen Nachruhm nicht nur bei Historikern,[160] sondern auch bei Autoren von primär der Wissensvermittlung dienenden Werken[161] in der Kaiserzeit unverändert virulent geblieben ist oder sogar noch eine religiös verbrämte Steigerung erfahren hat,[162] kann es nicht überraschen, daß ein zur ethisch-moralischen Aufgabe stilisiertes *claros viros colere* samt der ihm impliziten Komponente der Selbstdarstellung zu zentralen Elementen der kaiserzeitlichen Literatur geworden sind.

Die größte Bedeutung kommt dem Denkmodell der ‚engagierten Bewunderung' jedoch im Zusammenhang mit der literarischen Konstruktion einer kollektiven Identität der römischen Oberschicht zu. Wenn im Folgenden auf die in den letzten Jahren zu recht verstärkt problematisierten Begriffe einer kollektiven Identität[163] und ihrer Kon-

---

158 Zur autobiographischen Darstellung des jüngeren Plinius in seinem Briefcorpus vgl. v.a. LUDOLPH 1997 u. RADKE 1997.

159 Vgl. Plut. mor. 539-47 sowie ferner z.B. MARINCOLA 1997, 175ff., u. GIBSON 2003, 238ff.

160 Vgl. z.B. Sall. Catil. 3,1-2 u. Liv. praef. 3 sowie allg. MARINCOLA 1997, 57ff, der unter anderem auf die Kritik des älteren Plinius an einem verlorenen Binnenproömium des Livius (vgl. Plin. n.h. praef. 16: *profiteor mirari me T. Livium, auctorem celeberrimum, in historiarum suarum, quas repetit ab origine urbis, quodam volumine sic orsum: ,iam sibi satis gloriae quaesitum, et potuisse se desidere, ni animus inquies pasceretur opere.' profecto enim populi gentium victoris et Romani nominis gloriae, non suae, compuisse illa decuit*) und auf Quintilians Definition der Geschichtsschreibung verweist, die sich zwar an Thukydides (1,22,4) anlehnt, im Punkt des persönlichen Nachruhms des Autors jedoch signifikant abweicht (vgl. Quint. inst. 10,1,31: *[historia] est enim proxima poetis et quodam modo carmen solutum est scribitur ad narrandum, non ad probandum, totumque opus non ad actum rei pugnamque praesentem, sed ad memoriam posteritatis et ingenii famam componitur*).

161 Vgl. z.B. Vitr. 6 praef. 5 (*ego autem, Caesar, non ad pecuniam parandam ex arte dedi studium, sed potius tenuitatem cum bona fama quam abundantiam cum infamia sequendam putavi. ideo notities parum est adsecuta. sed tamen his voluminibus editis, ut spero, etiam posteris ero notus*) sowie ferner Ciceros pointierte Beobachtung: *quid? nostri philosophi nonne in is libris ipsis, quos scribunt de contemnenda gloria, sua nomina inscribunt?* (Tusc. 1,34).

162 Vgl. z.B. Tac. Agr. 46,4 u. Plin.e p. 9,3,1; s.o. S. 9f.

163 Zur Problematik des Begriffes einer ‚kollektiven' Identität vgl. v.a. ASSMANN 1992, 132: „Unter einer *kollektiven* oder *Wir-Identität* verstehen wir das Bild, das eine Gruppe von sich aufbaut und mit dem sich deren Mitglieder identifizieren. Kollektive Identität ist eine Frage der *Identifikation* seitens der beteiligten Individuen. Es gibt sie nicht ‚an sich', sondern immer nur in dem Maße, wie sich bestimmte Individuen zu ihr bekennen."; STRAUB 1998 u. STEPHAN 2002, 13f.: „Kollektive Identitäten *beziehen* sich zwar auf Gruppen, sie sind jedoch immer Ausdruck des Bewußtseins Einzelner. Dies zu betonen scheint mir besonders wichtig, um unzulässigen Übertragungen individualpsychologischer

struktion[164] zurückgegriffen wird, so vor allem deswegen, weil gerade die Auswahl und Kanonisierung biographischer Modelle einen unmittelbaren Bezug zum Selbstverständnis einer sozialen Gruppe aufweisen[165] und weil viele Autoren des 2. Jh. n. Chr. ein deutliches Bemühen erkennen lassen, anhand der tradierten historischen und zeitgenössischen *exempla* Verhaltensnormen und Wertvorstellungen nicht nur zu repräsentieren, sondern auch aktiv zu beeinflussen.[166] In welcher Weise das Geschichtsbild,[167] die Erinnerung an bedeutende Gestalten der Vergangenheit und die Selbstkonzeption einer sozialen Gruppe miteinander interagieren, wurde bislang vor allem am Beispiel der Identifikation der Vertreter der Zweiten Sophistik mit den Figuren des klassischen Griechenlands näher beleuchtet.[168] Ähnliche Funktionsweisen lassen sich – bei aller berechtigten Betonung der Unterschiede[169] – auch in der römischen ‚société de lettrés' aufzeigen.

Konzepte auf Gruppen vorzubeugen. Kollektive an sich können keine Identität haben, sie können lediglich von einzelnen Individuen zur Bestimmung ihrer persönlichen Identität herangezogen werden."

164 Vgl. z.B. WHITMARSH 2001, 1ff., u. STEPHAN 2002, 25ff., v.a. 25: „Kollektive Identitäten *sind* in der Tat in mancher Hinsicht Konstrukte. Die häufige Verwendung von Begriffen wie ‚Konstrukt' oder ‚Konstruktion' und ihre faktische Gleichsetzung mit ‚Erfindung' birgt jedoch die Gefahr, daß im Zeichen einer ‚alles ist irgendwie konstruiert'-Haltung der scharfe, analytische Blick auf soziale und politische Realitäten verloren geht."

165 Vgl. RONNING 2003.

166 Vgl. z.B. SWAIN 1997, 1f.: „In this period the biographical focus on individuals does not aim simply to recount the facts of their lives: it is concerned with the setting of these portraits in social, political, and religious contexts. By studying it, we are studying the workings of society as constituted in writing at the level of the individual. ... The individual's existence is codified and edited by the text's author, who has particular purposes and obligations in collecting and publishing the information. This process of documentation can often be read as exemplifying the exercise of power on or by the individual who is the subject of the text ... When the writing of biographical texts can be identified with particular groups with particular aims, the codification of an individual's life ceases to be a simple story."

167 Daß es sich bei dem Geschichtsbild einer Gesellschaft nicht um ein direkte Abbildung des von der Vergangenheit verfügbaren Wissens, sondern immer ein von den Interessen und Perspektiven der Gegenwart geprägtes soziokulturell vermitteltes Produkt handelt, kann als Resultat der intensiven Beschäftigung mit den Phänomenen des Gedächtnisses und der Erinnerung in den Geschichtswissenschaften heute weitgehend als *communis opinio* gelten (vgl. z.B. BURKE 1991 u. ASSMANN 1992, v.a. 48ff.). Zur Problematik des Begriffes eines kollektiven Gedächtnisses im Sinne der Summe individueller Gedächtnisse vgl. v.a. CANCIK 1990, 308ff., u. REINHARDT 1996.

168 Vgl. v.a. ANDERSON 1993, 69ff.

169 Vgl. z.B. KORENJAK 2000, 39f. mit Anm. 106; s.o. S. 19f.

c) ‚Auf den Schultern von Riesen': Subsidiarität und neue Funktionalität

Zu den charakteristischen Zügen der Bildungskultur des 2. Jh. n. Chr. gehört, daß in der überwiegenden Mehrzahl der zeitgenössischen Schriften die Wissensvermittlung nicht *de Remo et Romulo*[170] erfolgt, sondern die Autoren der Adoptivkaiserzeit sich der großen Leistungen ihrer Vorgänger auf dem Gebiet der Erschließung und Präsentation des antiken Wissens stets bewußt bleiben. Die Erkenntnis, gleichsam auf den Schultern von Riesen zu stehen, führt jedoch ebenso wie später auch bei Bernhard von Chartres nicht zur lähmenden Empfindung der eigenen Epigonalität,[171] sondern gerade auf dem Gebiet der Literatur, die nicht zuletzt mit der Intention antritt, Wissensstoff zu vermitteln, zu einem programmatisch vertretenen und dezidiert positiv aufgefaßten Selbstverständnis als ‚komplementäre' beziehungsweise ‚subsidiäre' Literatur.[172]

Neue Werke werden nicht mit dem Anspruch geschrieben, die Vorgänger zu verdrängen, sondern setzen die Verfügbarkeit eines Werkes wie der varronischen *antiquitates*, des livianischen Geschichtswerkes oder der *naturalis historia* des älteren Plinius in den zeitgenössischen Bibliotheken gerade voraus.[173] Dabei verstehen sie sich zum einen als sinnvolle Ergänzung zu diesen Standardwerken und zum anderen als „Literatur, die zugleich Literaturführer sein will."[174] Gerade die Bedeutung der letzten Funktion sollte in einer Zeit, in der die Zahl der verfügbaren Bücher die vom einzelnen Rezipienten zu bewältigende Menge längst vielfach überstiegen hatte, nicht zu gering veranschlagt werden. Vielmehr stellt der freie Überblick über die literarische Tradition einen wichtigen Vorteil dar, der sich aus der Position der zeitgenössischen Literaten ‚auf den Schultern' ihrer Vorgänger ergibt und den sie geschickt zu nutzen wissen, um diese zumindest partiell zu übertreffen.

Da die Autoren des 2. Jh. n. Chr. als Verfasser von komplementär verstandener Literatur von der Verpflichtung zur Vollständigkeit entbunden sind, erhalten sie zugleich die Freiheit, in der Auswahl und Präsentation ihres Stoffes neue und eigene Akzente zu setzen. Dies zeigt sich unter anderem in dem Verzicht auf eine systema-

---

170 Vgl. Cic. leg. 1,8.

171 Vgl. MERTON 1989 [1965], v.a. 164ff.

172 Vgl. BINDER 2003, 118f.: „Sein Werk ersetzt die Bücher nicht, es setzt sie voraus; so gesehen könnte man von subsidiärer Literatur sprechen, die dann leicht möglich ist, wenn man Bücher für grundsätzlich verfügbar und ihre Sammlungen für potentiell dauerhaft ansieht."

173 Dieser veränderte Anspruch wird von Gellius in seiner *praefatio* explizit formuliert, wenn er seine Leser mit Blick auf die von ihm behandelten Gegenstände auffordert, *ut ea non docendi magis quam admonendi gratia scripta existiment et quasi demonstratione vestigiorum contenti persequantur ea post, si libebit, vel libris vel magistris* (vgl. Gell. praef. 17-18 sowie ferner STEINMETZ 1982, 279f.; BEALL 1988, 4f., u. BINDER 2003, 110).

174 Vgl. BERTHOLD 1980, 48.

tische Anordnung ihres Materials, der ihnen von der Forschung lange Zeit zur Last gelegt wurde. Doch als Defizit erweist sich dieser Aspekt erst dadurch, daß die im 2. Jh. n. Chr. noch ohne weiteres verfügbaren systematisch organisierten Standardwerke im Laufe der Überlieferung zum Großteil verloren gegangen sind und daher ein als subsidiäre Literatur konzipiertes Werk wie die *noctes Atticae* für den modernen Rezipienten als Ersatz für diese verlorenen Schriften dienen muß. Im Kontext ihrer Entstehungszeit stellte die *variatio* als Anordnungsprinzip jedoch kein Manko dar, sondern erhöhte im Gegenteil die Lesbarkeit und damit den literarischen Reiz des Werkes.[175] Zudem eröffneten die verschiedenen Formen der ‚Dienstleistungen des Autors gegenüber dem Leser‘, wie sie im Laufe des 1. Jh. n. Chr. entwickelt worden waren,[176] die Möglichkeit, auf einer paratextuellen Ebene zwischen der ästhetischen Präferenz für den *ordo fortuitus* und der Rücksichtnahme auf die Bedürfnisse eines Rezipienten, der statt an einer Lektüre des Werkes *in toto* lediglich an bestimmten Aspekten interessiert ist, zu vermitteln.[177] Von dieser Option macht beispielsweise Gellius Gebrauch, wenn er seinen *noctes Atticae* Kapitelüberschriften beigibt und dem eigentlichen Text ein Inhaltverzeichnis voranstellt.[178]

Eine weitere Facette der Subsidiarität zeigt sich in der Bevorzugung abgeschlossener Einheiten und überschaubarer Abschnitte gegenüber Präsentationsformen, die den Akzent auf die Darstellung größerer Zusammenhänge legen. Eine solche Fokussierung auf isolierte Abschnitte des historischen Geschehens zeigt sich in den einzelnen Kapiteln der *noctes Atticae* ebenso wie in den plinianischen ‚lettres historiques‘[179] und stellt zugleich eine in der Forschung lange Zeit heftig kritisierte Besonderheit der von Sueton verfaßten Biographien dar.[180] Doch geht auch hier der Verzicht auf eine systematische Einordnung des gleichsam in Nahaufnahme präsentierten Ausschnittes mit einem explizit oder implizit geäußerten Verweis auf die Standardwerke einher, zu denen die Autoren des 2. Jh. n. Chr. ihre Schriften komplementär verstanden wissen wollten. Dies wird am Beispiel der suetonischen *Caesares* besonders deutlich, da der

---

175 Vgl. v.a. Plin. ep. 1,1,1; 2,5,7-8 u. 8,21,4.

176 S.o. S. 6f.

177 Zum Begriff des Paratextes vgl. GENETTE 1989 [1987].

178 Vgl. Gell. praef. 25 (*capita rerum, quae cuique commentario insunt, exposuimus hic universa, ut iam statim declaretur, quid quo in libro quaeri invenirique possit*) u. s.u. S. 157f. Auch Plinius hat den einzelnen Büchern seiner Korrespondenz möglicherweise Indizes mit den Namen der Empfänger und den Anfangsworten der einzelnen Schreiben beigeben; s.u. S. 68f.

179 Vgl. GUILLEMIN 1929, 128ff.; s.u. S. 85ff.

180 Vgl. z.B. FLACH 1972, v.a. 285: „Zieht man Bilanz, kommt eine stattliche Zahl bezeichnender Mängel zusammen ... Die hervorstechendsten sind: Verstöße gegen die Chronologie, Verallgemeinerungen, Unterdrückung wichtiger Varianten, Vernachlässigung des historischen Kontextes, Ungenauigkeit in der Zuweisung der Verantwortung, Zerreißung von Zusammengehörigkeiten, Fehleinordnung oder willkürliche Zurechtbiegung einzelner Fakten, fehlende Geschlossenheit." (vgl. ferner FLACH 1998, 175ff.).

Leser, der mehr über den häufig lediglich mit wenigen Stichworten skizzierten geschichtlichen Rahmen erfahren wollte, sich an die wenige Jahre zuvor von Tacitus veröffentlichten Geschichtswerke oder an diejenigen seiner Vorgänger wenden konnte.[181] Daß sich aber auch die plinianische Briefsammlung in diesem Sinne komplementär zu den taciteischen *opera magna* verhält, wird spätestens dann deutlich, wenn Plinius bei der Darstellung historischer Ereignisse die Vorteile des kleineren, aber freier gestaltbaren Briefes gegen die Großform eines Geschichtswerkes, dessen mögliche Abfassung er explizit thematisiert,[182] ausspielt.[183]

Das Selbstverständnis als subsidiäre Literatur ermöglicht jedoch nicht nur die Veränderung und Weiterentwicklung formaler Aspekte, sondern führt auch zu inhaltlichen Verschiebungen, die sich als eine Privatisierung der Perspektive auf historisches Geschehen beschreiben lassen. An die Stelle der politisch-militärischen Betätigung des *vir nobilis*, die aufgrund der gesellschaftlichen Gegebenheiten und durch die Rezeption des thukydideischen Modells der pragmatischen Historiographie noch in der sogenannten senatorischen Geschichtsschreibung der frühen Kaiserzeit eine tragende Rolle gespielt hatte, treten nun zunehmend Fragen der privaten Lebensführung, wie sie seit dem 1. Jh. n. Chr. auch in anderen Gattungen verstärkt erörtert wurden. Diese Entwicklung wurde durch die allgemeine Entpolitisierung im Umgang mit der eigenen Vergangenheit begünstigt, die sich als Folge der erhöhten Akzeptanz der monarchischen Regierungsform unter den Adoptivkaisern auch innerhalb der senatorischen Oberschicht beobachten läßt.[184] Veränderte inhaltliche Schwerpunktsetzungen dieser Art, die insbesondere für suetonischen *Caesares*,[185] aber auch für Plinius und Gellius charakteristisch sind, lassen sich in ähnlicher Weise in der hellenistischen Literatur beobachten, deren Entstehungszeit gleichfalls von einer Konzentration der politischen Einflußmöglichkeiten in den Händen weniger gekennzeichnet war.[186]

Eine Interpretation, die von dem kulturellen Kontext des 2. Jh. n. Chr. ausgeht, der die einzelnen Autoren verbindet und auf den sie in verschiedener, aber durchaus vergleichbarer Weise reagieren, kann dazu beitragen, Erscheinungen wie den Verzicht

---

181 Vgl. z.B. TOWNEND 1967, 84: „But if Suetonius irritates modern readers in this way, it is because they are hoping to use him as an historical source, to provide a factual account of the events of such-and-such an emperor's reign. This is not, of course, how Suetonius intended his lifes to be read. He could hardly have dreamed that an age would come when readers lacked even the certain books of Tacitus' *Annals* and *Histories*, not to mention the less brilliant historical works of Aufidius Bassus and the elder Pliny."

182 Vgl. Plin. ep. 5,8.

183 Vgl. z.B. Plin. ep. 4,11; 6,16 u. 6,20.

184 Vgl. allg. STEINMETZ 1982, 379ff., u. s.o. S. 8f.

185 Vgl. v.a. WALLACE-HADRILL 1983, 15ff.129ff., der darin eine Komponente des Konzepts erblickt, mit dem Sueton seine Kaiserbiographien prononciert zur ‚not-history' stilisieren will; s.u. S. 271ff.

186 Vgl. MALITZ 1990, 334ff., u. LENDLE 1992, 184ff.

auf Systematik, die Konzentration auf die kleine Form oder die Betonung privater Aspekte in der Darstellung historischen Geschehens nicht länger als Abweichungen von der Gattungstradition und als Symptome eines literarischen Niedergangs zu verstehen. Vielmehr handelt es sich um für die Bildungslandschaft des 2. Jh. n. Chr. charakteristische Entwicklungen, mit denen die Autoren versuchen, sich mit der Fülle der vorhandenen Bücher zu arrangieren und zugleich für den zeitgenössischen Leser attraktiv zu bleiben.

d) Anekdotisches Erzählen zwischen *delectare* und *prodesse*

Die sich aus dem subsidiären Selbstverständnis ergebende Freiheit, bei der Wiedergabe historischen Geschehens weder zur Vollständigkeit noch zur Systematik verpflichtet zu sein, führt unter anderem dazu, daß sich in der Literatur des 2. Jh. n. Chr. verschiedene Formen anekdotischen Erzählens großer Beliebtheit erfreuen. Dabei greifen die zeitgenössischen Autoren auf ein breites Spektrum literarischer Kleinformen zurück, das von der Gnome über das Apophthegma und die Chrie bis hin zu narrativ aufwendiger gestalteten *exempla*, Memorabilien und Anekdoten im modernen Sinne reicht. Trotz der vielfältigen Eignung und großen Beliebtheit dieser Gattungen fehlen systematische Behandlungen jüngeren Datums aus dem der Bereich der Altertumswissenschaft weitgehend.[187] Die vorhandenen Darstellungen beschäftigen sich in der Regel primär mit Fragen der definitorischen Abgrenzung der einzelnen Erscheinungsformen,[188] ohne auf das Phänomen in seiner Gesamtheit oder auf die mit den anekdotischen Erzählformen jeweils verbundenen Funktionen näher einzugehen.[189] Wichtige Anregungen lassen sich in diesem Zusammenhang von den Neuphilologien gewinnen, die sich in Anschluß an ANDRE JOLLES' 1930 erschienene Studie zu ‚Einfachen Formen' mit dieser Fragestellung verschiedentlich, allerdings mit geringer Berücksichtigung der antiken Literatur beschäftigt haben.[190]

Angesichts der Forschungsdesiderate auch gerade hinsichtlich einer funktionalen Differenzierung zwischen den einzelnen Subgattungen soll im Folgenden zum einen

---

187 Vgl. v.a. GEMOLL 1924; PÖSCHEL 1940; HAIGHT 1940 u. FUHRMANN 1975. Eine wichtige Ausnahme stellt die detaillierte Untersuchung der prominenten Rolle der Chrie im Kontext der antiken Schulbildung dar, für die RONALD F. HOCK und EDWARD N. O'NEIL auch zahlreiche, bislang weitgehend unbekannte papyrologische Zeugnisse herangezogen haben: vgl. HOCK / O'NEIL 2002.

188 Vgl. z.B. STANZEL 1987, 2ff.

189 Unter vorwiegend funktionalen Gesichtspunkten haben sich kürzlich MARK BECK mit den Anekdoten in den plutarchischen Parallelbiographien und FRANK WITTCHOW mit dem anekdotischen Erzählen im Geschichtswerk Ammians beschäftigt (vgl. BECK 1998 u. WITTCHOW 2001).

190 Vgl. z.B. JOLLES 1958 [1930]; GROTHE 1972; SCHÄFER 1982; WEBER 1993; HILZINGER 1997 u. SCHLAFFER 1997.

auf den freilich unscharfen und zudem in diesem Sinne nicht antiken Oberbegriff der Anekdote[191] zurückgegriffen werden, um damit diejenigen Formen zu bezeichnen, die im Gegensatz zur Gnome über eine zumindest minimale erzählerische Expansion verfügen,[192] aber zugleich auf das Handeln eines Protagonisten in einer bestimmten Situation beschränkt bleiben.[193] Zum anderen bietet sich zur genaueren Bezeichnung des in der modernen Literaturwissenschaft auch als ‚klassische' Anekdote beschriebenen Typs, der die charakteristische dreiteilige Struktur mit einer die situative Einbindung des erzählten Geschehens leistenden Einleitung (*occasio*), einer die eigentliche Handlung in Gang setzenden Überleitung (*provocatio*) und einer Reaktion des Protagonisten meist in Form einer Pointe (*dictum*) aufweist,[194] der auch in der Antike geläufige Begriff des Apophthegma an.[195] Darüber hinausgehende Systematisierungen oder eine Lösung des Problems einer überzeugenden Abgrenzung der einzelnen Formen voneinander wird in dieser Arbeit dagegen nicht angestrebt.

Auch ein zweites im Zusammenhang mit der Anekdote intensiv diskutiertes Problemfeld, die Frage nach ihrer historischen Authentizität, wird im Folgenden eine eher untergeordnete Rolle spielen. Diese Entscheidung erfährt nicht nur dadurch eine gewisse Rechtfertigung, daß es generell kaum möglich ist, auf diesem Gebiet auch nur zu einigermaßen gesicherten Antworten zu gelangen,[196] sondern ferner auch dadurch,

---

191 Bei dem in der Antike gebräuchlichen Begriff handelte es sich um einen publikationstechnischen *terminus technicus* (vgl. z.B. Diod. 1,4,16 u. Cic. Att. 14,17,6), der unter anderem in der Suda zur Bezeichnung des von Prokop mit Rücksicht auf den amtierenden Kaiser Iustinian zu Lebzeiten nicht publizierten Teils seines Geschichtswerkes diente; erst im 18. Jh. wird er als Bezeichnung für eine literarische Form verwendet, die zum Teil mit dem antiken Begriff des Apophthegmas deckungsgleich ist (vgl. SCHÄFER 1982, 7ff.; SCHLAFFER 1997, 88, u. WITTCHOW 2001, 16f.).

192 Vgl. SCHÄFER 1982, 61: „Während es im Falle der Maxime offensichtlich genügt, sie stillschweigend als Richtschnur einem bestimmten zielgerichteten Handeln zugrunde zu legen, ist die Anekdote zum Erzählen in einer Gesellschaft Gleichgesinnter da." Der nichtsdestotrotz fließende Übergang zwischen beiden Formen wird am Beispiel der frühgriechischen Figuren der Sieben Weisen von WEHRLI 1973, 195ff., dargelegt.

193 Vgl. BECK 1998, 6ff., mit einer Zusammenstellung verschiedener moderner Definitionsversuche.

194 Vgl. SCHÄFER 1982, 29ff., u. VERWEYEN / WITTING 1997. Der ‚Normalfall' besteht aus der Nennung einer bekannten Person, deren Name zugleich „einen historiographisch-geographisch bestimmten soziokulturellen Hintergrund" (S. 46) aufruft, und eines untergeordneten, oft anonymem Redepartners. Zur schwierigen Abgrenzung von der Erzählstruktur des Witzes vgl. SCHÄFER 1982, 64ff.

195 Vgl. zuerst Xen. Hell. 2,3,56 sowie ferner GEMOLL 1924, 1ff., u. STANZEL 1987, 2: „Im Griechischen gibt es keine feststehende und durchgängige Bezeichnung für diese Aussprüche. Am häufigsten sind die Bezeichnungen ἀπόφθεγμα, χρεία und γνώμη. Das Wort ἀπομνημόνευμα wird selten so verwendet." u. 7: „Die Termini sind in der Praxis fast austauschbar. In moderner Zeit hat sich der Terminus Apophthegma für alle Arten von Aussprüchen durchgesetzt." Zu der Chrie und ihrer besonderen Bedeutung als Bestandteil der *progymnasmata* in der rhetorischen Ausbildung s.u. S. 40f.

196 Vgl. z.B. SALLER 1980 u. POTTER 1999, 58f. Zum hohen Fiktivitätsgrad hellenistischer Dichterviten vgl. v.a. LEFKOWITZ 1981.

daß die Autoren des 2. Jh. n. Chr. selbst einen betont lockeren Umgang mit der ‚historischen Wahrheit' pflegen, der gelegentlich geradezu postmodern wirken kann und
daher bei Interpreten, die mit LEOPOLD VON RANKE wissen wollten, ‚wie es eigentlich
gewesen', für nicht geringe Irritationen gesorgt hat.[197] Für diesen in gewisser Weise
sorglosen und doch zugleich reflektierten Umgang mit der historischen Überlieferung
liefert Gellius ein gelungenes Beispiel, wenn er eine Anekdote aus dem Leben des
älteren Scipio mit der Bemerkung *verone an falso incertum, fama tamen* einleitet.[198]
Daß es sich bei der Aufnahme solchen Materials um eine bewußte Entscheidung handelt, legt die Vermutung nahe, daß Produzenten wie Rezipienten gerade der biographischen Literatur der Antike die Bereitschaft mitbrachten, auf eine den historiographischen Maßstäben der Moderne genügende Authentizität zugunsten einer ‚Wahrheit
des Charakteristischen' zu verzichten und ein gewisses Maß an Fiktionalität gleichsam als Gattungsmerkmal zu akzeptieren.[199]

Entscheidender als die Problemfelder der definitorischen Abgrenzung einzelner
Subgattungen und der historischen Authentizität des jeweiligen Inhaltes sind für unsere Fragestellung die Gründe für die Beliebtheit dieser literarischen Formen bei den
zeitgenössischen Autoren. Denn anekdotische Präsentationsformen haben natürlich in
der historiographischen und insbesondere der biographischen Literatur der gesamten
Antike eine tragende Rolle gespielt. Dennoch lassen sich im 2. Jh. n. Chr. eine deutliche quantitative Zunahme ihrer Verwendung und eine qualitative Erweiterung ihres
Funktionsbereichs beobachten. Diese Konjunktur der anekdotischen Inszenierung historischen Geschehens oder biographischer Fakten findet ihre Erklärung in der Vielzahl von Vorteilen, die sich mit dieser literarischen Form im Kontext der zeitgenös-

---

197 Vgl. VON RANKE 1874, viii, u. ferner REPGEN 1982, der die These vertritt, daß es sich um ein Thu-
     kydides-Zitat handelt (Thuk. 2,48,3: ἐγὼ δὲ οἷόν τε ἐγίγνετο λέξω).

198 Vgl. HOLFORD-STREVENS 1988, 187f. „Truth hardly matters: Gellius' words at 7,8,5 on the scabrous
     tale about the elder Scipio, ‘verone an falso incertum, fama tamen', are a world away form the deadly
     Tacitean *incertum an*. It is amusing, and a fragment of Naevius can be hung on it; beyond that who
     cares?" u. ferner LEFKOWITZ 1981, ix-x: „If biographies were meant to be representational, rather
     than historical in our sense of the word, it would suffice to present any material so long as it seemed
     to express something characteristic. ... A biographer like Satyros in the third century makes it clear
     that he realises that some of his biographical interpretations of Euripides' verse are purely entertai-
     ning; he indicates that some of his information comes from Aristophanes. But at other times he re-
     cords without raising questions material that obtained by indentical means."

199 Vgl. HENDRIX 2000, 22: „In historiographical discourse anecdotes have the rhetorical function of an
     exemplum: with great efficiency they convey the inner logic of historical facts, and in a way that
     people will easily remember it. This makes the factual basis of anecdotes virtually irrelevant, since it
     is not their function to communicate empirical facts. They communicate an interpretation of empirical
     facts.", aber auch SCHLAFFER 1997, 87: „Der Streit über den Realitätsgehalt der Anekdote läßt sich
     schlichten: die erzählte Geschichte muß nicht wahr, wohl aber müssen ihre Personen wirklich sein."

sischen Bildungskultur und ihrer spezifischen Art der Wissensvermittlung verbinden mußten.

Dabei erfahren einerseits traditionell mit der Anekdote verbundene Aspekte, wie ihre hohe mnemotechnische Eignung oder die Unterhaltung des Lesers, noch einmal eine deutliche Aufwertung oder werden in ihrer Ausrichtung modifiziert, wie das Element der moralischen Belehrung, das über die Präsentation von Verhaltensmodellen einen wichtigen Beitrag zur adäquaten Anwendung von Bildungswissen zu leisten vermag. Andererseits kommen neue Funktionen hinzu, so vor allem der Beitrag der anekdotischen Erzählung zur Erzeugung einer ‚sekundären Mündlichkeit', mit der eine direkte Wiederverwendbarkeit der dargebotenen Informationen durch den Leser erleichtert werden soll. Darüber hinaus bietet eine in solcher Weise auf Präzision und Pointiertheit Wert legende literarische Form dem Autor eine willkommene Gelegenheit, sein technisches und stilistisches Können unter Beweis zu stellen.

In gewisser Weise könnte allein ihre Eignung, einen Beitrag zur *delectatio* des Lesers zu leisten, das enorme Interesse der Autoren des 2. Jh. n. Chr. an der Anekdote erklären. Denn in dieser Zeit entstehen verstärkt literarische Formen, in denen Bildungsinteresse und Unterhaltungsbedürfnis ganz bewußt eng miteinander verbunden werden. Dies zeigt sich nicht nur in der Blüte der Paradoxographie und anderer primär der Unterhaltung des Lesers dienenden Schriften, von denen wir uns etwa anhand der θαυμάσια-Sammlung des Phlegon von Tralles ein Bild machen können,[200] sondern gerade auch darin, daß der Aspekt der *delectatio* im Rahmen anderer Gattungen eine gesteigerte Bedeutung erhält.[201] Diese Entwicklung wurde unter anderem von PETER STEINMETZ beschrieben, der zu ihrer Charakterisierung die treffende Wendung von der ‚belehrenden Unterhaltung – unterhaltenden Belehrung' geprägt hat.[202]

Mit der Anekdote als einer ursprünglich mündlichen Form verbindet sich im Rahmen der Bildungs- und Konversationskultur des 2. Jh. n. Chr. aber noch ein weiterer Vorteil, in dem die Aspekte der *delectatio* und der *utilitas* auf das engste miteinander verbunden sind: Anekdoten lassen sich leicht wiedererzählen.[203] Diese

---

200 Vgl. allg. zur Paradoxographie in der griechischen Literatur der Kaiserzeit HOSE 1999, 189ff.

201 Vgl. z.B. LÜHR 1976.

202 Vgl. STEINMETZ 1982, 239: „Schon bei der Betrachtung der drei klassischen Gattungen der Prosaliteratur, nämlich der Geschichtsschreibung, der Kunst der Rede und der philosophischen Literatur, haben wir beobachtet, daß nicht selten neben den eigentlichen Zwecken der jeweiligen Gattung, zuweilen auch in sie verwoben oder über die gelagert, Tendenzen sichtbar werden, den Leser zu unterhalten oder in feinerer Form zu belehren. Offensichtlich reagieren die Autoren, indem sie sich in den Dienst solcher Zwecke stellen, auf ein nicht geringes Interesse der Leser. Der Unterhaltung dient dabei nicht nur der Reiz der ausgefeilten Form sondern auch in steigendem Maße der jeweilige Inhalt."

203 Vgl. SCHLAFFER 1997, 87: „Ihrem Ursprung nach ist die Anekdote eine mündliche Form; die schriftliche (aber variable) Aufzeichnung bezweckt das Wiedererzählen. ... Erzählt, das heißt nacherzählt, wird sie in geselligen Situationen und deren publizistischen Entsprechungen: in Zeitungen, Unterhaltungsbüchern und Anthologien."

Eigenschaft erhöht die Memorierbarkeit des dargebotenen Materials und läßt die anekdotische Form der Wissenspräsentation damit zu einem wichtigen Speichermedium gerade für die Tradierung biographischer Informationen werden.[204] Darüber hinaus bietet sie sich in idealer Weise für eine Art der Wissensvermittlung an, die nicht nur die Fakten als solche, sondern zugleich auch die Anwendung des Gelernten im gesellschaftlichen Kontext im Blick hat. Denn durch die Lozierung des Wissensstoffes in einer ‚sekundären Mündlichkeit'[205] kann die Personenkonstellation der Erzählung auf die Gegenwart des Autors und seiner Leser bezogen werden, und die historischen Figuren können als Modelle der intendierten sozialen Interaktion dienen. Daß die Anekdote in dieser Weise sowohl zur Kanonisierung von Wissensbeständen, als auch zu deren Aufbereitung in einer den Bedürfnissen der Rezipienten angepaßten Form funktionalisiert wird, läßt sich in verschiedenen Gattungen des 2. Jh. n. Chr. beobachten und stellt ein verbindendes Element nicht nur der sogenannten Symposialliteratur und der gellianischen Buntschriftstellerei, sondern auch der suetonischen Kaiserbiographien dar, deren anekdotische Form der Wissenspräsentation nicht zuletzt hierin ihren Ursprung hat.

Die moralische Belehrung des Lesers stellte neben der Schilderung des Charakters des Protagonisten das Hauptanliegen der Anekdoten bereits in der griechischen biographischen Literatur dar.[206] Der unmittelbare Zusammenhang beider Funktionen tritt vor allem dann deutlich zutage, wenn es sich bei der porträtierten Person um einen Philosophen oder eine andere in Fragen der Lebensführung als vorbildhaft verstandene Person handelt.[207] Aus diesem Grund kann auch die von ARNALDO MOMIGLIANO geäußerte These, daß die häufig als selbstverständlich wahrgenommene enge Verbindung von Biographie und der Verwendung von Anekdoten auf die biographischen Schriften aus dem Umfeld des Peripatos zurückgeht, ein hohes Maß an Plausibilität für sich verbuchen.[208] Eine Verwendung biographischer Anekdoten läßt sich

---

204 Vgl. HENDRIX 2000, 18: „Anecdotes apparently have a particulary strong mnemotechnic effect: people remember them almost automatically and don't find any difficulty in reproducing them when required. This can at least in part be explained as a result of the narrative structure at the basics of almost all anecdotes. As devices used in order to enhance the functioning of human memory, anecdotes strikingly demonstrate some of the cognitive qualities typical of narrative discourse, and as such they promise to be an important field for the future empirical research."

205 Vgl. KRASSER 1996, 167.

206 Vgl. v.a. WEHRLI 1973.

207 Wie die Anekdote in den Lebensbeschreibungen von Philosophen als anschauliches Hilfsmittel zur Verdeutlichung abstrakter Inhalte dient, kann bereits ein Blick auf Diogenes Laertios verdeutlichen (vgl. z.B. GIGANTE 1986, 75ff., u. ferner BLUMENBERG 1976, mit einem illustrativen Beispiel zur Wirkungsgeschichte von Philosophen-Anekdoten).

208 Vgl. MOMIGLIANO 1993, 68ff., v.a. 76: „We are so used to considering anecdotes the natural condiment of biography that we forget that just as there can be anecdotes without biography so there can be

aber auch außerhalb der Biographie im engeren Sinne nachweisen, sei es in Schriften des Typs περὶ βίων, die sich aus philosophischer Perspektive mit dem Wert und Unwert unterschiedlicher Lebensformen beschäftigen, sei es in der sogenannten ἀπομνη-μονεύματα–Literatur. In all diesen Fällen dürfte zwar auch das Element der Unterhaltung des Lesers keine geringe Rolle gespielt haben, das Hauptaugenmerk lag aber eindeutig auf der philosophisch-ethischen Belehrung.[209]

In der starken Betonung der moralischen Protreptik erweist sich diese Art der Verwendung biographischer Informationen als verwandt mit der römischen *exempla*-Tradition. Diese Parallele wurde bereits von Quintilian gezogen, der allerdings zugleich betont, daß in Rom die historische Persönlichkeit des jeweiligen Vorbildes eine größere Rolle als in Griechenland gespielt habe:

> *an fortitudinem, iustitiam, fidem, continentiam, frugalitatem, contemptum doloris ac mortis melius alii docebunt quam Fabricii, Curii, Reguli, Decii, Mucii aliique innumerabiles? quantum enim Graeci praeceptis valent, tantum Romani, quod est maius, exemplis.*[210]

Das Denken in *exempla* und die von moraldidaktischen Erwägungen geprägte Auffassung der *historia* als *magistra vitae*[211] bildete von Anfang an einen zentralen Bestandteil zumal der römischen Geschichtsschreibung.[212] Doch mit der Entpolitisierung und der zunehmenden Privatisierung der Perspektive auf historisches Geschehen wandelte sich auch die Darstellung der *summi viri* und die zuvor dominierenden politisch-militärischen Aspekte büßten zunehmend an Bedeutung ein.

Doch entscheidender als diese inhaltlichen Modifikationen war die Änderung der didaktischen Zielsetzung, die von der Vermittlung abstrakter und universeller Werte hin zur Präsentation konkreter Verhaltensmodelle, die unmittelbar in unterschiedlichen Situationen des sozialen Lebens der Zeit zur Anwendung kommen können, verschoben wurde. Auch wenn diese Tendenz nicht von allen Autoren des 2. Jh. n. Chr. geteilt wurde – die prominenteste Ausnahme einer weiterhin am klassischen Konzept der moralischen Protreptik festhaltenden Biographie stellt sicherlich Plutarch dar[213] –,

---

biography without anecdotes. I suspect that we owe to Aristoxenus the notion that a good biography is full of good anecdotes."

209 Vgl. WEHRLI 1983, 469f., u. MOMIGLIANO 1993, 68ff.

210 Vgl. Quint. inst. 12,2,30 („Oder werden etwa andere eher in der Lage sein, Tapferkeit, Gerechtigkeit, Loyalität, Selbstbeherrschung, Genügsamkeit, die Geringschätzung von Schmerzen und die Verachtung von Todesfurcht zu vermitteln als Männer wie Fabricius, Curius, Regulus, Decius, Mucius und unzählige andere? Soviel nämlich die Griechen kraft ihrer Lehrsätze vermögen, soviel vermögen die Römer – und das wiegt schwerer – durch *exempla*.").

211 Vgl. Cic. de or. 2,36. Dem entspricht das griechische Verständnis der Geschichtsschreibung als φιλο-σοφία ἐκ παραδειγμάτων (vgl. Ps.-Dion. Hal. rhet. 11,2 u. ferner POWNALL 2004).

212 Vgl. z.B. DREXLER 1954 u. LEFÈVRE 1979.

213 Seine Intentionen beim Verfassen der Parallelbiographien hat Plutarch in der Vita des Aemilius Paulus zusammenfassend dargestellt: ἐμοὶ |μὲν| τῆς τῶν βίων ἅψασθαι μὲν γραφῆς συνέβη δι' ἑτέρους,

so handelt es sich bei dieser Entwicklung jedoch nicht um eine degenerative Abweichung von einer wie auch immer gearteten Gattungstradition, sondern erneut um eine angemessene Reaktion auf die gesellschaftlichen und kulturellen Gegebenheiten der Zeit. Denn bereits aufgrund des stark performativen[214] und kompetitiven[215] Charakters der kaiserzeitlichen Gesellschaft mußten sich Modelle sozialen Verhaltens als lohnender Gegenstand der literarischen Darstellung und Tradierung erweisen.

Deren Relevanz wird aber noch dadurch gesteigert, daß den richtigen Verhaltensformen und dem gekonnten Umgang mit dem eigenen Wissen innerhalb der Konversations- und Bildungskultur große Bedeutung beigemessen wurde.[216] Für die Zugehörigkeit zur ,société de lettrés' war weniger das schiere Faktenwissen entscheidend, das sich mit einem entsprechenden zeitlichen und finanziellen Aufwand relativ problemlos aneignen ließ, sondern in weitaus höherem Maße die adäquate Präsentation der eigenen Bildung.[217] Diese den gesellschaftlichen Usancen entsprechenden Präsentationsformen sollten den *semidoctus* vom wahren πεπαιδευμένος unterscheiden und bildeten das entscheidende Kriterium, ob jemand von den etablierten Kreisen als vollwertiges Mitglied akzeptiert wurde. Diese Eigenschaften galten im aristokratischen Selbstverständnis als nicht nachträglich erlernbar, sondern konnten nur im Zuge einer

---

ἐπιμένειν δὲ καὶ φιλοχωρεῖν ἤδη καὶ δι' ἐμαυτόν, ὥσπερ ἐν ἐσόπτρῳ τῇ ἱστορίᾳ πειρώμενον ἁμῶς γέ πως κοσμεῖν καὶ ἀφομοιοῦν πρὸς τὰς ἐκείνων ἀρετὰς τὸν βίον. (2) οὐδὲν γὰρ ἀλλ' ἢ συνδιαιτήσει καὶ συμβιώσει τὸ γινόμενον ἔοικεν, ὅταν ὥσπερ ἐπιξενούμενον ἕκαστον αὐτῶν ἐν μέρει διὰ τῆς ἱστορίας ὑποδεχόμενοι καὶ παραλαμβάνοντες ἀναθεωρῶμεν ,ὅσσος ἔην οἷός τε', τὰ κυριώτατα καὶ κάλλιστα πρὸς γνῶσιν ἀπὸ τῶν πράξεων λαμβάνοντες. (3) ,φεῦ φεῦ, τί τούτου χάρμα μεῖζον ἂν λάβοις᾽ (4) <καὶ> πρὸς ἐπανόρθωσιν ἠθῶν ἐνεργότερον (vgl. Plut. Aemilius Paulus 1,1-4 sowie ferner DUFF 1999, 30ff.; FRAZIER 1999, 43ff., u. LAMBERTON 2001, 73f.).

214 Vgl. v.a. KORENJAK 2000, 21f.: „Sich angemessen zu präsentieren, hat in der Oberschicht der römischen und griechischen Gesellschaft mit ihrem agonalen Charakter seit jeher einen hohen Stellenwert, und gerade in der Kaiserzeit geht dies so weit, daß sich kaum mehr ein Bereich des öffentlichen Lebens finden läßt, in dem es nicht von großer Bedeutung wäre, diejenige Rolle zu spielen, welche die eigene Person am effektivsten in den Vordergrund rückt. Von der Politik über die Literatur und Grammatik bis hin zu Naturwissenschaften und der Medizin – alles kann inszeniert und einem Publikum als Schauspiel dargeboten werden. Die Vorstellung vom Leben als Theaterstück [vgl. z.B. Suet. Aug. 99,1 u. Sen. ep. 77,20] ist für die Epoche keineswegs eine bloße Metapher, sondern bringt vielmehr einen essentiellen Aspekt ihres gesellschaftlichen Charakters auf den Punkt: Die ,theatricality of life' erscheint tatsächlich allgegenwärtig."

215 Der agonale Zug des gesamten gesellschaftlichen Lebens der Antike wurde seit JACOB BURCKHARDT mehrfach betont (vgl. BURCKHARDT 1929, 68ff.); dennoch läßt sich in der Kaiserzeit eine signifikante Steigerung verzeichnen, die beispielsweise an der positiven Umdeutung des Begriffes der φιλοτιμία beobachten läßt (vgl. z.B. QUASS 1993, 31ff.; SCHMITZ 1997, 97ff., u. STEPHAN 2002, 72ff.).

216 Vgl. z.B. Quint. inst. 6,3,17: *nam et urbanitas dicitur, qua quidem significari video sermonem praeferentem in verbis et sono et usu proprium quendam gustum urbis et sumptam ex conversatione doctorum tacitam eruditionem denique cui contraria sit rusticitas* mit EIGLER 2003, 253.

217 Vgl. SCHMITZ 1997, 136ff., u. allg. BOURDIEU 1987 [1979], v.a. 115ff.

grundständigen und standesgemäßen Ausbildung ‚ererbt' werden.[218] Auf der anderen
Seite gab es jedoch sehr wohl eine Reihe von Versuchen, die gesellschaftlich erwarteten Formen der Bildungsostentation literarisch zu vermitteln, in deren Zusammenhang
sich die anekdotische Inszenierung von Bildungswissen als besonders probates Mittel
erweisen mußte.

Vor dem Hintergrund dieser zeitgenössischen Debatte um die adäquate Präsentation der eigenen Bildung ist auch die Frage nach der von Autoren mit der Wahl einer
bestimmten literarischen Form getroffenen Selbstaussage neu zu stellen. Denn neben
den Notwendigkeiten, die sich aus den jeweiligen Vermittlungsintentionen ergeben,
tritt in diesem Zusammenhang, so läßt sich zumindest mit guten Gründen vermuten,
die Absicht des Autors, sich selbst in möglichst vorteilhafter Weise als jemand zu ins-
zenieren, der es versteht, mit seinem Bildungswissen souverän umzugehen. Daß diese
beiden Anliegen leicht miteinander in Konflikt geraten können, liegt dabei auf der
Hand, es muß aber nicht zwangsläufig der Fall sein.

Ein Beispiel für eine gelungene Synthese stellt Gellius' Umgang mit derjenigen
Form der Chrie dar, die als Bestandteil der rhetorischen *progymnasmata* ein für ihn
wie für seine Leser sicherlich hinreichend bekanntes Modell für die Präsentation biographischer Informationen dargestellt haben dürfte.[219] Sie kann daher sicherlich zu
den Gegenständen gerechnet werden, die bereits *in scholis decantata* oder *in commentariis protrita* wurden[220] und die in seinem Werk gerade nicht im Mittelpunkt stehen
sollen. Dennoch ist das Modell der schulbuchmäßig ausformulierten Chrie[221] in eini-

---

218 Vgl. SCHMITZ 1997, 146ff., v.a. 156f.: „Im Gegensatz zum ὀψιμαθής hatte der ideale πεπαιδευμένος
     seine Bildung gewissermaßen schon mit der Muttermilch eingesogen. Über alles Spezialistentum ist
     dieser Mann weit erhaben; er hat sein Wissen in eine harmonische Gesamtpersönlichkeit integriert
     und weiß, wann er es zur Schau stellen und wann er dies unterlassen muß. Den Gedanken, das Erlern-
     te könnte ihm nur als Mittel zum Zweck dienen, im sozialen Spiel für sich symbolischen Gewinn zu
     erzielen, wiese er weit von sich. Mag Bildung selbst etwas für alle Erwerbbares, Vermittelbares sein,
     das rechte Maß ihrer Anwendung den guten Geschmack und die geforderte interessenlose Einstellung
     zu ihr lernt man nicht auf der Schule. Wer in die Oberschicht hineingeboren wurde und schon als
     Kind bei allen Gelegenheiten des täglichen Lebens ständig mit den Inhalten der legitimen Bildung
     und dem rechten Maß im Umgang mit ihr vertraut gemacht wurde, dem war diese Bildung wohl
     tatsächlich kein mühsam zu erlernendes Regelwerk mehr, sondern in Fleisch und Blut übergegan-
     gener Teil der eigenen Persönlichkeit."
219 Mit dem Begriff χρεία/*chria* wurde in der Antike nicht nur eine dem Apophthegma verwandte litera-
     rische Kleinform, die in der Regel einen besonders bemerkenswerten Ausspruch einer historischen
     Person zum Gegenstand hat, sondern zugleich ein Bestandteil der rhetorischen *progymnasmata* be-
     zeichnet, der in der häufig recht umfangreichen Ausarbeitung eines solchen Ausspruches bestand
     (vgl. z.B. HOCK 1986, 9ff., u. FAUSER 1994, 190f.; ferner s.u. S. 168ff.).
220 Vgl. Gell. praef. 15; ferner s.u. S. 156f.
221 Die in den rhetorischen Lehrwerken überlieferten Muster und Vorgaben unterscheiden sich kaum
     voneinander (vgl. z.B. Theon p. 101,3-106,3 SPENGEL mit HOCK / O'NEIL 1986, 68ff., u. Hermog.

gen Kapiteln der *noctes Atticae* sehr wohl präsent. Sie fungiert dabei als eine Art Negativfolie, vor der die von Gellius jeweils angebrachten Variationen ihre distinguierende Wirkung entfalten können. Auf diese Weise gelingt es ihm, seinen kompetenten Umgang mit Bildungsinhalten und das souveräne Verfügen über unterschiedliche Arten ihrer Präsentation bereits über die Wahl einer bestimmten literarischen Form eindrucksvoll zu dokumentieren.[222]

Eine ähnliche Rolle spielt das rhetorische Standardformular der Chrie im übrigen auch für Apuleius, wenn er in den unter dem Titel Florida überlieferten Fragmenten seiner Reden Personen in den Mittelpunkt seiner Darstellung rückt: Auch er vermeidet konsequent eine direkte Übernahme, wie man sie von einem angehenden Redner während seiner Ausbildung erwarten würde. Vielmehr versucht er, das bei seinen Rezipienten als bekannt vorausgesetzte Modell in seinem Aufbau oder seinem Inhalt zu variieren und damit gezielt zu überbieten.[223] Eine adäquate Interpretation der entsprechenden Passagen bei Apuleius wie bei Gellius sollte sich daher nicht damit begnügen festzustellen, daß beide sich an ein ihnen aus der rhetorischen Ausbildung bekanntes Modell anlehnen, sondern sollte die mit diesem Rekurs verbundene Selbstaussage stärker berücksichtigen: Gerade mit der über das Schulbuchwissen hinausgehenden Beherrschung eines kommunikativen Gestus wie der Chrie können die Autoren unterstreichen, in welchem Maße sie den zeitgenössischen Werten einer urbanen und gebildeten Konversation gerecht zu werden verstehen.

In ähnlicher Weise gilt diese Beobachtung sicherlich auch für die Verwendung anderer Formen anekdotischen Erzählens, wenn sich direkte Bezüge dort auch schwerer nachzuweisen lassen als im Falle der in der rhetorischen Ausbildung verankerten und daher stark reglementierten Chrie. Ein detaillierter Nachweis dieser These sowie allgemein eine intensivere und systematische Beschäftigung mit den formalen und stilistischen Aspekten der untersuchten Texte wäre zwar außerordentlich wünschenswert, kann aber im Rahmen der gegenwärtigen Arbeit, die einer primär funktionsgeschichtlichen Fragestellung folgt, nur exemplarisch an ausgewählten Stellen geleistet werden.[224]

Die große Beliebtheit anekdotischer Erzählformen in der Literatur des 2. Jh. n. Chr. läßt sich jedoch nicht auf eine rein quantitative Zunahme reduzieren. Die zeitgenössischen Autoren rekurrieren vielmehr deswegen so häufig auf diese Modelle, weil sie sich vor dem Hintergrund der spezifischen gesellschaftlichen und kulturellen Rah-

---

3,19-23 RABE mit MACK / O'NEIL 1986, 160ff., sowie ferner allg. LAUSBERG 1960, 539f., u. HOCK / O'NEIL 2002, 79ff.).

222 Vgl. z.B. Gell. 1,5; s.u. S. 197ff.

223 Vgl. z.B. Apul. flor. 2.4.7.14.15.18 u. 20 sowie ferner SANDY 1997, 82ff.160; HARRISON 2000, 96ff., u. HUNINK 2001, 14ff.

224 Eine Arbeit, die stärker an den formalen und stilistischen Aspekten der unterschiedlichen anekdotischen Erzählformen in der Literatur des 2. Jh. n. Chr. interessiert ist, befindet sich in Planung.

menbedingungen der römischen Bildungskultur in besonderer Weise zur Vermittlung von biographischem Wissen eignen. Denn sie bieten sich aufgrund ihrer hohen Memorabilität nicht nur für die reine Informationsvermittlung an, sondern sind zugleich in der Lage, ideale Anwendungsweisen des gelernten Wissens abzubilden und zu tradieren. Wird die jeweilige Geschichte zudem noch unterhaltsam und literarisch anspruchsvoll wiedergegeben, leistet sie ferner einen nicht zu unterschätzenden Beitrag zur Attraktivität des Gesamtwerkes und damit nicht zuletzt zur Wertschätzung des Autors.

e) Form follows function?[225] Die Biographie und die Gattungsfrage

Die der Vermittlung biographischer Informationen dienenden Werke des 2. Jh. n. Chr. weisen also eine Reihe verbindender Elemente auf, von denen mit dem subsidiären Selbstverständnis, der prominenten Rolle anekdotischer Präsentationsformen und der Bedeutung von Personendarstellungen für die Vermittlung von Verhaltensnormen und der Konstruktion einer Gruppenidentität die wichtigsten in den vorangegangenen Kapiteln angesprochen wurden. Die sich aus dem gemeinsamen kulturellen Ambiente ergebenden Übereinstimmungen lassen es gerechtfertigt erscheinen, im weiteren Verlauf der Untersuchung die Frage nach der Gattungszugehörigkeit der einzelnen Werke zugunsten einer synchronen Betrachtungsweise in den Hintergrund treten zu lassen, mit der das wechselseitige Verhältnis von gesellschaftlicher Funktion und literarischer Form beleucht werden soll.

Diese Entscheidung fällt um so leichter, als eine klar umrissene Vorstellung von einer Gattung Biographie weder in der antiken Literaturtheorie, die sich an den Bedürfnissen der Rhetorik orientierte und auf das Enkomion beschränkte, noch in der Praxis in Form prägender Vorbilder vorhanden war.[226] Bereits daß sich der Begriff βιογραφία nicht vor dem 6. Jh. n. Chr. belegen läßt[227] und daß Produzenten wie Rezipienten dieser Literatur eine Bezeichnung dieser Gattung, die über den häufig, aber keineswegs ausschließlich gewählten Titel βίος τινός beziehungsweise *vita alicuius*

---

225   Zum Hintergrund dieser von LOUIS HENRY SULLIVAN im Zusammenhang mit der Entwicklung der modernen Architektur geprägten Maxime vgl. SULLIVAN 1988 [1896], v.a. 111f., u. ferner FREI 1992, 32f.

226   Vgl. z.B. STEIDLE 1951, 4f.; DIHLE 1956, 7, u. DIHLE 1998, 124f., sowie ferner SCHEUER 1994, 31f., mit dem Versuch, die antike Biographie gleichsam retrospektiv mit den aus der Rhetorik bekannten Regeln zu erfassen.

227   Es handelt sich um ein von Photios überliefertes Fragment aus der Vita des Philosophen Isidor von Alexandria, die Damaskios Philosophos in der ersten Hälfte des 6. Jh. n. Chr. verfaßt hat. Die Art der Verwendung legt allerdings den Schluß nahe, daß es sich um einen zu diesem Zeitpunkt bereits eingeführten Begriff handelt: vgl. Phot. Bibl. 242,8 = Frg. 8 ZINTZEN u. ferner Phot. Bibl. 181,2.

hinausging, offensichtlich nicht vermißt haben, spricht gegen die Vorstellung einer allzu konsistenten Definition in der Antike. Für die Autoren ergab sich daraus ein größerer Freiraum bei der Gestaltung ihrer Werke, als dies in den fest etablierten Gattungen der Fall war, und die Buntheit der biographischen Produktion der Antike in Form und Inhalt zeigt, daß sie von dieser Freiheit ausgiebig Gebrauch gemacht haben.[228]

Daß dies bereits für die Anfänge der biographischen Literatur im Griechenland des 5. und 4. Jh. v. Chr. gilt, kann nichts besser verdeutlichen als die lang andauernde Forschungskontroverse um die Entstehung der Biographie als Gattung.[229] Denn in der Vielzahl unterschiedlicher literarischer Formen zur Darstellung von Personen, deren Spektrum von kleinen Gattungen wie der Chrie, der Anekdote oder dem Apophthegma, die schon früh gesammelt wurden und auch über einen einheitlichen narrativen Rahmen verfügen konnten,[230] über die Schriften Platons,[231] die ἀπομνημονεύματα–Literatur in der Tradition Xenophons oder das wesentlich durch Isokrates geprägte Enkomion[232] bis hin zur Historiographie[233] reicht, kristallisiert sich erst relativ spät eine ‚Kerngattung Biographie' heraus. Zur Beschreibung dieser ‚Kerngattung' existieren zum einen die inhaltlich und vor allem intentional recht enge Definition durch AL-BRECHT DIHLE, der von Biographie nur spricht,

> „wenn das Leben eines Menschen als Ganzes ins Auge gefaßt, in seinem Ablauf, wenn auch nicht notwendigerweise mit allen bekannten Details, dargestellt und als Verwirk-

---

228 Vgl. z.B. EHLERS 1998.

229 Vgl. den Forschungsüberblick bei SONNABEND 2002, 17ff. Die Diskussion wurde lange Zeit dadurch erschwert, daß in der Nachfolge JACOB BURCKHARDTS versucht wurde, die Entwicklung der Biographie in einen engen Zusammenhang mit dem Interesses an der Individualität zu bringen (vgl. BURCKHARDT 1929, 103ff.136ff., u. ferner z.B. BRUNS 1896, 46), ehe in den letzten Jahrzehnten analog zur Interpretation des archäologischen Porträts, die sich zunehmend aus der Dichotomie von individuellen und typisierten Zügen löste, verstärkt die Möglichkeit erwogen wurde, daß ein biographisches Interesse seinen Ursprung auch gerade in der vorbildlichen Verwirklichung allgemeiner Eigenschaften haben kann, wie dies die frühen Schriften zu Dichtern, Weisen oder Gesetzgebern belegen (vgl. z.B. KRISCHER 1982, 63f., u. GENTILI / CERRI 1988, 80f.). In modifizierter Form liegt die Verknüpfung von Biographie und Individualität auch der These zugrunde, daß die Entstehung der Biographie in einem engen Zusammenhang mit der Ablösung der stärker kollektiv geprägten Polisgesellschaft durch das eher individualistische hellenistische Gesellschaftsmodell zu sehen ist (vgl. z.B. SONNABEND 2002, 19ff.62f.).

230 Vgl. v.a. WEHRLI 1973 u. ferner z.B. SKIDMORE 1996, 35ff. Ein gutes Beispiel stellen die fragmentarisch überlieferten ἐπιδημίαι des Ion von Chios dar: s.o. S. 24.

231 Zum Charakter der platonischen Apologie als Biographie des Sokrates vgl. BRUNS 1896, 203ff., u. DIHLE 1956, 13ff.

232 Isokrates erhebt im Proömium des Euagoras den Anspruch, mit dieser wohl unmittelbar nach dem Tode des zyprischen Königs 374 v. Chr. verfaßten Rede literarisches Neuland zu betreten, da es sich um das erste Prosaenkomion handele (vgl. MOMIGLIANO 1971, 49, u. SONNABEND 2002, 32ff.).

233 Vgl. z.B. BRUNS 1896, 1ff.; HOMEYER 1962 u. SONNABEND 2002, 21ff.

lichung eines moralisch bewerteten Charakters interpretiert wird, welcher der Erfahrung des Lesers kommensurabel ist,"[234]

und zum anderen die offenere Definition durch ARNALDO MOMIGLIANO, der unter Biographie einen „account of the life of man from birth to death" versteht.[235]

Unabhängig davon, welcher der beiden Definitionen man den Vorzug gibt, in beiden Fällen lassen sich dennoch zahlreiche Gemeinsamkeiten zwischen einer auf diese Weise separierten ‚Kerngattung Biographie' und den übrigen Formen biographischer Literatur feststellen, so daß in den letzten Jahrzehnten die Existenz einer fest umrissenen Gattung der Biographie in der Antike generell in Frage gestellt wurde.[236] Dies zeigt sich vor allem in der beinahe zu einem Allgemeinplatz gewordenen Feststellung, daß sich die biographische Literatur der Antike mit formalen Gattungskategorien nur unzureichend beschreiben läßt.[237] In Anlehnung an eine Feststellung GEORG MISCHs, daß es sich bei der Autobiographie um etwas „dauernd Menschliches" handele und sie deswegen nicht an eine bestimmte Form gebunden sei,[238] ließe sich in analoger Weise auch die Biographie als eine in hohem Maße ‚proteische' Gattung begreifen, die unter verschiedenen gesellschaftlichen Bedingungen auf unterschiedliche Bedürfnisse ant-

---

234 Vgl. DIHLE 1987, 8f. Für DIHLE steht die Entwicklung der Biographie als Gattung in direktem Zusammenhang mit dem Bemühen, das *exemplum Socratis* der Nachwelt adäquat tradieren zu können, da sich im Falle des Sokrates Leben und Werk nicht trennen ließen, sondern zur Erklärung seiner spezifischen Leistung ein Bericht über sein Leben als Ganzes erforderlich gewesen sei (vgl. v.a. DIHLE 1956, 18f., u. DIHLE 1997, 122f.).

235 Vgl. MOMIGLIANO 1993, 11, sowie dag. GEIGER 1985, 12ff., u. DIHLE 1987, 8, der die Definition MOMIGLIANOS als „allzu simpel" bezeichnet.

236 Im Spektrum der jüngeren Beschreibungsversuche nimmt HERWIG GÖRGEMANNS mit der eher zurückhaltend formulierten Feststellung – „Jedenfalls gibt es seit dem 3. Jh. v. Chr. eine kohärente, wenn auch variable Gattung des *bíos*." – bereits eine eher konservative Position ein (vgl. GÖRGEMANNS 1997a, 683). Einen Schritt weiter geht beispielsweise bereits CHRISTOPHER PELLING: „One should not think of a single ‚biographic genre' with acknowledged conventions, but rather of a complicated picture of overlapping traditions, embracing works of varying form, style, length, and truthfulness." (vgl. PELLING 1997, 241f.). Auch der von den Neuphilologien ins Gespräch gebrachte neue Oberbegriff der Biographik (vgl. z.B. SCHEUER 1997) wurde von seiten der Altertumswissenschaft vereinzelt aufgegriffen (vgl. z.B. SWAIN 1997, 1ff.).

237 Vgl. z.B. STEIDLE 1951, 5.129.176; WEHRLI 1973, 193; GUGEL 1977, 11; BALDWIN 1983, 66; WALLACE-HADRILL 1983, 66ff.; LEWIS 1991, 3672ff.; MOMIGLIANO 1993, 11ff., u. SONNABEND 2002, 13ff.

238 Vgl. MISCH 1949, 22f. u. 6f.: „Gebet, Selbstgespräch und Tatenbericht, fingierte Gerichtsrede oder rhetorische Deklamation, wissenschaftlich oder künstlerisch beschreibende Charakteristik, Lyrik und Beichte, Brief und literarisches Porträt, Familienchronik und höfische Memoiren, Geschichtserzählung rein stofflich, pragmatisch, entwicklungsgeschichtlich oder romanhaft, Roman und Biographie in ihren verschiedenen Arten, Epos und selbst Drama – in all diesen Formen hat die Autobiographie sich bewegt, und wenn sie so recht sie selbst ist und ein originaler Mensch sich in ihr darstellt, schafft sie die gegebenen Gattungen um oder bringt von sich aus eine unvergleichliche Fülle hervor."

wortet und dabei ihre äußere Form ihren jeweiligen Aufgaben anpaßt: form follows function.[239]

Auf den ersten Blick scheint die Entwicklung in der Biographieforschung damit konträr zur allgemeinen Tendenz der letzten Jahrzehnte zu verlaufen, in denen die Beschäftigung mit Gattungskonzepten eine Art Renaissance erlebte, nachdem die radikale Position BENEDETTO CROCEs und anderer,[240] die dem Wert von Gattungen für die Beschreibung von Kunstwerken generell sehr kritisch gegenüberstanden, zu recht wieder aufgegeben wurde. Dabei wurde der Akzent stärker auf die rezeptionelle Seite des Phänomens gelegt, und durch die Thematisierung der Frage, welche Erwartungshaltung ein Leser mit einem Text aufgrund seiner Gattungszugehörigkeit verbindet, wurde der Blick dafür geöffnet, daß einerseits die Zuordnung eines Werkes zu einem Gattungszusammenhang eine wichtige Ebene der Kommunikation zwischen Autor und Leser darstellt und daß andererseits der jeweilige Gattungsrahmen durch das Hinzutreten eines neuen Werkes nicht nur bestätigt, sondern auch modifiziert werden kann.[241]

Doch obwohl poetische Literatur in der Regel eine deutlich höhere Intensität der Kommunikation anhand von Gattungskonzepten aufweist als Prosaformen,[242] lassen sich doch auch im Kontext des lockeren Verbandes biographischer Schriften Momente eines bewußten Umgangs mit der Gattungserwartung des Lesers beobachten, vor allem in Form von ‚Gattungsexperimenten'. Eine solche Kreuzung der Biographie mit einer benachbarten Gattung kann entweder aus primär funktionalen Rücksichten geschehen, wie beispielsweise in den Kaiserbiographien Plutarchs, die sich in großer Nähe zur Historiographie bewegen,[243] sie kann aber auch vorwiegend spielerische Züge annehmen.[244] Daß die Tendenz zur reflektierten Verwendung der unterschiedlichen

---

239 Vgl. z.B. GENTILI / CERRI 1988, 80, u. PICCIRILLI 1998. Ein formengeschichtlicher Überblick wird durch die deplorable Überlieferungslage der gesamten biographische Produktion vor der römischen Kaiserzeit erschwert (vgl. z.B. DIHLE 1956, 8: „Angesichts des Trümmerfeldes unserer Überlieferung wird man sich in Sachen der Formengeschichte vorerst besser mit einem *ignoramus* begnügen.", u. MOMIGLIANO 1971, 9.73ff.).

240 Vgl. CROCE 1902, 38ff.465ff., u. ferner HEMPFER 1973, 37ff., sowie für die antike Literatur v.a. ROSENMEYER 1985.

241 Wegweisend war vor allem das von HANS ROBERT JAUSS anhand der Literatur des Mittelalters entwickelte rezeptionsästhetische Konzept der ‚Historisierung des Formbegriffs', in dessen Rahmen die literarischen Gattungen als „zeitlichen Prozeß fortgesetzter Horizontstiftung und Horizontveränderung", also gerade nicht mehr einseitig als den Produzenten einschränkende *praecepta* im Sinne der frühneuzeitlichen Regelpoetik verstanden werden können (vgl. v.a. JAUSS 1972 sowie zur Rezeption in der Klassischen Philologie z.B. NAUTA 1990; CONTE 1992; BURRIDGE 1992 u. MARINCOLA 1999).

242 Vgl. z.B. GENTILI / CERRI 1988, 100ff.

243 S.u. S. 247ff.

244 Daß der fließende Übergang zu den benachbarten Gattungen ein wesentliches Charakteristikum der biographischen Literatur der Antike ausmacht, wird vor allem von RICHARD A. BURRIDGE betont, der

literarischen Formen, die zur Darstellung von Personen zur Verfügung standen, gerade im 2. Jh. n. Chr. eine besondere Blüte erlebt, kann angesichts der Bedeutung, die innerhalb der zeitgenössischen Bildungskultur einer aktiven wie passiven literarischen Kompetenz zugemessen wurde, nicht weiter verwundern.[245]

Vor diesem Hintergrund einer prinzipiell offenen Gattung, deren Produzenten wie Rezipienten jedoch ein geschärftes Bewußtsein für Grenzphänomene und Experimente mitbringen, erscheint es in hohem Maße gerechtfertigt, mit den *Caesares* Suetons Biographien im engeren Sinne gemeinsam mit Werken zu betrachten, die zwar anderen Gattungskontexten entstammen, sich aber gleichwohl in wichtigen Partien als Teil des weiteren Feldes biographischer Literatur erweisen, wie dies für die plinianischen Porträtbriefe und zahlreiche Kapitel der gellianischen *noctes Atticae* gilt. Doch stellt diese gattungsübergreifende Vorgehensweise zugleich Reiz und Risiko der gegenwärtigen Untersuchung dar. Denn dadurch, daß sich die Forschungsliteratur zu den einzelnen Autoren traditionell entlang der jeweiligen Gattungen ausrichtet, wird nicht zuletzt auch die Wahrnehmung des modernen Rezipienten präfiguriert.

Doch gerade in der Möglichkeit, vorschnell erfolgte Klassifikationen zu hinterfragen und die normative Kraft der Gattungsterminologie, wie sie in der Forschungsliteratur, die primär einen Überblick vermitteln will, berechtigterweise dominiert, zu problematisieren und in gewissem Umfang zu relativieren, kann zugleich ein wichtiger Vorteil einer gattungsübergreifend angelegten Untersuchung bestehen. Bei einer Ausweitung dieses Ansatzes würde sich wahrscheinlich für die biographische Literatur der Antike in ihrer Gesamtheit ein ähnlich differenziertes und komplexes Bild ergeben, wie es von JOHN MARINCOLA für die historiographische Literatur überzeugend herausgearbeitet werden konnte.[246]

---

das von WILHELM KROLL entwickelte Konzepte der ,Gattungskreuzung' auf die biographische Literatur übertragen hat (vgl. KROLL 1924, 202ff., u. BURRIDGE 1992, 59.65f.: „What is needed is a concept where βίος can relate to a number of different *genera proxima* at the same time, including, as mentioned, history, encomium, rhetoric and moralizing – but also other genres such as the entertaining story or early novel and a link with the didactic genres of philosophical and political beliefs, teachings and polemic. The boundaries between βίος and any of the *genera proxima* are flexible, and so borrowing or sharing of generic features across the border is to be expected.").

245 Ein spielerischer Umgang mit der Gattungserwartung läßt sich in den Briefen des jüngeren Plinius (vgl. z.B. Plin. ep. 2,1 u. 2,3; s.u. S. 107ff. u. 116ff.) ebenso beobachten wie in den *noctes Atticae* des Gellius (vgl. v.a. Gell. 15,20; s.u. S. 179ff.).

246 Vgl. MARINCOLA 1999, v.a. 320f.: „Form these few brief examples, I hope to have shown that the historiographical genres of the Greeks and Romans were not static categories in which one writer merely followed all or most of the aspects of his predecessors, but rather that they were constantly dependent upon change and innovation and that they functioned, in Conte's words, as 'strategies of literary composition' which may have provided a framwork for the historian's representation of the world, but in no way prescribed for him how things had to be done. Moreover, I hope that I have demonstrated that certain often-invoked categories are problematic and may obscure more than illumi-

Darüber hinaus erweist es sich als in hohem Maße lohnend, bei der Interpretation der verschiedenen Werke von ihrer gemeinsamen kulturellen Einbettung in der Bildungskultur des 2. Jh. n. Chr. auszugehen und auf diese Weise die vorwiegend an der diachronen Dimension orientierte Betrachtungsweise um eine gewinnbringende synchrone Perspektive zu ergänzen. Eine Fokussierung auf den ‚Fundkontext' statt auf die Gattungstradition beinhaltet zudem die Möglichkeit, die in der Forschungslandschaft häufig seit der Blütezeit der Quellenkritik dominierenden Fragestellungen zu überwinden. So wertvoll die aus diesen Paradigmen gewonnen Erkenntnisse hinsichtlich der Quellen eines Autors, seines Umgangs mit ihnen und seiner historischen Verläßlichkeit auch fraglos sein mögen, so problematisch bleibt die Einordnung von Werken in einen oftmals lediglich postulierten Traditionszusammenhang und die immer noch nachwirkende Stigmatisierung kaiserzeitlicher Autoren als unoriginelle Epigonen, deren Erforschung allenfalls in Hinsicht auf die Rekonstruktion ihrer uns verlorenen ‚Vorbilder' Gewinn verspricht.

Im Lichte einer primär synchronen und thematisch-funktionalen Betrachtungsweise lassen sich zudem einzelne, aus einer vorwiegend gattungsgeschichtlichen Perspektive als Verfallssymptome gerügte Besonderheiten der Autoren des 2. Jh. n. Chr. als adäquate Reaktionen auf die zeitgenössischen Gegebenheiten und kulturellen Rahmenbedingungen begreifen. Auf diese Weise kann eine gattungsvergleichende Vorgehensweise nicht zuletzt auch ein wichtigen Beitrag zur steigenden Wertschätzung der Autoren der Adoptivkaiserzeit leisten, deren Ansehen noch immer darunter leidet, daß ihre Epoche als eine Zeit des literarischen Niedergangs gilt.[247]

4. Disposition

Der Gedanke, die für den modernen Betrachter befremdlichen Züge aus ihrem zeitgenössischen Kontext heraus zu beschreiben, war auch für die Anordnung der folgenden Einzeluntersuchungen ausschlaggebend, die nicht den Lebensdaten der Autoren folgt, sondern von den kleinen und homogeneren Formen der plinianischen Briefe und gellianischen *commentarii* zu dem komplexeren Gebilde der suetonischen Kaiserbiographien fortschreitet. Ein solches Vorgehen bot sich auch deswegen an, weil die drei besprochenen Werke in keinem erkennbaren Abhängigkeitsverhältnis zueinander stehen, sondern vielmehr unterschiedliche Reaktionen auf den gemeinsamen und für den

nate. Further study of the categories that both ancients and moderns attach to the historical literature of the Greeks and Romans, as well as of its vast variety and multiform nature, is necessary before we can come to a clearer and more precise understanding of the ways in which the ancients approached the writing of history."

247 Vgl. z.B. FANTHAM 1998 [1996], 210ff.

relativ engen Untersuchungszeitraum von knapp 80 Jahren auch weitgehend konstanten kulturellen Kontext der Bildungskultur der römischen Oberschicht des 2. Jh. n. Chr. darstellen. Zum anderen erlaubt es eine systematische Reihung, die Besprechung von Suetons Kaiserbiographien, deren Qualität in der Forschung besonders kontrovers diskutiert wurde, im Lichte der vorangegangenen Interpretation der biographischen Elementen bei Plinius und Gellius erfolgen zu lassen.

Die plinianische Briefsammlung eignet sich zudem deswegen in besonderem Maße als Ausgangspunkt der Untersuchung, weil ihr Verfasser die in ihr enthaltenen Personendarstellungen dazu nutzt, um gesellschaftliche Fragestellungen, die sich aus der Etablierung der Bildungskultur innerhalb der römischen Oberschicht ergeben, anhand verschiedener Modelle zu diskutieren. Darüber hinaus thematisiert Plinius explizit literarische Alternativen zur Epistolographie und gewährt uns auf diese Weise einen Einblick, welche Überlegungen der Wahl einer bestimmten Gattung zugrunde liegen. Dabei erweist sich seine Entscheidung für die Kleinform des Briefes und gegen die Abfassung eines traditionellen Geschichtswerks zugleich als charakteristisch für die Entwicklung der literarischen Landschaft in den folgenden Jahrzehnten. Dadurch wird seine Briefsammlung zu einem zentralen Dokument aus der Frühphase der römischen Bildungskultur und ihrer spezifischen Funktionalisierung von Personendarstellungen. Den Schwerpunkt der Untersuchung wird dabei die Gruppe der sogenannten Porträtbriefe bilden, mit denen Plinius einer Reihe seiner Zeitgenossen und in deren Lichte zugleich auch sich selbst ein literarisches Denkmal gesetzt hat. Anhand der Darstellung der hochbetagten Senatoren Verginius Rufus (2,1) und Vestricius Spurinna (3,1) sowie des Rhetors Isaios (2,3) und des Philosophen Euphrates (1,10) sollen dabei die jeweils angewandten narrativen Strategien und die mit der Präsentation dieser Personen verbundenen Funktionen, vor allem der kommemorative Aspekt und der Modellcharakter der Dargestellten, thematisiert werden.

Gellius bietet sich als ‚verbindendes Element' deswegen an, weil sich seine Darstellungen von Zeitgenossen, in der Regel Lehrer oder Freunde des Autors, in analoger Weise in den Kategorien von ‚Monument und Modell' beschreiben lassen. Ferner bringt auch er seine eigene Figur als Teil der von ihm porträtierten gesellschaftlichen Gruppe zur Darstellung und stilisiert dabei sich selbst zugleich zu einer exemplarischen Verkörperung des durch die Lektüre seines Werkes zu erzielenden Lernerfolgs. Darüber hinaus weisen die *noctes Atticae* aber nicht nur in den Rahmenhandlungen, deren Rolle bei den Inszenierungen von Zeitgenossen stellvertretend anhand der Figur des Herodes Atticus näher beleuchtet werden soll, sondern auch auf der materiellen Ebene des eigentlichen Lernstoffes ein starkes Interesse an der Darstellung von Personen auf. Dabei wird die Behandlung historischer Personen von Gellius einerseits zur Bereitstellung eines biographischen Grundwissens genutzt, das auf der rein faktischen Kenntnis von Lebensdaten beruht und vor allem im Rahmen des sogenannten synchronistischen Kapitel (17,21) deutlich zutage tritt, andererseits werden aber auch die *summi viri* der Vergangenheit in gleicher Weise wie seine Zeitgenossen als Modelle für bestimmte, in der Bildungskultur des 2. Jh. n. Chr. erwünschte Verhaltensweisen genutzt. So fungiert beispielsweise Demosthenes als *exemplum* eines schlagfertigen πεπαιδευμένος, der sich seiner Bildung in jeder Situation adäquat zu bedienen weiß. Gerade bei dieser Funktionalisierung erweist sich die lockere Komposition der *noctes Atticae* mit ihren Möglichkeiten zur selektiven und anekdotischen Präsentation des Materials als großer Vorteil gegenüber traditionelleren Formen der Biographie, von denen Gellius aber gleichwohl in Form einer Euripidesvita en miniature ein Beispiel in sein Werk aufgenommen hat (15,20).

Der abschließende Blick auf Sueton zeigt allerdings, daß auch die biographische Großform flexibler gehandhabt werden kann, als es angesichts der Vorstellung normativer Gattungstraditionen in der biographischen Literatur der Antike zu erwarten gewesen wäre. Gerade bei der Interpretation der *Caesares*, die sich bislang vor allem an möglichen Vorbildern innerhalb einer eng definierten Gattung orientierte, erweist sich der synchrone Ansatz als äußerst fruchtbar. Denn betrachtet man Sueton im Lichte der vorangehenden Kapitel, erweisen sich einige Elemente der Kaiserbiographien, wie beispielsweise das starke anekdotische Moment oder die Bevorzugung privater Aspekte, die vor dem Hintergrund der Gattungstradition vorwiegend als degenerative Abweichungen wahrgenommen werden mußten, als zeittypische Phänomene, die in enger Interaktion mit den kulturellen Rahmenbedingungen stehen. Als lohnend erweist sich darüber hinaus ein Vergleich mit den übrigen Schriften Suetons, vor allem mit den unter dem Titel *de viris illustribus* zusammengestellten Intellektuellenbiographien, die schon aufgrund ihres Umfangs eine gewisse Nähe zum plinianischen Brief und den gellianischen Porträtskizzen aufweisen, zudem aber einen wichtigen Hinweis auf Suetons primäres Interesse geben können, das dort wie auch in den *Caesares* der möglichst effektiven Vermittlung biographischer Informationen gilt.

Daß auch in den Kaiserbiographien ein enger Zusammenhang zwischen Form und Funktion besteht, soll am Beispiel der bislang in der Forschung wenig berücksichtigten Vitelliusvita verdeutlicht werden. Die Anordnung seines Materials in überschaubaren Einheiten und die Verwendung einer Rubrikengliederung rückt Sueton in die Nähe der römischen Geschichte des Velleius Paterculus, der Exempelsammlung des Valerius Maximus oder anderer Literaturformen, die nicht nur mit einer Lektüre von der ersten bis zur letzten Seite, sondern auch mit einem Leser rechnen, der sich nur für ausgewählte Passagen interessiert. Damit erweist sich die von ihm gewählte Form als in hohem Maße auf die Bedürfnisse einer Bildungsgesellschaft zugeschnitten, in deren Allgemeinbildung ein detailliertes Wissen über die römischen Herrscher fraglos einen zentralen Platz einnahm. Darüber hinaus weisen die Darstellungen Suetons gerade im Bereich der privaten Lebensführung auch ein starkes paränetisches Element auf und zielen generell darauf, gemeinsam mit den reinen Sachinformationen dem Rezipienten auch die Meinungen und Bewertungen des historischen Geschehens zu ver-

mitteln, die ihm eine erfolgreiche Anwendung des biographischen Wissens im zeitgenössischen Kontext erlauben.

II. Monument und Modell: Der plinianische Porträtbrief

> *„Als eine schöne parasitische Blume erwuchs*
> *an dem sokratischen Dialog das Culturbild."*
> Ivo Bruns[1]

1. Plinius in der Forschung: Vom Epistolographen zum Autor

Vergleicht man die Behandlung, die Plinius der Jüngere und seine Briefsammlung in Literaturgeschichten oder anderen Überblicksdarstellungen älteren Datums gefunden hat, so kehren vor allem zwei Aussagen mit großer Regelmäßigkeit wieder. Einerseits wird ihm ein intensives und seiner in vielerlei Hinsicht eher mediokren Persönlichkeit gänzlich unangemessenes Streben nach literarischer Unsterblichkeit attestiert, dessen Konstatierung daher in der Regel auch mit dem Vorwurf eines übersteigerten Geltungsbedürfnisses einhergeht.[2] Zugleich wird andererseits jedoch stets hervorgehoben, daß sich aus seinen Briefen ein authentisches und detailliertes, wenn auch etwas einseitiges Bild der frühen Adoptivkaiserzeit gewinnen lasse,[3] ein ‚mosaico pieno di vita.'[4] Diese beiden Beobachtungen zueinander in Beziehung zu setzen, stellt eine der wichtigste Entwicklung in der Pliniusforschung der letzten Jahrzehnte dar.

In diesem Zusammenhang kommt insbesondere dem schon immer bekannten, lange Zeit aber nicht adäquat berücksichtigtem Faktum eine zentrale Rolle zu, daß Plinius – im Gegensatz beispielsweise zu Cicero[5] – seine Briefe selbst herausgegeben

---

1 Vgl. BRUNS 1896, 239.

2 Vgl. z.B. NORDEN 1983 [1898], 318ff., u. DUFF 1960 [1927], 439, sowie ferner OFFERMANN 1975 u. 1993, der dem Vorwurf der Eitelkeit zwei Untersuchung gewidmet hat, in denen er sie als Plinius' beherrschendes Charaktermerkmal herauszustellen sucht. Zu Plinius' Wunsch nach literarischer Unsterblichkeit s.u. S. 57ff.

3 Vgl. v.a. SCHUSTER 1951, 448, mit der bezeichnenderweise unpersönlichen Formulierung: „So wird das ganze Werk zu einer schätzenswerten Urkunde der literarischen und gesellschaftlichen Verhältnisse ..." u. ferner den Forschungsüberblick bei AUBRION 1989, 323ff.

4 Vgl. TRISOGLIO 1972, 97, u. ferner die Weiterentwicklung dieses Bildes bei HENDERSON 2003.

5 Allerdings plante bereits Cicero eine eigenhändige Publikation ausgewählter Briefe: *mearum epistularum nulla est* συναγωγή; *sed habet Tiro instar septuaginta, et quidem sunt a te quaedam sumendae. eas ego oportet perspiciam, corrigam; tum denique edentur* (vgl. Cic. Att. 16,5,5 sowie ferner HUT-

hat.[6] Durch die eigenhändige Veröffentlichung und die damit verbundene Möglichkeit zur Selektion, Arrangierung und Überarbeitung gewinnen die plinianischen *epistulae*, auch wenn sie ursprünglich in realen Kommunikationssituation verfaßt und verwendet wurden,[7] in entscheidender Weise einen neuen Charakter: Denn mit dem Akt der Publikation wird die gesammelte Korrespondenz des Autors hinsichtlich des stilistischen Anspruchs, der intendierten Wirkung und des angestrebten Adressatenkreises zu Literatur.[8]

Vor dem Hintergrund der eigenhändigen Publikation der Briefe durch ihren Verfasser muß auch die Frage nach den von Plinius mit dieser Maßnahme verbundenen Intentionen neu gestellt werden. In diesem Zusammenhang kann nicht zuletzt die Rezeption der Briefe seines großen Vorbildes Cicero einen wichtigen Hinweis geben. Denn Plinius dürfte ebensowenig wie Cornelius Nepos entgangen sein, daß man dessen postum edierte Korrespondenz auch nicht zuletzt als Quelle zur Zeit der späten Republik im allgemeinen und zur Person ihres Verfassers im besonderen lesen konn-

---

CHINSON 1998, 4ff., u. ROSENMEYER 2001, 3: „Of course, the distinction between 'real' and fictive letters is often unclear, both in antiquity and now. For example, can we count as 'real' the letters of Cicero, although they were quasi-public and compositions, clearly written with a view to eventual publication?").

6   Dies gilt mit Sicherheit für die ersten neun Bücher der seiner Korrespondenz, während es nicht klar ist, ob Plinius das 10. Buch nach einer möglichen Rückkehr aus Bithynien selbst herausgegeben hat (zur *communis opinio* einer postumen Edition vgl. z.B. SYME 1958a, 660, der Sueton als Herausgeber vermutet; AUBRION 1989, 319ff., LUDOLPH 1997, 49ff., u. BEUTEL 2000, 12.132 Anm. 368, sowie dag. z.B. BARWICK 1936, v.a. 444f., u. WOOLF 1994, 122ff. mit Anm. 32). Das 10. Buch bleibt aufgrund dieser Ungewißheit, aber auch wegen der Unterschiede hinsichtlich Inhalt und Adressat im Rahmen dieser Untersuchung weitgehend unberücksichtigt.

7   Die in der älteren Forschung gelegentlich geäußerte Vermutung, daß es sich bei der Briefsammlung im Ganzen um eine literarische Fiktion handeln könnte (vgl. v.a. PETER 1901, 113ff., sowie ferner z.B. MEISTER 1924, 27f.), spielt heute zu recht keine Rolle mehr. Zu den Versuchen, einzelne Stücke als nachträgliche Ergänzungen zu deuten vgl. z.B. LUCK 1961, 80; MERWALD 1964, 5.138f; SHERWIN-WHITE 1966, 11ff.; GAMBERINI 1983, 136.144f., u. WEISCHE 1989, 385f.

8   Vgl. LUDOLPH 1997, v.a. 40ff.; BEUTEL 2000, 150ff., u. RADICKE 2003, v.a. 24f.: „Der vom Verfasser selbst veröffentliche oder doch zur Veröffentlichung bestimmte Privatbrief ist jedoch nicht mehr vornehmlich als privates Gespräch anzusehen. Vielmehr wird er aus seiner eigentlichen in eine uneigentliche Funktion überführt und zu einem literarischen Kunstwerk erhoben. Entsprechend läßt sich auf ihn dasselbe Modell applizieren, das auch bei fiktionalen Erzählungen gilt. Neben den Briefschreiber tritt beim literarischen Brief nunmehr der Autor (S 1), neben den Adressaten das Lesepublikum (E 1). Der Brief selbst wird zu einem Stück Erzählung, der Briefschreiber wird zum Ich-Erzähler, der Adressat zur Figur in der Geschichte. Die direkte Kommunikation verwandelt sich in eine ‚kommunizierte Kommunikation': S 1 (Autor) – S 2 (Briefschreiber = Ich-Erzähler) – E 2 (Adressat = Figur) – E 1 (Lesepublikum)."

te.[9] Daher liegt die Vermutung nahe, daß Plinius mit der Publikation seines Briefwerkes nunmehr bewußt ein Bild der römischen Oberschicht seiner Zeit zeichnen wollte,[10] dessen facettenreiches Mosaik zugleich einen geeigneten Rahmen zur adäquaten Darstellung der eigenen Person liefern mußte. Auf diese Weise konnte Plinius seinem Bedürfnis nach literarischer Unsterblichkeit gleich auf zwei Ebenen Rechnung tragen: Einerseits, indem er für kommende Generationen zum Autor der zentralen Quelle der Geschichte der frühen Adoptivkaiserzeit wurde, andererseits dadurch, daß er selbst als handelnde Person in einem literarischen Werk auftrat.[11]

Wie eindrucksvoll dieses Kalkül aufgegangen ist, wird nicht zuletzt durch das auch nach beinahe zwei Jahrtausenden nicht abreißende Interesse an seinen Briefen und seiner Person eindrucksvoll unterstrichen.[12] Nimmt man jedoch eine solche Intention des Verfassers ernst, so wandelt sich durch die Veröffentlichung der Briefe nicht nur ihr literarischer Charakter, sondern auch ihr Status als historische Quelle: Sie werden gewissermaßen von einem ‚unvermittelten Überrest' zu einer ‚gestalteten Tradition'.[13] Damit wird aber auch ein methodischer Ansatz problematisch, der sich dem von Plinius in seinen Briefen erzeugten Bild seiner selbst und seiner Zeit in der Form eines ‚inneren Kommentars' zu nähern versucht,[14] ohne hinreichend auf die vom Autor bei seiner Inszenierung genutzten Strategien Rücksicht zu nehmen.[15]

Diese Lücke konnte durch eine Reihe neuer Arbeiten geschlossen werden, die sich aus verschiedenen Perspektiven mit unterschiedlichen Aspekten der Selbstdarstellung des Autors in seinen Briefen beschäftigt haben.[16] Unabhängig voneinander

---

9   Vgl. Nep. Att. 16,3: *quae qui legat, non multum desideret historiam contextam eorum temporum* sowie ferner z.B. USSANI 1971, 132; WEISCHE 1989, 381; CUGUSI 1983, 215f., u. BEUTEL 2000, 163f.

10   Vgl. z.B. WEISCHE 1989, 381ff.

11   Als erster hat RONALD SYME auf diese Intention andeutungsweise hingewiesen (vgl. SYME 1958a, 98), ehe er sie wenig später in aller Deutlichkeit benannt hat: „The motives that induced Pliny to edit and publish his correspondence are not beyond conjecture. And the product carries its meaning on its face: a sympathic portrayal of the better people in their life and habits. Underneath a carefully contrived autobiography." (vgl. SYME 1964, 750f.).

12   Vgl. TRISOGLIO 1972, 1, der seiner Verwunderung über das große Interesse der Forschung „per uno scrittore che non sembrerebbe dotato di speciali poteri di richiamo" Ausdruck verleiht.

13   Zu der letztlich auf JOHANN GUSTAV DROYSEN zurückgehenden Unterscheidung vgl. DROYSEN 1960 [1937], 37ff., u. VON BRANDT 1996, 52f.

14   Vgl. BÜTLER 1970, 7, u. ferner z.B. TRISOGLIO 1972, 188: „Plinio, pur sapendo di pubblicare, confida sinceramente e semplicemente il suo animo ... Egli si presenta com' è".

15   Nachdem zuvor bereits in knappen Andeutungen auf das Problem hingewiesen wurde (vgl. z.B. WIESCHE 1989, 375, u. LAUSBERG 1991, 90), wurde es in voller Schärfe von LUDOLPH 1997, 14ff., erfaßt, der von einem ‚brieflichen Ich' bei Plinius spricht (vgl. ferner BEUTEL 2000, 150ff., u. HENDERSON 2003 sowie allg. ROSENMEYER 2001, 4f.).

16   Neben den im folgenden genannten Titeln sind in den letzten Jahren auch weitere Arbeiten erschienen, die sich vor dem Hintergrund vergleichbarer Fragestellungen gezielt mit einzelnen Aspekten

erschienen 1997 MATTHIAS LUDOLPHs Monographie ‚Epistolographie und Selbstdarstellung'[17] und ein Aufsatz JAN RADICKEs, dessen Interpretation der Briefe des dritten
Buches zu weitgehend identischen Ergebnissen führt.[18] Ebenfalls ausgehend von den
Schreiben des drittes Buches – und dabei insbesondere von Brief 3,6 – wurde 2002
von JOHN HENDERSON der Versuch unternommen, Plinius' zahlreiche Äußerungen zu
verschiedenen antiken Kunstwerken als Ebene der Selbstdarstellung des Autors interpretatorisch fruchtbar zu machen.[19] Dazu treten die 2000 veröffentlichte Dissertation
von FRANK BEUTEL, die sich insbesondere mit dem Bild beschäftigt, das Plinius von
seiner eigenen historischen Rolle unter Domitian zeichnet,[20] und die 1999 erschienene
Monographie von STANLEY HOFFER, der Schreiben aus dem ersten Buches daraufhin
untersucht, inwieweit sich hinter einer vermeintlichen Fassade der Selbstsicherheit die
Angst und Unsicherheit des Autors und seiner Zeit spiegeln.[21]

Schließlich sind 2003 der Sammelband ‚Plinius der Jüngere und seine Zeit'[22] und
der dem gleichen Autor gewidmete Frühjahrsband der Zeitschrift Arethusa erschienen,[23] in denen sich gleich mehrere Beiträge mit verschiedenen Facetten der plinianischen Selbstdarstellung beschäftigen. Stellvertretend seien hier die Untersuchungen
von Plinius' Selbstinszenierung als Literat durch GREGOR VOGT-SPIRA und als ‚ripro-
positore di *virtutes* senatorie svantie' durch ROBERTO GAZICH[24] genannt sowie die
Aufsätze von JOHN HENDERSON, ANNA DE PRETIS und JAN RADICKE, die sich allgemein mit dem den Folgen des ambivalenten Charakter der plinianischen Schreiben

---

(vgl. LEACH 1990, die Plinius' Selbstdarstellung mit der zeitgenössischen Porträtkunst vergleicht, u.
RIGGSBY 1998, der sich zu Plinius' Stilisierung als Redner beschäftigt) oder mit einzelnen Briefen
beschäftigen (vgl. z.B. SHELTON 1987, zu Plin. ep. 3,11, u. RÖMER 1987, zu Plin. ep. 7,27); vor allem
die beiden Vesuvbriefen (Plin. ep. 6,16 u. 6,20) sind dabei auf reges Interesse gestoßen (vgl. bereits
LILLGE 1918 sowie SALLMANN 1979; GÖRLER 1979; ECO 1985; SCHÖNBERGER 1990 u. LEFÈVRE
1996a).

17   Vgl. LUDOLPH 1997, v.a. 96f., zum Verständnis von Plin.ep. 1,1-8 als ‚Paradebriefe' in Anlehnung an
die horazischen Paradeoden (Hor.c. 1,1-9).

18   Vgl. RADICKE 1997.

19   Vgl. HENDERSON 2002, 1: „The thesis will be that the world of art provides an endlessly fertile ima-
ge-repertoire for the artful writer, and the proof will be that orienting a reading of one particular book
collection form the *Letters* around its handling of painting, sculpture and monuments brings into focus
a classic model of self-representation from the heyday of imperial Roman culture. ... I shall be pu-
shing the idea that ‚art' is how Pliny means to lodge his writing with us.").

20   Vgl. BEUTEL 2000, v.a. 175ff.

21   Vgl. HOFFER 1999.

22   Vgl. CASTAGNA / LEFÈVRE 2003.

23   Vgl. MORELLO / GIBSON 2003. Eine adäquatere Berücksichtigung dieses in vielerlei Hinsicht anregenden Bandes war aufgrund des fortgeschrittenen Standes der Druckvorlage leider nicht möglich.

24   Vgl. VOGT-SPIRA 2003 u. GAZICH 2003.

zwischen privater Mitteilung und literarischer Kommunikation für die Selbstdarstellung des Verfassers beschäftigen.[25]

Während vor diesem Hintergrund in den letzten Jahren eine intensive Beschäftigung mit verschiedenen Aspekten des vom Autor im Rahmen seiner Briefsammlung vermittelten Selbstbildnisses stattgefunden hat, haben die Darstellungen anderer Personen in der jüngeren Forschungsliteratur vergleichsweise wenig Aufmerksamkeit gefunden. Neben einer Reihe von Untersuchungen, die sich gezielt der Darstellung einzelner Personen – wie beispielsweise seines Vorbildes Cicero,[26] des älteren Plinius,[27] oder seiner Schriftsteller-‚Kollegen' wie Martial und Silius Italicus[28] – angenommen haben, sind vor allem drei in diese Richtung weisende Arbeiten zu nennen: die Untersuchung FEDERICO GAMBERINIs, die allerdings auf die stilistische Ebene beschränkt bleibt,[29] ein älterer Aufsatz von HENRY WILLIS TRAUB, der sich mit der Verwendung historiographischer Darstellungstechniken in den Pliniusbriefen beschäftigt und zu Unrecht ohne große Resonanz geblieben ist,[30] und die von HELMUT KRASSER vorgelegte Studie zum sozialen Hintergrund und zur literarischen Umsetzung der von ihm als ‚engagierte Bewunderung' bezeichneten Haltung, die in den plinianischen Porträtbriefen häufig zu beobachten ist.[31]

Das geringe Interesse der Forschung an dieser Gruppe von Schreiben muß um so mehr überraschen, als Plinius vor allem den sogenannten Porträtbriefe eine ganze Reihe biographischer Vignetten von engen Freunden, geschätzten Standesgenossen oder ihm in anderer Weise bemerkenswert erscheinender Personen gezeichnet und in seine veröffentlichte Korrespondenz übernommen hat. Insbesondere ist bislang nicht der Versuch unternommen worden, die Erkenntnisse, die sich aus der Neubewertung des literarischen Charakters des Gesamtwerkes ergeben haben, auf diese Gruppe von Briefen zu übertragen. Aus einem solchen Vorgehen ergibt sich unter anderem die Notwendigkeit, die in den Pliniusbriefen enthaltenen prosopographischen Fakten, die eine wichtige Quelle für die Geschichte der frühen Adoptivkaiserzeit darstellen, hinsichtlich der vom Autor mit ihrer Vermittlung verfolgten Intentionen stärker als bisher zu hinterfragen. Im Rahmen der gegenwärtigen Untersuchung sollen jedoch weniger die Folgen für die historische Rekonstruktion der römischen Oberschicht als vielmehr die von Plinius zur Darstellung von Personen angewandte literarische Technik im Mittelpunkt des Interesses stehen.

---

25 Vgl. HENDERSON 2003; DE PRETIS 2003 u. RADICKE 2003.
26 Vgl. z.B. LEFÈVRE 1996b u. KRASSER 1996, 117ff.
27 Vgl. z.B. LEFÈVRE 1989, 115ff., u. LEFÈVRE 1996a.
28 Vgl. LEFÈVRE 1989, 118ff.
29 Vgl. GAMBERINI 1983, v.a. 286ff.
30 Vgl. TRAUB 1955.
31 Vgl. KRASSER 1993a.

2. Biographie en miniature? Der Porträtbrief in der Bildungskultur

Die von Plinius in den ersten neun Büchern seiner Briefsammlung selbst veröffentlichten Schreiben[32] lassen sich in ihrer überwiegenden Mehrheit einigen wenigen,
häufiger wiederkehrenden Themenkreisen zuweisen, wobei die Einordnung des einzelnen Briefes durch die Fokussierung auf jeweils einen Gegenstand, die bei Plinius
die Regel ist, erleichtert wird.[33] Zu den thematischen Schwerpunkten seiner Korrespondenz gehören Berichte aus dem gesellschaftlichen und politischen Leben Roms
ebenso wie die literarischen Interessen und Aktivitäten des Autors und seiner Bekannten. Daneben läßt sich aber auch eine relativ umfangreiche Gruppe von Briefen aus-
machen, in denen Plinius sich der Darstellung von Personen, die meist aus seinem
näheren gesellschaftlichen Umfeld stammen, gewidmet hat. Dieses im weiteren Sinne
biographisch zu nennende Segment besteht zum Großteil aus solchen Schreiben, für
die sich in der Forschung die Bezeichnung als Porträtbrief eingebürgert hat, und umfaßt etwa ein Fünftel der Sammlung.[34] Bei dieser Zählung sind solche biographischen
Informationen nicht berücksichtigt, die dem Leser mehr oder weniger beiläufig gegeben werden, also ohne daß ihnen im jeweiligen Brief Plinius' primäres Interesse gilt.[35]
Angesichts des komplexen Charakters der plinianischen Sammlung kann eine solche
rein quantitative Aussage allerdings nur von begrenztem Wert sein.

---

32   Zur umstrittenen Frage der Herausgeberschaft des 10. Buches s.o. S. 52 Anm. 6.

33   Die häufig kritisierte Beschränkung auf nur ein Thema je Brief (vgl. z.B. MOMMSEN 1869, 32 Anm.3:
„Besonders auffallend und widerwärtig ist es, dass mit geringfügigen Ausnahmen jeder Brief nur
einen Gegenstand behandelt ...") erweist sich als unproblematisch, wenn man in Übereinstimmung
mit den antiken Aussagen bereit ist, in der faktischen Informationsübermittlung nicht die einzige legitime Funktion eines Briefes zu erblicken (vgl. Cic. fam. 2,4,1 sowie ferner GUILLEMIN 1929, 133f., u.
HUTCHINSON 1998, 7ff.). Vor diesem Hintergrund wird auch die Annahme überflüssig, Plinius habe
die rhetorische Form des Exkurses auf den Brief übertragen (vgl. PETER 1901, 113ff.; MEISTER 1924
u. GAMBERINI 1983, 141ff.). Allerdings weisen insbesondere die Briefe, in denen Gebäude, Kunstwerke oder Naturereignisse beschrieben werden (vgl. z.B. Plin. ep. 2,17; 4,30; 5,6; 8,8 u. 8,20 sowie
ferner LEFÈVRE 1977 u. LEFÈVRE 1988), eine gewisse Nähe zur literarischen Form der ἔκφρασις auf,
die jedoch im 2. Jh. n. Chr. allgemein eine Blüte erlebt (vgl. BOWIE 2003, 855f.).

34   Von den 247 Schreiben der ersten neun Bücher lassen sich 48 und damit über 19% als Porträtbriefe
begreifen. Innerhalb der einzelnen Bücher schwankt der Anteil stark und nimmt tendenziell von den
früheren zu den späteren Büchern hin ab:

Buch:	I	II	III	IV	V	VI	VII	VIII	IX
Briefe gesamt:	24	20	21	30	21	34	33	24	40
Porträtbriefe:	7	6	8	8	5	4	5	3	2
Prozentwert:	29%	30%	38%	27%	24%	12%	15%	13%	5%.

35   Dies gilt vor allem für die Briefe, in denen Plinius Ereignisse meist aus der jüngeren Vergangenheit
berichtet und auf diesem Wege naturgemäß auch die jeweilige Protagonisten charakterisiert (zu seinem Umgang mit der Zeitgeschichte vgl. BEUTEL 2000, 175ff.).

Gleichwohl läßt sich ungeachtet der Schwierigkeiten einer exakten Abgrenzung, die sich im Einzelfall ergeben können, der Porträtbrief als fester Typus innerhalb der plinianischen Sammlung begreifen und als ‚Subgattung' beschreiben. Dieser Versuch soll im folgenden unternommen werden, wobei ein besonderes Augenmerk auf der Leistungsfähigkeit des – für diese Zwecke zunächst nur begrenzt tauglich erscheinenden – Briefes als Medium der Personendarstellung liegen soll. Daß sich die epistolographische Kleinform im Kontext der Bildungskultur des 2. Jh. n. Chr. jedoch in geradezu idealer Weise zur literarischen Umsetzung von Plinius' Zielen und Intentionen anbieten mußte, kann mit einer ganzen Reihe von Gründen plausibel gemacht werden.

Den Ausgangspunkt der weiteren Überlegungen wird dabei die Eignung des Briefes bilden, seinem Verfasser breiten Raum für eine literarische Selbstdarstellung zu gewähren, da gerade diese Möglichkeit die Attraktivität des Briefes für Plinius erheblich gesteigert haben dürfte. In einem zweiten Schritt soll sich die Untersuchung dann den formalen Vorzügen der epistolographischen Form im zeitgenössischen Kontext zuzuwenden, ehe schließlich die von Plinius im *corpus* der Porträtbriefe angewandten Darstellungstechniken und die mit diesen verfolgten Intentionen vorgestellt werden sollen. Auf diese Weise sollen eine Reihe weiterer Vorteilen deutlich werden, die für Plinius mit der Wahl der epistolographischen Form verbunden waren und von denen vor allem die Möglichkeit von zentraler Bedeutung gewesen sein dürfte, die dargestellten Personen einerseits als Modelle vorbildlichen Verhaltens zu verwenden und ihnen andererseits literarische Unsterblichkeit zuteil werden zu lassen. Die Interpretation des Briefes 5,8, in dem Plinius gleichsam eine *recusatio* der literarischen Großform der Historiographie liefert und auf diese Weise *ex negativo* weitere Argumente für den von ihm verfolgten Weg der Veröffentlichung einer Briefsammlung nennt, und eine kurze Vorstellung der *exitus illustrium virorum*-Literatur, die nicht nur einzelne Schreiben direkt beeinflußt hat, sondern mit ihrer kommemorativen Sprechhaltung auch allgemein einen großen Einfluß auf die von Plinius gepflegten biographischen Kleinformen gehabt haben dürfte, beschließen den allgemeinen Teil und leiten zur Besprechung ausgewählter Porträtbriefe über.

a) *amor immortalitatis*[36] und das epistolographische Selbstporträt

Eine Verbindung von epistolographischer Form mit biographischen Elementen mag aus der modernen Perspektive zunächst eher befremdlich erscheinen, doch mußte sich der Brief in der antiken Wahrnehmung als literarische Gattung für die Darstellung von Personen sogar in besonderer Weise anbieten, da von der epistolographischen

---

36 Vgl. Plin.ep. 3,17,5.

Theorie der Antike das personelle Moment bei der Abfassung eines Briefes traditionell stark betont wurde.[37] Zwar wird in erster Linie der Repräsentation des Verfassers
und des Empfängers im Text ein großer Stellenwert beigemessen, doch läßt sich diese
personelle Aufladung des epistolographischen Schreibens leicht auf eine dritte Figur
übertragen, vor allem wenn diese in enger Beziehung zu dem Schreiber oder dem Adressaten des Briefes steht. In vielen seiner Porträtbriefe gelingt es Plinius zudem, eine
solche Konstellationen zu wählen, in der die porträtierte Person mit Verfasser und
Empfänger gleichermaßen eng verbunden ist.

Die Eignung der epistolographischen Form für die von Plinius verfolgten Intentionen konnte jedoch in der Forschung deswegen lange Zeit nicht adäquat gewürdigt
werden, weil die Wahrnehmung der plinianischen Schreiben von der Definition des
Briefes dominiert wurde, die ADOLF DEISSMANN aus der Beschäftigung mit den Pau-
lusbriefen des Neuen Testaments heraus formuliert hatte:

> „Der Brief ist etwas Unliterarisches: er dient dem Verkehr der Getrennten. Seinem inner-
> sten Wesen nach intim und persönlich, ist er nur für den Adressaten, nicht aber für die
> Öffentlichkeit bestimmt."[38]

In Abgrenzung zu dieser Form des Privatbriefes führt DEISSMANN im weiteren einerseits den Begriff der Epistel für den Brief als literarische Kunstform und andererseits
die Kategorie des epistolischen Briefes ein, zu der er unter anderem Briefe zählt,

> „deren Schreiber nicht naiv geblieben ist, bei jedem Worte, vielleicht weil er sich für einen
> berühmten Mann hält, nach der Öffentlichkeit schielend oder mit der Öffentlichkeit koket-
> tierend, in die seine Zeilen vielleicht kommen könnten. Solche halb und halb auf die Öf-
> fentlichkeit berechneten ‚Briefe', solche epistolischen Briefe, sind schlechte Briefe und
> können uns mit ihrer Frostigkeit, Geziertheit oder eitelen Unwahrheit lehren, wie ein wirk-
> licher Brief nicht sein soll."[39]

Auch die Beobachtung, daß sich die reiche Briefschriftstellerei der römischen Kaiserzeit mit diesen vereinfachenden Kategorien nicht erfassen läßt, weil die Grenzen zwischen Gebrauchsbrief und zur Publikation bestimmten literarischem Kleinkunstwerk
in vielen Fällen fließend sind,[40] änderte an der negativen Beurteilung dieser ‚hyper-
trophen' Formen, die man dem schädlichen Einfluß der Rhetorenschule zuschrieb,

---

37   Vgl. Demetr. de elocut. 227: πλεῖστον δὲ ἐχέτω τὸ ἠθικὸν ἡ ἐπιστολή, ὥσπερ καὶ ὁ διάλογος· σχε-
     δὸν γὰρ εἰκόνα ἕκαστος τῆς ἑαυτοῦ ψυχῆς γράφει τὴν ἐπιστολήν. καὶ ἔστι μὲν καὶ ἐξ ἄλλου λόγου
     παντὸς ἰδεῖν τὸ ἦθος τοῦ γράφοντος, ἐξ οὐδενὸς δὲ οὕτως, ὡς ἐπιστολῆς u. ferner THRAEDE 1970,
     23f.

38   Vgl. DEISSMANN 1909, 164f., u. ferner ROSENMEYER 2001, 5ff. zum geistesgeschichtlichen Hinter-
     grund.

39   Vgl. DEISSMANN 1909, 166.

40   Vgl. z.B. DRAGIÇEVIÇ 1936, 42.122.

zunächst wenig.[41] Eine neue Betrachtungsweise setzte sich erst in den Nachkriegs-
jahrzehnten durch. Besonders KLAUS THRAEDE gelang es, mit der gründlichen Aufarbeitung der antiken Stellungnahmen zur Theorie des Briefes die Diskussion auf eine
neue Basis zu stellen und den Nachweis zu erbringen, daß man einer Briefsammlung
wie der plinianischen nicht gerecht wird, wenn man moderne Vorstellungen und Erwartungen an sie heranträgt.[42] Vor allem in Anlehnung an die Brieftheorie, die in der
Demetrios von Phaleron zugeschriebenen Schrift περὶ ἑρμηνείας enthalten ist,[43] stellte er drei wesentliche Punkte der antiken Charakterisierung eines Briefes zusammen:
Der Brief wurde in der Art eines Geschenks geschrieben und versandt,[44] er bot dem
Autor Gelegenheit, seine eigene Person darzustellen,[45] und eine seiner wichtigsten
Funktionen bestand in der Bekundung der Freundschaft.[46]

Nimmt man den Brief in dieser Art wahr, zeigt sich schnell, warum Plinius sich
gerade für diese literarische Gattung entschieden hat:[47] Sie gewährte der Darstellung
der eigenen Person breiten Raum und kam so seinem Interesse an der Präsentation
und Tradierung eines Selbstbildnisses entgegen.[48] Vor dem Hintergrund der antiken
Erwartungshaltung liegt daher auch der Gedanke nahe, nicht nur einen Einzelbrief als
εἰκὼν τῆς ἑαυτοῦ ψυχῆς zu verwenden, sondern auch eine Edition mehrerer Briefe,
die sich gegenseitig ergänzen und vertiefen können, in dieser Weise einzusetzen.[49]
Diese Möglichkeit mußte sich deswegen um so mehr anbieten, als sich im 2. Jh. n.

---

41   Vgl. SCHANZ / HOSIUS 1935, 669f., sowie ferner z.B. PETER 1901, 10ff.101ff.; MEISTER 1924, 28f., u.
      SYKUTRIS 1931, 218.

42   Vgl. THRAEDE 1970, v.a. 74.

43   Vgl. Demetr. de elocut. 223-35 sowie ferner THRAEDE 1970, 19f.

44   Vgl. Demetr. de elocut. 224: ἡ δὲ γράφεται καὶ δῶρον πέμπεται τρόπον τινά   u. ferner THRAEDE
      1970, 22.

45   Vgl. Demetr. de elocut. 227: σχεδὸν γὰρ εἰκόνα ἕκαστος τῆς ἑαυτοῦ ψυχῆς γράφει τὴν ἐπιστολήν.
      καὶ ἔστι μὲν καὶ ἐξ ἄλλου λόγου παντὸς ἰδεῖν τὸ ἦθος τοῦ γράφοντος, ἐξ οὐδενὸς δὲ οὕτως, ὡς
      ἐπιστολῆς u. ferner THRAEDE 1970, 23.

46   Vgl. Demetr. de elocut. 231-32: εἰ γάρ τις ἐν ἐπιστολῇ σοφίσματα γράφοι καὶ φυσιολογίας, γράφει
      μέν, οὐ μὴν ἐπιστολὴν γράφει. φιλοφρόνησις γάρ τις βούλεται εἶναι ἡ ἐπιστολὴ σύντομος, καὶ
      περὶ ἁπλοῦ πράγματος ἔκθεσις καὶ ἐν ὀνόμασιν ἁπλοῖς. (232) κάλλος μέντοι αὐτῆς αἵ τε φιλικαὶ
      φιλοφρονήσεις καὶ πυκναὶ παροιμίαι ἐνοῦσαι· καὶ τοῦτο γὰρ μόνον ἐνέστω αὐτῇ σοφόν, διότι
      δημοτικόν τί ἐστιν ἡ παροιμία καὶ κοινόν, ὁ δὲ γνωμολογῶν καὶ προτρεπόμενος οὐ δι' ἐπιστολῆς
      ἔτι λαλοῦντι ἔοικεν, ἀλλὰ μηχανῆς u. ferner THRAEDE 1970, 24f.

47   Die Kenntnis der griechischen Fachliteratur zu diesem Thema kann bei Plinius vorausgesetzt werden.
      Theoretische Äußerungen zum Brief von lateinischen Autoren fehlen weitgehend oder sind nicht
      überliefert (vgl. aber Quint. inst. 9,4,19); einer knappen eigenen Darstellung würdigt ihn erst Julius
      Victor im 4. Jh. n. Chr. (vgl. Iul. Vict. rhet. 27, p. 447-8 HALM).

48   Vgl. RADICKE 2003, 29.

49   Vgl. Cic. fam. 16,16,2: te totum in litteris vidi sowie ferner LUDOLPH 1997, 18f., RADICKE 1997,
      466f., u. zum Brief ,als Spiegel der Seele' allg. MÜLLER 1980.

Chr. bereits die Briefsammlungen mehrerer prominenter Persönlichkeiten im Umlauf befanden,[50] bei denen es sich zum Teil – wie im Falle Ciceros – um echte, aber postum herausgegebene Schreiben handelt, in der Mehrheit aber um literarische Fälschungen, über deren fiktiven Charakter der antike Leser sich jedoch in der Regel keine Rechenschaft abgelegt zu haben scheint.[51] Eine Besonderheit der plinianischen Korrespondenz besteht allerdings, wie bereits betont, darin, daß die Schreiben von ihrem Verfasser selbst publiziert worden sind.[52]

Der Gedanke, einen Beitrag sowohl zur eigenen Unsterblichkeit wie auch zu derjenigen anderer Personen, die als *viri memoria digni* gelten können, zu leisten, stellte für Plinius ein zentrales *movens* dar, um literarisch tätig zu werden. Daß er der kommemorativen Intention bei der Abfassung seiner Briefsammlung und insbesondere im Zusammenhang mit den der Darstellung von Personen gewidmeten Stücken eine große Bedeutung beigemessen hat, geht nicht zuletzt aus der prominenten Rolle hervor, die das Streben nach einem Andenken bei der Nachwelt in dem von ihm innerhalb der Briefsammlung erzeugtem Selbstbild spielt. Zu diesem Wunsch bekennt er sich an vielen Stellen und mit großer Entschiedenheit:

> *alius alium, ego beatissimum existimo, qui bonae mansuraeque famae praesumptione perfruitur certusque posteritatis cum futura gloria vivit.*[53]

Plinius steht mit in solcher oder ähnlicher Form geäußerten Ansichten in seiner Zeit keineswegs allein.[54] Die Hoffnung auf das eigene Weiterleben in Form der *fama apud posteriores* oder der *sequentis aevi memoria* nahm bereits für den Angehörigen der

---

50   Vgl. HOLZBERG 1994 u. GÖRGEMANNS 1997b.

51   So hält beispielsweise Cicero die unter Demosthenes' Namen überlieferten Briefe für authentisch (vgl. Cic. or. 15 u. Brut. 131).

52   Cicero hatte die Publikation ausgewählter Schreiben erwogen (vgl. Cic. Att. 16,5,5), das Projekt jedoch nicht mehr verwirklichen können; die Edition wurde schließlich von seinem Privatsekretär Tiro postum vorgenommen. Daß bei Plinius' Publikation seiner Briefe die Rolle des Septicius Clarus (vgl. Plin. ep 1,1,1: *frequenter hortatus es, ut epistulas ... colligerem publicaremque*) nicht allzu hoch veranschlagt werden darf, liegt angesichts der in Proömien üblichen Bescheidenheitstopik auf der Hand (vgl. z.B. MERWALD 1964, 3f.; LUDOLPH 1997, 100f, u. HOFFER 1999, 20f.).

53   Vgl. Plin. ep. 9,3,1 („Der eine hält diesen, der andere jenen für den Glücklichsten, ich aber denjenigen, der die Erwartung eines guten und bleibenden Angedenkens im Voraus genießen und sich seines Fortlebens wie auch seines zukünftigen Ruhmes bereits zu Lebzeiten sicher sein kann."); vgl. ferner v.a. Plin. ep. 5,8,1-3; 7,33,1 u. 9,14,1-2 sowie z.B. LUDOLPH 1997, 61ff.

54   Wie tief diese Denkkategorie im Bewußtsein der Zeitgenossen verankert ist, zeigt der Gedankengang in Brief 9,19, in dem Julius Frontinus zunächst als Gegenbeispiel zu figurieren scheint, weil er die Errichtung eines Grabmals für seine Person untersagt hatte (vgl. Plin. ep. 9,19,1). Doch für Plinius stellt auch dieser Verzicht nur eine strategische Variante auf dem Weg zu dem gleichen Ziel dar: *uterque ad gloriam pari cupiditate, diverso itinere contendit, alter, dum expetit debitos titulos, alter, dum mavult videre contempsisse* (vgl. Plin. ep. 9,19,8).

republikanischen Nobilität einen zentralen Platz ein, doch erfährt diese Denkkategorie im Laufe der frühen Kaiserzeit noch einmal eine signifikante Intensivierung und weitet sich zugleich auf breitere soziale Schichten aus, wie zahlreiche literarische und epigraphische Zeugnisse belegen.[55] Plinius fordert von seinen Lesern ein entsprechendes Bemühen um ihren Nachruhm sogar entschieden ein, indem er in deutlich protreptischer Absicht ein streng dichotomisches Verhaltensmodell entwirft:

> etenim omnes homines arbitror oportere aut immortalitatem suam aut mortalitatem cogitare, et illos quidem contendere, eniti, hos quiescere, remitti nec brevem vitam caducis laboribus fatigare.[56]

Der traditionelle Weg, auf dem ein der gesellschaftlichen Führungsschicht angehörender Römer *gloria* und die damit verbundene *immortalitas* erringen konnte, stellte das politische Engagement dar, dessen sichtbarer Nachweis in der Übernahme der Magistraturen des *cursus honorum* und militärischer Führungsfunktionen bestand. Obwohl diese Ämter auch nach dem Ende der Republik nominell weitgehend unverändert fortbestanden,[57] waren mit ihnen in der Kaiserzeit doch deutlich geringere Handlungsmöglichkeiten und damit auf Dauer auch ein reduziertes Sozialprestige verbunden. Diese Entwicklung wird unter anderem gerade von Plinius intensiv reflektiert.[58] Seine Reaktion besteht in der programmatischen Aufwertung der literarischen *studia*, wie vor allem in Brief 3,7, dem Porträt des vor kurzem verstorbenen Silius Italicus deutlich wird: Nachdem er zunächst allgemein seiner Klage über die Kürze des Menschenlebens mit dem *dictum* des Xerxes beim Überschreiten des Hellespont Ausdruck verliehen hat, der darüber geweint haben soll, daß von einem so großen Heer bald keiner mehr leben werde,[59] fährt er mit Blick auf die eigene Zeit fort:

---

55 Vgl. z.B. Tac. Agr. 46,4: *quicquid ex Agricola amavimus, quicquid mirati sumus, manet mansurumque est in animis hominum, in aeternitate temporum, fama rerum; nam multos veterum velut ingloriosus et ignobilis oblivio obruet: Agricola posteritati narratus et traditus superstes erit* u. sowie ferner BRACHER 1987 [1948], 121ff.

56 Vgl. Plin. ep. 9,3,2 („Denn meiner Ansicht nach sollten sich alle Menschen entweder an ihrer Unsterblichkeit oder an ihrer Sterblichkeit orientieren, und jene sollten sich anstrengen und alle Kräfte einsetzen, diese aber sollten sich ausruhen, sich entspannen und ihr kurzes Leben nicht mir fruchtlosen Mühen belasten."); vgl. Plin. ep. 5,5,4 sowie ferner BÜTLER 1970, 21ff., u. LEACH 2003, 147f.

57 Die Diskrepanz zwischen der unveränderten Terminologie und der geschwundenen politischen Bedeutung wurde bereits von Tacitus in aller Schärfe erfaßt (vgl. Tac. ann. 1,3,7: *eadem magistratuum vocabula*).

58 Mit dem Bedauern über die geschwundenen politischen Handlungsmöglichkeiten geht jedoch keine Ablehnung des Prinzipats als Staatsform mehr einher. Bei der Glorifizierung der republikanischen Vergangenheit handelt es sich bei Plinius und seinen Zeitgenossen vielmehr um ‚nostalgia di un passato irrevocabile' (vgl. TRISOGLIO 1972, 3ff.39ff., sowie ferner z.B. BÜTLER 1970, 146; BEUTEL 2000, 240, u. LEFÈVRE 2003, 189f.).

59 Vgl. Plin. ep. 3,7,13 u. ferner Hdt. 7,45.

sed tanto magis hoc, quidquid est temporis futtilis et caduci, si non datur factis (nam ho-
rum materia in aliena manu), certe studiis proferamus et, quatenus nobis denegatur diu vi-
vere, relinquamus aliquid, quo nos vixisse testemur.[60]

Daß Plinius im Zusammenhang mit der Frage, wie ein Angehöriger der römischen
Oberschicht an der Wende zum 2. Jh. n. Chr. sich soziale Distinktion und zugleich ein
bleibendes Andenken erwerben kann, gerade die *studia* prononciert in den Vordergrund rückt,[61] stellt eines der frühesten und aussagekräftigsten Zeugnisse für den Aufstieg literarischer Bildung und kultureller Kompetenz zu gesellschaftlichen Leitwer-
ten im Rom der Adoptivkaiserzeit dar. Der sich aus der plinianischen Briefsammlung
ergebende Eindruck, daß die literarischen Aktivitäten die traditionellen Betätigungsfelder des römischen *nobilis* in Politik und Militär weitgehend verdrängt hätten, erfährt allerdings eine wichtige Relativierung durch das epigraphische Material aus der
gleichen Zeit, in dem sich allerdings auch die große Beharrungskraft der traditionellen
Formen zeigt:[62] Nicht nur Tacitus,[63] sondern auch Plinius selbst gestehen im Rahmen
von Inschriften dem von ihnen absolvierten *cursus honorum* breiten Raum zu, während sie ihre literarische Tätigkeit mit keinem Wort erwähnen.[64] Gleichwohl zeigt
sich jedoch, daß kulturelle Aktivitäten als alternatives Feld auch gerade der öffentlichen Betätigung und als Möglichkeit, gesellschaftliches Renommee zu erzielen, im
Kontext der Bildungskultur des 2. Jh. n. Chr. eine ganz erhebliche Bedeutungssteige-
rung erfahren haben.[65]

Das ist deswegen um so erstaunlicher, als die *studia* ihrerseits im 2. Jh. n. Chr.
prima facie ebenfalls kein unproblematisches Feld des Ruhmerwerbs darstellen mußten, da das Streben nach der Unsterblichkeit des eigenen Namens auf diesem Gebiet
durch das Bewußtsein der Epigonalität gegenüber den Autoren der späten Republik

---

60   Vgl. Plin. ep. 3,7,14 („Doch um so mehr wollen wir das wenige, was uns an nichtiger und ver-
      gänglicher Zeit gegeben ist, wenn schon nicht mit Taten – denn die Möglichkeit dazu liegt in fremder
      Hand –, so doch durch Studien verlängern und, insofern es uns gewährt wird, noch länger zu leben,
      etwas hinterlassen, mit dem wir bezeugen werden, daß wir gelebt haben."); vgl. Plin. ep. 3,20,12 so-
      wie ferner SOLARI 1950, 458; BEUTEL 2000, 248ff., u. MORELLO 2003, 187ff. Wie groß die damit
      verbundenen Verschiebungen im Wertesystem der Oberschicht waren, zeigt sich vor allem, wenn
      man die sicherlich präsente Folie der epischen Weltsicht mit ihrer engen Korrelation von *fama* und
      facta zum Vergleich heranzieht (vgl. z.B. Verg. Aen. 10, 467-69: *breve et irreparabile tempus //*
      omnibus est vitae: sed famam extendere factis // hoc virtutis opus sowie ferner USSANI 1970, 294f., u.
      allg. zu häufig nur knapp angedeuteten Vergilzitaten bei Plinius KRASSER 1993b).
61   Vgl. ferner z.B. Plin. ep. 9,23 sowie GUILLEMIN 1929, 15f.; COVA 1966, 120, u. USSANI 1970, 296f.
      312f.
62   Vgl. allg. ECK 1995b u. ECK 1999.
63   Vgl. CIL VI 1574 mit ALÖLFY 1995; ECK 1999, 51, u. BIRLEY 2000b.
64   Vgl. CIL V 5262 sowie ferner ECK 1999, 50f., u. ECK 2001.
65   Zur Etablierung der Bildungskultur s.o. S. 9ff.

und der augusteischen Zeit in enge Schranken verwiesen wurde. Zwar fehlt es gerade bei Plinius und Tacitus nicht an Ansätzen einer Überwindung dieses Denkschemas,[66] doch herrschte *de facto* eine Herangehensweise vor, die den Versuch unternahm, sich mit den überlieferten Klassikern zu arrangieren und die eigene Position nicht zuletzt über den adäquaten Umgang mit den großen Vorbildern zu definieren. Bei dem in diese Richtung weisenden Konzept, das Plinius in seinen Briefen präsentiert, halten sich die Elemente einer angemessenen *veneratio* der *ingenia* der Vergangenheit, für die der Vergilkult des Silius Italicus ein eindrucksvolles Beispiel liefert,[67] und einer partiellen *aemulatio*, für die insbesondere Plinius' Verhältnis zu Cicero exemplarisch ist,[68] einander die Waage.[69]

Plinius' Ausweg aus dem Dilemma der Autoren des 2. Jh. n. Chr. zwischen Epigonalitätsbewußtsein und Unsterblichkeitsanspruch besteht daher nicht zuletzt in dem Versuch, seinen Namen bei Zeitgenossen und Nachwelt fest mit den literarischen *studia* zu verbinden. Dabei beruht sein Erfolg gerade darauf, daß er sich stets der Tatsache bewußt bleibt, daß literarischer Ruhm unter den Bedingungen des 2. Jh. n. Chr. auf andere Weise errungen werden mußte als zu Zeiten Ciceros. In diesem Konzept kommt insbesondere der Publikation seiner Korrespondenz eine zentrale Rolle zu. Die Abfassung traditioneller Werke stellt zwar nach wie vor eine *condicio sine qua non*

---

66   Vgl. z.B. Tac. ann. 3,55,5: *nisi forte rebus cunctis inest quidam velut orbis, ut quem ad modum temporum vices, ita morum vertantur; nec omnia apud priores meliora, sed nostra quoque aetas multa laudis et artium imitanda posteris tulit* u. Plin. ep. 6,21,1: *sum ex iis, qui mirer antiquos, non tamen (ut quidam) temporum nostrorum ingenia despicio. neque enim quasi lasse et effeta natura nihil iam laudabile parit* sowie ferner DÖPP 1989, 69ff. u. BRACHER 1987 [1948], 88ff.

67   Vgl. Plin. ep. 3,7 sowie ferner LEFÈVRE 1989, 118ff., u. allgemein zu dieser Form der Verehrung ‚geistiger Ahnen' ZANKER 1995, 196f.

68   Vgl. z.B. Plin. ep. 1,2; 3,15; 4,8; 7,4 u. 9,2 sowie ferner WEISCHE 1989; RUDD 1992; RIGGSBY 1995; LEFÈVRE 1996b u. KRASSER 1996, 117ff., der von einer ‚partiellen *aemulatio* Ciceros' spricht, weil diese trotz der von Plinius betonten Parallelen zur politischen Laufbahn Ciceros auf das Feld der *studia* beschränkt bleibt.

69   Vgl. VOGT-SPIRA 2003. Mit dieser Relativierung der eigenen Position gegenüber den Klassikern geht für Plinius auch eine Modifikation seiner Erwartungen hinsichtlich seines literarischen Nachruhms einher (vgl. Plin. ep. 9,14,1-2: *posteris an aliqua cura nostri, nescio; nos certe meremur, ut sit aliqua, non dico ingenio (id enim superbum), sed studio et labore et reverentia posterum. pergamus modo itinere instituto, quod ut paucos in lucem famamque provexit, ita multos e tenebris et silentio protulit* u. ferner Plin. ep. 5,8,3: *itaque diebus ac noctibus cogito, si ‚qua me quoque possim tollere humo'; id enim voto sufficit, illud supra votum ‚victorque virum volitare per ora ...' ‚quamquam o ...!' sed hoc satis est, quod prope sola historia polliceri videtur* mit BÜTLER 1970, 35; KRASSER 1993b, 146ff., u. BAIER 2003, 70ff.). Ob die von Plinius hier formulierte Dichotomie zwischen einer gleichsam verneinten Sterblichkeit und der vollen Unsterblichkeit derjenigen von *gloria lata* und *gloria magna* entspricht, die er an anderer Stelle unterscheidet, ist möglich, aber nicht zwingend (vgl. Plin. ep. 4,12,7 mit z.B. GUILLEMIN 1929, 19f.; USSANI 1971, 70, u. BROUWERS 1991, 9).

dar – und Plinius versäumt es nicht, vielfach auf den Erfolg der von ihm verfaßten Reden[70] und Gedichte[71] hinzuweisen –, doch noch größeren Wert legt er darauf, sich innerhalb der Briefsammlung allgemein in der Rolle des wahren πεπαιδευμένος zu zeigen, der dank seiner Kompetenz und Kennerschaft über die gesamte literarische und kulturelle Tradition seiner Zeit kompetent verfügen kann.[72]

Denn der ‚homme de lettres' stellt im Kontext der Bildungskultur des 2. Jh. n. Chr. die zentrale gesellschaftliche Leitfigur dar, und Plinius kommt seinem Wunsch nach Anerkennung in der Gegenwart und bleibender Erinnerung bei der Nachwelt vor allem dadurch näher, daß er sich als die vollkommene Verkörperung des umfassend gebildeten Zeitgenossen inszeniert. Dieser Intention dient die Darstellung der eigenen Lektüre,[73] der Nachweis breiter Belesenheit auch in der griechischen Literatur in Form von Zitaten oder Anspielungen[74] und die Demonstration vielseitiger Kennerschaft bei der Beurteilung verschiedener kultureller Hervorbringungen[75] ebenso wie die Schilderung seines Engagements für eigene und fremde Rezitationen[76] oder der geschickte Verweis auf seine Verdienste als Euerget in seiner Heimatstadt Comum, in der er unter anderem eine Bibliothek gestiftet hat.[77] Der wichtigste Beitrag zur Um-

---

70   Vgl. z.B. Plin. ep 1,2 u. ferner u. PICONE 1977; GAMBERINI 1983, 12ff.; LUDOLPH 1997, 107ff.; RUDD 1992, 26ff., u. MAYER 2003.

71   Vgl. z.B. Plin.ep. 4,14; 4,27; 5,3; 7,4 u. 8,21 sowie ferner GAMBERINI 1983, 82ff.; RUDD 1992, 28f.; FANTHAM 1998 [1996], 204ff., u. AUHAGEN 2003.

72   Vgl. LEFÈVRE 1989, v.a. 126ff.; KRASSER 1995, 79ff.; KRASSER 1996, 121ff., u. RADICKE 2003, 27ff.32f.

73   Vgl. z.B. Plin. ep. 9,36,3 sowie ferner KRASSER 1995, 80f., u. KRASSER 1996, 114ff., u. dag. FANTHAM 1998 [1996], 190ff.: „Als erstes fällt auf, daß so wenig über das Lesen gesprochen wird. ... Sein Akzent liegt fast ausschließlich auf dem Schreiben, nicht auf der Lektüre ...".

74   Vgl. SCHENK 1999 u. ferner KRASSER 1996, 116f.: „Die fließende Beherrschung des Griechischen und die Kenntnis der griechischen Literatur ist selbstverständlicher, nicht weiter zu kommentierender Bestandteil zumindest der oberschichtlichen Bildung. Das Zitat griechischer Literatur gehört zu den Usancen gepflegter Unterhaltung; eigens verwiesen wird auf Griechischkenntnisse jedoch nur dann, wenn sie besonders glanzvoll sind, ...", sowie dag. FANTHAM 1998 [1996], 196, die Plinius' Kenntnisse der griechischen Literatur zu Unrecht auf die Redner und rhetorische Handbücher beschränkt wissen will. Zur Verwendung griechischer *termini* und Redewendungen vgl. z.B. DEANE 1918 sowie ferner allg. KAIMIO 1979, v.a. 322ff., zum Griechischen als ‚high prestige language'.

75   Diese Intention zeigt sich bei den Beschreibungen von Villen (vgl. Plin. ep. 1,3; 1,24; 2,17; 5,6 u. 9,36 sowie ferner LEFÈVRE 1977; LEFÈVRE 1987; MIELSCH 2003 u. RIGGSBY 2003), Landschaftsphänomenen (vgl. Plin. ep. 4,30; 8,8 u. 8,20 sowie ferner LEFÈVRE 1988) oder Kunstwerken (vgl. Plin. ep. 3,6; 4,28 u. 9,39 sowie ferner HENDERSON 2002 u. RADICKE 2003).

76   Zu den zahlreichen Stellen, an denen Plinius auf das zeitgenössische Rezitationswesen zu sprechen kommt, vgl. v.a. BINDER 1995, 292ff., sowie ferner STARR 1990 u. FANTHAM 1998 [1996], 77ff. 199ff.

77   Vgl. Plin. ep. 1,8 u. 4,13 mit NICLAS 1980; KRASSER 1995, 84ff.; KRASSER 1996, 135ff.; LUDOLPH 1997, 67ff.179ff.; KRIECKHAUS 2002, 26ff., u. MANUWALD 2003 sowie ferner CIL V 5262 mit ECK

setzung dieser Aussageabsicht wird aber nicht von den einzelnen inhaltlichen Aspekten geleistet, sondern vielmehr von dem im Rahmen der Briefsammlung erzeugten Bild des Autors in seiner Gesamtheit als idealer Verkörperung des zeitgenössischen Bildungsideals.

b) Brief und Briefsammlung in der Bildungskultur

Neben der Möglichkeit zur Selbstinszenierung der Person des Autors mußte sich die kleine Form des Briefes innerhalb der von der Bildungskultur der römischen Oberschicht geschaffenen gesellschaftlichen und kulturellen Rahmenbedingungen jedoch auch aus weiteren Gründen als besonders geeignete Gattung erweisen. Denn zum einen kam die bereits traditionell mit der epistolographischen Form verbundene Kürze[78] dem für die zeitgenössische literarische Produktion charakteristischen Ideal der *brevitas* entgegen.[79] Zum anderen waren in der antiken Wahrnehmung mit einem Brief nur sehr rudimentäre formale Kriterien verbunden, wie sich beispielsweise noch in der von Augustin verwendeten Minimaldefinition zeigt: *epistula est, habet quippe in capite quis ad quem scribat.*[80] Diese Freiheit verlieh dem Brief hinsichtlich seiner literarischen Form einen überaus offenen Charakter und führte dazu, daß er sich in besonderer Weise für solche Gattungsexperimente eignete,[81] wie sie sich in der lateinischen Literatur des 2. Jh. n. Chr. generell großer Beliebtheit erfreuten.[82] Der formalen Flexibilität der epistolographischen Form entsprach ihre inhaltliche Offenheit, die es Plinius erlaubte ein breites Themenspektrum zu entfalten, das von der Tagespolitik über die Literaturkritik bis zur Landschaftsbeschreibung reicht und ihm zu recht die Be-

---

2001 u. KRIECK-HAUS 2002, 26ff., die Plinius' überdurchschnittliche Aufwendungen für seine Heimatgemeinde betonen.

78 Vgl. Demetr. de elocut. 228 u. Iul. Vict. rhet. 27, p. 448, 1-2 HALM: *in familiaribus litteris primo brevitas observanda* sowie ferner z.B. CUGUSI 1983, 34f.69. Daß Plinius diese Forderung der antiken Brieftheorie geläufig ist, zeigt sich vor allem darin, daß er in längeren Schreiben mehrfach die vermutete Kritik seiner Lesers vorwegnimmt: vgl. z.B. Plin. ep. 2,5,13; 3,5,20; 5,6,41-44; 7,9,16 u. 9,13,26.

79 Plinius thematisiert diesen Punkt zwar nicht explizit in Hinsicht auf seine Briefe, aber doch indirekt in der Reflexion über andere von ihm verfaßte Werke: vgl. Plin. ep. 2,5,4: *quotiens enim ad fastidium legentium deliciasque respicio, intellego nobis commendationem et ex ipsa mediocritate libri petendam* u. ferner z.B. KRASSER 1996, 145: „Die von Martial so stark betonte Vorstellung der angenehmen *brevitas* von Texten wird zwar von Plinius nirgends programmatisch postuliert, ist aber offenkundig als kompositorische Kategorie präsent."

80 Vgl. Aug. retract. 2,20 („Es ist ein Brief, denn zu Beginn wird gesagt, wer an wen schreibt.").

81 Vgl. z.B. KROLL 1924, 216: „Eine bewegliche, leicht zu Bündnissen mit anderen literarischen Formen geneigte Gattung war ferner der Brief."

82 S.o. S. 45f. Ein gutes Beispiel bietet der Porträtbrief des Rhetors Isaios (Plin. ep. 2,3); s.u. S. 130ff.

zeichnung als „Vorgänger, ja Vater unserer modernen Zeitungsessays" eingebracht hat.[83]

Da der Brief ein in vielerlei Hinsicht ideales Forum bot, um literarische Kompetenz und stilistische Meisterschaft unter Beweis zu stellen,[84] kann es auch nicht verwundern, daß das Verfassen von *litterae curiosius scriptae* nicht nur für Plinius, sondern auch für weite Teile der ‚société de lettrés' des 2. Jh. n. Chr. zu einem integralen Bestandteil der literarischen und gesellschaftlichen Aktivitäten wurde.[85] Wie groß die Wertschätzung eines eleganten Briefstiles offenbar gewesen ist,[86] kann exemplarisch der Umstand verdeutlichen, daß Plinius in einem Empfehlungsschreiben für ein militärisches Kommando als wichtige Qualifikation seines Protegés Voconius Romanus dessen epistolographische Fertigkeiten anführt: *epistulas quidem scribit, ut Musas ipsas Latine loqui credas*.[87] Daß es innerhalb der römischen Oberschicht dieser Zeit gesellschaftlich durchaus üblich war, mit literarischen Anspruch verfaßte Briefe zu schreiben und untereinander zu verschicken, stellt zugleich ein wichtiges Argument

---

83   Vgl. SCHANZ / HOSIUS 1935, 670, sowie ferner z.B. LAUSBERG 1991, 91, u. KRASSER 1996, 146.

84   Vgl. z.B. V. ALBRECHT 1995, 196: „Gespräch zwischen Getrennten? Mehr als das: Mitteilung im höchsten Sinn des Wortes, gekonnt und dabei unprätentiös und humorvoll."

85   Vgl. z.B. Plin. ep. 1,16,6; 7,9,8; 7,13,1-2 u. 9,28,5 (Zitat) sowie ferner GUILLEMIN 1929, 2ff.26.; CUGUSI 1974, 29ff.; CUGUSI 1989; WEISCHE 1989, 383f.; CIZEK 1989, 19.27. u. ROSENMEYER 2001, 19ff.

86   Eine Einordnung des von Plinius und seinen Briefpartnern favorisierten Briefstils läßt sich über die Betonung einer gehobenen Diktion hinaus nur schwer vornehmen. Die antike Brieftheorie erlaubt zwar ausdrücklich auch den *sermo cotidianus* (vgl. Cic. fam. 9,21,1 u. ferner z.B. CUGUSI 1983, 78), doch seine Verwendung erfolgt bei Plinius nur gleichsam in Anführungsstrichen, wenn er an exponierter Stelle ein *heus tu!* oder einen griechischen Ausdruck einstreut (vgl. z.B. Plin. ep. 1,15,1 sowie ferner CUGUSI 1983, 218; THRAEDE 1970, 75f.; NIEMIRSKA-PLISZYŃSKA 1955, 161, u. CUGUSI 1983, 38.79ff.). Entgegen ihrer ursprünglichen Konnotation erfüllen solche Wendungen bei Plinius die Funktion einer gebildeten Anspielung und tragen so in gleicher Weise zur Literarisierung des Briefes bei wie auch die Verwendung von poetischem Vokabular und Dichterzitaten (vgl. NIEMIRSKA-PLISZYŃSKA 1955, 143f., u. GAMBERINI 1983, 449ff.497ff.) oder die Rhythmisierung der Satzschlüsse (vgl. Quint. inst. 9,4,19-21 sowie ferner HOFACKER 1903 u. PHILIPS 1986, 15f.). Mit diesen unterschiedlichen literarischen Anklängen bewegt sich Plinius zwar in einem gewissen Wiederspruch zu seiner Charakterisierung des Briefstils als *pressus sermo purusque* (vgl. Plin. ep. 7,9,8 u. ferner GAMBERINI 1983, 170ff.), liegt aber ganz auf der Linie der zeitgenössischen Erwartungshaltung gegenüber einer *epistula paulo curatius scripta*.

87   Vgl. Plin. ep. 2,13,7 („Briefe schreibt er, daß man meinen könnte, die Musen selbst sprächen Latein."). In welchem Maße die sorgfältige stilistische Ausarbeitung eines Briefes zur gesellschaftlichen Erwartungshaltung gehört, zeigt sich unter anderem darin, daß die Erlaubnis zum Schreiben eines schlichten Briefes eigens erteilt werden kann (vgl. z.B. Plin. ep. 1,11).

dafür dar, daß eine umfangreichere Revision und Überarbeitung der plinianischen Schreiben vor ihrer Veröffentlich nicht erforderlich gewesen sein dürfte.[88]

Wenn sich somit schon die einzelne ‚lettre d'art'[89] im Kontext der Bildungskultur des 2. Jh. n. Chr. als besonders geeignete Gattung zur Ostentation literarischer Virtuosität erwies, so mußte sich aus der Veröffentlichung solcher ‚fein ziselierten Kabinettstückchen'[90] in Form einer Briefsammlung noch mehr Vorteile ergeben, da diese die Möglichkeit bot, eine stilistische wie auch eine thematische *variatio* wirkungsvoll zur Geltung zu bringen. Welche Bedeutung von den zeitgenössischen Autoren einer der *delectatio* des Lesers dienenden Abwechslung in Form und Inhalt beigemessen wurde, können Plinius' Überlegungen im Zusammenhang mit der Publikation einer Rede verdeutlichen, die sicherlich auch auf die Briefsammlung übertragen werden sollen:

> *adnisi certe sumus, ut quamlibet diversa genera lectorum per plures dicendi species teneremus, ac, sicut veremur, ne quibusdam pars aliqua secundum suam cuiusque naturam non probetur, ita videmur posse confidere, ut universitatem omnibus varietas ipsa commendet.*[91]

Da sich Plinius in vergleichbarer Weise auch über die Anordnungsprinzipien eines von ihm verfaßten Gedichtbuches äußert,[92] kann man davon ausgehen, daß auch der im Widmungsbrief an Septicius Clarus erklärte Verzicht auf eine chronologische oder in einer anderen Weise systematische Anordnung seiner Briefe – *collegi non servato temporis ordine (neque enim historiam componebam), sed ut quaeque in manus vene-*

---

88 Die Möglichkeit, daß Plinius vor der Publikation redaktionelle Veränderungen vorgenommen hat, wurde in der Forschung verschiedentlich erwogen (vgl. z.B. DRAGIÇEVIÇ 1936, 44f.; TRISOGLIO 1972, 187; CUGUSI 1983, 216ff., u. FANTHAM 1998 [1996], 189). Doch dürfte sich eine solche Überarbeitung auf geringfügige stilistische Nachbesserungen, wie sie im Vorfeld einer Veröffentlichung üblich waren (vgl. z.B. Plin. ep. 1,2; 1,8; 2,5; 3,13; 3,18; 7,17; 7,20; 8,7 u. 8,21 sowie ferner BÜTLER 1970, 36ff., u. TRISOGLIO 1972, 203ff.), oder auf eine Beseitigung der für ein breiteres Publikum ohne entsprechendes Vorwissen nicht verständlichen ‚okkasionellen Leerstellen' beschränkt haben (vgl. z.B. Plin. ep. 6,4 mit LUCK 1961, 81f.). Zu der in diesem Zusammenhang von MATTHIAS LUDOLPH ins Spiel gebrachten Rollentheorie, der zufolge Plinius zu umfangreicheren Änderungen gezwungen war, um die auf den jeweiligen Empfänger abgestimmte Sprecherrolle auf eine breitere Öffentlichkeit abstimmen, vgl. LUDOLPH 1997, 29ff., u. dag. die berechtigten Einwände von BEUTEL 2000, 145ff., der vor allem die Übertragbarkeit dieses Modells auf literarische Äußerungen bestreitet.

89 Vgl. GUILLEMIN 1929, 113, u. ferner CUGUSI 1983, 127.

90 Vgl. SCHANZ / HOSIUS 1935, 670.

91 Vgl. Plin. ep. 2,5,6-7 („Wir haben uns jedenfalls bemüht, durch stilistische Abwechslung das Interesse möglichst vieler unterschiedlicher Lesertypen zu wecken, und daher scheint mir, wenn ich auch fürchte, daß aufgrund seines je speziellen Charakters nicht jeder Teil allen gefallen wird, Anlaß zu der Hoffnung zu bestehen, daß gerade die Abwechslung dazu führt, daß das Werk in seiner Gesamtheit allgemeine Zustimmung findet.") u. ferner z.B. PETER 1901, 109ff., u. KRASSER 1996, 143ff.

92 Vgl. Plin. ep. 8,21,4: *liber fuit et opusculis varius et metris. ita solemus, qui ingenio parum fidimus, satietatis periculum fugere.*

rat –[93] der doppelten Intention entspringt, Monotonie beim Leser zu vermeiden und literarische Virtuosität zum Ausdruck zu bringen, auch wenn explizite Aussagen des Autors hierzu fehlen.

Daß Plinius mit dieser Charakterisierung seiner Anordnungsprinzipien im Einleitungsbrief nicht lediglich versucht, seiner Sammlung „den Stempel anmutiger Lässigkeit aufzudrücken," wie von THEODOR MOMMSEN vermutet worden war,[94] sondern daß er die *variatio* als Stilprinzip bewußt einsetzt, konnte vor allem GÜNTER MERWALD nachweisen, der die plinianische Korrespondenz in die Tradition des hellenistischen Gedichtbuches mit seinen komplexen Anordnungsstrategien stellte.[95] Daß die vom Autor zugrundegelegten Kriterien dabei nicht unmittelbar ersichtlich werden, stellt einen wesentlichen Bestandteil der künstlerischen Intention dar: *ars adeo latet arte sua.*[96]

Die arbiträre Anordnung wurde allerdings möglicherweise mit Indizes flankiert, die im *codex Beluacensis* für die ersten fünf Bücher erhalten sind und die die Namen der Empfänger sowie die Anfangsworte des jeweiligen Briefes enthalten.[97] Paratextuelle Elemente wie Inhaltsverzeichnisse oder Indizes waren als ‚neue Dienstleistungen

---

93   Vgl. Plin. ep. 1,1,1 („Ich habe bei ihrer [sc. der Briefe] Anordnung nicht auf die zeitliche Reihenfolge geachtet – schließlich schreibe ich kein Geschichtswerk –, sondern habe sie angeordnet, wie sie mir gerade in die Hände gefallen waren.").

94   MOMMSEN hat konträr zur Aussage des Verfassers eine streng chronologische Anordnung der Briefe vertreten (vgl. MOMMSEN 1869, v.a. 31, u. ferner die Zusammenfassung der Forschungsdiskussion bei SCHUSTER 1951, 440ff.). Eine partielle chronologische Anordnung ergibt sich allerdings zwischen den einzelnen Teileditionen (vgl. zuerst MOMMSEN 1869, 32f., unter Berufung auf Plin. ep. 7,28 u. 9,19,1), deren Abgrenzungen in der Forschung allerdings umstritten sind (vgl. z.B. ASBACH 1881; PETER 1901, 102ff.; MERWALD 1964, 116ff.; SHERWIN-WHITE 1966, 52ff.; CUGUSI 1983, 207ff., u. MURGIA 1985, 191ff.).

95   Vgl. MERWALD 1964, v.a. 6ff.149f., sowie ferner GOETZL 1951/52 u. SHERWIN-WHITE 1966, 42ff.

96   Vgl. Ov. met. 10,252; Cic. de or. 2,176f.; Quint. inst. 1,11,3 u. 4,2,127 sowie ferner z.B. MERWALD 1964, 155f. Darüber hinaus soll mit dem Verzicht auf eine allzu offensichtliche Stilisierung der Charakter als authentische Korrespondenz erhalten werden (vgl. LUDOLPH 1997, 56ff.).

97   Der *codex Beluacensis* gehört zur *familia decem librorum* und enthält daher nur einen Teil des plinianischen Werkes. Die Indizes sind abgedruckt in der Ausgabe von MERRILL 1922, viii-x. Ferner sind inhaltlich orientierte Indizes zum 10. Buch erhalten, deren Aussagewert aufgrund der ungeklärten Publikationsgeschichte des 10. Buches jedoch begrenzt ist (vgl. z.B. zu Plin. ep. 10,1: *gratulatoria ob imperium*; zu Plin. ep. 10,2: *gratias agit*; zu Plin. ep. 10,3: *de sortitione patronicii adversus Marium Priscum* sowie ferner die Ausgabe von STOUT 1962, 305: „The arrangement of the letters into seventy-three numbered units and the indexing of the units by lemmata go back to an editor who worked at a time when the *Letters* began to be treasured as a source for history. This need not have been earlier than the rediscovery of this correspondence in the fifth century." u. dag. SCHRÖDER 1999, 292f., die eine frühere Entstehung vermutet).

des Autors gegenüber dem Leser'[98] im Laufe des 1. Jh. n. Chr. vor allem für primär der Wissensvermittlung dienende Schriften entwickelt worden, wobei insbesondere von der *naturalis historia* des älteren Plinius eine wichtige Vorreiterrolle übernommen worden war.[99] Sollten die Indizes im *codex Beluacensis* tatsächlich vom Autor selbst stammen, wie bereits verschiedentlich vermutet wurde,[100] dann käme Plinius dem Jüngeren bei der Adaption solcher Mittel der Texterschließung auf dem Gebiet einer sich stärker belletristisch verstehenden Literatur eine wichtige Vorbildfunktion zu, deren Weiterentwicklung sich insbesondere im gellianischen Miszellanwerk verfolgen läßt.[101]

Daß der zeitgenössische Leser der plinianischen Briefsammlung möglicherweise durch die Verwendung von Indizes die an den gleichen Empfänger gerichteten Schreiben ohne große Mühe ausfindig machen konnte, gibt einen wichtigen Hinweis darauf, welche konzeptionellen Möglichkeiten sich darüber hinaus für den Verfasser eines solchen Werkes ergeben. So verfügt er beispielsweise über die Option, die Behandlung einzelner Themenfelder auf mehrere Schreiben zu verteilen, die aber dennoch durch die Wahl der gleichen Person als Empfänger in der Art eines Briefzyklus eng aufeinander bezogen werden können.[102] Daneben können aber auch Schreiben mit unterschiedlichen Adressaten durch ihre Stellung innerhalb der publizierten Sammlung zueinander in Bezug gesetzt werden, und zwar sowohl durch eine unmittelbare Aneinanderreihung[103] als auch durch die Plazierung an ähnlich prominenten Stellen.[104] Auf diese Weise kann die Auseinandersetzung mit einer Problematik, die zunächst in getrennten Schreiben erfolgt, auf einer zweiten Ebene wieder aufeinander bezogen und als komplementär zueinander gekennzeichnet werden, ohne daß Plinius zu einem ex-

---

98   Vgl. KRASSER 1996, 148.166, u. KRASSER 1999, 62.

99   Vgl. CONTE 1991, 95ff.; SCHMIDT 1997a, 225f.; NIKITINSKI 1998, 345ff., u. SCHRÖDER 1999, 92ff.; s.o. S. 7.

100 Daß die Indizes älter als der im späten 10. Jh. geschriebene und heute in Florenz aufbewahrte *codex Beluacensis* (Laurentianus Ashburnham R 98) sind und ursprünglich in allen Handschriften der *familia decem librorum* vorhanden waren, kann als gesichert gelten (vgl. z.B. STANGL 1886, 650ff.; MERRILL 1895; ROBBINS 1910 u. die *praefatio* in der Ausgabe von MERRILL 1922, vi). Daß die Indizes auf den Verfasser zurückgehen, wurde vor allem von KARL BARWICK vertreten, der sie mit einer zweiten, auch das 10. Buch umfassenden Edition der Briefsammlung durch Plinius in Zusammenhang bringt (vgl. BARWICK 1936, v.a. 438f.444f.).

101 S.u. S. 157f.

102 Dies gilt beispielsweise für den Zyklus der an Caninius Rufus gerichteten Schreiben (vgl. Plin. ep. 1,3; 2,8; 3,7; 6,21; 7,18; 7,25; 8,4 u. 9,33 mit EGELHAAF-GAISER 2002, 130ff.).

103 Eine solche Bezugnahme konnte etwa für die ersten Schreiben des ersten Buches von LUDOLPH 1997, v.a. 96f., und für diejenigen des dritten Buches von KRASSER 1996, 130f. mit Anm. 41, wahrscheinlich gemacht werden.

104 Zur komplementären Konzeption von Plin. ep. 2,1 und 3,1 s.u. S. 98ff.

pliziten und im zwanglosen Rahmen eines Briefes den Lesefluß störenden Verweis gezwungen wäre.

Auf dem Gebiet der Personendarstellungen, dem wir uns im folgenden ausführlicher zuwenden, erlaubt es die Technik des komplementären Erzählens Plinius, seinem Leser ein und dieselbe Figur in mehreren Schreiben und damit zugleich aus jeweils veränderten Perspektiven zu präsentieren. Aus den einzelnen und in der Regel auch an unterschiedliche Adressaten gerichteten Briefen ergibt sich auf der Ebene der veröffentlichten Korrespondenz dennoch ein Gesamtbild der porträtierten Person. Mit dieser literarischen Strategie, die Plinius etwa bei der Darstellung des Corellius Rufus,[105] des Titinius Capito[106] und des älteren Plinius,[107] aber auch im Fall der negativ besetzten Figur des Regulus[108] verwendet, werden wir uns vor allem im Zusammenhang mit dem Briefporträt des Vestricius Spurinnas intensiver beschäftigen. Damit läßt sich bei Plinius eine Entwicklung greifen, die auch bei der Interpretation einiger Kapitel des gellianischen Miszellanwerkes als ,Biographie in Form einer lockeren Szenenfolge' eine prominente Rolle spielen wird.[109]

Die Reihe der Vorteile, die sich im Kontext der Bildungskultur des 2. Jh. n. Chr. mit der Wahl des Briefes als literarischer Kleinform und der Briefsammlung als Gattung verbanden, reicht also von der Kürze und der Flexibilität des einzelnen Stückes bis zu den vielfältigen Optionen, die sich für den Autor aus den verschiedenen Möglichkeiten der Anordnung innerhalb der Bücher und der Sammlung in ihrer Gesamtheit ergaben. Sowohl das Experimentieren mit verschiedenen Gattungen wie auch die Buntheit der Inhalte und ihre Anordnung nach dem Prinzip der *variatio* rückt Plinius' Briefsammlung dabei in die Nähe der wenige Jahre zuvor erschienen Silven des Statius[110] oder der Epigramme Martials,[111] aber auch der *noctes Atticae* des Gellius.[112] Es dürfte sich daher auch bei dem Umstand, daß Plinius gerade mit seiner Briefsammlung die von ihm so sehnlich erstrebte literarische Unsterblichkeit erlangt hat, keinesfalls um einen Zufall handeln. Vielmehr ist davon auszugehen, daß er sich deswegen für eine stilistische anspruchsvolle Form der Epistolographie und die Publikation der

---

105 Vgl. Plin. ep. 1,12 u. 4,17.
106 Vgl. Plin. ep. 1,17 u. 8,12.
107 Vgl. Plin. ep. 3,5 sowie 6,16 u. 6,20.
108 Vgl. v.a. Plin. ep. 1,5; 2,20; 4,2 u. 4,7 sowie ferner 6,2,1-4.
109 S.u. S. 191ff.
110 Der Vergleich mit dem knapp eine Generation älteren Statius, der von Plinius in seiner Korrespondenz vielleicht wegen seiner Nähe zu Domitian ungenannt bleibt, wurde bereits von PETER 1901, 11. 115f., gezogen (vgl. ferner z.B. GUILLEMIN 1929, 125f.130, u. SHERWIN-WHITE 1966, 2f.).
111 Vgl. z.B. GUILLEMIN 1929, 147; MERWALD 1964, 9, u. KRASSER 1996, 145.
112 Vgl. LAUSBERG 1991, 91, u. KRASSER 1996, 146. Zur *variatio* als Anordnungsprinzip bei Gellius s.u. S. 154ff.

von ihm in diesem Sinne verfaßten Schreiben entschieden hat, weil er die Vorteile, die mit der Wahl dieser Gattung in seiner Zeit verbunden waren, klar erkannt hat.

c) Die Darstellung von Personen in der plinianischen ‚lettre d'art'

Wenn man sich nach der Betrachtung dieser eher formalen Vorzüge, die sich mit der Gattung des Briefes in der Bildungskultur verbinden mußten, noch einmal die traditionell starke Rolle personaler Elemente in epistolographischen Theorie der Antike vergegenwärtigt, so zeigt sich schnell, daß sich eine Briefsammlung nicht nur zur Präsentation eines Selbstbildnisses des Autors besonders geeignet erweisen mußte, sondern auch zur Darstellung anderer Personen. Biographische oder zumindest in prosopographischer Hinsicht verwertbare Informationen über Zeitgenossen des Autors werden dem Leser an vielen Stellen der Briefsammlung und auf verschiedenen Ebenen gegeben. Ihr Spektrum reicht von dem, was jeder Brief über seinen Adressaten preisgibt, über die beiläufige Erwähnung dritter Personen bis hin zu solchen Schreiben, die ganz der Darstellung einer bestimmten Person gewidmet sind.

Für die letztgenannte Gruppe hat sich in der Forschung die Bezeichnung als Porträtbriefe eingebürgert. Dieser ‚Subgattung' lassen sich knapp ein Fünftel der von Plinius in den ersten neun Büchern seiner Korrespondenz veröffentlichten Schreiben zurechnen.[113] Innerhalb dieser im Kontext der Sammlung vergleichsweise bedeutenden Gruppe ‚biographischer' Stücke wird häufig noch einmal zwischen Porträtbriefen im eigentlichen Sinne und den sogenannten Empfehlungsschreiben unterschieden. Bei letzteren handelt es sich um solche Briefe, in denen Plinius sich mit einer konkreten Bitte an Freunde und Standesgenossen richtet, um für einzelne, meist jüngere Personen verschiedene Vergünstigungen zu erreichen.[114] Zu diesem Zweck zeichnet er in dem jeweiligen Brief in der Regel ein kurzes Porträt des betreffenden Interessenten und hebt dabei naturgemäß insbesondere seine positiven Eigenschaften hervor. Im Unterschied dazu geschieht die Darstellung der Hauptfigur, wenn es sich um einen Porträtbriefes im eigentlichen Sinne handelt, gleichsam zweckfrei und ohne Bezug auf eine konkrete Situation. Diese Unterscheidung ist jedoch nur für die Frage nach

---

113 Zu den konkreten Zahlen und den Schwierigkeiten der Quantifizierung s.o. S. 56. mit Anm. 34.

114 Von den knapp 50 als Porträtbriefen klassifizierbaren Privatbriefen läßt sich etwas mehr als ein Fünftel als klassische Empfehlungsschreiben begreifen, die relativ gleichmäßig über die ersten neun Bücher verteilt sind: Plin. ep. 1,14; 2,9; 2,13; 3,2; 4,4; 4,15; 5,19; 6,6; 6,8; 7,22 u. 7,31. Im 10. Buch, in dem Plinius mehrfach die Gelegenheit nutzt, sich direkt bei Trajan für seine Freunde zu verwenden, finden sich eine Reihe weitere Empfehlungsschreiben, die jedoch aufgrund der ungeklärten Frage der Herausgeberschaft nicht mit den von Plinius in eigener Person veröffentlichten Porträtbriefen gleichgesetzt werden sollten: Plin.ep. 10,5.11.12.26.85-87.104.106 u. 107.

den Entstehungsumständen relevant. Denn mit der Entscheidung, einzelne Empfehlungsschreiben in die publizierte Sammlung zu übernehmen, gewinnt die Intention der Personendarstellung auch bei diesen Briefen die Oberhand, da ihre ursprüngliche okkasionelle Einbindung bedeutungslos geworden ist.[115] Es bietet sich daher an, auch diejenigen Stücke, bei denen es sich ihrer Form nach um Empfehlungsschreiben handelt, aus der Perspektive der veröffentlichten Korrespondenz heraus als Porträtbriefe zu begreifen.

Eine solche Gleichsetzung wird auch dadurch erleichtert, daß Plinius in der überwiegenden Mehrzahl der Porträtbriefe eine eindeutig positive Haltung zu den dargestellten Personen einnimmt. Die einzigen Ausnahmen stellen Aquillius Regulus, der von Plinius gleich in mehreren Schreiben als Kollaborateur der Diktatur Domitians und damit als extremes Negativbeispiel senatorischen Verhaltens gezeigt wird,[116] und eine ältere Witwe namens Ummidia Quadratilla dar, deren Darstellung nicht frei von kritischen Untertönen ist.[117] Die engen Analogien, die sich in Anliegen und Aufbau zwischen diesen beiden epistolographischen Formen beobachten lassen, haben ANNEMARIE GUILLEMIN dazu veranlaßt, die Entwicklung des Porträtbriefes aus dem Empfehlungsschreiben herzuleiten und ihn als eine ‚recommandation à la gloire' zu verstehen.[118] Der Erklärungswert dieses generativen Modells ist für unsere Zwecke zwar begrenzt, der Gedankengang aber betont aber zu recht die große Bedeutung des kommemorativen Momentes für den plinianischen Porträtbrief, mit dem wir uns später ausführlicher beschäftigen werden.

Die Personen, denen Plinius die Ehre einer ausführlichen Darstellung im Rahmen seiner veröffentlichen Korrespondenz zuteil werden läßt, bilden eine im großen und ganzen recht homogene soziale Gruppe. Es handelt sich in der Mehrzahl um seine senatorischen Standesgenossen, denen über zwei Drittel der Porträtbriefe gewidmet sind und deren Darstellung sich häufig an den Rollen als väterlicher Freund und politischer Förderer des Autors auf der einen[119] oder als angehender Politiker und plinianischer Protegé auf der anderen Seite ausrichtet.[120] Zu diesen treten verschiedene ‚Intellek-

---

115 Die Informationen, die der Leser auf diesem Wege über den Anlaß der Abfassung des jeweiligen Briefes erhält, dienen allerdings auf zugleich der Selbstdarstellung des Autors in seiner Rolle als hilfsbereiter Freund und Förderer.

116 Vgl. Plin. ep. 1,5; 2,20; 4,2 u. 4,7 sowie ferner GIOVANNINI 1987; LUDOLPH 1997, 142ff.; HOFFER 1999, 55ff.; BEUTEL 2000, 200ff.; RUTLEDGE 2001, 192ff.

117 Vgl. Plin. ep. 7,24.

118 Vgl. GUILLEMIN 1929, 26f. : „L'éloge est une recommandation destinée à assurer au bénéficiaire non pas un poste, un honneur ou un profit matériel, mais le jugement favorable de ses contemporains et aussi de la postérité: c'est une 'recommandation à la gloire'."

119 Vgl. z.B. Plin. ep. 1,12; 2,1; 3,1 u. 4,17.

120 Vgl. z.B. Plin. ep. 1,14; 2,9; 2,13; 4,4; 4,15; 6,6 u. 8,23.

tuelle', die zum Teil aus dem griechischsprachigen Osten des *imperium Romanum* stammen, in Rom aber in den gleichen sozialen Kreisen verkehren – ein Umstand, den Plinius in seinen Briefporträts mehrfach betont hat –[121], zum Teil aber auch fest im römischen Sozialsystem verankert sind, ohne daß sich aufgrund der Angleichung der Lebensstile im Zuge der Bildungskultur in jedem Fall eine konkrete Zuordnung der porträtierten Personen zu einer bestimmten Schicht vornehmen ließe.[122] Ob einer der dargestellten Zeitgenossen mehr als Literat und Gelehrter oder eher als Politiker und Senator in Erscheinung tritt, scheint dabei in hohem Maße eine Frage der von Plinius gewählten Perspektive zu sein.

Die einzige signifikante Ausnahme von diesen Auswahlprinzipien der Protagonisten der plinianischen Porträtbriefe stellt Zosimos dar, ein Freigelassener des Autors, der ihm als *comoedus* offenbar gute Dienste geleistet hat und für den Plinius mit dem später in seine Sammlung übernommenen Schreiben offenbar eine Art Kuraufenthalt auf den Gütern eines befreundeten Standesgenossen in die Wege leiten wollte.[123] Der Gedanke liegt daher nahe, daß es Plinius bei der Berücksichtigung dieses Schreibens weniger um die Darstellung seines Freigelassenen als vielmehr darum ging, sein Engagement für die Bedürfnisse seiner Schutzbefohlenen ins rechte Licht zu rücken. Als sozial gleichwertig erweisen sich dagegen die in einer weiteren Gruppe von Porträtbriefen dargestellten Personen, deren quantitative Bedeutung im antiken Horizont dennoch überrascht: Mit fünf Schreiben weist mehr als ein Zehntel der Porträtbriefe eine weibliche Protagonistin auf, bei der es sich durchweg um die Gattin oder Tochter eines römischen Senators,[124] in einem Fall um die dritte Frau des Autors handelt.[125]

Mit der sozialen Herkunft der Porträtierten stimmen auch die Schwerpunkte überein, die Plinius bei ihrer Präsentation setzt. Häufig wird die familiäre Abstammung thematisiert; die politischen Erfolge in Form von hauptstädtischen Ämtern oder militärischen Kommanden in den Provinzen werden aufgezählt oder es wird bei jüngeren Personen ihre Eignung zur Übernahme dieser Stellen betont. Daneben spielen in der überwiegenden Mehrheit der Briefporträts seiner Standesgenossen,[126] aber auch in dem seiner eigenen Frau,[127] die *studia* eine zentrale Rolle. In der starken Betonung, die das Engagement für Bildung im allgemeinen und für die eigenen literarischen Produktionen der porträtierten Personen im besonderen bei Plinius erfährt, zeigt sich

---

121 Vgl. Plin. ep. 1,10; 2,3 u. 3,11 sowie s.u. S. 137.

122 Vgl. z.B. Plin. ep. 1,16; 3,3; 3,21; 5,5 u. 9,22.

123 Vgl. Plin. ep. 5,19.

124 Vgl. Plin. ep. 3,16; 5,16; 7,19 u. 7,24.

125 Vgl. Plin. ep. 4,19.

126 Vgl. z.B. Plin. ep. 1,16; 1,22 ; 2,13; 3,1; 3,5; 3,7; 4,3; 4,23; 5,5; 7,25; 8,12 u. 9,22.

127 Plinius verbindet im Porträt seiner Frau Calpurnia das traditionelle Ideal des *domum servavit, lanam fecit* mit der Begeisterung für literarische *studia* (vgl. v.a. Plin. ep. 4,19,2-4 u. ferner DE PRETIS 2003).

exemplarisch der starke Einfluß der neuen gesellschaftlichen Leitwerte, die im Laufe des 2. Jh. n. Chr. das Selbstverständnis und das soziale Agieren der römischen Nobilität mehr und mehr umformen und zur Etablierung der spezifischen Bildungskultur der Adoptivkaiserzeit führen.[128] Dieser soziale Prozeß wird jedoch durch die plinianische Briefsammlung nicht lediglich gespiegelt, sondern gerade mit den zahlreichen Personendarstellung versucht ihr Autor zugleich, die gesellschaftliche Entwicklung zu bewußt zu reflektieren und aktiv mitzugestalten.

Die von Plinius zur Porträtierung seiner Protagonisten angewandten Darstellungstechniken variieren dabei stark von Brief zu Brief. Bereits die jeweils gewählte Fokussierung kann sehr unterschiedlich ausfallen und von der Momentaufnahme bis zur Skizzierung eines Lebenslaufes in seiner Gesamtheit reichen. Den Ausgangspunkt bildet in den meisten Fällen ein aktueller Anlaß, häufig der Tod der dargestellten Person,[129] den Plinius seinem Briefpartner mitteilt und der gleichsam als Berechtigung des ursprünglichen Schreibens dient. In der publizierten Korrespondenz kann dieser Verweis auf den okkasionellen Ausgangspunkt sowohl dazu dienen, das Interesse des Lesers zu wecken, als auch, die Wahrnehmung der dargestellten Person von vorneherein perspektivisch zu lenken. Plinius bleibt jedoch in der Regel nicht bei dem Bericht des aktuellen Ereignisses stehen, sondern kombiniert diese genuin ‚epistolographischen' Informationen mit einer allgemeinen Würdigung der dargestellten Person. Zur Gestaltung des eigentlichen Porträts greift Plinius auf eine Vielzahl literarischer Formen zurück. So lehnt er sich beispielsweise an die systematischen Präsentationsstrategien des Enkomions an, verbindet die eigentliche Personendarstellung mit philosophischen Reflexionen oder läßt einen protreptischen Aufruf zur Nachahmung folgen.

Wenn es sich bereits bei diesem Spiel mit unterschiedlichen literarischen Formen auf engstem Raum zeigt, daß die plinianische Briefsammlung hinsichtlich des Konzeptes der Kreuzung unterschiedlicher Gattungen im Zentrum des ästhetischen Diskurses des 2. Jh. n. Chr. steht,[130] so gilt dies noch mehr für ein weiteres wichtiges Merkmal der Personendarstellung bei Plinius, der Charakterisierung durch Anekdoten. Die Anekdote, die im Zuge der zeitgenössischen Bildungskultur noch einmal eine signifikante Aufwertung als Trägerin biographischen und historischen Wissens verzeichnet,[131] spielt auch für Plinius eine zentrale Rolle, und zwar sowohl allgemein in der gesamten Sammlung, als auch im besonderen in den Porträtbriefen. In ähnlicher Weise wie später Sueton und Gellius greift er neben der einzelnen Anekdote auch gerne auf die Technik der Reihung thematisch verwandter *facta et dicta* des jeweiligen

---

128 S.o. S. 9ff.
129 Vgl. Plin. ep. 1,12; 2,1; 3,7; 3,21; 5,5; 5,16; 5,21 u. 8,18 sowie ferner ASH 2003, 222f.
130 S.o. S. 45f.
131 S.o. S. 33ff.

Protagonisten zurück, mit der er dem Rezipienten die Memorierung und die Wiedergabe bei passender Gelegenheit erleichtert.[132]

Zu diesen Strategien und Techniken der Personendarstellung, die von Plinius gekonnt mit der literarischen Form des Briefes verbunden werden, treten ferner einige genuin epistolographische Elemente, die sich durchaus als kongruent mit den von ihm verfolgten Intentionen erweisen. So macht nicht zuletzt die ausgeprägte Bezugnahme auf den Adressaten, die sich nach den Forderungen der epistolographischen Theorie der Antike nicht nur auf die Kopfzeile beschränken sollte,[133] den Brief zu einem idealen Medium, um eine gesellschaftliche Gruppe abzubilden.[134] Plinius hat von dieser Möglichkeit reichlich Gebrauch gemacht und es verstanden, mit den spätestens für die Publikation sehr sorgfältig ausgewählten Adressaten ein seinen Vorstellungen entsprechendes soziales Tableau zu zeichnen. Dies kann exemplarisch die breite Streuung der Adressaten seiner Porträtbriefe verdeutlichen, die aber gleichwohl eine gesellschaftlich weitgehend homogene Gruppe bilden.[135]

Die Möglichkeit, durch die Auswahl der porträtierten Personen und der explizit genannten Adressaten innerhalb der Briefsammlung ein ‚soziales Netzwerk‘ sichtbar werden zu lassen, beinhaltet außerdem eine gute Gelegenheit, die eigene Stellung in der zeitgenössischen Gesellschaft deutlich zu hervortreten zu lassen.[136] Dieser Intention kommt zudem die Funktion des Briefes als Freundschaftsbekundung unter *ideali-*

---

132 Vgl. z.B. Plin. ep. 1,5; 2,20; 3,5; 3,16; 7,19 u. 7,24.

133 Zur epistolographischen Theorie der Antike s.o. S. 59ff.

134 Zur individuellen Ausrichtung der Inhalte der einzelnen Briefe auf ihren jeweiligen Adressaten vgl. v.a. ZELZER 1964 u. LILJA 1969 sowie bereits DRAGIČEVIĆ 1936, 67ff., aber auch dag. PETER 1901, 118, u. LUDOLPH 1997, 16.

135 In der Regel vermeidet Plinius es, zwei Schreiben mit Personendarstellungen an den gleichen Empfänger zu adressieren, doch weicht er von diesem Prinzip gelegentlich ab: Neben zwei Schreiben aus dem in vielerlei Hinsicht exzeptionellen Regulus-Zyklus (vgl. Plin. ep. 1,5 u. 2,1 sowie 1,10 u. 4,2), gilt dies für Aefulanus Marcellinus (vgl. Plin. ep. 5,16 u. 8,23) und Minicius Fundanus (vgl. Plin. ep. 4,15 u. 6,6) sowie möglicherweise für Metilius (?) Nepos, wobei im letzten Fall wegen des fehlenden Gentilnomens die Identifikation der Empfänger der beiden Briefe nicht gesichert ist (vgl. Plin. ep. 2,3 u. 3,16). Dagegen läßt sich relativ häufig beobachten, daß ein und dieselbe Person sowohl als Gegenstand wie als Adressat eines solchen Briefes fungiert: Dies gilt für Voconius Romanus (vgl. Plin. ep. 2,1 u. 2,13); Pompeius Saturninus (vgl. Plin. ep. 1,16 u. 5,21); Cornutus Tertullus (vgl. Plin. ep. 5,14 u. 7,31) und Cornelius Minicianus (vgl. Plin. ep. 7,22 u. 8,12); ein besonderer Fall liegt bei Arrius Antoninus und Pomponius Bassus vor, die zugleich als Adressaten und Porträtierte ihrer Briefe fungieren (vgl. Plin. ep. 4,3 u. 4,23).

136 Plinius' Adressatenkreis beschränkt sich dabei nicht auf die Spitzen der zeitgenössischen Gesellschaft, sondern ist innerhalb einer weitergefaßten Oberschicht sozial relativ breit gefächert, mit einem geographischen Schwerpunkt in seiner norditalischen Heimat (vgl. ZELZER 1964, 159ff.; SYME 1968; SYME 1985a; BIRLEY 2000a, 7ff., u. MRATSCHEK 2003).

ter Gleichgestellten entgegen.[137] Auf diese Weise ist es Plinius schon über die Wahl der Gattung gelungen, die von ihm in der römischen Gesellschaft seiner Zeit eingenommene Position adäquat zum Ausdruck zu bringen. Wie vorteilhaft dabei für ihn als etabliertes Mitglied der senatorischen Führungsschicht die Entscheidung für die Epistolographie war, tritt besonders deutlich bei einem Vergleich mit Gellius zutage. Dieser zeichnet in den *noctes Atticae*, vor allem in den sogenannten Rahmenhandlungen, gleichfalls ein Bild der besseren Gesellschaft des zeitgenössischen Rom, das jedoch aus der Perspektive eines Beobachter am unteren Rand der porträtierten gesellschaftlichen Kreise präsentiert wird. Dabei hat Gellius seinerseits mit der Anlehnung an die Tradition der ἀπομνημονεύματα-Schriften eine literarische Form gefunden, die es ihm ermöglichte, seine eigene Rolle in adäquater Weise zur Darstellung zu bringen.[138]

Die Wahl des Briefes als literarische Form erlaubt es Plinius daher, neben einem Selbstporträt zugleich ein ‚Gruppenbild' zu erzeugen, das zwar wiederum der adäquaten Inszenierung des Autors dient, aber zugleich einen Wert in sich trägt. Denn durch die Porträtierung seiner Zeitgenossen kann Plinius auch die ihnen gemeinsame gesellschaftliche Lebenswelt abbilden und damit einen wichtigen Beitrag zu ihrer Selbstwahrnehmung und Identitätsstiftung leisten. Diese Funktion seiner epistolographischen Porträts mußte vor allem in einer Umbruchsituation, wie sie mit der Etablierung der Bildungskultur am Beginn der Adoptivkaiserzeit gegeben war, auf großes Interesse stoßen. Es kann daher auch nicht überraschen, daß Plinius die innerhalb seiner Briefsammlung dargestellten Figuren häufig als Modelle zur Diskussion gerade der Verhaltensweise verwendet, die in einem engen Zusammenhang mit der adäquaten Abwägung zwischen den traditionellen Pflichten eines römischen Senators auf der einen und den literarischen *studia* auf der anderen Seite stehen.

Die Darstellung von Personen in Briefform dient Plinius jedoch nicht nur dazu, aktuelle Fragestellungen anhand von Modellen und Vorbildern zu erörtern, sondern er verleiht durch die Aufnahme in sein Werk sowohl den Adressaten wie auch den porträtierten Zeitgenossen zugleich eine Form der literarischen Unsterblichkeit, die sie wohl ähnlich intensiv wie er selbst erstrebt haben. Angesicht der enormen Bedeutung, die der Frage der *fama apud posteriores* von den Zeitgenossen beigemessen wurde,[139] sollte die kommemorative Eignung des publizierten Briefes in ihrem Wert auch für den Verfasser nicht unterschätzt werden. Vielmehr dürfte die Möglichkeit, ausgewählten Personen durch ihre Berücksichtigung in seiner Korrespondenz *immortalitas*

---

137 Zur Auffassung des Schreibens von Briefen als *officium amicitiae* bei Plinius vgl. GUILLEMIN 1929, 2ff.; THRAEDE 1970, 74ff., HOFFER 1999, 10ff., u. DE BLOIS 2001.

138 S.u. S. 167f.

139 S.o. S. 24ff.

zu verleihen, einen der wichtigsten Vorzüge der Epistolographie in der von Plinius betrieben Form dargestellt haben.

Der ehrende Charakter der Erwähnung des Adressaten wird in der plinianischen Briefsammlung noch dadurch verstärkt, daß die sonst obligatorische Angabe des Datums und des Ortes bei der Publikation eliminiert sind und daher die Funktion der Namensnennung im Sinne einer Widmung deutlicher hervortreten kann.[140] In einem engen Zusammenhang mit dieser Aufwertung der Adressaten wären auch die im *codex Beluacensis* überlieferten Indizes zu sehen, in denen neben den Anfangsworte der einzelnen Briefe der Name des jeweiligen Adressaten verzeichnet ist, wenn sie sich zweifelsfrei auf Plinius zurückführen ließen.[141] Aus diesen Gründen ist in gewisser Weise auch der Vergleich der plinianischen Briefsammlung mit einem Gedichtbuch gerechtfertigt, wie er schon verschiedentlich gezogen wurde.[142] Eine Parallele ergibt sich hier unter anderem in der doppelten Struktur des Adressatenkreises, da davon auszugehen ist, daß die von Plinius an ihre Adressaten versandten Briefe zunächst im engeren Kreis kursierten, ehe sie in publizierter Form eine breitere Öffentlichkeit erreichten.[143] Diese Doppelschichtigkeit des Rezipientenkreises entspricht *mutatis mutandis* derjenigen, die sich aus der Präsentation anläßlich der jeweiligen Okkasion und der Veröffentlichung in Buchform beispielsweise für die Silven des Statius ergibt.[144]

Diese Beobachtung wirft naturgemäß die Frage nach dem von Plinius mit der Veröffentlichung seiner Korrespondenz intendierten Adressatenkreis auf. In erster Linie ist damit zu rechnen, daß sich auch mit der Erweiterung der Rezipienten durch den Akt der Publikation die soziale Zusammensetzung der Rezipienten nicht wesentlich geändert und die gebildete Oberschicht das primäre Zielpublikum dargestellt hat.[145]

---

140 Vgl. v.a. GUILLEMIN 1929, 58, sowie ferner DRAGIÇEVIÇ 1936, 41, u. BEUTEL 2000, 154: „Ebenso wie unter den Neoterikern die Wendung der Gedichte an einen bestimmten Freundeskreis trotz der Veröffentlichung weiter fingiert wurde, ist diese Fiktion auch bei den Pliniusbriefen zu beobachten, die trotz der Veröffentlichung auf den jeweiligen Adressaten bezogen blieben."

141 S.o. S. 68f.

142 Vgl. z.B. PETER 1901, 10f.113ff., u. KROLL 1924, 238.

143 Daß die mit literarischem Anspruch verfaßten Briefe nicht nur vom Empfänger gelesen wurden, sondern bereits in dieser Form eine selektive Öffentlichkeit erreichten, bezeugt Plinius selbst (vgl. v.a. Plin. ep. 1,16,6: *legit* [sc. Pompeius Saturninus] *mihi nuper epistulas; uxoris esse dicebat: Plautum vel Terentum metro solutum legi credidi* u. ferner BELL 1989, 465: „In a sense they had already been published when they were dispatched."). Belege für den halböffentlichen Charakter solcher Briefe finden sich auch schon bei Cicero, der seine Freude darüber kundtut, daß von ihm verfaßte Briefe in Abschriften kursieren, und Atticus anhält, sich die Kopie eines besonders gelungenen Schreibens zu verschaffen (vgl. Cic. Att. 8,9,1 u. 4,6,4 sowie ferner PETER 1901, 30f., u. DRAGIÇEVIÇ 1936, 35f.).

144 Vgl. z.B. WHITE 1974; KRASSER 2002, v.a. 167 u. NAUTA 2002, 249ff.

145 Zwischen der Annahme einer „synchron und diachron nicht begrenzten Öffentlichkeit" (vgl. LUDOLPH 1997, 28) und der Eingrenzung des Zielpublikums auf die senatorischen Standesgenossen des

Im Gegensatz zu Gellius, mit dessen Wirkungsabsichten wir uns im folgenden Kapitel eingehender beschäftigen werden,[146] dürfte Plinius seine Briefsammlung also kaum mit der Absicht veröffentlich haben, seinem Leser auf diese Weise ein Kompendium an die Hand zu geben, mit dessen Hilfe er die innerhalb der gebildeten Oberschicht akzeptierten Verhaltensweisen und Umgangsformen erlernen kann. Dennoch ist der Gedanke, daß das von Plinius entworfene Bild der zeitgenössischen ,société de lettrés' und ihres kultivierten Lebensstils auch über deren Grenzen hinaus die Funktion eines nachahmenswerten Vorbildes übernommen hat, nicht von der Hand zu weisen. Eine solche, mit den eigentlichen Intentionen des Autors möglicherweise nicht kongruente Form der Rezeption könnte beispielsweise auch erklären, warum Gellius in der programmatischen Aufzählung verschiedener Vorgängerwerke seiner *noctes Atticae* explizit auch Briefsammlungen erwähnt.[147]

Wenn man das mit der Personendarstellung in epistolographischer Form verbundene Leistungspotential in Blick nimmt, läßt sich die in den letzten Jahrzehnten signifikant gestiegene Wertschätzung des plinianischen Briefes als literarisches Kunstwerk noch um die Interpretation ihrer gesellschaftlichen Funktion ergänzen. Plinius' Schreiben erweisen sich dann nicht nur aufgrund ihrer formalen Vorzüge als ideales Medium der Kommunikation innerhalb einer durch *amicitia* verbundenen ,société de lettrés', sondern auch wegen ihrer besonderen Eignung, Personen zur Darstellung zu bringen. Die verschiedenen Figuren, die bei einer Lektüre der Briefsammlung sichtbar werden, werden von Plinius dabei unter anderem als Modelle im Kontext der zeitgenössischen Debatte um die richtige Lebensform funktionalisiert. Außerdem kann er mit der Erwähnung von Zeitgenossen in seiner publizierten Korrespondenz einen Beitrag zur Kommemoration derjenigen Personen zu leisten, deren *memoria* ihm am Herzen liegt. Welche Bedeutung gerade der letzte Aspekt für Plinius hatte, kann am besten die sich anschließende Diskussion verdeutlichen, die sich zum einen mit seiner theoretischen Auseinandersetzung mit der Geschichtsschreibung, die er für sich als Gattung letztlich ausschließt, und zum anderen mit dem Einfluß beschäftigt, den die *exitus illustrium virorum*-Literatur auf den plinianischen Porträtbrief ausgeübt hat.

Autors (vgl. v.a. BEUTEL 2000, 148: „Das Lesepublikum ist aber unbestreitbar in den Senatskreisen zu sehen, sowohl auf synchroner wie auf diachroner Ebene, da eine andere Vorstellung von der Zukunft als die des Fortbestandes der römischen Herrschaft für Plinius wohl kaum anzunehmen ist.") kann der jüngste Definitionsversuch durch JAN RADICKE die größte Plausibilität für sich verbuchen: „Plinius wendet sich jedoch nicht nur an seine Standesgenossen, sondern darüber hinaus auch an alle Gebildeten." (vgl. RADICKE 2003, 32f.).

146 S.u. S. 150ff.
147 Vgl. Gell. praef. 9 u. ferner KRASSER 1996, 147 mit Anm. 81.

d) Plinius' *recusatio* der Historiographie und die ‚lettre historique'

Zur Beantwortung der Frage, welche Funktionen die Briefsammlung aus der Sicht ihres Verfassers übernehmen sollte, erweisen sich nicht zuletzt diejenigen Aussagen als hilfreich, die von Plinius im Zusammenhang einer Abgrenzungen von anderen Gattungen getroffen werden und deren programmatischer Charakter schon aus dem Umstand hervorgeht, daß er die betreffenden Schreiben in die publizierte Korrespondenz übernommen hat. Vor allem dem Brief 5,8 kommt hier eine zentrale Rolle zu, der die Antwort auf ein Schreiben darstellt, in dem ihm Titinius Capito den Vorschlag unterbreitet zu haben scheint, ein Geschichtswerk zu verfassen.[148]

Plinius' Ausführungen weisen dabei trotz eines partiellen Entgegenkommens und der generellen Bereitschaft, ein historiographisches Projekt zu einem späteren Zeitpunkt in Angriff zu nehmen, deutlich den Charakter einer *recusatio* auf.[149] Daß die Geschichtsschreibung auf Plinius offenbar nur einen begrenzten Reiz ausübte, muß angesichts der Vorteile, die mit dieser Gattung verbunden waren und die er zu Beginn des Briefes 5,8 noch einmal Revue passieren läßt, zunächst überraschen. Vergleicht man jedoch die sich aus einem traditionellen Geschichtswerk ergebenden Probleme und Nachteile, die Plinius im zweiten Teil des Briefes aufzählt, mit den Möglichkeiten, die sich für ihn mit der Umsetzung seiner ‚historiographischen' Interessen innerhalb seiner publizierten Korrespondenz ergeben mußten, so zeigt sich rasch, daß er bereits ein weitaus geeigneteres literarisches Format gefunden hatte und das Projekt eines traditionellen Geschichtswerkes daher ruhigen Gewissens zurückweisen konnte.

Der an erster Stelle genannte und auch im weiteren Verlauf der Argumentation mit dem meisten Gewicht versehene Vorzug eines Geschichtswerkes besteht für Plinius in seiner kommemorativen Eignung, wobei von ihm die Fähigkeit, den Nachruhm anderer zu verbreiten, eng mit der Gewährleistung der eigenen Unsterblichkeit verbunden wird: *mihi pulchrum in primis videtur non pati occidere, quibus aeternitas debeatur, aliorumque famam cum sua extendere.*[150] Die enge Verbindung dieser kom-

---

148 Unabhängig von der Frage, ob Titinius Capito tatsächlich in einem vorangehenden Brief Plinius einen solchen Vorschlag unterbreitet hat, rückt seine Aufforderung mit dem Akt der Publikation des Antwortbriefes in die Nähe eines Topos einer externen Motivation zur Abfassung eines Geschichtswerkes, wie er sich vielfach in der antiken historiographischen Literatur nachweisen läßt (vgl. z.B. Cic. leg. 1,5 mit BROUWERS 1991, 6f., sowie allg. HERKOMMER 1968, 40ff., u. MARINCOLA 1997, 52ff.).

149 Vgl. z.B. BAIER 2003, v.a. 69f.76f.

150 Vgl. Plin. ep. 5,8,1 („Erstrebenswert erscheint mir dabei vor allem dies zu sein, nicht zuzulassen, daß jene untergehen, die die Unsterblichkeit verdient haben, und den Ruhm der anderen gemeinsam mit dem eigenen zu verbreiten."). Möglicherweise liegt in der Verwendung von *pulchrum* mit anschließender Infinitivkonstruktion eine Anspielung auf Sallusts Catilinaproöm vor (vgl. Sall. Catil. 3,2: *pul-*

memorativen Funktion mit der Geschichtsschreibung,[151] die ihm hier sogar *prope sola* literarischen Ruhm zu verleihen scheint,[152] müßte angesichts der zentralen Bedeutung, die das von ihm im weiteren Verlauf des Briefes sogar zur *res homine dignissima* erhobene Streben nach einem bleibenden Andenken bei der Nachwelt in seinem Denken einnimmt,[153] zunächst ein gewichtiges Argument für die Abfassung eines Geschichtswerkes darstellen.[154]

Auch die beiden im folgenden wiedergegebenen Überlegungen erweisen sich als gute Gründe für einen Versuch im historiographischen Metier: Bei der Beobachtung, daß die Geschichtsschreibung im Gegensatz zu Reden und Gedichten *quoquo modo scripta* zu erfreuen verstehe und unter den von Natur aus neugierigen Menschen stets ihre Leser finde,[155] handelt es sich um eine häufiger angestellte Beobachtung,[156] die trotz der unter anderem von Cicero inaugurierten stilistischen Aufwertung der lateinischen Historiographie[157] ihre Geltung auch im 2. Jh. n. Chr. behalten hatte. Gerade vor dem Hintergrund von Plinius' Streben nach literarischer Bekanntheit mußte sie den Reiz dieser Gattung noch einmal deutlich erhöhen. Auch das letzte Argument, daß bereits Plinius der Ältere, hier gewichtig als *avunculus meus idemque per adoptionem pater* bezeichnet,[158] Geschichte geschrieben habe und dieses *domesticum ex-*

---

chrum est bene facere rei publicae, etiam bene dicere haud absurdum est u. ferner BROUWERS 1991, 8 Anm. 11).

151 Dies zeigt sich vor allem in den an Tacitus gerichteten Briefen: vgl. Plin. ep. 6,16,1; 7,20,4; 7,33,1 u. 9,14,1-2 sowie ferner BROUWERS 1991, 7ff.; GRIFFIN 1999; BEUTEL 2000, 165ff., u. ASH 2003, 218f.

152 Vgl. Plin. ep. 5,8,3: *itaque diebus ac noctibus cogito, si ,qua me quoque possim tollere humo': id enim voto sufficit, illud supra votum 'victorque virum volitare per ora ...' ,quamquam o ...!' sed hoc satis est, quod prope sola historia polliceri videtur.* Zum Aussagewert der angedeuteten Vergilzitate vgl. KRASSER 1993b.

153 Vgl. Plin. ep. 5,8,2: *me autem nihil aeque ac diuturnitatis amor et cupido sollicitat, res homine dignissima, eo praesertim, qui nullius sibi conscius culpae posteritatis memoriam non reformidet.* Zur Bedeutung dieses Motivs in der übrigen Sammlung s.o. S. 57ff.

154 Vgl. ferner Plin. ep. 3,21,3: *fuit moris antiqui eos, qui vel singulorum laudes vel urbium scripserant, aut honoribus aut pecunia ornare; nostris vero temporibus ut alia speciosa et egregia ita hoc in primis exolevit. nam, postquam desimus facere laudanda, laudari quoque ineptum putamus* u. Tac. Agr. 1,1-2.

155 Vgl. Plin. ep. 5,8,4: *orationi enim et carmini parva gratia, nisi eloquentia est summa: historia quoquo modo scripta delectat. sunt enim homines natura curiosi et quamlibet nuda rerum cognitione capiuntur, ut qui sermunculis etiam fabellisque ducantur.*

156 Vgl. Vitr. 5 praef. 1: *historiae per se tenent lectores; habent enim novarum rerum varias expectationes* u. ferner Cic. fam. 5,12,5: *etenim ordo ipse annalium mediocriter nos retinet quasi enumeratione fastorum.*

157 Vgl. v.a. Cic. de or. 2,51-64 u. Cic. leg. 1,5-7 sowie ferner z.B. WOODMAN 1988, 75ff.

158 Zum familiären Hintergrund vgl. BIRLEY 2000a, 1ff.

emplum ihn zur Nachfolge aufrufe,[159] erhält vor dem Hintergrund der Bedeutung von Familientraditionen im römischen Denken zusätzliches Gewicht.[160]

Demgegenüber bleiben die im folgenden angeführten Argumente gegen das Verfassen eines Geschichtswerks trotz ihres beträchtlichen Umfanges erstaunlich blaß. Plinius beschränkt sich – möglicherweise in Anlehnung an Ciceros vergleichbare Argumentation im Proömium von *de legibus*[161] – darauf, die zeitraubende Tätigkeit auf dem Forum und die Edition seiner Prozeßreden anzuführen, neben deren Überarbeitung ein historiographisches Projekt nicht zuletzt aufgrund der stilistischen Unterschiede zwischen den Gattungen nicht zu bewerkstelligen sei.[162] Zu diesen Einwänden, die primär aufschiebenden Charakter haben, fügt er die Aufforderung an Titinius Capito hinzu, sich schon einmal vorsorglich Gedanken über ein mögliches Sujet zu machen.[163]

Wenn man den Brief, der über weite Strecken deutlich Plinius' Affinität zur Geschichtsschreibung zum Ausdruck bringt, dennoch als eine *recusatio* dieser Gattung auffassen will, wie es im allgemeinen und zu recht getan wird,[164] kann man zum einen darauf verweisen, daß wir von einem Geschichtswerk keine weiteren Nachrichten erhalten, obwohl er es sicher nicht versäumt hätte, den Leser seiner Korrespondenz über die Fortschritte eines solchen Projektes auf dem Laufenden zu halten. Doch kann man über dieses *argumentum e silentio* hinausgelangen, wenn man ausgehend von einer genaueren Interpretation der zweiten Hälfte des Briefes 5,8 den Versuch unternimmt, Thema und Form des potentiellen Geschichtswerkes näher zu bestimmen, um auf diese Weise den Nachweis zu führen, daß die Abfassung eines solchen Werkes durch die Veröffentlichung der Briefsammlung bereits überflüssig gemacht wurde.

Vor allem vor dem Hintergrund der Tatsache, daß Plinius in Übereinstimmung mit der historiographischen Tradition der Republik die Geschichtsschreibung primär in Hinsicht auf ihre kommemorative Eignung wahrnimmt,[165] gewinnt die im Schluß-

---

159 Vgl. Plin. ep. 5,8,4-5: *me vero ad hoc studium impellit domesticum exemplum. avunculus meus idemque per adoptionem pater historias et quidem religiosissime scripsit. invenio autem apud sapientes honestissimum esse maiorum vestigia sequi, si modo recto itinere praecesserint.*

160 Vgl. dag. GAMBERINI 1983, v.a. 75: „The nature of the letter derives from the desire to flatter the historial interests of the addressee Titinius Capito."

161 Vgl. Cic. leg. 1,8 u. ferner z.B. BROUWERS 1991, 12f., u. allg. HERKOMMER 1968, 164ff.

162 Vgl. Plin. ep. 5,8,6-11. Zur Diskussion der stilistischen Unterschiede s.u. S. 84 Anm. 184.

163 Vgl. Plin. ep. 5,8,12-14.

164 Vgl. z.B. z.B. BAIER 2003, v.a. 69f.76f., u. ferner LUDOLPH 1997, 71ff., mit dem allerdings nicht völlig überzeugenden Versuch, die Aufforderung an Titinius Capito als einen der bei Plinius häufiger zu beobachtenden Schlußscherze (vgl. WINNICZUK 1975, 326f.) zu deuten. Mit der Möglichkeit, daß Plinius sich das Verfassen eines historiographischen Werkes tatsächlich offen halten wollte, rechnen dag. z.B. GUILLEMIN 1929, 56; SYME 1958a, 133, u. USSANI 1970, 278f.346.

165 Vgl. z.B. RIDLEY 1983; MEHL 2001, 36ff., u. WALTER 2001, 246ff.; ferner s.o. S. 4ff.

teil von Brief 5,8 geführte Diskussion über den zu behandelnden Zeitraum neues Gewicht. Dort richtet er an Titinius Capito die Frage, welchen Zeitraum er ihm für ein mögliches Geschichtswerk empfehlen würde, doch Plinius läßt im folgenden keinen Zweifel daran, daß ihm sowohl eine Behandlung der Zeitgeschichte wie auch einer weiter zurückliegenden Epoche wenig reizvoll erscheint.[166] Als Argument gegen die zweite Möglichkeit, unter der sowohl die Zeit der Republik als auch die der julisch-claudischen Dynastie verstanden werden kann, führt er explizit lediglich an, daß die adäquate Berücksichtigung der bereits vorliegenden Darstellungen mit einem zu großen Arbeitsaufwand verbunden sein würde, wobei das schwerwiegendere Problem der schriftstellerischen Konkurrenz mit den zahlreichen Vorgängern sicherlich unausgesprochen mitschwingt.[167] Ausführlicher geht er sodann auf die Argumente ein, die gegen eine Beschäftigung mit der Zeitgeschichte sprechen, die angesichts der antiken Gepflogenheiten ohnehin und gerade für einen Neuling auf dem historiographischen Terrain die einzig ernstzunehmende Möglichkeit dargestellt hätte.[168]

Auch in der Argumentation gegen das Verfassen eines zeitgeschichtlichen Werkes beschränkt sich Plinius auf die Thematisierung eines einzigen Einwands, auf die mit der Darstellung des Verhaltens noch lebender Personen in der Vergangenheit verbundenen Risiken.[169] Wenn man diesem Argument auch seinen topischen Charakter nicht völlig absprechen kann,[170] so gewinnt es doch angesichts der Tatsache, daß sich hinter der Bezeichnung *tempora intacta et nova* im wesentlichen die Zeit der Flavier und insbesondere die Herrschaft Domitians verbergen dürften,[171] deutlich an Plausibi-

---

166 Vgl. Plin. ep. 5,8,12: *tu tamen iam nunc cogita, quae potissimum tempora adgrediar. vetera et scripta aliis? parata inquisitio, sed onerosa collatio. intacta et nova? graves offensae, levis gratiae.*

167 Zu Beginn des 2. Jh. n. Chr. war die frühe Kaiserzeit bereits mehrfach historiographisch behandelt worden und einige der Autoren, deren Werke in der späteren Überlieferung von taciteischen Darstellungen verdrängt wurden, erfreuten sich bei den Zeitgenossen offenbar großer Wertschätzung. Neben Fabius Rusticus (vgl. Tac. Agr. 10 u. Quint. inst. 10,1,104 mit WILKES 1972, 201, u. AX 1990, 142) oder Cluvius Rufus (vgl. Tac. ann. 1,8,1 u. Tac. hist. 4,43), die Plinius beide persönlich kannte (vgl. Plin. ep. 9,19,5 u. 9,29 mit SHERWIN-WHITE 1966, 512), hätte bei einer Darstellung der julisch-claudischen Epoche auch Plinius der Ältere zu seinen Konkurrenten gezählt.

168 In der Regel stellte ein Römer, der historiographisch tätig wurde, die Zeit vom Ende des Werkes eines anerkannten Vorgängers bis zur eigenen Gegenwart dar. Auf diese Weise ist beispielsweise der Plinius der Ältere in seiner Schrift *a fine Aufidii Bassi* vorgegangen (vgl. SYME 1958a, 289: „A compliment to the now classic (and deceased) author – and an assertation of rank in the world of letters.").

169 Vgl. Plin. ep. 5,8,13: *nam praeter id, quod in tantis vitiis hominum plura culpanda sunt quam laudanda, tum, si laudaveris, parcus, si culpaveris, nimius fuisse dicaris, quamvis illud plenissime, hoc restrictissime feceris.*

170 Vgl. z.B. Cic. Att. 14,14,5 u. ferner BROUWERS 1991, 17.

171 Vgl. z.B. BEUTEL 2000, 168f.

lität.[172] Wie schwierig bereits der Umgang mit der eigenen Biographie in einer ‚post-totalitären' Gesellschaft sein konnte, hatte Plinius am eigenen Leibe erfahren.[173] Daß Plinius die Reibungspunkte und Konfliktfelder, die sich bei einer historiographischen Aufarbeitung der Vergangenheit mit den noch lebenden Zeitzeugen ergeben konnten, bewußt wahrgenommen hat, zeigt sich auch darin, daß er sie in seiner Briefsammlung verschiedentlich thematisiert.[174] Neben der Erwähnung eines anonym bleibenden Historikers, der die Rezitation seines Werkes auf Bitten einiger betroffenen Personen abbricht,[175] ist dabei vor allem die Schilderung der Szene zu verweisen, in der Cluvius Rufus versucht, im Voraus das Einverständnis des Verginius Rufus zu seiner Darstellung von dessen umstrittener Rolle im Vierkaiserjahr einzuholen.[176]

Angesichts dieses geschärften Problembewußtseins muß die von Plinius am Ende von 5,8 artikulierte Zuversicht aufgesetzt wirken: *haec me non retardant: est enim mihi pro fide satis animi.*[177] Doch daß sich Plinius letztlich anders als sein Freund Tacitus, der über die Risiken in ähnlicher Weise reflektiert,[178] gegen eine historiographi-

---

172 Angesichts der großen Bedeutung, die gerade innerhalb der Oberschicht der antiken Gesellschaft dem öffentlichen Ansehen einer Person beigelegt wurde, mußte die in einem Geschichtswerk geäußerte Kritik zudem noch weitaus gravierender empfunden werden (vgl. WOODMAN 1988, 74).

173 Plinius hatte im Jahre 93 n. Chr. die Prätur bekleidet, doch nach der Ermordung Domitians erwies sich seine politischen Erfolge in dieser Zeit offenbar als kompromittierend. Es dürfte daher kein Zufall sein, daß er nur wenige Briefe aus dieser Zeit veröffentlicht hat und wir von seiner Prätur nur inschriftlich Zeugnis haben (vgl. CIL V 5262 u. zur Rekonstruktion der Ämterlaufbahn STROBEL 1983 u. ferner BIRLEY 2000a, 5ff.). Die lange Zeit dezidiert negative Beurteilung von Plinius' Verhalten unter Domitian sowie seines Umgangs mit dieser Vergangenheit (vgl. v.a. MOMMSEN 1869 u. OTTO 1919 sowie ferner z.B. ANDREWS 1938 u. VIELBERG 1988), ist in jüngerer Zeit einer differenzierteren Deutung gewichen, in die aktuelle Erfahrungen mit posttotalitären Gesellschaften eingeflossen sind (vgl. z.B. GRIFFIN 1999, 152ff., u. v.a. BEUTEL 2000, 234ff., dag. aber auch STROBEL 2003, der Plinius als ‚willigen Helfer' eines als ‚römischen Stalin' aufgefaßten Domitian charakterisiert).

174 Des weiteren gilt es zu bedenken, daß die von Plinius und Tacitus freudig begrüßte *felicitas temporum* unter Nerva und Trajan (vgl. z.B. Tac. Agr. 3,1) erst in der Retrospektive den Auftakt zur der fast ein Jahrhundert umfassenden Adoptivkaiserzeit darstellt, in der keine Repressalien wegen freimütiger Meinungsäußerungen zu befürchten waren, wie es noch unter Domitian der Fall war (vgl. Suet. Dom. 10,1: *item* [sc. *occidit*] *Hermogenem Tarsensem propter quasdam in historia figuras, librariis etiam, qui eam descripserant, cruci fixis* u. ferner COLEMAN 1986, 3105f., sowie zum prekären Charakter der Regierung Nervas allg. GRAINGER 2003).

175 Vgl. Plin. ep. 9,27 u. ferner ASH 2003, 216f. Der anonyme Historiker wird entweder mit dem wenige Briefe später als Verfasser eines historiographischen Werkes erwähnten Sardus (vgl. Plin. ep. 9,31 u. ferner z.B. BARDON 1956, 203) oder mit Tacitus (vgl. BIRLEY 2000a, 53) identifiziert.

176 Vgl. Plin. ep. 9,19,5; s.u. S. 105ff.

177 Vgl. Plin. ep. 5,8,14 u. ferner z.B. BAIER 2003, 76f.

178 Vgl. v.a. Tac. ann. 4,33,4: *tum quod antiquis scriptoribus rarus obtrectator, neque refert cuiusquam Punicas Romanasve acies laetius extuleris: at multorum, qui Tiberio regente poenam vel infamias subiere, posteri manent, utque familiae ipsae iam exstinctae sint, reperies qui ob similitudinem mo-*

sche Darstellung dieser Epoche entschieden hat,[179] dürfte seine Ursache weniger in dem unterschiedlichen Naturell der beiden haben, als vielmehr in ihren unterschiedlichen Erwartungshaltungen gegenüber einem Geschichtswerk.[180] Während Tacitus in der von Sallust vermittelten thukydideischen Tradition steht und für ihn gerade die Kritik geschichtlichen Handelns und historischer Akteure zu den Kernaufgaben der Historiographie zählt,[181] sieht sich Plinius stärker der herodoteischen und damit auch livianischen Linie[182] in der antiken Geschichtsschreibung verpflichtet,[183] deren Aufgabe er vor allem darin erblickt, *non pati occidere, quibus aeternitas debeatur.*[184] Über die Schwierigkeiten, die mit der Umsetzung dieser primär kommemorativen Intention bei der Darstellung der domitianischen Epoche verbunden gewesen wären, machte er sich wohl zu recht keine Illusionen.

---

rum aliena malefacta sibi obiectari putent. etiam gloria ac virtus infensos habet, ut nimis ex propinquo diversa arguens.

179 Tacitus dürfte in der Zeit zwischen 105 und 106 n. Chr., die für die Abfassung von 5,8 angesetzt wird (vgl. z.B. SYME 1958a, 661, u. SHERWIN-WHITE 1966, 34f.), bereits mit der Arbeit an den Historien begonnen haben (vgl. MOMMSEN 1869, 107f., u. SYME 1958a, 117f.).

180 Vgl. DELLA CORTE 1992, der den Grund hierfür allerdings stärker in unterschiedlichen politischen Ansichten der beiden Autoren vermutet.

181 Vgl. v.a. Tac. ann. 3,65,1: *exsequi sententias haud institui nisi insignes per honestum aut notabili dedecore, quod praecipuum munus annalium reor, ne virtutes sileantur utque pravis dictis factisque ex posteritate et infamia metus sit.* Möglicherweise läßt sich bei Tacitus eine Entwicklung von einem herodoteisch geprägten Geschichtsverständnis im Frühwerk (vgl. z.B. Tac. Agr. 1) hin zu einer stärker an Thukydides und Sallust orientierten Haltung in den späteren Schriften beobachten (vgl. z.B. SYME 1958a, 198f.340, u. WOODMAN 1988, 164ff.167f.180).

182 Zur Assoziation von Livius mit Herodot vgl. z.B. Quint. inst. 10,1,101: *nec opponere Thucydidi Sallustiam verear, nec indignetur sibi Herodotus aequari Titum Livium.* Die Beschäftigung mit Livius war Plinius bereits von seinem Onkel nahegelegt worden. Nicht nur daß der ältere Plinius in seinem eigenen Geschichtswerk die Darstellung des Aufidius Bassus fortführte, der seinerseits an diejenige des Livius angeknüpft hatte (vgl. SALLMANN 1984), sondern Livius war von ihm offenbar auch auf die Lektüreliste seines Neffen gesetzt worden (vgl. Plin. ep. 6,20,5 u. ferner KRASSER 1996, 125ff.).

183 Vgl. Hdt. 1,1,1 (ὡς μήτε τὰ γενόμενα ἐξ ἀνθρώπων τῷ χρόνῳ ἐξίτηλα γένηται μήτε ἔργα μεγάλα τε καὶ θωμαστὰ τὰ μὲν Ἕλλησι τὰ δὲ βαρβάροισι ἀποδεχθέντα ἀκλεᾶ γένηται τά τε ἄλλα καὶ δι' ἣν αἰτίαν ἐπολέμησαν ἀλλήλοισι) sowie ferner STRASBURGER 1982b [1972]; WISEMAN 1979, 143ff.; FORNARA 1983, 30ff.76ff.96f.; WOODMAN 1988, 1ff.40ff., u. MARINCOLA 1997, 6.

184 Vgl. z.B. HEURGON 1969, 347; BROUWERS 1991, 8f., u. ASH 2003, 220f., sowie dag. BAIER 2003, 78f. Daß Plinius die historiographische Konzeption Herodots derjenigen des Thukydides vorzieht, zeigt sich auch in der Diskussion der stilistischen Unterschieden zwischen Geschichtsschreibung und Rhetorik im Mittelteil des Briefes, vor allem wenn *illa* hier auf die *historia* bezogen wird (vgl. Plin. ep. 5,8,6-11 u. WOODMAN 1988, 143f., sowie zur Frage der Zuordnung der Pronomina ferner z.B. USSANI 1971, 83ff.; COVA 1966, 27ff.; COVA 1975; GAMBERINI 1983, 58ff.; BROUWERS 1991, 13ff.; OLIVA 1993; BAIER 2003, 74ff., u. MORELLO 2003, 203ff.).

Nimmt man jedoch Plinius' Perspektive gegenüber der Geschichtsschreibung ein und erblickt ihre eigentliche Aufgabe nicht wie Tacitus in der Kritik politischer oder moralischer Mißstände,[185] sondern in ihrer kommemorativen Funktion, so zeigt sich, daß sich für diese Intentionen ein partieller und selektiver Zugriff auf historisches Geschehen[186] in Form von Briefen als weitaus geeigneter erweisen mußte als ein klassisches Geschichtswerk.[187] Denn im Rahmen seiner Briefsammlung konnte Plinius den Fokus jeweils so wählen, daß diejenigen Personen in den Mittelpunkt seiner Darstellung gerückt wurden, die literarische *aeternitas* verdient hatten und sich zugleich als Modelle für ein von ihm und seinen Zeitgenossen als vorbildlich empfundenes Verhalten eigneten.[188] Darüber hinaus bot die epistolographische Form dank der Möglichkeit zum raschen Perspektivenwechsel auch ein geeignetes Verfahren, um die Rolle der eigenen Person bei der Darstellung des historischen Geschehens angemessen zur Geltung zu bringen.[189] Auf diese Weise gelang es Plinius zudem zu erreichen, was

---

185 Ausnahmen stellen der oben angeführte Bericht über die Rezitation eines unbekannten Historikers (vgl. Plin. ep. 9,27) und die Figur des Delators Regulus dar, der von Plinius *post festum* für sein Verhalten unter Domitian zur Rechenschaft gezogen wird (vgl. Plin. ep. 1,5; 2,11; 2,20; 4,2; 4,7 u. 6,2 sowie ferner GIOVANNINI 1987; LUDOLPH 1997, 142ff.; HOFFER 1999, 55ff.; BEUTEL 2000, 200ff., u. RUTLEDGE 2001, 192ff.).

186 Der selektive Charakter wird noch durch die der Publikation vorausgehende Auswahl verstärkt, die sich keineswegs auf die von Plinius explizit genannten stilistischen Kriterien beschränkt haben muß (vgl. Plin. ep. 1,1). Daß Plinius bestimmte Themengebiete bewußt ausgeblendet hat, wurde vor allem von RONALD SYME vertreten und mit der mangelnden Berücksichtigung der Dakerkriege belegt (vgl. SYME 1964, v.a. 759, dag. aber auch EGELHAAF-GAISER 2002, v.a. 126f.: „Der geringe Niederschlag der Dakerkriege in den Briefen erklärt sich aus der spezifischen Betrachterperspektive: Es handelt sich um stadtrömische Literatur, geschrieben für ein großstädtisches Publikum. Ereignisse in und jenseits der Provinzen kommen konsequenterweise nur insoweit zur Sprache, als sie Plinius persönlich betreffen oder mit Rom als Schauplatz verbunden sind.").

187 Inwieweit er den Wahrheitsanspruch der Geschichtsschreibung und die damit für den Historiker verbundene Verpflichtung, bei der Darstellung historischer Personen κοινὸς ἐπαίνου καὶ ψόγου zu sein (vgl. Pol. 10,21,8), als Gegenargument empfand, sei dahingestellt. Daß Cicero die *veritas* als *prima lex historiae* bezeichnet hatte, war ihm zwar geläufig (vgl. Cic. de or. 2,62 u. Plin. ep. 7,33,10: *nam nec historia debet egredi veritatem*), doch konnte er sich für eine großzügigere Auslegung gleichfalls auf Cicero berufen, der Lucceius aufgefordert hatte bei der Darstellung seiner historischen Rolle *plusculum etiam quam concedet veritas largiare* (vgl. Cic. fam. 5,12,3 u. ferner WOODMAN 1988, 40ff. 73f.82.197ff.).

188 Auch die Figur des Regulus stellt nur eine scheinbare Ausnahme dar, denn mit der Inszenierung als abschreckendes Negativbeispiel wird das gleiche Ziel auf einem anderen Weg erreicht.

189 Ein Brief stellt bereits aufgrund der Gattungserwartung die unverfänglichere Form der Selbstdarstellung dar, worauf Plinius selbst den Leser am Ende des ersten Vesuvbriefes aufmerksam macht: *unum adiciam: omnia me, quibus interfueram, quaeque statim, cum maxime vera memorantur, audieram, persecutum. tu potissima excerpes: aliud est enim epistulam, aliud historiam, aliud amico, aliud omnibus scribere* (vgl. Plin. ep. 6,16,22 u. ferner 7,33,10 sowie TRAUB 1955, 229f.; COVA 1964, 29;

er sich als höchstes Glück ersehnte, nämlich gleichermaßen als Autor wie als Gegenstand einer literarischer Darstellung Unsterblichkeit zu erlangen:

> *equidem beatos puto, quibus deorum munere datum est aut facere scribenda aut scribere legenda, beatissimos vero, quibus utrumque.*[190]

Da sich mit dem Brief als literarischer Kleinform im Kontext der Bildungskultur eine ganze Reihe von Vorteilen verbanden[191] und das Thema einer den zeitgenössischen Maßstäben genügenden ‚lettre d'art' gerade kein alltägliches sein sollte,[192] mußte sich das ‚Gattungsexperiment', historiographische Inhalte in epistolographischer Form zu behandeln, für Plinius in besonderer Weise anbieten. Die daraus resultierende Spezies der Pliniusbriefe wurde bereits von ANNE-MARIE GUILLEMIN als ein auch quantitativ bedeutender Bestandteil der veröffentlichten Korrespondenz ausgemacht und als ‚lettres historiques' bezeichnet.[193] Daß es sich bei diesen Schreiben, auch wenn sie sich als eine Art ‚Rohstoffsammlung' zur Aufnahme in die taciteischen Historien ausgeben,[194] um eigenständige und bereits vollendete Kleinkunstwerke handelt, konnte vor allem HENRY TRAUB nachweisen, der sich als erster ausführlich mit ihrer literarischen Technik beschäftigte.[195] Angesichts der allgemeinen Bedeutung der personenzentrier-

---

CUGUSI 1974, 29; SALLMANN 1979, 210; LEFÈVRE 1996a, 194f.; LUDOLPH 1997, 75f.; RADICKE 1997, 465.468f.; BEUTEL 2000, 161, u. ASH 2003).

190　Vgl. Plin. ep. 6,16,3 („Ich jedenfalls halte diejenigen für glücklich, denen es durch die Gunst der Götter entweder gewährt wurde, Taten zu vollbringen, die es wert sind, beschrieben zu werden, oder Werke zu verfassen, die es wert sind gelesen zu werden; für im höchsten Maße glücklich halte ich jedoch diejenigen, denen beides zuteil wurde."). Der bei den Autoren der späten Republik noch greifbare Unterschied in der gesellschaftlichen Wertschätzung des *bene facere rei publicae* auf der einen und des der Rechtfertigung bedürftigen *bene dicere* auf der anderen Seite ist mit dem Siegeszug der *studia* innerhalb der römischen Oberschicht der Kaiserzeit obsolet geworden (vgl. z.B. Sall. Catil. 3,1-2 u. Iug. 4,3 sowie ferner USSANI 1970, 302ff., u. KRASSER 1993a, 68f.).

191　S.o. S. 65ff.

192　Vgl. v.a. Plin. ep. 3,20,10: *et hercule quousque illa vulgaria ‚quid agis? ecquid commode vales?' habeant nostrae quoque litterae aliquid non humile nec sordidum nec privatis rebus inclusum* u. ep. 9,2,1-2 sowie ferner GUILLEMIN 1929, 128; BEUTEL 2000, 159ff., u. MORELLO 2003, 187ff.

193　Vgl. GUILLEMIN 1929, 128f.: „... - et je range sous cette rubrique toutes cettes dans lesquelles est raconté quelque événement intéressant l'histoire du monde, celle de l'empire ou même celle de quelque personnage - ...".

194　Dies gilt für allem für Brief 7,33 und die beiden Vesuvbriefe (Plin. ep. 6,16 u. 6,20), die Plinius als *fundamentum* verstanden wissen will, zu dem Tacitus die *exaedificatio* leisten soll (vgl. Cic. de or. 2,51-64 u. ferner WOODMAN 1988, 75ff.90).

195　Vgl. TRAUB 1955 sowie ferner v.a. USSANI 1971. Von FRIEDRICH LILLGE war der erste Vesuvbrief (Plin. ep. 6,16) als ‚*historia* im taciteischen Stil' interpretiert worden, die Plinius mit der Absicht geschrieben habe, daß Tacitus sie unverändert in sein Geschichtswerk übernehmen könne (vgl. LILLGE 1918, v.a. 230, u. dag. z.B. SALLMANN 1979, 209: „Da im Falle des älteren Plinius weder im vorliegenden Brief noch in anderen Quellen ein politischer Zusammenhang überliefert ist und sich auch

ten Wahrnehmung von Geschichte in der Antike als auch aufgrund der spezifischen Interessen des Autors kann es nicht überraschen, daß unter diesen ‚lettres historiques' neben den Schilderungen von Verhandlungen vor dem Zentumviralgericht oder im Senat[196] diejenigen Briefe die größte Gruppe bilden, die Personendarstellungen enthalten und für die sich die Bezeichnung als Porträtbriefe eingebürgert hat.

Geht man von der üblichen Datierung der einzelnen Bücher der plinianischen Korrespondenz aus,[197] so hatte Plinius die seinen Bedürfnissen in so hohem Maße entgegenkommende Form der ‚lettre historique' bereits entwickelt und mehrfach verwendet, ehe er sich im fünften Buch gegen die Abfassung eines herkömmlichen Geschichtswerkes entschied.[198] Die Vermutung liegt daher nahe, daß es sich bei dem an Titinius Capito gerichteten Brief um eine *recusatio* im klassischen Sinne handelt,[199] in der sich Plinius einer aufschiebenden Antwort nur dazu bedient, um die Aufmerksamkeit des Lesers darauf zu lenken, in welchem Maße er den an ihn herangetragenen Vorstellungen in dem vorliegenden Werk bereits auf andere Weise entsprochen hat.[200] In diesem Sinne wäre der Brief 5,8 als Rezeptionshinweis zu verstehen, der verdeutlichen soll, daß es Plinius mit seiner Briefsammlung gelungen ist, *aliorum famam cum sua extendere*, ohne eine *historia* zu schreiben.[201]

---

kaum fiktiv herstellen läßt, scheint es zweifelhaft, ob Tacitus den *exitus Plinii* überhaupt in extenso aufgenommen hatte, oder ob nicht der Tod des wackeren Militärs und gelehrten Sammlers nützlicher Notate nur mehr als Begleiterscheinung der natürlich unentbehrlichen Erwähnung des Vesuvbausbruches einen knappen Satz gefüllt hat.").

196 Vgl. FELL 1992, 115ff. Plinius dürfte mit ihnen den Effekt der ciceronianischen Sammlung nachgeahmt haben, daß aus den Briefen der historische Kontext der gleichfalls publizierten Reden desselben Autors erkennbar wird (vgl. z.B. Cic. fam. 4,4 zu *pro Marcello* u. Cic. fam. 6,14 zu *pro Ligario* sowie ferner DRAGIČEVIĊ 1936, 15f., u. WEISCHE 1989, 382).

197 Vgl. SHERWIN-WHITE 1966, 52ff. Daß Plinius den aus sich heraus nicht datierbaren Brief 5,8 bereits früher verfaßt und erst mit Verzögerung publiziert hat, ist möglich, aber gerade aufgrund seines programmatischen Charakters wenig wahrscheinlich.

198 Vgl. v.a. ASH 2003, 221ff.

199 Vgl. COVA 1975, 130f., u. LUDOLPH 1997, 73 mit Anm. 222. Eine Anspielung auf die klassische Topik einer *recusatio* könnte in dem von Plinius verwendeten Bild des *quasi colluvione turbatus* liegen (vgl. Plin. ep. 5,8,11), das sich möglicherweise an den Schluß des kallimacheischen Apollohymnos anlehnt (vgl. vgl. Kall. h. 3,105-13 u. ferner Stat. silv. 4,7,11-12 mit WIMMEL 1960, 317f.).

200 Vgl. BEUTEL 2000, 165ff., h. 170: „Die Briefe wurden von Plinius demnach benutzt, um die Leistungen der Geschichtsschreibung wahrzunehmen, ohne eine förmliche *historia* schreiben zu müssen."

201 Als ein in die gleiche Richtung weisender Rezeptionshinweis ist möglicherweise auch die Abgrenzung von der Geschichtsschreibung im Einleitungsbrief zu verstehen (vgl. Plin. ep. 1,1,1: *collegi non servato temporis ordine (neque enim historiam componebam), sed ut quaeque in manum venerat* sowie ferner z.B. BEUTEL 2000, 158f: „Zwar ist so die Abgrenzung zur Geschichtsschreibung offensichtlich gut motiviert, festzuhalten bleibt aber dennoch, daß die Briefe durch den Vergleich in die Nähe der *historia* gestellt werden. Indirekt könnte so aus der Aussage geschlossen werden, daß der

Daß sich Plinius bewußt und offenbar nach eingehender Reflexion für die literarische Kleinform des Briefes und gegen die Abfassung eines traditionellen Geschichtswerks entschieden hat, macht ihn zu einem wertvollen Zeugen für die Entwicklung
der literarischen Landschaft im Kontext der Bildungskultur und erlaubt zugleich wertvolle Rückschlüsse beispielsweise auf die von Gellius mit der Wahl seiner Gattung
verbundenen Vorstellungen und Erwartungen, aber auch auf die Probleme, mit denen
sich Sueton beim Übergang von seiner Schrift *de viris illustribus* zu den wesentlich
großformatigeren Kaiserbiographien konfrontiert sehen mußte. In erster Linie ist Plinius' Entscheidung naturgemäß jedoch für sein eigenes literarisches Schaffen von
Bedeutung. Liest man nämlich die in Brief 5,8 vorgenommene Abgrenzung von der
Geschichtsschreibung als Aussage über die plinianische Briefsammlung, so ergeben
sich gleichsam *ex negativo* weitere wichtige Anhaltspunkte dafür, warum Plinius unter anderem der Darstellung von Personen in Briefform den Vorzug vor der Präsentation seiner Protagonisten als Figuren in einem historiographischen Werk traditionellen
Zuschnittes gegeben hat.

Es mag dabei angesichts der großen Bedeutung des personalen Elementes in den
‚lettres historiques' auf den ersten Blick unbefriedigend erscheinen, daß Plinius sich
nicht in ähnlicher Weise von der Biographie als traditioneller literarischer Großform
distanziert. Doch dürfte diese ‚gattungstheoretische Leerstelle' den Zeitgenossen deswegen nicht bewußt gewesen sein, weil die Biographie in ihrer vollen, der modernen
Erwartungshaltung entsprechenden Form bislang nur vereinzelt gepflegt worden war.
Im Gegensatz zum 2. Jh. n. Chr., das zu recht als das große Zeitalter der Biographie
gilt,[202] sind in der frühen Kaiserzeit nur wenige biographische Schriften entstanden,
deren Autoren zudem in der Regel sehr spezifische Ziele verfolgten. Mit einer dieser
Sonderformen, der sogenannten *exitus illustrium virorum*-Literatur, und ihrem Einfluß auf die Personendarstellungen bei Plinius beschäftigen wir uns im folgenden.

e) Das Erbe der *exitus illustrium virorum*-Literatur

Einen Bezug zwischen der Auseinandersetzung mit der Geschichtsschreibung in ihrer
traditionellen Form und der sogenannten *exitus illustrium virorum*-Literatur hat Plinius bereits über die Person des Adressaten von Brief 5,8 hergestellt.[203] Denn Titinius

---

Unterschied zur Geschichtsschreibung vor allem in der Chronologie besteht, ansonsten aber Ähnlich-
keiten mit dieser vorhanden sind." u. ASH 2003, 211ff.

202 Vgl. z.B. LEO 1901, 321; GUGEL 1977, 148.154f., u. SWAIN 1997, 36.

203 Sidonius Apollinaris nennt als Adressaten des Briefes 5,8 im übrigen Tacitus; doch dürfte diese Zuschreibung seinen begrenzten Kenntnissen über die frühe Kaiserzeit geschuldet sein und keinen weiteren Aussagewert beinhalten (vgl. Sidon. epist. 4,22,2 u. ferner z.B. SHERWIN-WHITE 1966, 333).

Capito, in dem RONALD SYME den Maecenas seiner Epoche erblickte,[204] wird zwar in der Forschungsliteratur gelegentlich selbst als Historiker bezeichnet,[205] die tatsächlich überlieferten Nachrichten über sein literarisches Schaffen weisen jedoch eher auf eine Reihe kleinerer biographischer Schriften mit vorwiegend kommemorativer Intention hin: Plinius bezeugt sowohl *carmina*, in denen er das Leben einiger *clarissimi viri* in verherrlichender Absicht darstellte,[206] als auch Prosaschriften, deren Inhalt die Schilderung einiger *exitus illustrium virorum* bildeten.[207] Vor allem der zweite Teil seines literarischen Œuvres stand dabei wohl in der Tradition einer Gruppe biographischer Schriften, die in der zweiten Hälfte des 1. Jh. n. Chr. entstanden war und für deren in der Forschung gebräuchliche Bezeichnung ebendiese Pliniusstelle Pate gestanden hat. Da die einzelnen Werke, die der *exitus illustrium virorum*-Literatur zuzurechnen sind, in der Regel eher kurze Schriften gewesen sein dürften und da es sich außerdem nach dem Ausweis unserer Überlieferung um die einzige in der frühen Kaiserzeit intensiver gepflegtere Form biographischer Literatur gehandelt hat, liegt es nahe, Einflüsse dieser Schriftengruppe nicht nur bei Titinius Capito, sondern auch in den plinianischen Porträtbriefen zu vermuten.

Da der desolate Überlieferungszustand jedoch den direkten Vergleich erschwert, wird es sinnvoll sein, zunächst einen kurzen Überblick über die Entwicklung dieser biographischen Subgattung in der frühen Kaiserzeit zu geben. Die Frage, auf welche Weise berühmte Männer gestorben sind, stieß in der Antike auch schon vor dem 1. Jh. n. Chr. auf lebhaftes Interesse,[208] und auch literarische Zusammenstellungen verschiedener τελευταί sind seit dem Hellenismus bezeugt.[209] Gerade in der römischen Literatur der frühen Kaiserzeit lassen sich Sterbeszenen jedoch in großer Zahl und in unter-

---

204 Vgl. SYME 1958a, 92f.

205 Vgl. z.B. MÜNZER 1901/02, 311f.: „Namentlich ist damals ein angesehener Schriftsteller geradezu als Nebenbuhler des Tacitus in die Schranken getreten ... Cn. Octavius Titinius Capito ...".

206 Vgl. Plin. ep. 1,17,3: *idem clarissimi cuiusque vitam egregiis carminibus exornat* sowie ferner BARDON 1956, 221, u. COLEMAN 1986, 3105, mit der Vermutung, daß es sich um Epigramme gehandelt hat. Eine solche Eingrenzung ist jedoch nicht zwingend. Es könnte sich auch um Gedichte im Format der statianischen Silven gehandelt haben.

207 Vgl. Plin. ep. 8,12,4: *scribit exitus inlustrium virorum, in his quorundam mihi carissimorum* sowie z.B. RONCONI 1966, 1258.

208 Zur personenzentrierten Wahrnehmung von Geschichte in der Antike s.o. S. 2ff.

209 Die Tendenz zu einer ausführlichen Schilderung des Lebensendes läßt sich sowohl innerhalb der Biographie (vgl. z.B. WEHRLI 1983, 469f.; DIHLE 1987, 26f., u. MOMIGLIANO 1993, 68ff.) und der Historiographie (vgl. z.B. Xen. Hell. 2,3,56 sowie ferner SAUER 1930, 24ff.; POMEROY 1991, 32ff., u. ARAND 2002, v.a. 18f.) beobachten, als auch in Form von Schriften, in denen der Fokus ganz auf den letzten Stunden des Protagonisten lag (vgl. v.a. SKIDMORE 1996, 34ff.). Zur Rezeption dieser Literaturform in republikanischer Zeit vgl. Cic. div. 2,22 mit SCHUNK 1955, 16f., u. RONCONI 1966, 1260, sowie ferner allg. SKIDMORE 1996, 44ff.

schiedlichen Formen finden, die von den Katalogen, wie sie Valerius Maximus unter der Überschrift *mortes non vulgares*[210] und Plinius der Älteren unter der Bezeichnung *mortes repentinae*[211] zusammengestellt haben, bis zu der bereits von Seneca dem Älteren beobachteten Neigung der zeitgenössischen Geschichtsschreibung reichen, das Lebensende historischer Personen besonders ausführlich zu schildern.[212] Gleichwohl läßt sich die Gruppe der *exitus illustrium virorum*-Schriften nicht einfach als Folge dieser literarischen Mode begreifen, vielmehr ist die Herausbildung dieser speziellen Form biographischer Literatur in engem Zusammenhang mit der politischen Opposition zum Prinzipat während des 1. Jh. n. Chr. zu sehen.[213]

Die Kritik, die vor allem von Senatoren an dem *de facto* monarchischen Charakter der als *res publica restituta* deklarierten Staatsform vorgebracht wurde, artikulierte sich nicht selten in einem Bezug auf die republikanische Vergangenheit, der sich mit JAN ASSMANN als einen Akt der ‚kontrapräsentischen' Erinnerung beschreiben läßt.[214] Zwar stellte das Forum der literarischen Auseinandersetzung dieser ‚Oppositionellen' mit dem Prinzipat in erster Linie die sogenannte senatorische Geschichtsschreibung dar, deren Erbe schließlich Tacitus antreten sollte;[215] daneben spielte jedoch auch eine Gruppe kleinerer biographischer Schriften eine prominente Rolle, in denen vornehmlich die letzten Stunden prominenter Gegner des Prinzipats beschrieben wurden. Ihren Ursprung hat diese Form der biographischen Darstellung in der publizistischen Auseinandersetzung, die unmittelbar nach dem Selbstmord des jüngeren Cato in Utica entbrannte[216] und bereits von den Zeitgenossen als symbolische Verdichtung der Fra-

---

210　Vgl. Val. Max. 9,12 u. ferner SCHUNK 1955, 16.

211　Vgl. Plin. n.h. 7,180-186 u. ferner RÖMER 1983.

212　Vgl. v.a. Sen. suas. 6,16-24 u. ferner BRUNS 1898, 53ff.; SCHUNK 1959, 54; HOMEYER 1964, 32ff.; LOUNSBURY 1987, 63ff.; POMEROY 1991, 120ff.134ff., u. ROLLER 1997 sowie zu den nicht unerheblichen textkritischen Problemen HÅKANSON 1989.

213　Vgl. z.B. MOMIGLIANO 1993, 99: „Biography gained prestige in the Imperial age for contradictory reasons. Biography was the natural form of telling the story of a Caesar. On the other hand, biography was a vehicle for unorthodox political and philosophic ideas." u. allg. TIMPE 1987, v.a. 65ff., zur Berechtigung des Begriffes der politischen Opposition.

214　Vgl. ASSMANN 1992, 66ff.

215　Vgl. z.B. MEHL 2001, 112ff.

216　Innerhalb weniger Monate war Catos Selbstmord einerseits von Cicero (vgl. JONES 1970 u. KIERDORF 1978), Brutus (vgl. Cic. Att. 12,21 u. FEHRLE 1983, 298ff.) und Fadius Gallius (vgl. Cic. fam. 7,24) sowie andererseits von Caesar in einem zwei Bücher umfassenden Anti-Cato (vgl. TSCHIEDEL 1981 u. FEHRLE 1983, 291ff.) und möglicherweise von Hirtius (vgl. Cic. Att. 12,40,1 mit ZECCHINI 1980, 42ff.) behandelt worden.

gestellung, ob sich die römische Aristokratie mit der Herrschaft eines Einzelnen arrangieren konnte, akzeptiert wurde.[217]

Für die weitere Entwicklung kam insbesondere der von Catos *fidus comes* Munatius Rufus verfaßten Lebensbeschreibung zentrale Bedeutung zu, die sich aufgrund ihres Umfangs und ihrer literarischen Durchformung von der Menge der wohl eher pamphletartigen Flugschriften der ersten Stunde abhob.[218] Vor allem seine Entscheidung, die Sterbeszene in Utica in Anlehnung an den Tod des Sokrates im platonischen Phaidon zu schildern – eine literarische Strategie, die wahrscheinlich bereits auf Cato selbst zurückgeht –, dürfte dazu beigetragen haben, den kanonischen Rang seiner Darstellung zu begründen.[219] Die Rezeption dieses Werkes durch P. Clodius Thrasea Paetus war es schließlich, die einen wichtigen Anstoß zur Blüte der *exitus illustrium virorum*-Literatur in neronischer Zeit liefern sollte. Denn Thrasea Paetus verfaßte nun seinerseits eine biographische Schrift über den Freitod des jüngeren Cato und macht ihn damit gerade für diejenigen Senatoren zu einer geeigneten Identifikationsfigur wie auch zu einem konkreten Handlungsmodell, bei denen sich eine oppositionelle Haltung gegenüber dem Prinzipat mit einem philosophischem Gedankengut vorwiegend stoischer Provenienz verband.[220]

Vor diesem Hintergrund ist es auch zu verstehen, wenn Thrasea Paetus, der wegen oppositionellen Verhaltens unter Nero vor Gericht gestellt und zum Selbstmord gezwungen wurde,[221] seinen Tod nach dem doppelten Vorbild des platonischen Sokrates und des Cato Uticensis inszenierte. Von seinem Lebensende hat sich eine detaillierte Schilderung bei Tacitus erhalten,[222] die auf einer von Thraseas Schwiegersohn Helvidius Priscus[223] verfaßten Schrift beruht, in der dieser das Modell der Beschrei-

---

217 Vgl. allg. zur Rezeption der Cato-Figur PECCHIURA 1965; GEIGER 1979; ZECCHINI 1980; FEHRLE 1983 u. GOAR 1987.

218 Vgl. Val. Max. 4,3,2; Plut. Cato min. 25,2 u. 37,1 sowie ferner GEIGER 1979, 53f., u. FEHRLE 1983, 7ff.

219 Vgl. Plut. Cato min. 68,2-70,4 sowie ferner FEHRLE 1983, 7ff., u. GEIGER 1979, 56f., der allerdings eine stärkere Anlehnung an die Sokrates-Schriften Xenophons favorisiert: „It is not difficult to see to what γένος Munatius' σύγγραμμα belonged. Personal reminiscences, eye-witness accounts, perhaps polemics, deviations form a strict order, all point to one direction: Cato's trusted companion wrote Ἀπομνηονεύματα – *Memorabilia*."

220 Vgl. SCHUNK 1959, 56ff.; RONCONI 1966, 1258f.; u. GEIGER 1979, 62ff., sowie allg. BRUNT 1975 u. SYME 1991d, der die familiären Verbindungen als tragendes Element der ‚stoischen Opposition' stark betont.

221 Unter den von Tacitus zusammengestellten Anklagepunkten gegen ihn wird allerdings das Abfassen literarischer Werke nicht erwähnt (vgl. Tac.ann. 14,21,1 u. 16,21-22 sowie ferner BAUMAN 1974, 153ff.; BRUNT 1975, 25ff., u. FEHRLE 1983, 7).

222 Vgl. Tac. ann. 16,33-35 u. ferner Cass. Dio 62,26,1.

223 Vgl. Plin. ep. 7,19,3 u. 9,13,3.

bung des Cato-Freitodes auf den Selbstmord seines Schwiegervaters übertragen und damit einen wichtigen Impuls zur Weiterentwicklung der *exitus illustrium virorum*-Schriften gegeben hat. Zudem wurde auch Helvidius Priscus, nachdem er in vespasianischer Zeit zunächst exiliert und schließlich unter ungeklärten Umständen getötet wurde,[224] seinerseits zu einem ‚Märtyrer' der senatorischen Opposition gemacht. Folgerichtig wurde in domitianischer Zeit wiederum sein Lebensende von Herennius Senecio literarisch verherrlicht. Als dieser schließlich gemeinsam mit Arulenus Rusticus, der ein weiteres Mal den Freitod Thraseas zur Darstellung gebracht hatte,[225] von Domitian zur Rechenschaft gezogen wurden und beide ihr Leben verloren,[226] war eine beeindruckende Traditionslinie von *exitus illustrium virorum*-Schriften entstanden.

Diese verfehlte auch trotz des generellen Bedeutungsverlusts der politischen Opposition gegen den Prinzipat mit dem Beginn des Adoptivkaisertums, deren Entwicklung sich exemplarisch an der Entpolitisierung der Cato-Figur ablesen läßt,[227] ihren Eindruck auf die Zeitgenossen nicht. Aufgrund der Überlieferungslage läßt sich die Rezeption dieser Literaturgattung für uns vor allem bei Tacitus greifen, der in den zahlreichen von ihm geschilderten Sterbeszenen auf die *exitus*-Schriften nicht nur als Materialvorlage, sondern auch in formaler Hinsicht zurückgegriffen hat.[228] Dies zeigt sich sowohl allgemein in der symbolischen Aufladung der Sterbeszene, die als Summe des Lebens verstanden wird[229] und unter anderem zur Herausbildung eines Darstellungsschemas als ‚republikanischer Märtyrer' führt,[230] als auch in einigen Details der Komposition wie beispielsweise der Bedeutung, die den letzten Worte des Ster-

---

224 Vgl. Tac. hist. 4,4,3; 4,6,3; 4,7,1,-8,4 u. 4,9,1-2 sowie MALITZ 1985, 233ff., u. WARDLE 1996.

225 Vgl. Plin. ep. 3,11,1-2 u. 7,19,6 sowie ferner WILKES 1972, 190, u. JONES 1992, 122f.186f.

226 Vgl. Tac. Agr. 2,1: *legimus, cum Aruleno Rustico Paetus Thrasea, Herennio Senecioni Pricus Helvidius laudati essent, capitale fuisse neque in ipsos modo auctores, sed in libros quoque eorum saevitum, delegato triumviris ministerio, ut monumenta clarissimorum ingeniorum in comitio ac foro urerentur*; Plin. ep. 7,9,5; 3,11,3; Suet. Dom. 10,3 u. Cass. Dio 67,13,2 sowie ferner WILKES 1972, 190f.; BARDON 1956, 170, u. SYME 1991d, 575ff.

227 Vgl. PECCHIURA 1965; GEIGER 1979; ZECCHINI 1980; FEHRLE 1983 u. GOAR 1987 sowie ferner RAWSON 1986 (zu Brutus und Cassius).

228 Vgl. v.a. Tac. ann. 15,60-63; 15,67; 16,7-35 sowie ferner MARX 1937 u. SCHUNK 1955, 10ff.

229 Die *exitus*-Literatur hat hier ihrerseits eine Darstellungstechnik rezipiert, die wahrscheinlich im Zusammenhang mit der Lebensbeschreibung von Philosophen, vor allem derjenigen des Sokrates, entwickelt worden war (vgl. v.a. DIHLE 1956, 18f.; DIHLE 1987, 126f., u. DIHLE 1997, 122f.).

230 Ein prominentes Beispiel stellt die ausführliche Schilderung des Prozesses gegen Cremutius Cordus dar (vgl. Tac. ann. 4,34-35 sowie ferner CANCIK-LINDEMAIER / CANCIK 1987, 18f., u. GOAR 1987, 54ff.).

benden beigemessen wird.[231] Auch Tacitus' Schrift *de vita et moribus Iulii Agricolae*
steht in gewisser Weise in der Tradition der *exitus*-Literatur. Die Darstellung des Lebens seines Schwiegervaters, der wie er selbst unter Domitian seine Karriere fortset-
zen konnte, dient jedoch zugleich auch der Kritik an dem von ihm als *ambitiosa mors*
bezeichneten Verhalten der Oppositionellen und der daraus resultierenden senatorischen ‚Hagiographie'.[232]

Doch weder Tacitus' Kritik noch die Tatsache, daß die *exitus*-Literatur unter Nerva und Trajan mit ihrem erinnerungspolitischen Konfliktpotential auch ihren ‚Sitz im
Leben' weitgehend eingebüßt hatte,[233] konnte verhindern, daß es zu einer regelrechten
Nachblüte dieser Gattung kam, die sich vor allem anhand der zahlreichen Zeugnisse
aus der plinianischen Briefsammlung gut verfolgen läßt. So bezeugt Plinius derartige
Schriften nicht nur für Titinius Capito,[234] sondern auch für C. Fannius,[235] deren Werke anscheinend den Charakter von Sammelbiographien der unter Domitian ermorde-
ten Oppositionellen hatten.[236] Auch Plinius' Schriften *de Cottio*[237] und *de ultione Hel-
vidii Prisci*, in der er sich der Rehabilitierung des unter Domitian hingerichteten
Sohnes von Helvidius Priscus angenommen hat,[238] sind in den breiteren Kontext dieser ‚Modeerscheinung' einzuordnen, wenn es sich auch bei beiden wohl nicht um *exi-*

---

231 Dies wird besonders deutlich, wenn Tacitus sich veranlaßt sieht, ihr Fehlen damit zu rechtfertigen,
   daß er anmerkt, jemand sei *nullo facto dictove memorando* gestorben (vgl. Tac. ann. 15,70 mit MARX
   1937, 97f.; u. SCHUNK 1959, 44, sowie allgemein zur Bedeutung der *ultima verba* GUTHKE 1990).

232 Vgl. v.a. Tac. Agr. 42,4: *sciant, quibus moris est inlicita mirari, posse etiam sub malis principibus
   magnos viros esse obsequiumque ac modestiam, si industria ac vigor adsint, eo laudis excedere. quo
   plerique per abrupta, sed in nullum rei publicae usum ambitiosa morte inclaruerunt* sowie ferner z.B.
   SCHUNK 1955, 5ff.; RONCONI 1966, 1261f.; STEINMETZ 1971, 134.137; DIHLE 1987, 29 u. TIMPE
   1987, 82f. Das komplexe Bild von Tacitus' Auseinandersetzung mit der *exitus*-Literatur würde um
   eine weitere Facette bereichert, wenn sich für Tacitus tatsächlich, wie jüngst von ANTHONY BIRLEY
   vermutet, verwandtschaftliche Beziehungen zu den Caecinae und damit auch zu Thrasea Paetus nachweisen ließen (vgl. BIRLEY 2000b, 230ff.).

233 Vgl. z.B. BALDWIN 1983, 72, dag. aber auch PETER 1897, 185, der betont, daß die *exitus*-Literatur
   „den neuen Kaisern zugleich zur Warnung" fortgesetzt worden sei.

234 Vgl. Plin. ep. 8,12,4 u. ferner 1,17,3: *idem clarissimi cuiusque vitam egregiis carminibus exornat.*

235 Vgl. Plin. ep. 5,5,3: *quamvis enim agendis causis distringeretur, scribebat tamen exitus occisorum aut
   relegatorum a Nerone, et iam tres libros absolverat, subtiles et diligentes et Latinos atque inter sermonem historiamque medios, ac tanto magis reliquos perficere cupiebat, quanto frequentius hi lecti-
   tabantur* sowie ferner BARDON 1956, 208; SCHUNK 1959, 41f., u. BALDWIN 1983, 76 Anm. 36.

236 Die Form entsprach zwar nicht der Tradition der frühkaiserzeitlichen *exitus*-Literatur, hat aber eine
   Parallele in den hellenistischen τελευταί-Sammelschriften (SKIDMORE 1996, 34ff.).

237 Vgl. Plin. ep. 3,10; s.u. S. 124ff.

238 Vgl. Plin. ep. 9,13 u. Suet. Dom. 10,4 sowie ferner SYME 1958a, 92, u. BEUTEL 2000, 187ff.

tus-Schriften im eigentlichen Sinne handelte.[239] Während jedoch diese Schriften ebenso wie ihre Vorläufer aus der frühen Kaiserzeit verloren sind, läßt sich analog zu den Sterbeszenen in den taciteischen Geschichtswerken auch aus einigen Pliniusbriefen zumindest eine ungefähre Vorstellung von der Form und der Funktion dieser literarischen Gattung gewinnen.

In erster Linie ist hier an die Schilderung des Todes des älteren Plinius im ersten Vesuvbrief zu denken, der bereits im Einleitungssatz das Signalwort ‚*exitus*' aufweist und im weiteren Verlauf das Modell des ‚politischen Märtyrers' hin zu dem ‚Heldentod' eines verantwortungsbewußten Naturforschers modifiziert.[240] Dem klassischen Modell einer *exitus*-Schrift dürften dagegen die beiden Porträtbriefe näher stehen, in denen Plinius schildert, wie Corellius Rufus[241] und Silius Italicus[242] zwar nicht auf Befehl Domitians, aber in Reaktion auf ihre schwere und unheilbare Krankheit ihrem Leben durch Hungern ein Ende setzen, und im Anschluß daran eine knappe Würdigung ihrer jeweiligen Lebensläufe gibt. Auch der Porträtbrief des Verginius Rufus, mit dem wir uns später eingehender beschäftigen werden, gehört in diesen Zusammenhang.[243] Entferntere Parallelen zur *exitus illustrium virorum*-Literatur, vor allem hinsichtlich der in ihr entwickelten Technik für das Resümee eines Lebenslaufes auf knappem Raum, sind ferner in den Briefen zu vermuten, in denen jüngst verstorbene Personen dargestellt werden, ohne daß Plinius jedoch auf die näheren Umstände ihres Lebensendes *in extenso* eingeht.[244]

Neben den formalen Einflüssen der *exitus*-Literatur auf die plinianischen Porträtbriefe ist jedoch in unserem Zusammenhang vor allem die Nähe zwischen den beiden literarischen Formen in intentionaler Hinsicht von Bedeutung. Aus welcher Motivation heraus beispielsweise Titinius Capito seine biographischen Schriften verfaßte, geht aus der ausführlichen Würdigung hervor, die Plinius der durch diesen veranlaßten Aufstellung einer Statue für den von Nero verfolgten L. Silanus zuteil werden läßt:

---

239 Plinius' Beschäftigung mit der *exitus*-Literatur ist weniger von dem bei Tacitus dominierenden Spannungsverhältnis zu den Oppositionellen der domitianischen Zeit, sondern stärker von seinem generellen Versuch geprägt, die eigene Zugehörigkeit zu dieser Gruppe zu demonstrieren (vgl. v.a. Plin. ep. 3,11 u. 7,33 sowie ferner z.B. SHELTON 1987 u. BEUTEL 2000, 207ff.220ff.).

240 Vgl. Plin. ep. 6,16,1: *petis, ut tibi avunculi mei exitum scribam, quo verius tradere posteris possis. gratias ago; nam video morti eius, si celebretur a te, immortalem gloriam esse propositam* sowie ferner v.a. SALLMANN 1979 u. LEFÈVRE 1996a.

241 Vgl. Plin. ep. 1,12 u. ferner HOFFER 1999, 141ff., der die Rekapitulation, die Plinius vom Verlauf der schweren und sich über Jahrzehnte hinziehenden Krankheit des Corellius als allegorische Beschreibung der politischen Entwicklungen seit neronischer Zeit versteht.

242 Vgl. Plin. ep. 3,7.

243 Vgl. Plin. ep. 2,1 u. s.u. S. 99ff.

244 Vgl. z.B. Plin. ep. 5,5 u. 8,23.

est adhuc curae hominibus fides et officium, sunt, qui defunctorum quoque amicos agant.
... pulchrum et magna laude dignum amicitia principis in hoc uti, quantumque gratia va-
leas, aliorum honoribus experiri. est omnino Capitoni in usu claros viros colere.[245]

Daß Plinius diese Betätigung Capitos, das *claros viros colere*, die sich unter anderem
darin äußert, daß er in seinem Haus Büsten des Brutus, des Cassius, des jüngeren Cato
und anderer großer Römer aufbewahrt,[246] so ausdrücklich lobend erwähnt, hängt sicherlich nicht zuletzt mit einem Gedankengang zusammen, den er in demselben Brief
auch selbst anführt: *scias ipsum plurimis virtutibus abundare, qui alienas sic amat.*[247]

Die ‚engagierte Bewunderung' für die Größen der Vergangenheit, die Titinius
Capito zeigt, ist auch für Plinius' eigenes Selbstverständnis zentral.[248] Diese Geistes-
haltung, die er in diesem Brief auf die griffige Formel des *claros viros colere* bringt,
läßt sich zum einen als eine gewandelte Form der adeligen Kommemoration der Republik, die ihrem gentilizischen Kontext entkleidet ist, zum anderen aber auch als Reaktion auf die kulturellen Rahmenbedingungen der Kaiserzeit begreifen. Die in einer
sehr spezifischen historischen Situation entstandene *exitus*-Literatur mußte, nachdem
sie mit dem Tod Domitians und dem Beginn des *beatissimum saeculum* der Adoptivkaiser[249] ihrer eigentlichen Okkasion entkleidet worden war, eine überaus geeignete
Form zur literarischen Umsetzung dieser Intention bieten. Sieht man nämlich von der
Geschichtsschreibung ab, war es vor allem diese Schriftengruppe, in der während des
1. Jh. n. Chr. in der lateinischen Literatur biographische Darstellungstechniken angewandt und weiterentwickelt wurden, auf die Plinius, Titinius Capito und andere Autoren jetzt zurückgreifen konnten.

Es gehört zu den für Plinius in diesem Zusammenhang charakteristischen Aspekten, daß er angesichts der großen Bedeutung, die er dem *amor immortalitatis* als An-
triebsfeder für das literarische Schaffen beilegt,[250] die ‚engagierte Bewunderung' ge-

---

245 Vgl. Plin. ep. 1,17,1-2 („Es gibt unter den Menschen noch treue Sorge und Pflichtgefühl, und es gibt
      noch solche, die auch den Verstorbenen als Freunde zur Seite stehen. ... Es ist schön und überaus
      lobenswert, wenn jemand seine Freundschaft zum Kaiser dazu nutzt, in dem Umfang Ehrungen für
      andere zu erreichen, wie es sein Einfluß zuläßt. Überhaupt gehört es zu den festen Gewohnheiten Ca-
      pitos, berühmte Männer zu verehren.").

246 Vgl. Plin. ep. 1,17,3: *mirum est, qua religione, quo studio imagines Brutorum, Cassiorum, Catonum*
      domi, ubi potest, habeat. Daß gerade Titinius Capito, dessen steiler sozialer Aufstieg eng mit dem
      Kaiserhof und seinen Ämtern als *ab epistulis* und *praefectus vigilum* verbunden war (vgl. ILS 1448 u.
      AE 1934, 154 sowie ferner SYME 1958a, 93, u. FEIN 1994, 151ff.) die republikanischen Ikonen ver-
      ehrt, zeigt die weitgehende Entpolitisierung der Cato-Figur (vgl. GOAR 1987, 64f.76; s.o. S. 8f.90ff.).

247 Vgl. Plin. ep. 1,17,3 („Du wirst ja wissen, daß derjenige, der die Tugenden anderer so schätzt, selbst
      auch in reichem Maße über sie verfügt.") u. ferner RADICKE 2003, 27f.

248 Vgl. v.a. KRASSER 1993a u. ferner LUDOLPH 1997, 76ff.

249 Vgl. Tac. Agr. 3,1.

250 S.o. S. 57ff.

zielt von den Größen der Vergangenheit auf die eigenen Zeitgenossen überträgt. Die von Plinius in seinen Porträtbriefen vorgestellten Personen stammen daher ausschließlich aus seiner eigenen Generation oder der unmittelbar vorangehenden. Um eine solche Form der ‚Aktualität' in der Auswahl der kommemorierten Personen umzusetzen, mußte sich die Epistolographie als literarische Gattung in besonderer Weise anbieten. Doch sollte das Fehlen historischer Figuren auch nicht *eo ipso* aus der Gattungswahl erklärt werden: Zwar benötigt ein Brief seiner Idee nach einen Bezugspunkt in der Gegenwart, doch läßt sich ein solcher Anlaß auch fingieren – wie exemplarisch ein Brief des jüngeren Seneca verdeutlichen kann, in dem dieser einen Besuch der ehemaligen Villa Scipios zum Anlaß nimmt, um ein Porträt desselben zu zeichnen[251] –, so daß es auch für Plinius durchaus möglich gewesen wäre, im Medium des Briefes historische Personen zu porträtieren. Die Bevorzugung von Zeitgenossen als Protagonisten seiner biographischen Vignetten ist daher vielmehr als ein bewußter Versuch zu verstehen, dem traditionellen Kanon erinnerungswürdiger Römer neue Namen hinzuzufügen.

Ein solche Intention mag angesichts der starken Orientierung der römischen Kaiserzeit an der als normativ empfundenen historischen Epoche der Republik zunächst überraschen. Doch wie in der Forschungsliteratur der letzten Jahrzehnte schon verschiedentlich festgestellt wurde, fehlte es bereits im 1. Jh. n. Chr. nicht an Ansätzen zur Überwindung eines rein deszendenten Geschichtsverständnisses.[252] Am deutlichsten läßt sich diese Entwicklung an der Wertschätzung der zeitgenössischen literarischen Produktion im Vergleich zu den als klassisch empfundenen Leistungen aus spätrepublikanischer und augusteischer Zeit ablesen. Es ist nicht zuletzt Plinius, der hier eindeutig Stellung bezieht und sich gegen eine Pauschalverurteilung der eigenen Gegenwart als epigonale Epoche wendet:

> *sum ex iis, qui mirer antiquos, non tamen (ut quidam) temporum nostrorum ingenia despicio. neque enim quasi lasse et effeta natura nihil iam laudabile parit.*[253]

Doch während Plinius bei der Bewertung literarischer Talente einen *modus vivendi* gefunden zu haben scheint, der neben der Bewunderung für die Größen der Vergangenheit den zeitgenössischen Autoren zumindest ein Existenzrecht einräumt, so geht er bei der Auswahl der von ihm in seinen Porträtbriefen vorgestellten Personen noch einen Schritt darüber hinaus. Zwar bemüht er zur Charakterisierung seiner Protagoni-

---

251 Vgl. Sen. epist. 86 u. ferner HENDERSON 2004, 93 ff.

252 Vgl. v.a. HELDMANN 1982 u. DÖPP 1989; ferner s.o. S. 26 f.

253 Vgl. Plin. ep. 6,21,1 („Ich gehöre zwar zu denen, die die alten Autoren bewundern, ich verachte deswegen aber nicht – wie es einige tun – die Begabungen unserer eigenen Zeit. Denn es ist ja nicht so, daß die Natur gleichsam müde und erschöpft ist und daher nichts lobenswertes hervorbringen kann.") u. ferner KRASSER 1993a, v.a. 69 ff.

sten gelegentlich einen Vergleich mit dem *antiquus mos* und verweist somit auf die traditionelle Heldengalerie republikanischer *summi viri*,[254] doch müssen sich die von ihm präsentierten Zeitgenossen den Platz in seiner Briefsammlung gerade nicht mit den Größen der Vergangenheit teilen, sondern können für sich alleine stehen.[255] Plinius scheint daher die Vorbildlichkeit der Lebensführung bei seinen Zeitgenossen sogar noch optimistischer zu beurteilen als die literarische Konkurrenzfähigkeit der eigenen Zeit. Daß darüber hinaus gleichwohl auch im Leben der von Plinius porträtierten Personen literarische *studia* eine zentrale Rolle spielen, kann einen wichtigen Hinweis darauf geben, daß das Gefühl der Ebenbürtigkeit im Rahmen der Bildungskultur nicht zuletzt auf der Beherrschung der gesamten kulturellen Tradition beruht und daß Plinius und seine Zeitgenossen gerade in ihrem selbstverständlichen Umgang mit den Bildungsgütern einen entscheidenden Vorzug der eigenen Zeit erblickt haben.

Zu der von Plinius in seinen Selbstaussagen immer wieder ausdrücklich als zentral für sein literarisches Schaffen bezeichneten Möglichkeit, mit der Publikation seiner Briefe einen Beitrag zur Kommemorierung derjenigen Persönlichkeiten zu leisten, die seiner Ansicht nach einen Platz in der Erinnerung der Nachwelt verdienten, tritt ein zweiter wichtiger Aspekt. Denn gerade in einer Gesellschaft wie der römischen, in der das Denken in *exempla* auf eine lange Tradition zurückblicken konnte,[256] mußte eine verherrlichende Präsentation der *viri memoria digni* nicht zuletzt dazu führen, daß diesen Personen in prominenter Weise eine Vorbildfunktion zukam. Daß eine in diese Richtung weisende Intention auch für die *exitus illustrium virorum*-Literatur eine tragende Rolle spielte, läßt sich bereits an den historisch belegten Beispielen dafür ablesen, daß das literarisch tradierte oppositionelle Verhalten rasch Nachahmer unter den prinzipatskritischen Senatoren gefunden hat. Plinius tritt in gewisser Weise auch hier das Erbe der *exitus*-Literatur an, weitet jedoch deren inhaltlich sehr eng gefaßte Appellfunktion durch die Selektion und Präsentation verschiedener Vorbildfiguren zu einem gesellschaftlichen Panorama aus, das ihm unter anderem dazu dient, eine Debatte um das Selbstverständnis und die Identität der zeitgenössischen Oberschicht zu eröffnen.[257]

---

254 Vgl. z.B. Plin. ep. 2,1,7 u. 3,1,6.9 sowie ferner BÜTLER 1970, 133ff.; KRASSER 1993a, 64f., u. BEUTEL 2000, 239f.

255 Damit geht Plinius auch über die bei Gellius zu beobachtende Gleichstellung beider Gruppen hinaus; s.u. S. 208f.

256 Vgl. z.B. Plin. ep. 5,3,3-6 u. allg. s.o. S. 3f.

257 Zur plinianischen ‚retorica dell' essemplarità' als Beitrag zur senatorischen Identitätsfindung in der Zeit nach Domitian vgl. jetzt auch GAZICH 2003.

3. *immortalem ... effigiem conor effigere*:[258]
Der Porträtbrief zwischen *memoria* und *exemplum*

Nachdem bislang der historische Hintergrund der plinianischen Personendarstellung in Briefform skizziert und einige ihrer charakteristischen Eigenschaften zusammengestellt wurden, sollen im folgendem vier konkrete Briefporträts im Mittelpunkt stehen. Die angesichts der individuellen Gestaltung jedes einzelnen Briefes nicht unproblematische Auswahl unter den knapp fünfzig primär der Darstellung von Personen dienenden Schreiben[259] ist dabei einerseits auf zwei ältere Freunde und Förderer des Autors gefallen, Verginius Rufus (2,1) und Vestricius Spurinna (3,1), sowie andererseits und bewußt kontrastiv auf die Darstellung zweier ‚Intellektueller‘, des Rhetors Isaios (2,3) und des Philosophen Euphrates (1,10).

Mit diesen beiden thematischen Schwerpunkten werden zwar nicht alle typischen Figuren der plinianischen Porträtbriefe abgedeckt – vor allem fehlen Repräsentanten für die Gruppe der jüngeren, von Plinius geförderten Standesgenossen und der weiblichen Mitglieder der römischen Oberschicht –, doch wird dieser Nachteil dadurch wettgemacht, daß gerade die Besprechung inhaltlich vergleichbarer Schreiben Plinius' variationsreiche und dem Gegenstand stets angepaßte Darstellungstechnik deutlicher zum Vorschein kommen läßt. Zudem wird die Interpretation zeigen, daß zumindest die Porträtbriefe von Verginius Rufus und Vestricius Spurinna von Plinius nicht zuletzt durch ihre exponierte Stellung jeweils zu Beginn des zweiten und dritten Buches absichtsvoll hervorgehoben und zudem eng aufeinander bezogen wurden.[260] Durch die Beschränkung auf hochrangige Politiker einerseits und deutlich als ‚Intellektuelle‘ gekennzeichnete Figuren andererseits wird außerdem die Vergleichbarkeit mit Suetons Darstellung der römischen Kaiser und mit den Porträts intellektueller Größen des 2. Jh. n. Chr. bei Gellius gewahrt.

---

258 Vgl. Plin. ep. 3,10,6: („ich versuche, ein unsterbliches Bild zu schaffen“).
259 S.o. S. 56.
260 Vgl. dag. MERWALD 1964, 111f., der dem Buchanfang bei seiner Analyse der plinianischen Anordnungsprinzipien keine besondere Bedeutung beimißt: „Maßgeblich waren für ihn Axialität, Symmetrie und Harmonie. Alle Bücher zerfallen in zwei weitgehend symmetrische Hälften mit einer – realen oder imaginären – Mittelachse.“

a) Die Politik als Pflichterfüllung: Verginius Rufus (2,1)

Als im Jahre 97 n. Chr. Verginius Rufus, Plinius' ehemaliger Vormund und langjähriger Förderer seiner politischen Karriere,[261] hochbetagt im Alter von 82 Jahren starb, nahm Plinius dies zum Anlaß, einen Brief an Voconius Romanus zu schreiben, um ihn über das Ableben des bekannten Politikers sowie das prachtvolle Staatsbegräbnis, das ihm zuteil geworden war, zu unterrichten, die Erfolge und Ehrungen des Verstorbenen Revue passieren zu lassen und seiner Trauer über den Verlust des väterlichen Freundes Ausdruck zu verleihen.[262] Mit diesen Stichpunkten läßt sich zugleich auch der Aufbau dieses Schreibens skizzieren: Nach einer einleitenden Passage, in der er das aktuelle Ereignis des *funus publicum* erwähnt,[263] geht er zunächst auf den Ruhm ein, an dem sich Verginius noch zu Lebzeiten erfreuen konnte,[264] um schließlich die Umstände seines Todes ausführlicher zu schildern.[265] An diesem Punkt kommt Plinius noch einmal auf die hohe Ehre des Staatsbegräbnisses zu sprechen und gibt im Anschluß daran eine zweite, persönlicher gehaltene Würdigung des Verstorbenen, in der er den Leser nicht zuletzt über seine eigene Nähe zu dem großen Politiker ins Bild zu setzen versteht.[266] Dabei kann vor allem die enge Verbindung zwischen dem Bericht eines aktuellen Ereignisses und der sich unmittelbar daraus entwickelnden biographischen Präsentation als charakteristisch für seine Darstellungstechnik gelten.[267] Den Schluß des Briefes bildet sodann ein Abschnitt, der von Plinius' Trauer um den Toten und von der Hinwendung zum Adressaten geprägt ist.[268]

Das sich aus diesen Elementen zusammensetzende Porträt des Verginius Rufus bietet im übrigen einen guten Beleg dafür, daß die Pliniusbriefe in ihrer unpublizierten Form tatsächlich eine konkrete Mitteilungsfunktion übernommen haben und ganz im Sinne DEISSMANNS dem ‚Verkehr der Getrennten' dienten.[269] Denn der für den Adressaten Voconius Romanus rekonstruierbare Lebenslauf legt es nahe, daß er sich zu diesem Zeitpunkt nicht in Rom, sondern in seiner spanischen Heimat aufhielt. Da Voconius, bei dem es sich seinerseits um einen politischen Protegé des Plinius han-

---

261 Vgl. Plin. ep. 2,1,8-9 u. ferner SYME 1958a, 78.
262 Der Tod bekannter Personen stellt für Plinius häufiger den Anlaß zur Würdigung in der Form eines Porträtbriefes dar (vgl. Plin. ep. 1,12; 3,7; 3,21; 5,5; 5,16; 5,21 u. 8,18 sowie ferner ASH 2003, 222f.).
263 Vgl. Plin. ep. 2,1,1.
264 Vgl. Plin. ep. 2,1,2-3.
265 Vgl. Plin. ep. 2,1,4-6.
266 Vgl. Plin. ep. 2,1,7-9.
267 Vgl. z.B. Plin. ep. 1,12.
268 Vgl. Plin. ep. 2,1,10-12.
269 S.o. S. 58f.

delt,[270] jedoch den väterlichen Freund seines eigenen Förderers sicherlich kannte und über seinen Tod informiert werden wollte, ergibt sich eine geradezu klassische Konstellation zur Versendung eines solchen Schreibens.[271] Daß Voconius Romanus zudem selbst dafür bekannt war, *litterae curiosius scriptae* zu verfassen,[272] macht ihn noch darüber hinaus zum idealen Empfänger auch eines literarisch durchgestalteten Briefes.[273]

Doch unabhängig von den Rückschlüssen, die sich aus dieser Konstellation für die Stellung des Briefes zwischen Nachrichtenübermittlung und anspruchsvoller Stilisierung im Kontext der zeitgenössischen Bildungskultur ergeben, verändert sich mit dem Moment der Publikation in jedem Fall der Charakter dieses Schreibens.[274] Die Nachricht als solche hatte zum Zeitpunkt der Veröffentlichung ihren Mitteilungswert verloren, und die Aufnahme des Briefes in die publizierte Sammlung diente nun vor allem dazu, Verginius Rufus ein ehrenvolles Andenken zu verschaffen und seine *memoria* bei Zeitgenossen und Nachwelt zu gewährleisten. Daß Plinius in diesem Fall dem Porträtierten persönlich nahestand und ihm zudem wegen der Förderung seiner politischen Karriere zu Dank verpflichtet war, läßt diesen Akt der Kommemoration zunächst vor allem als ein *officium amicitiae* erscheinen, ein Verhalten, das er im Zusammenhang mit Titinius Capito ausdrücklich lobt.[275] Doch wie bei Titinius Capito bleibt auch bei Plinius diese Haltung des *claros viros colere* nicht auf den eigenen Freundeskreis beschränkt, sondern erstreckt sich auch auf andere erinnerungswürdige Personen. Zugleich richtet sie sich nicht ausschließlich an den ursprünglichen Adressaten des Briefes, sondern berücksichtigt die Interessen eines weiteren Publikums.

---

270   Vgl. v.a. Plin. ep. 2,13; 9,7; 9,28; 10,4 u. CIL II 3865a sowie ferner Syme 1960, 364ff., u. Syme 1985b, 183f.

271   Es spricht daher einiges für die Authentizität dieses Schreiben, die von Plinius allerdings nicht eigens betont wird, während sich sonst gerade an den Buchanfängen eine Häufung von Strategien beobachten läßt, die den Briefcharakter in Erinnerung rufen sollen (vgl. allg. Sherwin-White 1966, 6ff.). So eröffnet er beispielsweise das sechste Buch mit einem Schreiben, das von dem Spiel mit den Pronomina *ego* und *tu* geprägt ist und damit den Adressaten verstärkt ins Blickfeld rückt (vgl. Plin. ep. 6,1 u. ferner Thraede 1970, 74f.), oder verweist am Beginn anderer Bücher gerne auf vorangegangene Schreiben (vgl. Plin. ep. 4,1,1; 7,1,1 u. 9,1,1).

272   Vgl. Plin. ep. 2,13,7 u. 9,28; ferner s.o. S. 66.

273   Voconius ist ferner der Empfänger eines der Schreiben, in denen Plinius ein negatives Porträt des Regulus entwirft (vgl. Plin. ep. 1,5) und gehört damit zu den wenigen Personen, die zwei Schreiben mit Personendarstellungen erhalten, wenn es sich auch nicht um zwei ‚klassische' Porträtbriefe handelt (s.o. S. 75 Anm. 135).

274   Vgl. Radicke 2003, der diese Veränderung am Beispiel von Brief 4,28 diskutiert.

275   Vgl. Plin. ep. 1,17,1: *est adhuc curae hominibus fides et officium, sunt, qui defunctorum quoque amicos agant*; s.o. S. 94f.

Dies zeigt sich vor allem darin, daß Plinius Verginius Rufus, indem er ihn auf dem Höhepunkt seines Ruhmes zeigt, als ein allgemeines Modell für die erfolgreiche Karriere eines *privatus* unter den Bedingungen des Prinzipats präsentiert.[276] Verginius' Erfolge, die nicht nur mehrere militärische Kommandos und die seltene Ehre eines dritten Konsulats,[277] sondern auch die von ihm ausgeschlagene Möglichkeit, im turbulenten Vierkaiserjahr selbst den Thron zu besteigen, umfaßten,[278] konnten von den meisten seiner Standesgenossen nicht in einem vergleichbaren Umfang erreicht werden. Dennoch kann Verginius Rufus stellvertretend für das Ideal der politischen Tätigkeit stehen, das trotz der mit ihm in der Kaiserzeit verbundenen Schwierigkeiten, die Plinius nur kurz mit dem Verweis auf seinen Rückzug aus der Politik unter den Flaviern streift,[279] weiterhin verbindlich bleibt.

Die traditionelle politische und militärische Betätigung, die in der Republik noch das alleinige gesellschaftliche Betätigungsfeld der Senatsaristokratie bildete, hatte zwar im Zuge der Bildungskultur verstärkt Konkurrenz durch den Bereich der *studia*, dem Engagement auf literarischem und kulturellem Gebiet erhalten,[280] doch wird dieser Aspekt von Plinius hier bewußt ausgeblendet. Daß es sich dabei um eine bewußte Entscheidung des Autors handelt, läßt sich vor allem daran ablesen, daß er die literarischen Aktivitäten des Verginius Rufus hier mit keinem Wort erwähnt, obwohl er an anderer Stelle von diesem verfaßte Gedichte erwähnt.[281] Das Aussparen dieses für Plinius wie für seine Zeitgenossen zentralen Aspektes im Porträt des Verginius stellt im übrigen ein wichtiges Argument für das komplementäre Verhältnis zwischen diesem Schreiben und dem Porträtbrief des Vestricius Spurinna dar, der an ebenso betonter Stelle am Beginn des dritten Buches steht. Denn in der Darstellung dieses Senators, der sich ebenfalls in sehr hohem Alter befindet und auf eine vergleichbarer Reihe von Erfolgen und Ehrungen zurückblicken kann, hat Plinius der Behandlung der *studia* einen zentralen Platz eingeräumt und den traditionellen senatorischen Betätigungen eine Nebenrolle zugeteilt.[282]

---

276 Zur Bedeutung von *exempla* für Plinius' pädagogische Intentionen vgl. v.a. BÜTLER 1970, 90ff., u. TRISOGLIO 1972, 125ff., sowie ferner BEUTEL 2000, 263ff., der vor allem in Plinius' Schilderung der domitianischen Zeit moraldidaktische Zielsetzungen beobachtet.

277 Zu Verginius' dritten Konsulat vgl. GRAINGER 2003, 41.

278 Vgl. Plin. ep. 2,1,2-3.

279 Vgl. Plin. ep. 2,1,3; 2,1,8 u. 6,10,1. Plinius spricht vom einem *secessus* des Verginius auf seine Güter in Etrurien.

280 S.o. S. 9ff.

281 Vgl. Plin. ep. 5,3,5.

282 Vgl. Plin. ep. 3,1; s.u. S. 114ff.

Vor diesem Hintergrund ist auch die enge Verbindung zu sehen, die Plinius zwischen den Vorbereitungen des Verginius für eine Rede im Senat und seinem Lebensende herstellt.[283] Denn ein unmittelbarer Zusammenhang zwischen dem Unfall, den Verginius erleidet, als er zu Beginn des Jahres 97 n. Chr. die obligatorische Dankesrede zur Übernahme des Konsulats einübt, und seinem geraume Zeit später, wohl in der zweiten Jahreshälfte erfolgten Tod[284] ergibt sich nicht unmittelbar, sondern wird von Plinius mit der Absicht hergestellt, Verginius' an altrömische Vorbilder gemahnende Pflichterfüllung wirkungsvoller darzustellen.[285] Wenn er ihn wenig später ausdrücklich als *exemplar aevi prioris* bezeichnet,[286] so zeigt sich hierin erneut die Funktion der Verginius-Figur als Modell einer Lebensweise, die für die vorangegangenen Generationen noch allein verbindlich gewesen war und deren Glanz sich auch die Zeitgenossen nicht vollständig entziehen konnten. Vor allem deswegen nicht, weil dieser Lebensentwurf nach wie vor einen direkten Weg zu Nachruhm und Unsterblichkeit darstellt:

> *tanti viri mortalitas magis finita quam vita est. vivit enim vivetque semper atque etiam latius in memoria hominum et sermone versabitur, postquam ab oculis recessit.*[287]

Daß sich die Zeiten gleichwohl geändert haben und im Kontext der gestiegenen Wertschätzung literarischer Bildung nicht mehr eine vorbildliche Leistung alleine wünschenswert ist, sondern auch ihre Vermittlung im Medium der Literatur, zeigt sich besonders deutlich, wenn Plinius am Beginn des zweiten Hauptteils des Briefes, den

---

283 Vgl. Plin. ep. 2,1,5. In ähnlicher Weise suggeriert Plinius beim Tod des Corellius Rufus einen engen zeitlichen Zusammenhang zur Ermordung Domitians (vgl. Plin. ep. 1,12,8-9 u. HOFFER 1999, 141ff.).

284 Den *terminus ante quem* liefert der Tod Nervas am 27. Jan. 98 n. Chr. (vgl. SHERWIN-WHITE 1966, 142f.). Ferner hatte Verginius sein Amt als *consul ordinarius* des Jahres 97 bereits niedergelegt, wie aus der von Plinius verwendeten Formulierung *perfunctus est tertio consulato* (vgl. Plin. ep. 2,1,2 mit ThLL, s.v. *perfungor* 2.a u. 2.b) und der Tatsache hervorgeht, daß Tacitus in seiner Funktion als *consul suffectus* die *laudatio funebris* gehalten hat (vgl. Plin. ep. 2,1,6). Da die Konsularfasten jedoch für den weiteren Verlauf des Jahres 97 keine große Hilfe bei der näheren Bestimmung der Amtszeiten darstellen (vgl. VIDMAN 1982, 89ff.), kann Verginius' Todesdatums nicht mit letzter Sicherheit eingegrenzt werden (vgl. SYME 1958a, 129f., der Oktober favorisiert, u. ECK 2002, 64, der sich für November oder Dezember ausspricht, sowie ferner BIRLEY 2000b, 238 u. GRAINGER 2003, 12f.41ff.).

285 Zur Darstellung des Verginius in der Sterbeszene s.u. S. 109ff.

286 Vgl. Plin. ep. 2,1,7 mit GAZICH 2003, 131ff. Das Adjektiv *antiquus* und die mit ihm verwandten Ausdrücken sind bei Plinius wie bei seinen Zeitgenossen in hohem Maße positiv konnotiert vgl. BÜTLER 1970, 133ff.; KRASSER 1993a, 64f., u. BEUTEL 2000, 239f.

287 Vgl. Plin. ep. 2,1,11 („Bei einem solchen Mann wird eher seine Sterblichkeit beendet als sein Leben. Denn er lebt und wird immer leben und wird in den Gedanken und Gesprächen der Menschen sogar noch einen größeren Platz einnehmen, wenn er aus ihren Augen geschwunden.").

er durch die erneute Erwähnung des prachtvollen Staatsbegräbnisses markiert,[288] auf
die *laudatio funebris* zu sprechen kommt, die von Tacitus in seiner Funktion als
Konsul gehalten wurde: *nam hic supremus felicitati eius cumulus accessit, laudator
eloquentissimus.*[289] Daß sich Verginius' höchstes Glück erst in der literarischen Spiegelung seiner Leistung erfüllt, wird auch deutlich, wenn Plinius ihn zu Beginn des
Briefes gleichsam bei der Lektüre der über ihn verfaßten Werke zeigt: *triginta annis
gloriae suae supervixit: legit scripta de se carmina, legit historias et posteritati interfuit.*[290]

Dieser rudimentäre Katalog literarischer Gattungen, die traditionell zur Kommemoration eines Verstorbenen dienten, soll den Leser sicherlich nicht zuletzt darauf
hinweisen, daß auch Plinius mit der Publikation dieses Briefes einen wichtigen Beitrag zur literarischen Unsterblichkeit des Verginius geleistet hat.[291] Daß sich Plinius
als Epistolograph mit dieser Form der literarischen Reflexion gewissermaßen auf eine
Stufe mit dem *laudator eloquentissimus* Tacitus stellt, dient einerseits der Selbstinszenierung des Verfassers, der im folgenden noch ausführlich auf seine persönliche Nähe
zum Verstorbenen und die hohe Meinung, die dieser von ihm hatte, eingeht.[292] Es
spricht aber auch für das im Laufe der Kaiserzeit gestiegene Selbstbewußtsein der Li-

---

288 Vgl. Plin. ep. 2,1,1 u. 6. Den Regeln einer Klimax gehorchend beschreibt Plinius das Staatsbegräbnis
     jetzt nicht mehr nur als ein *insigne atque etiam memorabile spectaculum*, sondern spricht von einem
     magnum ornamentum principi, magnum saeculo, magnum etiam foro et rostris, wobei die Steigerung
     vor allem darin zum Ausdruck kommt, daß die Zeremonie nicht nur für den Verstorbenen eine Aus-
     zeichnung darstellt, sondern die dem *maximus et clarissimus cives* gezollte Ehre zugleich auf alle
     Teilnehmer zurückfällt.

289 Vgl. Plin.ep. 2,1,6: („Denn dieses kam als letzte Vollendung zu seinem Glück hinzu: ein überaus be-
     gabter Lobredner."). Die Leichenrede wird in der Regel von einem Angehörigen der *gens* gehalten
     (vgl. KIERDORF 1980, 117), doch hatte Verginius offenbar keine männlichen Nachkommen (vgl. Plin.
     ep. 2,1,9).

290 Vgl. Plin. ep. 2,1,2: („Dreißig Jahre lang lebte er im Genuß seines Ruhmes: Er konnte Gedichte lesen,
     die über ihn geschrieben wurden, konnte Geschichtswerke lesen und konnte auf diese Weise bereits
     an seiner Unsterblichkeit teilhaben."). Bei der zunächst vielleicht taktlos klingenden Einleitung, er
     lebe schon lange mit seinem Ruhm, handelt es aus plinianischer Perspektive keineswegs um Kritik,
     sondern um das höchste Glück (vgl. Plin. ep. 9,3,1: *alius alium, ego beatissimum existimo, qui bonae
     mansuraeque famae praesumptione perfruitur certusque posteritatis cum futura gloria vivit* u. ferner
     BÜTLER 1970, 22).

291 Daß mit der starken Betonung der ‚medialen Vermittlung' von Verginius' Ruhm eine unterschwellige
     Kritik verbunden sein soll, wie von LUDOLPH 1997, 79, vermutet, ist dagegen eher unwahrscheinlich.

292 Vgl. Plin. ep. 2,1,7-9. Dabei spielte dürfte ihre – von Plinius in der Beschreibung der aneinandergren-
     zenden Besitzungen effektvoll verbildlichte – gemeinsame Abstammung aus Norditalien keine gerin-
     ge Rolle gespielt haben (vgl. z.B. SYME 1958a, 86, u. BÜTLER 1970, 129ff.).

teraten, das sich nicht zuletzt aus der verantwortungsvollen Haltung des *claros viros colere* ergibt.

An dem Bemühen, Verginius Rufus als Verkörperung des senatorischen Ideals der politischen und militärischen Pflichterfüllung zu zeigen, der sich auch mit der Art seines Todes als *vir vere Romanus* erweist, lassen sich die beiden für den plinianischen Porträtbrief zentralen Intentionen in besonders eindrucksvoller Weise verdeutlichen: Die dargestellten Personen leisten als Modelle bestimmter Verhaltensweisen einen Beitrag zur Identitätsfindung der römischen Oberschicht an der Wende zum 2. Jh. n. Chr. Zugleich wird ihnen auf diese Weise ein ehrendes literarischen Andenken zuteil, dessen Wert noch dadurch gesteigert wird, daß sie als mustergültige Vertreter ihrer sozialen Gruppe und der von ihr geteilten Wertmaßstäbe präsentiert werden.

Das Beispiel des Verginius Rufus, der ohne Zweifel zu den historisch bedeutsamsten Personen gehört, die in Plinius' Briefsammlung auftreten, kann darüber hinaus aber auch verdeutlichen, welche Vorteile mit der epistolographischen Form im Vergleich mit der klassischen Geschichtsschreibung verbunden waren. Der *homo novus* Verginius Rufus verdankt zwar dem Umstand, daß er gerade zu dem Zeitpunkt die obergermanische Rheinarmee befehligte, als 68 n. Chr. der Bürgerkrieg ausbrach, die Aufnahme in die taciteischen Historien,[293] die Plinius sich so sehnlich wünschte.[294] Doch im Gegensatz zur Darstellung des Verginius, die Plinius in seinem Porträtbrief und, wie wir vermuten dürfen, auch Tacitus in seiner *laudatio funebris*, geben konnte,[295] sind in einem dem annalistischen Aufbauprinzip verpflichteten Geschichtswerk die mit seiner Person in Zusammenhang stehenden Stellen weit verstreut und situativ jeweils stark eingebunden.[296]

So fällt Verginius' Name in den taciteischen Historien das erste Mal bei einem gleichsam aus der Vogelperspektive gegebenen Überblick über die Reaktionen der in den einzelnen Provinzen stationierten Legionen auf die Ernennung Galbas. Der Bericht darüber, daß die Rheinarmee ihm nach dem Sieg über den Thronprätendenten Vindex den Imperatorentitel angeboten und er diesen ausgeschlagen hat, umfaßt an dieser Stelle ganze zehn Worte: *an imperare noluisset dubium: delatum ei a milite imperium conveniebat.*[297] Auch als Tacitus später noch einmal kurz auf dieses Ereignis

---

293 Vgl. v.a. Tac. hist. 1,8; 1,52; 1,77 u. 2,50 sowie ferner z.B. HANSLIK 1958; LEVICK 1985; SYME 1991a u. MURISON 1992, 15ff.

294 Vgl. Plin. ep. 7,33,1.

295 Zum möglichen Inhalt der *laudatio funebris* vgl. z.B. SYME 1958a, 128; SHOTTER 1967, 379f., u. MURISON 1992, 16f.

296 Vgl. TRAUB 1955, 225f.

297 Vgl. Tac. hist. 1,8,2 („Ob er nicht herrschen wollte, war zweifelhaft: Einig war man sich, daß ihm die Herrschaft von den Soldaten angetragen worden war."). Zur Diskussion, ob Tacitus mit der Formu-

zurückkommt, beschränkt er sich darauf, die vermutlichen Gründe für die Ablehnung in indirekter Rede zu referieren.²⁹⁸ Hätte Verginius länger gelebt und die Gelegenheit gehabt, auch die taciteischen Historien zu lesen, wäre er vermutlich enttäuscht gewesen, auf welch engem Raum dort ein Ereignis abgehandelt wurde, das er im Rahmen seiner Grabinschrift mit einem von ihm selbst verfaßtem und von Plinius an anderer Stelle überliefertem Epigramm feierte: *hic situs est Rufus, pulso qui Vindice quondam // imperium adseruit non sibi, sed patriae.*²⁹⁹

Die Figur des Verginius Rufus liefert daher einen illustrativen Beleg für die engen Grenzen, die der angemessenen Würdigung selbst einer vergleichsweise prominenten Gestalt im Rahmen eines klassischen Geschichtswerkes gesteckt waren. Sie kann aber auch verdeutlichen, daß die Historiographie aufgrund der mit ihr in Plinius' Umfeld offenbar verbundenen Erwartung einer nüchternen Distanz des Autors zu den von ihm dargestellten Ereignissen und Personen seinen eigenen Intentionen nur bedingt entgegenkam.³⁰⁰ Denn in einem der beiden Briefe, in denen sich Plinius mit dem Epitaph des Verginius beschäftigt, überliefert er auch ein Gespräch zwischen diesem und dem Historiker Cluvius Rufus, der beabsichtigte, in seinem Geschichtswerk die Ereignisse des Vierkaiserjahrs zu schildern.³⁰¹ Aus diesem Grund fühlte er sich offenbar verpflichtet, Verginius zu warnen: ‚*scis, Vergini, quae historiae fides debeatur; proinde, si quid in historiis meis legis aliter ac velis, rogo ignoscas.*'³⁰² Und obwohl Verginius in dieser Situation mit einer selbstsicheren Antwort Sieger bleibt: ‚*tune ignoras, Cluvi, ideo me fecisse, quod feci, ut esset liberum vobis scribere, quae libuisset?*',³⁰³ gehen aus dieser Erzählung die mit der Geschichtsschreibung unter Standesgenossen verbundenen Probleme doch deutlich hervor.

---

lierung *dubium an* unterschwellige Kritik an Verginius äußert vgl. bejahend z.B. SHOTTER 1967, v.a. 376.380f., sowie dag. z.B. TOWNEND 1961b.

298 Vgl. Tac. hist. 1,52: *merito dubitasse Verginium equestri familia, ignoto patre, imparem, si recepisset imperium, tutum si recusasset.*

299 Vgl. Plin. ep. 6,10,4 u. 9,19,1 sowie ferner Cass. Dio 68,2,4. Auch an den übrigen Stellen, an denen Tacitus Verginius erwähnt, fällt sein Bericht knapp aus (vgl. v.a. Tac. hist. 1,77 u. 2,50).

300 Die von Plinius und zumindest einem Teil seiner Zeitgenossen an die Geschichtsschreibung herangetragene Erwartungshaltung wird vor allem in Brief 5,8 deutlich, in dem er ein eigenes historiographisches Projekt thematisiert und verwirft: s.o. S. 79ff.

301 Cluvius Rufus' Geschichtswerk stellte wahrscheinlich eine der wichtigsten Quellen der taciteischen Historien dar (vgl. z.B. SYME 1958a, 178f.; TOWNEND 1964; SHOTTER 1967 u. WILKES 1972, 202f.).

302 Vgl. Plin. ep. 9,19,5 („Du weißt ja, Verginius, welche Aufrichtigkeit man der Geschichtsschreibung schuldet; daher bitte ich Dich um Nachsicht, wenn Du in meinem Geschichtswerk etwas anders dargestellt findest, als Du es Dir wünschen würdest.") u. ferner BESSONE 1987.

303 Vgl. Plin. ep. 9,19,5 („Weißt Du nicht, Cluvius, daß ich alles in der Weise getan habe, wie ich es getan habe, damit es Dir frei steht zu schreiben, was Dir beliebt.").

Doch Plinius bleibt nicht bei der Konstatierung der Problematik stehen, sondern liefert mit denselben beiden Schreiben, die Verginius' Grabinschrift zum Thema haben, ein schlagendes Beispiel für die mit dem von ihm bevorzugten Modell der Personendarstellung verbundenen Vorzüge. Denn im Rahmen einer Briefsammlung ist er zu keinerlei Vollständigkeit verpflichtet, und die epistolographische Form ermöglicht ihm zudem explizit die Verwendung kleiner und abgeschlossener Einheiten, in denen er schlaglichtartig einzelne Szenen herauszugreifen und dabei jeweils diejenigen Akzente betonen kann, die ihm besonders am Herzen liegen. Dem Leser steht es dann frei, die einzelnen Schreiben je für sich wahrzunehmen oder sie in der Art einer Fortsetzungsgeschichte aufeinander beziehen.

Daß Plinius im Falle des Verginius Rufus gerade auch die zweite Rezeptionsweise intendiert hat, wird bereits dadurch nahegelegt, daß er die drei Briefe innerhalb der Sammlung entsprechend ihrer Chronologie und ihres Handlungsverlaufes plaziert hat. Denn auf den eigentlichen Porträtbrief im zweiten Buch, der durch das aktuelle Ereignis des Staatsbegräbnisses auf das Jahr 97 n. Chr. datiert ist,[304] folgt zunächst ein Schreiben des sechsten Buches, in dem Plinius berichtet, daß zehn Jahre nach dem Tod des Verginius die Arbeiten an seinem Grabmal noch immer nicht abgeschlossen sind,[305] und schließlich eines im neunten Buch, in dem Plinius zudem auf das vorangehende verweist und den von einem Leser geäußerten Vorwurf entkräftet, die von Verginius in seinem Grabepigramm betriebene Selbstdarstellung sei zu offensiv.[306] Doch nicht nur die Anordnung der drei Schreiben, die in ihrer chronologischen Reihung ohnehin den plinianischen Gepflogenheiten entspricht, sondern auch die explizite Bezugnahme der einzelnen Briefe aufeinander legt es nahe, daß diese kleine Reihe absichtsvoll so angelegt ist, daß die einzelnen Stücke einander ergänzen und sich vor dem inneren Auge des Lesers zu einem Gesamteindruck der porträtierten Person zusammensetzen sollen.

Mit dieser literarischen Technik des komplementären Erzählens, die in ähnlicher Weise von Gellius angewendet wird,[307] gelingt es Plinius sowohl, weitere Facetten der Persönlichkeit des Verginius Rufus zur Sprache zu bringen, ohne dabei im einzelnen Schreiben die vom Brief gebotene *brevitas* zu überschreiten. Andererseits eröff-

---

304 Zur Datierung s.o. S. 102 mit Anm. 284.

305 Vgl. Plin. ep. 6,10.

306 Vgl. Plin. ep. 9,19,1: *significas legisse te in quadam epistula mea iussisse Verginium Rufum inscribi sepulcro suo: ...*. Diese Stelle spielt eine prominente Rolle für die Annahme und Abgrenzung verschiedener Editionen der plinianischen Briefe (vgl. zuerst MOMMSEN 1869, 32f.), doch gilt es auch die Möglichkeit einer privaten Weitergabe plinianischer ‚lettres d'art' in Betracht zu ziehen, so daß nicht zwingend von einer vorherigen Publikation des sechsten Buches ausgegangen werden muß (s.o. S. 77 mit Anm. 143).

307 S.u. S. 191 ff. u. 228.

net ihm die abgeschlossene epistolographische Form die Möglichkeit, Fragen wie das mangelnde Engagement der Erben für eine verdiente *memoria* des Verginius im Brief 6,10 und die Diskussion einer angemessenen Form der Selbstdarstellung im Medium des Grabes im Brief 9,19, die ihm besonders relevant erschienen sein müssen, als eigentliches Thema des jeweiligen Schreibens und nicht als sekundäre Unterpunkte zu behandeln.

Wendet man sich nun wieder dem eigentlichen Porträtbrief 2,1 und der dort von Plinius angewandten epistolographischen Technik zu, so stellt man fest, daß er nicht auf die naheliegende Form eines Konsolationsbriefes zurückgegriffen hat und sein Schreiben auch nicht an einen nahen Angehörigen des Verstorbenen, sondern an eine dritte, vom Todesfall nur mittelbar betroffene Person gerichtet hat. Dies entspricht, wie ein Blick auf die gesamte Korrespondenz verdeutlicht, Plinius' allgemeinen Gepflogenheiten. Daß er darauf verzichtet hat, Konsolationsschreiben für die Publikation zu berücksichtigen, muß allerdings überraschen, da solche Schreiben gesellschaftlich durchaus üblich waren und sicherlich auch von ihm in großer Zahl verfaßt wurden.[308]

Als Antwort bietet sich jedoch die Vermutung an, daß ein klassisches Konsolationsschreiben mit seiner weitgehend invarianten Topik und Argumentationsstruktur der zeitgenössischen Erwartungshaltung gegenüber einer ,lettre d'art' nicht gerecht wurde[309] und Plinius zur Erhöhung des literarischen Reizes daher Anlehnungen an andere Darstellungsformen gesucht hat. Um diese Vermutung am Beispiel des Briefporträts des Verginius Rufus zu überprüfen, bietet sich ein Vergleich mit denjenigen Gattungen an, die sich mit der Darstellung jüngst verstorbener Personen beschäftigen: Neben der *laudatio funebris*, auf die Plinius an dieser Stelle ja selbst verweist, und den Epikedien, wie sie in vergleichbaren Situationen von Statius verfaßt wurden, ist in unserem Zusammenhang vor allem die in der Forschung als *exitus illustrium virorum*-Literatur bezeichnete Textgruppe von besonderem Interesse.

An eine Art ,Epicedium in Prosa' läßt vor allem der Schlußteil des Briefes denken, in dem nicht nur der Adressatenbezug stärker zum Vorschein kommt, sondern auch die emotionale Beteiligung des Verfassers.[310] Diese gipfelt in einer von Pathos nicht freien Aposiopese, mit der Plinius den Brief zugleich beendet:

---

308 Vgl. GNILKA 1973, v.a. 113ff., der das Fehlen klassischer Konsolationsschreiben damit begründet, daß diese Form Plinius' tief empfundener Trauer nicht gerecht wurde (vgl. dag. LUDOLPH 1997, 79).
309 Vgl. allg. KASSEL 1958.
310 Vgl. Plin. ep. 2,1,10-12.

volui tibi multa alia scribere, sed totus animus in hac una contemplatione defixus est: Verginium cogito, Verginium video, Verginium iam vanis imaginibus, recentibus tamen, audio, adloquor, teneo.[311]

Daß die Konsolationsthematik hier deutlich die Oberhand gewinnt, zeigt sich auch daran, daß Plinius den Tod des 82jährigen, von dem er zuvor noch gesagt hatte, er sei *plenus annis* gestorben, jetzt als *immaturus* bezeichnet.[312] Doch konkrete Berührungspunkte mit den Epikedien in den Silven des Statius[313] ergeben sich weniger auf der inhaltlichen Seite,[314] als vielmehr in formaler und intentionaler Hinsicht. Denn bei beiden Autoren motiviert sich die Abfassung dieser Schriften nicht zuletzt daraus, daß sie in ihnen einen wichtigen Beitrag zur *immortalitas* der Verstorbenen erblicken.[315] Beiden Literaturformen ist ferner gemeinsam, daß die Texte zunächst in enger okkasioneller Gebundenheit entstehen, um dann mit der Publikation ein weiteres Publikum zu erreichen.[316]

Auch die Nähe zur traditionellen Institution der *laudatio funebris* bleibt vorwiegend auf funktionale Aspekte beschränkt.[317] Die Parallelisierung des eigenen Vorhabens mit der von Tacitus gehaltenen *laudatio pro rostris*, die dem Leser von Plinius durch die betonte Erwähnung des *laudator eloquentissimus* suggeriert wird,[318] beruht vor allem auf der enkomiastischen Intention beider Formen. Denn diese unterscheiden sich bereits in ihrer Relation zu dem *funus publicum* für Verginius Rufus, in dessen

---

311 Vgl. Plin. ep. 2,1,12 („Ich wollte Dir eigentlich noch vieles andere schreiben, aber mein ganze Aufmerksamkeit wird von einem Gedanken in Anspruch genommen: Ich denke an Verginius, sehe Verginius vor mir, in zwar leeren, aber noch frischen Bildern, ich höre ihn, spreche mit ihm und umarme ihn.").

312 Vgl. Plin.ep. 2,1,7 u. 10.

313 Vgl. Stat. silv. 2,1; 2,4; 2,6; 3,3; 5,1; 5,3 u. 5,5 sowie ferner HARDIE 1983, 103ff., u. NAUTA 2002, 274f.

314 Inhaltliche Parallelen in einem begrenzten Umfang ergeben sich lediglich zu Statius' Würdigung seines verstorbenen Vaters (vgl. Stat. silv. 5,3 u. ferner allg. ÖNNERFORS 1974, 91ff.137ff.): Beide betonen die großen Verdienste, die sich der Verstorbene um sie erworben hat (vgl. Stat. silv. 5,3,209-38 u. Plin. ep. 2,1,8-9), gehen auf die Umstände des friedlichen Todes ein (vgl. Stat. silv. 5,3,258-61 u. Plin. ep. 2,1,5) und verleihen entgegen der üblichen Konsolationstopik ihrer Trauer prononciert Ausdruck (vgl. Stat. silv. 5,3,80-85 u. Plin. ep. 2,1,10-12 sowie ferner GNILKA 1973, 115f.).

315 Vgl. Stat. silv. 5,1,1-15.

316 Ob die Publikation des fünften Silvenbuches noch durch Statius selbst erfolgte, ist umstritten; jedenfalls hat er sie aber beabsichtigt (vgl. die Edition von VOLLMER 1898, 13, u. NAUTA 2002, 255).

317 Dionysios von Halikarnassos bezeugt die Tradition der *laudatio funebris* für die früheste Zeit der Republik (vgl. Dion. Hal. ant. 5,17,2), doch handelt es sich hierbei wohl um eine der für die römische Annalistik charakteristischen Frühdatierungen; die Etablierung der Grabrede wird heute im Zusammenhang mit der Herausbildung der Nobilität im späten 4. und frühen 3. Jh. v. Chr. gesehen (vgl. KIERDORF 1980, 95f.; HÖLKESKAMP 1987, 222, u. FLOWER 1996, 132).

318 Vgl. Plin. ep. 2,1,6.

Rahmen der von Tacitus gehaltenen Rede ein stark performativer Charakter zukommt, während die nachträgliche Beschreibung des Ereignisses durch Plinius naturgemäß eher kommentierenden Charakter aufweist. Dementsprechend kann auch das negative Ergebnis, das sich bei einem Vergleich mit den formalen Eigenschaften einer *laudatio funebris* ergibt, nicht überraschen. Von dem der kaiserzeitlichen Grabrede als Regelfall zugrunde liegenden Schema, in dem das Lob des Verstorbenen anhand der Rubriken Familie und Vorfahren, Erziehung und Privatleben, Ämter und *honores* sowie *res gestae* und *virtutes* erfolgte,[319] finden sich bei Plinius nur einzelne Elemente wieder, und auch diese werden nicht in der üblichen Abfolge behandelt.[320]

Die Vermutung, daß Plinius seine epistolographische *laudatio* jedoch zumindest in funktionaler Hinsicht an die Leichenrede herangerückt wissen wollte, erfährt eine Bestätigung durch den Vergleich, den er zwischen der *laudatio funebris* und einer anderen Literaturgattung zieht. Denn anläßlich seines Besuches einer Rezitation des Titinius Capito, bei der dieser seine Schriften über die *exitus illustrium virorum* vortrug, merkt Plinius an, er habe bei dieser Gelegenheit gleichsam nachträglich die *laudationes funebres* der Verstorbenen gehört.[321] Bereits aufgrund der größeren zeitlichen Nähe bietet sich jedoch eher ein Vergleich der *exitus illustrium virorum*-Literatur, deren Entwicklung in der zweiten Hälfte des 1. Jh. n. Chr. bereits skizziert wurde,[322] als mit der traditionellen *laudatio funebris* an. Die Plausibilität dieses Vergleichs wird zudem noch dadurch erhöht, daß sich Einflüsse der Literatur über die *exitus illustrium virorum* auch in anderen Pliniusbriefen nachweisen lassen.

Wendet man sich vor diesem Hintergrund erneut dem Porträtbrief des Verginius Rufus zu, so fällt zunächst auf, daß Plinius hier – im Gegensatz zu anderen Briefen[323] – Vokabular vermeidet, das terminologisch eindeutig auf die *exitus*-Literatur verweist, dabei jedoch durch die Wahl verwandter Ausdrücke gleichwohl eine enge Verbindung zu dieser Schriftengruppe herstellt: So wird aus dem *exitus* der *aditus mortis* und aus dem *vir illustris* der *maximus et clarissimus civis*.[324] Entscheidender als diese vielleicht auch primär der *variatio* geschuldeten Veränderungen in der Wortwahl ist in

---

319 Vgl. KIERDORF 1980, 59ff., sowie ferner FLAIG 1995a, 130ff.

320 Eine Gemeinsamkeit könnte allerdings darin bestehen, daß auch für Plinius der Aspekt der *consolatio* der Erinnerung an die Größe und den Ruhm des Verstorbenen untergeordnet ist (vgl. KIERDORF 1980, 82ff.103ff.). Eine engere formale Bezugnahme auf die *laudatio funebris* ist in dem Porträtbrief auf die jung verstorbene Tochter des Minicius Fundanus wahrscheinlich (vgl. Plin. ep. 5,16 sowie ferner GNILKA 1973, 108ff., u. KIERDORF 1980, 43.114).

321 Vgl. Plin. ep. 8,12,5: *videor ergo fungi pio munere, quorumque exsequias celebrare non licuit, horum quasi funebribus laudationibus, seris quidem, sed tanto magis veris interesse.*

322 S.o. S. 88ff.

323 Vgl. v.a. Plin. ep. 6,16,1.

324 Vgl. Plin. ep. 2,1,4 u. 1.

diesem Zusammenhang der Wechsel in der Perspektive, den Plinius vornimmt, indem
er seine Darstellung nicht mit dem Tod des Protagonisten, sondern mit der Schilderung seines Begräbnisses beginnen läßt.[325]

Eine solche Akzentsetzung ergibt sich zwar scheinbar natürlich aus der Bedeutung der öffentlichen Bestattungszeremonie einerseits und dem aus literarischer Sicht
wenig ergiebigen Tod des hochbetagten Verginius auf dem Krankenbett andererseits.
Plinius kommt jedoch auf die näheren Umstände seines Todes im folgenden dennoch
zu sprechen und räumt diesem Bericht sogar recht viel Platz ein.[326] Und in dieser *exitus*-Schilderung gelingt es ihm durchaus, Verginius' Sterben eine in gewisser Weise
heroische Komponente abzugewinnen, indem er sein Lebensende in einen engen Zusammenhang mit seiner politischen Tätigkeit bringt. Zu diesem Zweck stellt er, wie
bereits angedeutet,[327] ohne Berücksichtigung der vermutlich beträchtlichen zeitlichen
Differenz eine direkte Verbindung zwischen der Hüftverletzung, die Verginius bei der
Vorbereitung auf eine Rede erlitten hat, und seinem wahrscheinlich deutlich später
erfolgten Tod her. Auf diese Weise erhält Plinius die Möglichkeit, einen Moment als
heroischen *exitus* zu schildern, der sich dafür eher anbot als die eigentliche Sterbeszene auf dem Krankenlager, die er zwar gleichfalls als *laudabilis* bezeichnet, die sich
aber wohl kaum zu einer literarischen Darstellung geeignet hätte.[328] Zugleich gelingt
es ihm, Verginius zu einem *exemplar aevi prioris* zu stilisieren,[329] der bis zuletzt seinen politischen Aufgaben nachkommt und auf diese Weise die traditionellen Ideale
der senatorischen Oberschicht verkörpert.

Auf den ersten Blick scheint jedoch der detaillierte Bericht, den Plinius von Verginius' gescheitertem Versuch gibt, die *gratiarum actio* anläßlich seines dritten Konsulates vorzubereiten, nur bedingt mit seiner kommemorativen Intention zu harmonie-
ren:

> nam, cum vocem praepararet acturus in consulatu principi gratias, liber, quem forte acce-
> perat grandiorem et seni et stanti ipso pondere elapsus est. hunc dum sequitur colligitque,
> per leve et lubricum pavimentum fallente vestigio cecidit coxamque fregit, quae parum
> apte collocata reluctante aetate male coit.[330]

---

325 Vgl. Plin. ep. 2,1,1.

326 Vgl. Plin. ep. 2,1,4-5.

327 S.o. S. 102f.

328 Vgl. Plin. ep. 2,1,4: *aditus tantum mortis durior, longiorque, sed hic ipse laudabilis.*

329 Vgl. Plin. ep. 2,1,7.

330 Vgl. Plin. ep. 2,1,5 („Denn während der Vorbereitung auf die Rede, in der er dem Kaiser seinen Dank
     für die Übertragung des Konsulats aussprechen wollte, glitt ihm das Heft, das er gerade ergriffen hatte
     und das ziemlich groß war, aus der Hand, weil es für einen alten Mann, zumal im Stehen, zu schwer
     war. Als er sich nach ihm bückte und es aufhob, kam er auf dem glatten und schlüpfrigen Fußboden

Das Unbehagen an den hier geschilderten Einzelheiten nimmt noch zu,[331] wenn man sich vor Augen hält, welche Bedeutung in Sterbeszenen traditionell dem *decorum* und der damit verbundenen *gloria* des Sterbenden zukam.[332] Als Erklärung dafür, daß Plinius diese Details dennoch mit einer dem Ideal der ἐνάργεια verpflichteten Genauigkeit, die wahrscheinlich ein traditionelles Gattungsmerkmal der *exitus*-Literatur bildete,[333] beschreibt, bietet sich die Vermutung an, daß er in dieser Art des Sterbens etwas Charakteristisches für den von Verginius Rufus verkörperten Lebensweg erblickt hat. Denn eine zentrale Intention bei der Schilderung des Sterbens berühmter Persönlichkeiten besteht spätestens seit der Entwicklung spezifischer Formen biographischer Literatur im Zusammenhang mit der Tradierung des *exemplum Socratis* darin, die Art des Todes als die Bestätigung der vom Sterbenden in seinem Leben vertretenen Auffassungen zu zeigen.[334] Dies gilt natürlich in besonderem Maße auch für die *exitus illustrium virorum*-Literatur der frühen Kaiserzeit: Der erzwungene Selbstmord soll als Symbol verstanden werden für die Unmöglichkeit, unter der Herrschaft eines Nero oder eines Domitian sein Leben gemäß den eigenen Überzeugungen zu führen.[335]

Dieser Figur des ‚stoischen Märtyrers', für die er anderer Stelle durchaus Sympathie hegen kann,[336] stellt Plinius hier prononciert ein Gegenmodell gegenüber. Denn gerade Verginius Rufus, der es als *homo novus* unter Nero zum Konsulat gebracht hatte und sich dann unter den Flaviern vorübergehend aus der Politik zurückzog, ohne jedoch die direkte Konfrontation mit dem Kaiser gesucht zu haben, eignet sich hervorragend als Integrationsfigur für alle diejenigen, die – wie Plinius selbst – nicht dem engeren Kreis der Opposition gegen Domitian angehörten, sich aber ebensowenig als Kollaborateure und Mitläufer verstanden wissen wollen.

---

aus dem Tritt, stürzte und brach sich den Hüftknochen, der ziemlich ungeschickt zusammengesetzt wurde und aufgrund seines widerstrebenden Alters schlecht verheilte.").

331 Vgl. z.B. LUDOLPH 1997, 80: „Hier muß gefragt werden: Ist es nötig, macht es überhaupt Sinn, jemanden, den man als *maximus civis* darstellen will, in einer derart peinlichen Situation zu schildern? Hätte Plinius allein das Ziel verfolgt, Verginius so positiv wie möglich herauszustellen, so hätte, wenn überhaupt, ein Nebensatz zum Verweis auf die Todesumstände genügt. Statt dessen nutzt Plinius die Gelegenheit, den Ruhm und die Einzigartigkeit des vordergründig Gepriesenen nachhaltig zu schmälern."

332 Vgl. SAUER 1930, 40ff., u. SCHUNK 1955, 82ff.

333 Das Bemühen um ἐνάργεια läßt sich in den taciteischen Sterbeszenen vielfach nachweisen, so daß die Vermutung naheliegt, daß dieses Darstellungsprinzip auch in den verlorenen Schriften der *exitus*-Literatur eine bedeutende Rolle gespielt hat.

334 Vgl. v.a. DIHLE 1956, 18f.; DIHLE 1987, 126f., u. DIHLE 1997, 122f.

335 Vgl. MARX 1937, 97f., RONCONI 1966, 1259, u. SCHUNK 1955, 54ff.

336 Vgl. v.a. Plin. ep. 3,11 u. 7,33.

Daß Plinius ausgerechnet seine Redevorbereitungen als mittelbare Todesursache anführt und ihn damit den ‚senatorischsten' aller Tode sterben läßt, soll nicht nur eindrucksvoll zeigen, daß Verginius angesichts der unter Nerva zum positiven gewandelten politischen Bedingungen auch noch im hohen Alter ganz selbstverständlich für Staatsämter zur Verfügung steht, sondern daß sich aus einer in dieser Weise verstandenen Pflichterfüllung zugleich auch eine Form des persönlichen Heldentums ergeben kann, die den Vergleich mit den anderen senatorischen Identifikationsfiguren nicht zu scheuen braucht. Damit wird Verginius neben der von Tacitus gestalteten Figur des Agricola zu einem zweiten Symbol für die wahrscheinlich nicht nur von Plinius und Tacitus,[337] sondern auch der Mehrheit ihrer Standesgenossen geteilten Haltung, daß es besser ist, auch unter widrigen Umständen der Erfüllung der traditionellen Pflichten und Aufgaben eines römischen Senators den Vorrang gegenüber einem publikumswirksam inszenierten Dissens einzuräumen. Auf diese Weise gewinnt die Beschäftigung mit der Figur des Verginius Rufus in dem plinianischen Porträtbrief zugleich Bedeutung für die Frage nach dem richtigen Umgang mit der eigenen Vergangenheit unter Domitian.[338]

Nachdem wir auf diese Weise plausibel zu machen versucht haben, daß in dem Briefporträt des Verginius Rufus eine sowohl dem individuellen Fall des Dargestellten wie auch den Intentionen des Verfassers angepaßte Adaptation der innerhalb der *exitus*-Literatur entwickelten Darstellungstechnik vorliegt, bietet es sich an, abschließend noch einmal seinen Charakter als Brief in Erinnerung zu rufen. Neben den epistolographischen Formalien zu Beginn und am Ende des Schreibens sind hier der Verzicht auf eine zu stringente Erzählstruktur, der unter anderem in der Wiederaufnahme des Motivs des Begräbnisses zum Ausdruck kommt,[339] und vor allem die explizite Hinwendung zum Adressaten im Schlußteil zu nennen.[340] Die größte Bedeutung kommt in diesem Zusammenhang jedoch dem *factum brutum* der relativen Kürze des Schreibens zu. Die von der epistolographischen Form eingeforderte *brevitas* veranlaßt den Autor, „ein Thema nicht vollständig, aber reizvoll zu behandeln,"[341] und in diesem Sinne ist auch die von Plinius angewandte Strategie zu verstehen, sich bei der Rekapitulation von Verginius' Lebenslauf auf das Notwendigste zu beschränken: So fordert die ausschließliche Nennung des dritten Konsulats den Leser stillschweigend auf, die beiden vorherigen im Geiste zu ergänzen,[342] und die Angabe, daß die Heimat

---

337 Zu der von Tacitus im Agricola geäußerten Kritik an der Opposition s.o. S. 92f.

338 Zu Plinius' Umgang mit seiner eigenen Biographie unter Domitian vgl. BEUTEL 2000, 175ff.

339 Vgl. Plin. ep. 2,1,1 u. 6 sowie ferner TRAUB 1955, 226.

340 Vgl. Plin. ep. 2,1,10-12.

341 Vgl. KYTZLER 1974, 309.

342 Vgl. Plin. ep. 2,1,2.

des Verstorbenen in der Nähe seiner eigenen liegt, muß nicht nur für Voconius Romanus, sondern auch für das spätere Lesepublikum als Hinweis auf Norditalien ausreichen.[343]

Überhaupt stellt der Bezug auf das Vorwissen des Adressaten ein wesentliches Charakteristikum der Briefform dar. Die sich daraus gewöhnlich ergebenden ,okkasionellen Leerstellen' wurden von Plinius allerdings mit Rücksicht auf die sekundären Rezipienten weitgehend beseitigt.[344] Daß die verbliebenen ,Leerstellen' darüber hinaus in der Regel so beschaffen sind, daß sie durch Nachschlagen beispielsweise in einem Geschichtswerk ohne weiteres ,ausgefüllt' werden können, zeigt nicht nur, daß Plinius spätestens bei der Publikation die Interessen seiner Leser in hohem Maße berücksichtigte, sondern auch, daß es sich bei seinen Briefen in ähnlicher Weise wie bei den *noctes Atticae* des Gellius[345] oder den Kaiserbiographien Suetons[346] insofern um ,subsidiäre' Literatur handelt, als sie die gleichzeitige Verfügbarkeit anderer Werke voraussetzt und sich zunutze macht.[347]

Mit dieser kunstvollen Gratwanderung zwischen dem traditionellen Brief auf der einen und der *exitus illustrium virorum*-Literatur auf der anderen Seite hat Plinius sein Schreiben über das Staatsbegräbnis des Verginius Rufus zu einem literarischen Kleinkunstwerk gemacht, das die zeitgenössische ,société de lettrés' sicherlich zu goutieren wußte. Die von Plinius mit seiner Darstellung des Verstorbenen inhaltlich verfolgten Absichten lassen sich auf die doppelte Intention zuspitzen, in Verginius Rufus ein Modell für die traditionelle, in der römischen Oberschicht seiner Zeit jedoch nicht mehr unumstrittene senatorische Lebensweise zu präsentieren und seinem langjährigen Freund und Förderer damit zugleich ein literarisches Denkmal zu setzen. Daß die Sorge um den Nachruhm des Verginius für Plinius auch über dieses Schreiben hinaus ein zentrales Anliegen darstellte, zeigt sich vor allem in den beiden die Darstellungen des Porträtbriefes ergänzenden Schreiben, in denen er sich über den unvollendeten Zustand seines Grabmales empört und den von Verginius für sich selbst verfaßten Epitaph verteidigt.[348] Das von Verginius Rufus verkörperte Modell eines an republikanische Vorbilder gemahnenden Politikers steht jedoch im Kontext der Briefsammlung nicht isoliert, sondern in einem komplementären Verhältnis zur Darstellung einer Reihe weiterer als vorbildhaft aufgefaßter Personen, unter denen sich insbesondere zur Figur des Vestricius Spurinna eine Reihe von Bezügen ergeben.

---

343 Vgl. Plin. ep. 2,1,8.
344 Vgl. LUCK 1961, 81f.
345 S.u. S. 155ff.
346 S.u. S. 273f.
347 S.o. S. 30ff.
348 Vgl. Plin. ep. 6,10 u. 9,19.

b) Der Lebensabend als literarisches *otium*: Vestricius Spurinna (3,1)

An den Beginn des dritten Buches seiner veröffentlichten Korrespondenz hat Plinius mit dem Briefporträt des Vestricius Spurinna die Würdigung einer weiteren politischen Größe seiner Zeit gestellt,[349] deren Darstellung der Leser der plinianischen Briefsammlung sicherlich bereits aufgrund ihrer Plazierung auf diejenige des Verginius Rufus beziehen sollte.[350] Wie dieser konnte auch der 77jährige Vestricius auf eine äußerst erfolgreiche politische und militärische[351] Karriere zurückblicken, die er jedoch nach seinem dritten Konsulat[352] mit dem freiwilligen Rückzug ins Privatleben beendete.[353] Wenig später, vielleicht noch im gleichen Jahr oder aber im Laufe des folgenden, machte ihm Plinius auf dessen Landgut, wo er sich jetzt offenbar dauerhaft aufhielt, seine Aufwartung.[354]

Einen ausführlichen Bericht über diesen Besuch versandte Plinius daraufhin an Calvisius Rufus und berücksichtigte dieses Schreiben, das formal im wesentlichen aus der Nacherzählung des von Spurinna auf seinem Altersruhesitz eingehaltenen Tagesablaufes besteht, auch für die spätere Publikation seiner Briefe. Obwohl einiges dafür spricht, daß Plinius bereits bei der Abfassung dieses Schreibens ein breiteres Publikum im Blick gehabt hat, so wird es doch durch unsere Kenntnisse über die Person des Adressaten erneut plausibel gemacht, daß auch dieser Brief tatsächlich zunächst an den von Plinius genannten Empfänger versandt worden war. Denn von Calvisius Rufus, der wie Plinius aus Comum stammt, jedoch im Gegensatz zu diesem keine Karriere in Rom angestrebt zu haben scheint, sondern als *decurio* in ihrer gemeinsa-

---

349   Vgl. Plin. ep. 3,1. Möglicherweise stammte auch Spurinna aus Norditalien und war ebenfalls als Plinius᾽ Förderer aufgetreten (vgl. SYME 1991b, 542.546f., der auch eine familiäre Beziehung erwägt).

350   Zur Bedeutung dieses Schreibens als ‚Proöm᾽ des dritten Briefbuches vgl. HENDERSON 2002, 58ff.

351   Spurinna war von Vitellius mit einem Kommando gegen Otho betraut worden (vgl. Tac. hist. 2,11.18-19.23.36 u. ferner z.B. GUNDEL 1958, 1791f.) und konnte während seiner späteren Statthalterschaft in Untergermanien durch die Androhung militärischer Gewalt einen wichtigen diplomatischen Erfolg erzielen (vgl. Plin. ep. 2,7,1-2 u. ferner z.B. SYME 1991b, 543ff.).

352   Von den drei Konsulaten ist nur der mittlere als Suffektkonsulat für das Jahr 98 n. Chr. sicher bezeugt. Während bei dem ersten lediglich die Amtszeit umstritten ist (vgl. SYME 1991b, 543), ergibt sich die Annahme eines dritten Konsulats im Jahr 100 aus der plausiblen Interpretation einer Stelle im Panegyricus, an der jedoch keine Namen genannt werden (vgl. Plin. paneg. 61,7-62,2 sowie ferner MOMMSEN 1869, 40, u. SHERWIN-WHITE 1966, 154f.).

353   In seiner Untersuchung zur Rolle älterer Personen in der römischen Gesellschaft kommt TIM PARKIN zu der Vermutung, daß ab einem gewissen Alter der Verzicht auf eine aktive Mitarbeit im Senat von den Standesgenossen erwartet werden konnte (vgl. PARKIN 2003, 100ff.). Vor dem Hintergrund der Schilderung des Verginius Rufus durch Plinius (s.o. S. 99ff.) erscheint diese Annahme jedoch zumindest für das frühe 2. Jh. n. Chr. wenig plausibel zu sein.

354   Zur Datierung vgl. SHERWIN-WHITE 1966, 206, u. dag. OTTO 1919, 29ff., der ein späteres Datum favorisiert.

men Heimatstadt tätig war,[355] erfahren wir an anderer Stelle, daß er für sich eine mit literarischen Studien ausgefüllte Form des *otium* verwirklicht hat,[356] wie sie von Plinius im Zusammenhang mit Spurinna beschrieben und von ihm auch für sich selbst nach dem Ende seiner politischen Laufbahn erträumt wird. Calvisius Rufus kann daher – ähnlich wie Voconius Romanus – sowohl aufgrund der räumlichen Trennung wie auch der für ihn zu vermutenden Interessen geradezu als idealer Empfänger dieses Schreibens gelten.[357]

Die vielfältigen Parallelen zwischen dem Eröffnungsschreiben des zweiten und des dritten Buches enden jedoch in dem für die Darstellung der jeweiligen Person und die Form des Porträtbriefes nicht unerheblichen Unterschied, daß Plinius im ersten Fall das Begräbnis des Verginius Rufus beschreibt, im zweiten aber einen Bericht von seinem Besuch bei Vestricius Spurinna gibt, der sich noch bester Gesundheit erfreut. Daß sich die Haltung des *claros viros colere* nicht ausschließlich auf bereits verstorbene Personen erstrecken mußte, war von Plinius ja bereits im Zusammenhang mit Verginius Rufus angedeutet worden, der im Alter bereits *scripta de se carmina* lesen konnte, die sicherlich in einer ähnlich kommemorativen Intention verfaßt worden waren.[358] Auch ein Blick auf die plinianischen Porträtbriefe selbst zeigt, daß sie in ihrer Mehrheit lebende Zeitgenossen zur Darstellung bringen, wenn auch bei rund einem Sechstel der Schreiben der Tod der betreffenden Person den Anlaß zu ihrer literarischen Würdigung liefert.[359]

---

355 Vgl. Plin. ep. 5,7,3-4. Möglicherweise hatte er allerdings ein Militärtribunat in Britannien bekleidet (vgl. CIL VII 324 mit SHERWIN-WHITE 1966, 202, u. dag. BIRLEY 2000a, 47).

356 Daß Calvisius Rufus es als einen der wesentlichen Vorzüge seines Lebens in der norditalienischen Provinz ansieht, auf diese Weise mehr Zeit für die Beschäftigung mit Literatur zu haben, geht vor allem aus der Verwunderung hervor, mit der Plinius ihn auf seine Bemerkung reagieren läßt, er habe in Rom Zeit zu literarischen Studien gefunden (vgl. Plin. ep. 9,6,1: *omne hoc tempus inter pugillares ac libellos iucundissima quiete transmisi. ‚quemadmodum', inquis, ‚in urbe potuisti?' u. dag. SHERWIN-WHITE 1966, 202: „Letters with him deal with politics, gossip, and business, but not literature.", dessen Beobachtung allerdings insoweit zutreffend ist, als Plinius ihm weder Manuskripte zuschickt noch literarische Fragen im engeren Sinne mit ihm bespricht).

357 In ähnlicher Weise wie Voconius Romanus erhält im übrigen auch Calvisius Rufus neben diesem Porträtbrief ein Schreiben aus dem Regulus-Zyklus (vgl. Plin. ep. 2,20); in seinem Fall handelt es sich sogar um zwei unmittelbar aufeinander folgende, nur durch eine Buchgrenze getrennte Briefe.

358 Vgl. Plin. ep. 2,1,2. Für eine nähere Bestimmung dieser *carmina* sind wir auf Spekulationen angewiesen. Wenn der Plural nicht lediglich der Steigerung halber gewählt ist, legt dies aber nahe, daß es sich weniger um Epen als vielmehr um kleinere Preisgedichte vielleicht in der Art der statianischen Silven gehandelt hat, wie sie möglicherweise auch von Titinius Capito verfaßt wurden (vgl. Plin. ep. 1,17,3: *idem clarissimi cuiusque vitam egregiis carminibus exornat* u. s.o. S. 89).

359 Vgl. Plin. ep. 1,12; 2,1; 3,7; 3,21; 5,5; 5,16; 5,21 u. 8,18.

Wenn Plinius sich in anderen Briefen der lobenden Darstellung noch lebender Personen zuwendet, handelt es sich allerdings in vielen Fällen formal um Empfehlungsschreiben, mit denen er sich für seine Freunde und Protegés bei einflußreichen Personen verwendet, um ihre Karrierechancen zu verbessern oder ihnen sonstige Vergünstigungen zu verschaffen. Weil er auch zu diesem Zweck in der Regel ein kurzes Porträt der betreffenden Person entwirft, ergibt sich zwangsläufig eine strukturelle Ähnlichkeit zu dem Porträtbrief und tatsächlich erweist sich, wie bereits gesehen,[360] die Unterscheidung der beiden Formen in der veröffentlichten Korrespondenz als artifiziell.[361] Doch aus der Beobachtung, daß die ursprünglich als Empfehlungsschreiben verfaßten Briefe mit dem Akt der Publikation überwiegend kommemorativen Charakter angenommen haben, sollte nicht der Schluß gezogen werden, daß es sich bei den plinianischen Porträtbriefen im allgemeinen nur um eine Adaption der Form des Empfehlungsschreiben handelt, dessen Intention sich zu einer ‚recommandation à la gloire' verschoben hat.[362] Diese Annahme ist bereits wegen des generellen literarischen Anspruchs des plinianischen Briefstils wenig wahrscheinlich, sie kann aber auch gerade durch eine nähere Betrachtung des von Spurinna gezeichneten Porträts widerlegt werden, da sich in diesem Schreiben auch über das Modell des Empfehlungsschreiben hinaus Anlehnungen an andere Gattungen aufzeigen lassen.

Bei der Suche nach einer literarischen Form, die der kommemorativen Darstellung noch lebender Personen dient, liegt natürlich an erster Stelle der Gedanke an das Enkomion nahe. Um so mehr, als Plinius mit dieser Gattung nicht nur aus dem Rhetorikunterricht, den er unter anderem bei Quintilian absolvierte,[363] bestens vertraut war, sondern sie auch mehrfach praktisch zur Anwendung gebracht hat. So hat er wahrscheinlich nur wenige Monate vor der Abfassung dieses Briefes die *gratiarum actio* vor Trajan anläßlich seines Suffektkonsulats im Jahre 100 n. Chr. gehalten, die er später publizierte und die uns als *panegyricus Traiano imperatori dictus* erhalten ist.[364] Die Parallelen zwischen dem Enkomion, wie es im Rahmen der rhetorischen Ausbildung vermittelt wurde,[365] und dem Porträtbrief Spurinnas, der im wesentlichen aus

---

360 S.o. S. 71f.

361 Als Vergleich zu dem Porträtbrief Spurinnas bietet sich insbesondere das Empfehlungsschreiben für Voconius Romanus an, das Plinius an einen nicht näher zu identifizierenden Priscus richtet, um für Voconius eine Stelle als Präfekt oder Militärtribun zu erlangen (vgl. Plin. ep. 2,13). Daß Plinius in einem zweiten Empfehlungsschreiben für Voconius Romanus, das er an Trajan richtet, bei der Darstellung seiner Person deutlich andere Schwerpunkte setzt, zeigt die Bedeutung der Rücksichtnahme auf jeweiligen Adressaten auch in solchen Schreiben (vgl. Plin. ep. 10,4 u. ferner COVA 1966, 116).

362 Vgl. GUILLEMIN 1929, 26f.; s.o. S. 71f.

363 Vgl. Plin. ep. 6,6,3.

364 Vgl. Plin. ep. 3,13 u. 3,18.

365 Vgl. z.B. Quint. inst. 3,7,1-28.

der Nacherzählung seines üblichen Tagesablaufes besteht, erweisen sich allerdings weder in struktureller noch in inhaltlicher Hinsicht als allzu eng.

Die Möglichkeit, in diesem Brief die erfolgreiche Karriere des Dargestellten in einem einzigen Satz zusammenzufassen und die Schilderung ansonsten ganz auf Spurinnas *otium* fokussieren zu können,[366] hat sich Plinius dadurch verschafft, daß er sich bereits an anderer Stelle ausführlich mit dessen politischen und militärischen Erfolgen auseinandergesetzt hatte. In diesem Brief, den er wahrscheinlich einige Jahre zuvor an einen nicht näher zu bestimmenden Macrinus versandt,[367] jedenfalls aber bei der Redaktion seiner Sammlung ins zweite Buch und damit vor das eigentliche Porträt Spurinnas gestellt hat,[368] kommentiert er die Aufstellung zweier Statuen für Spurinna und seinen Sohn Cottius. Hier lassen sich auch die erwarteten Anleihen an die Form des Enkomions aufzeigen. Allerdings gelingt es Plinius, die herkömmliche Aufteilung in *res gestae* und *virtutes* dadurch kunstvoll zu variieren,[369] daß er im Zusammenhang mit dem Vater nur dessen militärische Erfolge erwähnt[370] und sich bei der anschließenden Behandlung des jung verstorbenen Sohnes auf dessen geistige Anlagen und charakterliche Eignung konzentriert.[371]

Diese subtile Doppelkonstruktion läßt nicht nur die beiden in diesem Brief gefeierten Personen im Lichte der jeweils anderen um so heller erstrahlen, sondern führt auch dazu, daß Plinius eine ‚okkasionelle Leerstelle‘ des eigentlichen Porträtbriefes auf elegante Art und Weise ‚ausfüllen‘ kann, weil er die Einzelheiten der militärischen Laufbahn des älteren Vestricius bei seinen Lesern bereits voraussetzen kann. Aber nicht nur eine inhaltliche Wiederholung von bereits Gesagtem wird von Plinius

---

366 Vgl. Plin. ep. 3,1,12: *nam ille quoque, quoad honestum fuit, obiit officia, gessit magistratus, provincias rexit multoque labore hoc otium meruit.*

367 Vgl. Plin. ep. 2,7. Zur möglichen Identifizierung mit dem häufiger als Adressat von Pliniusbriefen firmierenden Caecilius Macrinus vgl. SHERWIN-WHITE 1966, 153, u. BIRLEY 2000a, 43.

368 Die exakte Datierung des Briefes hängt an der Frage, ob der Kaiser, der für Spurinna eine Triumphalstatue errichten läßt, mit Nerva oder Trajan identifiziert wird (vgl. Plin. ep. 2,7,1 sowie ferner z.B. SYME 1958a, 660; GUNDEL 1958, 1793f., u. SHERWIN-WHITE 1966, 153f., die sich für Nerva aussprechen, u. dag. z.B. OTTO 1919, 30ff., der Trajan favorisiert).

369 Die systematische Gliederung nach πράξεις und ἀρεταί geht auf den Agesilaos Xenophons zurück (vgl. LEO 1901, 209ff.).

370 Vgl. Plin. ep. 2,7,1-3 u. ferner EGELHAAF-GAISER 2002, 128. Die der Ehrung zugrunde liegenden militärischen Erfolge Spurinnas gehörten jedoch wahrscheinlich nicht, wie von Plinius durch die unmittelbare Verknüpfung mit dem Verlust des Sohnes suggeriert, der näheren Vergangenheit an; vielmehr dürfte es sich bei der Errichtung der Triumphalstatue um eine nachträgliche Ehrung gehandelt haben (vgl. z.B. SHERWIN-WHITE 1966, 154f.; SYME 1991b, 544ff., u. GRAINGER 2003, 112).

371 Vgl. Plin. ep. 2,7,3-7. Plinius' Ausführungen zur Statue für Cottius weisen stark apologetischen Charakter auf, da angesichts der geringen Alters des Geehrten Kritik an dieser Aufstellung nicht ausgeblieben zu sein scheint oder von Plinius zumindest antizipiert wurde.

an dieser Stelle vermieden, auch formal hätte eine erneute Anlehnung an das Enko-
mium seinen eigenen Ansprüchen und denen seiner Leser wohl kaum genügt.

Statt dessen wählt er diesmal mit dem Bericht, den er von seinem Besuch bei dem
Porträtierten gibt, eine Präsentationsstrategie, die sich zwanglos aus der epistolographischen Form ergibt. Daß er aus der Wiedergabe eines aktuellen Ereignisses in einem zweiten Schritt eine allgemeine Würdigung der dargestellten Person hervorgehen
läßt, stellt dabei eine in seinen Porträtbriefen häufiger zu beobachtende Technik
dar.[372] Die Besonderheit des vorliegenden Briefes besteht demgegenüber darin, daß
Plinius bei der Charakterisierung des Porträtierten auf die Nacherzählung des Tagesablaufes zurückgreift, dessen Einhaltung Spurinna sich im Alter zur festen Gewohnheit gemacht hat.[373] Auf diese Weise gelingt es ihm, die in dem ersten sich mit seiner
Person beschäftigendem Schreiben ausgesparten *virtutes* in einer raffinierten und dem
Brief doch zugleich angemessenen Form zu präsentieren.[374] Eine Parallele für diese
narrative Präsentationstechnik bietet im übrigen der in der Nähe zu diesem Schreiben
plazierte Porträtbrief seines Onkels und Adoptivvaters, des älteren Plinius, in dem er
Wiedergabe des typischen Tagesablaufes eine ähnlich zentrale Rolle bei der Charakterisierung des Protagonisten zukommt.[375]

Daß sich die Anordnung der einzelnen Tätigkeiten Spurinnas beinahe dem Schema einer Stundentafel nähert, dient dabei nicht zuletzt dazu, den von ihm beachteten
Tagesablauf für den Leser kommensurabel zu machen.[376] Bereits diese Entscheidung
verweist auf die protreptische Intention des Briefes, zu der sich Plinius explizit zu Beginn und am Ende des Schreibens bekennt.[377] Wenn eine didaktische Zielsetzung dieser Art auch nicht an eine bestimmte literarische Gattung gebunden ist und beispielsweise auch das Enkomion eine protreptische Funktion für sich in Anspruch nahm,[378]
so mußte sich doch gerade für die Vermittlung eher privater Verhaltensweisen der
Brief in besonderer Weise anbieten. Dies kann vor allem die Tradition des philosophischen Lehrbriefes illustrieren, die Plinius in der Gestalt der *epistulae morales* Senecas

---

372 Vgl. z.B. Plin. ep. 1,12; 1,17; 2,1; 2,7; 4,17; 5,5; 5,14; 6,8; 6,26; 7,22; 8,18; 8,23 u. 9,22.
373 Vgl. Plin. ep. 3,1,3-9 u. ferner LEACH 2003, 161ff.
374 Vgl. HENDERSON 2002, 63f.: „Pliny will have known how well the routine of ‚A Day in the Life of …'
     suits epistolography."
375 Vgl. Pin. ep. 3,5,7-16.
376 Daß Plinius' detaillierte Schilderung als unterschwellige Kritik verstanden werden sollte, ist dagegen
     unwahrscheinlich (vgl. dag. GUNDEL 1958, 1795: „Aber auch gewisse Schattenseiten seines Wesens
     lassen sich aus den Pliniusepisteln herauslesen. So wird er uns hier beinahe als ein zopfiger Tiftler
     vorgeführt, wie es übrigens alte Offiziere nicht selten sind. Die Schilderung seines Alltagslebens auf
     seinem Landgut … mutet stellenweise wie die Verzerrung von IX 36 an.").
377 Vgl. Plin. ep. 3,1,1 u. 12.
378 Vgl. z.B. Isokr. or. 9,5.76-77 u. ferner SYKURTIS 1927, 33ff.

klar vor Augen gestanden haben dürfte.[379] Daß sich Plinius der Affinität von epistolographischer Form und protreptischer Intention bewußt war, zeigt sich nicht zuletzt
daran, daß er seinem Leser in diesem Schreiben den Briefcharakter besonders nachdrücklich in Erinnerung ruft. Hierzu dient der sehr persönlich gefärbte Auftakt des
Briefes mit einem Verb in der ersten Person an der Spitze[380] ebenso wie die starke
Betonung der eigenen Rolle im weiteren Geschehen[381] und die verstärkte Hinwendung zum Adressaten, die sich erneut vor allem im Schlußteil beobachten läßt.[382]

Abschließend läßt sich konstatieren, daß für den Porträtbrief des Vestricius Spurinna wie auch für denjenigen des Verginius Rufus kein beherrschender Einfluß durch
eine einzelne Gattung festgestellt werden kann. Es handelt sich vielmehr erneut um
eine von Plinius den individuellen Gegebenheiten seines Gegenstandes geschickt angepaßte Kombination verschiedener literarischer Einflüsse, unter denen allerdings den
genuin epistolographischen Faktoren hier eine wichtigere Rolle zukommt als im Falle
des Verginius Rufus. Dabei gelingt es Plinius, selbst der in einem Brief besonders
naheliegenden und daher vielleicht zunächst wenig reizvoll wirkenden Form eines Erlebnisberichtes überraschende Facetten abzugewinnen, indem er die Wiedergabe eines
typischen Tagesablauf des Porträtierten zu einem wirkungsvollen Medium der literarischen Darstellung von Personen werden läßt.

Wenn wir uns nun nach der formalen der inhaltlichen Seite dieses Porträtbriefes
zuwenden, so fällt zunächst die starke protreptische Komponente auf, die der Schilderung des Tagesablaufes, aber auch dem ganzen Schreiben innewohnt. Die Vorbildfunktion der vorgestellten Person geht auch aus Plinius' expliziten Aussagen hervor,
nach denen er Vestricius als ein Modell für die Gestaltung des Alters als erfüllter Mußezeit verstanden wissen will: *adeo quidem, ut neminem magis in senectute, si modo
senescere datum est, aemulari velim.*[383] Er geht sogar soweit, in der Schlußpassage
den Adressaten des Briefes zum Wächter darüber zu bestellen, daß er selbst sich an

---

379　Vgl. BÜTLER 1970, 92: „Mit dieser moralischen Didaktik, die, von konkreten Situationen ausgehend,
　　　aufs Allgemeine zielt und sich indirekt auch an ein weiteres Publikum wendet, stehen die Briefe den
　　　epistulae ad Lucilium des Seneca sehr nahe." Zur Tradition des philosophischen Lehrbriefes bei
　　　Seneca vgl. THRADE 1970, 65ff.; MAURACH 1991, 173ff.; HACHMANN 1995 u. SCHÖNEGG 1999, 47ff.

380　Vgl. Plin. ep. 3,1,1: *nescio, an ullum iucundius tempus exegerim, quam quo nuper apud Spurinnam
　　　fui.*

381　Vgl. v.a. Plin. ep. 3,1,5: *mox vehiculum ascendit, adsumit uxorem singularis exempli vel aliquem
　　　amicorum, ut me proxime.* Daß Plinius an diesen Stellen auch Selbstdarstellung betreibt und die Ge-
　　　legenheit nutzt, seine eigene Person unter die engen Freunde des prominenten Politikers einzureihen,
　　　wurde in jüngerer Zeit zu recht stark betont (vgl. LUDOLPH 1997, 194f., u. RADICKE 1997, 450).

382　Vgl. Plin. ep. 3,1,12 u. ferner 2,1,10-12.

383　Vgl. Plin. ep. 3,1,1: „... so sehr, daß ich niemanden in meinem Alter, wenn es mir nur gegeben sein
　　　wird, alt zu werden, nachahmen möchte."

sein Versprechen hält, Spurinna im eigenen Alter nachzuahmen, und sich macht damit
gleichsam selbst zum Zielpublikum seines Briefes.[384] Dennoch kann spätestens nach
der Publikation des Schreibens natürlich kein Zweifel mehr daran bestehen, daß Plinius sich mit diesem Brief nicht nur an sich selbst und an den Adressaten Calvisius
Rufus, sondern an die breitere Öffentlichkeit seiner Standesgenossen wendet, denen
ihre soziale Stellung und ihre ökonomische Ressourcen einen vergleichbaren Lebensstil im Alter erlaubten.[385]

Das in diesem Zusammenhang von Plinius beschworene Ideal einer *senectus otiosa* weist dabei zahlreiche Übereinstimmungen mit dem Programm für einen würde-
vollen Lebensabend auf, das Cicero in seiner Schrift *de senectute* entworfen und der
Figur des älteren Cato in den Mund gelegt hat.[386] Dies gilt unter anderem für die von
Plinius stark betonten körperlichen Übungen und verschiedenen geistigen Tätigkeiten
Spurinnas,[387] die er mit einer Wendung als Kampf gegen das Alter bezeichnet, die mit
großer Wahrscheinlichkeit auf eine Formulierung Ciceros zurückgeht.[388] Doch zeigen
sich andererseits auch signifikante Abweichungen von der ciceronianischen Konzeption, in der die literarischen Studien als angemessene Betätigung für das Alter zwar
durchaus eine Rolle spielen,[389] aber der politischen Aktivität[390] und vor allem der
Tätigkeit in der Landwirtschaft[391] deutlich untergeordnet bleiben. Für Spurinna bilden
dagegen die *studia* in Form von Literatur, die ihm zu verschiedenen festen Tageszei-
ten vorgelesen wird,[392] und von Gedichten, die er wie viele andere Standesgenossen
selbst verfaßt,[393] ein zentrales Element seines Tagesablaufes.

---

384 Vgl. Plin. ep. 3,1,12: *idque iam nunc apud te subsigno, ut, si me longius evehi videris, in ius voces ad
     hanc epistulam meam et quiescere iubeas, cum inertiae crimen effugero.*
385 Zum sozialgeschichtlichen Hintergrund des Alters in der römischen Kaiserzeit vgl. BRANDT 2002,
     157ff.; HARLOW / LAURENCE 2002, 117ff., u. PARKIN 2003.
386 Vgl. BRANDT 2002, 127ff.167ff.; HARLOW / LAURENCE 2002, 121ff., u. PARKIN 2003, 60ff.
387 Vgl. Plin. ep. 3,1,4-5.7-8 u. ferner PARKIN 2003, 73f. mit Anm. 71.
388 Vgl. Plin. ep. 3,1,8: *nam hoc quoque exercitationis genere pugnat cum senectute* u. ferner Cic. Cato
     35-36: *resistendum, Laeli et Scipio, senectuti est, eiusdem vitia diligentia compensanda sunt; pugnan-
     dum tamquam contra morbum sic contra senectutem, habenda ratio valetudinis, utendum exercitatio-
     nibus modicis, tantum cibi et potionis adhibendum, ut reficiantur vires, non opprimantur.*
389 Vgl. Cic. Cato 22-23.26.38 u. 49-50.
390 Vgl. Cic. Cato 15-20 u. 38.
391 Vgl. Cic. Cato 24-25.51-59.
392 Vgl. Plin. ep. 3,1,4-5.8 u. 9: *frequenter comoedis cena distinguitur, ut voluptates quoque studiis con-
     diantur.*
393 Vgl. Plin. ep. 3,1,7 u. ferner 5,17. Die in der Anthologia Latina unter seinem Namen überlieferten Ge-
     dichte werden mehrheitlich für eine Fälschung des Ersteditors aus dem 17. Jh., Kaspar von Barth, ge-
     halten (vgl. Anth. Lat. 918-21 sowie ferner GUNDEL 1958, 1797, u. SHERWIN-WHITE 1966, 208, dag.
     aber auch PIGHI 1944, der für ihre Echtheit eintritt).

Die Veränderungen gegenüber dem ciceronianischen Ideal treten dadurch noch schärfer hervor, daß sich aus den Aussagen in anderen Briefen die berechtigte Vermutung ableiten läßt, daß Plinius' *aemulatio* neben dem geregelten Tagesablauf, den er explizit erwähnt,[394] gerade auch den literarischen Studien Spurinnas gilt. Hier ist vor allem das Schreiben an Pomponius Bassus aufschlußreich, der sich nach einer erfolgreichen politischen Karriere ebenfalls im vorgerückten Alter zurückgezogen hat.[395] Plinius gratuliert ihm in diesem Brief zu der vorbildlichen Gestaltung seines mit literarischen Studien ausgefüllten *otium*.[396] In der Vorstellung einer idealen *senectus otiosa* läßt sich somit ein deutlicher Wandel zur Konzeption Ciceros und zur Zeit der späten Republik erkennen, der sich gut in den allgemeinen Rahmen der Herausbildung der Bildungskultur in der römischen Kaiserzeit fügt und nachdrücklich unterstreicht, in welcher Weise gesellschaftliche Entwicklungen im Medium des plinianischen Briefes verhandelt werden.[397]

Die Schilderung des Tagesablaufes wird von Plinius daher nicht zuletzt zu einem Aufruf zur *imitatio* des Vestricius Spurinna als *vir litteratus* genutzt. Andere Aspekte seiner Persönlichkeit, wie die in einem früheren Brief ausführlicher behandelte und hier in einem einzigen Halbsatz komprimierte politische Karriere,[398] werden dagegen in den Hintergrund gedrängt. Auf diese Weise wird die Figur Spurinnas zu einem bewußt konzipierten Gegenbild zur Figur des Verginius Rufus, den wir als die Verkörperung des traditionellen senatorischen Ideals der politischen Betätigung kennengelernt haben. Daß Plinius diese beiden Figuren bewußt als komplementär und als Vertreter der beiden zentralen Lebensentwürfe seiner Zeit gestaltet hat, geht vor allem daraus hervor, daß er nicht nur die politische Karriere Spurinnas in der Darstellung zurücktreten läßt, sondern daß er andererseits auch die literarischen Aktivitäten des Verginius in dessen Porträtbrief unerwähnt läßt, während er an anderer Stelle auch von ihm verfaßte Gedichte erwähnt.[399] Mit dem Verhältnis zwischen dem in der Figur des Vestricius Spurinna propagierten Ideals der literarischen Studien als Lebensinhalt

---

394 Vgl. Plin. ep. 3,1,2: *me autem ut certus siderum cursus sic vita hominum disposita delectat, senum praesertim* u. ferner HARLOW / LAURENCE 2002, 123f.

395 Pomponius Bassus bekleidete 94 n. Chr. den Suffektkonsulat und wurde später von Trajan mit militärischen Kommandos betraut (vgl. Plin. ep. 4,23,2 u. SHERWIN-WHITE 1966, 301f.).

396 Vgl. Plin. ep. 4,23,1: *magnam cepi voluptatem, cum ex communibus amicis cognovi te, ut sapientia tua dignum est, et disponere otium et ferre, habitare amoenissime et nunc terra, nunc mari corpus agitare, multum disputare, multum audire, multum lectitare, cumque plurimum scias, cottidie tamen aliquid addiscere* sowie ferner KRASSER 1996, 120f., u. LEACH 2003, 161.

397 Vgl. KRASSER 1996, 118ff., u. STEIN-HÖLKESKAMP 2003, 328ff.

398 Vgl. Plin. ep. 3,1,1: *nam ille quoque, quoad honestum fuit, obiit officia, gessit magistratus, provincias rexit multoque labore hoc otium meruit.*

399 Vgl. Plin. ep. 5,3,5.

der senatorischen Oberschicht und den von Verginius Rufus verkörperten traditionellen politisch-militärischen Aktivitäten beschäftigt sich Plinius auch an zahlreichen anderen Stellen seiner Briefsammlung.[400] Hierbei handelt es sich um eine der zentralen gesellschaftlichen Fragen der Zeit, die auch in zahlreichen anderen Texten wie beispielsweise dem taciteischen *dialogus de oratoribus* verhandelt wird.[401]

Ein wichtiger Aspekt dieser zeitgenössischen Diskussion läßt sich hier vielleicht darin greifen, daß Plinius im Zusammenhang mit der Schilderung von Spurinnas' *senectus otiosa* mehrfach betont, daß sein Lebenswandel von *antiquitas* geprägt sei[402] Denn die Vermutung liegt nahe, daß Plinius den Vorwurf, literarische Studien würden eine Form von *luxuria* und eine Abweichung von altrömischer Gesinnung darstellen, bereits im Vorfeld entkräften und deswegen auf eine explizite Verbindung Spurinnas mit dem *mos maiorum* auch in diesem Brief nicht verzichten wollte, obwohl dieser seinem Leser bereits aus dem vorangegangen Brief 2,7 als *vir vere Romanus* bekannt gewesen sein dürfte.[403]

Vor dem Hintergrund solcher, an der Wende zum 2. Jh. n. Chr. offenbar noch virulenter Vorbehalte gegen eine allzu einseitige Beschäftigung mit den *studia* und die damit einhergehende Vernachlässigung der traditionellen Aufgaben eines römischen Senators ist auch zu sehen, wenn Plinius seine *aemulatio* des von Spurinna nach seinem Rückzug von der politischen Bühne vorgelebten Ideals ebenfalls strikt auf das eigene Alter beschränkt: *hanc ego vitam voto et cogitatione praesumo, ingressus avidissime, ut primum ratio aetatis receptui canere permiserit.*[404] Zwar läßt er keinen Zweifel daran, daß ihm ein solcher Rückzug und eine Konzentration auf seine literarischen Aktivitäten auch bereits zuvor wünschenswert erscheint, er schließt einen solchen Schritt jedoch für sich aus, um sich nicht dem *crimen inertiae* auszusetzen.[405] Daß es sich bei dieser Denkkategorie um einen von Plinius verinnerlichten Wertmaßstab seiner gesellschaftlichen Schicht handelt, verdeutlicht ein gleichfalls in hohen Maße protreptischer Brief, in dem er Bruttius Praesens auffordert, die Mußezeit auf

---

400   Vgl. allg. BÜTLER 1970, 41ff.

401   Vgl. Tac. dial. 3-13; s.o. S. 12.

402   Vgl. Plin. ep. 3,1,6 u. 9 sowie ferner NIEMIRSKA-PLISZYŃSKA 1955, 93f.119ff.

403   Vgl. Plin. ep. 2,7,1-3 u. ferner STRUBE 1964, 186: „Es ist der Lebensinhalt eines ‚vir vere Romanus',
        der in den für den Römern so gefühlsstarken Wörtern ‚acies, castra, tubarum sonum, sudor, sanguis,
        facta' aufsteigt."

404   Vgl. Plin. ep. 3,1,11 („Ein solches Leben wünsche ich mir und male es mir bereits in meinen Gedan-
        ken aus; ich bin begierig es zu beginnen, sobald hinsichtlich des Alters der richtige Zeitpunkt gekom-
        men ist, um den Rückzug anzutreten.") u. ferner BÜTLER 1970, 52.

405   Vgl. Plin. ep. 3,1,12 u. ferner 4,23,4 sowie dag. LUDOLPH 1997, 80 Anm. 255: „In III 1 beschreibt
        Plinius den Tagesablauf des Spurinna, in IV 23 beglückwünscht er den Adressaten Pomponius Bassus
        zu seinem beschaulichen Lebenswandel; in beiden Briefen wird deutlich, daß Plinius deren Lebens-
        weise für vorbildlich hält – jedenfalls wenn man wie sie ein Greis ist und nicht mehr anders kann."

seinen Landgütern zu beenden und sich seinen politischen und gesellschaftlichen Verpflichtungen in Rom zu stellen.[406]

Plinius ruft Bruttius Praesens damit zur Erfüllung derjenigen *negotia* zurück, die er selbst zwar als Belastung empfindet und deren große Bedeutung in seinem Tagesablauf er zuweilen beklagt,[407] an deren Berechtigung für ihn aber vor dem Hintergrund des Wertehorizonts seines Standes keine grundlegenden Zweifel bestehen.[408] Um so wichtiger ist für ihn die Reflexion über eine Versöhnung der Lebensentwürfe des *vir vere Romanus* und des *vir litteratus*. Diese Frage berührt sich mit der im Rom seit der späten Republik intensiv geführten moralphilosophischen Diskussion über die Wahl zwischen der *vita activa* oder der *vita contemplativa*.[409] Doch trotz seiner programmatischen Bekenntnisse zur Erfüllung der standesgemäßen *officia* gibt Plinius keiner der beiden Konzeptionen den alleinigen Vorzug, sondern er spielt in verschiedenen Modellen die Möglichkeiten einer Abwägung zwischen den gesellschaftlichen Verpflichtungen und der Übernahme politischer Verantwortung auf der einen und der einem mit literarischen Studien erfüllten *otium* auf der anderen Seite durch.[410]

In diesem Kontext gewinnt auch das Porträt, das er von seinem Onkel und Adoptivvater gezeichnet und bei der Redaktion seiner Korrespondenz sicherlich nicht zufällig in der Nähe des Spurinnabriefes plaziert hat, seine Bedeutung.[411] Die gleichfalls

---

406 Vgl. Plin. ep. 7,3 sowie ferner BÜTLER 1970, 52f., u. LEACH 2003, 159f. Die wohl ohnehin eher kurze Auszeit, die sich Bruttius Praesens nach seiner Prätur gegönnt zu haben scheint, hat im übrigen seiner weiteren Karriere, die ihn noch zu zwei Konsulaten unter Hadrian und Antonius Pius führte, nicht geschadet (vgl. AE 1950, 66 u. ferner SHERWIN-WHITE 1966, 404 u. BIRLEY 2000a, 42). Weit verhaltener fällt allerdings die Kritik an Terentius Iunior aus, der sich gleichfalls in noch recht jungen Jahren von Politik zurückgezogen hatte (vgl. Plin. ep. 7,25 u. ferner USSANI 1970, 330).

407 Vgl. z.B. Plin. ep. 1,9; 1,10,9; 2,3,5; 2,8; 7,5; 7,15; 8,9 u. 9,2 sowie ferner BÜTLER 1970, 41ff.; HOFFER 1999, 111ff., u. LEACH 2003, 156ff.

408 Bei der Begründung der traditionellen *negotia* wird von Plinius unter anderem der Gedanke stark gemacht, daß der erfolgreiche Anwalt und Politiker in der Lage ist, seinen Verpflichtungen gegenüber seinen *amici* nachzukommen (vgl. GAZICH 2003, 124ff.).

409 Vgl. BÜTLER 1970, 51ff.

410 Zu ähnlichen Ergebnissen führt die Interpretation des Zyklus der an Caninius Rufus gerichteten Briefe vgl. HOFFER 1999, 29ff., u. EGELHAAF-GAISER 2002, 130ff. Zur Interpretation der plinianischen *otium*-Konzeption als Form des symbolischen Kapitals vgl. LEACH 2003.

411 Die Dichte an Porträtbriefen erreicht im dritten Buch mit knapp zwei Fünftel aller Schreiben ihren Spitzenwert, wobei sich allein unter den ersten sieben Schreiben fünf Porträtbriefe befinden (vgl. Plin. ep. 3,1; 3,2; 3,3; 3,5 u. 3,7 sowie ferner KRASSER 1996, 130f. mit Anm. 41: „Das dritte Buch möchte ich gerne als das Buch vom richtigen Leben bezeichnen, weil Plinius gerade in diesem Buch eine Reihe exemplarischer Formen richtigen und falschen Verhaltens aneinanderreiht und für sich selbst und die eigene Werttafel Position bezieht.", u. HENDERSON 2002, 43ff., der seine Behandlung des dritten

sehr detaillierten Informationen zum Tagesablauf des Porträtierten, die der Leser hier erhält, machen den älteren Plinius, dem es dank einer enormen Energieleistung gelingt, intensive literarische Studien mit einer erfolgreichen politischen Karriere zu verbinden, zu einem Modell für eine gleichsam ,synchrone' Lösung des Problems. Die Möglichkeit der Nachahmung dieses Modells schätzt der jüngere Plinius aber eher gering ein, da er den hierfür notwendigen Arbeitsaufwand als eine singuläre Einzelleistung empfindet, die in dieser Form nicht wiederholbar ist.[412] Daher favorisierte er offenbar eine ,diachrone' Lösung, die er an verschiedenen Stellen mit jeweils unterschiedlichen Akzentuierungen empfiehlt, die sich aber im Kern darauf reduzieren läßt, daß die *studia* solange den *officia* untergeordnet werden müssen, bis das vorgerückte Alter einen ehrenvollen *secessus* aus der Politik und die Verwirklichung des herbeigesehnten βίος θεωρητικός erlaubt.[413]

Im Kontext dieses Diskurses, der sicherlich nicht nur Plinius und Tacitus, sondern auch die Mehrzahl ihrer Standesgenossen beschäftigte, sollte das Briefporträt des Vestricius Spurinna gemeinsam mit dem des Verginius Rufus seine protreptische Wirkung entfalten. Dabei ging es Plinius weniger darum, mit den von ihm präsentierten Modellen definitive Verhaltensmaßregeln aufzustellen, wie schon durch die Existenz sich zum Teil widersprechender Konzeptionen nahegelegt wird, sondern vielmehr darum, anhand ausgewählter Personen exemplarische Möglichkeiten eines vor dem zeitgenössischen Hintergrund adäquaten Verhaltens aufzuzeigen. Daß sich Plinius für die Präsentation seiner Vorstellungen nicht der wesentlich autoritativeren Form des Enkomions, sondern der eher unverbindlichen Gattung des Briefes bedient, leistet noch einen zusätzlichen Beitrag dazu, ihn nicht zu sehr in die Rolle eines *praeceptor* zu rücken, die ihm sicherlich ebenso unangenehm gewesen wäre wie Vestricius Spurinna, der es offenbar verstand, den von ihm ausgeübten erzieherischen Einfluß seinen jüngeren Gäste nicht bewußt werden zu lassen.[414]

Das sich mit Vestricius Spurinna beschäftigende Schreiben enthält Plinius' deutlichstes Bekenntnis zur protreptischen Intention seiner Porträtbriefe. Und obwohl er

---

Buches unter die Überschrift „The Portrait Book" stellt und das Schreiben 3,6 als ein poetologisch verstandenes Selbstporträt des Autors auffaßt).

412 Vgl. Plin. ep. 3,5,7-19 sowie ferner KRASSER 1996, 129ff., u. HENDERSON 2002, 69ff.

413 Vgl. v.a. Plin. ep. 4,23,2-4: *ita senescere oportet virum, qui magistratus amplissimos gesserit, exercitus rexerit totumque se rei publicae, quamdiu decebat, obtulerit.* (3) *nam et prima vitae tempora et media patriae, extrema nobis impertire debemus, ut ipsae leges monent, quae maiorem annis otio reddunt.* (4) *quando mihi licebit, quando per aetatem honestum erit imitari istud pulcherrimae quietis exemplum? quando secessus mei non desidiae nomen, sed tranquillitatis accipiet?* sowie ferner z.B. BÜTLER 1970, 51f.; STEINMETZ 1982, 114f., u. COVA 1966, 116f.

414 Vgl. Plin. ep. 3,1,6: *quibus praeceptis imbuare! quamvis ille hoc temperamentum modestiae suae indixerit, ne praecipere videatur* u. ferner Plin. ep. 1,10,7; s.u. S. 135f.

auf die kommemorative Funktion dieser Briefgruppe hier nicht explizit zu sprechen kommt, ist es gleichwohl legitim, eine solche auch für seine Darstellung Spurinnas anzunehmen. Diese Vermutung findet ihre Bestätigung in einem weiteren Brief, dem zehnten des dritten Buches, der an Spurinna und seine Frau Cottia gerichtet ist und gemeinsam mit den beiden bisher besprochenen Schreiben 2,7 und 3,1 eine Art Triptychon zur Darstellung Spurinnas und seiner engsten Familie bildet.[415] Nachdem Plinius gleich zu Beginn durch den expliziten Verweis auf seinen Besuch bei Spurinna einen engen Bezug zu dem eigentlichen Porträtbrief hergestellt hat,[416] findet hier eine prononcierte Auseinandersetzung gerade mit der kommemorativen Eignung von Literatur statt. Denn Plinius' Äußerungen beziehen sich zwar formal nur auf die Schrift, die er über Spurinnas Sohn Cottius verfaßt hat, ihr programmatischer Charakter macht es aber überaus wahrscheinlich, daß er diese zugleich auch auf seine Briefsammlung bezogen wissen wollte.[417]

Bei dem Brief an Spurinna und seine Frau Cottia handelt es sich formal um eines der in der plinianischen Korrespondenz häufiger anzutreffenden Begleitschreiben, in denen Plinius kurz auf die einem Freund zur korrigierenden Durchsicht zugeschickten Manuskripte eingeht. Durch ihre Aufnahme in die publizierte Sammlung werden diese Schreiben zu einer Art auktorialen Paratext der betreffenden Werke, die jedoch mit der Ausnahme des Panegyricus allesamt nicht überliefert sind.[418] In diesem Fall handelt es sich um die *libri de Cottio*, eine biographische Schrift, die Plinius über Cottius, den jung verstorbenen Sohn der beiden, verfaßt hat und die er dessen Eltern nun auf deren ausdrücklichen Wunsch zusendet.[419]

Obwohl er einen Teil des Werkes bereits im Rahmen einer Rezitation vorgetragen hatte, beabsichtigte er offenbar eine grundlegende Umarbeitung und eine signifikante Erweiterung, nach deren Abschluß die Schrift mehrere Bände umfassen sollte.[420] Plinius fordert Spurinna und seine Frau nun auf, ihn bei dieser Arbeit trotz ihres großen Schmerzes zu unterstützen.[421] Zu diesem Zweck geht er näher auf die für sie mit der fertiggestellten Schrift verbundenen Vorteile ein, die aus seiner Perspektive im we-

---

415 Vgl. Plin. ep. 3,10.

416 Vgl. Plin. ep. 3,10,1 u. ferner zur Identifikation des Besuches mit dem zuvor geschilderten SHERWIN-WHITE 1966, 239. Diese Inszenierung von Nähe zum *consul ter* Spurinna dient nicht zuletzt der plinianischen Selbstdarstellung (vgl. RADICKE 1997, 454, u. HENDERSON 2002, 129f.).

417 Vgl. RADICKE 1997, 454f.462f.

418 Vgl. z.B. Plin. ep. 1,2; 1,8; 2,5; 3,13; 3,18; 7,20 u. 8,7 sowie ferner MORELLO 2003, 196ff. u. MAYER 2003, 229ff., v.a. 230: „Pliny becomes, in effect, a sort of commentator, his own Asconius."

419 Vgl. Plin. ep. 3,10,1-2. Der Brief beginnt mit einer ausführlicheren Rechtfertigung, da Plinius seine dem Besuch bei Spurinna zeitlich vorangehende Rezitation der Schrift nicht erwähnt hatte.

420 Vgl. Plin. ep 3,10,3.

421 Vgl. Plin. ep. 3,10,4-5.

sentlichen in der *memoria* ihres verstorbenen Sohnes bestehen,[422] und parallelisiert in einem ausführlichen Vergleich seine Rolle mit der eines Bildhauers:

> *ut scalptorem, ut pictorem, qui filii vestri imaginem faceret, admoneretis, quid exprimere quid emendare deberet, ita me quoque formate, regite, qui non fragilem et caducem, sed immortalem, ut vos putatis, effigiem conor effigere: quae hoc diuturnior erit, quo verior, melior, absolutior fuerit.*[423]

Der Vergleich des Bildhauers mit dem Schriftsteller[424] dient in der von Plinius verwendeten Form der Aufwertung des letzteren, der zum Sieger in der ‚Konkurrenz der Künste' erklärt wird.[425] Diese Argumentationsfigur kann in der enkomiastischen Literatur der Antike auf eine lange Tradition zurückblicken, die sich bis zu Isokrates[426] und Pindar[427] zurückverfolgen läßt. Aus der von Plinius hier vorgenommenen Parallelisierung erhalten wir aber nicht nur wichtige Informationen zum Charakter seiner verlorenen Schrift *de Cottio*, bei der es sich je nach dem von Plinius gewählten Schwerpunkt entweder eine enkomiastische Form der Biographie oder eine Weiterentwicklung der *exitus illustrium virorum*-Literatur gehandelt haben wird,[428] sondern auch zur Intention der von ihm veröffentlichten Briefsammlung. Denn daß es bei ihrer Abfassung zu seinen zentralen Anliegen gehörte, eine *effigies immortalis* der in ihr

---

422 Bereits bei der Kommentierung der für Cottius errichteten Statue läuft Plinius' Argumentation auf den Gedanken zu, daß ihre Plazierung an einem *locus celeberrimus* einen wichtigen Beitrag zur *gloria* des Toten leistet (vgl. Plin. ep. 2,7,6-7). Daß der Verstorbene sich des Gedenkens der Nachwelt gewiß sein kann, stellt auch sonst für Plinius das zentrale konsolatorische Argument dar (vgl. z.B. Plin. ep. 9,9 u. ferner GNILKA 1973, v.a. 118).

423 Vgl. Plin.ep. 3,10,6: („Wie ihr einen Bildhauer oder einen Maler, der ein Bild eures Sohnes anfertigen soll, darauf aufmerksam machen würdet, was er zum Ausdruck bringen und was er verbessern müßte, so sollt ihr auch mich leiten und lenken, der kein zerbrechliches und vergängliches, sondern, wie ihr glaubt, ein unsterbliches Bild zu schaffen versucht: Dieses wird um so langlebiger sein, je wahrer, besser und vollendeter sein wird.") u. ferner Plin. ep. 7,33,2 mit LEACH 1990, 16ff.

424 Zu Plinius' Äußerungen über Kunstwerke als metaphorische Ebene der Reflexion über sein eigenes literarisches Schaffen vgl. HENDERSON 2002, v.a. 7ff., u. ferner z.B. RADICKE 2003, 29ff.

425 Vgl. ferner Plin. paneg. 55,6-11 mit EGELHAAF-GAISER 2002, 113f.

426 Vgl. v.a. Isokr. or. 9,1-4.73-75 u. ferner z.B. Cic. fam. 5,12,7: *atque illi artifices corporis simulacra ignotis nota faciebant, quae vel si nulla sint. nihilo sint tamen obscuriores clari viri ... unus enim Xenophontis libellus in eo rege* [i.e. Agesilaos] *laudando facile omnis imagines omnium statuasque superavit.*

427 Vgl. v.a. Pind. N. 5,1 sowie ferner z.B. Prop. 3,2,12-26; Hor. c. 3,30,1; Ov. met. 15,871-879 u. Stat. silv. 5,1,1-15.

428 Vgl. BARDON 1968, 207, der auf die Nähe dieser Schrift zur von Plinius scharf kritisierten Biographie, die Regulus über seinen im Alter von drei Jahren verstorbenen Sohn verfaßt hat (vgl. Plin. ep. 4,7), verweist. Allerdings hatte Cottius bereits erste politische Ämter bekleidet, möglicherweise sogar die Prätur (vgl. SHERWIN-WHITE 1966, 155).

dargestellten Personen hervorzubringen,[429] ergibt sich bereits aus seinem Bekenntnis zur Haltung des *claros viros colere*, wie wir sie im Zusammenhang seiner Äußerungen über die Geschichtsschreibung bereits kennengelernt haben.[430]

Eine kommemorative Intention ist innerhalb seiner Sammlung natürlich in erster Linie für die Porträtbriefe anzunehmen, und möglicherweise wollte Plinius gerade deren Wahrnehmung durch die programmatische Beschreibung der Funktion von Statuen gezielt lenken. Hierfür liefert neben dem Schreiben an Spurinna und seine Frau der oben bereits besprochene Brief 2,7 ein gutes Beispiel, da Plinius auch dort die Wirkung der für Cottius errichteten Statue thematisiert und ihr Leistungspotential in drei Punkten umreißt: *quo quidem honore, quantum ego interpretor, non modo defuncti memoriae, dolori patris, verum etiam exemplo prospectum est.*[431] Die Vermutung, daß Plinius die paränetische Funktion einer Statue nicht nur auf dieses Schreiben, sondern auf alle Porträtbriefe übertragen wissen wollte, wird darüber hinaus durch die Funktionsbestimmung erhärtet, die Plinius von seiner *gratiarum actio* auf Trajan gibt:

> *primum ut imperatori nostro virtutes suae veris laudibus commendarentur, deinde ut futuri principes non quasi a magistro, sed tamen sub exemplo praemonerentur.*[432]

Gerade die beiden letzten Selbstaussagen können eindrucksvoll verdeutlichen, daß die Kommemoration der dargestellten Personen und der protreptische Aufruf zur Nachahmung der als vorbildlich empfundenen Verhaltensweisen für ihn nicht nur gleichermaßen zentral sind, sondern daß beide Intentionen zudem Hand in Hand gehen können.

Plinius' Verwendung von Personen zur Illustration von Verhaltensformen basiert dabei naturgemäß auf der römischen *exempla*-Tradition[433] und gerade die Wirkung der Porträts von Verginius Rufus und Vestricius Spurinna wird nicht zuletzt auf der

---

429 Zur kommemorativen Funktion des Bildes eines Verstorbenen vgl. HÄUSLE 1980, v.a. 64ff.92ff.

430 S.o. S. 79ff.

431 Vgl. Plin. ep. 2,7,5: („Meiner Meinung nach wurde mit dieser Ehrung nicht nur für das Andenken des Verstorbenen gesorgt und der Schmerz des Vaters berücksichtigt, sondern es wurde auch ein glänzendes Beispiel aufgestellt.") u. ferner LEACH 1990, 21: „The reproduction of physical appearance is not the chief value of statuary, but serves as a pointer in a sign system whose field of reverence is not so much the individual person as his meaning within a structure of social values. This meaning is didactic for the observer."

432 Vgl. Plin. ep. 3,18,2 („Erstens, damit unserem Kaiser seine Tugenden durch aufrichtiges Lob ans Herz gelegt werden, und zweitens, damit zukünftige Herrscher nicht gleichsam von einem Lehrmeister, sondern durch ein gutes Beispiel dazu angehalten werden, auf welche Weise sie am ehesten nach vergleichbarem Ruhm streben können.")

433 Vgl. BÜTLER 1970, 90ff., u. TRISOGLIO 1972, 125ff.; zum allgemeinen Zusammenhang von *exempla*-Tradition und Personenwahrnehmung s.o. S. 3f.

mit den beiden *summi viri* verbundenen *auctoritas* beruht haben.[434] Doch Plinius geht über dieses traditionelle Konzept in mehrfacher Hinsicht hinaus: zum einen inhaltlich, indem er sich nicht mit dem überlieferten *exempla*-Bestand der großen Gestalten aus der Zeit der römischen Republik begnügt, sondern in seinen Porträtbriefen dezidiert auch Zeitgenossen als Modelle auswählt und damit neue *exempla* schafft.[435] Zum anderen betritt er in der Art der Präsentation Neuland, indem er traditionelle Formen mit der Gattung des Briefes verbindet und auf diese Weise den gesteigerten ästhetischen Ansprüchen seiner Leser gerecht wird. Schließlich unterscheidet er sich auch dadurch republikanischen von *exempla*-Tradition, daß er die Modellfunktion unmittelbar mit der kommemorativen Intention seiner Briefe verbindet und damit der in seiner Zeit weit verbreiteten Haltung des *claros viros colere* einen starken protreptischen Impuls gibt.

Der Porträtbrief des Vestricius Spurinna liefert daher einerseits ein gutes Beispiel für die literarisch anspruchsvolle und anspielungsreiche Form der plinianischen Personendarstellung, die sich zudem, wie im Vergleich mit zwei inhaltlich benachbarten Schreiben deutlich wurde, nicht auf den Einzelbrief beschränken muß, sondern auch andere Stücke der Sammlung miteinbeziehen kann. Diese Form des komplementären Erzählens hatten wir bereits im Zusammenhang mit Verginius Rufus als einen entscheidenden und von Plinius bewußt genutzten Vorzug des Mediums einer Briefsammlung kennengelernt.[436] Während jedoch die beiden sich mit dem Grabmal des Verginius beschäftigenden Schreiben eher den Charakter von Appendizes hatten, haben wir in diesem Fall die kunstvolle Komposition eines Triptychons vor uns, dessen einzelne Elemente vielfach aufeinander bezogen sind und sich inhaltlich gezielt ergänzen.

Von dieser Technik, eine Person durch eine Folge kleinerer, formal abgeschlossener, aber gleichwohl in Bezug zueinander stehender Einheiten darzustellen, macht Plinius außer in den beiden besprochenen Beispielen auch im Falle des Corellius Rufus,

---

434 Die traditionelle Wahrnehmung der *summi viri* als *exempla* zeigt sich bei Plinius vor allem in seiner möglicherweise von Sallust beeinflußten Beschreibung der Funktion der *imagines maiorum*, die er in einem weiteren an Spurinna gerichteten Brief vorgenommen hat (vgl. Plin. ep. 5,17,6 sowie ferner Sall. Iug. 4,5-6 mit Ussani 1970, 333).

435 Vgl. Gazich 2003, v.a. 131: „Due sono le linee attraverso le quali Plinio perseque la restaurazione della sequenza esemplare: la prima consiste nel rimettere in circolazione i modelli e i valori del passato, in modo che si ripristini la catena interrotta: un' azione di restauro, che egli realizza in veste di *reductor* di *mores intermissi*. La seconda via, più creativa e dinamica, consiste nel constituire nuovi anelli da aggiungere alla catena di *exempla* che dal passato discende: *facta* e *dicta*, propi e altrui, ...“ u. s.o. S. 95ff.

436 S.o. 89ff.

eines weiteren großen alten Mannes der römischen Politik,[437] und im sogenannten Regulus-Zyklus Gebrauch, wobei der Protagonist des letzteren allerdings eindeutig negativ charakterisiert wird.[438] Indem Plinius zur Charakterisierung einiger seiner Figuren auf die Verbindung mehrerer abgeschlossener Einheiten zurückgreift, zeigt sich im übrigen auch eine gewisse Nähe der Personendarstellungen innerhalb seiner Briefsammlung zu den von Gellius in seinem Miszellanwerk angewandten Präsentationsstrategien, mit denen sich das nächste Kapitel beschäftigen wird.[439]

Doch Plinius macht sich das komplementäre Verhältnis einzelner Schreiben nicht nur auf der Ebene der Darstellung einer Einzelperson zu nutze, sondern verwendet die Inszenierung ganz unterschiedlicher, aber aufeinander bezogener Modellfiguren innerhalb seiner gesamten Korrespondenz zugleich dazu, ein vielschichtiges und nuancenreiches Bild einer gesellschaftlichen Debatte zu zeichnen, die in der römischen Oberschicht seiner Zeit intensiv geführt wurde. Daß dem komplexen Charakter dieser Diskussion einfache Antworten nicht gerecht werden konnten und zu ihrer literarischen Wiedergabe daher zwangsläufig elaboriertere Darstellungsformen erforderlich waren, kann vielleicht am eindrücklichsten ein erneuter Hinweis auf den taciteischen *dialogus de oratoribus* verdeutlichen, in dem die Lösung des diskutierten Problems in ähnlicher Weise bereits durch die Wahl des Dialoges als Gattung in der Schwebe gehalten wird.

c) Die Fremdheit als Freiheit: Euphrates (1,10) und Isaios (2,3)

Nachdem sich die Untersuchung bislang auf die Darstellung zweier Standesgenossen des Autors wie auch wahrscheinlich des Großteils seines Zielpublikums konzentriert hat, scheint es gerade vor dem Hintergrund der zeitgenössischen Debatte, welches Verhältnis traditionelle *negotia* und literarische *studia* in den Aktivitäten eines römischen Senators einnehmen sollen, nun sinnvoll, abschließend kurz die Porträts zweier intellektueller ‚professionals' in den Blick zu nehmen, bei denen es sich in beiden Fällen bezeichnender Weise um Nichtrömer handelt.[440] Die Schilderungen, die Plinius von der Wirkung und der Persönlichkeit des Philosophen Euphrates und des Rhetors

---

437 Vgl. Plin. ep. 1,12 u. 4,17.

438 Vgl. v.a. Plin. ep. 1,5; 2,20; 4,2 u. 4,7 sowie ferner 6,2,1-4.

439 S.u. S. 191 ff.

440 Zur sozialen Zusammensetzung des Kreises der von Plinius porträtierten Personen allg. s.o. S. 71 ff. Zu den beiden hier behandelten Nichtrömern, die von Plinius einer ausführlichen Darstellung gewürdigt werden, tritt noch der Philosoph Artemidor, dessen Charakterisierung an vielen Stellen Parallelen bietet (vgl. Plin. ep. 3,11).

Isaios gibt, gewähren dabei zugleich einen interessanten Blick auf die sich formieren-
de Bewegung der Zweiten Sophistik aus einer stadtrömischen Perspektive.[441] Da aufgrund zahlreicher inhaltlicher und formaler Analogien davon ausgegangen werden
kann, daß Plinius die beiden Briefe bewußt als Pendants zueinander konzipiert hat,[442]
stellt es eine legitime Vorgehensweise dar, die beiden Schreiben auch in ihrer Interpretation eng aufeinander zu beziehen. Wegen der Berührungspunkte zum zuletzt besprochenen Briefporträt des Vestricius Spurinna bietet es sich ferner an, entgegen der
Leserichtung in der veröffentlichten Korrespondenz mit der Besprechung der Darstellung des Isaios zu beginnen.[443]

Den aktuellen Anlaß für diesen Brief, den Plinius an einen nur mit seinem *cognomen* bezeichneten Nepos gerichtet hat,[444] lieferte der Aufenthalt des griechischen
Redners Isaios in Rom,[445] der sich an der Wende vom 1. zum 2. Jh. n. Chr. offenbar
großer Bekanntheit erfreute[446] und in der Hauptstadt des Reiches eine Reihe vermutlich gut besuchter Vorträge hielt.[447] Von der formalen Seite betrachtet, zerfällt der
Brief, nachdem das ihm zugrunde liegende aktuelle Ereignis von Plinius im Einleitungssatz nur sehr knapp rekapituliert wurde, in zwei, allerdings geschickt miteinander verbundene Teile, von denen der erste dem Lobpreis der rhetorischen Kunst des
Isaios gilt[448] und der zweite die Aufforderung an den Adressaten enthält, sich nach
Rom zu begeben, um sich die Gelegenheit nicht entgehen zu lassen, einem der Auf-

---

441 Die beiden Briefe haben unter diese Fragestellung bislang nicht die ihnen gebührende Aufmerksamkeit gefunden (vgl. aber FLAIG 2002, 127ff., zu Brief 1,10).

442 Vgl. z.B. GRIMAL 1955 u. GAMBERINI 1983, 288f.

443 Ob die Anordnung der beiden Schreiben auch eine Aussage zu ihrer relativen Datierung impliziert,
läßt sich aufgrund der fehlenden Anhaltspunkte zur Abfassungszeit des Briefes 2,3 nicht verifizieren,
ist aber denkbar (vgl. SHERWIN-WHITE 1966, 28ff.). Für Brief 1,10 kann von einer Entstehung 98 n.
Chr. ausgegangen werden, da die Verpflichtungen, die Plinius von einem längeren Aufenthalt bei
Euphrates abhalten, wahrscheinlich aus der von ihm in diesem Jahr bekleideten *praefectura aerarii
Saturni* resultierten (vgl. SHERWIN-WHITE 1966, 108ff., u. dag. GRIMAL 1955, 376ff., der für eine Datierung Ende 96 oder Anfang 97 eintritt).

444 Der Index des *codex Beluacensis* enthält bei einem anderen in den Handschriften nur an Nepos adressierten Schreiben (Plin. ep. 4,26) zusätzlich die Angabe des sonst weitgehend unbekannten *nomen
gentile* Maecilius, bei dem es sich möglicherweise um eine Verschreibung für Metilius handelt (vgl.
SHERWIN-WHITE 1966, 146f., u. SYME 2000a, 71f.).

445 Philostrat bezeichnet ihn als ὁ σοφιστὴς ὁ Ἀσσύριος, und die Vermutung liegt nahe, darin einen Hinweis auf seine geographische Herkunft zu erblicken (vgl. Philostr. soph. 1,20,1 u. SHERWIN-WHITE
1966, 147f., u. WEISSENBERGER 1998).

446 Vgl. Plin. ep. 2,3,1: *magna Isaeum fama praecesserat, maior inventus est* u. ferner Iuv. 3,74.

447 Zu Ablauf und Bedeutung der Auftritte der ‚Konzertredner' der Zweiten Sophistik vgl. ANDERSON
1993, 47ff.; SCHMITZ 1997, 198ff., u. KORENJAK 2000, 20ff.

448 Vgl. Plin. ep. 2,3,1-6.

tritte des Isaios beizuwohnen.[449] Durch die hier relativ strikt durchgeführte Trennung treten die beiden zentralen Motive der Kommemoration und der Protreptik in diesem Porträtbrief besonders markant hervor, wenn sich auch der Charakter der letzteren in diesem Fall verändert hat, wie folgenden gezeigt werden soll.

Für den ersten Teil des Briefes drängt sich als Vergleichshorizont erneut das Enkomion auf, da Plinius im folgenden eine ausführliche und zumindest grosso modo nach Rubriken gegliederte Würdigung von Isaios' Fertigkeiten gibt. Zu diesem Zweck behandelt er nach einer allgemeinen Eröffnung, in der er konstatiert, daß Isaios' Auftritte seinen Ruhm noch überträfen, und die zentralen Schlagworte der folgenden Ausführungen schon einmal vorab benennt,[450] zunächst seinen erlesenen Stil,[451] dann seine Fähigkeit zur improvisierten Behandlung beliebiger, vom Publikum vorgegebener Themen[452] und schließlich seine vorbildliche Gliederung und Argumentation.[453] Die gegen Ende dieses Abschnittes wieder aufgegriffene Bewunderung seiner Extemporationskünste leitet bereits zur allgemeinen Schilderung der Persönlichkeit über. Denn seine *incredibilis memoria* verdankt er dem Umstand, daß er *diebus et noctibus nihil aliud agit, nihil audit, nihil loquitur.*[454]

Auf den Umstand, daß der inzwischen über 60jährige Isaios *adhuc scholasticus tantum est* und seinen literarischen Studien nachgehen kann, ohne sich den *negotia* eines römischen Senators widmen zu müssen, geht Plinius im folgenden ausführlicher ein.[455] Daß er die von dem griechischen Rhetor verkörperte Lebensform in den höchsten Tönen preist und ihn im Fazit des enkomiastischen ersten Teils des Briefes sogar als *beatissimus* bezeichnet,[456] ist durchaus ernstgemeint, und es besteht vor dem Hintergrund des bisher Gesagten auch kein Anlaß, hier nach unterschwelliger Gering-

---

449 Vgl. Plin. ep. 2,3,7-11.

450 Vgl. Plin. ep. 2,3,1: *magna Isaeum fama praecesserat, maior inventus est. summa est facultas, copia, ubertas; dicit semper ex tempore, sed tamquam diu scripserit.*

451 Vgl. Plin. ep. 2,3,1. Plinius hebt vor allem den *sermo Graecus, immo Atticus* hervor, mit dem er Isaios als einen frühen Vertreter des attizistischen Stilideals charakterisiert (vgl. z.B. ANDERSON 1993, 20).

452 Vgl. Plin. ep. 2,3,2 u. dag. Philostr. soph. 1,20,3: τὰς δὲ μελέτας οὐκ αὐτοσχεδίους ἐποιεῖτο, ἀλλ' ἐπεσκεμμένος τὸν ἐξ ἕω ἐς μεσημβρίαν καιρόν.

453 Vgl. Plin.ep. 2,3,3. Plinius verwendet für einige der rhetorischen *termini* hier wie auch in anderen Briefen griechische Ausdrücke, vielleicht in Anschluß an seinen Lehrer Quintilian (vgl. NIEMIRSKA-PLISZYŃSKA 1955, 49 u. CUGUSI 1983, 86f.).

454 Vgl. Plin. ep. 2,3,4: „Denn Tag und Nacht macht er nichts anderes, hört er nichts anderes und spricht von nichts anderem.".

455 Vgl. Plin. ep. 2,3,5-7. Zu den von Plinius mehrfach geäußerten Klagen über die zeitliche Belastung durch seine verschiedenen *officia* s.o. S. 123.

456 Vgl. Plin. ep. 2,3,7: *quare ego Isaeum non disertissimum tantum, verum etiam beatissimum iudico.*

schätzung oder versteckter Ironie zu suchen.[457] Doch die von Plinius artikulierte Bewunderung für die Lebensform des intellektuellen ‚professional' sollte nicht mit der Bereitschaft verwechselt werden, um ihretwillen auf die Möglichkeiten der *vita activa* zur politischen Betätigung in den höchsten Ämtern des Reiches zu verzichten, die sich für ihn aus der Zugehörigkeit zur römischen Oberschicht ergeben. Diese auch für den sich anschließenden adhortativen Abschnitt wichtige Einschränkung wird vor allem in der an den Porträtbrief des Vestricius Spurinna erinnernden Bemerkung deutlich, daß das hier vorgestellte Modell seine Attraktivität vor allem im Alter entfalte.[458]

Unmittelbar nach der Bezeichnung des Isaios als *beatissimus* erfolgt der Übergang zum zweiten Teil des Schreibens, den Plinius mit einer sprichwörtlichen Redensart markiert, deren Verwendung zugleich den Briefcharakter in Erinnerung ruft: *quem tu nisi cognoscere concupiscis, saxeus ferreusque es.*[459] Allerdings richtet sich Plinius' Protreptik im folgenden nicht auf die Nachahmung eines Modells in seiner Gesamtheit, sondern konzentriert sich auf die Aufforderung an den Adressaten, Zeuge eines der Auftritte des gefeierten Redners zu werden.[460] Hierin besteht hinsichtlich der dem Porträtierten beigelegten Modellfunktion ein entscheidender Unterschied dieses Briefes zu den Porträts des Verginius Rufus und des Vestricius Spurinna. Denn bei diesen handelt es sich wie bei Plinius selbst und wahrscheinlich auch bei Nepos, dem Adressaten dieses Briefes,[461] um politisch tätige Angehörige der römischen Oberschicht, für die daher die von Isaios verkörperte Lebensform erst *in senectute* in Frage kommen konnte.

Während Plinius' paränetisches Anliegen in diesem Brief also in seiner inhaltlichen Dimension gewissermaßen zurückgenommen ist, so wird es doch in einer um so elaborierteren Form vorgetragen. Denn auf die von Plinius noch einmal im Imperativ wiederholte Aufforderung an den Adressaten, nach Rom zu kommen, die als πϱόθεσις gelten kann, folgt zunächst als *confirmatio* die Anekdote eines Mannes aus dem spanischen Gades, der die weite Reise nach Rom nur angetreten hatte, um einmal den

457 Vgl. z.B. HÖMKE 2002, 79f., u. dag. z.B. ANDERSON 1993, 20.

458 Vgl. Plin. ep. 2,3,6: *schola et auditorium et ficta causa res inermis, innoxia est nec minus felix, senibus praesertim. nam quid in senectute felicius, quam quod dulcissimum est in iuventa?*

459 Vgl. Plin.ep. 2,3,7: „Wenn Du nicht danach brennst, ihn kennenzulernen, bist Du aus Stein und Eisen." u. ferner OTTO 1962 [1890], 134.

460 Zur soziokulturellen Zusammensetzung des Publikums solcher Vorträge in der griechischen Reichshälfte vgl. SCHMITZ 1997, 160ff., u. KORENJAK 2000, 41ff.

461 Unabhängig von den Schwierigkeiten der Identifizierung (s.o. S. 130 Anm. 444), ergibt sich aus einem weiteren wohl an den gleichen Nepos adressierten Brief, daß dieser hohe Ämter in der Provinzverwaltung bekleidet hat (vgl. Plin. ep. 4,26,2 u. SHERWIN-WHITE 1966, 147f., u. SYME 2000a, 71f.).

Historiker Livius zu sehen.[462] Daran schließt sich die *confutatio* an, in der Plinius den fingierten Einwand des Adressaten, er rezipiere Reden lieber in schriftlicher Form, einmal abstrakt[463] und dann noch einmal mit einer weiteren Anekdote widerlegt. Dabei handelt es sich um ein Apophthegma des Aeschines, in dem dieser nachdrücklich betont, daß auch die Reden des Demosthenes ihre volle Wirkung erst entfalten haben, wenn sie von ihm selbst vorgetragen wurden.[464] *Quae omnia huc tendunt, ut audias Isaeum, vel ideo tantum, ut audieris. vale!*[465] lautet schließlich die *conclusio* dieser aufwendig gestalteten Passage, die sich damit als eine Art Suasorie en miniature erweist, zumindest aber deutliche Anklänge an die Struktur der Gattung erkennen läßt, wie sie von Quintilian beschrieben wurde.[466]

Dennoch wird der Briefcharakter nicht nur in der Schlußformel ‚*vale!*‘, sondern beispielsweise auch durch den unmittelbaren Bezug auf den Adressaten im Schlußteil gewahrt. Indem Plinius in diesem Schreiben gleichermaßen auf das rhetorische Muster des Enkomions wie auf dasjenige der Suasorie rekurriert, gelingt es ihm, seiner Aufforderung, dem Auftritt eines gefeierten Rhetors beizuwohnen, die passende literarische Form zu geben, die nicht nur Nepos als ursprünglicher Empfänger dieses Schreibens, sondern auch die durch die Publikation erweiterte Leserschaft zu goutieren gewußt haben wird. Gerade mit Blick auf die zweiten Gruppe der Rezipienten, für die naturgemäß der unmittelbare Appellcharakter keine Rolle mehr spielen konnte, wird der Brief darüber hinaus zu einer geschickt und anspruchsvoll gestalteten Würdigung des Isaios, da seine Bedeutung sowohl aus dem enkomiastischen ersten Teil wie auch aus der Dringlichkeit der von Plinius im zweiten Teil vorgetragenen Paränese deutlich hervorgeht.

Das Briefporträt des Euphrates, eines Philosophen aus dem syrischen Tyros,[467] das Plinius mit einer vergleichbaren Zielsetzung an den ebenfalls nicht weiter bekannten Attius Clemens versandt hat,[468] zerfällt ebenfalls in zwei etwa gleich lange Teile

---

462 Vgl. Plin. ep. 2,3,8: *numquamne legisti Gaditanum quendam Titi Livi nomine gloriaque commotum ad visendum eum ab ultimo terrarum orbe venisse statimque, ut viderat, abisse?*

463 Vgl. Plin. ep. 2,3,9.

464 Vgl. Plin. ep. 2,3,10: *nisi vero falsum putamus illud Aeschinis, qui cum legisset Rhodiis orationem Demosthenis admirantibus cunctis adiecisse fertur:* τί δέ, εἰ αὐτοῦ τοῦ θηρίου ἠκούσατε; *et erat Aeschines, si Demostheni credimus,* λαμπροφωνότατος. Die Anekdote erfreute sich großer Beliebtheit: vgl. z.B. Cic. de or. 3,213; Plin. n.h. 7,110; Quint. inst. 11,3,7 u. Plin. ep. 4,5.

465 Vgl. Plin. ep. 2,3,11 („Dies alles weist in eine Richtung: Du mußt Isaios anhören, und sei es nur deswegen, damit Du ihn gehört hast. Lebe wohl!“).

466 Vgl. Quint. inst. 3,8,6.

467 Er wurde um 40 n. Chr. geboren und beging unter Hadrian Selbstmord (vgl. Cass. Dio 69,8,3).

468 Attius Clemens, der vielleicht aus der Gallia Narbonensis stammt (vgl. SYME 1958a, 802), ist der Adressat mindestens eines weiteren Briefes, bei dem es sich im übrigen erneut um ein Schreiben aus dem

und zeigt damit einen zu dem letzten Schreiben weitgehend parallelen Aufbau. Erneut wird der erste Abschnitt des Briefes von einer Würdigung der Persönlichkeit und der Fertigkeiten des Porträtierten eingenommen,[469] ehe sich im zweiten Abschnitt eine im weiteren Sinne protreptische Passage anschließt, die ihre Überzeugungskraft jedoch diesmal weniger über eine elaborierte argumentative Struktur gewinnt, als vielmehr aus dem Umstand, daß die zeitgenössische Debatte um *otium* und *negotia* an dieser Stelle von Plinius in engem Bezug auf sich, Euphrates und den Adressaten thematisiert wird.[470]

Die Präsentation des Euphrates im ersten Teil des Briefes weist zwar wie schon diejenige des Isaios stark preisende Züge auf, doch sucht Plinius zu diesem Zweck hier keine formalen Anleihen beim Enkomion. Statt dessen gibt er der Form eines persönlichen Erlebnisberichtes den Vorzug, der sich im Rahmen des Briefes in besonderer Weise anbieten mußte. Dies wird gleich zu Beginn deutlich, wenn Plinius nach einem kurzen Exordium, in dem er Euphrates als ein glänzendes Beispiel für den gegenwärtigen allgemeinen Aufschwung der *studia liberalia* vorstellt,[471] dazu übergeht zu schildern, wie er den Philosophen während seines rund zwanzig Jahre zurückliegenden Militärdienstes in Syrien kennengelernt hat.[472] Dieser Exkurs leistet einerseits einen weiteren Beitrag zur Inszenierung seiner eigenen Nähe zum Porträtierten und damit zur Selbstdarstellung des Autors; andererseits verleiht er Plinius' Beschreibung aber auch eine gewisse zeitliche Tiefe, die um so wichtiger ist, als ein zentraler Akzent in seiner Charakterisierung des Euphrates darauf liegt, daß dieser sein Leben in Übereinstimmung mit seiner Lehre führt.[473]

Regulus-Zyklus handelt (vgl. Plin. ep. 4,2 sowie ferner 9,35 mit SHERWIN-WHITE 1966, 108), so daß sich bei ihm wie auch bei Voconius Romanus und Calvisius Rufus die Konstellation ergibt, daß derselbe Empfänger eine positiv und eine negativ konnotierte Personendarstellung erhält.

469   Vgl. Plin. ep. 1,10,1-8.

470   Vgl. Plin. ep. 1,10,9-12.

471   Vgl. Plin. ep. 1,10,1: *si quando urbs nostra liberalibus studiis floruit, nunc maxime floret. multa claraque exempla sunt; sufficeret unum, Euphrates philosophus.* Eine solche Aussage wirkt angesichts der klassizistischen Haltung, die als charakteristisch für die frühe Kaiserzeit gilt, zunächst verwunderlich, doch lassen sich bei Plinius häufiger positive Bewertungen des literarischen Lebens seiner Zeit finden (vgl. Plin. ep. 1,13,1; 1,16,8; 4,16; 6,11 u. 6,21,1 sowie ferner BRACHER 1987 [1948], 88ff.; BÜTLER 1970, 135ff.; CIZEK 1989, 3ff., u. DÖPP 1989, 69ff.).

472   Vgl. Plin. ep. 1,10,2 u. ferner HOFFER 1999, 122ff., sowie allg. zu Plinius' Militärdienst in Syrien SYME 1991c, 552ff.

473   Vgl. Plin. ep. 1,10,2: *est enim obvius et expositus plenusque humanitate, quam praecipit* u. ferner FREDE 1997, 6: „The suggestion is that Euphrates lived up to his teaching. Much more important, however, is the fact, that Epictetus obviously held Euphrates in great esteem [vgl. v.a. Epikt. 3,15,8 u. 4,8,17-20]. This is important, because Epictetus' judgement in this matter, unlike Pliny's, has great weight."

Im folgenden nutzt Plinius die rhetorische Frage, ob Euphrates in den inzwischen verstrichenen Jahren noch an Weisheit gewonnen hat,[474] um sein eigenes Urteil geschickt zurückzunehmen: *ut enim de pictore, scalptore, fictore nisi artifex iudicare, ita nisi sapiens non potest perspicere sapientem.*[475] Diese Begründung dient Plinius zum einen dazu, bei der weiteren Vorstellung des Euphrates dessen philosophischen Auffassungen im engeren Sinne außen vor zu lassen und sich auf die Behandlung derjenigen Aspekte zu konzentrieren, die er als philosophischer Laie kompetent beurteilen kann,[476] zum anderen wird mit diesem Vergleich aber auch ein wichtiger Hinweis zur sozialen Verortung des Porträtierten gegeben. Wie zuvor Isaios wird auch Euphrates unmißverständlich als intellektueller ‚professional' charakterisiert und damit die Differenz zu Plinius und seinen Standesgenossen deutlich markiert.[477]

Daher konzentriert sich Plinius' Darstellung seiner Persönlichkeit im folgenden auch auf diejenigen Eigenschaften und Fertigkeiten, die in unmittelbarem Zusammenhang mit der von Euphrates ausgeübten Profession stehen. Dabei weist dieses ‚Herzstück' des Porträtbriefes erneut eine rudimentäre Rubrikengliederung auf, da sich Plinius zunächst mit seinen umfassenden rhetorischen Fähigkeiten im engeren Sinne,[478] dann mit seinem einnehmenden und ehrfurchtgebietenden Äußeren[479] und schließlich mit seinem hohen didaktischen Geschick beschäftigt.[480] Daß Plinius in diesem Zusammenhang gegen seine sonstige Gewohnheit[481] ausführlich auf das äußere Erscheinungsbild des Euphrates eingeht,[482] erklärt sich aus der großen Bedeutung, die dem

---

474 Vgl. Plin. ep. 1,10,3.

475 Vgl. Plin. ep. 1,10,4: („Denn wie über den Maler, den Gemmenschneider oder den Bildhauer nur der Künstler urteilen kann, so kann nur der Weise einen Weisen zur Gänze verstehen.").

476 Aus den wenigen über seine Person verfügbaren Informationen ergibt sich, daß Euphrates wohl als Stoiker zu gelten hat, der aber weniger eigene Ansätze entwickelt, als die stoische Lehre erfolgreich vermittelt hat. Dies erklärt sowohl seine große Wertschätzung in der Antike, als auch seine mangelnde Berücksichtigung in der Überlieferung (vgl. GRIMAL 1955, 379ff. u. FREDE 1997, 1ff.). Er scheint als Gegenspieler des Apollonius von Tyana aufgetreten zu sein, so daß dessen von Philostrat verfaßte Biographie eine wichtige, aber wegen ihrer tendenziösen Ausrichtung nicht unproblematische Quelle für seine philosophischen Ansichten darstellt (vgl. v.a. Philostr. Ap. 5,37 mit GRIMAL 1955, 371ff.; FREDE 1997, 3ff., u. WHITMARSH 2001, 230ff.).

477 Vgl. HOFFER 1999, 124f., u. HENDERSON 2002, 7ff.

478 Vgl. Plin. ep. 1,10,5 u. ferner PHILIPS 1986, 32f., der die rhetorischen *termini* diskutiert.

479 Vgl. Plin. ep. 1,10,6.

480 Vgl. Plin. ep. 1,10,7.

481 Vgl. LILJA 1978, v.a. 58f.

482 Vgl. Plin. ep. 1,10,6: *ad hoc proceritas corporis, decora facies, demissus capillus, ingens et cana barba; quae licet fortuita et inania putentur, illi tamen plurimum venerationis adquirunt. nullus horror in cultu, nulla tristia, multum severitatis.*

Aussehen des Philosophen in der Kaiserzeit zukam.[483] Innerhalb dieses differenzierten Zeichensystems erlauben die von Plinius gegebenen Informationen zugleich eine grobe Einordnung der von Euphrates vertretenen philosophischen Richtung: Mit seinem langen Haar und dem gewaltigen grauen Bart gibt er sich als professioneller Intellektueller zu erkennen, doch zugleich setzt er sich mit seinem insgesamt gepflegten Äußeren gezielt vom Typus des kynischen Wanderphilosophen ab.[484]

Daß Euphrates seine Aufgabe als Philosoph nicht darin sah, die etablierten Kreise zu provozieren, sondern mit ihnen ins Gespräch zu kommen, um sie auf diese Weise von der Richtigkeit seiner Ansichten zu überzeugen, wird von Plinius auch in dem Abschnitt nachhaltig unterstrichen, in dem er sich mit der von ihm angewandten Lehrmethode beschäftigt.[485] Der hier verwandte Begriff der *comitas* verbindet sich mit der *humanitas*, die Plinius schon bei ihrem ersten Aufeinandertreffen als zentrale Eigenschaft des Euphrates erkannt hatte, zu dem Gesamtbild einer äußerst konzilianten Persönlichkeit,[486] der ein großer pädagogischer Erfolg beschieden ist.[487] Daß Euphrates offenbar eine gewisse Zurückhaltung in der Betonung seiner eigenen Position als philosophischer Lehrmeister geübt hat, stellt zum einen sicherlich eine Reaktion auf das stets prekäre Verhältnis zwischen griechischen Intellektuellen und ihren römischen ‚Schülern' dar, da deren sozialer Status den ihren in der Regel bei weitem übertraf;[488] zum anderen erweist sich dieses Verhalten, das in ähnlicher Weise auch von Vestricius Spurinna praktiziert wurde,[489] als ein für die Zeit typisches Phänomen einer verfeinerten und in hohem Maße von Urbanität geprägten Konversationskultur.[490]

---

483 Vgl. allg. HAHN 1989, 33ff., u. ZANKER 1995, 190ff.

484 Vgl. GRIMAL 1955, 372; PHILIPS 1986, 36; HAHN 1989, 44f.; HOFFER 1999, 126ff., u. FLAIG 2002, 129f.: „Diese Äußerlichkeiten waren genau codierte Symptome, ...; sie indizieren, in welchem Maße Euphrates sein Äußeres als distinkt herauszustreichen imstande war; sich unterscheidend von der römischen Reichsaristokratie, an welche er sich nicht allzusehr anpassen durfte, um sein spezifisches symbolisches Kapital als Philosoph nicht zu einzubüßen, desgleichen aber auch von jenen Wanderphilosophen, die mit ihrer Ungepflegtheit die soziale Ordnung ständig in Frage stellten und anklagten."

485 Vgl. Plin. ep. 1,10,7: *reverearis occursum, non reformides. vitae sanctitas summa, comitas par; insectatur vitia. non homines, nec castigat errantes, sed emendat. sequaris monentem attentus et pendens, et persuaderi tibi, etiam cum persuaserit, cupias.*

486 Vgl. BÜTLER 1970, 115f.; PHILIPS 1986, 37, u. GAZICH 2003, 138f.

487 Plinius' Beschreibung der von Euphrates ausgehenden Wirkung stimmt sowohl mit den Aussagen Epiktets (vgl. Epikt. 3,15,8) als auch mit denen Philostrats überein (vgl. Philostr. soph. 1,25,5 u. ferner vgl. FREDE 1997, 9).

488 Vgl. FLAIG 2002, v.a. 130.

489 Vgl. Plin. ep. 3,1,6: *quibus praeceptis imbuare! quamvis ille hoc temperamentum modestiae suae indixerit, ne praecipere videatur.*

490 Vgl. dag. HOFFER 1999, 128ff., der in Plinius' Betonung der didaktischen Form gegenüber dem philosophischen Inhalt den Versuch erblickt, Euphrates zu einem ‚tame philosopher' zu stilisieren.

Zum Abschluß der allgemeinen Charakterisierung des Euphrates im ersten Teil des Briefes kommt Plinius auf dessen Familienverhältnisse zu sprechen und erwähnt ausdrücklich seine drei Kinder sowie den Umstand, daß mit Pompeius Julianus ein führender römischer Bürger der Provinz Syrien ihm seine Tochter zur Frau gegeben hat.[491] Mit diesen Angaben, die im Rahmen der Präsentation eines Philosophen vielleicht zunächst überraschen, erreicht Plinius zweierlei. Zum einen enthalten die Informationen, daß Euphrates eine Familie gegründet hat und sich zudem persönlich um die Erziehung seiner Söhne kümmert, eine Aussage zu den von ihm vertretenen philosophischen Prinzipien, auf deren explizite Thematisierung Plinius ja verzichtet hat. Denn nicht nur aus dem weiteren Verlauf des Briefes, sondern auch aus unseren übrigen Zeugnissen geht hervor, daß ein wesentlicher Bestandteil der von Euphrates vertretenen Philosophie gerade in der Aufforderung bestand, den privaten und gesellschaftlichen Pflichten, die sich aus der Rolle als Bürger oder Familienvater ergaben, adäquat nachzukommen.[492] Zum anderen gelingt es Plinius, indem er seinen Lesern hier – wie im übrigen auch im Falle des Philosophen Artemidor[493] – Informationen über die familiären Beziehungen des porträtierten Griechen zur römischen Oberschicht zukommen läßt, zu betonen, daß es sich bei Euphrates um ein anerkanntes Glied der römischen Gesellschaft und nicht um einen kynischen ‚agent provocateur' handelt.[494]

---

491 Vgl. Plin. ep. 1,10,8: *iam vero liberi tres, duo mares, quos diligentissime instituit. socer Pompeius Iulianus, cum cetera vita tum vel hoc uno magnus et clarus, quod ipse provinciae princeps inter altissimas condiciones generum non honoribus principem, sed sapientia elegit.* Pompeius Iulianus begegnet uns in keiner weiteren Quelle, so daß alle Vermutungen über seine Person auf den Namen und die von Plinius gebrauchte Wendung *princeps provinciae* zurückgehen (vgl. dazu ALFÖLDY 1980, 33ff.).

492 Vgl. GRIMAL 1955, 380, u. FREDE 1997, 6f. Möglicherweise besteht auch ein Zusammenhang zwischen dieser Thematik und dem Empfänger Attius Clemens, denn das Schreiben aus dem Regulus-Zyklus, als dessen Adressat er ebenfalls fungiert (vgl. Plin. ep. 4,2), beschäftigt sich mit dem richtigen Verhaltens eines Vaters angesichts des frühen Todes seines Sohnes.

493 Vgl. Plin. ep. 3,11,7: *sunt haec magna, sed in alio; in hoc vero minima, si ceteris virtutibus comparentur, quibus meruit, ut a C. Musonio ex omnibus omnium ordinum adsectatoribus gener adsumeretur.*

494 Der gesellschaftliche und offenbar nicht zuletzt auch finanzielle Erfolg des Euphrates setzte ihn jedoch zugleich der Kritik von philosophischer Seite aus, auch wenn die von Philostrat dem Apollonius von Tynana in den Mund gelegte Polemik überzogen sein dürfte (vgl. Philostr.Ap. 8,7,11: καὶ μὴν ὁπόσα γίγνεται φιλοσόφῳ ἀνδρὶ κολακεύοντι τοὺς δυνατούς, δηλοῖ τὰ Εὐφράτου· τούτῳ γὰρ ἐντεῦθεν τί λέγω χρήματα; πηγαὶ μὲν οὖν εἰσι πλούτου, κἀπὶ τῶν τραπεζῶν ἤδη διαλέγεται κάπηλος, ὑποκάπηλος, τελώνης, ὀβολοστάτης, πάντα γιγνόμενος τά τε πωλούμενά τε καὶ πωλοῦντα, ἐντετύπωται δ᾽ ἀεὶ ταῖς τῶν δυνατῶν θύραις καὶ προσέστηκεν αὐταῖς πλείω καιρὸν ἢ οἱ θυρωροί, ἀπελήφθη δὲ καὶ ὑπὸ θυρωρῶν πολλάκις, ὥσπερ τῶν κυνῶν οἱ λίχνοι sowie ferner GRIMAL 1955, 371; SHERWIN-WHITE 1966, 109, u. FREDE 1997, 5).

Daß es sich bei Euphrates aber gleichwohl nicht um einen römischen Senator handelt,[495] wird in dem sich nun anschließenden zweiten Teil des Briefes deutlich, den Plinius mit seiner Klage darüber einleitet, daß er durch ein *officium ut maximum sic molestissimum* daran gehindert wird, mehr Zeit mit Euphrates zu verbringen.[496] Indem Plinius hier die Verpflichtungen erwähnt, die sich für ihn wahrscheinlich aus der Bekleidung der *praefectura aerarii Saturni* ergaben,[497] kommt er erneut auf die Debatte zwischen den traditionellen *negotia* auf der einen und dem mit literarischen Studien erfülltem *otium* als neuem Lebensideal auf der anderen Seite zu sprechen. In dieser Diskussion übernimmt nun Euphrates eine Rolle, die mit seinen auch aus anderen Quellen bekannten Ansichten zur Bewährung im Alltag als philosophischer Aufgabe durchaus übereinstimmt und die darin besteht, Plinius zu versichern, *esse hanc philosophiae et quidem pulcherrimam partem, agere negotium publicum, cognoscere, iudicare, promere et exercere iustitiam, quaeque ipsi doceant, in usu habere.*[498]

Obwohl Plinius beteuert, diesem ihm von einem Vertreter der *vita contemplativa* gespendeten Trost keinen Glauben zu schenken,[499] hat er natürlich dennoch weiterhin von der ihm im Gegensatz zu Euphrates offenstehenden Möglichkeit zur Übernahme hoher politischer Funktionen Gebrauch gemacht und die traditionelle Rollenverteilung somit bestätigt. Daß die Funktion, die Plinius der Figur des Euphrates in diesem Brief überträgt, dennoch über die Rolle eines ‚philosophischen Beichtvaters' hinausgeht,[500] zeigt sich vor allem in der sich unmittelbar anschließenden Aufforderung an den Adressaten Attius Clemens, sich nach Rom zu begeben und Euphrates' Unterricht

---

495 Vgl. FLAIG 2002, 130: „Plinius nimmt keinen Anstoß daran, daß der philosophierende Gesellschafter in eine konsularische Familie einheiraten durfte, so lange dieser seinen Platz genau kannte. ... Das Urteil des römischen Senators hätte sich sofort geändert, wenn der römische Bürger Euphrates auf den Gedanken gekommen wäre, seine familialen Beziehungen für eine reichsaristokratische Familie auszunutzen."

496 Vgl. Plin. ep. 1,10,9.

497 Vgl. SHERWIN-WHITE 1966, 109f.

498 Vgl. Plin. ep. 1,10,10: („daß dies einen Teil der Philosophie darstelle, und zwar ihren schönsten, ein öffentliches Amt zu bekleiden, eine Untersuchung zu führen, Urteile zu fällen, die Gerechtigkeit ans Licht zu bringen und ihr Geltung zu verschaffen, und diese Dinge, die sie selbst theoretisch vermittelten, praktisch umzusetzen.").

499 Vgl. Plin. ep. 1,10,11.

500 Vgl. HOFFER 1999, 138ff., u. FLAIG 2002, 130: „Euphrates war der ideale philosophische Beichtvater für römische Politiker. Diese Rolle hätte er aber nicht zu spielen vermocht, wenn er sich nur als gebildetes Schoßhündchen benommen hätte. Um dies zu verdeutlichen: Wie konnte ein solcher Trost wirken? Weil Plinius dies guten Gewissens glauben durfte; denn es sprach nicht ein Senator, sondern ein mit seinem besonderen kulturellen Kapital ausgestatteter Philosoph. Besser konnten die beiden differenten sozialen Funktionen nicht aufeinander abgestimmt sein."

zu genießen.[501] Mit der Aufnahme des Schreibens in die publizierte Korrespondenz büßt der Appell an Attius Clemens zudem seinen unmittelbaren Bezug auf die konkrete Situation ein und gewinnt statt dessen einen allgemein protreptischen Charakter, mit dem sich Plinius an ein breiteres Publikum wendet.

Dabei gelingt es Plinius in diesem Brief, durch die Rollenverteilung zwischen seiner eigenen, mit den traditionellen *negotia* beschäftigten Person auf der einen und der Figur des momentan offenbar über die notwendige Muße verfügenden Adressaten auf der anderen Seite den paränetischen Impuls auf geschickte Weise zu lenken: Denn der Aufruf, zur Vervollkommnung seiner kulturellen Fertigkeiten die Dienste des intellektuellen ‚professionals' Euphrates in Anspruch zu nehmen, gilt für den römischen Senator nur mit der Einschränkung, daß seine standesgemäßen Aufgaben und Verpflichtungen davon nicht beeinträchtigt werden. Auf diese Weise stellt Plinius hier ein weiteres Modell zur Diskussion, wie ein sinnvoller Ausgleich zwischen politischer Betätigung und literarischen Studien aussehen könnte. Dabei kommt mit Blick auf seine Standesgenossen als primäres Zielpublikum allerdings weniger der Figur des Euphrates die Rolle eines nachahmenswertes Vorbildes zu als vielmehr der Person des Autors, da diese exemplarisch eine mögliche Akzentsetzung zwischen den beiden konkurrierenden Ansprüchen verkörpert.

Dennoch steht nicht Plinius selbst, sondern eindeutig Euphrates im Mittelpunkt des Briefes, dessen Aussage eng mit dem verbunden ist, was aus anderen Quellen über seine Person bekannt ist. Er bot sich für einen epistolographischen Aufruf zur Philosophie nicht nur deswegen an, weil Plinius voraussetzen konnte, daß er seinen Lesern als mitreißender protreptischer Redner bereits bekannt war, sondern auch weil die von ihm vertretene philosophischen Ansichten in hohem Maße mit der Vorstellungswelt der römischen Oberschicht kompatibel waren. Die Verwendung gerade seiner Figur in diesem Zusammenhang stellt daher nicht nur einen geschickten Griff in Hinblick auf die Überzeugungskraft des Schreibens dar, sondern liefert zugleich eine treffende Beschreibung des philosophischen Wirkens des Euphrates und seiner Persönlichkeit, die um so glaubwürdiger ist, als sie in der unkonventionellen Form eines Briefes umgesetzt wird.

Nimmt man nun noch einmal beide Schreiben gemeinsam in den Blick, so zeigt sich, daß die Porträts der beiden intellektuellen ‚professionals' zu einem Großteil in dem Spannungsfeld der zeitgenössischen Debatte um einen Ausgleich zwischen *negotia* und literarischen *studia* stehen. Erneut ist es nicht Plinius' Anliegen, seinen Lesern

---

501　Vgl. Plin. ep. 1,10,11-12: *quo magis te, cui vacat, hortor, cum in urbem proxime veneris (venias autem ob hoc maturius), illi te expoliendum limandumque permittas. neque enim ego, ut multi, invideo aliis bono, quo ipse careo, sed contra sensum quendam voluptatemque perspicio, si ea, quae mihi denegantur, amicis video superesse. vale.*

fertige und unmittelbar umsetzbare Handlungsmodelle anzubieten, sondern vielmehr
verschiedene Möglichkeiten zu diskutieren und damit den gesellschaftlichen Hand-
lungsspielraum in dieser Angelegenheit auszuloten. Die Figuren der beiden professionellen Intellektuellen und Nichtrömer dienen dabei eher der Begrenzung des Diskurs-
feldes.[502] Denn im gesellschaftlichen Kontext des Senators Plinius bleiben sie letztlich
Außenseiter, weil sich bei ihnen die Frage der Vereinbarkeit von politisch-militärischer Karriere und kultureller Betätigung – anders als bei Verginius Rufus und Vestricius Spurinna – nicht stellt. In der großen Bedeutung dieses Unterschiedes zeigt sich
im übrigen erneut, daß die Pliniusbriefe einer frühen Phase der kaiserzeitlichen Bildungskultur entstammen, da schon in den folgenden Jahrzehnten intellektuelle ‚professionals' aus dem griechischen Osten durchaus auch in hohe römische Staatsämter
gelangen werden,[503] wie sich exemplarisch an der von Gellius in den *noctes Atticae*
porträtierten Person des Herodes Atticus verfolgen läßt.[504]

Die doppelte protreptische Intention, seinen Lesern zum einen Isaios und Euphrates als Vorbilder auf dem Gebiet der *studia* anzuempfehlen und diese Aussage zum
anderen in die zeitgenössische Debatte über den gesellschaftlichen Stellenwert der
Beschäftigung mit Literatur einzubinden, steht in beiden Schreiben im Vordergrund.
Dennoch weisen auch diese Schreiben eine kommemorative Funktion auf, da sie spätestens in ihrer publizierten Form einen wichtigen Beitrag zur adäquaten Würdigung
und zur Bekanntheit der beiden Porträtierten bei Zeitgenossen und Nachwelt leisten
sollten. Greift man zur Beschreibung der Leistung eines solchen deskriptiven Briefes
erneut auf das Bild einer Statue zurück, das von Plinius in Zusammenhang mit seinen
libri de Cottio verwendet worden war, so ließen sich innerhalb der imaginären Skulp-
turensammlung, die von den plinianischen Porträtbriefen gebildet wird,[505] diese beiden Schreiben dem Segment der Büsten berühmter Dichter, Redner oder Philosophen
zuordnen.[506]

Da die Anlage einer solcher Galerie aufgrund ihres angenommenen reziproken
Charakter nicht zuletzt der Ostentation der Bildung des Villenbesitzers dient,[507] ist
wohl der Gedanke nicht abwegig, eine analoge Funktion auch für diese beiden Porträtbriefe anzunehmen. Doch im Gegensatz zu demjenigen, der Statuen für die Aus-

---

502 Vgl. SWAIN 1997, 24f. Daß Plinius darüber hinaus versucht hat, ein möglichst vollständiges Bild der
     verschiedenen gesellschaftlichen Strömungen zu zeichnen (vgl. TRISOGLIO 1972, 97ff.) ist dagegen
     weniger wahrscheinlich.

503 So bekleidete beispielsweise bereits Dionysios von Milet, ein Schüler des Isaios, unter Hadrian Ämter
     in der Provinzverwaltung (vgl. Philostr.soph. 1,20,2 u. 1,22,3).

504 Zur Figur des Herodes Atticus bei Gellius s.u. S. 206ff.

505 Vgl. KRASSER 1993a, 70.

506 Vgl. NEUDECKER 1988, 64ff.

507 Vgl. NEUDECKER 1988, 65.

stattung seiner Villa auswählt, beschränkten sich die Möglichkeiten zur Selbstdarstellung für Plinius nicht auf die Auswahl und die Plazierung, sondern beinhalteten auch die Gestaltung des Porträts. Daß Plinius diese Option bereitwillig ergriffen hat, belegt die ebenso anspielungsreiche wie anspruchsvolle literarische Gestaltung der beiden Briefe, mit der sich ihr Verfasser nicht zuletzt als kompetenter Beurteiler der von ihm dargestellten Personen zu erkennen gibt.

4. Form und Funktion der plinianischen Personendarstellung

Wenn man abschließend versucht, die Frage zu beantworten, ob es sich bei den plinianischen Porträtbriefen um Biographien im Miniaturformat handelt, so muß die Antwort zweigeteilt ausfallen. Ihre flexible und anspielungsreiche Formensprache läßt keine größere Nähe zur ohnehin formal kaum zu erfassenden Biographie[508] erkennen als zu anderen Gattungen auch, auf deren Darstellungstechniken Plinius zurückgreift, um jedem Briefporträt seine individuelle und literarische anspruchsvolle Gestaltung zu verleihen. Die Anpassungsfähigkeit des von ihm gewählten literarischen Mediums zeigt sich exemplarisch darin, daß der Porträtbrief, in dem er sich der Darstellung des gefeierten Redners Isaios widmet, Anklänge an die rhetorischen Formen des Enkomions wie der Suasorie erkennen läßt. Gerade diese Offenheit der epistolographischen Form dürfte auf Plinius keinen geringen Reiz ausgeübt haben, da sie es ihm erlaubte, mit seiner ,lettre d'art' den vor dem Hintergrund der beginnenden Bildungskultur verfeinerten literarischen Ansprüchen innerhalb der römischen Oberschicht auf kleinstem Raum gerecht zu werden.

Die Weiterentwicklung des Briefes zu einem literarischen Kleinkunstwerk mußte Plinius dabei um so leichter fallen, als sie sich im Kontext der entstehenden ,société de lettrés' nicht erst mit der Publikation vollzog. Denn an der Wende zum 2. Jh. n. Chr. wurden von den Angehörigen der römischen Oberschicht auch Privatschreiben, die ganz im Sinne DEISSMANNS dem ,Verkehr der Getrennten' dienten, bereits mit teilweise erheblichem stilistischen Anspruch verfaßt.[509] Wenn man daher zu recht davon ausgeht, daß die Pliniusbriefe zunächst an ihre Adressaten verschickt und erst in einem zweiten Schritt veröffentlicht wurden, so ergibt sich eine Analogie etwa zu den Silven des Statius, die in ähnlicher Weise einen doppelten Adressatenkreis anspre-

---

508 Zu den Schwierigkeiten einer Definition der Biographie unter formalen Kriterien s.o. S. 42ff.

509 S.o. S. 57ff. Nach der Publikation der ersten Teiledition stellen die Pliniusbriefe allerdings insofern einen Spezialfall dar, als Verfasser wie Empfänger von vornherein mit der Möglichkeit einer späteren Veröffentlichung rechnen konnten.

chen.[510] Darüber hinaus wird anhand der Namen der Empfänger der Briefe, die in der publizierten Fassung zugleich in gewisser Weise als Widmungsträger fungieren, ein ‚soziales Netzwerk' sichtbar, das einerseits der Verortung und der Selbstdarstellung des Autors dient, andererseits aber als gesellschaftliches Panorama der senatorischen Oberschicht seinen Wert in sich trägt.

Daß Plinius die Überlegenheit der kleinformatigen *litterae curiosius scriptae*[511] gegenüber einem traditionellen Geschichtswerk hinsichtlich der zeitgenössischen Idealvorstellungen der *brevitas* und der *delectatio* erkannt hatte, war bereits durch die Besprechung seiner *recusatio* der Historiographie in Brief 5,8 plausibel gemacht worden.[512] In gleicher Weise dürften ihm die Vorzüge seiner Porträtbriefe auch im Vergleich mit umfangreicheren biographischen Formen, wie er sie selbst beispielsweise in seinen *libri de Cottio* verwendet hatte,[513] bewußt gewesen sein. Denn die Epistolographie bot nicht nur über die Selbststilisierung des Verfassers und die Nennung der Adressaten reichlich Gelegenheit zur Darstellung von Personen, sondern auch auf der inhaltlichen Ebene. Sowohl seine Entscheidung für die kleine und abwechslungsreiche Form des Briefes wie das explizite Reflektieren der eigenen Handlungsmöglichkeiten als Autor lassen die plinianische Korrespondenz dabei zu einem spannenden ‚Gründungsdokument' für die literarische Landschaft des 2. Jh. n. Chr. in ihrer Gesamtheit werden.[514]

Enge Parallelen zur Biographie auch in ihrer konventionellen Form zeigen sich dagegen auf der intentionalen Ebene, vor allem hinsichtlich der von Plinius verfolgten doppelten Zielsetzung der Kommemoration der porträtierten Person und ihrer gleichzeitigen Verwendung als Vorbildfigur. Doch bei diesen beiden wesentlichen Intentionen des plinianischen Porträtbriefes, die sich plakativ mit seiner Funktionalisierung als ‚Monument und Modell' beschreiben lassen, handelt es sich nicht zwangsläufig um eine Übertragung von traditionell mit der Biographie verbundenen Aufgaben auf die Epistolographie. Vielmehr können wir hier eine Verdichtung von Phänomenen greifen, die allgemein für die literarische Landschaft des 2. Jh. n. Chr. charakteristisch sind und die sich unter den Schlagworten des *claros viros colere*[515] auf der einen und

---

510   S.o. S. 77.

511   Vgl. Plin. ep. 9,28,5 u. ferner GUILLEMIN 1929, 130, mit der Beschreibung des Formates der Pliniusbriefe als eine Art „épyllion en prose ... à mi-chemin entre la grande histoire et l'épigramme."

512   S.o. S. 79ff.

513   Vgl. Plin. ep. 3,10; s.o. S. 124ff.

514   Zwar beschränken sich direkte Rezeptionszeugnisse der Pliniusbriefe auf die Briefsammlung des Sidonius Apollinaris, die sich eng an die plinianische anlehnt (vgl. ZELZER 1994/95), doch ist von einer größeren Bekanntheit des Werkes auszugehen (vgl. CAMERON 1965).

515   Vgl. KRASSER 1993a.

der ‚belehrenden Unterhaltung – unterhaltenden Belehrung‘[516] auf der anderen Seite zusammenfassen lassen.

Der Porträtbrief stellte daher für Plinius die ideale literarische Form dar, um sich seinerseits in der Tätigkeit hervorzutun, die er an Titinius Capito in den höchsten Tönen gepriesen und die er als die zentrale Aufgabe der Geschichtsschreibung bezeichnet hatte: *non pati occidere, quibus aeternitas debeatur.*[517] Durch die starke Fokussierung auf den jeweils Porträtierten und die Möglichkeit auf die individuelle Person auch in formaler Hinsicht einzugehen, erweist sich die von Plinius geschaffene epistolographische Form in diesem Punkt der klassischen Historiographie sogar als überlegen, auch wenn er nicht müde wird, deren kommemorative Eignung zu betonen.[518] Jedenfalls ermöglichte es ihm die Form des Briefes in höherem Maße, als es die Geschichtsschreibung vermocht hätte, nicht nur für die dargestellten Personen eine ‚recommandation à la gloire‘ auszusprechen und ihnen bei der Nachwelt ein literarisches Denkmal zu errichten, sondern auch für die eigene Person der von ihm so sehnlich erstrebten Unsterblichkeit näherzukommen.[519]

Denn die zentrale Rolle des Autors im Brief erlaubte es ihm, sich selbst in vielfältiger Weise in Beziehung zu den von ihm gepriesenen *summi viri* zu setzen und dadurch dem Leser verschiedene Facetten der eigenen Person gleichsam im Spiegel der anderen Figuren zu präsentieren. Für diese Form der Selbstdarstellung konnte er sich zudem auf sein Vorbild Cicero berufen, nach dessen Ansicht es zu den Merkmalen eines *bonus vir* gehörte, *alienae gloriae defensionem ad officium suum pertinere.*[520] Angesichts der anhaltend intensiven Beschäftigung gerade auch mit der historischen Figur des Verfassers muß man dabei rückblickend konstatieren, daß die plinianischen Porträtbriefe tatsächlich geleistet haben, was ihr Verfasser als die zentrale Funktion der Geschichtsschreibung bezeichnet hat: *aliorum famam cum sua extendere.*[521]

Daß die mit der Haltung des *claros viros colere* verbundene laudatorische Intention allerdings auch der Kritik von seiten der Zeitgenossen ausgesetzt sein konnte,[522]

---

516 Vgl. STEINMETZ 1982, 239ff.

517 Vgl. Plin. ep. 5,8,1: („nicht zuzulassen, daß jene untergehen, die die Unsterblichkeit verdient haben").

518 Vgl. z.B. Plin. ep. 7,33,1: *auguror, nec me fallit augurium, historias tuas immortales futuras; quo magis illis (ingenue fatebor) inseri cupio.*

519 S.o. S. 57ff. Allg. zu Plinius' Strategien des Eigenlobes vgl. GIBSON 2003.

520 Vgl. Cic. Verr. 2,4,82: („Die Verteidigung des fremden Ruhmes zu den eigenen Pflichten rechnen"). Zur Übernahme dieser Sichtweise durch Plinius vgl. Plin.ep. 1,17,4; 3,21,3 u. 4,15,1 sowie ferner BÜTLER 1970, 24.98; KRASSER 1993a, 67f., u. RADICKE 1997, 462f.

521 Vgl. Plin.ep. 5,8,1: („den Ruhm anderer gemeinsam mit dem eigenen verbreiten").

522 Auch die moderne Forschung hat bei dem Versuch, die Briefe als Quelle für die kaiserzeitliche Gesellschaft auszuwerten, verschiedentlich Anstoß an dem vermeintlich zu positiven Bild, das sie von ihrer Zeit zeichnen, genommen (vgl. v.a. MOMMSEN 1869, 32, u. BÜTLER 1970, 96f.147, sowie ferner

verdeutlicht die Auseinandersetzung mit dem von Dritten gegenüber Septicius Clarus geäußerten und von diesem Plinius offenbar referierten Vorwurf, er lobe seine Freunde bei jeder Gelegenheit über Gebühr.[523] Plinius bestreitet in diesem Zusammenhang nicht die Möglichkeit, daß er mit seinen positiven Darstellungen gelegentlich über das Ziel hinaus schießt, verteidigt sich aber mit dem Verweis darauf, daß es sich bei diesem Vergehen um eine *culpa benignitatis* und einen *felicissimus error* handelt.[524] Daß Plinius die Zurückweisung dieser zunächst recht allgemein gehaltene Kritik auch und vielleicht in besonderem Maße auf seine Briefsammlung bezogen wissen will, geht bereits daraus hervor, daß er das betreffende Schreiben in ihrem Rahmen veröffentlicht hat. Doch seine Aussagen an dieser Stelle gewinnen zudem noch dadurch programmatischen Charakter, daß es sich um eines von insgesamt nur vier Schreiben handelt, die an den Widmungsträger der gesamten Korrespondenz Septicius Clarus adressiert sind.[525]

Daß sich gemeinsam mit einer stärkeren Berücksichtigung des Aspektes der *delectatio* in der Literatur des 2. Jh. n. Chr. häufig auch eine belehrende Absicht beobachten läßt, wurde vor allem von PETER STEINMETZ herausgestellt.[526] Zu den Gattungen, in denen sich diese Intentionen zum Tragen kommen, gehört auch die Epistolographie plinianischer Prägung. Von den verschiedenen Themenkreisen, zu denen Plinius innerhalb seiner Briefsammlung Stellung bezieht, und die von sehr privaten Aspekten

---

RUDD 1992, 26: „Perhaps the only disadvantage in knowing Pliny was that, whatever your faults, you were likely to appear in his letters as a moral paragon or a literary genius. Eulogies of this kind make rather tiresome reading, and indicate a lack of discrimation on Pliny's part. But they may all have been sincere."). Dagegen wurden von ELEANOR LEACH zu recht betont, daß die zwischen Plinius' Wahrnehmung und der aus anderen Quellen rekonstruierten historischen Wirklichkeit zu beobachtende Differenz „regarded as social phenomen rather than as idiosyncrasies of a personal outlook can also be a source of insight into Roman society" (vgl. LEACH 1990, 14f.).

523 Vgl. Plin. ep. 7,28,1: *ais* [*sc.* Septicius Clarus] *quosdam te reprehendisse, tamquam amicos meos ex omni occasione ultra modum laudare.*

524 Vgl. Plin. ep. 7,28,1-2: *agnosco crimen, amplector etiam.* (2) *quid enim honestius culpa benignitatis? qui sunt tamen isti, qui amicos meos melius norint? sed, ut norint, quid invident mihi felicissimo errore? ut enim non sint tales, quales a me praedicantur, ego tamen beatus, quod mihi videntur.*

525 Vgl. ferner Plin. ep. 1,1; 1,15 u. 8,1. Zu Überlegungen, die Plinius zur Wahl des Septicius Clarus als Widmungsträger seiner Briefsammlung bewogen haben könnten, vgl. HOFFER 1999, 15ff.

526 Vgl. STEINMETZ 1982, 239: „Schon bei der Betrachtung der drei klassischen Gattungen der Prosaliteratur, nämlich der Geschichtsschreibung, der Kunst der Rede und der philosophischen Literatur, haben wir beobachtet, daß nicht selten neben den eigentlichen Zwecken der jeweiligen Gattung, zuweilen auch in sie verwoben oder über sie gelagert, Tendenzen sichtbar werden, den Leser zu unterhalten oder in feinerer Form zu belehren. Offensichtlich reagieren die Autoren, indem sie sich in den Dienst solcher Zwecke stellen, auf ein nicht geringes Interesse der Leser. Der Unterhaltung dient dabei nicht nur der Reiz der ausgefeilten Form, sondern auch in steigendem Maße der jeweilige Inhalt."

wie der adäquaten Gestaltung des Tagesablaufes[527] bis zur gesellschaftspolitisch hoch relevanten Frage nach dem richtigen Umgang des Senatorenstandes mit seiner Vergangenheit unter Domitian reichen,[528] hat sich in den hier ausgewählten Porträtbriefen vor allem die Debatte um eine Abwägung zwischen den traditionellen Verpflichtungen eines römischen Senators und der Beschäftigung mit den literarischen *studia* als zentral erwiesen.

Die ausführliche und vielschichtige Behandlung dieser Thematik, die für die Zeitgenossen einen Gegenstand aktuellen Interesses dargestellt haben dürfte, läßt die plinianischen Personendarstellungen zu einem wichtigen Zeugnis für den Mentalitätswandel werden, der sich innerhalb der senatorischen Oberschicht zu Beginn des 2. Jh. n. Chr. abzeichnet. Diese gesellschaftliche Debatte bereitet den Boden bereitet für die steigende Bedeutung literarischer Bildung und kultureller Kompetenz in den folgenden Jahrzehnten, wie sie uns beispielsweise in den *noctes Atticae* des Aulus Gellius entgegentritt. In der Möglichkeit zur polyphonen Inszenierung dieser Debatte anhand verschiedener, zum Teil komplementär zueinander konzipierter Figuren innerhalb seiner Briefsammlung tritt zudem ein entscheidender Vorteil der von Plinius gewählten Form gegenüber einer Gattung wie der Biographie oder der Geschichtsschreibung zutage, deren Darstellungsprinzipien weniger Raum zu Erörterung unterschiedlicher Nuancen einer solchen Fragestellung geboten hätten.

In der formalen Präsentation wie der inhaltlichen Funktionalisierung der in seinen Briefen porträtierten Personen geht Plinius also weit über die *prima facie* mit der Epistolographie verbundenen Erwartungen hinaus. Daß Plinius mit seinen Porträtbriefe in gewisser Weise in Konkurrenz zur traditionellen Biographie tritt, hat möglicherweise zwar auch den antiken Rezipienten überrascht, doch stellt ein solcher Schritt letztlich die folgerichtige Weiterentwicklung der Tendenzen dar, die in der antiken Wahrnehmung der Epistolographie bereits angelegt waren. Daher erweist sich die von Plinius seinen Brief verliehene Gestalt auch nicht mehr länger als 'Verrat an seinem wahren Charakter' im Sinne DEISSMANNS, sondern als eine adäquate Reaktion auf die gesellschaftlichen und kulturellen Gegebenheiten des frühen 2. Jh. n. Chr.

Aus diesem Grund ist es auch nicht als eine zufällige Entwicklung oder eine Laune der Überlieferung anzusehen, daß gerade eine Briefsammlung die wichtigste sozialhistorische und mentalitätsgeschichtliche Quelle für die römische Oberschicht des 2. Jh. n. Chr. darstellt. Vielmehr ist es Plinius mit der Veröffentlichung seiner Korrespondenz gelungen, im Rahmen einer Gattung, die primär anderen Zielsetzungen dient, bewußt ein 'Culturbild' der eigenen Zeit und der eigenen gesellschaftlichen Umge-

---

527 Vgl. z.B. Plin. ep. 1,9; 2,8; 3,1,1-10; 3,5,7-19; 5,18; 7,3; 9,6; 9,36 u. 9,40.
528 Vgl. BEUTEL 2000, v.a. 263ff.

bung zu entwerfen. In dieser Hinsicht läßt sich das plinianische Briefwerk daher auch mit den platonischen Dialogen vergleichen, in denen ihr Verfasser neben der Vermittlung der eigentlichen und zentralen philosophischen Inhalte zugleich die urbane Kultur des klassischen Athens auf unnachahmliche Weise eingefangen und einigen ihrer Protagonisten ein literarisches Denkmal gesetzt hat. Der Reiz und die über viele Jahrhunderte ungebrochene Attraktivität des von Plinius entworfenen ‚Culturbildes' lassen allerdings den ‚parasitären' Charakter seiner Entstehung, um eine Formulierung IVO BRUNS aufzunehmen, zumindest für den Fall der plinianischen Briefsammlung fraglich werden.[529]

Mit dem literarischen Format des Porträtbriefes ist es Plinius gelungen, das dem Brief innewohnende Leistungspotential zur Darstellung von Personen in einer Weise fruchtbar zu machen, die nicht nur den ästhetischen Ansprüchen der zeitgenössischen ‚société de lettrés' vollauf genügt haben dürfte, sondern die auch in idealer Weise auf seine wesentliche Intention zugeschnitten war, die porträtierten Personen als Modelle zur Geltung bringen und ihnen zugleich ein literarisches Denkmal zu setzen. Vor dem Hintergrund dieser spezifischen Intentionen muß sich die Epistolographie in der Gestalt des plinianischen Porträtbrief den herkömmlichen Formen der Geschichtsschreibung wie der Biographie sogar als überlegen erweisen.

---

529   Vgl. BRUNS 1896, 239: „Als eine schöne parasitische Blume erwuchs an dem sokratischen Dialog das Culturbild."

III. Zwischen Lexikoneintrag und Vorbildfunktion: Die *clari homines* in den *noctes Atticae*

> *„Nicht ist für den Menschen so interessant, nichts*
> *wird von ihm so allgemein dafür erkannt, als der*
> *Mensch selbst. Dieses ist der Grund, weßwegen*
> *die Gallerie merkwürdiger Menschen einen so*
> *großen Platz in diesem Werke behauptet. "*
>
> Renatus Gotthelf Löbel[1]

1. Gellius in der Forschung: Vom ‚Schaf mit goldenem Fell' zum Bildungsschriftsteller

Das Werk des Aulus Gellius wurde dank der Vielzahl der in ihm enthaltenen Informationen zu einem wahren ‚Schatzkästlein'[2] für die um eine Erweiterung der Kenntnisse über das Altertum bemühten humanistischen Gelehrten.[3] Die Rolle als vielfach einziger Zeuge für ‚Wissensfragmente' ganz unterschiedlicher Provenienz und Bedeutung, die den *noctes Atticae* durch die Zufälle der Überlieferungsgeschichte zugewachsen ist, bedingte allerdings auch ihre Wahrnehmung als ungeordnete ‚Fundstätte', die bis in die jüngere Gegenwart bestimmend war.[4] Erst mit der Etablierung der gängigen Lexika, Handbücher und Fragmentsammlungen im Laufe des 19. und 20. Jh. haben die *noctes Atticae* ihre Rolle als primärer ‚Wissensspeicher' verloren und lassen sich jetzt wieder in der Funktion wahrnehmen, die ihnen zu ihrer Entstehungszeit zugekommen sein dürfte. Hält man sich nämlich vor Augen, daß die Werke, auf die Gellius mal mit namentlichem Zitat, mal in mehr oder weniger versteckter Anspielung rekurriert, im

---

1   Vgl. RENATUS GOTTHELF LÖBEL u. CHRISTIAN WILHELM FRANKE, Conversationslexikon mit vorzüglicher Rücksicht auf die gegenwärtigen Zeiten. Erster Theil, Leipzig 1796, vi, sowie ferner GENTRY 1991, 121 Anm. 9 u. ZUM HINGST 1995, 34.

2   Der Vergleich mit JOHANN PETER HEBELS ‚Schatzkästlein des rheinischen Hausfreundes' wurde von FRANZ DORNSEIFF geprägt (vgl. BERTHOLD 1980, 47).

3   Zur Gelliusrezeption in Spätantike, Mittelalter und Früher Neuzeit vgl. BERTHOLD 1985; BEALL 1988, 210ff., u. KÜHLMANN 2004.

4   Einige Gegenbeispiele für eine auch literarische Wertschätzung des Autors werden von BEALL 1988, 225ff., besprochen.

2. Jh. n. Chr. noch vorhanden und für seine Leser verfügbar waren, tritt deutlich hervor, daß es sich bei den *noctes Atticae* um eine unterhaltsame Form der Wissenspräsentation handelt, bei der nicht selten ein stärkerer Akzent auf dem ‚Wie' der Vermittlung als auf dem ‚Was' des konkreten Inhalts liegt.[5]

Bevor die *noctes Atticae* in den letzten Jahrzehnten des 20. Jh. als ‚belehrende Unterhaltung' beziehungsweise ‚unterhaltende Belehrung' wiederentdeckt wurden,[6] wurde die zeitweise recht intensive Beschäftigung mit dem gellianischen Werk von den Fragestellungen der Quellenkritik dominiert.[7] Die Bemühungen, aus der ‚Fundstätte' der *noctes Atticae* möglichst viel authentisches Material zu bergen, ging allerdings mit der Geringschätzung sowohl des allgemeinen Urteilsvermögen als auch der literarischen Fähigkeiten des Autors einher. Für diese allgemeine Tendenz, in der die bereits von frühneuzeitlichen Gelehrten geprägte Bezeichnung des Gellius als ‚Schaf mit goldenem Fell' weiterlebte, kann exemplarisch das von KARL HOSIUS in seinem RE-Artikel gefällte Verdikt herausgegriffen werden:

> „Gellius ist durchaus ein Mann von kleinlichem Geschmack und engem Gesichtskreis. Er klebt an der Einzelfrage, ohne weitere Gesichtspunkte zu finden. Viel Triviales hat er auch außer den törichten Etymologien, das er vorbringt oder vorbringen läßt, Kritik übt er wenig, wenn er auch einige Male tadelt oder in Schutz nimmt. Oft finden Streitfragen keine Erledigung. Wenn er gleichwohl einer der wichtigsten Schriftsteller dieser Zeit ist, so ist er das einmal als Muster der damaligen philologischen Arbeitsweise, der uns an sich und andern einen sehr lehrreichen Einblick in das ganze Getriebe tun läßt, dann aber als Fundstätte von zahlreichen, durchweg getreu wiedergegebenen Zitaten aus etwa 250 Autoren, von denen manche sonst wenig bekannt sind, und als Übermittler so vieler wertvoller Züge und Dokumente aus dem politischen, literarischen und kulturellen Leben Griechenlands und Roms."[8]

Das sich aus den Fragestellungen der Quellenkritik speisende Interesse der Forschung an den *noctes Atticae* beziehungsweise an den in ihnen enthaltenen Fragmenten älterer Autoren ebbte zu Beginn des letzten Jahrhunderts ab und fand mit der von KARL HOSIUS vorgelegten ersten modernen Edition[9] einen gewissen Abschluß. Für die folgenden Jahrzehnte kann man geradezu von einem Verstummen der Gellius-

---

5 Vgl. BERTHOLD 1987, 218ff.

6 Vgl. STEINMETZ 1982, 239.

7 Vor allem um Gellius' Zitierpraxis und die Konsequenzen für die Zuweisung nicht namentlich gekennzeichneter Fragmente entbrannte eine heftige Kontroverse, die in den 1860er Jahren in einem öffentlichen Schlagabtausch zwischen LUDWIG MERCKLIN und JULIUS KRETZSCHMER kumulierte (vgl. DIRKSEN 1851; MERCKLIN 1857/1860; KRETZSCHMER 1860; MERCKLIN 1861; KRETZSCHMER 1862; MERCKLIN 1863 u. KRETZSCHMER 1863 sowie zu dieser Debatte ferner HOLFORD-STREVENS 1988, 52f.). Eine noch vorwiegend quellenkritische Gelliusinterpretation, in der aber erstmals auch darüber hinausgehenden Aspekte breiter Raum gewährt wurde, bietet NETTLESHIP 1883.

8 Vgl. HOSIUS 1910, 994f.

9 Vgl. HOSIUS 1903.

philologie sprechen, da in dieser Zeit nur wenige über Einzelaspekte hinausgehende
Arbeiten zu den *noctes Atticae* entstanden sind.[10] Unter anderem durch die Arbeiten
von RENÉ MARACHE, HEINZ BERTHOLD und BARRY BALDWIN wurde in der zweiten
Hälfte des 20. Jh. ein Neuanfang in der wissenschaftlichen Beschäftigung mit den
noctes Atticae markiert, in der jetzt nicht mehr die von Gellius überlieferten Fragmente im Vordergrund standen, sondern die Frage nach der literarischen Form und der
Funktion der Schrift vor dem Hintergrund ihrer Entstehungszeit.[11] Als Schwerpunkte
lassen sich ferner die Rekonstruktion von Gellius' Lebenslauf,[12] der Versuch einer
systematischen Erfassung des Inhaltes nach Themengebieten[13] und eine zumeist von
der Frage nach dem Quellenwert ausgehende Interpretation der Darstellungen, die
Gellius von seinen Lehrern und Freunden gibt,[14] benennen. Vor allem jedoch tritt die
Tendenz, durch die Kontextualisierung seines Werkes mit den kulturellen Rahmenbedingungen der Adoptivkaiserzeit ein angemesseneres Bild des Autors zu zeichnen, als
markanter Zug der in den letzten Jahrzehnten des 20. Jh. erschienen Publikationen zu
Gellius hervor.[15]

Während die meisten Untersuchungen der letzten Jahrzehnte das Gesamtwerk im
Blick hatten, wurde jüngst von STEPHEN BEALL eine Verifizierung der auf der allge-
meinen Ebene erbrachten Ergebnisse an den einzelnen Kapiteln der *noctes Atticae* als
Desiderat der Gelliusforschung benannt:

> „In my view, the next 'wave' of Gellian scholarship will include a cautiously speculative
> inquiry into the genesis of individual chapters of the *Attic Nights*. This investigation should
> not be restricted to source-criticism, but should also try to relate the form of the chapter to
> Gellius' general aims and methods."[16]

Im Sinne eines solchen partikularen Zugriff auf die *noctes Atticae* und in Übereinstimmung mit der generellen Themenstellung dieser Untersuchung werden im folgen-

---

10   Vgl. ASTARITA 1995, 172ff.

11   Vgl. BERTHOLD 1959; MARACHE 1952; MARACHE 1953; MARACHE 1957 u. BALDWIN 1975b.

12   Vgl. BALDWIN 1975b, 5ff.; AMELING 1984; ASTARITA 1984; BEALL 1988, 7ff.; HOLFORD-STREVENS
     1988, 9ff., u. ferner bereits MARSHALL 1963.

13   Vgl. BALDWIN 1975b, 71ff.; BEALL 1988, 61ff.; HOLFORD-STREVENS 1988, 115ff.; ASTARITA 1993,
     35ff.; ANDERSON 1994, 1841ff., u. ferner bereits NETTLESHIP 1883, 399ff.

14   Vgl. BALDWIN 1975, 21ff.; HOLFORD-STREVENS 1982; HOLFORD-STREVENS 1988, 61ff.; ASTARITA
     1993, 273ff., LAKMANN 1995; LAKMANN 1997 u. HOLFORD-STREVENS 1997a.

15   Vgl. z.B. BALDWIN 1975b, 1f.: „The *Noctes Atticae* has been described as a kind of Readers' Digest
     of Antiquity. The judgement is acceptable, if intended as compliment (I have a sneaking feeling that it
     is not) … Such objurgation is unfair, even inane. Not every man can aspire to be an Aristotle (not ev-
     eryone would want to), and there was by the second century already too much knowledge and great a
     mass of literature for individual omniscience. Anthologies and condensaties were necessary and va-
     lid." u. die Würdigung durch HOLFORD-STREVENS 1988, 237ff., sowie ferner SALLMANN / SCHMIDT
     1997b, 73, u. BEALL 1999, 55 Anm. 1.

16   Vgl. BEALL 1999, 55.

den einzelne Kapitel, in denen biographisches Wissen vermittelt wird, im Mittelpunkt des Interesses stehen, ohne bei deren Interpretation allerdings die Ebene des Gesamtwerkes aus dem Blick zu verlieren.

2. Die *noctes Atticae* in ihrer Zeit: Bildung und Konversationskultur

Alle Informationen zu Gellius' Leben stammen aus den zwanzig Büchern der *noctes Atticae*,[17] werden aber dort lediglich en passant und meist so unpräzise erwähnt, daß bereits für die Rekonstruktion der Daten für Geburt, Athenreise oder Publikation seines einzigen Werkes bislang keine einvernehmliche Lösung gefunden werden konnte.[18] Grundsätzlich herrscht jedoch ein weitgehender Konsens darüber, daß die von Gellius für einige seiner Kapitel entworfenen Rahmenhandlungen insoweit Anspruch auf historische Plausibilität beanspruchen können, als sich die in ihnen dargestellten Szenen sich unter Berücksichtigung der Lebensdaten der beteiligten Personen zumindest zugetragen haben könnten, so daß von einer Lokalisierung des Autors in antoninischer Zeit sicher ausgegangen werden kann.[19] Eine genauere Eingrenzung seines Geburtsjahres ist auf die Interpretation seiner Selbstbezeichnung als *adulescens* im Zusammenhang zweier Begegnungen mit Erucius Clarus angewiesen, die allerdings ihrerseits nicht exakt datiert sind.[20] Die diskutierte Zeitspanne ist dementsprechend breit und deckt fast die ganzen ersten drei Jahrzehnte des 2. Jh. n. Chr. ab.[21] Die größte Plausibilität kann jedoch ein relativ spätes Datum für sich beanspruchen, so daß im allgemeinen von einem Geburtsjahr zwischen 125 und 130 ausgegangen wird.[22]

Mit noch geringerer Gewißheit lassen sich Aussagen zu Gellius' geographischer und sozialer Herkunft treffen. Während von einigen Interpreten die Erwähnung eines Aufenthaltes in Praeneste als möglicher Hinweis auf seine Vaterstadt gelesen wird,[23]

---

17   Zur problematischen und handschriftlich unterschiedlich tradierten Datierung durch Radulfus de Diceto aus der zweiten Hälfte des 12. Jh. vgl. AMELING 1984, 480 Anm. 43.

18   Die relativ geringe autobiographische Aussagefähigkeit des gellianischen Werkes stellt nicht zuletzt eine Folge der gewählten Gattung dar, wie insbesondere ein Vergleich mit der Briefsammlung des jüngeren Plinius verdeutlichen kann, die dieser gezielt dazu genutzt hat, dem Leser auf vielfältige Weise Informationen über seine eigene Person und seine Lebensumstände zu geben; s.o. S. 75f.

19   Vgl. z.B. NETTLESHIP 1883, 395; MARSHALL 1963, 143, u. HOLFORD-STREVENS 1982, 67f.: „So far as we can tell, Gellius, like Cicero and unlike Plato, respects chronology in his fictions (...); which is natural if he is improving on events that really happened. ... But we should in general take Gellius' anecdotes rather as οἷα ἂν γένοιτο than as τὰ γενόμενα; in particular instances we need not shrink from saying that some are the latter, others not even the former."

20   Vgl. Gell. 7,6,12 u. 13,18,2 sowie zu den methodischen Schwierigkeiten BALDWIN 1975b, 14ff.

21   Vgl. die ältere Literatur bei STEINMETZ 1982, 276 Anm. 112.

22   Vgl. z.B. MARSHALL 1963, 146; STEINMETZ 1982, 276f., u. HOLFORD-STREVENS 1988, 12.

23   Vgl. Gell. 11,3,1 sowie z.B. STEINMETZ 1982, 276f.

argumentieren andere mit Verweis auf einzelne Interessensschwerpunkte für eine Abstammung aus einer afrikanischen *colonia* und reihen Gellius auf diese Weise in die Gruppe bedeutender Literaten afrikanischer Provenienz im Rom des 2. Jh. n. Chr. ein, zu der auch Fronto, Apuleius und Tertullian zählten.[24] Die argumentative Basis des an sich reizvollen Vorschlag ist aber doch recht schmal,[25] so daß diese These ebenso unbewiesen bleiben muß wie die Vermutung, Gellius entstamme der seit der Gracchenzeit bekannten *gens Gellia* und stehe daher in einem wenn auch entfernten Verwandtschaftsverhältnis zu dem von ihm mehrfach angeführten Cn. Gellius, einem Historiker des 2. Jh. v. Chr.[26]

Obwohl die *noctes Atticae* also weder eine explizite Aussage zur geographischen noch zur familiären Herkunft ihres Autors enthalten, läßt sich doch zumindest der Versuch unternehmen, Gellius innerhalb der von ihm dargestellten Gesellschaft sozial zu verorten. Denn er hat nicht wenig Mühe darauf verwendet, seine eigene Person in der Interaktion mit verschiedenen Zeitgenossen zu zeigen und auf diese Weise seine eigenen gesellschaftliche Position im Werk sichtbar werden zu lassen. Bei aller interpretatorischen Vorsicht, die bei einer derartigen Selbstaussage natürlich geboten ist, kann das von Gellius gezeichnete Selbstbild zumindest *cum grano salis* als authentisch gelten. Die Plausibilität dieser Annahme wird dadurch gesteigert, daß Gellius darauf verzichtet, sich selbst in den von ihm wiedergegebenen Szenen übermäßig in den Vordergrund zu spielen. Er zeigt sich zwar gerne im vertrauten Umgang mit einigen Größen der zeitgenössischen Gesellschaft, wie Fronto oder Herodes Atticus, mißt sich jedoch selbst in diesem Kontext stets eine sozial unterlegene Rolle zu, meist als stummer, nur gelegentlich zum Antworten aufgeforderter Zuhörer.[27]

Diese Position am unteren Rand der besseren Gesellschaft Roms scheint Gellius dabei weniger ererbtem oder erworbenem Reichtum zu verdanken, sondern vielmehr seiner umfassenden Bildung und der Fähigkeit, diese entsprechend dem Komment der Zeit in der Kommunikation zur Anwendung zu bringen. Auf diese Weise inszeniert sich Gellius selbst als erfolgreiches Beispiel für einen sozialen Aufstieg, der wesentlich auf kultureller Kompetenz und deren adäquater Kommunikation beruht, und ver-

---

24 Vgl. SCHETTINO 1975 u. HOLFORD-STREVENS 1988, 10ff., der seine Argumentation insbesondere auf Gell. 16,13,2 u. das Lemma zu dem verlorenen Kapitel 8,13 gründet (*cupsones quod homines Afri dicunt non esse verbum Poenicum sed Graecum*).

25 Vgl. BALDWIN 1975b, 6; BEALL 1988, 14ff., u. ANDERSON 1994, 1838.

26 Vgl. Gell. 8,14; 13,23,13; 18,12,6 u. z.B. SALLMANN / SCHMIDT 1997b, 69, sowie dag. BALDWIN 1975b, 6f., u. HOLFORD-STREVENS 1988, 9.

27 Vgl. HOLFORD-STREVENS 1988, 10: „Although he is an accepted member of good society, he is one of its lesser members; not for nothing does he take to heart Ennius' verses on the ideal confidant for a man of higher station (12,4)."

deutlicht so mit dem Auftritt der eigenen Person in den *noctes Atticae* die beiden zentralen ‚pädagogischen' Funktionen seiner Schrift.[28]

Den Bezug seines Werkes zur zeitgenössischen Bildung und den charakteristischen Formen ihres Erwerbs stellt Gellius bereits über den Titel her, dessen vorgeblich unprätentiösen Charakter er gegen die *festivitates inscriptionum* seiner Vorgänger ausspielt.[29] Während der Verweis auf die Nacht als geeignete Zeit für literarische Studien auf das aus der zeitgenössischen Gelehrtenstilisierung bekannte Ideal der *lucubratio* rekurriert,[30] dient die Lokalisierung dieser nächtlichen Lektürestunden in Attika einerseits als Verweis auf den eigenen Studienaufenthalt – und damit nicht zuletzt der Selbstdarstellung –,[31] andererseits aber auch der Einblendung einer sich in Athen manifestierenden Bildungstradition,[32] deren Bedeutung für Gellius sich unter anderem

---

28 Zum Vorbildcharakter der Person des Autors in den *noctes Atticae* vgl. BEALL 1988, 37: „Gellius' limited and schematic presentation of autobiographical detail makes sense if we read the work as an advertisement, as well as handbook, for the study of the liberal arts. The emphasis on *otium*, rather than on *diatriba*, in the recollection of his school days suits the situation of Gellius as he is writing the *Nights*, and that of his readers. The pleasant scenery, the shade of liberaries and coolness of evening walks, create a relaxed atmosphere which is attractive to the man involved in business or legal affairs in the forum."

29 Vgl. Gell. praef. 4-10 sowie ferner HOLFORD-STREVENS 1988, 20f.; VARDI 1993 u. SCHRÖDER 1999, 57ff. Bereits Plinius der Ältere hatte in der *praefatio* zur *naturalis historia* die Bescheidenheit seines Titels gegen den übersteigerten Anspruch seiner Vorgänger ausgespielt (vgl. Plin. n.h. praef. 24-26 u. SCHRÖDER 1999, 50ff., sowie ferner Clem. Al. Strom. 6,2,1 STÄHLIN u. VARDI 1993, 299f.).

30 Vgl. z.B. Gell. praef. 14: *lucubratiunculas istas* u. Gell. 19,9,5 sowie ferner BERTHOLD 1987, 203ff.; VARDI 1993, 300, u. KRASSER 1996, 241ff.

31 Die Frage nach der Datierung von Gellius' Athenaufenthalt und damit dem frühesten Zeitpunkt für die Abfassung der *noctes Atticae* hat vielfältige Antworten hervorgerufen. Nach der traditionellen Rekonstruktion seines Lebenslaufes hat Gellius zunächst in Rom studiert, ist dann ein Jahr nach Athen gegangen, war bei seiner Rückkehr etwa 25 Jahre alt und hat im folgenden das von ihm mehrfach erwähnte Richteramt ausgeübt (vgl. z.B. NETTLESHIP 1883, 392ff.; MARSHALL 1963, 148, u. HOLFORD-STREVENS 1988, 12f.). Doch auch die Verlagerung der Studienreise in einen späteren Lebensabschnitt ist vertreten worden (vgl. STEINMETZ 1982, 277f.; ASTARITA 1984 u. AMELING 1984). Ein weiterer *terminus post quem* läßt sich nur schwer gewinnen. Der von MARACHE 1952, 331f., aufgrund eines möglichen Gelliuszitates in der Apologie des Apuleius (vgl. Apul. apol. 9 mit Gell. 19,9,10-14) favorisierte frühe Zeitpunkt, konnte sich nicht durchsetzen (vgl. BEALL 1988, 45f.). Da Gellius von Herodes Atticus, der Mitte der 170er Jahre gestorben ist, wie von einem Toten zu sprechen scheint (vgl. Gell. 19,12,1), Frontos wenige Jahre später erfolgter Tod jedoch keine Berücksichtigung mehr gefunden hat, gelten heute die späten 170er Jahre als wahrscheinlichster Publikationszeitraum (vgl. HOLFORD-STREVENS 1988, 13ff., u. BEALL 1988, 45ff.).

32 Vgl. BERTHOLD 1987, 209, u. VARDI 1993, 300f.: „Night hours, however, are used for a variety of activities, and had Gellius' *Noctes* been Milesian rather than Attic, his title would have suggested a work of completely different nature. It is by alluding to Athens with its celebrated schools that he assures the predominance of the notion of intellectual endeavours." Ausgehend von dem Aristophaneszitat in der *praefatio* (vgl. praef. 21) und der allgemeinen Bedeutung der Mysterienmetaphorik in der Kaiserzeit wurde von KORENJAK 1998 vermutet, daß bereits die Anführung der Nacht im Titel als

auch an der Präsenz zahlreicher attischer Geistesgrößen in den *noctes Atticae* ablesen läßt.[33] Indem Gellius an vielen Stellen seines Werkes eine ‚attische' Atmosphäre erzeugt,[34] stellt er darüber hinaus einen direkten Bezug zur ‚idealen Bildungskultur' des klassischen Athen her, einer Epoche, die bereits von Cicero als das naheliegende Modell zur Illustration einer von verfeinerter Bildung und virtuoser Urbanität geprägten Atmosphäre herangezogen worden war.[35]

Neben diesen eher spielerischen Anklängen sind es jedoch vor allem die Auswahl der Inhalte und die Art ihrer Präsentation, die Gellius' Miszellanwerk seinen Platz im Herzen der römischen Bildungskultur des 2. Jh. n. Chr. zuweisen. Als charakteristisch erweist sich dabei bereits die singuläre literarische Form, die eine Zuordnung der *noctes Atticae* zu einer einzelnen Gattung erschwert, die jedoch den gesteigerten ästhetischen Ansprüchen durchaus gerecht wird, die im Rahmen der kaiserzeitlichen ‚société de lettrés' auch an ein Werk gestellt wurden, das primär der Vermittlung von Wissen und Verhaltenskompetenzen dient. Gellius selbst ordnet sich durch die umfangreiche Aufzählung von Vorgängern in der *praefatio*[36] in einen weitgespannten Traditionszusammenhang ein, dessen Spektrum von der systematisch-enzyklopädisch angelegten *naturalis historia* des älteren Plinius bis zu den *epistulae morales* des jüngeren Seneca reicht.[37] Ein deutlicher Schwerpunkt liegt jedoch auf solchen, in der Regel nicht erhaltenen Schriften, die dem Bereich der sogenannten Buntschriftstellerei angehört haben dürften. Doch auch mit einer Zuordnung zu dieser im 2. Jh. n. Chr. blühenden Gattung lassen sich die *noctes Atticae* nur unvollständig beschreiben.

Denn von einem klassischen Miszellanwerk wie der ποικίλη ἱστορία Aelians unterscheiden sie sich durch ein starkes dialogisches Moment. Dieses ist mit einer situativen Einbettung des Geschehens verbunden, die auch weit über den weniger flexiblen Rahmen hinausgeht, den Plutarch, Athenaios und andere Autoren sympotischer Literatur zur Lokalisierung ihrer fiktiven ‚Tischgespräche' gewählt haben.[38] Die Bedeu-

---

Hinweis darauf zu verstehen sei, daß es sich bei den *noctes Atticae* um eine Art Initiation in die Mysterien der Bildung handele (vgl. ferner BALDWIN 1975b, 94, u. KORENJAK 2000, 214).

33   Gellius' Präferenz für Athen zeigt sich beispielsweise in seinem Interesse an Demosthenes, der nicht nur als Vergleichsfolie für Cicero dient, sondern diesen an Bedeutung sogar übertrifft; s.u. S. 191ff.

34   Vgl. z.B. Gell. 4,1 cap.: *sermo quidam Favorini philosophi cum grammatico iactantioe factus in Socraticum modum* u. ferner HOLFORD-STREVENS 1997a, 102.

35   Vgl. Cic. off. 1,133-137 u. ferner KRASSER 1996, 160f.

36   Vgl. Gell. praef. 6-9. Zur Funktion dieser Schriften als ‚Mittelquellen' vgl. SALLMANN / SCHMIDT 1997b, 72.

37   Auch das suetonische *pratum* wird von Gellius angeführt; zur möglichen Bedeutung als Quelle vgl. SCHMIDT 1991, 3818f.: „Daß Gellius den Titel in seiner Praefatio (§8) gemeinsam mit zwei entscheidenden Vorbildern (Plinius und Favorin) hervorhebt und sich mit seinen 20 Büchern für die präsumtive Buchzahl des ‚Pratum' entscheidet, dürfte die Bedeutung dieser Quelle genauer bezeichnen als das einzige namentliche Zitat (9,7,3)."

38   Vgl. BEALL 1988, 128ff.; ANDERSON 1994, 1836f.; KRASSER 1996, 152, u. KRASSER 1998, 897.

tung, die Gellius dem Dialog als Medium der Wissensvermittlung zukommen läßt, hat dazu geführt, daß er verschiedentlich mit der Tradition dieser Präsentationsform in der philosophischen Literatur der Antike in Verbindung gebracht wurde. So hat vor allem RENÉ MARACHE die kynische Diatribe als Vorbild für das gellianische ‚mis en scène' ins Feld geführt.[39] Entscheidende Impulse dürften die *noctes Atticae* allerdings eher von der ἀπομνημονεύματα-Literatur[40] und den platonischen Dialogen[41] empfangen haben, deren Einflüsse zwar bereits erwogen, aber nicht hinreichend mit der von Gellius erzeugten ‚attischen' Atmosphäre in Verbindung gebracht worden sind.[42]

Beschreibt man die *noctes Atticae* als ein buntschriftstellerisches ‚Substrat' mit starken dialogischen Elementen[43] bleibt allerdings die Frage unbeantwortet, warum die *naturalis historia* des älteren Plinius in der Liste ihrer Vorgänger angeführt wird. Der Vergleich mit der systematisch angelegten und auf vollständige Erfassung des verfügbaren Wissens zielenden Enzyklopädie muß um so mehr überraschen, als von Gellius gerade der Verzicht auf die Vollständigkeit des Inhaltes und auf die Systematik in der Anordnung offensiv vertreten wird.[44] An ihre Stelle treten in den *noctes Atticae* die Vermittlung eines allgemeinen Überblicks über die verschiedenen für die zeitgenössische Allgemeinbildung relevanten Wissensbereiche[45] und die programma-

---

39   Vgl. auch schon HIRZEL 1895, II 259, u. MARACHE 1953 sowie ferner STEINMETZ 1982, 287, u. V. ALBRECHT 1992, II 1174f.

40   Vgl. z.B. MERCKLIN 1857/60, 675f., u. STEINMETZ 1982, 281. Zum Einfluß der ἀπομνημονεύματα-Literatur speziell auf die biographischen Anekdoten s.u. S. 167f. u. 206f.

41   Vgl. z.B. BEALL 1988, 124ff., u. SALLMANN / SCHMIDT 1997b, 71.

42   Vgl. aber HOLFORD-STREVENS 1997a, 112: „By imitating these forms, Gellius not only seasoned his learning with variety and human interest, but recalled a time when he moved with the social and intellectual élite; no small matter to one who never attained the heights of wealth, prestige, or power and who in his dealings with the great is always the guest and not the host." Ein bislang wenig beachtetes Vorbild könnten auch die ἐπιδημίαι des Ion von Chios aus dem 5. Jh. v. Chr. dargestellt haben, die in Form kurzer Szenen einen anschaulichen Bericht über das Zusammentreffen des Autors mit den politischen und intellektuellen Größen seiner Zeit enthielten, von denen sich jedoch nur fünfzehn, meist sehr knappe Fragmente erhalten haben (vgl. WEST 1985; GENTILI / CERRI 1988, 70ff., u. PICCIRILLI 1998, 147ff.).

43   Gellius' ‚Gattungskreuzung' verknüpft dabei zentrale Momente zweier Schriften seines Lehrers und verehrten Freundes Favorin (vgl. BARIGAZZI 1993, 568ff.), der sowohl eine der Buntschriftstellerei zuzurechnende παντοδαπὴ ἱστορία (vgl. Gell. praef. 8 u. ferner NETTLESHIP 1883, 394) als auch ἀπομνημονεύματα verfaßt hat, deren Vorbildcharakter aufgrund der fragmentarischen Überlieferung allerdings nur Spekulation bleiben kann (vgl. MENSCHING 1963 u. ferner ASTARITA 1993, 103).

44   Vgl. z.B. HOLFORD-STREVENS 1988, 21, u. ASTARITA 1993, 20f.

45   Vgl. Gell. praef. 12-17, v.a. 13: *non enim fecimus altos nimis et obscuros in his rebus quaestionum sinus, sed primitias quasdam et quasi libamenta ingenuarum artium dedimus, quae virum civiliter eruditum neque audisse umquam neque attigisse, si non inutile, at quidem certe indecorum est.*

tisch beibehaltene *varietas* der zugrundeliegenden Exzerpte als Ordnungsprinzip auch des publizierten Werkes.[46]

Es sind gerade diese beiden Abweichungen, in denen sich die *noctes Atticae* als ein Werk des 2. Jh. n. Chr. erweisen, einer Epoche des saturierten Buchwissens, in der die Vielzahl der verfügbaren Bücher die vom einzelnen Rezipienten zu bewältigende Menge bei weitem überstiegen hat und sich Leser wie Autoren dieser Entwicklung zunehmend bewußt geworden sind.[47] Da die Gesamtheit des Wissenswerten in Sammelwerken wie den varronischen *antiquitates* oder dem Geschichtswerk des Livius bereits zusammengestellt wurde und diese Werke in den umfangreichen Sammlungen der zahlreichen Bibliotheken für den interessierten Leser verfügbar waren, entwickeln unterschiedliche Gattungen einen ausgeprägten ,Dienstleistungscharakter' und werden zu „Literatur, die zugleich Literaturführer sein will."[48] Dieser veränderte Anspruch wird von Gellius in seiner *praefatio* explizit formuliert, wenn er seine Leser mit Blick auf die von ihm behandelten Gegenstände auffordert, *ut ea non docendi magis quam admonendi gratia scripta existiment et quasi demonstratione vestigiorum contenti persequantur ea post, si libebit, vel libris vel magistris.*[49]

Betrachtet man die *noctes Atticae* daher im Kontext des literarischen und kulturellen Systems, in dem sie entstanden sind, gewinnen sie in gewisser Weise einen komplementären oder subsidiären Charakter.[50] Das heißt aber auch, daß der Autor darauf verzichten kann, jedes Thema *de Romulo et Remo*[51] zu behandeln, und daß er auch bei entlegeneren oder nur knapp skizzierten ,Wissensfragmenten' voraussetzen darf, daß seine Rezipienten diese adäquat einordnen und bewerten können. Dies zeigt

---

46 Vgl. Gell. praef. 2: *usi autem sumus ordine rerum fortuito, quem antea in excerpendo feceramus. nam proinde ut librum quemque in manus ceperam seu Graecum seu Latinum vel quid memoratu dignum audieram, ita quae libitum erat, cuius generis cumque erant, indistincte atque promiscue annotabam* u. praef. 3 *facta igitur est in his quoque commentariis eadem rerum disparilitas, quae fuit in illis annotationibus pristinis, quas breviter et indigeste et incondite <ex> auditionibus lectionibusque variis feceramus* sowie ferner MERCKLIN 1857/60, 694ff., u. BEALL 1988, 112ff.249: „Our author shows an extraordinary concern for *variatio*, and indeed no prose writer seems to have varied his work so much."

47 Vgl. BALDWIN 1975b, 1f.; BERTHOLD 1987, 211f.; HOLFORD-STREVENS 1988, 6.21, u. KRASSER 1996, v.a. 84ff.

48 Vgl. BERTHOLD 1980, 48.

49 Vgl. Gell. praef. 17 („daß sie deren Behandlung in meinem Werk nicht als Belehrung, sondern vielmehr als Anregung verstehen und zufrieden damit sein mögen, den Gegenständen, nachdem ich ihnen sozusagen den Weg gezeigt habe, später gründlicher nachgehen, wenn ihnen der Sinn danach steht, sei es durch das Nachschlagen in Büchern oder das Gespräch mit Lehrern.").

50 Vgl. BINDER 2003, 118f.: „Sein Werk ersetzt die Bücher nicht, es setzt sie voraus; so gesehen könnte man von subsidiärer Literatur sprechen, die dann leicht möglich ist, wenn man Bücher für grundsätzlich verfügbar und ihre Sammlungen für potentiell dauerhaft ansieht."

51 Vgl. Cic. leg. 1,8.

sich besonders deutlich an Stellen wie der oben angeführten, an denen Gellius seine
Leser in explizit protreptischer Absicht dazu auffordert, eine von ihm angebotene Lö-
sung selbst durch Nachschlagen zu überprüfen oder ein von ihm nur angesprochenes
Problem in eigener Lektüre weiterzuverfolgen.[52]

Vor dem Hintergrund dieser kulturellen Rahmenbedingungen geht Gellius' Ehr-
geiz im Gegenteil gerade dahin, seine Leser nicht mit bereits allzu bekannten Material
zu langweilen: *et satis hoc blandum est non esse haec in scholis decantata neque in
commentariis protrita.*[53] Aus dem Verzicht auf die bereits in der Schule vermittelten
Kernbereiche der zeitgenössischen Bildung ergibt sich jedoch zugleich die fehlende
Repräsentativität der in den *noctes Atticae* behandelten Inhalte.[54] Die von Gellius bewußt in Kauf genommene Unausgewogenheit des präsentierten Materials hat wesentlich dazu beigetragen, sein Werk einer ‚antiklassizistischen‘ Strömung zuzurechnen,
in deren literarischer Werteskala Ennius an die Stelle Vergils[55] und die republikanischen Annalisten an diejenige des Livius[56] getreten sind. In der Betrachtung des sogenannten Archaismus in der römischen Literatur des 2. Jh. n. Chr. wurde jedoch in
jüngerer Zeit zu recht eine Beobachtung in den Vordergrund gerückt,[57] die auch für
Gellius in hohem Maße zutreffend ist: Bei der Beschäftigung mit den vorklassischen
Autoren handelt es sich weniger um eine Verdrängung der Klassiker, sondern vielmehr um eine Erweiterung des rezipierten literarischen Kanons:[58] Wenn Gellius etwa

---

52   Vgl. Gell. praef. 17-18 u. ferner z.B. Gell. 11,3,4 sowie BEALL 1988, 4f., u. BINDER 2003, 110. Der
     Gedanke der Wissenschaftspropädeutik als zentraler Intention der *noctes Atticae* wird insbesondere
     von STEINMETZ 1982, 279f., vertreten: „Er wendet sich an die Angehörige der Oberschicht, die ent-
     weder von Pflichten frei sind oder von ihren Pflichten gelegentlich ausspannen können. Sie sollen
     durch die mannigfachen Themen zu einer eingehenderen Befassung mit verschiedenen Wissensgebie-
     ten angeleitet werden."

53   Vgl. Gell. praef. 15 („Andererseits dürfte es für mich schon schmeichelhaft sein, wenn es keine Dinge
     sind, die in den Schulen heruntergeleiert oder in Handbüchern breitgetreten werden."); vgl. Plut.
     symp. 5,2,675a (καταβαλὼν δὲ ταῦτα τῷ διατεθρυλῆσθαι πάνθ' ὑπὸ τῶν γραμματικῶν) u. ferner
     HOLFORD-STREVENS 1988, 126.

54   Als Reaktion auf den antizipierten Vorwurf der Heterogenität der von ihm präsentierten Inhalte ist
     auch die in *praefatio* geäußerte Kritik an der πολυμαθία seiner Vorgänger zu verstehen (vgl. Gell.
     praef. 11-12 u. ferner HOLFORD-STREVENS 1988, 28f.: „But the principle of utility, stressed here and
     elsewhere in the *Nights*, will have been a commonplace among miscellanists: …".). Allerdings fällt es
     dem modernen Leser nicht selten schwer, die von Gellius der Aufnahme einzelner Inhalten zugrunde
     gelegten Kriterien nachzuvollziehen (vgl. z.B. Gell. 9,4 mit SCHEPENS / DELCROIX 1996, 411ff., u.
     Gell. 14,6 mit HOLFORD-STREVENS 1988, 28ff.).

55   Vgl. HOLFORD-STREVENS 1988, 153ff.

56   Vgl. SCHETTINO 1986 u. v.a. SCHETTINO 1987, 133ff.

57   Vgl. v.a. SCHINDEL 1994.

58   Vgl. VESSEY 1994, 1863ff., u. BINDER 2003, 118: „Der Archaismus des Aulus Gellius wäre dann
     nicht substitutiver Natur ‚Ennius statt Vergil‘, sondern additiver Natur ‚neben Vergil auch, und nun
     erst recht, Ennius‘ …". Dazu kommt, daß der Prozeß der Erweiterung des aktuellen Wissensspektrums

zur Schilderung eines historischen Ereignisses aus der Zeit der römischen Republik auf die fast vergessenen republikanischen Historiker zurückgreift und nicht auf die livianische Fassung, so ist das nicht als ein negatives Urteil über Livius, sondern als der Versuch zu verstehen, seinen Lesern mehr zu bieten als die ihnen bereits bekannte *vulgata* des historiographischen Standardwerkes.[59]

Auch mit der Abkehr von einer systematischen Anordnung und der Entscheidung, die einzelnen Kapitel in bunter Folge statt in thematischer Reihung zu präsentieren, steht Gellius in seiner Zeit keineswegs allein.[60] In der Vorliebe für die *varietas* oder den – meist vorgeblichen[61] – *ordo fortuitus* zeigt sich neben der generell gestiegenen Bedeutung ästhetischer *delectatio* in der Literatur des 2. Jh. n. Chr.[62] erneut der subsidiäre Charakter eines Werkes wie der *noctes Atticae*: Der unter der Perspektive einer faktenorientierten *utilitas* zentrale Aspekt einer systematischen Anordnung kann hier vernachlässigt werden, weil sich derjenige Rezipient, der auf der Suche nach einer bestimmten Information ist, an andere Werke – wie beispielsweise die *naturalis historia* – wenden kann.

Dennoch hat Gellius seinem Werk ein Verzeichnis mit den Inhaltsangaben der einzelnen Kapitel vorangestellt,[63] um auch seinem Leser, wenn er sich auf der Suche nach einer bestimmten Stelle befindet, eine schnellere Orientierung zu ermöglichen:[64] *capita rerum, quae cuique commentario insunt, exposuimus hic universa, ut iam sta-*

---

vor dem Hintergrund der sozialen Funktionalisierung von Bildung eine besondere Dynamik gewinnt, denn als Distinktionsmerkmal ist das gängige Schulwissen naturgemäß weniger geeignet als entlegene und deswegen exklusive Bildungsinhalte (vgl. BINDER 2003, 108ff.).

59 Ebenso greift Gellius für die anekdotische Schilderung von *exempla* in der Regel nicht auf Valerius Maximus, sondern auf ältere Autoren, z.B. Nepos zurück (vgl. NETTLESHIP 1883, 402f., u. SCHETTINO 1986, 357).

60 Vgl. Plin. ep. 1,1,1: *collegi non servato temporis ordine (non enim historiam componebam), sed ut quaeque in manus venerat.*

61 Vgl. für Gellius MERCKLIN 1857/60, 706; BEALL 1988, 40ff., u. HOLFORD-STREVENS 1988, 26: „Sure enough, there are signs in the *Nights* of deliberate disruption. Four explizit quotations from Cicero's *Orator*, standing in the original at §§ 158, 159 and (two extracts) 168, appear repectively at 15,3,2-3; 2,17,2; 13,21,24; 18,7,8." Ein darüber hinausgehender Versuch, die Anordnung einzelner Kapitel und die inhaltliche Zusammensetzung der Bücher interpretatorisch fruchtbar zu machen, wurde von HENRY 1994 unternommen.

62 Die Abwechslung in der Anordnung wird von Gellius – im Gegensatz zu Plinius (vgl. Plin. ep. 2,5,7-8 u. 8,21,4) – allerdings nicht explizit in Zusammenhang mit der *delectatio* des Lesers gebracht (vgl. HOLFORD-STREVENS 1988, 25f. u. s.o. S. 54f.).

63 Die Kapitelüberschriften werden heute im allgemeinen für authentisch gehalten (vgl. z.B. HOLFORD-STREVENS 1988, 23: „Their authenticity, sometimes doubted before the finding of the palimpsest, is not disproved by inaccuracies in their formulations: the final redaction of the nights was distinctly careless.").

64 Vgl. BERTHOLD 1987, 209f.; VESSEY 1994, 1868f., u. PUGLIARELLO 1997.

tim declaretur, quid quo in libro quaeri invenirique possit.[65] Die Verwendung von Kapitelüberschriften gehört ebenso wie die Entwicklung von Inhaltsverzeichnissen zu dem Spektrum ‚neuer Dienstleistungen des Autors gegenüber dem Leser',[66] das sich im Laufe des 1. Jh. n. Chr. herausbildet.[67] Bei der Etablierung dieser paratextuellen Elemente[68] kam gerade dem älteren Plinius eine Schlüsselfunktion zu,[69] so daß sich hier durchaus eine Verbindungslinie zu den *noctes Atticae* ziehen läßt,[70] wenn Gellius auch wohl kaum diesen Aspekt im Auge gehabt haben dürfte, als er die *naturalis historia* unter den Vorläufern seines Werkes aufführte.

Das subsidiäre Verhältnis zu anderen Schriften führt also nicht zu dem alleinigen Vorrang der *delectatio* in Werken wie den *noctes Atticae*. Zwar tritt die Absicht, den Rezipienten auch zu unterhalten, verschiedentlich zutage – etwa in den Kapitelüberschriften, die oft einen werbenden und zum Lesen animierenden Charakter aufweisen,[71] oder in der wenig überzeugenden Distanzierung vom Unterhaltungswert der Mirabilienliteratur[72] –, doch Gellius bemüht sich in den programmatischen Aussagen der *praefatio*, den Aspekt der Unterhaltung möglichst weit hinter den Gedanken einer ‚Utilität zweiter Ordnung' zurücktreten lassen. Gerade in der Verbindung aus einer der *delectatio* dienenden *variatio* mit den paratextuellen Elementen, die wiederum die *utilitas* erhöhen sollen, erweisen sich die *noctes Atticae* als demjenigen *stratum* der

---

65   Vgl. Gell. praef. 25 („Die Inhaltsangaben der einzelnen Kapitel habe ich hier zusammengestellt, damit schon gleich klar wird, was in den einzelnen Büchern gesucht und gefunden werden kann."). Zur Form der Lemmata, die gegenüber der *naturalis historia* deutliche Neuerungen aufweist, vgl. MASELLI 1993, v.a. 34f., der sie in ihrer Funktion unter anderem mit Zeitungsüberschriften vergleicht.

66   Vgl. KRASSER 1996, 148.166, u. KRASSER 1999, 62.

67   Gellius ist allerdings insofern neue Wege gegangen, als er die Inhaltsangaben der Lemmata nicht nur im vorangestellten Gesamtverzeichnis, sondern zugleich auch vor den jeweiligen Kapiteln plazierte, doch könnte die in den Handschriften breit bezeugte ‚Wiederholung' der Lemmata vor den einzelnen Abschnitten auch eine Folge der medialen Veränderung von der Papyrusrolle zum Pergamentkodex darstellen (vgl. MASELLI 1993, 35f.; SCHMIDT 1997a, 226ff., u. SCHRÖDER 1999, 113f.: „In der Tat war es wohl bei Werken, die aus mehreren Rollen bestanden, von Vorteil, nur ein einziges Verzeichnis in der ersten Rolle konsultieren zu müssen; ... In der Spätantike ging man dazu über, die Verzeichnisse aufzuteilen, d.h. jeweils vor das betreffende Buch zu stellen, ... Auch die Verzeichnisse älterer Autoren konnten aufgeteilt werden: Columellas Verzeichnis ist zweimal überliefert, einmal als Gesamtverzeichnis nach Buch 11, außerdem in Teilen vor den einzelnen Büchern ...").

68   Zum Begriff des Paratextes vgl. GENETTE 1989 [1987].

69   Vgl. CONTE 1991, 95ff.; SCHMIDT 1997a, 225f.; NIKITINSKI 1998, 345ff., u. SCHRÖDER 1999, 92ff.

70   Vgl. MASELLI 1993, 19f. Zu Gellius' Rolle bei der weiteren Verbreitung dieser Techniken vgl. BERTHOLD 1987, 211f.

71   Vgl. z.B. Gell. 1,23 cap.: *quis fuerit Papirius Praetextatus; quae istius causa cognomini sit; historiaque ista omnis super eodem Papirio cognitu iucunda* oder 18,2 cap.: *cuiusmodi quaestionum certationibus Saturnalicia ludicra Athenis agitare soliti simus; atque inibi inspersa quaedam sophismatia et aenigmata oblectatoria* sowie ferner MASELLI 1993, 22ff.

72   Vgl. Gell. 9,4,3-5.12 u. ferner 10,12,1.4 sowie SCHEPENS / DELCROIX 1996, 411ff.

römischen Literatur des 2. Jh. n. Chr. zugehörig, zu dessen Charakterisierung PETER STEINMETZ die treffende Wendung der ‚belehrenden Unterhaltung – unterhaltenden Belehrung' geprägt hat.[73]

Aufgrund ihrer subsidiären Stellung innerhalb der zeitgenössischen literarischen Landschaft und ihres betont komplementären Verhältnisses zu den großen Sammelwerken der Vorgänger kann es also nicht das primäre Ziel der *noctes Atticae* darstellen, ein umfassendes Basiswissen zu vermitteln. Gellius löst sein Versprechen, den Leser von der *turpis certe agrestisque rerum atque verborum imperitia* zu befreien,[74] vielmehr auf einer zweiten Ebene ein, auf der an die Stelle der Ansammlung von Fakten die Vermittlung des richtigen Umgangs mit Wissen treten soll.[75] Diesem Zweck dienen auch die knappen Überblicke, die er von einzelnen Wissensbereichen gibt und in denen er sich im wesentlichen auf die jeweilige Fachterminologie beschränkt, um seinen Leser so in die Lage zu versetzen, sprachlich kompetent an einem Gespräch über diese Themengebiete teilzunehmen. So begründet er mit dem expliziten Verweis auf ihre Relevanz für die zeitgenössische Allgemeinbildung die Behandlung von Mirabilienliteratur,[76] medizinischen[77] und juridischen[78] Fachwissens sowie die Aufnahme von biographisch-synchronistischen Daten[79] in die *noctes Atticae*.

Die im Text exemplarisch vorgegebenen Anwendung der vermittelten Wissensbestände erlaubt Rückschlüsse auf Gellius' Konzeption eines ‚idealen' Rezipienten:[80] Bei diesem dürfte es sich weniger um denjenigen gehandelt haben, dem an der Komplettierung der materiellen Seite seiner Bildung gelegen war, sondern vielmehr um

---

73 Vgl. STEINMETZ 1982, 239, sowie ferner z.B. BERTHOLD 1987, 210, u. ASTARITA 1993, 23.206f.

74 Vgl. Gell. praef. 12 („der zweifellos schimpflichen und unzivilisiert wirkenden Unkenntnis der Welt und der Sprache").

75 Vgl. v.a. Gell. praef. 12.13.16 u. ferner BEALL 1988, 61f.99ff., der die Intention der *noctes Atticae* in der Propagierung einer auf umfassende παιδεία gegründeten *humanitas Gelliana* und der Ausbildung des *vir civiliter eruditus* sieht.

76 Vgl. Gell. 9,4,5 *ut, qui eos lectitabit, is ne rudis omnino et* ἀνήκοος *inter istiusmodi rerum auditiones reperiatur.*

77 Vgl. Gell. 18,10,8: *hoc ego postea cum in medico reprehensum esse meminissem, existimavi non medico soli, sed omnibus quoque hominibus liberis liberaliterque institutis turpe esse ne ea quidem cognovisse ad notitiam corporis nostri pertinentia.*

78 Vgl. Gell. 20,10,6: *itaque id, quod ex iureconsultis quoque ex libris eorum didici, inferendum his commentariis existimavi, quoniam, in medio rerum et hominum vitam qui colunt, ignorare non oportet verba actionum civilium celebriora.*

79 Vgl. Gell. 17,21,1: *ut conspectum quendam aetatum antiquissimarum, item virorum inlustrium, qui in his aetatibus nati fuissent, haberemus, ne in sermonibus forte inconspectum aliquid super aetate atque vita clarorum hominum temere diceremus.*

80 Am Anfang des erhaltenen Teiles der *praefatio* figurieren zwar Gellius' Kinder als Adressaten, doch ist ihre Nennung an dieser Stelle wohl vorrangig als Widmung zu verstehen oder dient der *captatio benevolentiae* (vgl. Gell. praef. 1 u. ferner HENRY 1994, 1920, mit der Vermutung, die Widmung an die Kinder solle einen „paternal, if not paternalistic, impetus" erzeugen).

solche Personen, denen nach dem Erwerb der faktischen Grundlagen ihrer Allgemeinbildung das Wissen und die Erfahrung für eine den Usancen der Zeit entsprechende
Anwendung ihrer Bildung fehlten.[81] Für diese Leser konnten die *noctes Atticae* als eine Art ‚Leitfaden für den adäquaten Umgang mit Wissen' oder als ein ‚Konversationslexikon' im eigentlichen Sinne des Wortes fungieren.[82] Jedenfalls dürften sie bei
denjenigen Rezipienten, die bereits über ein zum Teil nicht unerhebliches Vorwissen
verfügten, durch dessen ‚fehlerhafte' Anwendung jedoch um den gewünschten gesellschaftlichen Erfolg gebracht worden waren, auf besonders fruchtbaren Boden gefallen
sein. Bei dieser Personengruppe könnte es sich beispielsweise um soziale Aufsteiger
gehandelt haben,[83] denen aufgrund ihrer nicht dem oberschichtlichen Komment entsprechenden Umgangsformen die volle gesellschaftliche Anerkennung bislang ver-
wehrt geblieben war.

Mit einer solchen Definition des primären Zielpublikums erweist es sich auch als
kompatibel, wenn Gellius seine Leser als *homines aliis iam vitae negotiis occupatos*
bezeichnet.[84] Auch sein Bekenntnis zum ‚Dilettantismus', das sich beispielsweise in

---

81   Vgl. BEALL 1988, 247: „Gellius believes that the man of the world cannot master all existing know-
      ledge: he must concentrate on its most rewarding and useful branches. Gellius' formal object is not
      knowledge, but personal culture, specifically that which is appropriate to the ordinary educated citi-
      zen. Personal culture is regarded as more than an attainment, ‚what one knows'; it is an engagement
      with things of the mind, which becomes a way of life, reflected in his own participation in the literary
      saeculum he describes." u. KRASSER 1996, 157f.: „… so wird rasch deutlich, daß es sich bei Gellius
      nicht um ein abstraktes sich selbst genügendes Bildungsideal handelt, sondern um ein pragmatisch-
      funktionales Bildungskonzept, das sich in erster Linie an der Außenwirkung des Menschen im Rah-
      men des gesellschaftlichen Verkehrs orientiert. Die Fähigkeit, sich unter den verschiedensten Umstän-
      den erfolgreich an einer gebildeten Konversation beteiligen zu können, ist der wichtigste Aspekt des
      von Gellius vertretenen Programms."

82   Vgl. HOLFORD-STREVENS 1988, 33f., u. KRASSER 1996, 168: „Faßt man die hier gemachten Beob-
      achtungen zusammen, so kann man mit einigem Recht davon sprechen, daß die *Noctes Atticae* die
      Funktion eines Konversationslexikons (im wörtlichen Sinne) hatten, in das sich, wenn man den Ver-
      gleich mit der Moderne weiterführen will, Elemente des Knigge und erbaulicher Unterhaltung im Sti-
      le von Reader's Digest mischen."; ausführlicher zu dieser Analogie s.u. S. 231f.

83   Eine sozioökonomische Einordnung dieser *homines novi* über fällt aufgrund der Quellenlage aller-
      dings schwer (vgl. SCHMITZ 1997, 152ff. u. allgemein JACQUES / SCHEID 1998 [1996], 329ff.); vor
      allem die nach Rom drängende Munizipialaristokratie (ECK 1995a, 141ff.) und im Staatsdienst aufge-
      stiegene *liberti* (ECK 1998) dürften in diesem Zusammenhang relevante Personengruppen sein.

84   Vgl. Gell. praef. 12 („Menschen, die bereits von anderweitigen Lebensverpflichtungen in Anspruch
      genommen werden") sowie ferner praef. 1: *ad hoc ut liberis quoque meis partae istiusmodi remis-
      siones essent, quando animus eorum interstitione aliqua negotiorum data laxari indulgeri potuisset* u.
      Gell. 20,10,6: *itaque id, quod ex iureconsultis quoque ex libris eorum didici, inferendum his commen-
      tariis existimavi, quoniam, in medio rerum et hominum vitam qui colunt, ignorare non oportet ver-
      ba actionum civilium celebriora.*

der die ganze *praefatio* durchziehenden Bescheidenheitstopik artikuliert,[85] und die Selbststilisierung als ‚Schriftsteller im Nebenberuf‘[86] sind vor diesem Hintergrund zu sehen. Gellius mißt seinem Werk also gerade für den ‚nichtprofessionellen‘, aber an einer Komplettierung seiner literarischen Bildung interessierten Leser eine besondere Relevanz zu.[87] Dagegen werden der *opicus*, der *et litterarum et vocum Graecarum expers* ist,[88] sowie allgemein diejenigen, die *intemperiarum negotiorumque pleni sunt*,[89] explizit als Rezipienten ausgeschlossen. Auf der anderen Seite stellt aber auch der professionelle Intellektuelle, für den die Beschäftigung mit Grammatik, Rhetorik oder Philosophie den wesentlichen Lebensinhalt darstellt, nicht das primäre Zielpublikum der *noctes Atticae* dar.[90]

Indem Gellius so großen Wert darauf legt, nicht nur die Informationen als solche, sondern zugleich auch die adäquate Form ihrer Anwendung zu vermitteln, bezieht er

---

85 Die Betonung des nicht professionellen Charakters zeigt sich in der Beschreibung des eigenen Werkes durch Diminutive (vgl. Gell. praef. 14.16 u. ferner z.B. Gell. 1,3,30), in der Betonung des spielerischen Charakters (vgl. Gell. praef. 4: *commentationes hasce ludere ac facere*) und in der pointierten Absetzung der Bescheidenheit des eigenen Titels von denjenigen der Vorgänger (vgl. Gell. praef. 10). Auch außerhalb der *praefatio* ruft Gellius verschiedentlich seine Rolle als literarischer ‚Amateur‘ in Erinnerung (vgl. Gell. 1,25,18; 11,3,1 u. 17,21,1); insbesondere zur Einleitung seiner Übersetzungen aus dem Griechischen greift er häufig auf das gängige Repertoire für eine *captatio benevolentiae* zurück (vgl. Gell. 10,22,3; 12,1,24 u. 17,20,8). Seine Selbststilisierung steht dabei in einem gewissen Widerspruch zur Betonung der persönlichen ‚Leseleistung‘ (vgl. ANDERSON 1994, 1835f.: „Here it seems that Gellius wants to have things both ways: he wants to claim credit for a serious labour of love over a long professional life; and yet he wants to disarm criticism by reminding his readers that this began as nothing more than a private scrapbook. The problem will run through the 'Nights', and through Gellius' attitude in general.").

86 Vgl. v.a. Gell. praef. 12: *ipse quidem volvendis transeundisque multis admodum voluminibus per omnia semper negotiorum intervalla, in quibus furari otium potui, exercitus defessusque sum.*

87 Vgl. BEALL 1988, 36: „The facility of the work plainly characterizes its intended audience. Although reading and excerpting can be a fairly tedious business, Gellius makes study seem easy. Reading is often done casually in the *Attic Nights*, on holidays (16,10) or at table (2,22; 3,19; 9,9,4; 1,22,5), merely as a form of entertainment. … When Gellius is aware that the subject matter is difficult or complex, he may add a bit of encouragment, or adapt the form of his chapter to make it more entertaining and engrossing."

88 Vgl. Gell. 11,16,2 u. 7 sowie ferner z.B. Gell. praef. 12 u. Gell. 15,6,1. Kenntnis des Griechischen in gewissem Umfang wird von Gellius schon dadurch vorausgesetzt, daß er in der Regel auf eine Übersetzung verzichtet. Schwierigeren Texten wird allerdings eine lateinische Übersetzung oder zumindest Paraphrase beigegeben (vgl. z.B. Gell. 15,26). Die Übersetzungen folgen freilich nicht ausschließlich didaktischen Gesichtspunkten, sondern dienen zugleich der Demonstration der Virtuosität des Autors (vgl. 17,20,7-9 u. 20,5 cap. sowie ferner BEALL 1988, 151ff., u. BEALL 1997).

89 Vgl. Gell. praef. 19 u. ferner ASTARITA 1993, 33.

90 Vgl. HOLFORD-STREVENS 1988, 126, u. dag. STEINMETZ 1982, 279f., u. ASTARITA 1993, 34.206. Zu den intellektuellen ‚professionals‘ aus Gellius' Freundeskreis als Adressatengruppe vgl. KRASSER 1996, 165.

zugleich in der Debatte darüber Stellung, ob der richtige Umgang mit Bildungsgütern erlernt oder nur anerzogen werden kann. Diese Diskussion, in der nicht zuletzt der alte Gegensatz zwischen *ars* und *ingenium* wieder aufgegriffen wird, wurde angesichts des hohen Sozialprestiges, das sich im 2. Jh. n. Chr. mit einer formvollendeten Konversation verband,[91] intensiv geführt und mehrheitlich zugunsten der Unerlernbarkeit wahrer παιδεία beantwortet. Die große Beachtung dieser Fragestellung erklärt sich dabei ebenso wie der Umstand, daß sie mehrheitlich im Sinne des aristokratischen φύσις-Ideals beantwortet wurde, vor allem aus der legitimatorischen Funktion von Bildung in der zeitgenössischen Gesellschaft. Denn während sich die Wissensbestände als solche in relativ kurzer Zeit aneignen ließen, diente der den gesellschaftlichen Usancen entsprechende Umgang mit Bildungsgütern als retardierendes Moment, das in der Regel dafür sorgte, daß die Zugehörigkeit zur etablierten Oberschicht erst mit der Verzögerung von mehreren Generationen erreicht werden konnte.[92]

Auch Gellius bedient mit dem häufig auftretenden Typus des anonymen *quispiam*, der auf unangenehme Weise mit seinem Halbwissen protzt,[93] zunächst scheinbar das Klischee des *semidoctus*[94] oder des ὀψιμαθής.[95] Tatsächlich dienen diese Figuren jedoch gerade dem didaktischen Ziel, seine Leser vor unangemessenen Formen

---

91   Vgl. z.B. Quint. inst. 6,3,17: *nam et urbanitas dicitur, qua quidem significari video sermonem praeferentem in verbis et sono et usu proprium quendam gustum urbis et sumptam ex conversatione doctorum tacitam eruditionem denique cui contraria sit rusticitas* mit EIGLER 2003, 253 sowie ferner allg. SCHMITZ 1997, 136ff.

92   Vgl. SCHMITZ 1997, v.a. 63 u. 156f.; s.o. S. 16ff.

93   Vgl. z.B. Vgl. Gell. z.B. 1,2; 4,1; 6,17; 8,14; 9,15; 11,7; 13,30; 15,2; 15,30; 16,6 u. 18,4 sowie ferner BEALL 1988, 38, u. KRASSER 1996, 153ff.

94   Vgl. Fronto ad M. Caes. 4,3,1 VAN DEN HOUT p. 56: *omnium artium, ut ego arbitror, imperitum et indoctum omnino esse praestat quam semiperitum ac semidoctum. nam qui sibi conscius est artis expertem esse, minus adtemptat eoque minus praecipitat: diffidentia profecto audaciam prohibet. at ubi quis leviter quid cognitum pro conperto ostentat, falsa fiducia multifariam labitur* u. ferner SCHMITZ 1997, 148: „Wenn wir das in diesen Texten ausgedrückte Ideal ernstnehmen, dann gäbe es zwischen dem vollkommen Gebildeten und dem gänzlich Ungebildeten keine Abstufungen: Da der *semidoctus* in den Augen dieser Autoren noch schlimmer ist als der *indoctus*, wäre jede graduelle Aneignung von Bildung im Grunde unmöglich. ... Hinter solchen Ansichten steckt letztlich ein aristokratisches Bildungsideal. Danach ist Bildung eher eine Form des Seins (man ist vollkommen oder gar nicht gebildet, so wie es ja im Grunde auch keine Abstufungen des Adels gibt: man ist adelig oder nicht, *tertium non datur*) als eine erwerbbare, akzidentelle Eigenschaft, die man in höherem oder geringerem Maße besitzen kann."

95   Zur Bedeutung von ὀψιμαθής vgl. SCHMITZ 1997, 150f.: „Daher gewinnt das Wort zwei abwertende Konnotationen, die auf den ersten Blick widersprüchlich erscheinen können: Es bezeichnet sowohl den ‚Pedanten', der mit seiner unnützen Bildung an unpassender Stelle protzt, als auch den Halbgebildeten, der sich durch seine elementaren Fehler immer wieder verrät. Beides sind nach dem Verständnis der Kaiserzeit zwei Seiten derselben Persönlichkeit, die den Vorstellungen der legitimen Bildung nicht entspricht."

der Bildungspräsentation zu warnen, und sollen auf diese Weise einen Beitrag zur leichteren Überwindung des Gegensatzes zwischen anerzogener und erlernter παιδεία leisten.[96] Auch daß sich Gellius im erhaltenen Teil der *praefatio* jeder Polemik gegen die *semidocti* enthält und sich statt dessen lediglich von der an literarischen Gegenständen gänzlich uninteressierten Menge abgrenzt,[97] verleiht der Vermutung zusätzliche Plausibilität, daß es gerade die Lektüre seines Werkes ist, die dem bildungshungrigen Zeitgenossen helfen soll, der Charybdis des Nichtwissens zu entkommen, ohne dabei in die Fänge der Skylla einer eitlen ‚Prunkgelehrsamkeit'[98] zu geraten.

Die *noctes Atticae* erweisen sich also nicht nur aufgrund der rekonstruierten Lebensdaten des Autors und der Wahl des Titels als ein charakteristisches Werk des 2. Jh. n. Chr., sondern auch hinsichtlich ihres betont subsidiären Selbstverständnisses und der anspruchsvollen Gestaltung ihrer Einzelkapitel, in der die Belehrung des Lesers eng mit seiner Unterhaltung verbunden ist. Vor allem aber ist es die Orientierung an den Bedürfnissen seiner Rezipienten, die Gellius' Werk in den Kontext seiner Zeit einordnet. Dies gilt bereits für die paratextuellen Elemente wie Kapitelüberschriften und Inhaltsverzeichnis, aber noch mehr für die starke Betonung des richtigen Umgangs und der adäquaten Präsentation des erlernten Wissens. Denn nachdem die großen Sammelleistungen der varronischen *antiquitates*, des livianischen Geschichtswerkes oder der *naturalis historia* des älteren Plinius bereits erbracht worden waren und den Zeitgenossen zur Verfügung standen, konnten die *noctes Atticae* als eine ‚Enzyklopädie der freiesten Art'[99] und als adäquate Form der ‚sekundären Wissensvermittlung' entstehen.[100]

---

96 Gellius thematisiert diesen Aspekt meist nicht explizit, sondern läßt seine Figuren wirken. Zwei dieser ‚Tölpelszenen' ist jedoch ein kurzer theoretischer Vorspann zur Problematik der *semidocti* vorausgeschickt: vgl. Gell. 15,30,1 (*qui ab alio genere vitae detriti iam et retorridi ad litterarum disciplinas serius adeunt, si forte idem sunt garruli natura at subarguruli, oppido quam fiunt in litterarum ostentatione inepti et frivoli*) u. 11,7,3 (*est adeo id vitium plerumque serae eruditionis, quam Graeci ὀψιμαθίαν appellant, ut, quod numquam didiceris, diu ignoraveris, cum id scire aliquando coeperis, magni facias quo in loco cumque et quacumque in re dicere*).

97 Vgl. Gell. praef. 19-21.

98 Vgl. KRASSER 1996, 156: „Kenntlich wird der Typ des bramarbasierenden Schaugelehrten, der die Exklusivität des eigenen Wissens behauptet und sein Gegenüber durch geräuschvolle Inszenierung zu beeindrucken sucht. ... Schon allein das laute und arrogante Auftreten richtet in den Augen des Gellius diese Art der Prunkgelehrsamkeit."

99 Vgl. MERCKLIN 1857/60, 694: „Sein Ideal war eine Encyclopaedie der freiesten Art nach Form und Umfang; ein Kaleidoskop, das, wo man auch hineinsah, stets Nutzen und Vergnügen gewährte."

100 Nicht zuletzt der Umstand, daß die *noctes Atticae* beinahe vollständig überliefert worden sind, spricht dafür, daß sie eine angemessene Reaktion auf die veränderten kulturellen Rahmenbedingungen dargestellt haben (vgl. BERTHOLD 1987, 209).

3. Biographische Buntschriftstellerei?
Personenbezogenes Wissen in den *noctes Atticae*

a) Die *viri illustres* als Gegenstand und Modell gebildeter Konversation

Daß Gellius bei der Umsetzung seines Versprechens, den Leser der *noctes Atticae* von der *turpis certe agrestisque rerum atque verborum imperitia*[101] zu befreien, stets den sozialen Kontext und damit die Anwendung der erlernten Wissensbestände im Auge hat, wird besonders in der bereits eingangs angeführten ,*praefatio*' zum sogenannten synchronistischen Kapitel (17,21) deutlich. Denn dort begründet Gellius die Zusammenstellung von Lebensdaten berühmter Persönlichkeiten aus der griechischen und römischen Geschichte ausdrücklich damit, *ne in sermonibus forte inconspectum aliquid super aetate atque vita clarorum hominum temere diceremus.*[102] Die Rückbindung des Inhaltes der *noctes Atticae* an die typischen Kommunikationssituationen der Bildungskultur des 2. Jh. n. Chr. wird auch in dem sich anschließenden Negativbeispiel des *sophista ille* ἀπαίδευτος deutlich, der sich bei einem öffentlichen Auftritt mit der falschen chronologische Zuordnung zweier historischer Figuren der Lächerlichkeit preisgibt.[103]

Nicht nur die Tatsache, daß es sich bei diesem Kapitel um eines der umfangreichsten des gesamten Werkes handelt, sondern auch der Umstand, daß Gellius gerade hier eine der explizitesten Aussagen zur Wirkungsabsicht seines Werkes außerhalb der *praefatio* plaziert hat,[104] unterstreicht die große Bedeutung, die den Informationen über das Leben historischer Persönlichkeiten innerhalb der *noctes Atticae* zukommt. Dieser Eindruck bestätigt sich auch bei einer quantitativen Analyse der von Gellius behandelten Themenfelder, trotz der Schwierigkeiten, die mit einem solchen numeri-

---

101   Vgl. Gell. praef. 12 („der zweifellos schimpflichen und unzivilisiert wirkenden Unkenntnis der Welt und der Sprache").

102   Vgl. Gell. 17,21,1 ("damit wir uns im Gespräch nicht zu einer unbedachten Äußerung über die Epoche und das Leben berühmter Persönlichkeiten hinreißen lassen"); ausführlicher s.u. S. 172ff.

103   Vgl. Gell. 17,21,1: *sicuti sophista ille* ἀπαίδευτος, *qui publice nuper disserens Carneadem philosophum a rege Alexandro, Philippi filio, pecunia donatum et Panaetium Stoicum cum superiore Africano vixisse dixit.*

104   Vgl. ferner v.a. Gell. 9,4,5 (zur Behandlung Mirabilienliteratur) *ut, qui eos lectitabit, is ne rudis omnino et* ἀνήκοος *inter istiusmodi rerum auditiones reperiatur*; Gell. 18,10,8 (zur Behandlung medizinischer Fachterminologie): *hoc ego postea cum in medico reprehensum esse meminissem, existimavi non medico soli, sed omnibus quoque hominibus liberis liberaliterque institutis turpe esse ne ea quidem cognovisse ad notitiam corporis nostri pertinentia* u. Gell. 20,10,6 (zur Behandlung juridischer Grundbegriffe): *itaque id, quod ex iureconsultis quoque ex libris eorum didici, inferendum his commentariis existimavi, quoniam, in medio rerum et hominum vitam qui colunt, ignorare non oportet verba actionum civilium celebriora.*

schen Verfahren angesichts der Vielschichtigkeit einzelner Kapitel verbundenen sind: Bei einer großzügigen Zählung ergibt sich die beachtliche Reihe von rund sechzig Kapiteln, in denen biographische Informationen eine zentrale Rolle spielen.[105] Auch im Vergleich mit der Behandlung grammatischer Phänomene, denen alleine rund ein Viertel der rund vierhundert Kapitel gewidmet sind,[106] läßt diese Zahl doch ein signifikantes Interesse erkennen. Da Gellius in seinem Werk, wie bereits verschiedentlich festgestellt wurde, einen repräsentativen Durchschnitt durch die in antoninischer Zeit zur Allgemeinbildung gehörenden Wissensgebiete liefert,[107] dürfte sich dieser Befund auch allgemein auf die zeitgenössische Bildungskultur übertragen lassen.

Daß sich aber auch Gellius' inhaltliche Präferenzen ohne weiteres auf die Gesellschaft seiner Zeit übertragen lassen, muß schon aufgrund des subsidiären Verhältnisses der *noctes Atticae* zu den bereits vorhandenen biographischen und historiographischen Werken als unwahrscheinlich gelten. Und tatsächlich weisen seine historischen Interessen zwar deutliche Schwerpunkte in den beiden bereits von der Antike als klassisch empfundenen Epochen der römischen Republik des 4. und 3. Jh. v. Chr.[108] und im großen Zeitalters Athens[109] auf, doch andererseits sind die von ihm präsentierten Inhalte in ihrer Gesamtheit zeitlich erstaunlich breit gestreut und erstrecken sich partiell sogar auf die sonst häufig ausgesparte römische Kaiserzeit.[110] Eine vergleichbar breite und ebenso ungewöhnliche Streuung läßt sich unter sozialen Kategorien beobachten, da Gellius nicht nur der Problematik der *homines novi* besondere Aufmerksamkeit schenkt,[111] sondern bei ihm auch sonst in der antiken Geschichtsschreibung eher vernachlässigte Gruppen wie Frauen, Sklaven und Freigelassene erstaunlich häufig in den Blickpunkt des Interesses stehen.[112]

---

105 Vgl. v.a. Gell.1,23; 1,24; 2,1; 3,11; 3,13; 4,18; 5,3; 5,9; 6,1; 6,19; 7,10; 9,3; 10,17; 13,2; 14,3; 15,4; 15,16; 15,20; 17,18. Von NETTLESHIP 1883, 405, werden in seiner Übersicht über die in den *noctes Atticae* behandelt Themen für Geschichtsschreibung und Biographie zusammen 36 Kapitel angegeben, während SCHETTINO 1986, 351, alleine 46 Kapitel mit historischem Inhalt gezählt hat.

106 Vgl. NETTLESHIP 1883, 408.

107 Vgl. z.B. STEINMETZ 1982, 288; BERTHOLD 1987, 207, u. BEALL 1988, 3: "Gellius is rightly described as a 'mirror of his times'."

108 Vgl. z.B. Gell. 2,11; 3,7; 9,11; 9,13; 10,6; 13,24 u. 15,12 sowie ferner SCHETTINO 1986, 351f.

109 Vgl. z.B. Gell. 2,1; 7,10 u. 8,11.

110 Vgl. z.B. Gell. 1,26,4-9; 5,14; 9,2,8-9; 15,4 u. 15,7,2-3 sowie ferner ASTARITA 1993, 103f. Zur mangelnden Berücksichtigung der römischen Kaiserzeit im historischen „Allgemeinwissens' der Antike vgl. NICOLAI 1992, 32ff.; HOSE 1994, 5ff., u. EIGLER 2003, 64ff.

111 Vgl. z.B. Gell. 7,9 u. 15,4; ferner s.u. S. 183f.

112 Vgl. z.B. Gell. 2,18; 4,14; 4,20,12-13; 5,14; 7,7; 10,6; 10,18 u. 13,9. Daneben lassen sich jedoch auch einige thematische Schwerpunkte aufzeigen, wie die intensive Beschäftigung mit dem makedonischen Königshaus (vgl. Gell. 5,2; 7,8; 9,3; 13,4 u. 20,5 sowie ferner SCHETTINO 1986, 352ff.; HOLFORD-STREVENS 1988, 30; zur allgemeinen Bedeutung der Figur Alexanders des Großen in dieser Zeit vgl. ZECCHINI 1984 u. SPENCER 2002, 172ff.), die Suche nach historisch-etymologischen Ursprüngen ver-

Das innerhalb der *noctes Atticae* präsentierte biographische Material wird dabei von Gellius für unterschiedliche Zwecke funktionalisiert und weist daher auch einen sehr unterschiedlichen Grad der Durchdringung auf. Während er sich im sogenannten synchronistischen Kapitel (17,21) beispielsweise im wesentlichen darauf beschränkt, mit einer knapp kommentierten Aufzählung ausgewählter Daten dem Risiko chronologischer Fehlgriffe entgegenzuwirken, geht die Instrumentalisierung biographischer Informationen in anderen Kapiteln deutlich darüber hinaus. Insbesondere bei denjenigen *clari homines*, auf die er an mehreren Stellen zu sprechen kommt, läßt sich beobachten, daß diese nicht nur als historisches Bildungsgut abgehandelt, sondern durch geschickte Auswahl und Adaption der geschilderten Szenen zudem als Modelle für diejenigen Eigenschaften verwendet werden, die Gellius seinen Lesern ‚zwischen den Zeilen' vermitteln will. Dabei liegt es angesichts seiner allgemeinen didaktischen Zielsetzungen nahe, daß die in den *noctes Atticae* vorgestellten *viri illustres* gerade auch als Vorbilder für einen erfolgreichen Umgang mit der eigenen Bildung und für einen gelungenen Auftritt in der zeitgenössischen Konversationskultur herangezogen werden.

Daß Gellius die Darstellung von Personen in seinem Werk dazu nutzt, diese als Träger zur Vermittlung erwünschter Verhaltensweisen zu stilisieren, wurde zwar bereits verschiedentlich festgestellt, doch hat sich die Forschung bislang in erster Linie auf die szenisch gestalten Rahmenhandlungen konzentriert, mit denen Gellius einige Kapitel der *noctes Atticae* ausgestattet hat. Dort werden dem Leser einerseits anhand der Auftritte von anonym bleibenden Figuren mißglückte Formen der Bildungsostentation warnend vor Augen geführt, andererseits Lehrer und Freunde des Autors als leuchtende Vorbilder für den gelungenen Umgang mit eigenem Wissen präsentiert. Aus dieser Gruppe soll exemplarisch Herodes Atticus, ein bereits zu Lebzeiten berühmter Vertreter der Zweiten Sophistik, herausgegriffen werden, um die von Gellius in diesem Zusammenhang verfolgten Ziele und die zu ihrer Umsetzung gewählten Strategien zu verdeutlichen.

Eine detaillierte Untersuchung der Bilder, die Gellius von den historischen Figuren in seinem Werk entwirft, kann jedoch zeigen, daß diesen in analoger Weise Modellcharakter zukommen soll und daß Gellius nicht nur innerhalb der szenischen Rahmenhandlungen, sondern auch auf der Ebene der Auswahl und Präsentation seines eigentlichen Materials den sozialen Kontext und den Aspekt der Anwendung der von ihm bereitgestellten Informationen stets im Auge behält. Als gutes Beispiel dafür, wie

---

schiedener *cognomina* (vgl. z.B. Gell. 1,23; 9,11 u. 9,13 sowie ferner SCHIBEL 1971, 93f.; HOLFORD-STREVENS 1988, 179f.; ANDERSON 1994, 1846f., u. VESSEY 1994, 1876f.) oder das Sammeln von Skandalgeschichten über die Berühmtheiten der Vergangenheit (vgl. z.B. Gell. 2,18; 3,3,13-15; 4,14; 4,20,12-13 u. 17,18 sowie ferner ANDERSON 1994, 1847f.: „A natural recourse for the miscellanist is ‚humilation of the famous'.").

die von Gellius tradierten Informationen über eine prominente historische Persönlichkeit seinen Lesern zugleich als Gegenstand wie als Modell eines gebildeten Gesprächs dienen können, wird im folgenden die Besprechung der Figur des Demosthenes innerhalb der *noctes Atticae* dienen.

Gellius' biographisches Interesse äußert sich jedoch in der Regel nicht in der traditionellen Form einer literarischen Lebensbeschreibung. Gleichwohl enthalten die *noctes Atticae* mit der Euripidesvita in Kapitel 15,20 ein geradezu klassisches Beispiel für eine antike Dichterbiographie, in dem sich Gellius eng an hellenistische Vorbilder anlehnt. Trotz des singulären Charakters dieses Kapitel unterstreicht er damit, daß die von ihm gewählte Form als solche nicht gegen die Aufnahme weiterer solcher Kurzviten gesprochen hätte, wenn deren Umfang sich in einer vergleichbaren – und für antike Literatenviten durchaus üblichen – Größenordnung bewegt hätte. Daß Gellius in den übrigen Kapiteln jedoch auf eine geschlossene Darstellungsform verzichtet und statt dessen der Konzeption als ‚lockerer biographischer Szenenfolge' den Vorzug gibt,[113] ist daher keineswegs als Verlegenheitslösung, sondern als eine bewußte Entscheidung des Autors gegen die eine und für eine andere literarische Form zu verstehen.

Weil mit einem solchen Vorgehen eine Reihe von Vorteilen verbunden war, ist es zudem überaus wahrscheinlich, daß seine Entscheidung für diese Präsentationsform mehr darstellt als die schematische Wiederholung der *varietas* als Anordnungsprinzip des Gesamtwerkes.[114] Denn durch den Verzicht auf die Präsentation eines Lebenslaufes in seiner Gesamtheit erhält er nicht nur freie Hand bei der Auswahl und der Fokussierung der einzelnen von ihm behandelten Ereignisse, sondern konnte ihre isoliert erfolgende Schilderung auch narrativ freier und damit zugleich literarisch anspruchsvoller gestalten. Häufig greift er dabei auf eine anekdotische Präsentationsweise seines Materials zurück. Die Zuspitzung des historischen Geschehens in Form von Anekdoten kann nicht nur innerhalb der antiken Biographie auf eine lange Tradition

---

113 Eine lockere Kompositionsweise, die über eine Aneinanderreihung von Anekdoten nicht weit hinausging, war aber wohl auch für große Teile der biographischen Literatur in hellenistischer Zeit charakteristisch (vgl. z.B. WEHRLI 1974, 102f., u. MOMIGLIANO 1993, 73).

114 Vgl. HOLFORD-STREVENS 1988, 47ff., u. BEALL 1988, 4f. 112ff.: „Variation is therefore the supreme virtue of a popular miscellany. Not only should the topic of sucessive chapters change, but so should the form of the chapter (*commentarius*) itself." (S. 112). Eine Kategorisierung der unterschiedlichen literarischen Kleinformen als Lesefrucht, Apophthegma, Referat, *disputatio* beziehungsweise Memorabilie ist von STEINMETZ 1982, 280ff., vorgenommen worden, dessen Einteilung eine wichtige Interpretationshilfe liefert, der nur schwer zu erfassenden stilistischen Vielgestaltigkeit und Komplexität der *noctes Atticae* jedoch nur zum Teil gerecht wird (vgl. BEALL 1988, 114f. u. 133: „Gellius did not, however, treat the chapter as the basic indissoluble unit of composition. ... a single chapter of the Attic Nights may be a sort of patchwork of literary conventions.").

zurückblicken,[115] sondern hat auch eine eigene Traditionslinie von Schriften hervor-
gebracht, für die sich nach dem Vorbild Xenophons die Bezeichnung ἀπομνημονεύματα–Literatur eingebürgert hat. In dieser unter anderem von Gellius' Lehrer Favorin
gepflegten biographischen Subgattung[116] hat sich der Fokus vom einzelnen Lebenslauf in seiner Gesamtheit auf ausgewählte Episoden aus dem Leben verschiedener
Personen verschoben, so daß die hier entwickelten literarischen Formen sich für eine
Verwendung in den *noctes Atticae* als in hohem Maße geeignet erweisen mußten.[117]

Eine weiteres literarisches Element, das sich für eine zentrale Rolle in *noctes Atticae* eigentlich hätte anbieteb müssen, ist dasjenige der Chrie. Unter dem Begriff χρεία
beziehungsweise *chria* wurden bereits in der Antike zum Teil recht unterschiedliche
Phänomene zusammengefaßt,[118] unter denen vor allem zwei verwandten, aber keineswegs identischen Formen größere Bedeutung zukam: Denn einerseits verstand man
unter Chrie eine „finit eingebettete *sententia*", die „als Ausspruch oder Handlungsweise einer historischen Persönlichkeit berichtet" wird[119] und sich daher zu großen
Teilen mit dem Apophthegma überschneidet.[120] Zum anderen wurde mit dem gleichen
Begriff jedoch auch ein Bestandteil der rhetorischen *progymnasmata*[121] bezeichnet,
der seit dem 1. Jh. v. Chr. in verschiedenen Handbüchern nachweisbar ist und der in
der Elaboration der oben beschriebenen Kleinform durch den angehenden Redner besteht.[122]

Da die Verfasser der verschiedenen rhetorischen Lehrwerke ihren Schülern weitgehend einheitliche Vorgaben gemacht haben, welche Punkte bei der Ausarbeitung zu
berücksichtigen sind,[123] hat sich für diese Kompositionsübung ein relativ festes Sche-

---

115 Vgl. z.B. WEHRLI 1973, aber auch MOMIGLIANO 1993, 68ff., v.a. 76: „We are so used to considering
     anecdotes the natural condiment of biography that we forget that just as there can be anecdotes with-
     out biography so there can be biography without anecdotes. I suspect that we owe to Aristoxenus the
     notion that a good biography is full of good anecdotes.").

116 S.o. S. 154 mit Anm. 43.

117 Zum Einfluß der ἀπομνημονεύματα–Literatur auf Gellius vgl. z.B. MERCKLIN 1857/60, 675f., u.
     STEINMETZ 1982, 281. Demgegenüber wird von MARACHE 1953 der Vorbildcharakter der kynischen
     Diatribe betont.

118 Vgl. FAUSER 1994, 190.

119 Vgl. LAUSBERG 1960, 536. Zur Unterteilung in χρεία λογική, πρακτική und μικτή vgl. z.B. Hermog.
     6,9-14 RABE sowie ferner LAUSBERG 1960, 537ff., u. HOCK 1986, 23ff.

120 Vgl. Theon p. 96,19-97,10 SPENGEL sowie GEMOLL 1924, 4f.; HOLLERBACH 1964, 74ff., u. STANZEL
     1987, 4ff.: „Insgesamt ergibt sich ein sehr ähnliches Bild wie bei den ἀποφθέγματα: ... Selbst die
     auch im Namen dokumentierte Bestimmung, daß sie in irgendeiner Weise nützlich sein soll, ist letzt-
     lich sehr vage.").

121 Vgl. allg. ANDERSON 1993, 47ff., u. KENNEDY 2003.

122 Vgl. z.B. HOCK 1986, 9ff., u. FAUSER 1994, 191.

123 Vgl. z.B. Theon p. 101,3-106,3 SPENGEL mit HOCK / O'NEIL 1986, 68ff., sowie Hermog. 3,19-23
     RABE mit MACK / O'NEIL 1986, 160ff., sowie ferner allg. LAUSBERG 1960, 539f., u. HOCK / O'NEIL
     2002, 79ff.

ma etabliert, das zwar unterschiedlich umfangreich ausgefüllt werden konnte, aber in der Regel einen vergleichbaren Aufbau zeigte.[124] Eine Behandlung dieser schulbuchmäßigen Form der Chrie verträgt sich zwar schlecht mit Gellius' Anspruch, in seinem Werk vorrangig Gegenstände zu behandeln, die *non ... in scholis decantata neque in commentariis protrita* sind,[125] gleichwohl lassen einige der Kapitel mit biographischem Inhalt durchaus eine gewisse Nähe zu dem in den *progymnasta* verwendeten Formular feststellen.[126] Bei einem genaueren Hinsehen zeigt sich jedoch, daß Gellius es konsequent vermeidet, das traditionelle Schema als solches wiederzugeben. Vielmehr verwendet er die bei seinen Lesern als bekannt vorausgesetzte Form der Chrie in der Art einer Negativfolie, um vor diesem Hintergrund die von ihm gewählte Gestaltung des Kapitels als gezielte Überbietung der standardisierten Kompositionsübung wirkungsvoll in Szene zu setzen.[127]

Auf diese Weise dient die Überwindung der festen Form der Chrie Gellius dazu, seinen Lesern die *noctes Atticae* als ein Werk zu präsentieren, in dem sie nicht nur mit Inhalten vertraut gemacht werden, die über das reine Schulbuchwissen hinausgehen, sondern auch mit Techniken der Präsentation ihres Bildungswissens, die sich vorteilhaft von denen unterscheiden, die sie sich etwa durch das Studium eines Rhetorikhandbuches aneignen können und die sich gerade deswegen in besonderer Weise zu einer Verwendung in der urbanen Konversation der zeitgenössischen Bildungskultur anbieten mußten. Indem er darüber hinaus sich selbst als jemanden zeigt, der über einen kommunikativen Gestus wie die Chrie frei verfügt und ihn im richtigen Moment und in der passenden Form einzusetzen versteht, gelingt es Gellius zudem, auch seine eigene Kompetenz auf diesem Gebiet eindrucksvoll zu dokumentieren.[128]

Bereits in ihrem ursprünglichem Umfeld dienten viele der von Gellius verwendeten Erzählformen wie vor allem die Anekdote,[129] aber auch die Chrie[130] neben der

---

124   Vgl. z.B. die drei sehr ausführlichen Beispiele bei Libanius, progymnasmata 8,63-97 FOERSTER.

125   Gell. praef. 15. Daß Chrien nicht nur hinsichtlich ihrer Form, sondern – gerade wenn es sich um bestimmte, häufig wiederkehrende Protagonisten handelt – auch inhaltlich als allgemein bekannt vorausgesetzt werden konnten, legt eine Bemerkung bei Dio Chrystomos zu den Diogenes von Sinope zugeschriebenen Zitaten nahe (vgl. Dion. Chrys. 72,11 u. ferner HOCK 1986, 7).

126   Vgl. z.B. Gell. 1,5; 1,8; 11,9; 11,14 u. 12,12 mit BEALL 1988, 119ff., der einen starken Einfluß auch der anderen innerhalb der rhetorischen Ausbildung zu absolvierenden literarischen Formen auf die *noctes Atticae* vertritt.

127   Vgl. z.B. Gell. 1,5; s.u. S. 197ff.

128   Zu dieser Funktion, die sich in ähnlicher Weise für einige Stücke in den Florida des Apuleius vermuten läßt (vgl. z.B. Apul. flor. 2.4.7.14.15.18 u. 20), s.o. S. 41.

129   Die Rolle der Anekdote als anschauliches Hilfsmittel zur Verdeutlichung abstrakter Inhalte war vor allem in den Lebensbeschreibungen von Philosophen stark ausgeprägt, wie bereits ein Blick auf Diogenes Laertios zeigt. Ein sehr illustratives Beispiel der Wirkungsgeschichte einer solchen Philosophen-Anekdote wurde anhand von Thales' Sturz in den Brunnen von HANS BLUMENBERG vorgestellt (vgl. BLUMENBERG 1976).

Unterhaltung des Lesers und der Verdeutlichung der Ansichten und Eigenschaften des Protagonisten häufig auch dazu, als vorbildlich empfundene Verhaltensweisen wirkungsvoll darzustellen und dem Leser zur Nachahmung zu empfehlen. Vor dem Hintergrund der pädagogischen Zielsetzung der *noctes Atticae* mußte sich eine anekdotische Präsentationsweise daher in besonderem Maße anbieten, um so mehr, als das Leistungspotential dieser literarischen Formen im Kontext der Bildungskultur des 2. Jh. n. Chr. noch durch eine Reihe weiterer Aspekte gesteigert wurde: zum einen dadurch, daß sie mit einer unerwarteten Wendung des Geschehens oder mit einem besonders gelungenen *dictum* des Protagonisten einen Beitrag zur *delectatio* leisten, und zum anderen dadurch, daß sie sich aufgrund ihrer knappen und pointierten Form besonders gut memorieren ließen und zugleich in idealer Weise zur Wiederverwendung als geistreicher Beitrag im Rahmen der gebildeten ‚Salon-Konversation' geeignet waren.[131]

Der Anteil der verschiedenen Intentionen schwankt dabei, wie nicht anders zu erwarten, von Kapitel zu Kapitel. Das Erzählen von Anekdoten über prominente Persönlichkeiten weist naturgemäß eine fließende Grenze insbesondere zur Mirabilienliteratur und zur Sensationsschriftstellerei auf.[132] Wie die Unterhaltung des Lesers mit seiner Belehrung in literarisch ansprechender Form Hand in Hand gehen kann, vermag exemplarisch die kleine, dem Geschichtswerk des L. Piso Frugi entnommenen Erzählung über Romulus verdeutlichen: Dort übt der legendäre Stadtgründer während einer Feierlichkeit große Zurückhaltung beim Weintrinken, und diesen Umstand, der als solcher bereits sowohl als biographische Information wie auch als moralisches *exemplum* Aufmerksamkeit verdient,[133] weiß er darüber hinaus noch mit einer schlag-

---

130 Zum moralpädagogischen Hintergrund der Chrie vgl. z.B. LAUSBERG 1960, 536: „Die historische Persönlichkeit, der die Sentenz in der *chria* in den Mund gelegt wird oder deren Handlungsweise als von der Sentenz ausgerichtet hingestellt wird, dient als Autoritätsstütze für die praktische Gültigkeit der Sentenz, wie umgekehrt die Sentenz oder die Handlungsweise als Motiv des Lobes der historischen Persönlichkeit erscheint." u. BEALL 1988, 120: „The moral edification and the charm of these anecdotes no doubt recommended them as an educational tool."

131 Vgl. KRASSER 1996, 167, u. allg. SCHLAFFER 1997, 87: „Ihrem Ursprung nach ist die Anekdote eine mündliche Form; die schriftliche (aber variable) Aufzeichnung bezweckt das Wiedererzählen. ... Erzählt, das heißt nacherzählt, wird sie in geselligen Situationen und deren publizistischen Entsprechungen: in Zeitungen, Unterhaltungsbüchern und Anthologien."; ausführlicher s.o. S. 33ff.

132 Dies gilt insbesondere, wenn der Aspekt der *delectatio* ein Kapitel gänzlich dominiert: Während es sich bei Gell. 1,19; 5,9 oder 15,31 um Grenzfälle handelt, haben wir in Gell. 5,14; 6,5; 6,8 oder 16,19 reine *mirabilia* vor uns. Auch ein und die dieselbe Person kann unter verschiedenen Perspektiven betrachtet werden: Während in Gell. 7,4 Atilius Regulus selbst im Mittelpunkt des Interesses steht, überwiegt im vorangehenden Kapitel 7,3 das paradoxographische Interesse am Kampf mit einem *serpens inusitatae longitudinis*, dessen menschlicher Protagonist Regulus eher zufällig ist.

133 Zum Beitrag, den die Schilderung einer die Gebote der *moderatio* beachtenden Ernährung zur Charakterisierung der in den *noctes Atticae* dargestellten Personen leistet, vgl. BEALL 1999, 59ff.

fertigen Antwort zu rechtfertigen.[134] An diesem prägnant und pointiert präsentierten Apophthegma des ersten römischen Königs läßt sich zugleich gut nachvollziehen, wie sehr sich solche in anekdotischer Form präsentierten Szenen zur Wiederverwendung im Rahmen der urbanen Konversation der ,Salonkultur' des 2. Jh. n. Chr. anbieten mußten.

Die Funktionalisierung von Episoden aus dem Leben berühmter Männer, die diese zu Modellen bestimmter Verhaltensweisen werden läßt, rückt Gellius' Verwendung historischer Figuren auf der anderen Seite aber auch in die Nähe der *exempla*-Tradition. Doch geht das biographische Interesse des Autors in der Regel deutlich über das bloße Zitieren eines großen Namens hinaus.[135] Dies kann beispielsweise die Wiedergabe der Erzählung, wie C. Fabricius den Bestechungsversuch samnitischer Unterhändler zurückweist, verdeutlichten. Daß die Anekdote, als deren Quelle er Hygins Sammelbiographie *de vita rebusque inlustrium virorum* angibt, mit aufmerksamem Blick für die zahlreichen individuellen Details der Szene geschildert wird und ohne jedes explizite *fabula docet* auskommt, legt die Vermutung nahe, daß Gellius neben dem Lobpreis des republikanischen *mos maiorum* nicht zuletzt auch an einem knappen Porträt des von ihm als *magna vir gloria magnisque rebus gestis* bezeichneten Fabricius gelegen war.[136]

Gellius stehen also für die Vermittlung biographischen Wissens verschiedene Präsentationsformen zur Verfügung, mit denen er die von ihm zusammengestellten Fakten über ihren reinen Informationswert hinaus für seine Intentionen fruchtbar zu machen versteht. Die verschiedenen Funktionalisierungen biographischer Daten und die mit ihnen jeweils einhergehende Form sollen im folgenden anhand ausgewählter Beispiele besprochen werden. Dabei bietet sich eine Vorgehensweise an, die sich nicht an der Leserichtung, der in einem mit Inhaltsverzeichnis erschlossenen Miszellanwerk ohnehin keine allzu große Bedeutung zukommt, sondern an systematischen Gesichtspunkten orientiert. Daher soll die Besprechung des sogenannten synchronistischen Kapitels (17,21) den Anfang der weiteren Überlegungen bilden, da es exemplarisch die Behandlung biographischer Basisdaten in Form einer beinahe tabellarischen Synopse repräsentiert. Die Beschäftigung mit elaborierteren Formen der Vermittlung

---

134 Vgl. Gell. 11,14,2: *ea verba, quae [sc. L. Piso Frugi] scripsit, haec sunt: ,eundem Romulum dicunt ad cenam vocatum ibi non multum bibisse, quia postridie negotium haberet. ei dicunt: ,Romule, si istuc omnes homines faciant, vinum vilius sit.' his respondit: ,immo vero carum, si, quantum quisque volet bibat; nam ego bibi quantum volui.''* sowie ferner z.B. 5,5; 11,9; 12,12; 18,13,7-8 u. HOLFORD-STREVENS 1988, 187f., u. ANDERSON 1994, 1845f.

135 Allerdings verwendet Gellius *exempla* auch in ihrer traditionellen Form; vor allem im Rahmen von ethischen Fragestellungen (vgl. z.B. Gell. 1,3; 1,13; 1,17; 1,26; 2,2; 4,10 u. 7,11), aber auch in anderen thematischen Zusammenhängen (vgl. z.B. Gell. 4,3,2; 5,6; 5,13,6; 15,7,2-3 u. 15,17).

136 Vgl. Gell. 1,14 u. ferner z.B. Cic. Cato 55 sowie allg. zur Formierung des Bildes von C. Fabricius als exemplarischer Figur vgl. BERRENDONNER 2001 u. VIGOURT 2001.

personenbezogener Informationen wird dann mit der Euripidesvita in Kapitel 15,20 als singulärem Beispiel einer traditionellen Kurzbiographie eingeleitet werden, ehe sich die Untersuchung anhand der historischen Figur des Demosthenes und des Zeitgenossen Herodes Atticus der von Gellius favorisierten Form der ‚seriellen Biographie' als ‚lockerer biographischer Szenenfolge' zuwenden wird.

b) Biographische Basisdaten und Chronographie:
Das synchronistische Kapitel (17,21)

Daß im Rahmen einer fundierten Allgemeinbildung der Fähigkeit, historische Ereignisse in eine chronologische Relation zueinander zu bringen und damit auch einer bestimmten Vergangenheitsepoche zuweisen zu können, eine zentrale Rolle zukommt, ist eine heute ebenso wie im 2. Jh. n. Chr. zutreffende Beobachtung. Die Bedeutung dieses ‚chronologischen Wissenssegmentes' wird von Gellius auch dadurch besonders akzentuiert, daß er in der Einleitung zu dem als synchronistische Übersicht konzipierten Kapitel 17,21, der ausführlichsten Beschäftigung mit dieser Thematik in den *noctes Atticae*, eine der wenigen expliziten programmatischen Äußerungen außerhalb der *praefatio* plaziert hat. Er begründet die Zusammenstellung zentraler historischer und biographischer Daten zunächst argumentativ mit dem Verweis darauf, daß diese seine Leser davor bewahren solle, sich im zwanglosen Gespräch die Blöße peinlicher Verstöße gegen die Chronologie zu geben, und verdeutlicht das Gemeinte im folgenden noch mit dem Beispiel eines – wahrscheinlich zu den üblichen fiktiven gellianischen Kontrastfiguren zählenden – Sophisten, der sich sogar bei einem öffentlichen Vortrag der Lächerlichkeit preisgegeben hat, weil er den im 2. Jh. v. Chr. wirkenden Karneades zu einem Zeitgenossen Alexanders des Großen und Panaitios zum Freund des älteren statt des jüngeren Scipio Africanus gemacht hatte.[137]

Gellius deutet darüber hinaus mit dem Hinweis, daß er seine Daten *ex libris, qui chronici appellantur*, exzerpiert habe,[138] bereits an, daß nicht nur die Gefahr, mit der anachronistischen Zuordnung einer Person einen Fauxpas zu begehen, sondern auch der Versuch, diesem Problem mit literarischen Hilfsmitteln zu begegnen, zu seiner Zeit bereits auf eine lange Tradition zurückblicken konnten. Als χρονικά bezeichnete

---

137 Vgl. Gell. 17,21,1. Möglicherweise läßt sich auch die Nennung des Karneades auf eine Verwechslung zurückführen, und zwar mit dem athenischen Strategen und Politiker Phokion, der von Alexander Geld erhalten sollte, es aber zurückgewiesen hat (vgl. z.B. Aelian. var. 1,25 u. 11,9).

138 Daß es sich um eine Exzerptreihe aus verschiedenen chronographischen Büchern handelt, obwohl Gellius namentlich nur Nepos erwähnt, konnte LEUZE 1911 anhand der Jahresangaben *ab urbe condita* nachweisen, da Gellius nicht nur der von Nepos verwendeten Datierung der Stadtgründung auf 750/51 v. Chr., sondern auch der später kanonisch gewordenen Ansetzung des Gründungsdatums auf 753 folgt, die von Varro vertreten und von Atticus in seinem *liber annalis* übernommen worden war.

Kompendien, in denen neben politischen Ereignissen stets auch Daten der Kulturgeschichte enthalten waren, sind bereits in hellenistischer Zeit für Autoren wie Eratosthenes von Kyrene, Apollodoros von Athen und Kastor von Rhodos bezeugt.[139] Eine
Blüte erlebte diese historiographische Subgattung im Rom der späten Republik. In der
Mitte des 1. Jh. v. Chr. erschienen in dichter Folge die *chronica* des Cornelius Nepos
in drei Büchern,[140] der *liber annalis* des Atticus[141] und – wohl unter dem gleichen
Titel – ein Werk des sonst unbekannten L. Scribonius Libo und präsentierten Ereignisse der griechischen und römischen Geschichte in synchronisierter Form.[142]

Die wenigen erhaltenen Fragmente dieser Schriften legen die Vermutung nahe,
daß eine wesentliche Ursache für ihre rasche Abfolge in der zunehmenden Reduzie-
rung der Quantität und der damit verbesserten Zugriffsmöglichkeit auf die verbliebenen und als relevant eingestuften Daten zu sehen ist. Dennoch kann Gellius, der die
auch in ihrer komprimiertesten Form wohl noch immer eine antike Schriftrolle füllen-
de Stoffmenge hier auf den Umfang eines einzigen Kapitels reduziert, nicht einfach
als Fortsetzer dieses Konzentrationsprozesses gesehen werden. Er verzichtet vielmehr
explizit darauf, mit den in spätrepublikanischer Zeit entstandenen und in den Bibliotheken seiner Zeit verfügbaren Werken direkt in Konkurrenz zu treten:

> *neque enim id nobis negotium fuit, ut acri atque subtili cura excellentium in utraque gente*
> *hominum* συγχρονισμούς *componeremus, sed ut ,noctes' istae quadamtenus his quoque*
> *historiae flosculis leviter iniectis aspergerentur.*[143]

Was er seinem Leser statt dessen bietet, ist eine Art Epitome, die einerseits die Basisdaten für die von ihm ausgewählte Epoche von der Stadtgründung bis zum Ende des
zweiten Krieges mit Karthago enthält, andererseits den Wert chronologischer Literatur verdeutlichen und den Umgang mit ihr einüben soll.

---

139 Vgl. FGrHist 241 (Eratosthenes), FGrHist 244 (Apollodor) u. FGrHist 250 (Kastor) sowie ferner
     LENDLE 1992, 277ff.
140 Vgl. Catull. 1,5-8 sowie WISEMAN 1979, 154ff., u. GEIGER 1985a, 66ff.
141 Da Atticus zur Abfassung seines chronographischen Werk durch die Lektüre von *de re publica* inspi-
     riert worden sein will und der *liber annalis* seinerseits Cicero zur Abfassung des Brutus animiert ha-
     ben soll, läßt sich die Abfassung dieser Schrift durch Atticus auf die Jahre 51 bis 46 eingrenzen (vgl.
     vgl. Cic. Brut. 13-15.28 u. 42 sowie ferner MÜNZER 1905, 50).
142 Für Atticus ist ein Schwerpunkt auf der römischen Geschichte wahrscheinlich, doch kann an der Auf-
     nahme der wichtigsten Daten der griechischen Geschichte kein Zweifel bestehen (vgl. Cic. Brut. 28 u.
     42 sowie ferner MÜNZER 1905, 77ff.). Darüber, ob Varro in seinen *annalium libri tres* auch die grie-
     chische Geschichte behandelt hat, lassen sich anhand des im Schriftenkatalog des Hieronymus über-
     lieferten Titels und des einzigen Fragmentes keine Aussagen treffen (vgl. CARDAUNS 2001, 63).
143 Vgl. Gell. 17,21,1 („Denn ich habe mir nicht vorgenommen, mit strenger und sorgfältiger Aufmerk-
     samkeit eine chronologische Übersicht über die hervorragenden Persönlichkeiten beider Völker zu-
     sammenzustellen, sondern wollte mit den folgenden leicht hingeworfenen Blüten diese ,Nachtgedan-
     ken` hier in einem gewissen Umfang auch mit etwas aus dem Bereich der Historie bestreuen.").

Angesichts der in der antiken Literatur üblichen Bescheidenheitstopik sollte seine Behauptung, er habe bei der Zusammenstellung des Kapitels auf *acris atque subtilis cura* verzichtet, sicherlich nicht wörtlich genommen werden. Gleichwohl stellt diese Aussage gemeinsam mit dem ausdrücklichen Hinweis, daß für die Auswahl der von ihm angeführten Lebensdaten vor allem ihre Eignung entscheidend gewesen sei, dem Leser bei der Einordnung nicht genannter Personen hilfreich zu sein,[144] ein schwerwiegendes Argument gegen den Versuch dar, aus den hier genannten Personen Rückschlüsse auf die biographischen Interessensschwerpunkte des Autors oder seiner Zeit zu ziehen. Ein weiterer schwerwiegender Einwand gegen die Repräsentativität des in 17,21 versammelten Materials ergibt sich aus dem komplementären Verhältnis der Kapitel der *noctes Atticae* zueinander, die sich etwa auch am Beispiel der Informationen zu Euripides beobachten läßt.[145] So kommt Gellius beispielsweise auf den älteren Scipio, der nach der Zahl der ausführlicheren Erwähnungen im gesamten Werk eine nur von Demosthenes und Alexander dem Großen erreichte Prominenz aufweist,[146] in 17,21 lediglich im Rahmen des Beispiels für eine falsche chronologische Zuweisung durch den *sophista ille* ἀπαίδευτος, nicht mehr jedoch im eigentlichen Kapitel zu sprechen, obwohl seine Lebenszeit vollständig in den behandelten Zeitraum fällt.

Diese Einschränkungen lassen es aus methodischer Sicht auch nicht unproblematisch erscheinen, die in 17,21 zusammengestellten historischen Daten als bewußt zugunsten Roms konzipierten Vergleich der griechischen und römischen Geschichte zu deuten.[147] Denn während die von Plutarch in seinen Parallelbiographien zur abschließenden Wertung verwendeten συγκρίσεις nicht zuletzt auf einen Vergleich der griechischen mit der römischen Geschichte zielen und auf diese Weise einen Beitrag zur Identitätskonstruktion der griechischen Reichshälfte in der Kaiserzeit leisten sollen,[148] dient das von Gellius zusammengestellte Material nur in sehr eingeschränkter Weise anderen Zwecken als der von ihm benannten Zielsetzung der Vermittlung eines groben chronologischen Rasters. Auch im Zusammenhang mit Gellius' Entscheidung, die als Blütezeit des vielbeschworenen *mos maiorum* geltende Epoche von der Gründung der Stadt bis zum Sturz Karthagos als zeitlichen Rahmen für dieses Kapitel zu wählen, sollte der Aspekt einer Verherrlichung der republikanischen Vergangenheit nicht

---

144 Vgl. Gell. 17,21,2: *satis autem visum est in hoc commentario de temporibus paucorum hominum dicere, ex quorum aetatibus de pluribus quoque, quos non nominaremus, haut difficilis coniectura fieri posset.*

145 S.u. S. 182.

146 Vgl. Gell. 4,18; 6,1; 6,19; 7,8 u. 12,8.

147 Vgl. BERTHOLD 1996, 506ff., der auch allgemein in der "Synkrisis … *das* Grundthema dieses Autors" erblickt (S. 506) und „das Thema Griechenland – Rom, Griechen – Römer als ein, ja eigentlich als *das* Hauptthema dieses … Autors" versteht (S. 510).

148 Vgl. DUFF 1999, 287ff.

über Gebühr betont werden.[149] Die Bewunderung für altrömische *virtus*, die Gellius mit der Mehrzahl seiner Zeitgenossen geteilt haben wird, führt zu einer generellen Bevorzugung der früheren Jahrhunderte der Republik,[150] und auch die Wahl des Jahres 146 als Epochenschwelle war in der Nachfolge Sallusts längst zur literarischen Konvention geworden.[151]

Auf der anderen Seite soll das Negieren geschichtsphilosophischer Intentionen bei der Abfassung von 17,21 jedoch nicht dazu führen, Gellius ,a love of facts for their own sake' an der Grenze zur Kuriositätensammlung zu attestieren[152] oder der von ihm gebotenen Auswahl einen rein spielerischen und damit letztlich arbiträren Charakter zu attestieren.[153] Es scheint vielmehr gerade vor dem Hintergrund der für das Gesamtwerk postulierten Wirkungsabsichten angemessen, Gellius' eigene Funktionsbeschreibung ernst zunehmen und zu untersuchen, auf welche Weise er den *conspectus aetatum antiquissimarum, item virorum inlustrium, qui in his aetatibus nati fuissent*[154] organisiert hat und ob er ind er Lage ist, seinen Lesern die in Aussicht gestellte historisch-biographische Orientierung zu verschaffen.

Die Grundstruktur der Anordnung des Materials wird von chronologisch kohärenten Blöcken gebildet, innerhalb deren Ereignisse aus der politischen und kulturellen Geschichte Roms und Griechenlands zu *aetates* zusammengefaßt werden. Zur historischen Verortung der einzelnen Zeitabschnitte greift Gellius zunächst auf die Regierungszeit der römischen Könige,[155] dann auf die in den chronographischen Schriften der späten Republik etablierte Jahreszählung *ab urbe condita* zurück,[156] die er an zwei Stellen zusätzlich um die Nennung des Konsulpaares erweitert.[157] Da sich mit der Angabe eines bestimmten Jahres nach Gründung der Stadt jedoch in der Wahrnehmung durch die Zeitgenossen nicht bereits *per se* die Assoziationen konkreter historischer Ereignisse verbunden haben dürften, leitet Gellius die Abschnitte jeweils mit der Nennung eines prominenten Ereignisses ein.[158] Auf diese Weise sind die einzelnen *aetates* doppelt verortet, einmal abstrakt durch ihren Abstand zum Beginn der römischen Ge-

---

149 Vgl. z.B. VESSEY 1994, 1909.

150 Vgl. SCHETTINO 1986, 351f.

151 Vgl. Sall. Cat. 10,1-3; Iug. 41,2-3 sowie ferner FLACH 1998, 120ff.

152 Vgl. HOLFORD-STREVENS 1988, 179.

153 Vgl. VESSEY 1994, 1908f.: „His purpose was not comprehensivness, but rather to 'sprinkle' the 'Attic Nights' with a light admixture of what he pleasingly calls *historiae floscula*."

154 Vgl. Gell. 17,21,1 („eine Übersicht über die ältesten Epochen und zugleich die berühmten Persönlichkeiten, die in diesen Epochen gelebt haben").

155 Vgl. Gell. 17,21,4-8.

156 Vgl. MÜNZER 1905, 56ff.

157 Vgl. Gell. 17,21,40 u. 42.

158 Vgl. z.B. Gell. 17,21,16: *bellum deinde in terra Graecia maximum Peloponnensiacum, quod Thucydides memoriae mandavit, coeptum est circa annum fere post conditam Romam trecentesimum vicesimum tertium.*

schichte und zum anderen konkret durch den Bezug auf ein konkretes, als bekannt vorausgesetztes historisches Geschehen.[159]

Bei der Auswahl dieser ‚Leitereignisse' rekurriert Gellius zunächst in Überein-stimmung mit den in hellenistischer Zeit entstandenen chronographischen Schriften auf die politische Geschichte Griechenlands und greift das Wirken Solons, die Perser-kriege und den Beginn des Peloponnesischen Krieges heraus,[160] wobei sich die für ihn charakteristische Bevorzugung Athens darin zeigt, daß er die von Eratosthenes und Apollodor zur Bezeichnung eines epochalen Einschnittes verwendete Gesetzgebung Lykurgs gegen diejenige Solons ausgetauscht hat. Mit dem Ende des Peloponnesi-schen Krieges geht er mehr und mehr dazu über, Ereignisse aus der römischen Ge-schichte als Orientierungspunkte zu verwenden,[161] auf die er nach dem recht umfang-reichen Abschnitt zur Zeit Alexander des Großen ausschließlich zurückgreift.[162] Auch bei den aus der römischen Geschichte ausgewählten ‚Leitereignissen' zeigt sich ein deutliches Übergewicht des politischen und militärischen Geschehens, allerdings mit der für die spezifischen juristischen Interessen des Autors bezeichnenden Ausnahme der ersten in Rom wegen Unfruchtbarkeit geschiedenen Ehe, die der zeitlichen Loka-lisierung seiner Beschäftigung mit Naevius dient.[163]

Auf die der historischen Einordnung des jeweiligen Zeitabschnittes dienenden Er-öffnung folgen Nachrichten aus der politischen und kulturellen Geschichte Roms und Griechenlands sowie zu Lebensdaten der auf verschiedenen Gebieten hervorragenden Protagonisten, ohne daß sich die Anordnung auf eine bestimmte Systematik zurück-führen ließe. So beinhaltet etwa die dem Peloponnesischen Krieg zugeordnete Gruppe von Ereignissen die Mitteilungen, daß zur gleichen Zeit in Rom Postumius Tubertus

---

159 Daß sich das historische Bewußtsein in der Antike häufig solcher Kategorien bediente, kann eine Stel-le aus dem *dialogus de oratoribus* verdeutlichen: *ego enim cum audio antiquos, quosdam veteres et olim natos intellego, ac mihi versantur ante oculos Ulixes et Nestor, quorum aetas mille fere et tre-centis annis saeculum nostrum antecedit; vos autem Demosthenen et Hyperiden profertis, quos satis constat Philippi et Alexandri temporibus floruisse, ita tamen ut utrique superstites essent. ex quo ap-paret non multo plures quam trecentos annos interesse inter nostram et Demosthenis aetatem* (vgl. Tac. dial. 16,5-6).

160 Vgl. Gell. 17,21,4-18 u. FGrHist 241 F 1 sowie ferner FANTHAM 1981, 11f.

161 Der Übergang in Gell. 17,21,19 wirkt etwas künstlich, da Gellius der in Rom nur kurze Zeit prak-tizierten Wahl von Militärtribunen mit konsularischer Gewalt den Vorrang vor der wahrscheinlich auch seinen römischen Mitbürgern geläufigeren Tyrannis der Dreißig in Athen einräumt.

162 Vgl. Gell. 17,21,28-35 u. ferner LEUZE 1991, 248ff., der vermutet, daß der gesamte Abschnitt ein zu-sammengehöriges Exzerpt aus einer spätrepublikanischen Schrift, möglicherweise dem *liber annalis* des Atticus, darstellt.

163 Vgl. Gell. 17,21,44-45. Daß sich die erste willkürliche Ehescheidung in Rom erst 231 v. Chr. und damit mehr als 500 Jahre nach Gründung der Stadt zugetragen haben soll, hat auch andere antike Autoren beschäftigt; Gellius gibt an einer anderen Stelle die Schrift *de dotibus* des Servius Sulpicius als seine Quelle an (vgl. Gell. 4,3,2 u. ferner Dion. Hal. ant. 2,25).

die Diktatur ausübte und dabei aus disziplinarischen Gründen seinen eigenen Sohn hinrichten ließ und daß Rom damals Krieg gegen die Fidenaten und Aequer führte. Im Anschluß daran wird das Wirken einer ganzen Reihe prominenter griechischer Intellektueller dieser Epoche zugeordnet, deren Auswahl mit den Tragikern Sophokles und Euripides, dem Arzt Hippokrates sowie den Philosophen Demokrit und Sokrates recht unterschiedliche Tätigkeitsfelder abdeckt.

Aus den in dieser Weise aufgebauten Abschnitten ergibt sich eine zwar unvollständige, für eine grobe chronologische Orientierung aber durchaus nützliche Übersicht über die Lebenszeit einiger als *vel ingenio vel imperio nobiles insignesque* geltender[164] Griechen und Römer. Dabei hält sich Gellius nicht ganz an den von ihm selbst gewählten zeitlichen Rahmen von der Gründung der Stadt bis zur Zerstörung Karthagos, sondern geht in beide Richtungen ein Stück über ihn hinaus, indem er einerseits das Kapitel mit einem Ausblick auf einige römische Autoren des späten 2. Jh. v. Chr. beendet,[165] andererseits kurz auf Homer und Hesiod zu sprechen kommt.[166] Daß deren Behandlung lediglich in der Form einer *praeteritio* geschieht,[167] hat seine Ursache neben dem von Gellius angeführten hohen Bekanntheitsgrad ihrer ungefähren Lebensdaten nicht zuletzt darin, daß er sich bereits an anderer Stelle ausführlich mit der in der literaturhistorischen Debatte der Antike intensiv verhandelten Frage nach der chronologischen Priorität von Homer und Hesiod beschäftigt hat.[168]

Einen weiteren Hinweis auf das komplementäre Verhältnis der einzelnen sich mit biographisch-chronographischen Themen beschäftigenden Teile der *noctes Atticae* ergibt sich aus der in einem eigenen Kapitels erfolgenden Besprechung der griechischen Geschichtsschreibung, deren Autoren Gellius in 17,21 nicht erwähnt, obwohl einige ihrer prominentesten Vertreter aus der dort behandelten Zeit stammen.[169] Statt dessen bildet die aus einer nicht näher benannten Schrift der Pamphila, einer vielseitigen Autorin der frühen Kaiserzeit, stammende Beobachtung,[170] daß mit Hellanikos, Herodot und Thukydides drei der bedeutendsten griechischen Historiker Zeitgenossen waren, zusammen mit der Angabe ihres jeweiligen Alters bei Beginn des Peloponnesischen

---

164 Vgl. Gell. 17,21,1 („die durch geistige Begabung oder die Übernahme politisch-militärischer Verantwortung Ruhm und Auszeichnung erworben haben").

165 Vgl. Gell. 17,21,49 u. 50: *sed progressi longius sumus, cum finem proposuerimus adnotatiunculis istis bellum Poenorum secundum.*

166 Vgl. Gell. 17,21,3.

167 Vgl. LEUZE 1911, 237 Anm. 1.

168 Vgl. Gell. 3,11.

169 Lediglich Thukydides wird als derjenige erwähnt, der den Peloponnesischen Krieg dargestellt hat, jedoch ohne expliziten Hinweis zu seinen Lebensdaten: vgl. 17,21,16.

170 Aus der ähnlichen und um den verkürzten Titel des Werkes erweiterten Zitierweise, die Gellius in einem anderen Kapitel verwendet (vgl. 15,17,3), läßt sich allerdings der Schluß ziehen, daß es sich um eine Stelle aus den ἱστορικὰ ὑπομνήματα, ihrem 33 Bücher umfassendem Hauptwerk, handelt.

Krieges eine unabhängige und abgeschlossene Einheit.[171] Ob es sich hierbei um eine bewußte Entscheidung des Autors handelt, um damit dieser in seinen Augen wohl besonders bemerkenswerten Nachricht mehr Aufmerksamkeit zuteil werden zu lassen, oder ob es lediglich der nicht immer ganz widerspruchsfreien Endredaktion der *noctes Atticae* geschuldet ist,[172] daß dieses vereinzelte Exzerpt nicht gemeinsam mit den aus chronographischen Schriften angefertigten Mitschriften verarbeitet wurde, läßt sich in diesem Fall schwer entscheiden.

Dagegen liegt der Vorteil auf der Hand, der sich aus der separaten Behandlung der Nachricht ergibt, wie Aristoteles zwischen den Kandidaten Theophrast und Menedemos die Nachfolge in der Führung des Peripatos geregelt hat.[173] Weil sich die Bestimmung des Nachfolgers in der biographischen Tradition mit der Anekdote verbunden hatte, wie Aristoteles scheinbar die Vorzüge der Weine von Lesbos und Rhodos, tatsächlich aber die Eignung der beiden von diesen Inseln stammenden Bewerber erörtert, ließ sich die Vermittlung der relativen Lebensdaten der drei Philosophen, die als solche auch von chronographischen Interesse waren, in dieser narrativ geschlossenen Form anspruchsvoller präsentierten als im Rahmen der allgemeinen Übersicht in 17,21. Dort hingegen findet die Einordnung der Lebenszeit des Aristoteles in den Lauf der allgemeinen Geschichte statt, indem sowohl seine Geburt als auch sein Tod mit Ereignissen der politischen Geschichte in Bezug gesetzt werden.[174]

Daß Gellius' chronographische Interessen mit der Vermittlung darüber hinausgehender biographischer Nachrichten eine enge Verbindung eingehen können, zeigt nicht nur die Behandlung der aristotelischen Nachfolgeregelung in 13,5, sondern auch einige Stellen im Kapitel 17,21 selbst. So erwähnt er etwa in Zusammenhang mit der Schlacht von Chaironeia nicht nur die Teilnahme des Demosthenes, sondern berichtet auch von seiner Flucht und gibt sogar den von dem Fliehenden angeblich zu seiner Rechtfertigung zitierten Menandervers wieder.[175] Trotz dieses fließenden Überganges steht jedoch in 17,21 eindeutig die im umfangreichen Kopfteil des Kapitels explizit beschriebene didaktische Intention im Vordergrund, seine Leser in die Lage zu versetzen, Ereignisse und Personen historisch richtig einordnen zu können und über diese

---

171   Vgl. Gell. 15,23,1-2: *Hellanicus, Herodotus, Thucydides, historiae scriptores, in isdem temporibus fere laude ingenti floruerunt et non nimis longe distantibus fuerunt aetatibus. nam Hellanicus initio belli Peloponnesiaci fuisse quinque et sexaginta annos natus videtur, Herodotus tres et quinquaginta, Thucydides quadraginta. scriptum hoc est in libro undecimo Pamphilae.*

172   Vgl. NETTLESHIP 1883, 396ff., u. HOLFORD-STREVENS 1988, 23ff.

173   Vgl. Gell. 13,5.

174   Vgl. Gell. 17,21,25 u. 35.

175   Vgl. Gell. 17,21,31: *tum Demosthenes orator ex eo proelio salutem fuga quaesivit, cumque id ei, quod fugerat, probrose obiceretur, versu illo notissimo elusit:* ‚ἀνὴρ‘ *inquit* ‚ὃ φεύγων καὶ πάλιν μαχήσεται‘ u. ferner die ausführliche Behandlung des Naevius 17,21,45.

biographische Basisdaten einen zentralen Beitrag zur zeitgenössischen Allgemeinbildung zu leisten.

c) Biographie in traditioneller Form: Die Euripidesvita (15,20)

In anderen Kapiteln erschöpfen sich Gellius' Interessen an dem Leben bedeutender Personen der Vergangenheit dagegen nicht in der Vermittlung des für die gebildete Konversation unabdingbaren Faktengerüstes. Die typische Präsentationsweise solcher biographischer Informationen stellt die Anekdote dar. Bevor wir uns dieser vorherrschenden Form der Wissensvermittlung zuwenden, soll jedoch zunächst die in ihrer literarischen Gestalt innerhalb der *noctes Atticae* singuläre Euripidesvita in den Blick genommen werden.

Daß aufgrund der Vielgestaltigkeit der gellianischen *noctes Atticae* in thematischer wie in technischer Hinsicht eine adäquate Interpretation des Gesamtwerkes die profunde Kenntnis zahlreicher Sachgebiete erfordert, die in der Forschung meist getrennt und zum Teil in sehr spezialisierter Form behandelt werden, wurde zurecht von GRAHAM ANDERSON angemerkt, der zur Verdeutlichung seiner Aussage auf den lohnenswerten und noch ausstehenden Vergleich des Kapitels 15,20 mit den von MARY LEFKOWITZ zur griechischen Dichterbiographie vorgelegten Ergebnissen verwiesen hat.[176] Eine derartige Untersuchung bietet sich deswegen in besonderem Maße an, weil die Parallelen zwischen dem von Gellius zu Euripides präsentierten biographischen Material und den Gattungstraditionen der in hellenistischer Zeit aufkommenden Dichterviten den Gedanken nahelegen, daß es sich bei 15,20 um eine die wichtigsten Merkmale der Gattung aufweisende, aber in den buntschriftstellerischen Rahmen der *noctes Atticae* integrierte ,Biographie en miniature' handelt. Auch ihre aus moderner Perspektive auffällige Kürze stellt vor dem Hintergrund der antiken Gepflogenheiten gerade auf dem Gebiet der Lebensbeschreibungen von Gelehrten kein Gegenargument dar, wie das Beispiel der *viri illustres* Suetons oder die Mehrzahl der Sophistenviten Philostrats beweisen.[177]

Ein Argument gegen diese Annahme könnte Gellius' betont unterminologische Ausdrucksweise im Lemma zu 15,20 darstellen, doch auf den zweiten Blick wirkt diese Beobachtung eher bestätigend. Anstelle einer den antiken Gepflogenheiten ent-

---

176   Vgl. ANDERSON 1994, 1850f.: „A good deal of the information in Gellius requires specialist skills in subject-areas that are changing faster than Gellian commentators are likely to be able to keep up with them. It is useful to bring to bear on Gellius the perspectives of Lefkowitz on the fictitious elements of biography, for example, and to note the differences between the 'Vita' of Euripides she cites and that purveyed by Gellius."

177   Zu Philostrat vgl. ANDERSON 1986, 26: „Many of the notices occupy a space halfway between that of an entry in *The Academic Who's Who* and a fairly long *Times* obituary."

sprechenden Überschrift – wie *de vita Euripidis poetae* – entscheidet sich Gellius für die Aufzählung einiger von ihm im weiteren Verlauf thematisierter Aspekte: *notata quaedam de Euripidis poetae genere, vita, moribus; deque eiusdem fine vitae.*[178] Damit gleicht Gellius dieses Lemmas an die Form vieler anderer an, in denen er besonders ansprechende Einzelheiten zur Sprache bringt, um das Interesse der Leser an der Lektüre des Kapitels zu wecken.[179] Doch ein Verstoß gegen eine wie auch immer geartete Gattungserwartung liegt hier nicht vor, da der antike Leser mit biographischer Literatur wohl kaum eine feste Titulatur verbunden hat.[180] Die von Gellius genannten Gesichtspunkte – Abstammung, Lebensweise, Charakter und Todesumstände – umschreiben jedoch nicht nur einen zeitlos-elementaren Erwartungshorizont gegenüber einer literarischen Lebensbeschreibung, sondern zählen zugleich die zentralen Merkmale der aus der Antike bekannten Beispiele auf.[181] Damit liefert also gerade die inhaltliche Spezifizierung der *notata quaedam* den entscheidenden Hinweis darauf, daß wir es hier mit einer – wenn auch rudimentären und spezifischen Interessen dienenden – Form von Biographie zu tun haben.

Trotz dieses recht allgemein und durchaus konventionell formulierten Programms im Lemma zu 15,20 zeigt der eigentliche Text, wenn man ihn vor der Folie der traditionellen hellenistischen Dichterbiographie betrachtet, doch einige charakteristische Besonderheiten, die zum Teil der Integration in den Rahmen eines Miszellanwerkes geschuldet sind, zum Teil aber auch wichtige Rückschlüsse auf die spezifischen Interessen des Autors und seiner Zeit bei der Beschäftigung mit biographischen Informationen erlauben. Diesen Abweichungen gilt daher bei der folgenden Untersuchung des Kapitels 15,20 das Hauptaugenmerk, wobei als Bezugspunkt und Vergleichshorizont der recht umfangreiche Eintrag in der Suda zu Euripides und die gemeinsam mit den euripideischen Tragödien tradierte und als γένος Εὐριπίδου καὶ βίος betitelte Vita, die bereits in der Antike mehrfach Umarbeitungen unterzogen worden war, in ihrer Grundfassung aber auf das 2. Jh. v. Chr. datiert werden kann,[182] dienen sollen.

Gellius standen jedoch, wenn er sich in den Bibliotheken des 2. Jh. n. Chr. auf die Suche nach Informationen über das Leben eines Schriftstellers mit dem Bekanntheitsgrad des Euripides begab, weitaus mehr Schriften zur Verfügung, die in verschiedenen Jahrhunderten entstanden und zum Teil recht unterschiedlich angelegt waren.[183] Ihr zeitliches und literarisches Spektrum reichte von den wahrscheinlich literarhisto-

---

178   Vgl. 15,20 cap. („Einige Bemerkungen über die Abstammung des Dichters Euripides, sein Leben und seinen Charakter; ferner über sein Lebensende.“).

179   Zum werbenden Charakter der Lemmata vgl. MASELLI 1993, 22ff.

180   Zum weitgehend unreglementierten Charakter der antiken Biographie s.o. S. 42ff.

181   Vgl. die Biographiedefinitionen von DIHLE 1956, 11, oder MOMIGLIANO 1993, 11.

182   Vgl. LEFKOWITZ 1981, 102f.

183   Vgl. LEFKOWITZ 1981, 88.

rischen Schriften des Philochoros aus dem späten 4. oder frühen 3. Jh. v. Chr.[184] über
die in Dialogform gehaltene Euripidesbiographie des Satyros aus der zweiten Hälfte
des 3. Jh. v. Chr.[185] bis zu den in der späten Republik und augusteischen Zeit entstandenen Sammelbiographien des Varro, Nepos und Hygin.

Allen diesen Formen antiker Dichterbiographie haftet aus moderner Perspektive
allerdings ein entscheidender Makel an: Sie beruhen über weite Strecken auf Fiktion,
da ihre Verfasser, wie insbesondere MARY LEFKOWITZ nachweisen konnte, den Großteil ihrer Informationen aus der biographischen Ausdeutung der Werke der von ihnen
dargestellten Autoren gewonnen haben.[186] Wie schwierig und unwahrscheinlich es
war, authentisches Material zum Leben langverstorbener Autoren ausfindig zu machen, war aber sicherlich schon in der Antike nicht unbekannt. Daß die Produktion
von Dichterviten dennoch seit dem Hellenismus verschiedene Blüteperioden erlebte,
unterstreicht um so eindrucksvoller das enorme Interesse an solchen Informationen.[187]
Angesichts des meist nur fragmentarischen Überlieferungszustandes der antiken Viten
und der begrenzten Möglichkeiten einer historischen Verifizierung müssen auf diesem
Gebiet jedoch zahlreiche Fragen offen bleiben, bis hin zu der Vermutung, daß Produzenten wie Rezipienten dieser Literaturform die Bereitschaft mitbrachten, auf eine historiographischen Maßstäben genügende Authentizität zugunsten einer ‚Wahrheit des
Charakteristischen' zu verzichten und ein gewisses Maß an Fiktionalität gleichsam als
Gattungsmerkmal zu akzeptieren.[188] Die gegenwärtige Untersuchung konzentriert sich

---

184 Vgl. FGrH 328 F217-222 u. ferner LENDLE 1992, 147ff.

185 Vgl. Ox.Pap. 9, 1176.

186 Vgl. LEFKOWITZ 1981, viii-ix: "Recent work has shown that most of the material in the lives of some
poets, or some of the material in the lives of all poets, is basically fictional. ... I hope to show that
virtually all the material in all the lives is fiction, and that only certain factual information is likely to
have survived, and then usually because the poet himself provided it for a different purpose. ... I will
contend that ancient biographers took most of their information about poets from the poet's own
works." Daß die biographischen Daten zu Euripides besonders problematisch sind, wurde bereits vielfach bemerkt (vgl. z.B. ZIMMERMANN 1986, 94, aber auch den Optimismus bei LATACZ 1993, 251ff.:
„Andererseits kann ein sorgfältiger Vergleich der Persönlichkeitsbeschreibung, die Aristophanes in
seinen Stücken gibt, mit den Eigenarten, die sich für Euripides aus den erhaltenen Dramen erschließen lassen (...), die Überheblichkeit, mit der die Methode der antiken Philologie-Kollegen oft betrachtet wird, nicht unerheblich reduzieren helfen. Die antike Komödie ist nicht mit der modernen Boule-
vardpresse gleichzusetzen; sie wirkte nicht deswegen auf ihr verwöhntes Publikum, weil sie dummes
Zeug erfand, sondern weil sie weitverbreitete Eindrücke komisch auf den Punkt brachte.").

187 Vgl. KORENJAK 2003, der die Bedeutung biographistischer Werkinterpretationen für die Rezipienten
wie die Produzenten antiker Literatur am Beispiel der Bukolik verdeutlicht.

188 Vgl. LEFKOWITZ 1981, ix-x: „If biographies were meant to be representational, rather than historical
in our sense of the word, it would suffice to present any material so long as it seemed to express
something characteristic. ... A biographer like Satyros in the third century makes it clear that he reali-
ses that some of his biographical interpretations of Euripides' verse are purely entertaining; he indica-
tes that some of his information comes from Aristophanes. But at other times he records without

daher im folgenden darauf, die von Gellius zusammengestellte Fassung einer Euripidesvita vor dem Hintergrund der Interessen des Autors und seiner Adressaten zu verstehen und in den Kontext der Bildungskultur des 2. Jh. n. Chr. einzuordnen.

Die gellianische Euripidesvita beginnt mit einer überraschenden und doch signifikanten Aussparung: Zwar werden die Eltern des Dichters genannt, nicht aber sein Geburtsdatum, dessen Angabe und mögliche Verknüpfung mit anderen prominenten Ereignissen sonst einen festen Bestandteil antiker Biographik darstellt. So erfahren wir etwa aus der in hellenistischer Zeit entstandenen und gemeinsam mit den Tragödien überlieferten Vita, daß Euripides in der 75. Olympiade zur Welt kam, und zwar im Jahr der Schlacht von Salamis (480).[189] Die – wie so oft eher *cum grano salis* zu verstehende[190] – Koinzidenz dieser beiden Ereignisse herauszustellen, läßt sich auch die Suda nicht entgehen,[191] und um so unverständlicher muß auf den ersten Blick der von Gellius hier geleistete Verzicht wirken. Die Antwort liegt jedoch im komplementären Verhältnis der einzelnen Kapitel der *noctes Atticae* zueinander, in dem sich der subsidiäre Charakter des Gesamtwerkes zu anderen zeitgenössischen Schriften wiederholt. Das Geburtsdatum wird von Gellius in dem sich exklusiv mit der synchronistischen Vernetzung verschiedener zentraler Daten beschäftigenden Kapitel 17,21 genannt und mit verschiedenen anderen prominenten Ereignissen verknüpft.[192]

Die Einordnung seiner Lebensspanne in den Gesamtkontext der politischen und kulturellen Geschichte erfolgt dort allerdings wenig spezifisch und beschränkt sich auf den Hinweis, daß Euripides ebenso wie Sophokles, Hippokrates, Demokrit und Sokrates zur Zeit des Peloponnesischen Krieges gelebt haben.[193] Exakter ist dagegen die Angabe seines in 15,20 ebenfalls nicht genannten Todesjahres, auch wenn diese nur retrospektiv erfolgt und wohl vor allem die zeitlich verschobene Entwicklung des Dramas in Rom zu derjenigen in Griechenland zum Ausdruck bringen soll: *primus omnium L. Livius poeta fabulas docere Romae coepit post Sophoclis et Euripidis mortem annis plus fere centum et sexaginta, post Menandri annis circiter quinquaginta*

---

raising questions material that obtained by indentical means." u. HOLFORD-STREVENS 1988, 187f.: „Truth hardly matters: Gellius' words at 7,8,5 on the scabrous tale about the elder Scipio, 'verone an falso incertum, fama tamen', are a world away form the deadly Tacitean *incertum an*. It is amusing, and a fragment of Naevius can be hung on it; beyond that who cares?".

189 Vgl. Vita. Eur. 1 p. 1,3-5 SCHWARTZ.

190 Die epigraphisch auf dem sogenannten *marmor Parium* überlieferte Universalchronik aus der Mitte des 3. Jh. v. Chr. (vgl. FGrHist 239 A 50 u. ferner LENDLE 1992, 280f.) führt mit 484/485 ein leicht abweichendes und gerade in dem fehlenden Bemühen, eine Koinzidenz herzustellen, glaubwürdigeres Geburtsdatum auf.

191 Vgl. Suda 2,468,14-16 ADLER.

192 S.o. S. 174 u. 177.

193 Vgl. Gell. 17,21,18: *inter haec tempora nobiles celebresque erant Sophocles ac deinde Euripides tragici poetae et Hippocrates medicus et philosophus Democritus, quibus Socrates Atheniensis natu quidem posterior fuit, sed quibusdam temporibus isdem vixerunt.*

duobus.[194] Durch die ‚Auslagerung' dieser Angaben in das Kapitel 17,21 vermeidet Gellius eine doppelte Wiedergabe derselben Information, die dem Leser, der sich für eine vollständige Lektüre entschieden hat, möglicherweise störend aufgefallen wäre, und behält dennoch zugleich die Interessen desjenigen Rezipienten im Blick, der nur einen partiellen Zugriff sucht. Denn bei einem primären Interesse an den Lebensdaten als solchen dürfte in Ermanglung einer praktikablen Jahreszählung die chronologische Verortung von entscheidender Bedeutung gewesen sein, die Gellius in einem eigenen dieser Thematik gewidmeten Kapitel naturgemäß gründlicher und überzeugender vornehmen konnte als im Rahmen einer vollständigen Vita.

Mit der Entscheidung, das Geburtsdatum und seine chronologischen Implikationen an dieser Stelle nicht zu thematisieren, läßt Gellius die prononciert an den Anfang seiner Vita gestellte ‚Enthüllung' des niedrigen Sozialstatus der Mutter des Euripides noch stärker hervortreten.[195] Diese Nachricht diente bereits der Alten Komödie als Anlaß zu Spott über den Tragiker, und es waren aller Wahrscheinlichkeit nach auch ihre Autoren, die diese biographische Information kreiert haben.[196] Die griechischen Biographen referieren diesen ‚Vorwurf' zwar stets und mit wechselnder Zustimmung, doch wird er von ihnen nicht in diesem Maße in den Vordergrund gerückt, daß sie die Diskussion zur Abstammung des Euripides lediglich auf einen Hinweis zur Tätigkeit seiner Mutter als Gemüsehändlerin beschränkt hätten.[197] Gellius dagegen kommt auf die soziale Stellung des anschließend und in enger syntaktischer Anbindung erwähnten Vaters überhaupt nicht zu sprechen.[198] Da Gellius auch sonst bei der Schilderung der Lebensläufe von Literaten häufiger deren bescheidene Herkunft thematisiert[199] und er generell ein großes Interesses an dem Phänomen eines sozialen Aufstieges

---

194　Vgl. Gell. 17,21,42 („Als erster überhaupt hat der Dichter L. Livius [sc. Andronicus] begonnen in Rom Theaterstücke aufzuführen, knapp 160 Jahre nach dem Tod des Sophokles und des Euripides sowie etwa 52 Jahre nach dem des Menander."). Setzt man für die ersten Dramenaufführungen des Livius in Übereinstimmung mit den antiken Zeugnissen 240 v. Chr. an (vgl. v.a. Cic. Brut. 71-73), ergibt sich als Todesjahr für Euripides ein Datum, das den Angaben der griechischen Biographien entspricht (vgl. z.B. FGrHist 239 A 63: 407/406).

195　Vgl. Gell. 15,20,1: *Euripidi poetae matrem Theopompus agrestia olera vendentem victum quaesisse dicit.*

196　Vgl. Aristoph. Ach. 479; Ran. 840; Thesm. 387 sowie ferner Lefkowitz 1981, 88f.

197　Vgl. Vita. Eur. 1 p. 1,1-2; 3 p. 3, 15-16 Schwartz u. mit entschiedener Zurückweisung unter Berufung auf Philochoros Suda 2,468,12-14 Adler.

198　Vgl. Gell. 15,20,2.

199　So fügt Gellius an ein Kapitel, in dem er sich mit Echtheit von Plautusstücken beschäftigt, die Appendix an, *quod Plautus et Naevius in carcere fabulas scriptitarint* (vgl. Gell. 3,3 cap. u. 14-15), läßt auf eine Reihe von Beispielen für besonders strenge zensorische Rügen die Mitteilung folgen, daß der römische Komödiendichter Caecilius als Sklave den Namen Statius getragen habe (vgl. Gell. 4,20,12-13) und gibt einen knappen biographischen Abriß zu Ciceros Freigelassenen und Privatsekretär Tiro, dessen Schriften er eingehend bespricht (vgl. Gell. 13,9,1-2).

zeigt,[200] ist es vielleicht nicht abwegig zu vermuten, daß gerade Euripides als Paradigma eines auf literarischer Bildung beruhenden gesellschaftlichen Erfolges fungieren sollte, durch das dem Leser der Wert des gellianischen Bildungskonzeptes vor Augen geführt werden konnte.

Relativ breit führt Gellius im folgenden die auch in der anonymen hellenistischen Vita wiedergegebene Geschichte des Orakels aus, das dem Vater bei der Geburt seines Kindes erteilt wurde und für Euripides Siege *in certaminibus* vorhersagte.[201] Die Existenz eines derartigen Orakels stellt ebenso wie sein anfängliches Mißverstehen – Euripides' Vater bereitet seinen Sohn zunächst auf eine Athletenkarriere vor – zu den üblichen ‚hagiographischen' Zügen antiker biographischer Schriften über das Leben der großen Literaten und Politiker.[202] Als charakteristischer für Gellius erweist sich hingegen der anschließend geschilderte Übergang zum Verfassen von Tragödien, der sich laut der biographischen Tradition in mehreren Stufen vollzogen hatte.[203] Von diesen Zwischenschritten führt Gellius nur die Rhetorik und die Philosophie an, während er der Nachricht, daß Euripides sich auch als Maler versucht haben soll, bezeichnenderweise keine Beachtung schenkt.[204] Sein Desinteresse an dieser Information steht im Zusammenhang mit dem Schattendasein, das „the arts others than literature" generell in Gellius' Bildungskonzept fristen.[205] Ein ähnlicher ‚toter Winkel' in Gellius' biographischer Perspektive resultiert aus seinem fehlenden Blick für die äußere Erscheinung der von ihm beschriebenen Personen.[206] Die Beschreibung körperlicher Besonderheiten spielt zwar auch in den griechischen Euripidesviten keine herausragende Rolle, doch immerhin finden sein langer Bart und seine Leberflecken Erwähnung, die jedoch beide wiederum der biographischen Ausdeutung seiner Tragödien entsprungen sein dürften.[207]

Gellius läßt auf die ‚Konversion' des achtzehnjährigen Euripides zur Tragödie[208] unmittelbar die auf Philochoros zurückgehende Mitteilung folgen, daß dieser seine Stücke in einer Höhle auf Salamis geschrieben habe.[209] Daß sich dieser einsame und den Blick nur auf das Meer freigebende *secessus* mit dem latent misanthropischen

---

200 Vgl. z.B. Gell. 7,9 u. 15,4.
201 Vgl. Gell. 15,20,2-3 u. ferner Vita. Eur. 2 p. 1,6-8 SCHWARTZ.
202 Vgl. LEFKOWITZ 1981, 91 u. 93ff., mit einem strukturanalytischen Vergleich der Euripidesvita mit Lebensbeschreibungen von Heroen.
203 Vgl. Vita. Eur. 2 p. 1,9-12; 3 p. 3,16-18 SCHWARTZ u. Suda 2,468,16-20 ADLER.
204 Vgl. Gell. 15,20,4.
205 Vgl. HOLFORD-STREVENS 1988, 232ff.
206 Vgl. HOLFORD-STREVENS 1997a, 95f.
207 Vgl. Vita. Eur. 2 p. 2,10-11 SCHWARTZ sowie ferner Aristoph. Thesm. 190 u. Ran. 1246 mit LEFKOWITZ 1981, 89.
208 Zu Gellius Interesse an ‚Konversionserlebnissen' s.u. S. 192f.
209 Vgl. Gell. 15,20,5: *Philochorus refert in insula Salamine speluncam esse taetram et horridam, quam nos vidimus, in qua Euripides tragoedias scriptitarit.*

Zug im Charakter des Dichters[210] ebenso gut wie mit einigen besonders eindrück-
lichen Beschreibungen des Meeres in seinen Tragödien[211] in Verbindung bringen ließ,
erklärt einerseits die große Beliebtheit dieser Nachricht in der antiken Euripidesbio-
graphik,[212] gibt aber andererseits auch einen Hinweis auf die wahrscheinliche Genese
solcher Information:

> „As in the case of the quotations from drama, what is given as the result of the story is in
> fact its origin: in order to explain why so many of Euripides' most beautiful lyrics describe
> the sea, it seemed logical to assume that he may have lived near the sea."[213]

Einen aufschlußreichen Hinweis auf den ‚Sitz im Leben' der antiken biographischen
Literatur über berühmte Persönlichkeiten stellt Gellius' mit merklicher Betonung an-
gefügte Bemerkung dar, daß er die *spelunca* des Euripides selbst besucht habe: *quam
nos vidimus.*[214] Hier läßt sich über die Verwendung einer realen oder vermeintlichen
Autopsie als literarischer Strategie zur Beglaubigung des Gesagten[215] hinaus erneut
die enge Interdependenz der *noctes Atticae* mit den zeitgenössischen Formen der Wis-
sens- und Kulturvermittlung des 2. Jh. n. Chr. beobachten, zu deren festen Bestandteilen für den hinreichend begüterten Römer eine Bildungsreise nach Griechenland
gehörte.[216] Gellius, der die Erinnerung an seinen Aufenthalt in Athen bereits im Titel,
aber auch an verschiedenen anderen Stellen wachhält,[217] gibt hier gleichsam ein Muster für den gesellschaftlich goutierten Umgang mit den eigenen ‚Griechenlanderleb-

---

210 Vgl. z.B. Suda 2,468,20-21: σκυθρωπὸς δὲ ἦν τὸ ἦθος καὶ ἀμειδὴς καὶ φεύγων τὰς συνουσίας.

211 Vgl. z.B. Eur. Iph. T. 392-420; Eur. Hel. 1451-64.

212 Vgl. Satyr. Frg. 39 col. ix u. Vita. Eur. 5 p. 4,23-5,2 SCHWARTZ: φασὶ δὲ αὐτὸν ἐν Σαλαμῖνι σπή-
λαιον κατασκευάσαντα ἀναπνοὴν ἔχον εἰς τὴν θάλασσαν ἐκεῖσε διημερεύειν φεύγοντα τὸν ὄχλον.
ὅθεν καὶ ἐκ θαλάσσης λαμβάνει τὰς πλείους τῶν ὁμοιώσεων.

213 Vgl. LEFKOWITZ 1981, 90.

214 Vgl. Gell. 15,20,5 u. ferner ANDERSON 1994, 1850f., der in dieser Aussage den einzigen eigenen Beitrag des Gellius zu seiner Euripidesvita erblickt.

215 Vgl. z.B. Lukian. hist. conscr. 29 u. ferner SCHEPENS 1980.

216 Das Phänomen der Bildungsreise beginnt bereits mit Herodot (vgl. CASSON 1976, 107ff., u. GIEBEL
1999, 29ff.), erlebt im Hellenismus eine erste Blüte, die in Form von Reisebeschreibungen auch literarischen Niederschlag gefunden hat (vgl. GIEBEL 1999, 110ff.), und wird in Rom seit der späten Republik intensiv rezipiert (vgl. CASSON 1976, 267ff., u. GIEBEL 1999, 131ff.), wie sich exemplarisch an
Ciceros emphatischer Würdigung des *genius loci* in der Rahmenhandlung des fünften Buches von *de
finibus* (vgl. Cic. fin. 5,1-5 sowie ferner DÖRRIE 1978) oder an dem in parodistischer Brechung geschilderten Trojabesuch Caesars in Lucans *bellum civile* ablesen läßt (vgl. Lucan. 9,961-979). Im 2.
Jh. n. Chr. intensiviert sich jedoch das Interesse an dem Komplex ‚Bildung und Reise' (vgl. GIEBEL
1999, 185ff.), vor allem an der ‚Pilgerfahrt' zu den mit der Erinnerung an bedeutende Persönlichkeiten der Vergangenheit verknüpften Stätten noch einmal (vgl. CASSON 1976, 272ff.), wie sich etwa an
der Prominenz des Vergilgrabs in der zeitgenössischen Literatur zeigt (vgl. Mart. 11,48; 11,50; Plin.
ep. 3,7,8; Stat. silv. 4,4,51-55 u. ferner Sidon. carm. 9,217-220 sowie STÄRK 1995, 42f.).

217 Vgl. z.B. Gell. 1,2; 7,13; 12,5, 12,11; 15,2; 17,8; 17,20; 18,2; 18,10; 18,13 u. 19,12.

nissen':[218] Ein an der richtigen Stelle plazierter, nicht allzu sehr in den Vordergrund gerückter Hinweis, der sich vorteilhaft von dem Auftritt eines mit der Menge der von ihm besichtigten Sehenswürdigkeiten protzenden *iactans et gloriosus adulescens* abhebt, wie er als anonym bleibenden *quispiam* von Gellius anläßlich anderer Gefahrenquellen mißglückter Bildungsostentation gerne als Gegenbild eingeführt wird.[219]

Ein weiteres Beispiel für das in den antiken Literatenviten so beliebte Verfahren, Informationen aus den Werken der porträtierten Autoren zu gewinnen, liefert der sich bei Gellius anschließende Passus zur Misogynie des Euripides.[220] Aus einer biographischen Interpretation des Befundes, daß das Verhalten der Protagonistinnen in einigen seiner Tragödien nicht den zeitgenössischen Maßstäben entsprach, hatte bereits Aristophanes den Plot der Thesmophoriazusen gewonnen und eine Verschwörung der athenischen Frauen gegen den ‚Frauenhasser' Euripides auf die Bühne gebracht.[221] Seitdem gehören verschiedene Anekdoten, die ein prägendes Erlebnis als Begründung dieses Charakterzuges zum Gegenstand haben, zu den festen Bestandteilen der Euripidesviten.[222]

Gellius hält sich in diesem Punkt relativ bedeckt und bietet unter Ausblendung der Tradition, die den beiden Frauen des Euripides diverse Ehebrüche anlastete, nur die Alternative einer angeborenen oder durch Überdruß erzeugten allgemeinen Abneigung gegen das weibliche Geschlecht als Erklärung an. Bezeichnend für seine speziellen Interessen ist dabei allerdings, daß er als einzige erhaltene antike Quelle die beiden Ehen des Euripides nicht als chronologisch aufeinanderfolgende Verbindungen versteht, sondern darauf verweist, daß zu dieser Zeit die Doppelehe in Athen rechtlich erlaubt war,[223] und daß er in dieser juristischen Abnormität eine mögliche Ursache für die ablehnende Haltung des Tragikers gegenüber Frauen erblickt.[224] Den Abschluß dieses Abschnittes bildet dagegen in traditioneller Manier ein Zitat aus den Thesmophoriazusen des Aristophanes, das den ‚Kronzeugen' für die Euripides zugeschriebene frauenfeindliche Haltung darstellt.[225]

---

218 Daß Gellius dabei auch diejenigen Leser, deren ökonomische Ressourcen eine Bildungsreise nicht zuließen, im Blick hatte, um sie gleichsam mit einem ‚virtuellen Griechenlandaufenthalt' auszustatten, sei als reizvolles, aber allzu spekulatives Gedankenspiel angefügt.

219 Vgl. Gell. z.B. 1,2; 4,1; 6,17; 8,14; 9,15; 11,7; 13,30; 15,2; 15,30; 16,6 u. 18,4 sowie ferner BEALL 1988, 38, u. KRASSER 1996, 153ff.

220 Vgl. Gell. 15,20,6.

221 Vgl. ferner Aristoph. Ran. 1043f. u. 1080f. sowie LEFKOWITZ 1981, 89f. Zur modernen Deutung der vermeintlich frauenfeindlichen Stücke vgl. z.B. MARCH 1990.

222 Vgl. Vita. Eur. 5 p. 5,2-12; 6 p. 6,1-13 SCHWARTZ u. Suda 2,468,21-24 ADLER.

223 Zur attischen Ehegesetzgebung im 5. Jh. v. Chr. vgl. REINSBERG 1989, 28ff.

224 Vgl. ANDERSON 1994, 1850f.

225 Vgl. Gell. 15,20,7 (= Aristoph. Thesm. 453-6).

Die sich unmittelbar anschließenden Verse des Alexander Aetolus von Pleuron leiten bereits zur Darstellung seines Lebensendes im freiwilligen makedonischen Exil über. Hier findet sich die einzige explizite Schilderung von Euripides' misanthropischem Wesen, das allerdings in der Erwähnung der einsamen Höhle auf Salamis bereits anklang.[226] Bei dem von Gellius als Autorität angeführten Alexander Aetolus handelt es sich um einen vielseitigen Literaten des 3. Jh. v. Chr., dessen Nähe zur Bibliothek von Alexandria es wahrscheinlich macht, daß auch sein Euripidesbild in stärkerem Maße durch die dort gesammelten Texte als durch eine unabhängige biographische Überlieferung geprägt ist. Die sonst übliche Verknüpfung dieses Charakterzuges mit seinem Entschluß, Athen zu verlassen und sich an den Hof des makedonischen Königs Archelaos zu begeben,[227] wird von Gellius nicht *expressis verbis* vorgenommen, schwingt aber im unmittelbaren Nacheinander der beiden Nachrichten deutlich mit.

Der gesamte, sich über mehrere Jahre erstreckende Aufenthalt in Makedonien wird von Gellius in einem einzigen Nebensatz zusammengefaßt, mit dem er bereits zur im Hauptsatz erfolgenden Darstellung seines Todes überleitet.[228] Gellius' Verzicht darauf, die von der hellenistischen Dichterbiographie in der Regel mit besonderer Aufmerksamkeit gestaltete Erzählung des Lebensendes[229] ausführlicher wiederzugeben, muß aus mehreren Gründen verwundern. Denn Gellius läßt auf diese Weise die Möglichkeit zu einer emotional bewegenden *exitus*-Schilderung ungenutzt verstreichen, die sich in der Literatur der römischen Kaiserzeit großer Beliebtheit erfreute und auch für den Autor der *noctes Atticae* nicht ohne Reiz war, wie die Zusammenstellung verschiedener plötzlicher Todesfälle[230] und der in aller Detailliertheit geschilderte *exitus* des gealterten Athleten Milon von Kroton zeigen.[231] Doch während sich die Entscheidung gegen eine pathetische Ausgestaltung mit den didaktisch-pädagogischen Zielsetzungen des Werkes und der – freilich meist bloße Willensäußerung bleibenden – Absicht, der *delectatio* nicht allzu viel Raum zu gewähren, wenigstens behelfsweise erklären läßt, überrascht es angesichts seines vielfach hervortretenden Interesse an etymologischen Fragestellungen noch mehr, daß Gellius auch auf die in der hellenistischen Vita enthaltene Appendix verzichtet, die ein in Makedonien ge-

---

226 Vgl. Gell. 15,20,8.

227 Vgl. Vita. Eur. 3 p. 3,18-4,2; 5 p. 5,12-21 SCHWARTZ u. Suda 2,486,20-26 ADLER.

228 Vgl. Gell. 15,20,9: *is, cum in Macedonia apud Archelaum regem esset utereturque eo rex familiariter, rediens nocte ab eius cena canibus a quodam aemulo imissis dilaceratus est, et ex his vulneribus mors secuta est.*

229 Vgl. Vita. Eur. 4 p. 4,12-22 SCHWARTZ u. Suda 2,486,26-34 ADLER.

230 Vgl. Gell. 3,15 (cap.: *exstare in litteris perque hominum memorias traditum, quod repente multis mortem attulit gaudium ingens insperatum interclusa anima et vim magni novique motus non sustinente*) sowie ferner z.B. Val. Max. 9,12 u. Plin. n.h. 7,180-186; s.o. S. 90.

231 Vgl. Gell. 15,16 (cap.: *de novo genere interitus Croteniensis Milonis*) u. ferner Strab. 2,263.

bräuchliches griechisches Sprichwort auf die Todesumstände des Euripides zurückführt.[232]

In diesem Punkt werden ein weiteres Mal die Schwierigkeiten deutlich, mit denen
sich der moderne Leser beim Versuch, die von Gellius für die Aufnahme oder Nichtaufnahme eines Gegenstandes in sein Werk angelegten Relevanzkriterien nachzuvollziehen, gelegentlich konfrontiert sehen kann. Dagegen berührt sich die im Schlußteil
des Kapitels zu beobachtende besondere Aufmerksamkeit, die Gellius der Frage der
postumen Ehrung des Toten widmet,[233] mit seinem auch sonst greifbaren Interesse am
Nachruhm bedeutender Persönlichkeiten, wie es insbesondere bei der Wiedergabe der
Grabepigramme des Naevius, Plautus und Pacuvius deutlich hervortritt.[234] Zwar enthält bereits die hellenistische Vita einen längerem Passus zu den Ehrungen, die Euripides trotz seiner Bestattung in Makedonien[235] von den Athenern erhalten hat, und
auch die von Gellius erwähnte Gesandtschaft, die seine Gebeine zurück nach Athen
holen sollte, dürfte bereits vor ihm Bestandteil der biographischen Tradition zu Euripides gewesen sein.[236] Dennoch zeigt sich in der durch den verringerten Gesamtum-
fang sogar noch gesteigerten Akzentsetzung – rund ein Fünftel der gellianischen Vita
ist dem Umgang der Zeitgenossen mit dem verstorbenen Dichter gewidmet – das generelle Interesse des Autors und seiner Zeit an dem Themenkomplex der Erinnerung
an die *viri illustres*, zu deren erfolgreicher Kommemorierung das Grabmonument und
insbesondere seine Inschriften einen wichtigen Beitrag leisteten.[237]

Daß die von Gellius präsentierte Euripidesvita mit der Weigerung der Makedo-
nier, einer Überführung der sterblichen Überreste nach Athen zuzustimmen, relativ
abrupt endet, stellt eine vielleicht noch größere Überraschung als ihr untypischer Beginn dar: Nicht nur, daß – gleichsam spiegelbildlich zur Aussparung des Geburtsdatums – die obligatorische Angabe des beim Tode erreichten Alters, die unter anderem
zur Datierung des Lebensendes diente,[238] fehlt, es folgt auch keine Übersicht über die
von ihm verfaßten Werke, die sonst einen fester Bestandteil antiker Dichterviten bil-

---

232 Vgl. Vita. Eur. 4 p. 4,20-22 SCHWARTZ.

233 Vgl. Gell. 15,20,10.

234 Vgl. Gell. 1,24 u. ferner z.B. 10,1 sowie VESSEY 1994, 1883f., u. ANDERSON 1994, 1859f.

235 Vgl. Vita. Eur. 2 p. 3,4-14 SCHWARZ.

236 Zur Verehrung verstorbener Dichtern in den Formen des Heroenkultes vgl. Vita. Aesch. 2,26 u. Vita.
     Soph. 17 mit LEFKOWITZ 1981, 93ff.

237 Daß die Zeitgenossen Grabinschriften und ihrer kommemorativen Eignung eine besondere Aufmerk-
     samkeit entgegenbrachten, wird bereits durch das in Zahl und Umfang seit augusteischer Zeit massiv
     zunehmende Inschriftenvorkommen (vgl. HÄUSLE 1980, 88ff., u. MORRIS 1992, 156ff.), aber auch ex-
     emplarisch durch den von Plinius dokumentierten Skandal um den von den Zeitgenossen offenbar als
     inadäquat empfundenen Epitaph des Verginius Rufus nahegelegt (vgl. Plin. ep. 9,19; s.o. S. 105ff.).

238 Vgl. Vita. Eur. 2 p. 3,2-3 SCHWARTZ u. Suda 2,468,34 ADLER (Altersangabe) u. 2,469,3-4 ADLER
     (Datierung mit Hilfe der Olympiadenzählung).

det.[239] Der Verzicht darauf, am Ende der Kurzbiographie eine Zusammenfassung der von Euripides geschriebenen Stücke und im Laufe seiner Tragikerkarriere errungenen Siege zu liefern, findet seine Erklärung erneut im komplementären Verhältnis der einzelnen Kapitel. Denn die auf eine stringente Systematik verzichtende Konzeption der *noctes Atticae* erlaubt es Gellius, die hier fehlenden Informationen an anderer Stelle einzufügen und dort mit den inhaltlich eng verwandten Nachrichten über Menander zu einem eigenen Kapitel zusammenzustellen, das sich mit der geringen Wertschätzung zweier großer Dichter durch ihre unmittelbaren Zeitgenossen beschäftigt.[240] Der aus diesen beiden Nachrichten gebildete ‚Miniaturkatalog' präsentiert biographische Informationen thematisch ‚vorsortiert' und erleichtert dadurch ihre Anwendung im Kontext der zeitgenössischen Bildungskultur: Kommt das Gespräch darauf, daß ein von der Nachwelt geschätzter Autor in seiner eigenen Zeit nicht die ihm gebührende Anerkennung gefunden hat, so ist der Leser des entsprechenden Kapitels der *noctes Atticae* nicht nur in der Lage, zumindest ein weiteres Beispiel anzuführen, sondern im Idealfall sogar, das Phänomen als bekannt wahrzunehmen und in der Konversation entsprechend zu bewerten, so daß er auf diesem Gebiet fundierte literarhistorische Kenntnisse unter Beweis stellen kann.

Nimmt man zusammenfassend alle Stellen in den Blick, an denen die *noctes Atticae* biographische Informationen zu Euripides enthalten,[241] so ergibt sich aus der hier besprochenen Vita (15,20), der Erwähnung der Eckdaten seines Lebens im synchronistischen Kapitel (17,21) und dem im Zusammenhang mit Menander gebotenen Werkverzeichnis (17,4) eine nach antiken Maßstäben weitgehend vollständige Biographie. Diese ist jedoch für einen Leser, dessen Interesse nur einzelnen Aspekten wie den Lebensdaten oder der Zahl der von Euripides verfaßten Tragödien gilt, nur von untergeordnetem Interesse, da er mit Hilfe des Inhaltsverzeichnisses gezielt zu den von ihm gesuchten Informationen gelangen kann, die zudem im Zusammenhang mit vergleichbaren und für ihn relevanteren Daten präsentiert werden. Auf der anderen Seite wird auf diese Weise mit Blick auf denjenigen Rezipienten, der das Werk von der ersten bis zur letzten Zeile liest, keine Information zu Euripides doppelt gegeben.[242]

---

239 Vgl. Vita. Eur. 2 p. 3,1-2; 3 p. 4,8-11 SCHWARTZ u. Suda 2,469,1-5 ADLER.

240 Vgl. Gell. 17,4,3: *Euripiden quoque M. Varro ait, cum quinque et septuaginta tragoedias scripserit, in quinque solis vicisse, cum eum saepe vincerent aliquot poetae ignavissimi.*

241 Bei den übrigen, hier nicht besprochenen Erwähnungen handelt es sich um bloße Zitate aus seinen Werken: vgl. Gell. 1,15,17; 6,3,28; 6,16,6-7; 11,4,1-2; 13,19,2-4; 13,25,7 u. 20,7,2.

242 Das Bemühen, inhaltliche Dubletten zu vermeiden, gehört zwar erklärtermaßen zum Programm der *noctes Atticae* (vgl. Gell. 14,7,13: *sed de hac omni re alio in loco plenius accuratiusque nos memini scribere*), seine Umsetzung gelingt jedoch nicht immer (vgl. z.B. Gell. 1,10 u. 11,7), da die Schlußredaktion des Werkes offenbar nicht allzu sorgfältig war (vgl. NETTLESHIP 1883, 396ff., u. HOLFORD-STREVENS 1988, 23ff., sowie ferner BERTHOLD 1959, 10f., der die inhaltlichen Wiederholungen als „unausgesprochene Selbstverweise" versteht).

Obwohl sich also die komplementäre Konzeption von eigentlicher Vita und den weiteren Erwähnungen einer Person in den *noctes Atticae* als durchaus zweckdienlich erweist, stellt die Euripidesvita dennoch das einzige Beispiel für die Präsentation biographischer Informationen in dieser traditionellen Form dar. Eine Erklärung hierfür bietet zum einen die vielfältige Existenz und breite Verfügbarkeit biographischer Literatur zur Entstehungszeit des gellianischen Werkes. Da die *noctes Atticae* nicht mit dem Anspruch auftreten, eine Schrift wie die *hebdomades* Varros oder die *viri illustres* Suetons zu ersetzen, sondern zu diesen vielmehr in einem subsidiären Verhältnis gesehen werden wollen, konnte Gellius auf die Aufnahme weiterer dort bereits enthaltener Kurzviten in sein eigenes Werk verzichten.

Dieser komplementäre Charakter ermöglicht ihm zum anderen die Vernachlässigung der Betrachtung des Lebens in seiner Gesamtheit zugunsten einer Fokussierung auf diejenigen Aspekte, die mit seiner Intention, dem Leser Allgemeinbildung und zugleich die gesellschaftlich akzeptierte Form ihrer Anwendung zu vermitteln, in Einklang stehen. Bei der Behandlung dieser Punkte tendiert Gellius in der Regel unter Verzicht auf die Einheit des individuellen Lebenslaufes zu einer Anordnung in thematischen Gruppen. Diese Zusammenstellung inhaltlich verwandter Ereignisse aus dem Leben verschiedener Personen erinnert an die Katalogstruktur, wie sie beispielsweise in Werken der sympotischen Literatur häufig anzutreffen ist[243] und die ihre Ursache in der verbesserten Anwendbarkeit des auf diese Weise erworbenen Wissens im Rahmen der zeitgenössischen Konversationskultur hat.

Bleibt abschließend noch die Frage zu beantworten, warum Gellius überhaupt einen einzelnen isolierten Versuch in der klassischen biographischen Form unternommen hat, obwohl er aufgrund seiner generellen Interessen ansonsten anderen Präsentationsstrategien personenbezogenen Wissens den Vorzug gab. Zum einen bot eine hellenistisch beeinflußte ‚Biographie en miniature' Gellius die Gelegenheit, vor dem Hintergrund der Gattungserwartungen der kaiserzeitlichen ‚société de lettrés' literarische Virtuosität unter Beweis zu stellen. Zum anderen bietet sich ein Vergleich mit den programmatischen Aussagen in anderen Kapiteln an, die der exemplarischen Vermittlung bestimmter Wissensgebiete dienen. So schließt er die Behandlung von Mirabilienliteratur in den *noctes Atticae* zwar aus, referiert aber dennoch in Kapitel 9,4 einige ihrer typischen Inhalte, um seinem Leser mit Hilfe dieses Beispiels einen Eindruck auch von dieser Textsorte zu vermitteln, *ut, qui eos lectitabit, is ne rudis omnino et* ἀνήκοος *inter istiusmodi rerum auditiones reperiatur.*[244]

Sollten diese Überlegungen ausschlaggebend für die Aufnahme einer exemplarischen Kurzbiographie in die *noctes Atticae* gewesen sein, so sprachen mehrere Grün-

---

243 Vgl. z.B. Athen. 4,165d-169a; 6,248d-2252f u. 8,338d-347c.

244 Vgl. Gell. 9,4,5 („damit derjenige, der sie gelesen hat, nicht als gänzlich unerfahren und unkundig gilt, wenn das Gespräch auf derlei Dinge kommt.").

de dafür, eine Euripidesvita als Beispiel herauszugreifen. Denn einerseits floß zum Leben des jüngsten der drei großen Tragiker das für die Gattung der Dichterviten charakteristische anekdotische Material besonders reichlich, andererseits wies die Figur des laut biographischer Tradition dank seiner literarischen Fähigkeiten aus ärmlichen Verhältnissen sozial aufgestiegenen Dichters *mutatis mutandis* Modellcharakter für den Leser der *noctes Atticae* auf, der in analoger Weise dank der ihm durch die Lektüre dieses Werkes vermittelten Bildung gesellschaftlichen reüssieren wollte.

d) Biographie als lockere Szenenfolge: Das Beispiel des Demosthenes

Daß nicht nur den Zeitgenossen, die in den szenischen Rahmenhandlungen vorgestellt werden, sondern auch den historischen Figuren, die innerhalb der eigentlichen Materialebene der *noctes Atticae* ihren Platz haben, eine wichtige Funktion bei der Vermittlung des richtigen Umgangs mit den erlernten Wissensbeständen zukommt, wird bei denjenigen Personen besonders deutlich, mit denen Gellius sich an mehreren Stellen seines Werkes beschäftigt. Dabei können sich Perspektive und Akzentsetzung durchaus von Kapitel zu Kapitel verändern, und neben einer Behandlung, die primär auf das chronologische ‚Skelett' der fundamentalen Lebensdaten reduziert bleibt und die wir am Beispiel des synchronistischen Kapitels (17,21) bereits kennengelernt haben, kann die Präsentation biographischer Informationen auch in der elaborierteren und intentional aufgeladeneren Form einer anekdotisch zugespitzten Erzählung erfolgen. Anekdotische Präsentationsformen haben sich in den biographischen Schriften der gesamten Antike stets großer Beliebtheit erfreut. Doch gerade im Kontext der Bildungskultur mußten sich, wie bereits gesehen, Anekdoten und verwandte literarische Kleinformen aufgrund ihrer pointierten Kürze und ihrer hohen Eignung zur mündlichen Wiedergabe als besonders geeignet erweisen.[245]

Gellius' Verwendung von anekdotischen Präsentationsformen als Mittel der biographischen Darstellung läßt sich besonders gut anhand derjenigen Personen verfolgen, auf die er an verschiedenen Stellen der *noctes Atticae* zu sprechen kommt. Bei diesen historischen Figuren, wie Alexander dem Großen, dem älteren Scipio, Demosthenes, Cicero, dem älteren Cato oder den Philosophen Sokrates, Platon und Aristoteles, läßt sich geradezu von einer ‚seriellen Biographie' sprechen, deren lockere Szenenfolge allerdings nicht den Anspruch erhebt, einen vollständigen Bericht von dem Leben des Protagonisten ‚von der Wiege bis an die Bahre' zu geben. Für eine eingehendere Untersuchung bietet sich vor allem die Figur des Demosthenes an, deren Bedeutung innerhalb der *noctes Atticae* möglicherweise aufgrund des allgemein großen

---

245 Zur Bedeutung von Anekdoten bei Gellius s.o. S. 169ff.; allgemein in der Bildungskultur s.o. S. 33ff.

Interesse des 2. Jh. n. Chr. am ῥήτωρ κατ' ἐξοχήν,[246] vielleicht aber auch wegen der besonderen Begeisterung des Autors für Athen und die attische Geschichte weit über diejenige einer Kontrastfolie für Cicero hinausgeht.[247]

Unter Vernachlässigung der Reihenfolge des Auftretens der einzelnen Informationen in den *noctes Atticae* soll die Besprechung des biographischen Materials zu Demosthenes der typischen Anordnung in einer antiken Lebensbeschreibung folgen, um auf diese Weise die Übereinstimmungen und Abweichungen der ‚virtuellen' Demosthenes-Vita, die sich aus der Lektüre der einschlägigen Einzelkapitel ergibt, mit dem Erwartungshorizont des zeitgenössischen Lesers gegenüber einer solchen Biographie besser vergleichen zu können. Als Bezugspunkt bietet sich vor allem die von Plutarch wenige Jahrzehnte zuvor verfaßte Biographie an, die zwar im griechischen Kontext, *mutatis mutandis* jedoch unter ähnlichen gesellschaftlichen Bedingungen entstanden ist. Nachdem wir auf diese Weise den Lebensweg des Demosthenes von seiner Entscheidung für die Rhetorik bis zur Schlacht von Chaironeia und seinem Selbstmord auf Kalauria abgeschritten haben, soll in einem zweiten Schritt die Interpretation seiner Figur innerhalb der *noctes Atticae* in ihrer Gesamtheit und mit Blick auf die von Gellius zu ihrer Präsentation angewandten Strategien erfolgen.

Die mit Blick auf seinen Lebenslauf früheste Nachricht zeigt uns Demosthenes in jungen Jahren und zunächst als Schüler Platons, um dann seine ‚Konversion' zur Rhetorik zu schildern.[248] Dabei stellt Gellius in enger Anlehnung an den hellenistischen Biographen Hermippos[249] ganz den dramatischen Moment in den Mittelpunkt, wie die später berühmt gewordene Verteidigungsrede des Kallistratos, eines führenden Politikers und gefeierten Redners, deren Zeuge Demosthenes zufällig geworden war, für diesen zum Schlüsselerlebnis wird.[250] Die Bedenken gegenüber einem Schülerverhält-

---

246 S.u. S. 203f.

247 Vgl. dag. Berthold 1996, 509, der die These vertritt, daß Gellius in einem gezielten Vergleich zwischen den beiden Rednern zumindest die Gleichrangigkeit des Römers herausstellen will.

248 Vgl. Gell. 3,13 cap.: *quod Demosthenes etiamtum adulescens, cum Platonis philosophi discipulus foret, audito forte Callistrato rhetore in contione populi destitit a Platone et sectatus Callistratum est.* Die Vorstellung einer Konversion, einer ‚Umkehr und Neuausrichtung' eines Lebens, verbindet sich heute vor allem mit der Christianisierung, das Konzept einer ἐπιστροφή oder *conversio* kann aber schon in der philosophischen Literatur der Antike auf eine lange Tradition zurückblicken (vgl. Nock 1933, 179ff.; MacMullen 1984, 17ff., u. Gnilka 1993, 114ff.). Freilich handelt es sich bei dem von Gellius geschilderten Fall vor diesem Hintergrund eher um eine ‚Apostasie' von der Philosophie.

249 Hermippos von Smyrna, der im 3. Jh. v. Chr. lebte, wird in den Quellen als ὁ Καλλιμάχειος oder περιπατητικός bezeichnet (zur Bezeichnung als Peripatetiker vgl. Wehrli 1983, 465.583, u. Montanari 1998, 439: „Das Epitheton bezeichnet in dieser Zeit einen Gelehrten auf dem Gebiet der Literatur und der Biographie, ohne notwendigerweise eine Verbindung zum Peripatos zu enthalten.").

250 Vgl. Gell. 3,13: *Hermippus hoc scriptum reliquit Demosthenem admodum adulescentem ventitare in Academiam Platonemque audire solitum. (2) ‚atque is' inquit ‚Demosthenes domo egressus, ut ei mos erat, cum ad Platonem pergeret complurisque populos concurrentes videret, percontatur eius rei*

nis des Demosthenes zu Platon, wie sie bereits in der Antike artikuliert wurden,[251] teilt Gellius nicht oder thematisiert sie zumindest nicht explizit.[252] Neben einem generellen Interesse an ‚Konversionserlebnissen' dieser Art als biographisch besonders relevanten Schlüsselstellen[253] dürfte seine Entscheidung für die Aufnahme dieser Nachricht nicht zuletzt darauf zurückzuführen sein, daß durch die Verbindung mit Platon und der prononcierten Abkehr von ihm eine stärkere Kontrastierung und damit auch eine höhere Erzählbarkeit und ein größerer Unterhaltungswert der Anekdote erreicht wird.

Ein weiterer Vorteil besteht zudem in der relativen Datierung, die sich aus der Erwähnung eines Schülerverhältnisses zu Platon für Demosthenes' Jugend ergibt, da die ungefähren Lebensdaten des großen Philosophen bekannter gewesen sein dürften als diejenigen des Kallistratos.[254] Damit leistet die thematisch dem Komplex von Jugend und Ausbildung angehörende Anekdote, der in der Regel am Beginn antiker Biographien behandelt wird, zugleich die – wenn auch nur recht vage – Angabe des Geburtsdatums des Protagonisten. Die familiäre Abstammung dagegen, ein weiteres in diesem Zusammenhang eigentlich obligatorisches Themenfeld, wird von Gellius weder hier noch an einer anderer Stelle in den *noctes Atticae* behandelt.[255] Hierbei handelt es

---

causam cognoscitque currere eos auditum Callistratum. (3) *is Callistratus Athenis orator in republica fuit, quos illi* δημαγωγούς *appellant.* (4) *visum est paulum devertere experirique, an digna auditio tanto properantium studio foret.* (5) *venit' inquit ,atque audit Callistratum nobilem illam* τὴν περὶ Ὠρωποῦ δίκην *dicentem atque ita motus et demultus et captus est, ut Callistratum iam inde sectari coeperit, Academiam cum Platone reliquit.* Die Episode ist mit hoher Wahrscheinlichkeit fiktiv und stellt entweder „die anekdotische Ausschmückung stilgeschichtlicher Vergleiche" dar (vgl. WEHRLI 1974, 86) oder wurde in der Manier der hellenistischen Dichterbiographien (vgl. LEFKOWITZ 1981, viii-ix) aus den anerkennenden Bemerkungen über Kallistratos in einigen Reden des Demosthenes abgeleitet (vgl. Demosth. or. XVIII 219; XIX 297 u. XXIV 135 sowie ferner DRERUP 1923, 59f.).

251 Vgl. Plut. Demosthenes 5,7 (Ἕρμιππος δέ φησιν ἀδεσπότοις ὑπομνήμασιν ἐντυχεῖν, ἐν οἷς ἐγέγραπτο τὸν Δημοσθένη συνεσχολακέναι Πλάτωνι καὶ πλεῖστον εἰς τοὺς λόγους ὠφελῆσθαι, Κτησιβίου δὲ μέμνηται λέγοντος παρὰ Καλλίου τοῦ Συρακουσίου καί τινων ἄλλων τὰς Ἰσοκρά - τους τέχνας καὶ τὰς Ἀλκιδάμαντος κρύφα λαβόντα τὸν Δημοσθένη καταμαθεῖν). Cicero dagegen zitiert zur Bestätigung des Schülerverhältnisses, das seine These einer engen Verbindung von Philosophie und Rhetorik stützt, sogar aus von ihm für echt gehaltenen Briefen des Demosthenes (vgl. Cic. or. 15 u. Brut. 131, sowie ferner z.B. BLASS 1893, 11ff.; DRERUP 1923, 67ff., u. WEHRLI 1974, 87).

252 Gellius verwendet allerdings auch in dem nicht als wörtliche Rede und damit als Übersetzung aus der Schrift des Hermippos kenntlich gemachten Teil dieses Kapitel ausschließlich indirekte Rede und umgeht so strenggenommen eine eigene Stellungnahme zur Authentizität des präsentierten Materials.

253 Auch in seiner Euripides-Vita beschäftigt er sich intensiv mit den vor der ‚Konversion' zum Tragiker ausgeübten Tätigkeiten (vgl. Gell. 15,20,3-4; s.o. S. 184f.).

254 Vgl. Tac.dial. 16,5: *ego enim cum audio antiquos, quosdam veteres et olim natos intellego, ac mihi versantur ante oculos Ulixes et Nestor, quorum aetas mille fere et trecentis annis saeculum nostrum antecedit; vos autem Demosthenen et Hyperiden profertis, quos satis constat Philippi et Alexandri temporibus floruisse, ita tamen ut utrique superstites essent.*

255 Vgl. Plut. Demosthenes 4 sowie ferner z.B. BADIAN 2000, 12ff., u. LEHMANN 2004, 29ff.

sich um eine um so überraschendere Leerstelle, als in der biographischen Tradition
der frühe Tod des Vaters und die damit verbundene Einsetzung von Vormündern häufig unmittelbar mit Demosthenes' Begabung als Redner in Verbindung gebracht wurde: Da das umfangreiche Familienvermögen von den Vormündern schlecht verwaltet
worden sei, habe Demosthenes, um in einem Prozeß die Verfügungsgewalt über sein
väterliches Erbe zu erhalten, bei Isaios Rhetorikunterricht nehmen müssen.[256] Daß
Gellius diesen eigentlich gut zu seinen juristischen Interessen passenden Zusammenhang nicht herstellt, könnte seine Ursache in dem Konkurrenzverhältnis haben, das
sich zwischen dieser Motivierung von Demosthenes' Beschäftigung mit der Rhetorik
und dem ,Konversionserlebnis' der Kallistratos-Anekdote ergeben hätte.

Bei der nächsten Erwähnung gerät Demosthenes gemeinsam mit Cicero in den
Blick. Das Lemma bezeichnet das von Nepos falsch angegebene Alter Ciceros zum
Zeitpunkt seiner ersten öffentlichen Gerichtsrede als Gegenstand dieses Kapitels,[257]
tatsächlich aber läuft der Gedankengang auf einen allgemeinen Vergleich der frühen
rhetorischen Begabung der beiden prominentesten Redner der Antike hinaus. Auf diese Weise erhalten wir nicht nur die Information, daß auch Demosthenes als 27jähriger
in noch recht jungen Jahren den ersten öffentlichen Auftritt als Redner verzeichnen
konnte,[258] sondern daß zudem beide fast im gleichen Lebensjahr starben.[259] Daß Gellius sich auf diesen über das quantitative Zahlenmaterial nur wenig hinausgehenden
Vergleich beschränkt,[260] obwohl der von Rückschlägen nicht freie und schon von
Cicero bewunderte Werdegang des Demosthenes[261] – von der Überwindung seiner anfänglich schwächlichen Konstitution durch hartes Training über das Debüt mit einem
Mißerfolg bis hin zur akribischen Vorbereitung seiner Reden und der daraus resultie-

---

256   Vgl. Plut. Demosthenes 5-6 sowie ferner z.B. BADIAN 2000, 15ff., u. LEHMANN 2004, 40ff.

257   Vgl. Gell. 15,28 cap.: *quod erravit Cornelius Nepos, cum scripsit Ciceronem tres et viginti annos
       natum causam pro Sextio Roscio dixisse.*

258   Vgl. Gell. 15,28,6: *illud adeo ab utriusque oratoris studiosis animadversum et scriptum est, quod De-
       mosthenes et Cicero pari aetate inlustrissimas orationes in causis dixerunt, alter* κατὰ Ἀνδροτίωνος
       et κατὰ Τιμοκράτους *septem et viginti annos natus, alter anno minor pro P. Quinctio septimoque pro
       Sex. Roscio.* Demosthenes wurde 384/83 v. Chr. geboren und war nach Gerichtsreden in eigener Sa-
       che zuerst 355/54 mit einer Reihe politisch motivierter Anklagereden öffentlich hervorgetreten, daran
       schloß sich im folgenden Jahr sein erster Auftritt vor der attischen Volksversammlung an (vgl. BA-
       DIAN 2000, 26ff.; KARVOUNIS 2002, 71ff., u. LEHMANN 2004, 65ff.).

259   Vgl. Gell. 15,28,7: *vixerunt quoque non nimis numerum annorum diversum: alter tres et sexaginta
       annos, Demosthenes sexaginta.*

260   Vgl. ANDERSON 1994, 1859: „One might have seen some point beginning to emerge had Gellius com-
       pared the sort of political circumstances in which both men died; but no, it is merely a question of
       dates. ... The reflex of making Cicero some sort of Roman equivalent of Demosthenes apperas to lend
       harmless amusement to a (forced) correspondence between the beginnings and ends of their careers.
       At least Gellius spares us banal moralising on the fall of the great ...".

261   Vgl. Cic. de or. 1,260-261.

renden Polemik gegen ihn[262] – reiches und vor dem Hintergrund des Bildungskultur des 2. Jh. n. Chr. in besonderer Weise interessantes Material geboten hätte, stellt eine der überraschendsten Auslassungen in Gellius' Beschäftigung mit Demosthenes dar, die aber angesichts des subsidiären Charakters seines Werkes auch nicht überbewertet werden sollte.

Die nächste Etappe in der ‚virtuellen' Lebensbeschreibung, die sich aus den Demosthenes gewidmeten Kapiteln der *noctes Atticae* ergibt, zeigt ihn als Delegierten zur Aushandlung des Philokrates-Frieden (347/46) am makedonischen Königshof. Da der eigentliche Text des 8. Buches jedoch verloren ist, sind wir für weitere Einzelheiten auf Spekulationen angewiesen.[263] Immerhin legt die knappe Inhaltsangabe des erhaltenen Lemmas nahe, daß Gellius an dieser Stelle einer für seinen Protagonisten nicht sehr vorteilhaften Überlieferung gefolgt ist, die wohl auf seinen Gegenspieler Aeschines zurückgeht[264] und Demosthenes zeigte, wie ihm bei dem Versuch, vor Philipp das Wort zu ergreifen, die Nerven einen Streich spielten:

> *quod Theophrastus philosophus omnis suae aetatis facundissimus verba pauca ad populum Atheniensem facturus deturbatus verecundia obticuerit; quodque idem hoc Demostheni apud Philippum regem verba facienti evenerit.*[265]

Daß Gellius mit dem ähnlich gelagerten Fall des Theophrast, der vor der Volksversammlung in Athen von Lampenfieber ereilt wird, in diesem Kapitel zwei Beispiele des gleichen Phänomens zusammengestellt hat,[266] legt die Vermutung nahe, daß sein Interesse hier weniger der Darstellung des Demosthenes in seiner Rolle als Unter-

---

262 Vgl. Plut. Demosthenes 4.6.7.8 u. 11

263 So muß beispielsweise offen bleiben, ob Gellius auf die Problematik der Teilnahme des Demosthenes an den Verhandlungen zu dem später von ihm abgelehnten Friedensschluß eingegangen ist (vgl. z.B. Plut. Demosthenes 16 sowie ferner RYDER 2000, 58ff., u. LEHMANN 2004,138ff.).

264 Vgl. Aeschin. leg. 2,34-35: Ῥηθέντων δὲ καὶ τούτων καὶ ἑτέρων λόγων, ἤδη καθῆκεν εἰς Δημοσθένην τὸ τῆς πρεσβείας μέρος καὶ πάντες προσεῖχον ὡς ὑπερβολάς τινας δυνάμεως ἀκουσόμενοι λόγων· καὶ γὰρ πρὸς αὐτὸν τὸν Φίλιππον, ὡς ἦν ὕστερον ἀκούειν, καὶ πρὸς τοὺς ἑταίρους ἐξήγγελτο ἡ τῶν ἐπαγγελιῶν ὑπερβολή. οὕτω δὲ ἁπάντων διακειμένων πρὸς τὴν ἀκρόασιν, φθέγγεται τὸ θηρίον τοῦτο προοίμιον σκοτεινόν τι καὶ τεθνηκὸς δειλίᾳ καί, μικρὸν προ αγαγὼν ἄνω τῶν πραγμάτων, ἐξαίφνης ἐσίγησε καὶ διηπορήθη, τελευτῶν δὲ ἐκπίπτει τοῦ λόγου. (35) ἰδὼν δὲ αὐτὸν ὁ Φίλιππος ὡς διέκειτο, θαρρεῖν τε παρεκελεύετο καὶ μὴ νομίζειν, ὥσπερ ἐν τοῖς θεάτροις, διὰ τοῦτο |οἴεσθαι| τι πεπονθέναι, ἀλλ' ἡσυχῇ κατὰ μικρὸν ἀναμιμνήσκεσθαι καὶ λέγειν ὡς προείλετο. ὁ δέ, ὡς ἅπαξ ἐταράχθη καὶ τῶν γεγραμμένων διεσφάλη, οὐδ' ἀναλαβεῖν ἔτι αὐτὸν ἐδυνήθη, ἀλλὰ καὶ πάλιν ἐπιχειρήσας λέγειν ταὐτὸν ἔπαθεν. ὡς ἦν σιωπή, μεταστῆναι ἡμᾶς ὁ κῆρυξ ἐκέλευεν· ferner RYDER 2000, 61f., u. LEHMANN 2004, 129ff., sowie allg. zur Rivalität der beiden Politiker BUCKLER 2000.

265 Vgl. Gell. 8,9 cap. („Daß der Philosoph Theophrast, der zu seiner Zeit der größte Redner war, als er einige wenige Worte an das athenische Volk richten wollte, von Lampenfieber so verwirrt wurde, daß er kein Wort heraus brachte; daß ferner das gleiche Demosthenes passierte, als er eine Rede vor Philipp hielt.").

266 Beide Beispiele werden im übrigen auch von Aelian gemeinsam angeführt (vgl. Ail. var. 8,12).

händler galt – für die sich ohnehin ein rhetorisches und diplomatisches Glanzstück wie der Bündnisvertrag mit Theben weit mehr angeboten hätte[267] – als vielmehr der kuriosen Situation der Sprachlosigkeit großer Redner. Die Annahme, daß Gellius in diesem Kapitel gerade daran gelegen war, zu zeigen, daß auch die von ihm wie seinen Lesern bewunderten Vorbilder vor Lampenfieber nicht gefeit waren, erhält dadurch weitere Plausibilität, daß die gleiche Episode auch von Philostrat in seiner Vita des Herodes Atticus angeführt wird, um das Versagen seines Protagonisten in einer ähnlichen Situation zu rechtfertigen.[268] Diese Parallelisierung, die im übrigen vermutlich nicht von Philostrat, sondern von Herodes Atticus selbst stammt,[269] ist in besonderer Weise dazu geeignet zu verdeutlichen, wie das historische ,*exemplum*' des von Lampenfieber geplagten Demosthenes im Kontext der zeitgenössischen Bildungskultur verwendet werden kann.

Die beiden folgenden Szenen zeigen Demosthenes eher von der privaten Seite und sind vielleicht deswegen bei Plutarch ohne Gegenstück. Im ersten Fall gerät Demosthenes erneut als Pendant zu einem bedeutenden römischen Redner ins Blickfeld, bei dem es sich diesmal um Q. Hortensius handelt, der von Gellius mit der Charakterisierung als *omnibus ferme oratoribus aetatis suae, nisi M. Tullio, clarior* allerdings sogleich in Beziehung zu Cicero gesetzt wird.[270] Den Gegenstand des Kapitels bildet der nach den Maßstäben ihrer Zeit ungewöhnlich große Aufwand für Kleidung und Körperpflege, den beide betrieben haben sollen, und die Kritik, die sie deswegen von ihren politischen Gegner über sich ergehen lassen mußten.[271] Während der Leser im ersten Fall lediglich eine knappe Zusammenstellung der auf Demosthenes gemünzten Spottnamen präsentiert bekommt,[272] läßt Gellius auf diese eher abstrakte Behandlung des Phänomens in der zweiten Hälfte des Kapitels die Erzählung einer konkreten Situation folgen, als deren Protagonist Hortensius fungiert.[273]

Der anekdotische Charakter der zweiten Hälfte dient dabei nicht nur der plastischen Illustration der im ersten Teil abstrakt wiedergegebenen Beobachtung, sondern

---

267　Vgl. die ausführliche Schilderung bei Plut. Demosthenes 17-18.

268　Vgl. Philostr. soph. 2,1,565 u. ferner AMELING 1983, I 41ff.

269　Dafür spricht unter anderem die Kenntnis der Demosthenes-Anekdote durch Gellius, da er sie von Herodes Atticus im Zusammenhang mit dieser für ihn unangenehmen Episode, die Gellius taktvoll verschweigt, gehört haben könnte.

270　Vgl. Gell. 1,5,2 („berühmter als beinahe alle Redner zu seiner Zeit, mit der Ausnahme Ciceros").

271　Vgl. Gell. 1,5 cap.: *quod Demosthenes rhetor cultu corporis atque vestitu probris obnoxio infamiaque munditia fuit; quodque item Hortensius orator ob eiusmodi munditias gestumque in agendo histrionicum Dionysiae saltatriculae cognomento compellatus est.*

272　Vgl. Gell. 1,5,1: *Demosthenen traditum est vestitu ceteroque cultu corporis nitido venustoque nimisque accuratoque fuisse. et hinc ei* τὰ κομψὰ *illa* χλανίσκια *et* μαλακοὶ χιτωνίσκοι *ab aemulis adversariisque probro data, hinc etiam turpibus indignisque in eum verbis non temperatum, quin parum vir et ore quoque polluto diceretur.*

273　Vgl. Gell. 1,5,2.

räumt Hortensius im folgenden auch die Möglichkeit ein, mit einer schlagfertigen Erwiderung das letzte Wort zu behalten.[274] Vor allem in dieser überraschenden Schlußwendung mit einem pointierten Apophthegma des Protagonisten erinnert die zweite Hälfte des Kapitels an die literarische Form der Chrie, wie sie als Kompositionsübung innerhalb der rhetorischen *progymnasmata* vom angehenden Redner erwartet wurde.[275] Die Aufgabe bestand dabei in der Ausarbeitung des Ausspruchs einer berühmten Persönlichkeit, die allerdings bestimmten Regeln zu folgen hatte.[276] Von den in diesem Zusammenhang geforderten Punkten tauchen aber nur die wenigsten bei Gellius wieder auf.[277] Doch nicht nur der abgewandelte Aufbau, sondern auch die klimatisch angelegte Doppelstruktur des gesamten Kapitels zeigen deutlich, daß es Gellius keineswegs auf eine schulbuchmäßige Umsetzung des Schemas angelegt hat, sondern daß er ein als bekannt vorausgesetztes Formular gezielt überbieten wollte.[278] Die souveräne Beherrschung einer literarischen Technik, die er auf diese Weise unter Beweis stellt, kann dabei zugleich seinen Lesern als Vorbild dafür dienen, wie auch sie sich von den Schablonen der Schulbücher emanzipieren können und an der Konversation im Rahmen der Bildungskultur adäquat teilnehmen können.[279]

Mit der Erwartungshaltung der Rezipienten gegenüber einer traditionellen Chrie spielt Gellius aber nicht auf formaler, sondern auch auf inhaltlicher Ebene. Denn in der wahrscheinlich im philosophischen Kontext entstandenen, jedenfalls aber häufig dort verwendeten Form der Chrie dürften die meisten Leser weit eher mit Kritik an übertriebenen Formen des Aufwandes für die äußerer Erscheinung und nicht mit ihrer Verteidigung gerechnet haben.[280] Daß in diesem Kapitel die Vertreter einer urbanen *luxuria* über ihre sittenstrengen Widersacher triumphieren, stellt aber auch vor dem

---

274 Vgl. Gell. 1,5,3: *sed cum L. Torquatus, subagresti homo ingenio et infestivo, gravius acerbiusque apud consilium iudicum, cum de causa Sullae quaereretur, non iam histrionem eum esse diceret, sed gesticulariam Dionysiamque eum notissimae saltatriculae nomine appellaret, tum voce molli atque demissa Hortensius ,Dionysia', inquit, ,Dionysia malo equidem esse quam tu, Torquate,* ἄμουσος, ἀναφρόδιτος, ἀπροσδιόνυσος.'

275 Zu dieser Form der Chrie s.o. S. 40f.168ff.

276 Vgl. z.B. Theon p. 101,3-106,3 SPENGEL mit HOCK / O'NEIL 1986, 68ff., sowie Hermog. 3,19-23 RABE mit MACK / O'NEIL 1986, 160ff., sowie ferner allg. LAUSBERG 1960, 539f., u. HOCK / O'NEIL 2002, 79ff.

277 Neben der unvermeidlichen Schilderung der Situation und der Wiedergabe des Ausspruches selbst läßt sich allenfalls noch die kurze und sehr positive Vorstellung des Hortensius als das von den Rhetorikhandbüchern zur Einleitung einer Chrie geforderte ἐγκώμιον der Hauptperson begreifen (vgl. z.B. Hermog. 3,21 RABE), dagegen fehlen weitere Elemente wie z.B. die argumentative Bestätigung, die Diskussion des Gegenteils oder das Anführen von analogen Zitaten.

278 Vgl. BEALL 1988, 120f. „Students were encouraged to expand (ἐκτείνειν) the *chria* in its simple form (...). Gellius shows how this may be done with added characterization and a dramatic touch: ... "

279 Zu der mit diesem Aspekt verbundenen Selbstdarstellung des Autors s.o. S. 169.

280 Vgl. HOCK 1986, 3ff.

Hintergrund der gerade in der römischen Historiographie üblichen Luxuskritik eine Überraschung dar, die jedoch vor dem Hintergrund des gewandelten Umgangs des 2. Jh. n. Chr. mit seiner Vergangenheit keine singuläre Erscheinung darstellt.[281] Bei der Behandlung der *luxuria*-Thematik läßt sich auch innerhalb der *noctes Atticae* eine generelle Akzentverschiebung von der moralischen Bewertung des Phänomens hin zur Vermittlung des richtigen Umgangs mit Luxus im Kontext der Bildungskultur feststellen.

Dies wird besonders im folgenden Kapitel deutlich, das von Gellius vielleicht nicht zufällig in der Nähe, wenn auch mit Rücksicht auf die programmatische *varietas* nicht in unmittelbarer Nachbarschaft des zuletzt besprochenen plaziert wurde. Bei der Lektüre des als Ἀμαλθείας κέρας bezeichneten Miszellanwerk eines Sotion,[282] von dem er sich übrigens in der *praefatio* wegen des prätentiösen Charakters seines Titels noch distanziert hatte,[283] war Gellius auf die kleine *historia* der Reise des Demosthenes zur berühmten Hetäre Lais nach Korinth gestoßen. Diese wollte er in sein Werk übernehmen und übertrug sie deswegen ins Lateinische, wobei er seinen Lesern allerdings an einigen Stellen den griechischen Originalwortlaut nicht vorenthalten wollte.[284] Die Pointe der kleinen Erzählung besteht zum einen darin, daß der Besuch an den exorbitanten Honorarforderungen der Prostituierten scheitert, zum anderen aber in dem daraus resultierenden Apophthegma des Demosthenes, so teuer wolle er seine Reue nicht kaufen, das von Gellius seiner besonderen Brillanz wegen zweisprachig wiedergegeben wird.[285]

Die von Gellius hier wiedergegebene Erzählung erhebt sicherlich keinen gesteigerten Anspruch auf Authentizität und ähnelt in ihrem Unterhaltungswert eher einer biographischer Mirabilie.[286] Doch der Vorteil der gellianischen Form einer lockeren Szenenfolge besteht ja gerade in der Möglichkeit, durch die Auswahl und die Fokussierung der dargestellten Episoden den unterhaltenden Charakter mit der Unterweisung des Lesers zu verbinden. Hierin ist sicherlich das verbindende Element dieser

---

281 Vgl. z.B. Gell. 3,17; ausführlicher s.u. S. 208f.

282 Das Miszellanwerk läßt sich den verschiedenen Trägern dieses Namens in der Zeit von ca. 100 v. Chr bis 50 n. Chr. nicht eindeutig zuordnen (vgl. SHARPLES 2001).

283 Vgl. Gell. praef. 6 u. ferner Plin. n.h. praef. 24.

284 Vgl. Gell. 1,8 cap.: *historia in libris Sotionis philosophi reperta super Laide meretrice et Demosthene rhetore* sowie allgemein zur Übersetzung bei Gellius BEALL 1988, 151ff., u. BEALL 1997.

285 Vgl. Gell. 1,8,6: *,tali petulantia mulieris atque pecuniae magnitudine ictus expavidusque Demosthenes avertitur et discedens ,ego' inquit ,paenitere tanti non emo'.' sed Graeca ipsa, quae fertur dixisse, lepidiora sunt:* οὐκ ὠνοῦμαι, *inquit,* μυρίων δραχμῶν μεταμέλειαν.*' Die Szene wird ähnlich auch von Macrobius erzählt (vgl. Macr. Sat. 2,2,11: *Eusebius deinde ,Demosthenes' inquit ,excitatus ad Laidis famam, cuius forma tunc Graecia mirabatur, accessit ut et ipse famoso amore potiretur. qui ubi dimidium talentum unius pretium noctis audivit, discessit hoc dicto* οὐκ ἀγοράζω τοσούτου μετανοῆσαι.*'* u. ferner die knappe Andeutung bei Athen. 13,588c).

286 Zu den Problemen der Abgrenzung s.o. S. 170f.

beiden Kapitel zu sehen, denn dem Verhalten der Protagonisten soll in beiden Fällen Modellcharakter dafür zukommen, wie der wahre πεπαιδευμένος des 2. Jh. n. Chr. seinen Weg zwischen der Skylla einer übertriebenen *luxuria* und der Charybdis einer stereotypen *luxuria*-Kritik finden kann.

Im nächsten Kapitel widmet sich Gellius der Frage Bestechlichkeit und damit einem *locus classicus* der Demosthenesbiographik, der etwa auch bei Plutarch breiten Raum einnimmt.[287] Doch überraschenderweise spielt in seiner Version der Geschichte, wie Demosthenes von einer milesischen Gesandtschaft bestochen wird, die moralische Dimension eine gänzlich untergeordnete Rolle.[288] Der Akzent liegt bei ihm auf den beiden *facete dicta*, die sich aus der Situation ergeben: Denn Demosthenes, der sich von den Milesiern dafür hatte bezahlen lassen, am folgenden Tag nicht erneut gegen sie aufzutreten, hatte aus diesem Grund am nächsten Morgen, als er in der Volksversammlung erschien, einen Schal um seinen Hals gewickelt. Doch seine Mitbürger durchschauten rasch, daß die plötzliche Heiserkeit nur gespielt war und riefen ihm zu, er leide wohl weniger an einem geschwollenen Hals (συνάγχη) als an einem geschwollenen Portemonnaie (ἀργυράγχη).[289]

Unmittelbar darauf läßt Gellius eine kleine Erzählung folgen, die sich eng auf die zuvor geschilderte Begebenheit bezieht. Jetzt ist es Demosthenes selbst, der das *sal urbanum* seiner Mitbürger noch zu übertreffen weiß: Denn die beachtliche Gage, die der Schauspieler Aristodemos für seine Auftritte fordern konnte, überbietet er mit einem Verweis auf die zuvor berichtete, inzwischen offenbar stadtbekannte Geschichte, indem er ihm entgegnet, er habe schon mehr Geld für sein Schweigen erhalten.[290]

---

287 Er behandelt ihn sowohl anhand verschiedener Einzelbeispiele wie auch summarisch als charakterliches Defizit: vgl. Plut. Demosthenes 12.14 u. 25 sowie Dem.-Cic.synk. 3.

288 Daß die Vorwürfe gegen Demosthenes' moralische Integrität eine geringere Rolle spielen, stellt allerdings eine allgemeine Tendenz bei den Autoren des 2. Jh. n. Chr. dar (vgl. z.B. Philostr. soph. 1,18,1 u. ferner DRERUP, 1923, 164f.); ausführlicher zum Wandel des Demosthenes-Bildes s.u. S. 203f.

289 Vgl. Gell. 11,9,1: *Critolaus scripsit legatos Mileto publicae rei causa venisse Athenas, fortasse an dixerit auxilii petendi gratia. tum qui pro sese verba facerent, quos visum erat advocasisse, advocatos, uti erat mandatum, verba pro Milesiis ad populum fecisse, Demosthenem Milesiorum postulatis acriter respondisse, neque Milesios auxilio dignos neque ex republica id esse contendisse. rem in posterum diem prolatam. legatos ad Demosthenem venisse magnoque opere orasse, uti contra ne diceret; eum pecuniam petivisse et, quantum petiverat, abstulisse. postridie cum res agi denuo coepta esset, Demosthenem lana multa collum cervicesque circumvolutum ad populum prodisse et dixisse se synanchem pati; eo contra Milesios loqui non quire. tum e populo unum exclamasse non synanchem, quod Demosthenes pateretur, sed argyranchem esse.* Der Ausspruch wird auch Demades, dem für seine Schlagfertigkeit bekannten Gegenspieler des Demosthenes, zugeschrieben: vgl. Poll. 7,104 p. 81 BETHE: εἴρηται δὲ καὶ ... ἀργυράγχη, ὡς Δημάδης σκώπτων Δημοσθένη συνάγχη λέγοντα εἰλῆφθαι καὶ ἐπὶ τοῖς ἀργυρίοις σιωπῶντα.

290 Vgl. Gell. 11,9,2: *ipse etiam Demosthenes, ut idem Critolaus refert, non id postea concelavit, quin gloriae hoc sibi adsignavit. nam cum interrogasset Aristodemum, actorem fabularum, quantum mer-*

Dieser kürzere zweite Teil des Kapitels läßt sich formal als eine einfache Form der Chrie begreifen, die nur mit dem notwendigsten narrativen Rahmen ausgestattet wurde.[291] Bemerkenswert ist allerdings, daß Gellius auch hier dieser vor allem in der philosophischen Literatur sehr beliebten Form eine Funktion zuweist, die der mit ihr in der Regel verbundenen moralische Intention gerade zuwiderläuft.[292]

Daß den beiden Erzählungen in den Schriften des Kritolaos, eines peripatetischen Philosophen des 2. Jh. v. Chr., aus denen sie Gellius exzerpiert hat, die Rolle eines moralischen Negativbeispiels zukam,[293] ist in den *noctes Atticae* nur noch in einer kurzen überleitenden Bemerkung zu spüren: *ipse etiam Demosthenes, ut idem Critolaus refert, non id postea concelavit, quin gloria quoque hoc sibi adsignavit.*[294] Ansonsten blendet Gellius ethische Reflexionen weitgehend aus, und die Freude an der Pointiertheit und Urbanität beider Aussprüche steht hier ebenso im Vordergrund wie in einem ganz ähnlich gelagerten Fall, in dem es Cicero gelingt, eine moralische Verfehlung mit einem *urbanum facetumque dictum* zu überspielen.[295]

Diese Tendenz findet ihre Fortsetzung in dem letzten größeren Auftritt des Demosthenes in den *noctes Atticae*, der im synchronistischen Kapitel (17,21) erfolgt. Dort wird nicht nur ohne weitere Kommentierung sein ungefähres Sterbedatum vermerkt,[296] sondern die Aufzählung chronologischer Fakten zudem bereits zuvor unterbrochen, um in der Art eines kleinen Exkurses seine Flucht vom Schlachtfeld von Chaironeia zu schildern.[297] Bereits die Tatsache, daß bei ihm überhaupt ein Ereignis außer Geburt und Tod Erwähnung findet, hebt Demosthenes aus der Masse der in

---

cedis, uti ageret, accepisset, et Aristodemus ,talentum' respondisset: ,at ego plus' inquit ,accepi, ut tacerem'. Auch hier existiert eine Alternativversion mit Demades als Protagonisten; s.u. S. 203.

291   Zu den unterschiedlichen Formen zwischen Apophthegma und Kompositionsübung s.o. S. 40f.168ff.

292   Vgl. Gell. 1,5 u. s.o. S. 196ff.

293   Vgl. allg. COOPER 2000, v.a. 234ff. Das ist um so wahrscheinlicher, als Kritolaos in der zu seiner Zeit lebhaft geführten Debatte, ob der Rhetorik oder Philosophie ein höherer pädagogischer Wert zukommt, entschieden für die letztere Partei ergriffen hat (vgl. DRERUP 1923, 101ff.; WEHRLI 1959, 71f. u. WEHRLI 1983, 589).

294   Vgl. Gell. 11,9,2 („Auch Demosthenes selbst soll dies später nicht geleugnet haben, führt derselbe Kritolaos aus, sondern soll es sich sogar als Verdient angerechnet haben.").

295   Vgl. Gell. 12,12,1.

296   Vgl. Gell. 17,21,35: *neque ita longe post Aristoteles philosophus et post aliquanto Demosthenes vita functi sunt.* Hinweise auf die turbulenten Ereignisse seiner letzten Lebensjahre, auf seine Verurteilung durch die Athener, die Verbannung und den von Plutarch dramatisch ausgestalteten Selbstmord vor den Augen seiner Häscher (vgl. Plut. Demosthenes 27-30) fehlen ebenso wie Hinweise zu postumen Ehren oder die Wiedergabe einer Grabinschrift (vgl. Paus. 2,33,3-5 u. 1,8,2), die sonst durchaus Gellius Aufmerksamkeit findet (vgl. Gell. 1,24 u. 15,20,10 sowie ferner VESSEY 1994, 1883f., u. ANDERSON 1994, 1859f.).

297   Vgl. Gell. 17,21,31: *tum Demosthenes orator ex eo proelio salutem fuga quaesivit, cumque id ei, quod fugerat, probose obiceretur. versu illo notissimo elusit:* ,ἀνὴρ' inquit ,ὁ φεύγων καὶ πάλιν μαχήσεται' u. ferner die ausführliche Behandlung des Naevius 17,21,45.

diesem Kapitel zusammengestellten Personen hervor und betont noch einmal die Bedeutung dieser historischen Figur in den *noctes Atticae*.

Zudem gibt Gellius den Menandervers, mit dem er die Flucht aus der Schlacht gerechtfertigt haben soll, zu der er die treibende Kraft gewesen war,[298] als wörtliches Zitat wieder: ,Ein Mann, der flieht, kann ein zweites Mal kämpfen.' Damit unterstreicht er noch einmal eindrucksvoll, welche Facette des großen Redners ihn in besonderer Weise fasziniert: Es ist diejenige des schlagfertigen πεπαιδευμένος, dem auch in der Stunde seiner größten Niederlage noch die verinnerlichte und gleichsam zur zweiten Natur gewordene literarische Bildung zur Gebote steht, um mit einem treffend plazierten Zitat seine Kritiker auf elegante Art und Weise zu widerlegen. In der letzten hier vorgestellten Erwähnung des Demosthenes wird daher, obwohl es sich um eine der kürzesten handelt,[299] noch einmal wie in einem Brennglas das spezifisch gellianische Demosthenes-Bild eingefangen.

Was leisten die einzelnen Kapitel, die sich mit der Figur des athenischen Redner beschäftigen, im Rahmen der *noctes Atticae*? Zunächst einmal versorgen sie den Leser mit den biographischen Basisinformationen, deren Bedeutung Gellius in der Einleitung zum synchronistischen Kapitel (17,21) so vehement unterstrichen hatte, und können daher helfen, chronologische Fehltritte in der Manier jenes *sophista ille* ἀπαίδευτος zu verhindern. Zwar ergibt sich aus einem Durchgang durch die Demosthenes gewidmeten Kapitel auch eine ungefähre Vorstellung des Lebenslaufes in seiner Gesamtheit. Doch bereits daran, daß einige der in der antiken biographischen Tradition zentralen Ereignisse in den *noctes Atticae* unerwähnt bleiben, läßt sich ablesen, daß es nicht Gellius' primäre Absicht war, eine auf mehrere Kapitel verteilte Demosthenesbiographie zu verfassen. Ein derartiges Versteckspiel wäre auch mit dem Nützlichkeitsanspruch seines Werkes nur schwer zu vereinbaren und würde zudem angesichts der großen Zahl vollständiger und systematisch angelegter Beschreibungen, die von

---

298 Mit der Entscheidung, Demosthenes trotz seiner Flucht das letzte Wort zu lassen, steht Gellius im übrigen nicht alleine: Zwar erspart ihm auch Plutarch den Vorwurf der Feigheit nicht, die er ihm zudem als ein generelles charakterliches Defizit attestiert, er erwähnt jedoch im unmittelbaren Anschluß die Anerkennung seiner Leistung durch Philipp, den Perserkönig und die Athener, die ihm den Auftrag erteilten, die Rede auf die Gefallenen zu halten (vgl. Plut. Demosthenes 20-21 u. ferner 14 sowie RYDER 2000, 72ff., u. LEHMANN 2004, 167ff.).

299 Gellius kommt anläßlich der Übersetzung des Briefes, in dem Philipp Aristoteles bittet, die Erziehung Alexanders zu übernehmen, noch einmal kurz auf Demosthenes zu sprechen und weist dabei auf die Bedeutung der Philippischen Reden hin (vgl. Gell. 9,3,1 *Philippus, Amyntae filius, terrae Macedoniae rex, cuius virtute industriaque Macetae locupletissimo imperio aucti gentium nationumque multarum potiri coeperant et cuius vim atque arma toti Graeciae cavenda metuendaque inclitae illae Demosthenis orationes contionesque vociferant* sowie ferner BEALL 1988, 155ff., u. BEALL 1997, 220ff.).

einer Person dieses Bekanntheitsgrades im 2. Jh. n. Chr. verfügbar gewesen sein dürften,[300] seinem dezidiert subsidiären Selbstverständnis widersprechen.[301]

Vielmehr verzichtet Gellius bewußt darauf, das biographische Material zu Demosthenes nach dem Vorbild einer klassischen Vita anzuordnen. Mit der Entscheidung für die Präsentation in Form einzelner Szenen wird zwar ein recht disparater Eindruck hervorgerufen, doch der Nachteil der Wahrnehmung als ‚*disiecta membra rhetoris*' wird durch die zahlreichen mit dieser ‚seriellen Komposition' verbundenen Vorteile mehr als aufgewogen. Denn das Konzept einer lockeren biographischen Szenenfolge enthebt ihn der Verpflichtung zu Vollständigkeit und Systematik und ermöglicht es ihm dadurch, seinen Lesern auch solche Details aus dem Leben des großen athenischen Redners zu präsentieren, die über die ‚biographische *vulgata*' hinausgehen, wie sie beispielsweise von Plutarch in seiner erheblich umfangreicheren Vita gestaltet wurde.

Gellius' größere Freiheit, eigene Akzente zu setzen, läßt sich aber auch bei denjenigen Szenen beobachten, die von beiden Autoren geschildert werden. Hier zeigt sie sich vor allem auf der Ebene der unterschiedlichen narrativen Fokussierung, wie exemplarisch die Behandlung der Affäre um die milesische Gesandtschaft verdeutlichen kann: Während Plutarch sich vor dem Hintergrund seiner moraldidaktischen Zielsetzungen[302] ganz auf die Frage der Bestechlichkeit des Protagonisten konzentriert und Anekdoten nur insoweit berücksichtigt, wie sie dazu dienen, Ansichten oder Charaktereigenschaften des Protagonisten zu illustrieren,[303] kann Gellius, dessen Interesse in vielen Fällen der Pointe selbst als der souveränen Meisterung einer sozialen Situation

---

300 Neben Plutarch haben sich wahrscheinlich noch Demetrios von Phaleron, Hermippos von Smyrna, Satyros und Dionysios von Halikarnassos mit Demosthenes in monographischer Form beschäftigt, dazu tritt noch seine Behandlung in biographischen Sammelwerken *de viris illustribus*, wie sie in Rom beispielsweise von Varro, Nepos, Hygin oder Sueton verfaßt wurden.

301 S.o. S. 30ff.

302 Seine Intentionen beim Verfassen der Parallelbiographien hat Plutarch im Proöm der Vita des Aemilius Paulus zusammenfassend dargestellt: ἐμοὶ |μὲν| τῆς τῶν βίων ἅψασθαι μὲν γραφῆς συνέβη δι' ἑτέρους, ἐπιμένειν δὲ καὶ φιλοχωρεῖν ἤδη καὶ δι' ἐμαυτόν, ὥσπερ ἐν ἐσόπτρῳ τῇ ἱστορίᾳ πειρώ - μενον ἁμῶς γέ πως κοσμεῖν καὶ ἀφομοιοῦν πρὸς τὰς ἐκείνων ἀρετὰς τὸν βίον. (2) οὐδὲν γὰρ ἀλλ' ἢ συνδιαιτήσει καὶ συμβιώσει τὸ γινόμενον ἔοικεν, ὅταν ὥσπερ ἐπιξενούμενον ἕκαστον αὐτῶν ἐν μέρει διὰ τῆς ἱστορίας ὑποδεχόμενοι καὶ παραλαμβάνοντες ἀναθεωρῶμεν ‚ὅσσος ἔην οἷός τε', τὰ κυριώτατα καὶ κάλλιστα πρὸς γνῶσιν ἀπὸ τῶν πράξεων λαμβάνοντες. (3) ‚φεῦ φεῦ, τί τούτου χάρ - μα μεῖζον ἄν λάβοις' (4) <καὶ> πρὸς ἐπανόρθωσιν ἠθῶν ἐνεργότερον (vgl. Plut. Aemilius Paulus 1,1-4 sowie ferner Duff 1999, 30ff., u. Lamberton 2001, 73f.).

303 Vgl. Plut. Alexander 1,2: οὔτε γὰρ ἱστορίας γράφομεν, ἀλλὰ βίους, οὔτε ταῖς ἐπιφανεστάταις πρά - ξεσι πάντως ἔνεστι δήλωσις ἀρετῆς ἢ κακίας, ἀλλὰ πρᾶγμα βραχὺ πολλάκις καὶ ῥῆμα καὶ παιδιά τις ἔμφασιν ἤθους ἐποίησεν μᾶλλον ἢ μάχαι μυριόνεκροι καὶ παρατάξεις αἱ μέγισται καὶ πολιορ - κίαι πόλεων u. ferner Beck 1998, v.a. 41ff.

gilt, in der Beschreibung andere Akzente setzen und ihr auf diese Weise neue Facetten abgewinnen.

Die Möglichkeit, diejenigen Aspekte aus der biographischen Tradition zu Demosthenes herauszugreifen, die in besonderer Weise seinen eigenen Interessen entsprechen,[304] nutzt Gellius vor allem dazu, seinen Protagonisten als ideales Modell urbaner Schlagfertigkeit auftreten zu lassen. Denn gerade diese Facette des attischen Redners, der dem gescheiterten Besuch bei einer Luxushetäre ebenso das passende Diktum abzugewinnen weiß wie seine Flucht aus der Schlacht von Chaironeia mit einem Komödienvers zu verteidigen weiß und der zudem seine publik gewordene Bestechlichkeit mit einem viel bewunderten Apophthegma in einen Beleg seiner Gerissenheit und Geschäftstüchtigkeit verwandeln kann, mußte sich vor dem Hintergrund des Bildungsprogramms der *noctes Atticae* als höchst reizvoll erweisen.[305]

Daß Gellius ausgerechnet Demosthenes als geeignetes Modell zur Vermittlung dieser Verhaltenskompetenzen ausgewählt hat, muß deswegen zunächst überraschen, weil es traditionell sein Konkurrent und Gegenspieler Demades war, der für seine Improvisationsgabe und seine Fähigkeit zur schlagfertigen Erwiderung berühmt war.[306] Eine Spur dieser ursprünglichen Rollenverteilung bewahrt auch Gellius noch auf, wenn er in dem Kapitel, das sich unmittelbar an die oben besprochene Episode mit dem Schauspieler Aristodemos anschließt,[307] aus einer Rede des C. Gracchus zitiert, der eine alternative Version der gleichen Anekdote mit Demades als Protagonisten erzählt.[308] Gellius befindet sich mit seiner Bevorzugung des Demosthenes jedoch im

---

304 Demgegenüber spielt für Gellius wie für seine Zeitgenossen die Frage der historischen Authentizität eine eher untergeordnete Rolle (s.o. S. 34f.). Die Mechanismen der biographischen Ausdeutung des Werkes zum Zwecke der Konstruktion einer Schriftstellerbiographie, die von MARY LEFKOWITZ am Beispiel der hellenistischen Dichterviten herausgearbeitet wurden, gelten auch für Gellius und die Autoren, die er als seine Quellen angibt (vgl. allg. LEFKOWITZ 1981 u. ferner bereits DRERUP 1923, 81: „Hier heißt es endlich mal einen scharfen Schnitt zu tun: alles was uns nachweislich aus biographischen Arbeiten eines Idomeneus, Satyros, Hermippos oder ihrer literarischen Zunftgenossen überliefert ist, muß als romantische Fabelei für die geschichtliche Biographie ausscheiden, wenn es nicht durch das Zeugnis einer älteren glaubwürdigeren Quelle bestätigt wird.").

305 Möglicherweise würde sich vor diesem Hintergrund auch ein Blick auf die Demosthenes-Rezeption außerhalb der Antike lohnen (vgl. z.B. SCHINDEL 1963; HARDING 2000 u. LEHMANN 2004, 220ff.).

306 Echte und vermeintliche *dicta* des Demades wurden in hellenistischer Zeit gesammelt und es konnte sich sogar die Bezeichnung Δημάδειον als ein Unterbegriff zum Apophthegma einbürgern (vgl. Plut. Demosthenes 8.10 u. FGrH 227 sowie ferner BLASS 1898, 266ff., v.a. 273f., u. MARZI 1991, 79ff.).

307 Vgl. Gell. 11,10 cap.: *quod C. Gracchus in oratione sua historiam supra scriptam Demadi rhetori, non Demostheni adtribuit; verbaque ipsius C. Gracchi relata.* Gellius weicht damit von dem für die *noctes Atticae* grundlegenden Anordnungsprinzip der *variatio* ab, wie er das auch an einigen anderen Stellen tut (vgl. z.B. Gell. 5,10 – 5,11; 9,13 – 9,14; 14,7 – 14,8 u. 17,16 – 17,17).

308 Gellius führt hier ein klassisches Beispiel für das Phänomen der sogenannten Wanderanekdote an. Ein weiteres Beispiel liefert Plutarch, der die Geschichte von Demosthenes' angeblichen Halsschmerzen nicht im Zusammenhang der milesischen Gesandtschaft, sondern im Kontext des Harpalos-Skandals

Einklang mit einer allgemein im Kontext der Zweiten Sophistik zu beobachtenden Aufwertung gerade dieser historischen Figur.

Demosthenes hatte zwar spätestens seit der Etablierung des attizistischen Stilideals als der ῥήτωρ κατ' ἐξοχήν gegolten und sein Erfolg hatte außerdem noch dadurch zusätzliche Attraktivität gewonnen, daß er als Paradebeispiel desjenigen galt, der seine Eloquenz harter Arbeit und nicht angeborenem *ingenium* verdankt.[309] Doch dieser positiven Einschätzung innerhalb der rhetorischen Literatur standen lange Zeit wenig freundliche Bewertungen seiner moralischen Eignung und seiner politischen Fähigkeiten gegenüber.[310] Erst die Zweite Sophistik erblickte im ,Musterredner' auch den ,Mustermenschen'.[311] Welche Formen der Demosthenes-Kult in dieser Zeit annehmen konnte, würde in besonders eindrucksvoller Weise das satirisch überhöhte Δημοσθέ-νους ἐγκώμιον Lukians verdeutlichen, wenn sich seine Echtheit oder zumindest seine Zugehörigkeit zum 2. Jh. n. Chr. erweisen ließen.[312]

---

ansiedelt (vgl. Plut. Demosthenes 25 u. ferner LEHMANN 2004, 197ff.). Daß die verschiedenen Bestandteile einer anekdotischen Erzählung – von ihrer historischen Einbettung über die Nebenpersonen bis hin zum Protagonisten selbst – für Veränderungen anfälliger sind als ihre Handlungsstruktur und der Abschluß mit einer bestimmten Pointe, wurde von RICHARD SALLER anhand des bei Sueton zusammengestellten anekdotischen Materials nachgewiesen (vgl. SALLER 1980, v.a. 74ff.).

309 Vgl. Cic. de or. 260-261; Cic. div. 2,96; Cic. fin. 5,5; Val. Max. 8.7 ext. 1; Quint. inst. 1,11,5;10,3,30; 11,3,54.68.130 u. Plut. Demosthenes 4.6.7.8.11 sowie ferner z.B. LEHMANN 2004, 62ff. Diesen Aspekt hatte offenbar bereits Hermippos von Smyrna in den Vordergrund gestellt, der in der Suda mit dem allgemeinen Urteil zitiert wird, Demosthenes sei ἐπιμελὴς μᾶλλον ἢ εὐφυής gewesen (vgl. Suda 2,45,17-18. ADLER sowie ferner DRERUP 1923, 67ff.; WEHRLI 1974, 88, u. COOPER 2000, 224ff.). Ein besondere Spielart dieses Demosthenes-Bildes ist die Betonung der Arbeit in der Isolation von seinen Mitmenschen und im Schutze der Nacht (vgl. Cic. Tusc. 4,44: *cui non sunt auditae Demosthenis vigiliae?*; Quint. inst. 10,3,23-27; Plut. Demosthenes 8; Plut. mor. 803c; Stob. Ecl 3,29,60 u. Hieron. Ruf. 1,4 p. 495). Obwohl sich gerade die Betonung der νυκτογραφία bzw. *lucubratio* im Rahmen der *noctes Atticae* (vgl. z.B. Gell. praef. 14: *lucubratiunculas istas* u. ferner allg. KRASSER 1996, 241ff.) angeboten hätte, verzichtet Gellius in Übereinstimmung mit dem subsidiären Charakter seines Werkes auf die Behandlung dieses wahrscheinlich als allseits bekannt vorausgesetzten Punktes.

310 Vgl. z.B. Quint. inst. 12,1,14, der unter der Fragestellung *non posse oratorem esse nisi virum bonum* auch auf Demosthenes zu sprechen kommt: *orator ergo Demosthenes non fuit? atqui malum virum accepimus* u. ferner DRERUP 1923, v.a. 7ff.111ff.129, dessen Ergebnisse allerdings nicht unproblematisch sind, da er seine Untersuchung mit dem erklärten Ziel unternommen hat, das sehr negative Bild zu bestätigen, das er in einer früheren Veröffentlichung von Demosthenes gezeichnet hatte und das er als Analogie auf den von ihm abgelehnten Typus des Berufspolitikers verstanden wissen wollte (vgl. DRERUP 1916 u. DRERUP 1923, 6f.253f. sowie ferner LEHMANN 2004, 224f.).

311 Vgl. DRERUP 1923, 144f.251: „Von der Zeit der zweiten Sophistik an, ..., ist Demosthenes als Musterredner wie als Mustermensch immer mehr in das allgemeine Bewußtsein der Gebildeten übergegangen." Für ein positivere Wahrnehmung des Demosthenes auch in moralischer und politischer Hinsicht während der gesamten Antike spricht sich dag. LEHMANN 2004, 18ff., aus.

312 Gegen die Mehrheit der Interpreten, die von der Unechtheit des Dialogs ausgehen (vgl. z.B. HELM 1927, 1735f.), hat ALBERT BAUER die Zuschreibung an Lukian verteidigt und eine Deutung als sati-

Daß Gellius den Aspekt der urbanen Schlagfertigkeit so stark betont, dürfte seinen Grund unter anderem aber auch darin haben, daß die biographischen Stücke *idealiter* auch einen Beitrag zum unterhaltenden Charakter des Werkes leisten sollen. Dabei trägt die *delectatio* ihren Zweck weniger in sich selbst, als vielmehr darin, dem Leser die Möglichkeit zu geben, diese narrativen Kurzformen im Kontext der zeitgenössischen Bildungskultur und ihrer sozialen Institutionen – wie beispielsweise dem Symposion – unmittelbar anzuwenden. Eine solche Art der Wiederverwendbarkeit der von ihm tradierten Anekdoten wird von Gellius sogar noch dadurch gesteigert, daß er zwei der hier besprochenen Kapitel die Form eines, allerdings zugegebenermaßen rudimentären Katalogs gegeben hat: Demosthenes und Hortensius werden als Objekt einer Kritik übertriebener *luxuria* ebenso nebeneinandergestellt wie Theophrast und Demosthenes als Opfer plötzlich versagender Nerven. Diese Katalogstruktur ist für Werke der Symposialliteratur charakteristisch[313] und hat ihre Ursache in der idealtypischen Gesprächsform des Symposions, die von jedem Teilnehmer eine Äußerung zu dem gerade verhandelten Thema erwartet.

Zudem bemüht sich Gellius, Ereignisse aus einem mehr als ein halbes Jahrtausend zurückliegenden Lebenslauf an die seinen Lesern bekannten zeitgenössischen Institutionen der Bildungskultur anzubinden und auch auf diese Weise die Anwendung der vermittelten Wissensbestände zu erleichtern: Dies zeigt sich etwa darin, daß er in dem zufälligen Hören einer Rede in der Volksversammlung das ‚Konversionserlebnis' des später größten Redners der Antike erblickt: Kallistratos' Verteidigungsrede wird hier zu dem Auftritt eines ‚Konzertredners' der Zweiten Sophistik avant la lettre. Ähnliches läßt sich für das nur in Form seines Lemmas erhaltene Kapitel 8,9 vermuten, auch wenn durch den Verlust des Textes die Frage nach der konkreten lebensweltlichen Anbindung der Problematik des Lampenfiebers leider offen bleiben muß.

Das nicht erhaltene Kapitel 8,9 ist aber auch darüber hinaus von Interesse, da wir durch die Erwähnung der gleichen Szene in Philostrats Vita des Herodes Atticus auf die Verwendung solcher Anekdoten durch die Zeitgenossen zur Entschuldigung eigenen Versagens in ähnlichen Situationen zurückschließen können.[314] Daran läßt sich

---

risch überhöhtes, aber ernst gemeintes Lob vorgeschlagen (vgl. BAUER 1914 sowie zustimmend DRERUP 1923, 151ff., u. dag. z.B. HELM 1927, 1736: „Der Gedanke, eine Satire in dem Werk zu sehen, ist für einen unbefangenen Beurteiler unmöglich."). Die Authentizität der Schrift ist mit guten Gründen auch von BARRY BALDWIN vertreten worden (vgl. BALDWIN 1969 u. BALDWIN 1973, 69 Anm. 50).

313 Vgl. z.B. Athen. 4,165d-169a; 6,248d-2252f u. 8,338d-347c. Gellius geht hier zwar nicht so weit wie etwa Athenaios, der seine Kapitel thematisch gruppiert und die einzelnen Blöcke in Anlehnung an einen möglichen Gesprächsverlauf sogar inhaltlich ineinander übergehen läßt, doch bleibt mit Hilfe des Inhaltsverzeichnisses trotz der *variatio* als Anordnungsprinzip auch innerhalb der *noctes Atticae* ein gezielter Zugriff auf bestimmte Themenstränge möglich.

314 Vgl. Philostr. soph. 2,1,565 u. s.o. S. 196.

anschaulich ablesen, daß in dieser Form aufbereitetes historisches Wissen in seiner Funktion nicht darauf beschränkt bleiben muß, als Materialvorlage für Deklamationen zu dienen,[315] sondern über die Identifikation mit den *clari homines* der Vergangenheit einen wichtigen Beitrag zur Selbstdeutung der Bildungselite des 2. Jh. n. Chr. sowie zur Konstituierung eines gemeinsamen Verhaltenskodexes und Wertehorizontes leisten kann.[316] In diesem Punkt berührt sich die Verwendung historischer Figuren durch Gellius im übrigen auch mit derjenigen in den Parallelbiographien Plutarchs, deren Beitrag zur zeitgenössischen Identitätskonstruktion in der neueren Forschung zu recht stark betont wird.[317]

Die Figur des Demosthenes leistet also innerhalb der *noctes Atticae* nicht nur einen Beitrag zur historischen Allgemeinbildung und zur Vermeidung von unangenehmen chronologischen Fehltritten, sondern aus den einzelnen dem großen athenischen Redner gewidmeten Kapiteln entsteht darüber hinaus das Bild einer historischen Figur, die aufgrund ihrer spezifischen Eigenschaften in besonderer Weise dazu geeignet ist, als Vorbild für den richtigen Erwerb und die adäquate Anwendung von Bildung zu fungieren. Auf diese Weise wird Demosthenes zum Gegenstand und zugleich zum eng auf die Lebenswelt der Leser bezogenen Modell gebildeter Konversation, eine Funktionalisierung, die sich in ähnlicher Weise auch für andere historische *viri illustres* innerhalb des gellianischen Werkes aufzeigen läßt.

e) Zeitgenossen als Handlungsmodelle: Das Beispiel des Herodes Atticus

Im Gegensatz zu der Behandlung derjenigen Personen, die zur Zeit der Abfassung der *noctes Atticae* bereits als historische Figuren wahrgenommen wurden, hat die Darstellung von Zeitgenossen, die meist in den sogenannten Rahmenhandlungen stattfindet, bereits mehrfach die Aufmerksamkeit der Forschung gefunden.[318] Diese Gesprächsszenen, in denen sich Gellius in der Interaktion mit mehr oder weniger prominenten Zeitgenossen zeigt, lassen sich als Rezeption der ἀπομνημονεύματα–Literatur begrei-

---

315 Biographische Episoden aus dem Leben des Demosthenes erfreuten sich allerdings auch bei Deklamationsthemen großer Beliebtheit (vgl. die Zeugnisse bei DRERUP 1923, 148ff.).

316 Zur Identifikation der Vertreter der Zweiten Sophistik mit den Figuren des klassischen Griechenland vgl. allg. ANDERSON 1993, 69ff., u. SCHMITZ 1997, 18ff. Ein enge Parallele bieten einige Stücke in den Florida des Apuleius (vgl. z.B. Apul. flor. 9 u. 22 sowie ferner HARRISON 2000, 107f., u. HUNINK 2001, 104.209f.).

317 Vgl. DUFF 1999, 287ff.

318 Vgl. z.B. BALDWIN 1975b, 21ff.; BEALL 1988, 17ff.; HOLFORD-STREVENS 1988, 61ff., u. ASTARITA 1993, 173ff.

fen.[319] Dies gilt sicherlich für den mit diesen literarischen Vignetten verbundenen Authentizitätsanspruch, denn Gellius betont mehrfach, daß neben den aus seiner Lektüre resultierenden Exzerpten die Aufzeichnungen von Reden und Gesprächen, deren Zeuge er geworden war, einen substantiellen Beitrag zu den *noctes Atticae* geleistet haben.[320] Demgegenüber ist von Seiten der Forschung verschiedentlich der fiktionale Charakter dieser Erzählungen hervorgehoben und die Vermutung geäußert worden, daß es sich lediglich um eine weitere Spielart der *varietas* in der Präsentationsform handele und Gellius in diesen Kapiteln seine Lesefrüchte lediglich narrativ anspruchsvoller ‚in Szene gesetzt' habe.[321]

Bei der Interpretation dieser Szenen stand daher lange Zeit der Versuch im Vordergrund, den jeweiligen Anteil von ‚fact and fiction' zu ermitteln, weil man sich erhoffte, auf diese Weise die von Gellius tradierten Informationen für die Rekonstruktion biographischer Daten der dargestellten Personen fruchtbar machen zu können. Einer solchen Vorgehensweise stehen allerdings einige bislang nicht befriedigend gelöste interpretatorische Schwierigkeiten entgegen, die unter anderem darin bestehen, daß auch eine wahre Begebenheit von Gellius einer in ihrem Umfang nicht mehr abzuschätzenden Überarbeitung unterzogen worden sein kann. Ferner ist im Kontext der Bildungskultur und ihres spezifischen Umgangs mit literarischen Vorbildern in Rechnung zu stellen, daß bereits die Akteure selbst ihre Handlungen und Äußerungen an tradierten Modellen ausgerichtet haben können, so daß aus der Verwendung gängiger Formulierungen und Darstellungstopoi nicht *per se* auf die Fiktionalität der Situation zurückgeschlossen werden kann.[322] In der langjährigen Debatte zu dieser Problematik hat sich als Ergebnis abgezeichnet, daß unter Verzicht auf eine generelle Lösung die Frage für jeden Einzelfall neu gestellt und beantwortet werden muß.[323]

Die von Gellius dargestellten Personen lassen sich dabei im wesentlichen zwei Gruppen zuordnen: zum einen prominente Intellektuelle, die Gellius als seine Freunde, Lehrer und bewunderte Vorbilder darstellt, und zum anderen eine Reihe anonym bleibender Figuren, die durch ein massives Fehlverhalten gegenüber den Normen der Konversationskultur gekennzeichnet sind.[324] Dabei dürften im allgemeinen die Szenen, die einen der von Gellius verehrten Freunde und Förderer zum Protagonisten haben, mit größerer Wahrscheinlichkeit zumindest auf einen authentischen Kern zurück-

---

319 Vgl. z.B. STEINMETZ 1982, 281. Zur möglichen Vorbildfunktion der ἐπιδημίαι des Ion von Chios, einer besonderen Form der ἀπομνημονεύματα–Literatur, deren Autor in kurzen Szenen seine Begegnungen mit politischen und intellektuellen Größen seiner Zeit dargestellt hat, s.o. S. 154 Anm. 42.

320 Vgl. Gell. praef. 2 u. 3 sowie ferner z.B. 14,1,2; 19,12,1-2 u. 20,6,15.

321 Vgl. z.B. MERCKLIN 1857/60, 676ff.

322 Vgl. v.a. HOLFORD STREVENS 1982 u. 1988, 47ff.

323 Vgl. STEINMETZ 1982, 281f., u. BEALL 1999, 58.

324 Eine kleinere Gruppe wird von Szenen gebildet, in denen Gellius sich im Kreise mehr oder weniger gleichgestellter Personen zeigt (vgl. z.B. Gell. 2,21; 2,23 u. 19,5).

gehen als die Auftritte der vorwiegend als Negativbeispiele fungierenden Anonymi.[325] Schon die explizite Namensnennung bei Personen, die zum Zeitpunkt der Publikation zum Großteil noch lebten, spricht gegen einen rein fiktionalen Charakter dieser Erzählungen. Bei der Darstellung dieser prominenten Zeitgenossen ist jedoch ein starkes panegyrisches Moment in Rechnung zu stellen. Zudem war Gellius offensichtlich sehr darum bemüht, sich selbst in vertrautem Umgang und möglichst großer Nähe zu den *clarissimi viri* zu zeigen.[326] Allerdings waren dieser Form der Selbstdarstellung aufgrund der zumindest partiellen Überprüfbarkeit durch die Zeitgenossen relativ enge Grenzen gesteckt.

Wenn daher die Frage nach der Authentizität der gellianischen Memorabilien mit konkreter Namensnennung zurückhaltend positiv beantwortet werden kann, so wird ihr biographischer Charakter mit guten Gründen recht niedrig veranschlagt.[327] Dies ist vor allem dann zutreffend, wenn die Darstellung eines Lebenslaufes in seiner Gesamtheit in den Blick genommen wird. Gleichwohl läßt sich ein Interesse an der Darstellung der Person als solcher auch in diesen Kapiteln nicht leugnen. Für Gellius stehen allerdings bei der Beschäftigung mit seinen prominenten Zeitgenossen noch stärker als bei der Behandlung historischer Personen andere Intentionen im Vordergrund.

Als zentral erweist sich bei Gellius' Darstellung seiner prominenten Zeitgenossen vor allem eine doppelte Zielsetzung, die sich in ähnlicher Weise auf die Formel von ‚Monument und Modell' bringen läßt wie die für den plinianischen Porträtbrief vorgeschlagene Deutung. Denn auch für Gellius spielt sowohl das im Denken der Zeit tiefverwurzelte Konzept des *claros viros colere* – das Anliegen, den als verehrenswürdig empfundenen Personen ein literarisches Denkmal zu setzen[328] – eine wichtige Rolle, als auch die Absicht, die von ihm porträtierten Zeitgenossen als Modelle für vorbildliches Verhalten im Rahmen der Bildungskultur fungieren zu lassen.[329] Die positiv gezeichneten *viri illustres* lassen sich daher zwar als spiegelbildliche Entsprechung der

---

325 Vgl. NETTLESHIP 1883, 396: „Were these loquacious or ignorant or conceited individuals to be taken seriously, we should have reason to hold up our hands in horror at the social condition of the second century A. D.; but they are in all probability men of straw."

326 Als Beispiel kann die eigene Inszenierung als ‚Musterschüler' des Philosophen Tauros dienen: vgl. Gell. 1,26; 2,2; 7,13; 12,5; 17,8; 17,20 u 18,10 sowie ferner LAKMANN 1995, 2.

327 Vgl. z.B. BEALL 1988, 17: „Biographical details are less important to Gellius than to associate a great name and face with the information presented in his work. ... He is not like Philostratus, who deals with the sophists as 'stars', spectacular prima donnas whose scandals and quarrels interested a sporting public: his portraits of these and other figures are subordinated to the general aims of the work." u. LAKMANN 1995, 2f.: „Eine vollständige und in sich geschlossene Biographie des Tauros kann aus den Berichten des Gellius jedoch nicht gewonnen werden, da der Autor sich lediglich auf einige wenige Aspekte, die durch die Intention des Werkes und seine persönlichen Interessen bestimmt sind, beschränkt."

328 S.o. S. 24ff.

329 Vgl. z.B. BEALL 1988, 37f.

anonymen Negativbeispiele begreifen,[330] ihre Funktion geht jedoch weit darüber hinaus. In gewisser Weise treten diese von Gellius neu geschaffenen *exempla* sogar in Konkurrenz zu den großen Figuren der Vergangenheit. Daß Zeitgenossen als Vorbilder fungieren und damit auf eine Stufe mit den traditionellen Größen der römischen Republik und des klassischen Athens gestellt werden, widerspricht zwar dem Bild des 2. Jh. n. Chr. als einer von rückwärtsgewandter Bewunderung der Vorzeit geprägten Epoche,[331] die darin zum Ausdruck kommende Überwindung des in der frühen Kaiserzeit noch vorwiegend deszendenten Geschichtsbildes,[332] ist aber durchaus repräsentativ für Gellius und seine Zeit.

Vor dem Hintergrund seiner allgemeinen didaktischen Zielsetzungen zeigt Gellius seine Lehrer und Freunde wie Favorinus von Arelate, Herodes Atticus, Fronto, den Grammatiker Apollinaris Sulpicius oder den Philosophen Tauros in erster Linie als „ideale Verkörperungen der Konversationskultur",[333] und es ist vor allem dieser Aspekt, über den sie ihre Vorbildfunktion gewinnen. Die Funktionalisierung kann dabei soweit gehen, daß diejenigen Aspekte, die nicht mit ihrer kulturellen Kompetenz und literarischen Bildung in Zusammenhang stehen, in der Darstellung bewußt ausgeblendet werden. Dies gilt in besonderem Maße für negative Züge, die sich vor dem Hintergrund der gewünschten Modellfunktion als störend erweisen könnten.[334]

---

330 Vgl. BEALL 1988, 247: „Gellius' celebrated *mise-en-scène* is designed to illuminate both sides of learning. The characters of the Attic Nights, wether revered teachers or pathetic opsimaths, have a dual function: they pass on various items of knowledge, and illustrate by their behaviour what the correct attitide to studies should be." u. KRASSER 1996, 153: „Die Rahmenerzählungen sind dabei nicht nur schmückendes Beiwerk, die dem Leser den spröden Wissensstoff in verdaulich unterhaltsamer Form darbieten sollen, sondern besitzen einen informativen Mehrwert und gehören zur didaktischen Strategie des Autors. Sie bieten Gellius nämlich die Möglichkeit, sein Bildungsideal als Lebenspraxis szenisch vorzuführen. Der Leser hat die Gelegenheit, Handlungsanweisungen aus dem Studium der Darstellung richtiger und falscher Verhaltensweisen zu ziehen."

331 Zur Widerlegung der Vorstellung von Gellius als einem nur in der Vergangenheit lebenden ‚Stubengelehrten' vgl. STEINMETZ 1982, 289, u. ASTARITA 1993, 17f.204: „Gellio, dunque, non vive del passato né chiuso fra i libri, ma risulta immerso nel presente, nella cultura del II sec. che è anche la sua."

332 Vgl. z.B. Vell. 1,17,6-7 ; Sen. contr. 1 praef. 6-7; Colum. 1 praef. 28 u. Lact. inst. 7,15,14 sowie ferner allg. BRACHER 1987 [1948]; HELDMANN 1982 u. DÖPP 1989, v.a. 96; ausführlicher s.o. S. 26f.

333 Vgl. KRASSER 1996, 160: „Die Wahl der Sprecher hat in all diesen Fällen über die persönliche, durchaus mit einiger Koketterie vorgebrachte Selbstdarstellung des Autors als Mitglied der Bildungselite hinaus eine protreptische Funktion. Favorin, Herodes Atticus und die anderen Figuren, die durch ihre Reputation im zeitgenössischen Bildungsleben Vorbildcharakter besitzen, sollen als ideal Verkörperungen der Konversationskultur wahrgenommen werden, und zugleich die Relevanz der entsprechenden Fähigkeiten für die zeitgenössische Erfahrungswelt beglaubigen."

334 Vgl. HOLFORD-STREVENS 1997a, 108: „If we accept that most people are neither all good nor all bad, Gellius' potraits lack moral subtlety, not only by our standards, but even by those of Philostratus' Βίοι σοφιστῶν, which at any rate allows its characters faults as well as virtues; it is rather as if he had set out to write the *laudes* of Favorinus and the rest. This is not unusual in biographical writing during

Wegen der großen Aufmerksamkeit, die Gellius' Lehrer und Freunde in den letzten Jahrzehnten gefunden haben, erscheint es legitim, mit Herodes Atticus eine Figur als Beispiel herauszugreifen, die hinsichtlich der Zahl ihrer Erwähnungen in den *noctes Atticae* eine eher untergeordnete Rolle spielt[335] und vielleicht deswegen in ihrer Bedeutung auch von der Forschungsliteratur häufig unterschätzt wurde. Für die Frage nach der Interaktion der Vorbildfunktion mit dem biographischen Modus der Darstellung bietet sich die Gestalt des Herodes Atticus sogar in besonderer Weise an, da mit der relativ ausführlichen Vita in den βίοι σοφιστῶν Philostrats ein nur einige Jahrzehnte jüngerer Vergleichstext zur Verfügung steht[336] und zudem unsere Kenntnisse über seine Person unter Berücksichtigung des umfangreichen epigraphischen und archäologischen Materials durch WALTER AMELING aufgearbeitet wurden.[337]

L. Vibullius Hipparchus Ti. Claudius Atticus Herodes gehörte fraglos zu den schillerndsten Figuren des 2. Jh. n. Chr. Seine Persönlichkeit läßt sich zwischen den Rollen als Abkömmling einer attischen Adelsfamilie, als von Zeitgenossen und Nachwelt gefeierter Redner, als Inhaber höchster römischer Staatsämter[338] und als einer der reichsten Männer seiner Zeit nicht leicht auf einen Punkt bringen. Gellius greift aus diesem breiten Spektrum für die Kurzcharakterisierungen, die er in Form einer Apposition den Herodes Atticus gewidmeten Kapiteln vorangestellt hat, regelmäßig nur zwei Aspekte heraus: seine herausragende Beredsamkeit und seine Bekleidung des Konsulats.[339] Philostrat hingegen beginnt seine Vita den Konventionen antiker biographischer Literatur gemäß mit der Behandlung der Vorfahren[340] um dann sogleich zur Schilderung seines immensen Reichtums und seiner umfangreichen euergetischen Tätigkeit überzugehen,[341] denen er damit die Stelle unmittelbar nach der Behandlung der

---

the Empire; but, given the favourable standpoint, his portraits are compatible with such other evidences as we possess."

335   Herodes Atticus wird in vier Kapiteln erwähnt und erfreut sich damit dem quantitativen Befund nach in etwa der gleichen Wertschätzung wie Fronto, Antonius Iulianus oder Julius Paulus, steht aber deutlich hinter Favorin, Tauros und Apollinaris Sulpicius zurück.

336   Zur Datierung der Sophistenviten Philostrats vgl. ROTHE 1989, 5f., u. ANDERSON 1986, 7.297f.

337   Vgl. AMELING 1983 u. vor allem zum archäologischen Befund ferner TOBIN 1997.

338   Zu den von ihm in Athen und Rom bekleideten Magistraturen vgl. AMELING 1983, I 48ff.

339   Vgl. Gell. 1,2,1 (*Herodes Atticus, vir et Graeca facundia et consulari honore praeditus*); 9,2,1 (*Herodem Atticum, consularem virum ingenioque amoeno et Graeca facundia celebrem*) u. 19,12,1 (*Herodem Atticum, consularem virum, Athenis disserentem audivi Graeca oratione, in qua fere omnes memoriae nostrae universos gravitate atque copia et elegantia vocum longe praestitit*).

340   Mit drei Beispielen aus der klassischen Epoche Griechenlands betont Philostrat diesen Punkt allerdings stark (vgl. Philostr. soph. 2,1,545-547 u. ferner ANDERSON 1986, 108). Zu den von Herodes vorgenommenen genealogischen Konstruktionen vgl. AMELING 1983, I 3ff., u. TOBIN 1997, 13ff.

341   Vgl. Philostr. soph. 2,1,547-552 u. ferner TOBIN 1997, 58.

Abstammung einräumt, die ihm auch sonst zur Akzentuierung der aus seiner Sicht wichtigsten Aspekte einer Vita dient.[342]

Auch wenn man in Rechnung stellt, daß Philostrat über Herodes' rhetorische Fähigkeiten bereits durch seine Aufnahme in die Reihe der von ihm porträtierten Sophisten ein eindeutig positives Urteil gefällt hat und er sie dem Leser hier nicht eigens in Erinnerung rufen mußte,[343] ergeben sich erstaunliche Divergenzen zwischen den von beiden Autoren jeweils besonders hervorgehobenen Aspekten.[344] Die römische Ämterlaufbahn wird von Philostrat nicht nur in der Vita selbst mit keinem Wort erwähnt, sondern er gibt zudem an anderer Stelle eine Aussage des Herodes wieder, ihm bedeute sein Talent zum rhetorischen Extemporieren mehr als sein Konsulat und dasjenige seines Vaters.[345] Herodes wird damit zum Kronzeugen für Philostrats generelles Bestreben, die Bedeutung der römischen Ämterlaufbahn für die gesellschaftliche Stellung der Sophisten möglichst gering anzusetzen.[346] Gellius hingegen schildert den von Philostrat stark betonten Reichtum nur indirekt und bemüht sich zudem, diesen Umstand nach Möglichkeit in den Hintergrund treten zu lassen, um Herodes' soziale Ausnahmestellung um so stringenter mit seiner mustergültigen Beherrschung des gebildeten Komments der Zeit erklären zu können.

Leider gibt es keine Belege dafür, daß die moderne Bewertung des Jahres 143 n. Chr., in dem Herodes Atticus *consul ordinarius* und Fronto *consul suffectus* waren, als „Höhepunkt jenes Prozesses, in dessen Verlauf Reichtum und Bildung zur Voraussetzung für höchsten politischen Einfluß wurden"[347] in dieser Weise auch schon in der Antike vorgenommen wurde. Daß Gellius diese Einschätzung geteilt haben würde, kann jedoch vor dem Hintergrund seiner Konzeption von der gesellschaftlichen Relevanz literarischer Bildung zumindest als sehr wahrscheinlich gelten. Diese Annahme wird auch durch die von ihm getroffene Auswahl unter den möglichen Charakterisie-

---

342 Vgl. ANDERSON 1986, 26.

343 Philostrat kommt auf Herodes' außergewöhnliches rhetorisches Talent allerdings verschiedentlich in den Viten anderer Sophisten zu sprechen: vgl. die Zusammenstellung bei AMELING 1983, I 123ff.

344 Von BALDWIN 1975b, 32, werden der konventionelle Charakter von Gellius' Herodes-Bild stark hervorgeben, eine Beobachtung, die insofern zutreffend ist, als die von Gellius akzentuierten Züge als solche nicht neu sind. Gleichwohl weicht das sich aus ihnen ergebende Gesamtbild doch merklich von der gängigen Tradition ab.

345 Vgl. Philostr. soph. 1,25,536: ἦρα μὲν γὰρ τοῦ αὐτοσχεδιάζειν ὁ Ἡρώδης μᾶλλον ἢ τοῦ ὑπατός τε καὶ ἐξ ὑπάτων δοκεῖν. Sein Vater Ti. Claudius Atticus war als erste Grieche aus Achaia zum *consul suffectus* gewählt worden (vgl. AMELING 1983, I 22ff.).

346 Vgl. ANDERSON 1986, 80f.

347 Vgl. MRATSCHEK-HALFMANN 1993, 39: „Das Jahr 143 bildete den Höhepunkt jenes Prozesses, in dessen Verlauf Reichtum und Bildung zur Voraussetzung für höchsten politischen Einfluß wurden. Professoren, die zu den reichsten Männern ihrer Zeit zählten, standen als Konsuln an der Spitze des Staates, in der Person des Herodes Atticus und des Cornelius Fronto, die eine ganze Epoche symbolisierten." u. ferner z.B. AMELING 1983, I 76f.

rungen des Herodes nahegelegt: Die Zusammenstellung zentraler Eigenschaften wie in der anläßlich seines ersten Auftritt in Kapitel 1,2 gewählten Bezeichnung als *vir et Graeca facundia et consulari honore praeditus*[348] ist daher wohl nicht als bloße Addition zu verstehen, sondern in ihr soll durchaus auch ein kausales Verhältnis zum Ausdruck gebracht werden.

Was erfahren wir darüber hinaus in Kapitel 1,2 über Herodes Atticus? Die Memorabilie spielt auf einem seiner zahlreichen Landgüter, und zwar auf der von ihm besonders geschätzten, in der Nähe Athens liegenden Villa Kephisia.[349] Dorthin hatte er Gellius und einige andere junge Römer, die gerade ihren Studienaufenthalt in Griechenland absolvierten, eingeladen, wie er es offenbar häufiger tat.[350] Gellius, der Herodes' enormen Reichtum an keiner Stelle direkt erwähnt, thematisiert ihn gleichwohl indirekt in seiner Rolle als spendabler Gastgeber und in der ausführlichen Schilderung der Villa Kephisia als geschmackvoll gestalteter *locus amoenus*.[351] Auch Philostrat ist daran gelegen, es nicht bei der Erwähnung der gewaltigen finanziellen Ressourcen bewenden zu lassen, sondern ihre vorbildliche Verwendung durch Herodes in Form seiner vielfältigen euergetischen Aktivitäten in den Vordergrund treten zu lassen,[352] die von der Übernahme kostspieliger Liturgien bis zu großangelegten Bauprogrammen in Athen und anderen griechischen Städten reichten.[353] Der von Gellius gewählte Akzent ist jedoch ein anderer: Er präsentiert einen reichen und zugleich gebildeten Herodes, der durch die Anlage und Einrichtung seiner Villa ebenso wie durch die Auswahl seiner Gäste Geschmack und Kennerschaft verrät. Mit diesen Eigenschaften bildet er den größtmöglichen Kontrast zum Typus des ‚Neureichen', der zwar über hinreichende

---

348 Vgl. Gell. 1,2,1 („ein Mann, der sich sowohl durch seine griechische Beredsamkeit als auch durch seine Würde als gewesener Konsul auszeichnet").

349 Vgl. Philostr. soph. 2,1,562 sowie ferner AMELING 1983, I 165, u. TOBIN 1997, 211ff.

350 Vgl. Gell. 1,2,1: *Herodes Atticus, vir et Graeca facundia et consulari honore praeditus, accersebat saepe, nos cum apud magistros Athenis essemus, in villas ei urbi proximas me et clarissimum virum Servilianum compluresque alios nostrates, qui Roma in Graeciam ad capiendum ingenii cultum concesserant.*

351 Vgl. Gell. 1,2,2 (*atque ibi tunc, cum essemus apud eum in villa, cui nomen est Cephisia, et aestu anni et sidere autumni flagrantissimo, propulsabamus incommoda caloris lucorum umbra ingentium, longis ambulacris et mollibus, aedium positu refrigeranti, lavacris nitidis et abundis et collucentibus totiusque villae venustate aquis undique canoris atque avibus personante*) u. ferner 18,10,1 sowie ANDERSON 1986, 108. Herodes' Reichtum spiegelt sich außerdem darin, daß auch einen als Scharlatan überführten Bettelphilosophen reich beschenken kann (vgl. Gell. 9,2,6-7).

352 Vgl. Philostr. soph. 2,1,547: ἄριστα δὲ ἀνθρώπων πλούτῳ ἐχρήσατο. τουτὶ δὲ μὴ τῶν εὐμεταχειρίστων ἡγώμεθα, ἀλλὰ τῶν παγχαλέπων τε καὶ δυσκόλων, οἱ γὰρ πλούτῳ μεθύοντες ὕβριν τοῖς ἀνθρώποις ἐπαντλοῦσιν. προσδιαβάλλουσι δὲ ὡς καὶ τυφλὸν τὸν Πλοῦτον, ὃς εἰ καὶ τὸν ἄλλον χρόνον ἐδόκει τυφλός, ἀλλ' ἐπὶ Ἡρώδου ἀνέβλεψεν, ἔβλεψε μὲν γὰρ ἐς φίλους, ἔβλεψε δὲ ἐς πόλεις, ἔβλεψε δὲ ἐς ἔθνη, πάντων περιωπὴν ἔχοντος τοῦ ἀνδρὸς καὶ θησαυρίζοντος τὸν πλοῦτον ἐν ταῖς τῶν μετεχόντων αὐτοῦ γνώμαις.

353 Vgl. Philostr. soph. 2,1,547-552 sowie ferner AMELING 1983, I 85ff.136ff., u. TOBIN 1997, 58ff.161ff.

materielle Ressourcen verfügt, dem jedoch die notwendige Bildung zu ihrem sinnvollen Einsatz fehlt.

Der Stilisierung des Herodes als vollendeter *vir litteratus* entspricht auch die ihm im weiteren Verlauf der von Gellius geschilderten Abendgesellschaft zugedachte Rolle: Das wahrscheinlich um leichtere Fragestellungen der Literatur, Philosophie oder Rhetorik kreisende Gespräch, dem man sich nach der Mahlzeit zugewandt hatte,[354] wurde von einem anonym bleibenden *adulescens* empfindlich gestört, dessen fortwährende Versuche, sich vor den übrigen Gästen wortreich als Musterbild des stoischen Weisen, als größten Redner und überhaupt als klügsten Kopf darzustellen schließlich eine Reaktion des Gastgebers provozieren.[355] Der Auftritt des Herodes als souveräner Meister der gebildeten Konversation, der mit feiner Ironie und ohne laut zu werden die deplazierte Bildungsostentation dieses *insolentissimus adulescens* in ihre Schranken verweisen kann, indem er ihm die Ausführungen Epiktets über derartige ‚Schaugelehrsamkeit' vorlesen läßt, stellt den eigentlichen Inhalt dieser Memorabilie dar.[356] Die didaktische Absicht weist dabei zwei Stoßrichtungen auf: Einerseits soll das Beispiel deplazierter und mißglückter Bildungsostentation abschreckend wirken, andererseits wird die Episode durch ihre anekdotische Form der Präsentation selbst zu einem potentiellen *exemplum*, das sich zur Wiederverwendung in einer vergleichbaren gesellschaftlichen Situation anbietet.[357]

Betrachtet man die hier angewandte Technik näher, so entspricht die Reaktion des Protagonisten auf die zuvor geschilderte Situation mit dem Anführen eines passenden Zitates einer bei Gellius häufiger vorkommenden Sonderform des Apophthegmas beziehungsweise der Chrie,[358] in der eine für die Wertschätzung literarischer Kennerschaft bezeichnende Verschiebung von dem in der jeweiligen Situation geprägten ‚bon mot' hin zur treffenden Plazierung eines Zitates stattgefunden hat.[359] Weil es sich hierbei jedoch um ein zeittypisches und mit großer Sicherheit auch für Herodes zutreffendes Phänomen handelt,[360] kann weder aus dem literarischen Charakter der gesamten Szene noch aus dem Umstand, daß Gellius die entsprechende Epiktetstelle

---

354 Gellius nennt an anderen Stellen konkrete Beispiele für Themen, die auf Symposien, an denen er teilgenommen hat, behandelt wurden (vgl. z.B. Gell. 15,20; 17,8; 18,13 u. 19,7); diese stellten jedoch nur einen schmalen Ausschnitt aus dem breiten Spektrum möglicher Gesprächsgegenstände dar, wie sie in den sympotischen Schriften aus der gleichen Zeit behandelt werden.

355 Vgl. Gell. 1,2,3-5.

356 Vgl. Gell. 1,2,6-13.

357 Vgl. KRASSER 1996, 159.

358 Vgl. BEALL 1988, 120f.: „Gellius however hit upon the ingenious idea of giving several of his personal reminiscences the form of *chriae*."

359 Vgl. MARACHE 1953, 86f.

360 Einen vergleichbaren Fall stellt das von Philostrat überlieferte Wortspiel mit einem Odysseevers auf Kosten seines ungeliebten Sohnes Brauda dar: vgl. Philostr. soph. 2,1,558 u. Hom. od. 4,498.

bei der Abfassung des Kapitels nachgeschlagen und abgeschrieben haben wird, ein Argument gegen die Authentizität der Situation gewonnen werden.[361]

Gellius tritt im übrigen während des weiteren Geschehens nicht mehr selbst in Erscheinung, und er zeigt sich auch in keinem der anderen Kapitel im persönlichen Gespräch mit Herodes. Die Inszenierung persönlicher Nähe, die für seine Schilderungen von Favorin, Tauros oder Apollinaris Sulpicius charakteristisch ist,[362] fehlt in seinem Fall weitgehend beziehungsweise beschränkt sich auf die Darstellung des Autors als einer Person unter mehreren im Gefolge des Herodes Atticus.[363] Das wirft die Frage nach dem genauen Verhältnis auf, in dem Gellius zu dem etwa eine Generation älteren Herodes stand. Aufgrund des nicht unerheblichen ökonomischen und sozialen Gefälles zwischen beiden reduzieren sich die plausiblen Optionen auf ein Schüler-Lehrer-Verhältnis oder eine eher entfernte Bekanntschaft, die aus den Bemühungen des Herodes um die römischen ‚Gaststudenten' in Athen resultierte. Da die sonst von Gellius bereitwillig eingestreuten Hinweise auf eine Schülerschaft fehlen,[364] gewinnt die zweite Möglichkeit an Wahrscheinlichkeit. Das Engagement des Herodes, das angesichts der Zugehörigkeit oder Nähe der jungen Römer zur künftigen Führungsschicht sicherlich eine lohnende Investition dargestellt haben dürfte, müßte sich dann allerdings auch darauf erstreckt haben, ihnen gegebenenfalls eine seiner Villen zur Rekonvaleszenz zur Verfügung zu stellen, wie es Gellius für sich ausdrücklich erwähnt.[365]

Trotz der fehlenden persönlichen Nähe und auch trotz der eher geringen Anzahl an Erwähnungen hat der Leser der *noctes Atticae* nicht das Gefühl, daß es sich bei Herodes Atticus um eine Autor wenig geschätzte Nebenfigur handelt. Der gegenteilige Eindruck entsteht vor allem dadurch, daß Herodes die erste Person ist, die Gellius in szenischer Form präsentiert. Wenn diese Auszeichnung auch geringfügig relativiert wird, weil Herodes nicht die sonst häufig zur besonderen Würdigung verwendete Plazierung zu Beginn eines Buches erhält,[366] kann doch an dem ehrenden Charakter der

---

361 Vgl. STEINMETZ 1982, 284.

362 Vgl. z.B. Gell. 2,26; 3,1; 16,3; 17,10 u. 18,1 (zu Favorin) sowie 12,13; 13,20; 19,13 u. 20,6 (zu Sulpicius); zu Tauros s.o. S. 208 Anm. 326.

363 Vgl. BEALL 1988, 17f.: „There is no reason to doubt that he listened to Herodes discoursing, and stayed at his villa. But Gellius implies that the invitation was extended to several Roman students at once; the famous sophist probably paid no particular attention to our man, and certainly left him with few memories."

364 Vgl. BALDWIN 1975b, 32: „There is some implication that the relationship between Gellius and Herodes had evolved into more than a professor-student acquaintance. Though not necessarily. Gellius never styles Herodes *magister* or *noster*; his formulaic tributes may strike one as being a little on the cold side." u. ferner HOLFORD-STREVENS 1988, 93.

365 Vgl. Gell. 18,10,1.

366 Vgl. MERCKLIN 1857/60, 707f., u. HOLFORD-STREVENS 1988, 26f.: „Some attempt at deliberate arrangement is detectable in the care taken that the initial chapter of each book shall afford a seat of honour for a favoured person or be of special interest in its content: Gellius' adored teacher Favorinus

Erwähnung an erster Stelle kein Zweifel bestehen. Vielleicht hätte Gellius zu einer anderen Anordnung der ersten Kapitel gegriffen, wenn er die *noctes Atticae* noch zu Lebzeiten des Herodes publiziert hätte.[367] Dessen intensives Streben nach einem unsterblichen Andenken war bekannt,[368] und er würde einer solchen – einer Widmung nicht unähnlichen – Form der literarischen Ehrung zur Förderung seines Nachruhms in der römischen Öffentlichkeit wohl kaum abgeneigt gewesen sein.

Der zweite Auftritt des Herodes in den *noctes Atticae* folgt einer ganz ähnlichen Dramaturgie, wie bereits im Lemma des Kapitels 9,2 deutlich wird: *qualibus verbis notarit Herodes Atticus falso quempiam cultu amictuque nomen habitumque philosophi ementientem.*[369] An die Stelle des sich als stoischer Eiferer gebärdenden *adulescens* ist ein kynischer Bettelphilosoph getreten, der in einer nicht näher bezeichneten Situation, bei der wohl an einen Spaziergang im größeren Kreis zu denken ist,[370] an Herodes herantritt und seine übliche Bitte εἰς ἄρτους vorbringt.[371] Herodes erweist sich dabei erneut als derjenige, der in der Lage ist, eine lediglich auf Äußerlichkeiten beruhende und auf Selbstdarstellung zielende ‚Inszenierung' als Philosoph zu durchschauen und ins Wanken zu bringen. In diesem Fall gelingt ihm dies mit der Rückfrage, mit wem er es zu tun habe, die den Bittsteller deswegen irritieren muß, da er meint, sich durch Tracht und Habitus bereits hinreichend als Philosoph identifiziert zu haben.[372] Zu einer Reaktion auf die sich anschließende Aufforderung des Herodes, er möge sich doch auch unabhängig von seiner äußeren Erscheinung als Philosoph zu erkennen geben, kommt es jedoch nicht mehr. An ihre Stelle tritt die von Herodes' Ge-

---

inaugurates books 2,3,4,12,14,18, and 20; ...". Die zur Erklärung des wenig befriedigenden Auftaktes vorgeschlagenen Deutungen des Kapitels 1,1 als Wissenschaftspropädeutik (vgl. BERTHOLD 1981, 46 mit Anm. 4, u. STEINMETZ 1982, 283) oder als typisch rhetorische λαλία (ANDERSON 1994, 1851) können nicht vollständig überzeugen.

367 Aufgrund der perfektivischen Formulierung in Bezug auf Herodes in Gell. 19,12,1 geht man im allgemeinen von einer Veröffentlich nach dessen Tod in den 170er Jahren aus (vgl. HOLFORD-STREVENS 1988, 13ff., u. BEALL 1988, 45ff.).

368 Philostrat läßt Herodes im Zusammenhang mit seinem unverwirklichten Projekt, den Isthmus von Korinth zu durchstechen, ausrufen: ‚ἐγὼ ... πολὺν χρόνον ἀγωνίζωμαι σημεῖον ὑπολείπεσθαι τοῖς μετ' ἐμὲ ἀνθρώποις διανοίας δηλούσης ἄνδρα καὶ οὔπω δοκῶ μοι τῆς δόξης ταύτης τυγχάνειν.' (vgl. Philostr. soph. 2,1,552 u. ferner ANDERSON 1986, 110).

369 Vgl. Gell. 9,2 cap. („Mit welchen Worten Herodes Atticus jemanden tadelte, der sich mit einem falschen Äußeren und falscher Kleidung den Namen und das Aussehen eines Philosophen erschwindelte.").

370 Vgl. Gell. 9,2,8: *tum nos aspiciens, qui eum sectabamur* u. ferner AMELING 1983, I 126: „Eine gemeinsame Konstante dieser Berichte [i.e. in den *noctes Atticae*] ist es, daß Herodes nie allein auftritt, sondern ihm immer eine große Zahl von Jüngern folgt."

371 Vgl. Gell. 9,2,1 u. ferner HAHN 1989, 179 Anm. 39.

372 Vgl. Gell. 9,2,2-4.

folge vorgenommene ‚Demaskierung' des Bettlers als stadtbekannten Nichtsnutz, der den κυνικὸς βίος nicht mit der notwendigen Überzeugung verfolge.[373]

Herodes reagiert auf die Bestätigung seiner Einschätzung des Bettelphilosophen mit der Anweisung, den Gegenwert der Brotration für dreißig Tage an ihn auszahlen zu lassen.[374] Obwohl er diese Maßnahme sogleich mit der Formulierung, dies geschehe mehr aus Menschlichkeit denn für einen Menschen, in der wahrscheinlich ein bei Diogenes Laertios überliefertes Aristoteleszitat anklingen soll,[375] ins rechte Licht gerückt hat, ruft seine unerwartete Großzügigkeit offenbar dennoch die Verwunderung seiner Umgebung hervor. Denn er führt im folgenden zu seiner Rechtfertigung aus, daß auch Musonius Rufus in einer ähnlichen Situation einem solchen ‚Schauphilosophen' eine hohe Geldsumme habe aushändigen lassen und auf den Protest seines Gefolges, daß dieser Mann es nicht verdiene, daß man ihm etwas Gutes tue, geantwortet habe, dann verdiene er ja, daß man ihm Geld gebe.[376]

Deutlicher noch als in der primären Herodes-Handlung zeigt sich auf dieser zweiten Ebene, worin der eigentliche Zweck dieses Geldgeschenkes besteht: Es dient als philosophischer Prüfstein und seine – von Gellius nicht erwähnte, aber zu erschließende – Annahme durch den vermeintlichen Kyniker führt zu seiner endgültigen Diskreditierung als Bettelphilosoph. Denn als solcher hätte er sich nur um das zum Lebensunterhalt unmittelbar Notwendige kümmern dürfen, weitergehende Gaben aber zurückweisen müssen.[377] Die Handlung der zweiten Ebene ist aber noch aus einem weiteren Grund von besonderem Interesse: Musonius wird von Herodes in der selben Art und Weise als Handlungsmodell herangezogen, wie Herodes seinerseits von Gellius. Es ergibt sich somit ein *exemplum* im *exemplum* und mit dieser Form der mise-en-abîme wird dem Leser zugleich ein didaktisch geschickt präsentierter Hinweis auf die mögliche Anwendung solcher gellianischer Memorabilien gegeben.

Hat Gellius bislang Herodes dadurch zum intellektuell und moralisch überlegenen Akteur stilisiert, daß er ihn die auf Äußerlichkeiten beruhende Inszenierung des Bet-

---

373 Vgl. Gell. 9,2,5-6. Zur Figur des kynischen ‚Pseudophilosophen', der im κυνικὸς βίος lediglich eine leichte Form des Broterwerbs erblickt, vgl. Lukian. bis acc. 6; Dion Chrys. or. 32,8 u. 72,4 sowie ferner HAHN 1989, 172ff.

374 Vgl. Gell. 9,2,6-7.

375 Vgl. Gell. 9,2,6: *atque ibi Herodes: ‚demus' inquit ‚huic aliquid aeris, cuicuimodi est, tamquam homines, non tamquam homini'* u. Diog. Laert. 5,21: ‚οὐ τῷ ἀνθρώπῳ' φησίν ‚ἔδωκα, ἀλλὰ τῷ ἀνθρωπίνῳ'.

376 Vgl. Gell. 9,2,8: *tum nos aspiciens, qui eum sectabamur: ‚Musonius' inquit ‚aeruscanti cuipiam id genus et philosophum sese ostentanti dari iussit mille nummum, et cum plerique dicerent nebulonem esse hominem malum et malitiosum et nulla re bona dignum, tum Musonius subridentem dixisse aiunt:* ἄξιος οὖν ἐστιν ἀργυρίου.'

377 Vgl. HAHN 1989, 180: „In diesen Szenen offenbart sich der falsche Philosoph in der Entgegennahme der Münzen, während ihm doch nur der Empfang unmittelbar zum Verzehr bestimmter, einfacher Naturalien gestattet gewesen wäre."

telphilosophen durchschauen und dessen Korrumpierbarkeit aufdecken läßt, so gibt er dem gefeierten Redner nun Gelegenheit, selbst zu Wort zu kommen und für die wahre Philosophie Partei zu ergreifen. Zu diesem Zweck läßt er Herodes auf eine in der Auseinandersetzung der gesellschaftlich etablierten Philosophen mit der kynischen ,Protestbewegung' offenbar geläufige Argumentation zurückgreifen, der zufolge das *nomen philosophiae inlustrissimum* durch diese unwürdigen Vertreter in Verruf gebracht wird.[378] Zur Unterstützung dieses Gedankenganges verweist er auf zwei historische Parallelen: zum einen auf die Regelung der Athener, daß die Namen der beiden Tyrannenmörder, Harmodios und Aristogeiton, nicht an Sklaven vergeben werden durften, und zum anderen auf den römischen Brauch, daß die *praenomina* von Landesverrätern in der jeweiligen *gens* keine Verwendung mehr finden durften.[379] Auf diese Weise gelingt es Gellius, Herodes als versierten Rhetor zu zeigen, der über die unter anderem von Cicero geforderten profunden historischen Kenntnisse verfügt, um seine Argumentation mit der Autorität einschlägiger *exempla* zu unterstützen.[380] Bemerkenswert ist dabei, daß sich Gellius nicht scheut, Herodes als ehemaligen Konsul auch mit relativ entlegenem Wissen aus der römischen Geschichte glänzen zu lassen, wenn auch in der zurückgenommenen Form einer Wiedergabe vom Hörensagen.[381]

Vor den Augen der Leser entsteht das Bild des Herodes als sprachgewaltigem Verfechter der wahren Philosophie und als idealem Modell sozialer Kompetenz, ohne daß dieses Bild durch die Angabe von Äußerlichkeiten in gleicher Weise ,visualisiert' werden würde wie dasjenige des Bettelphilosophen. Doch auch die Beschreibung des Kynikers als *palliatus quispiam et crinitus barbaque prope ad pupem usque porrecta* bleibt ganz in Allgemeinplätzen verhaftet,[382] und bestätigt auf diese Weise nur die Beobachtung, daß Gellius an der Beschreibung des Äußeren gerenell geringes Interesse zeigt, was zunächst um so mehr verwundert, als sich im 2. Jh. n. Chr. die Physiognomie großer Beliebtheit erfreute.[383] Doch kann gerade die scheinbare Ausnahme des

---

378 Vgl. Gell. 9,2,9-11 u. ferner z.B. Apul. flor. 7,7-8 (*quod utinam ... philosophiae edictum valeret, ne qui imaginem eius temere adsimularet, uti pauci boni artifices, idem probe eruditi omnifariam sapientiae studium contemplarent, neu rudes, sordidi, imperiti pallio tenus philosophos imitarentur et disciplinam regalem tam ad bene dicendum quam ad bene vivendum repertam male dicendo et similiter vivendo contaminarent*) sowie HAHN 1989, 111ff.
379 Vgl. Gell. 9,2,10-11.
380 Vgl. z.B. Cic. de or. 1,46-48.
381 Vgl. Gell. 9,2,11: ,*simili autem'* inquit ,*exemplo ex contraria specie antiquos Romanorum audio praenomina patriciorum quorundam male de republica meritorum et ob eam causam capite damnatorum censuisse, ne cui eiusdem gentis patricio inderentur, ut vocabula quoque eorum defamata atque demortua cum ipsis viderentur.'* u. ferner HOLFORD-STREVENS 1988, 101 Anm. 57.
382 Vgl. Gell. 9,2,1 („bekleidet mit einem Philosophenmantel, mit langem Haar und einem Bart, der ihm bis auf den Bauch herabhing").
383 Vgl. z.B. EVANS 1941 u. GLEASON 1995, 29ff. Daß die persönliche Fehde, die Gellius' Freund und Vorbild Favorin mit Polemo, dem Verfasser der bekanntesten physiognomischen Schriften, ausgetra-

kynischen Bettelphilosophen, der sich auf den Symbolwert seines Bartes und seines Mantels verläßt und dessen Maskerade von Herodes ,durchschaut' wird, als Thematisierung des Ungenügens einer Identifizierung über die äußere Erscheinung verstanden werden. Dieses Kapitel wäre dann nicht zuletzt als eine Art Lesehinweis zu verstehen, daß es sich bei dem Verzicht auf eingehendere Beschreibungen von Äußerlichkeiten um eine bewußte Entscheidung des Autors handelt.[384]

Wenn Gellius' Bewußtsein für die Beschreibung der äußeren Erscheinung nicht sonderlich geschärft ist, so gilt dies für die Wahrnehmung sprachlicher Nuancen um so mehr. Daher ist es auch sicherlich kein Zufall, daß in diesem Kapitel nicht nur der Erzähler ein Latein spricht, das durch eine leichte Archaisierung und das unverkennbare Streben nach dem jeweils in besonderer Weise passenden Ausdruck, dem mot juste, gekennzeichnet ist,[385] sondern auch Herodes.[386] Damit dient dieser – zumindest unterschwellig – auch als Vorbild für eine den Maßstäben des Autors und seiner Zeit entsprechende Diktion. Für den angestrebten Modellcharakter ist es dabei nur von sekundärer Bedeutung, ob Gellius bei der Übersetzung die stilistischen Merkmale des Attizismus durch diejenigen des Archaismus frontianischer Prägung ersetzt hat, oder ob davon auszugehen ist, daß Herodes seine kleine Rede mit Rücksicht auf die möglicherweise vorwiegend aus jungen Römern bestehende Begleitung auf Latein gehalten hat, da beide sprachlichen Codes in analoger Weise als soziales Distinktionsmerkmal funktionierten.[387] Daß Herodes über fundierte Lateinkenntnisse verfügte, wird nicht nur durch Gellius nahegelegt, der es ausdrücklich festhält, wenn Herodes Griechisch

---

gen hat, eine Rolle bei der Ablehnung der Physiognomie durch Gellius gewesen sein könnte, wurde von HOLFORD-STREVENS 1997a, 96, vermutet.

384   Vgl. HOLFORD-STREVENS 1997a, 96ff., der diesen ,dramatic mode' der Darstellung mit der Gattungstradition des Dialogs in Verbindung bringt.

385   Vgl. VESSEY 1994, 1869f.: „For each occasion and circumstance there was one word, the accurate and precise one: accurate and precise not only for the meaning to be conveyed, but in its history, nuance, affectivity, sound and position. Such a word – not necessarily in itself rare – was irreplaceable; it had no substitute."

386   Vgl. VESSEY 1994, 1905f., der vor allem auf *erraticus* (9,2,6), *geneae* (9,2,6), *aeruscare* (9,2,8), *nebulo* (9,2,8) und *spucrus* (9,2,9) verweist.

387   Vgl. SCHMITZ 1997, 83ff., v.a. 90: „Diejenigen, die die Mühe auf sich nahmen, die komplizierten Regeln des Attizismus zu erlernen, und ihre Sprache unter diese strenge Kontrolle stellten, sahen ihre Handlungsweise also unter dem Muster eines wirtschaftlichen Vorgehens: Im Gegensatz zur großen Masse gebrauchten sie ,kostbares' Sprachmaterial, investierten also mehr in ihre Sprache. Dieser höheren Investition aber entsprach auch eine Rendite: Die Elite gewann symbolische Macht, indem sie sich von πολλοί καὶ ἀμαθεῖς absetzte. Solche Mechanismen hat Bourdieu mit dem treffenden Begriff des ,sprachlichen Marktes' beschrieben: ... [vgl. BOURDIEU 1982, 43]."

spricht,[388] sondern ist auch aufgrund seiner längeren Romaufenthalte als Jugendlicher, unter anderem während des Konsulates seines Vaters, sehr wahrscheinlich.[389]

Abschließend sei auch hier noch einmal auf die Problematik von ‚fact and fiction' in den gellianischen Memorabilien eingegangen, da in dieser Diskussion das Kapitel 9,2 zu einem wichtigen Bezugspunkt geworden war, nachdem es KARL HOSIUS im Vorwort seiner Gelliusedition besprochen hatte und zu einem klaren Ergebnis gekommen war: *tota autem fabella ficta est.*[390] Da es sich im Rahmen der Bildungskultur aber großer Beliebtheit erfreute, sein eigenes Verhaltens an literarische Vorbilder anzugleichen,[391] hat das Hauptargument für die Fiktionalität der Szene, daß von Gellius hier nur Allgemeinplätze verwendet werden, inzwischen deutlich an Überzeugungskraft verloren.[392] Daher können verschiedene Grade von Fiktionalität als gleichermaßen wahrscheinlich gelten, deren Spektrum von der Überarbeitung einer realen Szene, die sich möglicherweise auf die Übersetzung beschränkte, über die Verdichtung mehrerer ähnlicher Szenen zu einer, bis zur dramatischen Inszenierung eines Exzerptes aus einer Schrift des Herodes[393] reichen. Wichtiger als die Frage nach der Authentizität der Szene ist jedoch in unserem Zusammenhang ihr Beitrag zur Präsentation der Figur des Herodes Atticus in den *noctes Atticae* als Modell vorbildlichen Verhaltens.[394]

---

388 Vgl. Gell. 1,2,6 (*tum Herodes Graeca, uti plurimus ei mos fuit, oratione utens*) u. 19,12,1 (*Herodem Atticum, ..., Athenis disserentem audivi Graeca oratione*).

389 Vgl. AMELING 1983, I 37: „Viele, auch hochgestellte und hochgebildete Griechen verstanden kaum Latein. Dem Attikos muß bewußt gewesen sein, daß dies ein gravierender Mangel war, wenn man auch innerhalb des ordo senatorius angesehen sein wollte. Aus diesen Überlegungen heraus nahm er seinen Sohn mit nach Rom; der Aufenthalt im Haus des Calvisius Ruso verhalf dem Herodes schließlich zur Beherrschung der lateinischen Sprache."

390 Vgl. HOSIUS 1903, xxxviii, u. ferner z.B. BEALL 1988, 19f.

391 S.o. S. 207f.

392 Vgl. HOLFORD-STREVENS 1982, 67: „I see no reason why Herodes should not have made use of this topos: was there anything new to say of or to these pests?"

393 Philostrat gibt ein Verzeichnis der von Herodes verfaßten Werke und führt neben Reden und Briefen auch zwei als ἐγχειρίδια und καιρία bezeichnete Schriften auf, bei denen es sich um in der Art von Anthologien konzipierte Exzerptsammlungen gehandelt haben dürfte (vgl. Philostr. soph. 2,1,564 u. ferner AMELING 1983, I 120). Geht man von der nicht unwahrscheinlichen Publikation seiner Reden und Briefe zu Lebzeiten aus (vgl. AMELING 1983, I 120), kommen prinzipiell alle vier Textsorten als Lieferant einer Vorlage für Gellius in Frage; eine Präferenz für die beiden Sammelschriften ergibt sich allerdings, wenn man annimmt, daß diese in ähnlicher Weise wie die *noctes Atticae* Memorabilien mit dem Autor als Protagonisten enthielten.

394 Vgl. VESSEY 1994, 1906f.: „An implausible discourse: but he *mise-en-scène* and the interlocutor are to enliven the *commentarius*, not reflect reality. We might interpret Herodes as drawing a distinction between true and false philosophy. This is a point simple and plain enough. ... Herodes, too, can quote appositely for the occasion and compare laudable enactments both Greek and Roman. He is a

Behält man die vom Autor gewählte Anordnung bei, folgt nun ein eher indirekter Auftritt des Herodes, der sich darauf beschränkt, dem erkrankten Gellius einen Aufenthalt auf seinem bevorzugten Landsitz, der Villa Kephisia, ermöglicht zu haben.[395] Daß Gellius diese großzügige und humane Geste ausdrücklich erwähnt und auf diese Weise dem bereits in Kapitel 1,2 etablierten Charakterzug der Gastfreundlichkeit eine weitere wichtige Facette hinzufügt, kann nicht zuletzt als eine auf Dankbarkeit beruhende Gegenleistung in Form einer literarischen Ehrung verstanden werden. Darüber hinaus illustriert nicht nur die hier erneut als geschmackvoll angelegter *locus amoenus* skizzierte Villa[396] ein weiteres Mal schlaglichtartig die kulturelle Kompetenz des Herodes, sondern auch die sich auf seinem Grund und Boden abspielende Handlung. Dieser Bezug zu Herodes verstärkt sich dann noch einmal, wenn man den von Gellius nicht eigens erwähnten Umstand mit in Betracht zieht, daß es sich bei dem eigentlichen Protagonisten der Memorabilie, dem Philosophen Tauros, um einen Rhetoriklehrer des Herodes handelt, mit dem dieser zeitlebens befreundet blieb.[397]

Tauros hat sich samt einigen Anhängern zu Herodes' Villa begeben, um Gellius einen Krankenbesuch abzustatten,[398] und trifft dort auf den behandelnden Arzt, der Tauros sogleich recht ausführlich über den Krankheitsverlauf Bericht erstattet. Daß ihm dabei der Lapsus unterläuft, eine Arterie als Vene zu bezeichnen, setzt ihn zwar dem Spott von Tauros' Umgebung aus, wurde aber von dem Philosophen selbst unter Verweis auf den in diesem Punkt unpräzisen allgemeinen Sprachgebrauch entschuldigt.[399] Damit ist die Handlung der eigentlichen Memorabilie auch bereits abgeschlossen, das Kapitel wird jedoch von Gellius mit einen kleinen Exkurs zur medizinischen Fachterminologie fortgesetzt.[400] Dieser wird von ihm durch den Verweis auf die zuvor geschilderte Episode und durch eine der seltenen programmatischen Aussagen zu seinen didaktischen Intentionen außerhalb der *praefatio* motiviert,[401] so daß sich eine

---

paradigm of Gellian virtues. That the voice is given a name in no way reduces its textuality but it sweetens the pill by which the medicine of doctrine is administered."

395 Vgl. Gell. 18,10,1-2: *in Herodis C.V. villam, quae est in agro Attico loco, qui appellatur Cephisiae, aquis et lucis, nemoribus frequentem, aestu anni medio concesseram. ibi alvo mihi cita et accedente febri rapida decubueram.*

396 Vgl. Gell. 18,10,1. Zu der Beschreibung in Gell. 1,2,2 s.o. S. 212f.

397 Das gleiche gilt im übrigen für Favorin (vgl. AMELING 1983, I 39f. u. 45ff.).

398 Daß Gellius einen gewissen Stolz über diese Auszeichnung verspürte, schwingt noch in seiner Formulierung mit: *eo Calvenus Taurus philosophus et alii quidam sectatores eius Athenis visendi mei gratia venissent* (vgl. Gell. 18,10,3).

399 Vgl. Gell. 18,10,3-7.

400 Vgl. Gell. 18,10,8-11.

401 Vgl. Gell. 18,10,8: *hoc ego postea cum in medico reprehensum esse meminissem, existimavi non medico soli, sed omnibus quoque hominibus liberis liberaliterque institutis turpe esse ne ea quidem cognovisse ad notitiam corporis nostri pertinentia, quae non altius occultiusque remota sunt et quae natura nobis tuendae valitudinis causa et in promptu esse et in propatulo voluerit; ac propterea,*

Begründungsstrategie ergibt, die derjenigen in der Einleitung zum synchronistischen Kapitel 17,21 nicht unähnlich ist.[402] Der Bezug des Kapitels auf Herodes reicht dabei sicherlich nicht so weit, daß wir ihn uns als ausgewiesenen Fachmann für medizinische Fragen vorzustellen haben, mit Sicherheit kann aber davon ausgegangen werden, daß er das gellianische Interesse an der korrekten Ausdrucksweise und der sprachlich-terminologischen Erfassung aller verfügbaren Wissensgebiete teilte und in mustergültiger Weise umzusetzen verstand.[403]

Das letzte Herodes gewidmete Kapitel ist zugleich das erste, in dem Gellius zumindest in der Form eines zurückgewiesenen Vorwurfs auf einen nicht einhellig positiv bewerteten Aspekt zu sprechen kommt. Herodes, dessen Verhältnis zu seiner Frau und seinen Kindern durch eine für antike Verhältnisse ungewöhnlich enge emotionale Bindung geprägt gewesen zu sein scheint, mußte gerade in seiner nächsten Umgebung eine Reihe plötzlicher Todesfälle hinnehmen,[404] auf die er mit einer von den Zeitgenossen offenbar als übertrieben empfundenen Trauer reagierte. Diese Form des ὑπερπένθος wird auch in der Biographie des Philostrat als einzige Eigenschaft überwiegend kritisch dargestellt und dürfte den bekanntesten charakterlichen ‚Mangel' des Herodes dargestellt haben.[405] Besonderes Unverständnis scheint dabei seine exzessive Trauer um die drei Adoptivkinder hervorgerufen zu haben, die er zu sich genommen hatte, nachdem von seinen leiblichen Angehörigen nur noch der wenig geliebter Sohn Bradua am Leben war.[406] Als Polydeukes, der letzte dieser drei τρόφιμοι, starb,[407] wurde er von Herodes in den Formen eines Heroenkultes verehrt, der in der Vergöttlichung des Antinous durch Hadrian seine nächste Parallele findet.[408]

Einiges spricht dafür, daß Herodes' Trauer um Polydeukes und die Kritik seiner Zeitgenossen an ihr den Hintergrund für die von Gellius in Kapitel 19,12 referierte Rede bildet. Gellius leitet sie ein, indem er sie als Herodes' Erwiderung auf die Vorwürfe eines *quidam Stoicus* charakterisiert, er sei *minus sapienter et parum viriliter*

---

quantum habui temporis subsicivi, medicinae quoque disciplinae libros attigi, quos arbitrabar esse idoneos ad docendum, et ex his cum alia pleraque ab isto humanitatis usu non aliena, tum de venis quoque et arteriis didicisse videor ad hunc ferme modum.

402 Zu Gell. 17,21,1 s.o. S. 172ff.

403 Vgl. BEALL 1988, 82: „For Gellius, the first step, and sometimes the only step, in the study of a technical or scientific field is the study of terminology. Frequently the reader has the impression that it is the *verba*, and not the *res*, of these disciplines wich really appeal to our author."

404 Vgl. AMELING 1983, I 96ff., u. TOBIN 1997, 69ff.

405 Vgl. Philostr. soph. 2,1,556-8 u. ferner TOBIN 1997, 7. Darüber hinaus scheint Philostrat einen Zusammenhang zwischen dem Vorwurf, daß Herodes am Tod seiner Frau Regilla nicht unbeteiligt war, und der ostentativen Form seiner Trauer zumindest anzudeuten (vgl. AMELING 1983, I 100ff.).

406 Vgl. AMELING 1983, I 113ff.

407 Zur Forschungsdebatte um die Datierung seines Todes vgl. TOBIN 1997, 108f.230ff., die ein spätes Datum um das Jahr 160 favorisiert.

408 Vgl. TOBIN 1997, 99ff.

mit dem Schmerz über den Tod eines *puer, quem amaverat*, umgegangen.[409] Nimmt man noch die in Lukians Schrift über den Stoiker Demonax überlieferte Nachricht hinzu, daß dieser Herodes für seine exzessive Trauer um Polydeukes kritisiert haben soll,[410] läßt sich mit einer gewissen Plausibilität sogar eine weiterführende Rekonstruktion der Situation vornehmen.[411] Da Gellius jedoch die von ihm wiedergegebene Erwiderung weitgehend ‚entkontextualisiert' hat und sie daher offenbar als allgemeine Rechtfertigung des Herodes gegen den Vorwurf übermäßiger Trauer verstanden wissen wollte, sollte die Suche nach dem konkreten historischen Hintergrund nicht auf die Spitze getrieben werden. Im Vordergrund soll vielmehr erneut die Frage nach dem in diesem Kapitel gezeichneten Bild von Herodes und seiner Funktionalisierung im Gesamtzusammenhang der *noctes Atticae* stehen.

Nachdem sich Herodes bei seinem ersten Auftritt noch im wesentlichen darauf beschränkt hatte, die Autorität Epiktets an der richtigen Stelle ins Spiel zu bringen, wurde von Gellius im Anschluß an das Zusammentreffen mit dem Bettelphilosophen bereits ein kleines Stück freier Rede wiedergegeben, in dem die Fertigkeiten eines der prominentesten Rhetoren seiner Zeit das erste Mal zum Vorschein kamen. Seinen eigentlichen Auftritt als Redner erhält Herodes jedoch erst im letzten ihm gewidmeten Kapitel. Es ist daher auch folgerichtig, wenn sich hier der ausführlichste Lobpreis seiner Beredsamkeit findet:

> *Herodem Atticum, consularem virum, Athenis disserentem audivi Graeca oratione, in qua fere omnes memoriae nostrae universos gravitate atque copia et elegantia vocum longe praestitit.*[412]

Gellius gibt an, die von Herodes *contra* ἀπάθειαν *Stoicorum* gehaltene Rede nachträglich aus dem Gedächtnis rekonstruiert zu haben,[413] und gliedert seine Paraphrase in eine Zusammenfassung der zentralen Gedanken,[414] eine ausführliche Nacherzählung

---

409 Vgl. Gell. 19,12,1-2.

410 Vgl. Lukian. Demonax 24 u. 33.

411 Vgl. BALDWIN 1975b, 32; AMELING 1983, I 113ff., u. HOLFORD-STREVENS 1988, 102 mit Anm. 67. Gegen eine Identifizierung des in 19,12 genannten *puer* mit Polydeukes spricht sich aufgrund der von ihr favorisierten späten Datierung seines Todes TOBIN 1997, 212f., aus, doch würde dieses Gegenargument auch entfallen, wenn man einen späteren Zeitpunkt für Gellius' Athenaufenthalt ansetzt (vgl. STEINMETZ 1982, 277f.; ASTARITA 1984 u. AMELING 1984).

412 Vgl. Gell. 19,12,1 („Ich habe Herodes Atticus, den gewesenen Konsul, in Athen eine Rede auf Griechisch halten hören, mit der er praktisch alle Redner unserer Zeit an Gehalt, Fülle und sprachlicher Eleganz bei weitem übertroffen hat.") u. ferner HOLFORD-STREVENS 1988, 102: „Gellius praises his Greek eloquence elsewhere, but reserves for this chapter his declaration that Herodes far excelled all his contemporaries ...".

413 Vgl. Gell. 19,12,2-3 (*disseruit autem contra* ἀπάθειαν *Stoicorum lacessitus a quodam Stoico, tamquam minus sapienter et parum viriliter dolorem ferret ex morte pueri, quem amaverat. in ea dissertatione, quantulum memini, huiuscemodi sensus est: ...*) sowie ferner z.B. Gell. 14,1,2 u. 20,6,15.

414 Vgl. Gell. 19,12,3-6.

des von Herodes zur Illustration verwendeten Gleichnisses[415] und ein kurzes Fazit in im Stile eines *fabula docet*.[416] Diese gellianische Skizze stellt – unabhängig von der Frage, ob Gellius den Vortrag der Rede selbst gehört hat[417] oder ob ihm eine publizierte Fassung vorlag[418] – eines unserer aussagekräftigsten Testimonien für die rhetorische Tätigkeit des Herodes dar, dessen umfangreiches literarisches Œuvre bis auf wenige Reste verloren ist.[419]

Gellius hat sein Beispiel für die Rolle des Herodes als öffentlicher Redner geschickt gewählt: Daß er nicht über eines der sophistischen Standardthemen spricht, sondern sich eines zentralen Gegenstandes der antiken Philosophie angenommen hat, trägt ebenso zum Reiz dieses Kapitels bei, wie der Umstand, daß er seine Rede aus persönlicher Motivation heraus und in der Position des Angegriffenen, der sich gegen Vorwürfe zu Wehr setzen muß, hält.[420] Auf diese Weise gelingt es Gellius elegant, Herodes von dem Vorwurf, er weise einen wenig philosophischen Hang zur maßlosen Trauer auf, zu entlasten, ohne das kritisierte Verhalten mehr als in einer knappen Andeutung zur Sprache bringen zu müssen. Darüber hinaus bildet seine Zurückweisung der stoischen Apathielehre in ihrer rigorosen Form eine gemeinsame Linie mit seinem Einschreiten gegen philosophische Selbstüberschätzung anläßlich seines ersten sowie gegen eine ungerechtfertige Inanspruchnahme der Bezeichnung als Philosoph anläßlich seines zweiten Auftritt und fügt sich so insgesamt zu einem kohärenten Bild des Herodes als eines wahrhaft philosophisch Gebildeten, der auf laute Selbstinszenierung ebenso verzichten kann wie auf starre Dogmatik.

Betrachtet man abschließend das Bild, das sich aus diesen vier Kapiteln der *noctes Atticae* von Herodes Atticus ergibt, so zeigt sich, daß Gellius in seinem Bemühen, ein möglichst freundliches Porträt des großen Atheners zu entwerfen, noch über das später bei Philostrat zu beobachtende Maß hinausgeht, obwohl Herodes auch bei ihm eine deutlich hervorgehobene Position einnimmt und seine Darstellung nicht frei von idealisierenden Zügen ist.[421] Während jedoch Philostrat zumindest einige negative As-

---

415 Vgl. Gell. 19,12,7-9.

416 Vgl. Gell. 19,12,10.

417 Vgl. z.B. HOLFROD-STREVENS 1982, 67, u. HOLFORD-STREVENS 1988, 101f.

418 Vgl. BEALL 1988, 18: „No special acquaitance with Herodes was necessary to write what every one knew. The form of Herodes' remarks in 19,12,9, complete with narrative *exemplum*, suggests a published declamation."

419 Eine Werkübersicht bietet Philostr. soph. 2,1,564. Erhalten ist eine Rede περὶ πολιτείας, die im Jahre 404 v. Chr. spielt, aber mit großer Wahrscheinlichkeit von Herodes in Anlehnung an seine klassischen Vorbilder verfaßt wurde (vgl. AMELING 1983, I 119f., u. ANDERSON 1986, 113).

420 Die affektive Lenkung des Publikums durch die Betonung der eigenen ‚Opferrolle' gehört zu den Ratschlägen, die Plutarch in seiner Schrift πεπὶ τοῦ ἑαυτὸν ἐπαινεῖν ἀνεπιφθόνως gibt (vgl. Plut. mor. 540c-542a).

421 Zur Bedeutung des Herodes Atticus in den βίοι σοφιστῶν, deren zweites Buch seine Vita eröffnet, vgl. ANDERSON 1986, 82ff.108: „For Philostratus the Second Sophistic revolves around Herodes Atti-

pekte thematisiert, wenn auch zumeist mit stark apologetischer Tendenz,[422] nutzt Gellius die Möglichkeit zur freieren Akzentsetzung, die ihm die bewußt unsystematische Anlage seines Miszellanwerkes einräumt, um das Bild, das sich aus den einzelnen Erwähnungen des Herodes ergibt, seinen Bedürfnissen in hohem Maße anzupassen.

So verzichtet er darauf, Herodes' wenig rühmlichen ersten Auftritt als Redner zu erwähnen, bei dem er als Gesandter seiner Heimatstadt Hadrian Glückwünsche zu dessen Thronbesteigung überbringen sollte, seine Nerven ihm jedoch einen Streich spielten.[423] Das Auslassen dieser Episode ist deswegen besonders auffällig, weil das von Philostrat zur Entschuldigung des Herodes angeführte historische Beispiel, der ähnlich verlaufende Auftritt des Demosthenes vor Philipp, Gellius durchaus bekannt ist.[424] Angesichts der Beliebtheit, der sich Parallelisierungen mit historischen Figuren aus der klassischen Epoche Griechenlangs bei Herodes[425] und seinen Zeitgenossen erfreuten,[426] liegt der Gedanke nicht fern, daß bereits dieser selbst versucht hatte, sein offenbar nicht nur von ihm als Versagen empfundenes rhetorisches Debüt durch den Verweis auf das vergleichbare Mißgeschick des größten griechischen Redners zu relativieren. Wahrscheinlich hat Gellius die Demosthenes-Anekdote sogar in eben diesem Zusammenhang kennengelernt. Um so mehr handelt es sich bei der Nichterwähnung von Herodes' Auftritt vor Hadrian, falls diese nicht in dem verlorenen Text zu Kapitel 8,9 erfolgt sein sollte, um eine bewußte Auslassung.

In ähnlicher Weise blendet Gellius die zahlreichen Konflikte und Auseinandersetzungen aus, die Herodes' Leben wie ein roter Faden durchziehen. So haben weder der langjährige Streit mit den Athenern über das Testament seines Vaters,[427] noch die offenbar seinem impulsiven Wesen geschuldete Konfrontation mit hohen Würdenträgern wie Antoninus Pius während seiner Zeit als Prokonsul in Asia[428] oder den Brü-

---

cus. He is the superlative philanthropist, the superlative sophist – both teacher and performer – and the superlative controversialist."

422 Vgl. ROTHE 1989, 9, u. TOBIN 1997, 7: „Since Philostratos was probably writing in Athens, in part for an audience who could have known a great deal about Herodes (he had died only about 40 to 50 years before rhe composition of the *Lives*) he could not completely hide unpleasant facts about Herodes' life. Instead, he tried to defend them or minimize them."

423 Vgl. Philostr. soph. 2,1,565 u. ferner AMELING 1983, I 41ff.

424 Vgl. Gell. 8,9 cap.: *quod Theophrastus philosophus omnis suae aetatis facundissimus verba pauca ad populum Atheniensem facturus deturbatus verecundia obticuerit; quodque idem hoc Demostheni apud Philippum regem verba facienti evenerit.* Ausführlicher s.o. 195f.205f.

425 Insbesondere der Vergleich des Herodes mit Demosthenes wurde häufiger gezogen: vgl. z.B. Philostr. soph. 1,25,539 u. ferner TOBIN 1997, 50f.

426 Vgl. allgemein zur Identifikation der Vertreter der Zweiten Sophistik mit den Figuren des klassischen Griechenlands ANDERSON 1993, 69ff.

427 Vgl. Philostr. soph. 2,1,549 sowie ferner AMELING 1983, I 62ff., u. TOBIN 1997, 27ff.

428 Vgl. Philostr. soph. 2,1,554-555 u. ferner AMELING 1983, I 53f.

dern Quintilii, die Achaia als Sonderlegaten verwalteten,[429] in den *noctes Atticae* ihre
Spur hinterlassen.[430] Auch daß Herodes zeitweise zu einigen anderen prominenten Intellektuellen seiner Zeit ein eher schwieriges Verhältnis hatte, findet keine Erwähnung, wohl nicht zuletzt deshalb, weil es sich mit Fronto[431] und Peregrinus Proteus[432]
bei zwei von ihnen um Personen handelt, die ihrerseits von Gellius ausführlich und
sehr positiv dargestellt werden.[433]

Das Bemühen, durch das Verschweigen unangenehmer Details oder das Nichther-
stellen von problematischen Bezügen ein geschöntes Bild seiner Protagonisten zu erreichen, beschränkt sich bei Gellius bekanntermaßen nicht auf die Figur des Herodes,
sondern läßt sich auch im Zusammenhang mit Darstellung anderer prominenter Zeitgenossen nachweisen.[434] In der Möglichkeit, negative Aspekte unerwähnt zu lassen,
lag für Gellius sicherlich ein wesentlicher Vorteil seiner an die ἀπομνημονεύματα–
Literatur angelehnten Buntschriftstellerei gegenüber einer vollständigen Biographie.
Denn eine umfassende Erörterung des Lebenslaufes und insbesondere die Thematisierung möglicher Schattenseiten vertrugen sich mit Gellius' primären Anliegen bei der
Porträtierung seiner prominenten Zeitgenossen nur bedingt: Als ideale Verkörperun-
gen der in den *noctes Atticae* vermittelten Bildungskultur sollten sie für die Leser als
Modelle für die Anwendung ihres bei der Lektüre erworbenen Wissens fungieren.

Zusätzlich zur allgemeinen Rolle als Vorbild, die alle von Gellius porträtierten
Zeitgenossen übernehmen, verbinden sich mit der Figur des Herodes vor allem zwei
Funktionen. Einerseits soll er den adäquaten Umgang mit Reichtum verdeutlichen und
wird deswegen als jemand gezeigt, der seine Villen geschmackvoll anzulegen versteht
und diese gleichzeitig für festliche Gastmähler, aber auch für Krankenaufenthalte zur
Verfügung stellt. Andererseits soll er den philosophischen Eiferern, die mit ihrer über-

---

429 Vgl. Philostr. soph. 2,1,559-561 sowie ferner AMELING 1983, I 136ff., u. TOBIN 1997, 35ff.

430 Ferner sei lediglich auf die Anklage wegen Mordes an seiner Frau (vgl. Philostr. soph. 2,1,555-556 u.
AMELING 1983, I 100ff.) und die kurzfristige Verbannung aus Athen durch Marc Aurel verwiesen, bei
der es sich allerdings um ein freiwilliges Exil gehandelt haben könnte (vgl. Philostr. soph. 2,1,562-
563 sowie ferner AMELING 1983, I 150f.; ANDERSON 1986, 108, u. TOBIN 1997, 40ff.).

431 Vgl. AMELING 1983, I 74ff.

432 Vgl. Philostr. soph. 2,1,563-564 u. Lukian. Peregrinus 19-20 sowie ferner BALDWIN 1975, 46, u.
AMELING 1983, I 93f.

433 Vgl. BALDWIN 1975b, 33: „As with Favorinus, Gellius is serenely neglectful of the many colourful
episodes in Herodes' life which are described by Philostratus. Of particular pertinence is the litigation
involving Fronto and Demostratus. Minor anonymus figures of quick temper and fractious disposition
strut through the pages of the Noctes Atticae. But Gellius will not exhibit his great men in mutual
conflict. There may, however, be something in the fact that he keeps Herodes and Fronto isolated
from each other in the various anecdotes concerning them. The technique will recur with force in the
case of Peregrinus Proteus."

434 Vgl. beispielsweise die Kontrastierung des gellianischen Favorin-Bildes mit der Parallelüberlieferung
durch HOLFORD-STREVENS 1997a, 93ff.

zogenen Selbstdarstellung die von der zeitgenössischen Konversationskultur gesteck-
ten Grenzen überschreiten, das Gegenbild des über umfassende Bildung verfügenden
‚Laien' entgegenstellen. Als wahrhaft Gebildeter und deswegen zugleich als wahrer
Philosoph liefert er mit seinen Auftritten gegen den prahlerischen *adulescens* oder den
aufdringlichen Bettelphilosophen ebenso wie mit seiner Rede gegen stoischen Dog-
matismus den Lesern der *noctes Atticae* vielfältig verwendbare Argumente und *exempla*. Als schlagfertiger Dialogpartner wird Herodes zwar auch von Philostrat gezeigt,
doch stellt bei ihm diese Perspektive nur eine unter vielen dar.[435] Gellius hingegen,
der sogar andere auf den ersten Blick geeignete Aspekte, wie die umfangreiche Tätigkeit als Rhetoriklehrer, nur am Rande zur Sprache bringt,[436] mißt vor dem Hintergrund der generellen Intentionen seines Werkes der Funktion des Herodes als ideales
Modell für eine den Ansprüchen der Bildungskultur genügenden Konversation deutlich mehr Bedeutung bei.

Daß sich die ‚Inszenierung' des Herodes in den *noctes Atticae* als in hohen Maße
mit den Darstellungsabsichten des Autors kongruent erweist, wirft naturgemäß die
Frage auf, inwieweit eine Diskrepanz zwischen der von Gellius zur Illustration seiner
didaktischen Ziele verwendeten Figur und der historischen Person besteht. Gellius'
Ziel war es sicherlich nicht, eine vollständige Biographie des Herodes vorzulegen.
Gleichwohl war er bemüht, sein *exemplum* nicht zur bloßen Schablone werden zu lassen, sondern es mit einem authentischen biographischen Hintergrund auszustatten, der
den Lesern eine Lokalisierung in ihrer Lebenswirklichkeit erleichtern sollte und damit
zugleich in der Lage war, die Überzeugungskraft des Handlungsmodells steigern. Ein
möglichst großes Maß an authentischen biographischen Informationen ist auch für die
zweite wichtige Funktion der gellianischen Memorabilien, den Lehrern und Freunden
des Autors ein literarisches Denkmal zu setzen, erforderlich. Die Darstellung prominenter Zeitgenossen durch Gellius läßt sich daher auch hinsichtlich der Quantität und
Authentizität am ehesten mit dem Begriff des literarischen Porträts umschreiben und
in ihrer Technik wie Funktion mit den plinianischen Porträtbriefen vergleichen.

---

435 Vgl. v.a. Philostr. soph. 2,1,552.555-556.559.561.563-564.564-565 u. ferner z.B. 1,25,539.

436 Herodes war von Antonius Pius gemeinsam unter anderem mit Fronto zum Lehrer seiner Söhne Mark
     Aurel und Lucius Verus bestellt worden (vgl. Cass. Dio 72,35,1 u. ferner AMELING 1983, I 71ff.83)
     und bekleidete höchstwahrscheinlich den städtischen Lehrstuhl für Rhetorik in Athen (vgl. AMELING
     1983, I 126, u. zurückhaltender TOBIN 1997, 51f.).

4. Form und Funktion biographischen Wissens in den *noctes Atticae*

Dem Segment biographischen Wissens kommt in den *noctes Atticae* eine Bedeutung zu, die dem generell hohen Stellenwert von Informationen über bedeutende Persönlichkeiten der Vergangenheit und der Gegenwart im 2. Jh. n. Chr. entspricht, das zu recht als das große Zeitalter der Biographie gilt.[437] Mit der Präsentation biographischer Informationen verfolgt Gellius unterschiedliche Ziele, unter denen die Vermittlung eines chronologischen Faktengerüstes die elementarste Ebene darstellt.[438] Zur Begründung seiner didaktischen Zielsetzung verweist Gellius in der Einleitung zum synchronistischen Kapitel, das laut dem dazugehörigen Lemma den Leser darüber informieren soll, *quibus temporibus post Romam conditam Graeci Romanique inlustres viri floruerint ante secundum bellum Carthaginiensium*,[439] explizit auf den gesellschaftlichen Kontext der Anwendung von historischem Wissen und auf die Gefahr, sich durch Verstöße gegen die Chronologie im Gespräch über bedeutende Persönlichkeiten der Vergangenheit eine im Rahmen der zeitgenössischen Bildungskultur unentschuldbare Blöße zu geben.[440]

Daß Gellius auf diese Weise die ‚Grundversorgung' seiner Leser mit elementaren historischen Fakten berücksichtigt, stellt im Vergleich mit der Vermittlung biographischer Informationen durch Plinius eine Besonderheit der *noctes Atticae* dar. Die Kapitel, die dieser Aufgabe gewidmet sind, bilden allerdings nur eine relativ kleine Gruppe, deren Inhalt zudem vorwiegend exemplarischen Charakter aufweist. Daß Gellius' primäre Intention nicht die systematische Erfassung des ‚biographischen Allgemeinwissens' seiner Zeit gewesen sein kann, wird ja bereits durch das subsidiäre Selbstverständnis des gesamten Werkes nahegelegt. Hierin berührt sich das biographische Segment der *noctes Atticae* im übrigen zugleich mit den Kaiserbiographien Suetons, deren Verfasser gleichfalls an vielen Stellen historische Vorkenntnisse voraussetzen kann, da dem zeitgenössischen Leser zahlreiche anderer Werke zur Verfügung standen, in denen die Geschichte der frühen Kaiserzeit dargestellt worden war.

Neben der Vermittlung chronologischer Basisdaten spielt für Gellius die Verwendung historischer wie zeitgenössischer Figuren als exemplarische Verkörperungen der in den *noctes Atticae* propagierten Werte und Verhaltensweisen eine zentrale Rolle. Dabei kann die Darstellung ein und derselben Person unterschiedlichen Funktionen

---

437 Vgl. z.B. LEO 1901, 321, u. SWAIN 1997, 36.

438 Mit ähnlichen Zusammenstellungen inhaltlich verwandter Fakten versucht Gellius auch die Basisdaten zu anderen Wissensgebieten seinen Lesern in kompakter Form zu präsentieren (vgl. HOLFORD-STREVENS 1988, 179; ASTARITA 1993, 103, u. ANDERSON 1994, 1845f.1858).

439 Vgl. Gell. 17,21 cap. („zu welchen Zeiten Griechen und zugleich auch Römer gelebt haben, die durch geistige Begabung oder die Übernahme politisch-militärischer Verantwortung in der Zeit vor dem Zweiten Punischen Krieg Ruhm und Auszeichnung erworben haben").

440 Vgl. Gell. 17,21,1; s.o. S. 172ff.

dienen, ohne daß sich deren Anteile immer genau benennen ließen. So konnte eine
eingehendere Interpretation zeigen, daß selbst die der traditionellen Form einer hellenistischen Dichtervita folgende und damit ihrem Anspruch nach vollständige Lebensbeschreibung des Euripides den großen attischen Tragiker nicht zuletzt als *exemplum*
für den Erwerb von literarischer Bildung und den adäquaten Umgang mit ihr verstanden wissen will.

Zu den beiden Intentionen der Vermittlung biographischen Wissens und der Tradierung von Modellen vorbildlichen Verhaltens tritt als drittes zentrales Element dasjenige der Unterhaltung. Der *delectatio* des Lesers dient vor allem die anekdotische
Erzählform derjenigen Kapitel, die in Anlehnung an die ἀπομνημονεύματα–Literatur
prominente Gestalten aus Geschichte und Gegenwart in Situationen zeigen, in denen
der jeweilige Protagonist in der Regel durch ein pointiert formuliertes Apophthegma
oder ein treffend plaziertes Zitat kulturelle und soziale Kompetenz auf unterhaltsame
Art und Weise unter Beweis stellen kann. Zusätzlich zu der Möglichkeit, biographischen Inhalt und ansprechende literarische Kleinform miteinander zu verbinden, weist
die anekdotische Präsentation des Materials vor dem Hintergrund der Konversationskultur des 2. Jh. n. Chr. den Vorzug auf, daß die narrativ ansprechende und pointierte
Präsentation nicht nur dazu beitrug, daß sich die vermittelten Informationen dem Gedächtnis des Lesers einprägten, sondern ihm zudem die Wiedergabe des angelesenen
Wissens im gesellschaftlichen Kontext erleichterte.

Die mehrschichtige Funktionalisierung historischer Episoden, die gleichermaßen
als unverzichtbares Faktenwissen, leicht wiedererzählbare Anekdote und normatives
Verhaltensmodell fungieren, erfolgt in der Mehrzahl der Fälle nicht in der Form einer
eigentlichen Biographie. Vielmehr ist es Gellius gelungen, für diejenigen Figuren, auf
die er an mehreren Stellen der *noctes Atticae* zu sprechen kommt, eine serielle Präsentationsform zu entwickeln, die in der Art einer lockeren biographischen Szenefolge
eine kohärente und seinen spezifischen Interessen angepaßte Darstellung auch über
die Grenzen der einzelnen Kapitel hinaus erlaubt. Diese Strategie des komplementären Erzählens läßt sich als eine Weiterentwicklung der bereits bei Plinius beobachteten Konzeption begreifen, zur Präsentation ein und derselben Person mehrere Briefe
zu verwenden.[441] Die Bevorzugung kleinerer und abgeschlossener Einheiten, die sich
jedoch in einem zweiten Schritt wieder gewinnbringend aufeinander beziehen lassen,
stellt dabei auch eine – vielleicht auf den ersten Blick überraschende – Analogie zur
biographischen Technik Suetons dar, der im größeren Rahmen ebenfalls großen Wert
auf die Gestaltung und Anordnung kleinerer Abschnitte legt.[442]

Der Leser, der weniger an den pointierten und anspruchsvoll arrangierten Einzel-
szenen, sondern eher an der vollständigen und systematisch angelegten Beschreibung

---

441 Ein ausführlicher behandeltes Beispiel bietet das ‚Triptychon des Vestricius Spurinna‘: s.o. S. 125ff.
442 S.u. S. 267ff.

eines Lebenslaufes interessiert war, konnte von Gellius vor dem Hintergrund der blühenden Bibliothekslandschaft des 2. Jh. n. Chr. an die Verfasser von Schriften *de viris illustribus* verwiesen werden, *quibus otium et studium fuit vitas atque aetates doctorum hominum quaerere ac memoriae tradere.*[443] Daß für seine Zeitgenossen solche Sammelbiographien und andere Schriften, die der Vermittlung historischen Wissens dienten, in großer Zahl verfügbar waren, erlaubt es Gellius, den *noctes Atticae* einen komplementären Charakter zu geben und auf diese Weise seine eigenen Schwerpunkte zu setzen: Unter Verzicht auf Vollständigkeit und systematische Präsentation kann er bei der Behandlung der *clari homines* die wiedergegebenen Informationen und die Art der Darstellung ganz daran ausrichten, ob sie in der Lage sind, die verschiedenen Funktionen aus dem Bereich des *delectare* und des *prodesse* zu übernehmen.

Mit den Schlagworten der Vermittlung eines chronologischen Faktengerüstes, der Präsentation von Modellen vorbildlichen Verhaltens und der Unterhaltung in Form leicht wiedererzählbarer Anekdoten lassen sich die drei wesentlichen Motive für die Behandlung biographischen Wissens in den *noctes Atticae* zusammenfassen.[444] Damit ähnelt Gellius' Umgang mit historischem Wissen der in der frühen Neuzeit vorherrschenden Zugriffsweise auf Vergangenheit, die vom Interesse an der Chronologie und an ethisch-moralischen *exempla* geprägt war. Diese Übereinstimmungen haben gleichermaßen die hohe Wertschätzung der *noctes Atticae* in der Zeit vor dem 19. Jh. wie ihre Verurteilung als unsystematisches Sammelsurium in den folgenden Jahrzehnten bedingt,[445] als sich im Zuge der Herausbildung der modernen Geschichtsschreibung die Vorstellungen von einer angemessenen Beschäftigung mit Vergangenheit grundlegend geändert haben.

Erst in jüngerer Zeit wurde der Versuch unternommen, Gellius' Entscheidung gegen eine systematische Präsentation der historischen Wissensbestände aus seiner Zeit heraus zu erklären. Doch auch bei diesen Interpretationsansätzen lag der Schwerpunkt darauf, die Defizite der *noctes Atticae* gegenüber den ‚klassischen' Formen der Geschichtsschreibung herauszustellen.[446] Demgegenüber bietet sich zum besseren Verständnis der gellianischen Zugriffsweise auf Geschichte das von ANDREW WALLACE-HADRILL mit Blick auf die suetonischen Kaiserbiographien entwickelte Konzept einer ‚not-history', einer bewußten Entscheidung gegen das literarische Modell der traditio-

---

443 Vgl. Gell. 13,2,1 („Die über die Zeit und die Motivation verfügten, die Biographien und die Lebensdaten hervorragender Köpfe zu erforschen und der Nachwelt zu überliefern.").

444 Andere Themen werden von Gellius zum Teil explizit ausgeschlossen; beispielsweise rechnet er im Zusammenhang mit der Distanzierung von einem ähnlich wie die *noctes Atticae* angelegten Werk die Fragen, *quo nomine fuerit, qui primus ‚grammaticus' appellatus est; et quot fuerint Pythagorae nobiles, quot Hippocratae* zu den Gegenständen, *quae speciem doctrinarum habeant, sed neque delectent neque utilia sint* (vgl. Gell. 14,6 cap. u. §3).

445 Für einen kurzen Forschungsüberblick s.o. S. 147ff.

446 Vgl. z.B. BALDWIN 1975b, 89ff., u. HOLFORD-STREVENS 1988, 178f.

nellen Historiographie, auch für die Interpretation der *noctes Atticae* an.[447] Mit den Darstellungstraditionen der Geschichtsschreibung verzichtet Gellius allerdings auch auf das ihr innewohnenden Potentials zur geschichtsphilosophischen Deutung der Vergangenheit und damit auch der Gegenwart.[448] Diese Entwicklung läßt sich gut an der zunehmenden Entpolitisierung der Erinnerung an die lange Zeit kontrovers beurteilten Gestalten des Bürgerkriegs, besonders an die jüngeren Cato, ablesen:[449] Gellius' erwähnt dessen Selbstmord in Utica, der ihn zur literarisch ebenso verherrlichten wie bekämpften Symbolfigur der Opposition gegen den Prinzipat werden ließ, lediglich beiläufig und ohne besondere Betonung im Zusammenhang einer genealogischen Untersuchung zur *gens Porcia*.[450]

Auch die in der römischen Geschichtsschreibung seit republikanischer Zeit leidenschaftlich geführte Debatte um den fortschreitenden Werteverfall, die vor allem in der Auseinandersetzung mit dem Phänomen der *luxuria* ausgetragen wurde, findet bei Gellius nur noch einen schwachen Widerhall. Zwar haben auch für ihn die großen Gestalten der Republik ihren Charakter als *exempla maiorum* nicht verloren, doch haben sie ihr gesellschaftliches Konfliktpotential weitgehend eingebüßt.[451] Neben ein Apophthegma des C. Fabricius, mit dem dieser einen Bestechungsversuch zurückweist und darüber hinaus seiner Geringschätzung des Geldes im allgemeinen Ausdruck verleiht,[452] kann nun die – wohl nicht zuletzt als Rechtfertigung eigener Vorlieben dienende – Nachricht treten, daß die großen Philosophen Plato und Aristoteles einzelne Bücher *pretiis fidem non capientibus* gekauft haben sollen.[453] Wo Gellius' Interessen liegen, kann am besten die Wendung verdeutlichen, die er dem Kapitel gibt, in dem er sich mit der Kritik an der aufwendigen Kleidung und Körperpflege des Hortensius beschäftigt: Der bekannte Redner behält das letzte Wort, weil er seinen Kritikern in einer eleganten Formulierung ihre mangelnde Bildung zum Vorwurf machen kann.[454] Die Vorbilder, die Gellius wirklich am Herzen liegen, sind diejenigen, von denen seine Leser soziale Kompetenz, den adäquaten Umgang mit dem eigenen Wissen und *idealiter* noch eine gewisse Portion an Esprit und Schlagfertigkeit lernen können.

Als Modelle für diese Verhaltensweisen wählt Gellius sowohl allseits bekannte und geschätzte Figuren aus der griechischen und römischen Geschichte als auch pro-

---

447 Vgl. WALLACE-HADRILL 1983, 8ff., u. ferner unabhängig GASCOU 1984, 344f.

448 Vgl. dag. den Versuch von BERTHOLD 1996, 509ff., als die zentrale Intention der *noctes Atticae* die ,Stärkung nationaler Identität' herauszuarbeiten, für die Gellius einen gerade auch an historischen Beispielen durchgeführten ,Wertvergleich Griechenland-Rom' vorgenommen habe.

449 S.o. S. 8f.

450 Vgl. Gell. 13,20,3.11.14 u. ferner HOLFORD-STREVENS 1988, 190.

451 Vgl. HOLFORD-STREVENS 1988, 188ff.

452 Vgl. Gell. 1,14; s.o. S. 171.

453 Vgl. Gell. 3,17.

454 Vgl. Gell. 1,5,2-3 u. s.o. S. 196ff.

minente Zeitgenossen aus seinem persönlichen Umfeld. Auch wenn letztere vor allem in den sogenannten Rahmenhandlungen auftreten und historische Personen eher den Inhalt einzelner Kapitel bilden und damit der Ebene des vermittelten Stoffes angehören, so läßt ihre Präsentation doch große Übereinstimmungen auf der funktionalen Ebene erkennen. Eine ähnliche Aufwertung der Zeitgenossen des Autors, die den großen Gestalten der Vergangenheit in der Wertschätzung gleichgestellt werden, hatten wir bereits in den plinianischen Porträtbriefen beobachten können.[455] Doch während Plinius eine direkte Konkurrenz seiner Zeitgenossen mit den kanonisierten Größen innerhalb seines Werkes noch vermeidet und vielleicht deswegen keinen Porträtbrief auf eine historische Figur verfaßt hat, geht Gellius in der Überwindung des lange Zeit beherrschenden deszendenten Geschichtsbildes noch einen Schritt weiter und belegt damit eindrucksvoll das im Laufe des 2. Jh. n. Chr. steigende Selbstvertrauen in die eigene Epoche.

Gellius' historische Interessen, sein reflektierter Umgang mit den vermittelten Wissensbeständen und vor allem die elaborierte Technik der Funktionalisierung biographischer Anekdoten rücken die *noctes Atticae* in die Nähe einer in der frühen Neuzeit entstandenen Gruppe literarischer Werke, der BALDASSARE CASTIGLIONES ‚libro del Cortegiano'[456] und GEORG PHILIPP HARSDÖRFERS ‚ars Apophthegmatica'[457] ebenso angehören wie das letztlich von FRIEDRICH ARNOLD BROCKHAUS herausgegebene ‚Conversationslexikon mit vorzüglicher Rücksicht auf die gegenwärtigen Zeiten', das sich in seinen frühen Auflagen als „eine Art Schlüssel" verstand, um seinem Leser

---

455 S.o. S. 95ff.

456 Ein Vergleich zwischen den *noctes Atticae* und dem ‚libro del Cortegiano', dessen Rezeptionsgeschichte von PETER BURKE untersucht wurde, bietet sich in mehrfacher Hinsicht an, da auch Castiglione seinen Lesern explizit das adäquate Verhalten in einer bestimmten sozialen Situation vermitteln will und ihnen dafür sowohl inhaltliche wie auch formale Muster zur Verfügung stellt (vgl. BURKE 1996 [1995], v.a. 45), da auch der ‚Cortegiano' eine Stellung zwischen einer zur durchgängigen Lektüre bestimmten Schrift und einem durch verschiedene Paratexte erschlossenem Nachschlagewerk einnimmt (vgl. BURKE 1996 [1995], 54ff.), und da auch seine primär Rezipienten unter den sozialen Aufsteigern zu suchen sein werden, die sich vor allem für diejenigen Elemente interessiert zu haben scheinen, die sich zu einer direkten Wiederverwendung in der Konversation eigneten: Scherze, Anekdoten, und schlagfertige Antworten (vgl. BURKE 1996 [1995], 169ff.). Castiglione übernimmt übrigens als Beginn des dritten Buches das Einleitungskapitel der *noctes Atticae*, dessen entlegene Thematik der Berechnung der Körpergröße des Herakles es wahrscheinlich macht, daß es sich hier mit einer gezielten Bezugnahme handeln dürfte (vgl. BERTHOLD 1985, 12).

457 Die von ihm gesammelten Aussprüche wollte HARSDÖRFER explizit sowohl als Inhalt wie auch als Modell gelehrter Konversation verstanden wissen: „vel ut doceant, hoc enim Apophthegmatis singulare munus esse debet, ut vitam instruat et sermonem illustret, vel ut animos audientium honesto et lepido ioco, citra cuiusvis ignominiam exhilaret; hocque puncto Urbanitatis lusus, inter Virtutes homileticas, non infimum sortiuntur locum." (vgl. GEORG PHILIPP HARSDÖRFER, Ars Apophthegmatica, Bd. 2, Vorrede, S. 41-48, h. 44, u. ferner das Vorwort in der Edition von BRAUNGART 1990, v.a. I 22).

„den Eingang in gebildete Zirkel" zu ermöglichen.[458] Im Traditionszusammenhang solcher Werke, die immer dann eine Blüte erleben, wenn Bildung und Konversations-kultur eine enge Liaison eingehen und die gekonnte Unterhaltung zum gesellschaft-lichen Eintrittsbillet wird,[459] kann Gellius, der lange Zeit nur als ‚Schaf mit goldenem Fell' oder im günstigsten Fall als ‚Buch gewordener Zeitgeschmack'[460] wahrgenom-men wurde, Anspruch auf einen durchaus ehrenvollen Platz erheben.

---

458 Vgl. RENATUS GOTTHELF LÖBEL u. CHRISTIAN WILHELM FRANKE, Conversationslexikon mit vor-züglicher Rücksicht auf die gegenwärtigen Zeiten. Erster Theil, Leipzig 1796, vi, sowie ferner GENT-RY 1991 u. ZUM HINGST 1995, 29ff.

459 Zur Blüte der Anekdoten- oder Apophthegmata-Literatur im Rahmen der frühneuzeitlichen Salonkul-tur vgl. z.B. SEIBERT 1993, 269f.; SCHLAFFER 1997, 88f., u. KÜHLMANN 2004 sowie ferner zur allgemeinen Bedeutung der elaborierten Konversationsregeln in der Salonkultur CRAVERI 2001.

460 Vgl. BERTHOLD 1985, 13: „Die Altvorderen drückten sich, wenn sie den Wert des Gellius kennzeich-nen wollten, kräftiger aus, indem sie von ihm als Schaf sprachen, aber einem ‚Schaf mit goldenem Fell'. Es geht nun nicht darum, das Gegenteil beweisen zu wollen, aber doch darum, daß versucht wird, diesen Autor als Repräsentanten des Lesergeschmacks seiner Zeit und der von ihm angespro-chenen Gesellschaftsschichten, gewissermaßen als Buch gewordener Zeitgeschmack zu verstehen."

IV. Biographie nach den Regeln der Gattung?
Suetons Kaiserviten

> *„Es ist in diesem Bereich wie sonst: die aus*
> *dem Rocken des griechischen Geistes einmal*
> *abgesponnenen Fäden sind nicht wieder ge-*
> *rissen, aber oft ineinandergewirrt worden*
> *und nicht immer leicht zu entwirren."*
>
> Friedrich Leo[1]

1. Sueton in der Forschung:
Von der historischen Quelle zum Biographen in seiner Zeit

Die Wahrnehmung Suetons in der Forschung wurde lange Zeit maßgeblich von zwei Arbeiten bestimmt, die zu Beginn des 20. Jh. entstanden waren und das Bild eines literarisch unambitionierten, allein um die Sammlung von Faktenwissen bemühten Autors etabliert haben. Dies gilt für die besonders durch die systematische Aufarbeitung des damals verfügbaren Materials wertvolle Untersuchung von ALCIDE MACÉ,[2] deren Tendenz in der Wertschätzung Suetons vielleicht am deutlichsten in GINO FUNAIOLIS oft zitierten Diktum „ma un vero scrittore non è"[3] zum Ausdruck kommt, ebenso wie für die von FRIEDRICH LEO vorgelegte Studie „Die griechisch-römische Biographie nach ihrer litterarischen Form",[4] deren Einfluß auf die Suetonforschung der ersten Hälfte des vergangenen Jahrhunderts nicht zu gering veranschlagt werden kann. LEOs Thesen konnten ihre enorme Wirkung vor allem deswegen entfalten, weil sie Teil seines großangelegten Versuches waren, die biographische Produktion der Antike einer einheitlichen Klassifikation nach formalen Kriterien zu unterziehen.[5]

---

1 Vgl. LEO 1901, 315.
2 Vgl. MACÉ 1900.
3 Vgl. FUNAIOLI 1927, 25, u. ferner FUNAIOLI 1931, 621.
4 Vgl. LEO 1901.
5 Vgl. WALLACE-HADRILL 1983, 70, dessen Parallelisierung des methodischen Vorgehens LEOs mit den Klassifikationsbestrebungen der Biologie um 1900 vielleicht etwas eng gefaßt ist, den wissenschaftshistorischen Kontext dieses letztlich positivistischen Ansatzes jedoch treffend umreißt.

Zu diesem Zwecke postulierte LEO die Existenz zweier sich in Stil und Gegenstand fundamental unterscheidender Formen antiker Biographie. Die eine zeichnete sich für ihn durch eine belletristisch getönte Diktion und einen literarisch ambitionierten Aufbau aus und diente der Beschreibung des Lebens von Königen, Feldherren und anderen historisch bedeutsamen Persönlichkeiten. Die zweite Form mit ihrer nüchternen Sprache und sachorientierten Gliederung sei für die Vermittlung biographischen Wissens über Personen des literarischen, künstlerischen und philosophischen Lebens entwickelt worden.[6] Diese beiden Subgattungen hätten seit den biographischen Arbeiten im Umfeld des Peripatos einerseits und im Kontext der Bibliothek von Alexandria andererseits vorgelegen. Sueton, dem das alexandrinische Model von der Arbeit an *de viris illustribus* vertraut gewesen sei, habe sie dann bei der Abfassung seiner *Caesares* kontaminiert, das heißt die mit Rubriken arbeitende und durch eine wissenschaftlich-nüchterne Diktion geprägte Form der Darstellung für den ihr unangemessenen Inhalt der Herrscherbiographien verwendet.[7]

Diese ausgesprochen formalistische Einteilung der antiken biographischen Literatur war zwar schon 1912 erstmals ins Wanken geraten, als der Papyrus Oxyrhynchus 1176 ein umfangreiches Fragment aus der Euripides-Vita des Satyros zutage förderte, das in Dialogform gehalten war. Bereits LEO selbst gelang es nur mit Mühe, die Abfassung einer Dichter-Vita in einer literarisch derart anspruchsvollen Technik in sein Lehrgebäude zu integrieren.[8] Die Kritik an LEO beschränkte sich aber in der Folgezeit nicht auf die großen Linien seines kühnen Entwurfes,[9] sondern setzte auch an seinen häufig apodiktisch formulierten Urteilen über einzelne Autoren an. Weder konnte sein Versuch überzeugen, Plutarch ausschließlich der peripatetischen Traditionslinie zuzuordnen, indem er die thematisch gegliederten Abschnitte seiner Biographien als für den Aufbau irrelevante Exkurse deklarierte,[10] noch erwies sich die Konstatierung eines starren Dispositionsschemas für die suetonischen Kaiserviten[11] in ihrer Gesamtheit als zutreffend.

Vor allem WOLF STEIDLE sorgte Mitte des 20. Jh. mit seiner sich zum Teil explizit gegen LEOs Thesen richtenden Untersuchung „Sueton und die antike Biographie" für eine deutliche Zäsur in der Forschungsliteratur.[12] Ausgehend von der seitdem beinahe zu einem Allgemeinplatz der Biographieforschung gewordenen Feststellung, daß sich die biographische Literatur der Antike in formalen Kategorien nur unzureichend

---

6   Vgl. LEO 1901, v.a. 132ff.
7   Vgl. LEO 1901, v.a. 16.141f.319f.
8   Vgl. LEO 1912.
9   Vgl. z.B. WEHRLI 1973 u. MOMIGLIANO 1993, 18ff.86ff.
10   Vgl. LEO 1901, 178ff., sowie dag. WEIZSÄCKER 1931, 81f., u. STEIDLE 1951, 2ff.
11   Vgl. LEO 1901, 2ff.
12   Vgl. STEIDLE 1951 u. ferner GALAND-HALLYN 1991, 3576ff.

beschreiben läßt,[13] trat STEIDLE den Beweis an, daß es sich bei den Kaiserviten um ein von Sueton in dieser Form bewußt gestaltetes literarisches Werk handelt,[14] in dem sich eine spezifisch römische ‚Tradition biographischen Sehens' manifestiert habe, die sich an zahlreichen inhaltlichen Aspekten sowie auf der formalen Ebene an der Gliederung in Rubriken und der durch sie erreichten Betonung des ‚Faktischen' ablesen lasse.[15] Mit dem aus heutiger Perspektive eher moderat formulierten Fazit, daß der Verfasser der *Caesares* als Schriftsteller und nicht als bloßer Kompilator zu verstehen ist, gab STEIDLE der Suetonforschung der nächsten Jahrzehnte das Stichwort für ihren zentralen Diskussionsgegenstand.

Ohne den Verlauf der Debatte hier im einzelnen nachzeichnen zu wollen,[16] läßt sich resümierend festhalten, daß im Zuge einer generell zunehmenden Bereitschaft, bei der Beurteilung von Autoren der römischern Kaiserzeit nicht einseitig die Abweichung von den Normen der klassischen Epoche zu betonen, sondern den Kontext ihrer Entstehungszeit stärker zu berücksichtigen,[17] sich auch das Suetonbild zusehends aufhellte. Schließlich setzte sich mit den beiden unabhängig voneinander 1983 erschienenen Monographien von BARRY BALDWIN und ANDREW WALLACE-HADRILL[18] diejenige Richtung durch, die in Suetons Kaiserbiographien ein von seinem Autor bewußt gestaltetes Werk mit einem unbestreitbaren, wenn auch nicht mit den Stilanforderungen der antiken Historiographie deckungsgleichen literarischen Anspruch erblickt.[19]

Vor allem die von WALLACE-HADRILL vorgetragenen Thesen haben der Suetonforschung vielfältig neue Impulse gegeben. Als einer der ersten hat er in der Beschäftigung mit den Biographien der ersten zwölf römischen *principes* die Blickrichtung

---

13 Vgl. STEIDLE 1951, 5.129.176, sowie ferner z.B. WEHRLI 1973, 193; GUGEL 1977, 11; BALDWIN 1983, 66; WALLACE-HADRILL 1983, 66ff.; GENTILI / CERRI 1988, 80; LEWIS 1991, 3672ff.; MOMIGLIANO 1993, 11ff., u. SONNABEND 2002, 13ff.; ferner s.o. S. 42ff.

14 Vgl. STEIDLE 1951, 108: „Als Ergebnis ... läßt sich zusammenfassend feststellen, daß Suetons Caesares ein klarer Gestaltungswille, verbunden mit festen, wenn auch ohne Reflexion vorgebrachten moralischen Urteilen zugrunde liegt. Dabei bedient er sich, abgesehen von den Mitteln der Stoffauswahl, Anordnung, Steigerung und des Kontrastes auch einer Reihe von Mitteln, die nach Leo sonst nur der künstlerisch gestaltenden Biographie geläufig sind, so der dauernden Hervorhebung leitender Gesichtspunkte, der grundlegenden Eingangscharakteristik und der überlegten Zusammenstellung und Verknüpfung der einzelnen Rubriken und Gesichtspunkte."

15 Vgl. STEIDLE 1951, 108ff.175f.: „Zugespitzt formuliert könnte man sagen: Suetons Originalität beruht auf seinem Römertum, während sie da, wo Leo sie suchte, in der Disposition, nicht zu finden ist." STEIDLE formuliert seine Betonung des spezifisch Römischen in den Biographien Suetons in kritischer Anlehnung an die Beobachtungen von STUART 1928, 189ff.

16 In die Nachfolge STEIDLES lassen sich unter anderem MOUCHOVÁ 1968; GUGEL 1977 und LOUNSBURY 1987 einordnen, während entschiedener Widerspruch bereits in der Rezension von DIHLE 1954 sowie von D'ANNA 1954, PARATORE 1959, BRINGMANN 1971 und FLACH 1972 formuliert wurde.

17 Vgl. SCHWIND 2000, 19f.

18 Vgl. BALDWIN 1983, u. WALLACE-HADRILL 1983, sowie ferner die Rezension von BRADLEY 1985.

19 Vgl. jedoch auch die Gegenstimmen von z.B. ALFÖLDY 1986, 399f., u. DIHLE 1987, 36f.

dahingehend gewechselt, daß er Suetons Text nicht als Quelle für die in ihnen dargestellte julisch-claudische und flavische Epoche herangezogen hat, sondern versuchte, mit ihrer Hilfe Erkenntnisse über die literarischen und kulturellen Entwicklungen ihrer Entstehungszeit in der ersten Hälfte des 2. Jh. n. Chr. zu gewinnen. Zu diesem Zweck brachte er das Bild ihres Verfassers, das sich aus seinem umfangreichen, aber größtenteils nur in fragmentarischer Form erhaltenen antiquarischen Œuvre und den antiken Zeugnissen zu seinem Leben, etwa der Bezeichnung als *scholasticus* durch Plinius den Jüngeren,[20] ergibt, mit der gestiegenen gesellschaftlichen Wertschätzung literarischer und kultureller Kompetenz in trajanisch-hadrianischer Zeit in Verbindung. Auf diese Weise konnte er Sueton nicht nur von dem Stigma des wirklichkeitsfremden Stubengelehrten befreien,[21] sondern zugleich einen vielversprechenden Ausgangspunkt zur Interpretation seiner Kaiserbiographien gewinnen.[22]

Dies gelang ihm vor allem, indem er eine Interdependenz zwischen seinem literarischen Schaffen und den sozialen Rollen des Gelehrten, aber auch des Funktionsträgers am kaiserlichen Hof beispielsweise in der Auswahl seiner Kategorien bei der Beschreibung der römischen Herrscher plausibel machen konnte.[23] Eine Analyse der zentralen Momente in Suetons Darstellung der frühen Kaiserzeit erlaubt dabei unter anderem Rückschlüsse auf die zeitgenössische Wahrnehmung des Prinzipats aus der Perspektive der mit den Herrschenden sozial unmittelbar agierenden Personenkreise. Zugleich gelang es WALLACE-HADRILL, der Frage nach dem Publikum der *Caesares*, das von FRANCESCO DELLA CORTE mit dem Ritterstand, dem Sueton selbst entstammte, sicherlich zu eng gefaßt worden war,[24] eine neue Richtung zu geben.[25] Der wesentlich durch diese Monographie bewirkte Neuansatz läßt sich in den Sueton gewidmeten Beiträgen des 1991 erschienen Bandes der Reihe ,Aufstieg und Niedergang der römischen Welt' in seiner anregenden Wirkung auf nachfolgende Interpreten, aber auch in der daraus resultierenden Heterogenität des aktuellen Suetonbildes ablesen.[26]

---

20   Vgl. Plin. ep. 1,24,4 u. ferner Lyd. mag. 1,34 sowie Suda 4,581,18 ADLER. Vor einer Überschätzung dieser Zeugnisse hat zwar schon DELLA CORTE 1958, 29f., gewarnt, doch kann die von WALLACE-HADRILL 1983, 4f., verwendete Deutung als weitgehend akzeptiert gelten.

21   Vgl. auch BRADLEY 1991, 3712f.: „On a traditional view Suetonius was a bookish figure whose early attempts in public life were disastrous, who was dragged from the study in middle age to serve the emperor for a brief moment, and who quickly, and willingly, returned to studious retirement. That picture cannot be altogether accurate, however, since it underestimates, first, the efforts both needed and made to begin an equestrian career; the effects, secondly, of proximity to Pliny and entry to his circle; the literary repute, thirdly, that brought Suetonius to the attention of emperors; ..."

22   Vgl. WALLACE-HADRILL 1983, 26ff.50ff.

23   Vgl. WALLACE-HADRILL 1983, 73ff.142ff.

24   Vgl. DELLA CORTE 1958.

25   Vgl. WALLACE-HADRILL 1983, 99ff., zum Publikum s.u. S. 321ff.

26   Vgl. GALAND-HALLYN 1991; LEWIS 1991; DE CONINCK 1991; BRADLEY 1991; GIUA 1991; LOUNSBURY 1991; MURPHY 1991; SCHMIDT 1991 u. VILJAMAA 1991.

2. Die Kaiserbiographien im Kontext der Bildungskultur

a) Suetons *viri illustres* und Plutarchs Kaiserviten:
Modelle der suetonischen *Caesares*?

Der Nachwelt ist Sueton zwar ebenso wie der rund zwei Jahrzehnte ältere Plutarch[27] in erster Linie als Verfasser von Biographien bekannt, doch können beide Autoren eine umfangreichere literarische Produktion vorweisen, die einen deutlichen Schwerpunkt auf einem Gebiet erkennen läßt, für das sich die Bezeichnung als antiquarisches Schrifttum eingebürgert hat. Von diesen Abhandlungen mit in weiterem Sinne kulturwissenschaftlichem Inhalt hat sich in der als *moralia* bezeichneten Sammlung plutarchischer Schriften eine illustrative Fülle erhalten. Für Sueton ist die Überlieferungslage hingegen vergleichsweise schlecht, und in der Forschung herrscht wenig Einigkeit über die Rekonstruktion dieses Teiles seines literarischen Schaffens. Schon die Frage, ob der sich aus den erhaltenen Fragmenten und bezeugten Titeln zunächst ergebende Eindruck eines Konglomerates aus thematisch disparaten Einzelschriften zutreffend ist oder ob Sueton – unter dem Titel *pratum* oder *prata*[28] – ein enzyklopädisch angelegtes Werk verfaßt hat, dessen Konturen sich aus den *etymologiae* des Isidor von Sevilla rekonstruieren lassen,[29] ist umstritten. Allerdings legt der Vergleich mit der essayistischen Schreibweise Plutarchs sowie mit den generellen literarischen

---

27 Die Lebensdaten Suetons sind nicht unabhängig überliefert und können nur aus seinen Schriften erschlossen werden. Das wichtigste Zeugnis stellt seine eigene Bezeichnung als *adulescens* für das Jahr 88 n. Chr. dar (vgl. Suet. Nero 57,2 sowie ferner Dom. 12,2 u. gramm. 4,6). Damit ergibt sich das Epochenjahr 69 als mögliches und von einigen favorisiertes Geburtsdatum (vgl. z.B. MACÉ 1900, 35ff.), doch muß jede genauere Eingrenzung Spekulation bleiben (vgl. die Diskussion bei SCHERBERICH 1995, 2f.). Für Plutarch wird übereinstimmend ein Geburtsdatum um 45 n. Chr. angesetzt.

28 Zur Frage des genauen Titels vgl. SCHMIDT 1991, 3801f., der sich unter Berufung auf das älteste Testimonium (Gell. praef. 8) für den Singular entscheidet.

29 Die antiquarischen Sueton-Fragmente wurden von REIFFERSCHEID 1860 in Anlehnung an Isidor und unter dem Titel *pratum* angeordnet (vgl. dag. die Edition der *derperditorum librorum reliquae* durch ROTH 1858, 273ff.). Die seitdem anhaltende Forschungsdiskussion wird von SCHMIDT 1991, 3795ff., zusammengefaßt, der sich zugleich entschieden auf die Seite derjenigen stellt, die in Sueton den Fortsetzer der enzyklopädischen Tradition Varros oder des älteren Plinius sehen (S. 3807): „Die trotz des prätensiös-manieristischen Titels erkennbare sorgfältige Anlage des Ganzen führt unterhalb der etwas schillernden Oberfläche auf eine Tiefenstruktur, die sich als Abfolge von gesellschaftlicher und natürlicher Ordnung, von Traditions- und Literaturgeschichte charakterisieren läßt." (vgl. ferner SALLMANN / SCHMIDT 1997a, 16ff.). Daß Sueton die nur mit griechischen Titeln bezeugten Schriften auch Griechisch abgefaßt hat, wird mehrheitlich angenommen (vgl. z.B. SCHMIDT 1991, 3816ff., aber auch dag. WARDLE 1993).

Entwicklungen der Zeit[30] die Vermutung nahe, daß wir es eher mit einem nicht systematisch angelegtem Corpus von Einzelschriften zu tun haben.[31]

Doch nicht nur in der Frage nach dem allgemeinen Charakter seiner antiquarischen Schriften muß letztlich unbeantwortet bleiben, sondern auch bei der relativen Chronologie des gesamten Œuvres sind wir mangels externer Zeugnisse auf Vermutungen angewiesen. Die verbreitete, gleichsam ‚evolutionistische' Sichtweise, die Sueton mit seinen antiquarischen Kleinschriften beginnen und über das biographische Sammelwerk *de viris illustribus* schließlich zu den Kaiserviten gelangen läßt,[32] läuft zwar Gefahr, Werturteile späterer Rezipienten zur Grundlage der Argumentation zu machen,[33] erweist sich jedoch als Ausgangshypothese für verschiedene Fragestellungen durchaus als fruchtbar und trägt auf diese Weise wieder zu ihrer Plausibilität bei.

Falls diese chronologische Reihung tragfähig ist, so haben wir in den Briefen seines Förderers Plinius einen Sueton vor uns, der am Anfang seiner Karriere steht und beginnt, sich mit antiquarischen Schriften – wie seiner bei späteren Autoren viel beachteten Abhandlung *de spectaculis*[34] – einen Namen zu machen. Plinius selbst war es aufgrund seines frühen Todes kurz nach 113 n. Chr. nur zum Teil vergönnt, Zeuge der Erfolge seines Protegés zu werden, so daß uns seine Korrespondenz als Quelle für die folgenden Jahre fehlt; doch scheint Sueton in dieser Zeit mit der Arbeit an *de viris illustribus* begonnen zu haben.[35] Angesichts der in dieser Zeit vielfältig nachweisbaren gesellschaftlichen Wertschätzung kultureller Kompetenz ist es nicht unwahrscheinlich, daß sich Sueton gerade mit diesen Veröffentlichungen für hochrangige Ämter im Kaiserdienst empfohlen hat.[36] In die Zeit seiner Tätigkeit als *ab epistulis* unter Had-

---

30 S.o. S. 30ff.

31 Vgl. STEINMETZ 1982, 276; WALLACE-HADRILL 1983, 42f., u. SALLMANN 2001, 1086: „Suetons antiquarisches Hauptwerk ... scheint eher aktuellen Moden der *curiositas* zu folgen als einer konzeptionellen Systematik ...". Möglicherweise wurden Suetons ‚Opuscula' auch erst postum unter dem Titel *pratum* zusammengestellt (vgl. BRUGNOLI 1968, 137ff.).

32 Vgl. z.B. WALLACE-HADRILL 1983, 44f., u. SALLMANN / SCHMIDT 1997a, 28.

33 Zur im Vergleich mit den Caesares häufig unterschätzten Wirkungsgeschichte der antiquarischen Schriften vgl. SALLMANN / SCHMIDT 1997a, 41f.

34 Daß es sich bei der Publikation, zu der Sueton 105 n. Chr. von Plinius gedrängt wird (vgl. Plin. ep. 5,10) um diese Schrift gehandelt hat, wird von WALLACE-HADRILL 1983, 46f., vermutet, während die Mehrheit der Forschung die *viri illustres* hinter dem namenlos bleibenden Wert vermutet (vgl. z.B. MACÉ 1900, 66ff.; SALLMANN / SCHMIDT 1997a, 28, u. zurückhaltend BALDWIN 1983, 15ff.).

35 Vgl. CIZEK 1977, 13f.; WALLACE-HADRILL 1983, 59f., u. KASTER 1995, xxi. Von SALLMANN / SCHMIDT 1997a, 28, wird eine Abfassung der *viri illustres* nach den antiquarischen Schriften in den Jahren zwischen 105 und 109 n. Chr. angesetzt und zugleich vermutet, daß die Biographien in die unter dem Titel *pratum* gesammelten antiquarischen Schriften aufgenommen wurden.

36 Sueton wäre unter Trajan und Hadrian nicht der einzige, der sich für ein Amt als *ab epistulis, a bibliothecis* oder *a studiis* auf diese Weise qualifiziert hat (vgl. WALLACE-HADRILL 1983, 7f.26ff.79ff., u. allg. MRATSCHEK-HALFMANN 1993, 18ff.), doch war bereits sein Vater (Suet. Otho 10,1) und sein Großvater (vgl. Suet. Cal. 19,3) in der kaiserlichen Verwaltung tätig, wie Sueton seine Leser wissen

rian und die Zeit nach seiner Absetzung 122 n. Chr.[37] fällt sodann nach gängiger Auffassung die Beschäftigung mit den Kaiserviten.[38]

Einen entscheidenden Schritt auf dem Weg zu den literarischen Lebensbeschreibungen der ersten zwölf römischen Kaiser bildet in diesem chronologischen Modell die Schrift *de viris illustribus*, die zwar nicht *in toto* überliefert wurde, von der wir uns aber aus verschiedenen Quellen ein recht genaues Bild machen können. Einerseits erlaubt das prosopographische Material in der Chronik des Hieronymus Rückschlüsse auf den Inhalt der verlorenen Teile.[39] Andererseits haben die Viten einiger prominenter Dichter aus Suetons Sammelwerk als Einleitung zu den Schriften der entsprechenden Autoren offenbar einen unabhängigen Weg in die Handschriftentradition gefunden.[40] Außerdem ist durch einen glücklichen Zufall der Überlieferungsgeschichte mit *de grammaticis et rhetoribus* der Text zweier beinahe vollständiger Kategorien erhalten.[41]

Die Überlieferungsumstände des Abschnittes *de grammaticis et rhetoribus* lassen zwar keine Rückschlüsse auf eine besonders intensive Rezeption gerade dieses Segmentes der Schrift zu, da der Text lediglich von einer einzigen Handschrift, dem im 15. Jh. wiederentdeckten und auch Tacitus' kleine Schriften enthaltenden *codex Hersfeldensis*, überliefert wird.[42] Dennoch scheint es sich um den innovativsten und daher

---

läßt. Die Auffindung einer Ehreninschrift im nordafrikanischen Hippo Regius in den 1950er Jahren (AE 1953, 73) hat eine langjährige Diskussion um die Herkunft seiner Familie ausgelöst, in der die Befürworter einer afrikanischen Abstammung (vgl. z.B. TOWNEND 1961a, 105; SYME 1980b, 80, u. BRADLEY 1991, 3705) denen gegenüberstehen, die alternative Erklärungen für die Lokalisierung der Inschrift favorisieren (vgl. GASCOU 1978, 441ff.; BALDWIN 1983, 29ff., u. LINDSAY 1994, 464).

37 Sueton bekleidete diesen prestigeträchtigen Posten wohl vom Regierungsantritt Hadrians 117 n. Chr. bis zu seiner – allerdings nur in der *historia Augusta* überlieferten (SHA Hadr. 11,3) – Absetzung 122 n. Chr. Weil sich an die Frage, wie lange Sueton als *ab epistulis* Zugang zu den kaiserlichen Archiven hatte, Überlegungen zur Abfassungszeit der Kaiserviten knüpfen, ist dieser Punkt vielfach und kontrovers behandelt worden (s.u. S. 252ff.). Eine präzis informierende Übersicht über die mit Suetons Karriere verbundenen Probleme bietet HURLEY 2001, 3f.

38 Vgl. CIZEK 1977, 13f.; WALLACE-HADRILL 1983, 59f., sowie dag. BALDWIN 1983, 380: „... there is no evidence that the *De viris illustribus* was antecedent to the imperial biographies. For all we know, it was subsequent; indeed, Suetonius might have worked on the projects concurrently." u. ferner LINDSAY 1994, 459.464.

39 Vgl. die Edition der Fragmente durch REIFFERSCHEID 1860, 363ff., sowie ferner MOMMSEN 1909 [1850], 610ff.; WALLACE-HADRILL 1983, 51ff., u. SALLMANN / SCHMIDT 1997a, 27ff.

40 Ihre Zuschreibung ist allerdings umstritten (zur Authentizität der *vita Horatii* vgl. LINDSAY 1995b); insbesondere über den Verfasser der *vita Vergili* herrscht keine Einigkeit (für Sueton als Autor vgl. NAUMANN 1981, dag. aber auch die zurückhaltende Argumentation bei BALDWIN 1983, 385ff., sowie ferner die Forschungsüberblicke bei SALLMANN / SCHMIDT 1997a, 31ff., u. BAYER 2002, 339ff.).

41 Vgl. VILJAMAA 1991, 3831ff., u. KASTER 1995, liiiff.

42 Zu möglichen Rezeptionszeugnissen aus der Antike vgl. KASTER 1995 xlviiiff.

vielleicht auch interessantesten Teil des Werkes gehandelt zu haben.[43] Denn während die übrigen für Sueton bezeugten Rubriken wie *de poetis, de oratoribus* oder *de historicis* innerhalb der Gattung der Sammelbiographie auf eine lange Tradition zurückblicken können, handelt es sich bei der Aufnahme der Grammatik- und Rhetoriklehrer um eine auffällige Neuerung.[44]

Diese Entscheidung läßt sich allerdings überzeugend erklären, wenn man sich neben den individuellen Interessen des Autors, der sich innerhalb seines antiquarischen Schrifttums auch mit grammatischen Fragen beschäftigte,[45] die spätestens seit flavischer Zeit ungemein gestiegene gesellschaftliche Anerkennung des Berufsstandes der *professores* vor Augen hält. Handelte es sich, wie wir nicht zuletzt aus Suetons Kurzbiographien wissen, bei den Grammatik- und Rhetoriklehrern in der Republik zumeist um Sklaven oder Freigelassene, so setzt mit der wachsenden Bedeutung gerade literarischer Bildung in der Kaiserzeit auch der kontinuierliche soziale Aufstieg der mit ihrer Vermittlung betrauten Personen ein. Dieser läßt sich an einzelnen Punkten wie der Bestellung Quintilians zum staatlich besoldeten Rhetoriklehrer durch Vespasian[46] oder an der Verherrlichung der Tätigkeit als *grammaticus*, die Florus im Prolog seiner in der ersten Hälfte des 2. Jh. n. Chr. entstandenen Schrift *Vergilius orator an poeta?* verfaßt hat,[47] paradigmatisch ablesen läßt.[48]

Vor diesem Hintergrund erweist sich Suetons Entscheidung, in seinem ,Who's Who?' der literarischen Welt Roms[49] mit den *professores* deren prominenteste Vermittler zu berücksichtigen, als in hohen Maße zeitgemäß und richtungsweisend.[50] In

---

43   Dagegen wurde von BRUGNOLI 1968, 33f., die These vertreten, daß es sich bei diesen beiden Rubriken um eine Art Appendix gehandelt haben könnte (vgl. ferner VILJAMAA 1991, 3826f.).

44   Vgl. BALDWIN 1983, 385, u. KASTER 1995, xxiiiff. Der innovative Charakter von Suetons Sammelbiographie würde noch einmal verstärkt, wenn sich die von LEO 1901, 141, angestellte Beobachtung verifizieren ließe: „Wir können aber auch auf römischem Boden vor Sueton kein Werk περὶ ἐνδόξων ἀνδρῶν, das sich auf die ἐν παιδείᾳ διαλάμψαντες beschränkt hätte, nachweisen." NAUMANN 1976 erblickt in Sueton überhaupt den ersten Biographen von *viri litteris illustres* in Rom.

45   Aufgrund der Bezeichnung Suetons als γραμματικός in der Suda (vgl. 4,581,18 ADLER) wurde von MACÉ 1900, 53ff., auf eine eigene Lehrtätigkeit geschlossen, doch läßt sich diese Annahme nicht weiter belegen und muß angesichts seiner ritterlichen Herkunft als unwahrscheinlich gelten (vgl. WALLACE-HADRILL 1983, 30).

46   Vgl. Hier. chron. 190 HELM mit Suet. Vesp. 18.

47   Vgl. Flor. Verg. praef. 3,2-8 u. ferner STEINMETZ 1982, 90f.

48   Vgl. allgemein MARROU 1957, 435ff.; CHRISTES 1975, 228ff.; STEINMETZ 1982, 79ff.; WALLACE-HADRILL 1983, 31ff., u. MRATSCHEK-HALFMANN 1993, 15f.

49   Vgl. BALDWIN 1983, 514: „The *De viris illustribus* can hardly be deemed biography in any of our senses of the word. More accurate and fair, by far, to compare that compilation to a Who's Who register."

50   Über mögliche Nachfolger Suetons auf diesem Gebiet ist wenig bekannt; immerhin verfaßte im ausgehenden 2. Jh. n. Chr. der Freigelassene Hermippos von Berytos unter dem Titel οἱ διαπρέψαντες ἐν

ähnlicher Weise innovativ dürften die beiden von Sueton als *praefationes* den einzelnen Rubriken vorangestellten kulturhistorischen Überblicke über die Entwicklung der
Grammatik und Rhetorik in Rom gewesen sein,[51] zumindest läßt sich aus den erhaltenen Fragmenten hellenistischer oder republikanischer Literatur περὶ ἐνδόξων ἀνδρῶν
kein Vorgänger rekonstruieren.[52] Mit großer Wahrscheinlichkeit wurden auch die übrigen Kategorien mit einer solchen Zusammenfassung eingeleitet. Suetons biographisches Sammelwerk berührt sich hier mit zahlreichen anderen Schriften, die im Laufe
des 2. Jh. n. Chr. im Kontext der Wissensvermittlung entstanden sind und die Absicht
verfolgten, dem breiter gewordenen Publikum eine knappe Einführung in ein Fachge-
biet zu geben.[53]

In der engen Interaktion mit den kulturellen und gesellschaftlichen Rahmenbedingungen besteht wohl auch der wesentliche Unterschied zu den in der späten Republik
von Varro, Nepos oder Hygin verfaßten biographischen Sammelwerken.[54] Von diesen
Autoren war durch ihre Adaption des hellenistischen Formats περὶ ἐνδόξων ἀνδρῶν
mit einem Schwerpunkt auf den literarischen *viri illustres* in Rom ein wichtiger Beitrag zur Initiierung jenes Prozesses geleistet worden,[55] der in der frühen Kaiserzeit
kontinuierlich an Dynamik gewann[56] und im 2. Jh. n. Chr. kulturelles und literarisches
Wissen zu einer entscheidenden gesellschaftlichen Qualifikation werden ließ. Obwohl
Sueton also gewissermaßen auf der anderen Seite einer langjährigen und durch diese
Form der biographischen Wissensvermittlung mitgestalteten Entwicklung steht, bleibt
die Form seines Werkes *de viris illustribus* doch vergleichsweise traditionell.[57]

παιδείᾳ eine ähnlich angelegte Schrift (vgl. CHRISTES 1979, 137ff.; WALLACE-HADRILL 1983, 31f.,
u. KASTER 1995, xlviii-xlix).

51   Vgl. Suet. gramm. 1-4 u. 25.

52   Vgl. dag. KASTER 1995, 42: „The format, pairing discussion of the τέχνη/*ars* with discussion of the
τεχνῖται/*artifices*, may have descended to Sueton (through Varro) from Aristotle."

53   Vgl. STEINMETZ 1982, 116f.

54   Neuere Forschungsansätze haben allerdings auch für Nepos eine stärkere Bezugnahme auf die gesellschaftlichen Veränderungen der späten Republik plausibel machen können. Dies gilt vor allem für die
Vita des Atticus, der als Modell eines vor dem Hintergrund der republikanischen Tradition ‚alternativen' Lebensentwurfes präsentiert wird (vgl. LEPPIN 2002 u. MUTSCHLER 2003), aber auch für die Berücksichtigung politischer und gesellschaftlicher Implikationen in seinen literarhistorischen Schriften
(vgl. SCHWINDT 2000, 122ff.).

55   Vgl. dag. NAUMANN 1976, für den die literarische Biographie in Rom erst mit Sueton beginnt.

56   Biographien scheinen in dieser Zeit allerdings nur vereinzelt entstanden zu sein. Als gut bezeugt können die Schriften des älteren Plinius über Pomponius Secundus (vgl. Plin. ep. 3,5,3), die des Julius Secundus über Julius Africanus (vgl. Tac. dial. 14) und die 1820 als Palimpsest zum Vorschein gekom-
mene Schrift *de vita patris* des jüngeren Seneca (vgl. PETER HRR II 98 Frg 1) gelten (vgl. BALDWIN
1983, 79f.); während die Persius-Vita, die von LEO 1901, 139, Valerius Probus zugeschrieben wurde,
heute im allgemeinen für ein Werk Suetons gehalten wird.

57   Vgl. SALLMANN / SCHMIDT 1997a, 28f. Eine interessante Parallele sowohl zur Entwicklung der hellenistischen Sammelbiographie im Umfeld der Etablierung der Bibliothek von Alexandria als auch zur

Das gilt zunächst für die gerade in Relation zu den Kaiserbiographien auffällige Kürze der allermeisten Viten,[58] die zwar die von modernen Rezipienten an eine Biographie gestellten Erwartungen nicht erfüllen kann, den antiken Gepflogenheiten bei der Beschreibung des Lebens von Dichtern oder Gelehrten aber durchaus entspricht.[59] Gegenüber neuzeitlichen Vorstellungen einer Biographie ist noch ein weiteres ‚Defizit' besonders augenfällig: Sueton „geht es nicht um die Zeichnung eines geschlossenen Lebensbildes als eines moralischen Phänomens, sondern darum, daß alle Informationen über eine Person geordnet mitgeteilt werden, die für das Gebiet, auf dem sie sich ausgezeichnet und zu dessen Entwicklung sie beigetragen hat, wissenswert und von Bedeutung sind."[60] In diesem Punkt unterscheiden sich Suetons Biographien von der etwa bei Plutarch greifbaren Tradition einer antiken Lebensbeschreibung, die sich – wenn auch nur in gewissem Umfang –[61] mit den für die Neuzeit zentralen Fragen des Charakters und seiner Entwicklung beschäftigt.

FRIEDRICH LEO hat, wie bereits gesehen, diesen Unterschied gattungshistorisch erklärt, indem er Plutarchs Biographiemodell auf die Moralphilosophie des Peripatos und die Schriften *de viris illustribus* auf die Bedürfnisse der alexandrinischen Philologie zurückführte.[62] Damit hat er trotz aller berechtigten Kritik insoweit etwas Richtiges getroffen, als er geschichtliche Situationen bestimmt hat, in denen unterschiedliche Konzeptionen biographischen Schreibens entstanden sind. Seine weitergehenden Folgerungen gehen jedoch von einem zu starren Gattungsmodell aus und lassen unberücksichtigt, daß für spätere Epochen beide Formen bereitlagen und von ihnen je nach ihren Bedürfnissen aufgegriffen, modifiziert und kombiniert werden konnten. So dürfte auch für Sueton die funktionale Eignung des von ihm gewählten biographischen Formates zur zielgerichteten Vermittlung kulturhistorischen Wissens ausschlaggebend gewesen sein und nicht die Treue gegenüber hellenistischen Vorbildern.[63]

---

biographischen Schriftstellerei Varros, der von Caesar mit der Einrichtung der ersten öffentlichen Bibliothek Roms betraut worden war (vgl. Suet. Iul. 44,2), ergäbe sich, wenn die verschiedentlich geäußerte (vgl. WALLACE-HADRILL 1983, 82, u. LINDSAY 1995, 2), Vermutung zutreffend wäre, daß Sueton von Trajan mit der Leitung der 113 n. Chr. gegründeten *bibliotheca Ulpiana* beauftragt wurde.

58   Die *vita Vergilii* erreicht in etwa den Umfang der Biographien von Titus oder Otho.

59   Vgl. BALDWIN 1983, 384.514.

60   Vgl. DIHLE 1987, 64.

61   Vgl. WEHRLI 1973, 193: „Ein gemeinsames Merkmal beinahe aller erhaltenen Biographien besteht darin, dass ihnen eine durchgehende Erzählung des Lebenslaufes fehlt, dass sie vielmehr ein im wesentlichen statisches Bild der Persönlichkeit und ihrer Lebensweise (bios) zu vermitteln suchen." Ein Gegenbeispiel erblickt LAMBRECHT 1995, 528f., in der Domitiansvita Suetons.

62   Vgl. LEO 1901, v.a. 132ff., u. s.o. S. 233f.

63   Vgl. z.B. SALLMANN / SCHMIDT 1997a, 46f., der Sueton in die Tradition der „literarisch ambitionierten, vom Peripatos (...) ausgebildeten ethopathologischen Persönlichkeitsbiographie" stellt und damit eine für den komplexen Charakter der suetonischen Biographien bezeichnende Konträrposition zu den

In welchem Maße für Sueton bei der Abfassung von *de viris illustribus* die Wissensvermittlung im Mittelpunkt stand, verdeutlicht neben seinem Verzicht auf eine aufwendigere literarische Stilisierung[64] besonders ein Blick auf die Organisation des Textes. Bislang wurde die Frage, ob die in der handschriftlichen Tradition enthaltenen und von REIFFERSCHEID in seine Fragmentausgabe aufgenommenen Indizes zu den einzelnen Rubriken auf Sueton zurückgehen, mehrheitlich verneint.[65] Doch aufgrund der vergleichenden Untersuchung verschiedener Schriften des 1. und 2. Jh. n. Chr. ist in die Bewertung solcher paratextuellen Elemente, die von den Editoren bislang eher stiefmütterlich behandelt wurden, Bewegung gekommen. Vor diesem Hintergrund kann es inzwischen als durchaus wahrscheinlich gelten, daß spätestens seit der *naturalis historia* des älteren Plinius Inhaltsverzeichnisse in lateinischer Prosa, speziell bei Autoren der Fachschriftstellerei, bekannt waren und als „neue Dienstleistungen des Autors gegenüber dem Leser"[66] auch vielfach verwendet wurden.[67]

Doch auch der eigentliche Text weist bereits eine Struktur auf, die eindeutig der raschen Orientierung und Information des Lesers den Vorzug gegenüber einer ambitionierteren, etwa dem Prinzip der *variatio* verpflichteten Form der Präsentation gibt. Nach einer jeweils den Inhalt der ganzen Rubrik angebenden Gesamtüberschrift am Ende der *praefatio*,[68] die nach dem Vorbild von *de grammaticis* und *de rhetoribus* mit einer gewissen Plausibilität auch für die nicht erhaltenen Abschnitte angesetzt werden kann, beginnen die einzelnen Kurzbiographien mit dem Namen des Porträtierten im Nominativ sowie in der Regel einer knappen Angabe zu seiner Herkunft in variierender Form.[69] Auf diese Weise entsteht – zumal wenn man von der Zuhilfenahme der im Rahmen der antiken Möglichkeiten gegebenen optischen Akzentuierungen wie der

---

Thesen LEOs einnimmt. Die Unterschiede zu den erhaltenen Beispielen griechischer Biographien werden von LINDSAY 1995b, 70f., zusammengestellt.

64   Zur ‚wissenschaftlichen' Diktion als Charakteristikum der Gelehrtenbiographie vgl. LEO 1901, 134.

65   Vgl. gegen ihre Authentizität z.B. KASTER 1995, 41f.

66   Vgl. KRASSER 1999, 62; ausführlicher s.o. S. 7.23f.30ff.

67   Vgl. KRASSER 1996, 148.166; KRASSER 1999, 62, u. SCHRÖDER 1999, 92ff.106ff.156ff., die außerdem plausibel machen kann, daß sich diese Indizes aufgrund der gewandelten Rezeptionsbedingungen im Laufe der handschriftlichen Überlieferung als besonders gefährdet erweisen mußten. Zur Bedeutung der *naturalis historia* vgl. CONTE 1991, 95ff.; SCHMIDT 1997a, 225f.; NIKITINSKI 1998, 345ff., u. SCHRÖDER 1999, 92ff.).

68   Vgl. Suet. gramm. 4,7 (*clari professores et de quibus prodi possit aliquid – dumtaxat a nobis – fere hi fuerunt*) u. 25,6 (*illustres professores et quorum memoria aliqua exstet non temere alii reperientur quam de quibus tradam*).

69   Aus dem vorangestelltem Lemma im Nominativ entwickelt sich die Kapitelüberschrift, die in Texten, die nicht primär über Eigennamen erfaßt werden, schließlich (u.a. wegen der Konvergenz mit dem Inhaltsverzeichnis) vorwiegend die Form einer indirekten Frage oder eines Präpositionalausdrucks mit *de* annimmt (vgl. SCHRÖDER 1999, 125f.).

ἔκθεσις oder der Rubrizierung des ersten Wortes eines Kapitels ausgeht[70] – der Eindruck eines Kataloges[71] oder eines biographischen Lexikons, zumindest aber einer Textform, die neben der durchgängigen Lektüre auch für das gezielte Nachschlagen geeignet ist. Bei diesem als Orientierungshilfe dienenden Präskript scheint es sich, wie ein Vergleich mit den erhaltenen Passagen des von Nepos in den letzten Jahrzehnten der Republik unter dem gleichen Titel verfaßten Werkes zeigt, um einen traditionellen Zug der Sammelbiographie zumindest in ihrer römischen Ausprägung gehandelt zu haben.[72]

Gegenüber diesem standardisierten, der Orientierung des Lesers dienenden Kopfteil erweist sich der darstellende Teil der einzelnen Viten je nach den individuellen Gegebenheiten der beschriebenen Person sowie möglicherweise der Quellenlage als in hohem Maße flexibel.[73] Zwar gibt es einige wiederkehrende Themen, die entweder für Sueton und seine Leser oder für eine Biographie generell von zentralem Interesse sind, wie soziale Herkunft, verfaßte Schriften, gesellschaftliche Anerkennung oder die Umstände des Lebensendes. Aber selbst diese Punkte werden nicht in jeder Biographie, sondern nur nach ihrer Relevanz für die jeweils dargestellte Person angesprochen.[74] Die nüchterne Vermittlung von Fakten geht dabei nahtlos in die Charakterisierung mittels Anekdoten oder der Wiedergabe von Originalzitaten aus den Werken der betreffenden Personen[75] über, ohne daß sich eine strenge Scheidung zwischen reiner Informationsvermittlung und ausschließlicher Charakterschilderung vornehmen ließe. Dabei beachtet Sueton in der Regel eine ungefähre chronologische Reihung, die nach

---

70   Vgl. SCHRÖDER 1999, 103f.

71   Vgl. SCHMIDT 1891, 43; FUNAIOLI 1931, 599, u. VILJAMAA 1991, 3840f., sowie ferner BRUGNOLI 1968, 41ff., u. SALLMANN / SCHMIDT 1997a, 27, die *catalogus virorum illustrium* als Titel des Werkes vorschlagen.

72   Es zeigen sich allerdings auch einige Unterschiede zwischen den beiden Autoren: Auf der inhaltlichen Seite ist auffällig, daß Nepos abweichend von Sueton in der Regel den Namen des Vaters nennt, doch ist diese Differenz zu einem Großteil wohl auf die sozialen Unterschiede der dargestellten Personen zurückzuführen. Kompositorisch erweist sich Sueton insofern als geschickter, als bei ihm durchgängig der vorangestellte Namen im Nominativ auch syntaktisch mit dem Folgenden verbunden ist, während dies bei Nepos nur in etwa der Hälfte der erhaltenen Beispiele der Fall ist. Nepos gibt dafür im ersten Satz häufig eine Art Quintessenz der folgenden Biographie, eine Technik, die von Sueton jedoch später innerhalb einzelner Rubriken der Kaiserbiographien angewandt wird (s.u. S. 266).

73   Vgl. VILJAMAA 1991, 3840f., u. mit stärkerer Betonung des ‚Schemas der Preisrede' in der Mikrostruktur der Einzelviten SALLMANN / SCHMIDT 1997a, 28f.

74   Vgl. VILJAMAA 1991, 3846f., u. LINDSAY 1995b, 77, sowie dag. mit stärkerer Betonung des Rubrikenschemas SCHMIDT 1891, 42ff.

75   Vgl. LINDSAY 1995b, 75: „Moreover, Suetonius appears to use the actual words of a subject in the same way as anecdotal material; quotation is used to highlight characteristics of the subject, or occasionally to throw light on a realtionship with a significant person."

dem Ausweis der beiden umfänglicher erhaltenen Rubriken auch grosso modo für die Anordnung der Biographien untereinander ausschlaggebend war.[76]

Suetons Entscheidung, die Porträtierten in einer gleichsam wertneutralen chronologischen Reihung zu präsentieren, enthebt ihn zwar der Entscheidung, den einzelnen Vertretern innerhalb einer Kategorie ihren Platz nach ihrer Bedeutung zuzuweisen, dennoch beinhaltet natürlich bereits die Aufnahme oder Nichtaufnahme der einzelnen Person in die jeweilige Rubrik ein nicht zu unterschätzendes Maß an Wertung. Sueton versucht den Eindruck, daß mit seiner Sammelbiographie ein Kanon etabliert wird, in den Abschnitten *de grammaticis* und *de rhetoribus* zu vermeiden und versichert in der *praefatio* ausdrücklich, daß es sich um alle noch bekannten Vertreter der betreffenden Disziplin handelt.[77] Es ist allerdings nur schwer vorstellbar, daß dieser Anspruch von ihm glaubhaft auch für die Rubriken *de poetis* oder *de oratoribus* erhoben werden konnte. Hier lassen sich die den *professores*-Viten eher implizit zugrundeliegenden Wertungskategorien[78] deutlich fassen. Sueton erweist sich dabei als ein den Anschauungen Quintilians nahestehender Klassizist. Seine Interessen lassen einen deutlichen Schwerpunkt auf der Literatur der späten Republik und der augusteischen Zeit erkennen, während die Autoren der frühen Kaiserzeit nur vereinzelt Berücksichtigung finden. Mit dem Erreichen der eigenen Zeit dürfte seine Darstellung gemäß dem auch bei Quintilian greifbaren Grundsatz, keine lebenden Schriftsteller zu nennen, ihr Ende gefunden hatte.[79]

Die Einzelviten sind als abgeschlossene Einheiten konzipiert und weisen keinerlei explizit gemachte Bezüge untereinander auf. Dies mag seinen Grund zum einen darin haben, daß übergreifende Aspekte bereits in den jeweiligen *praefationes* zur Sprache gebracht werden. Es zeigt sich zum anderen hierin aber auch erneut, daß Sueton mit einem Rezipienten rechnet, der die *viri illustres* in der Art eines thematisch geordneten biographischen Lexikons bei der gezielten Suche nach bestimmten Informationen konsultiert und deswegen an Querverweisen nur bedingt interessiert ist. Das schließt nicht aus, daß Sueton auch solche Rezipienten im Blick hatte, die seine Sammelbiographie von der ersten bis zur letzten Seite lesen wollten. Aber gerade ein Vergleich mit Nepos, dessen Schrift sich noch schwerer zwischen den Polen eines Nachschlagewerkes und eines zur durchgängigen Lektüre bestimmten Buchs einordnen läßt,[80]

---

76 Vgl. VILJAMAA 1991, 384f.

77 Vgl. Suet. gramm. 4,7 (*clari professores et de quibus prodi possit aliquid – dumtaxat a nobis – fere hi fuerunt*) u. 25,6 (*illustres professores et quorum memoria aliqua exstet non temere alii reperientur quam de quibus tradam*).

78 Vgl. CIZEK 1974, 306ff., mit der These einer impliziten, vor allem durch die Auswahl und Anordnung des anekdotischen Materials erreichten klassizistischen Wertung in *de grammaticis et rhetoribus*.

79 Vgl. WALLACE-HADRILL 1983, 52ff., u. VILJAMAA 1991, 384f.

80 Dies wird beispielsweise an den verschiedentlich eingestreuten Überleitungen deutlich: vgl. Nep. Alk. 11,6; Timoth. 4,4-6 u. Hann. 13,4 sowie ferner HOLZBERG 1989, 165.

zeigt, daß die suetonischen *viri illustres* in erster Linie der schnellen und übersichtlichen Vermittlung biographischen Wissens dienen sollen.

Wie verhält sich nun das Bild, das wir uns von den Suetons *viri illustres* machen
können, zu den ungleich bekannteren Kaiserbiographien desselben Autors? Vor dem
Hintergrund seiner Theorie zweier streng geschiedener biographischer Traditionen hat
FRIEDRICH LEO einen markanten Unterschied zwischen beiden Sammelbiographien
gesehen, der für ihn vor allem darin bestand, daß Sueton in seinen Literatenviten das
alexandrinische Modell in Reinform rezipiert, es jedoch bei der Abfassung der *Caesares* mit dem peripatetischen Biographietypus kontaminiert habe.[81] Das Postulat eines
derartigen qualitativen Unterschiedes zwischen den beiden Schriften hat jedoch mit
der Aufgabe des dahinterstehenden Theoriemodells den Großteil seiner Plausibilität
eingebüßt, und daher betont die neuere Forschungsliteratur vor allem die quantitative
Differenz.[82] Dabei wird die zeitliche Priorität von *de viris illustribus* gegenüber den
Kaiserbiographien in der Regel vorausgesetzt, wenn auch nicht selten auf das Fehlen
externer Zeugnisse explizit hingewiesen wird.[83] Trotz aller berechtigten Skepsis wird
im folgenden auch hier im Sinne eines gleichsam evolutionistischen Modells für Suetons Schriften ein Übergang vom kleineren und traditionelleren Format der Lebensbeschreibung von Intellektuellen zu den größeren und literarisch ambitionierten Kaiserviten angenommen.[84]

---

81   Vgl. LEO 1901, 15f.141f. u. 319f.: „Sueton hat dieses Programm discret und verständig durchgeführt,
      nirgend auf das Gebiet der Historie übergreifend, in rein gehaltenen, um des Gegenstandes willen lei-
      se gesteigertem wissenschaftlichen Stil. Aber es war eine der Geschichte der Gattung widersprechen-
      de Bildung, die Übertragung der für litterarische Personen ausgebildeten und geeigneten Form auf
      eminent politische Männer."

82   Vgl. bereits LEO 1901, 15f.: „Die Caesares beanspruchen eine wirkliche Beschreibung der Persönlich-
      keit zu geben, die litterarischen vitae geben nur einige Notizen, die dem Leser, der sich den Werken
      des Mannes nähern will, einen Anhalt und Ausgangspunkt geben; sie verhalten sich zu den Caesares
      wie das Excerpt zu einem Buche oder die Skizze zu einer Ausführung." u. ferner z.B. WALLACE-
      HADRILL 1983, 59f.66f.: „The vast majority of the literary lives were no more than thumb-nail
      sketches.", aber auch die Betonung der Unterschiede durch LEWIS 1991, 3666: „As a ‚type-series' or
      διαδοχή of sorts, the ‚Caesares' might be reckoned comparable, but there significant resemblance
      apparently ends, for probably their scale, to a large extent their content and structure, and cetainly
      their motivation, ideology and treatment were very different ...".

83   Ein Anhaltspunkt ergäbe sich allenfalls, wenn die Identifikation des Werkes, dessen in seinen Augen
      zu zögerliche Publikation Plinius bei Sueton anmahnt (Plin. ep. 5,10), mit *de viris illustribus* stichhal-
      tig wäre (vgl. MACÉ 1900, 66ff., u. dag. LINDSAY 1995b, 75).

84   Vgl. WALLACE-HADRILL 1983, 59f.: „The progression was a natural one in more than one sense.
      Nepos, and probably Hyginus, had included generals or politicians alongside literary figures in their
      biographies." Von derselben Beobachtung ausgehend hat BALDWIN 1983, 383f., die Vermutung geäu-
      ßert, die Kaiserbiographien könnten ein Teil der *viri illustres* gewesen sein.

Wie weitreichend die Parallelen des suetonischen Hauptwerkes zu *de viris illust-ribus* – vielleicht entgegen dem ersten Eindruck – tatsächlich sind,[85] kann am besten ein Blick auf die gleichfalls als fortlaufende Reihe konzipierten Biographien der römischen Kaiser von Augustus bis Vitellius verdeutlichen, die Plutarch vermutlich in den letzten Jahren Domitians oder unter Nerva geschrieben hat[86] und von denen sich nur die Lebensbeschreibungen des Galba und Otho erhalten haben.[87] Für beide Schriften läßt sich also mit einiger Plausibilität der gleiche Entstehungszeitraum ansetzen, und es ergeben sich auch inhaltliche Überschneidungen, die um so auffälliger sind, als uns Nachrichten über an Herrscherdynastien orientierten Reihenbiographien aus der Zeit vor diesen beiden Werken fehlen.[88] Dennoch lassen sich Gemeinsamkeiten, die über das hinausgehen, was bei der Beschäftigung zweier in der gleichen Zeit schreibender Autoren mit dem gleichen Stoff zu erwarten ist,[89] ebensowenig aufzeigen wie eindeutige Bezugnahmen des einen auf den anderen oder *vice versa*.[90]

---

85 Formale Übereinstimmungen zwischen Nepos und den *Caesares* wurden bereits mehrfach konstatiert (vgl. z.B. SCHMIDT 1891, 14ff., u. STEIDLE 1951, 145ff.), ohne jedoch die vermittelnde Funktion der suetonischen *viri illustres* gebührend zu berücksichtigen.

86 Die Priorität der Kaiserviten Plutarchs sowohl gegenüber suetonischen *Caesares* als auch gegenüber den plutarchischen Parallelbiographien stellt die unstrittige *communis opinio* dar (vgl. z.B. BOWERSOCK 1998, 196). Eine genauere Datierung wurde von JOSEPH GEIGER angestrebt, der vor dem Hintergrund der programmatischen Bezugnahme Trajans auf Caesar dessen Fehlen bei Plutarch als Argument für eine frühere Entstehungszeit gewinnt (vgl. GEIGER 1975 u. 2002). Während dieser *terminus ante quem* weitgehende Zustimmung gefunden hat, gilt das für den von GEIGER gleichfalls vertretenen Ausschluß der Herrschaft Domitians als aus politischen Gründen ungeeignete Abfassungszeit und die daraus resultierende Datierung in die Regierung Nervas nur bedingt (vgl. zustimmend SYME 1980a, 106f.110f., sowie dag. JONES 1971, 72f., u. BOWERSOCK 1998, 197ff.).

87 Es existiert außerdem jeweils ein Fragment aus der Biographie des Tiberius sowie des Nero und von derjenigen des Augustus läßt sich eine ungefähre Vorstellung aus anderen plutarchischen Schriften gewinnen (vgl. JONES 1971, 79f.).

88 Der oft angeführte Kopenhagener Papyrus (P. Haun. 6) enthält wenig mehr als ein Namensregister (vgl. GALLO 1975, 57ff., u. BOWERSOCK 1998, 193f., sowie dag. GEIGER 1981, 86 Anm. 5, mit Beispielen für hellenistische Reihenbiographien, die anhand des jeweiligen Herrschaftsgebietes organisiert sind, u. LEO 1901, 142, der die über die διαδοχή der Schulhäupter zusammengehaltenen philosophischen Sammelbiographien als Vergleich heranzieht).

89 Die ältere Literatur zur Quellenfrage faßt JONES 1971, 74ff., zusammen, der sich zugleich von der lange Zeit vorherrschenden Sichtweise absetzt, daß Plutarchs Biographien im wesentlichen auf einen unbekannte, aber bedeutenden lateinischen Historiker des 1. Jh. zurückgehen (vgl. v.a. SYME 1958a, 180ff.674ff., u. SYME 1980a, 105ff.).

90 Vgl. GUGEL 1977, 145f., u. BOWERSOCK 1998, 194f., sowie dag. BALDWIN 1983, 87ff.530ff., der eine Korrektur des von Plutarch gezeichneten Bildes durch Sueton vermutet. Eine mögliche Bezugnahme liegt allerdings vor, wenn Sueton in der Othovita seinen eigenen Vater als Augenzeugen anführt (vgl. Suet. Otho 10,1), da Plutarch ebenfalls in der Biographie Othos seinen Patron Mestrius Florus erwähnt (vgl. Plut. Otho 14,2 u. ferner BALDWIN 1983, 544). Zur Bedeutung mündlicher Quellen bei Plutarch vgl. allg. THEANDER 1959 u. JONES 1971, 75f.

Plutarchs Kaiserviten wird in der Forschung mehrheitlich der biographische Charakter abgesprochen und statt dessen ihre Nähe zur Geschichtsschreibung betont.[91] Dieser Eindruck entsteht einerseits durch die Entscheidung Plutarchs, die Lebensläufe der drei letztlich gescheiterten Herrscher des Vierkaiserjahres in enger Verbindung zu schildern und auf diese Weise eine chronologisch mehr oder weniger durchgängige Erzählung zu schaffen, innerhalb derer ein Teil der biographischen Informationen zu den einzelnen Kaisern an ihrem historischen Ort und nicht in der eigentlichen Vita der jeweiligen Person ihren Platz finden.[92] Andererseits betrachtet er die Regierungen der sich in schneller Reihenfolge ablösenden Herrscher, wie er in dem der Darstellung des Vierkaiserjahres vorangestellten Proömium erläutert, unter dem gemeinsamen Aspekt des schädlichen Einflusses, den das Militär in dieser Zeit auf die Geschicke des römischen Staates ausgeübt hat. Als kongruent mit diesem eher historiographischen als genuin biographischen Interesse erweist sich ferner die Bedeutung, die Plutarch im Unterschied zu Sueton den Personen im Umfeld der Herrscher einräumt, und die weitgehende Ausblendung des vorherigen Lebens seiner Protagonisten.[93]

Diese Beobachtungen sind zwar zumindest für den erhaltenen, allerdings möglicherweise nicht charakteristischen Teil der Kaiserbiographien,[94] zutreffend. Plutarch selbst jedoch setzt auch seine Kaiserviten wie später die Parallelbiographien deutlich von der Geschichtsschreibung ab:

τὰ μὲν οὖν καθ' ἕκαστα τῶν γενομένων ἀπαγγέλλειν ἀκριβῶς τῆς πραγματικῆς ἱστορίας ἐστίν, ὅσα δ' ἄξια λόγου τοῖς τῶν Καισάρων ἔργοις καὶ πάθεσι συμπέπτωκεν, οὐδ' ἐμοὶ προσήκει παρελθεῖν.[95]

Gerade weil es sich bei dieser Abgrenzung um einen Topos innerhalb der biographischen Literatur der Antike handelt,[96] wird deutlich, daß Plutarch sich auch bei der Be-

---

91   Vgl. z.B. LEO 1901, 156; SYME 1980a, 104, u. mit weiterer Literatur BRAUN 1992, 102 Anm. 24.

92   Dies gilt vor allem für die Einführung Othos, die in der Galbavita erfolgt (vgl. Plut. Galba 19-20 u. ferner GEORGIADOU 1988, 354). Die Herausgeber des Teubnertextes verweisen zudem auf die in einigen Handschriften fehlende Trennung der beiden im Rahmen des Moralia-*corpus* überlieferten Biographien (vgl. LINDSKOG / ZIEGLER 1973, xiv-xv).

93   Vgl. BRAUN 1992, 95f.102, u. ASH 1997, 189f.

94   Der Gedanke, daß es sich bei den Biographien Galbas und Othos innerhalb der Kaiserviten Plutarchs um Ausnahmen gehandelt habe, wird vor allem von ASH 1997, 190ff., stark gemacht.

95   Vgl. Plut. Galba 2,5 („Die Einzelheiten der Reihe nach und detailliert zu schildern stellt die Aufgabe eines Geschichtswerkes dar, doch alles, was den Kaisern aufgrund ihrer Handlungen oder Erfahrungen zugestoßen ist und eine Erwähnung verdient, darf auch ich nicht übergehen.") sowie ferner Plut. Nikias 1,5; Pompeius 8,7 u. v.a. Alexander 1,2 (οὔτε γὰρ ἱστορίας γράφομεν, ἀλλὰ βίους, οὔτε ταῖς ἐπιφανεστάταις πράξεσι πάντως ἔνεστι δήλωσις ἀρετῆς ἢ κακίας, ἀλλὰ πρᾶγμα βραχὺ πολλάκις καὶ ῥῆμα καὶ παιδιά τις ἔμφασιν ἤθους ἐποίησε μᾶλλον ἢ μάχαι μυριόνεκροι καὶ παρατάξεις αἱ μέγισται καὶ πολιορκίαι πόλεων). Die programmatischen Aussagen Plutarchs werden ausführlich besprochen von FRAZIER 1999, 17ff., u. DUFF 1999, 14ff., wobei letzterer sie allerdings eng auf ihren jeweiligen Kontext bezogen wissen will.

handlung des Vierkaiserjahres nicht als Historiker verstanden wissen wollte.[97] Ebenso wie in seinem späteren Hauptwerk liegt trotz der im Proömium aufgeworfenen Problematik des Militärs und seines Einflusses auf die Ernennung der Kaiser der Akzent im eigentlichen Text dann auch doch recht eindeutig auf der Charakterschilderung der beiden Herrscher und somit auf der moralischen Unterweisung.[98]

Mit dem Anspruch der Vermittlung eines moralischen Nutzens bewegt sich Plutarch zwar in der Nähe zur sogenannten moralischen Geschichtsschreibung, mit der beispielsweise Theopomp oder Ephoros in der intensiv geführten historiographischen Debatte der hellenistischen Zeit eine dritte Position zwischen der τέρψις Herodots und der ὠφέλεια des Thukydides bezogen hatten und deren Selbstverständnis sich mit den Schlagworten der *historia magistra vitae* oder der φιλοσοφία ἐκ παραδειγμάτων treffend umschreiben läßt.[99] Doch machen diese intentionalen Übereinstimmung Plutarch nicht zwingend zum Historiker, da moralphilosophische Zielsetzungen auch innerhalb der Biographie auf eine reiche Tradition zurückblicken können. Allerdings sind wir, um eine Vorstellung von der Form solcher Lebensbeschreibungen zu gewinnen, im wesentlichen auf Plutarchs Biographien angewiesen, so daß es schwierig abzuschätzen ist, wie groß ihre Abweichung von diesem biographischen Modell und damit ihre Nähe zur Geschichtsschreibung tatsächlich waren.

In der Darstellungstechnik und der inhaltlichen Schwerpunktsetzung ist die Distanz zu den Parallelbiographien jedenfalls nicht allzu groß. Fundamental unterscheidet sich dagegen diese Form der Biographie in ihrer narrativen Strategie und damit ihrer Funktionalität von derjenigen des suetonischen Typs. Plutarch versucht den Spagat zwischen einer ästhetisch befriedigenden Präsentation des Materials und der inhaltlichen Fokussierung auf das Individuum, indem er einzelne, in sich geschlossene Abschnitte, die zwischen knapp skizzierten Anekdoten und ausführlicheren historiographischen Erzählungen changieren, narrativ verbindet und grosso modo chronologisch präsentiert.[100] Sueton dagegen verzichtet zumeist, wenn auch nicht immer, auf diese Gratwanderung und stellt den informativen Charakter seines Textes eindeutig in

---

96 Vgl. Pol. 10,21,8; Cic. fam. 5,12,2-7 u. Nep. Pelop. 16,1,1 sowie ferner JONES 1971, 73.

97 Vgl. dag. die von GEORGIADOU 1988, v.a. 350f., vertretene Interpretation, daß Plutarch im Galbaproöm mit der Betonung der τὰ τῶν Καισάρων ἔργα καὶ πάθη ein spezifisches historiographisches Programm vertritt, das sich deutlich von demjenigen der Parallelbiographien unterscheide.

98 In den Kaiserviten zeigt sich dieses vorwiegend moralische Interesse vor allem an der äußerst vorteilhaften Charakterschilderung der Protagonisten (vgl. JONES 1971, 73f.80).

99 Vgl. Cic. de or. 2,36 u. Ps.-Dion. Hal. rhet. 11,2 sowie ferner z.B. WALBANK 1990, 255, u. POWNALL 2004).

100 Auf den ersten Blick haben knappe Anekdoten (wie das klassische Apophthegma Plut. Caesar 11,3-4) einerseits und umfangreiche Exkurse (wie die historiographisch geschilderte Schlacht von Pharsalos: Plut. Caesar 39-46) andererseits nicht viel gemeinsam, doch sind es solche Einheiten von unterschiedlicher Länge und Gestaltung, die von Plutarch mit knappen Überleitungen und unter Beachtung einer ungefähren Chronologie aneinandergereiht werden und dann das Ganze einer Biographien ergeben.

den Vordergrund, indem er dem Leser eine einfache Orientierung und die ausgewählte Lektüre einzelner Passagen ermöglicht.[101] In diesem Punkt, und nicht in einer rein
chronologischen Erzählweise hier und einer ausschließlich thematischen Präsentation
des Materials dort, besteht der eigentliche Unterschied zwischen den beiden Biographen. Denn Sueton gliedert sein Material an den Stellen, an denen eine solche Anordnung sinnvoll erscheint, ebenso chronologisch wie sich Plutarch nicht scheut, thematische Einheiten zu bilden, um bestimmte, für den jeweiligen Charakter entscheidende
Aspekte zu verdeutlichen.[102]

Diese stark divergierenden Strategien in der Präsentation des Materials werfen die
Frage nach der Darstellungsabsicht und dem jeweiligen Publikum sowie dessen Interessen bei der Lektüre biographischer Literatur auf. Plutarchs Wirkungsabsicht läßt
sich eindrucksvoll unter Verweis auf sein Selbstzeugnis im Proömium der Vita des
Aemilius Paulus mit der Vermittlung ethisch-moralischer Lehren und Vorbilder um-
reißen.[103] Dementsprechend dienen die von ihm geschilderten Anekdoten auch vorrangig der Charakterschilderung oder wurden ihres exemplarischen Charakters wegen
ausgewählt.[104] Für Sueton hingegen ist die kohärente Darstellung des jeweiligen Charakters nicht das zentrale Anliegen,[105] ein Umstand, der ihm in der Forschung vielfach

---

101 Ein prominentes Beispiel für den Wechsel zwischen primär informativen und stärker erzählenden
Passagen bietet die Caesarvita, die damit jedoch zugleich innerhalb der suetonischen Biographien eine
gewisse Sonderstellung einnimmt. Der erhaltene Text beginnt mit Schilderung der Karriere Caesars
bis zur Prätur in ‚chronologischen Rubriken‘, denen als Stichwort die Bezeichnung der jeweiligen
Stufe des *cursus honorum* vorangestellt ist (vgl. Suet. Iul. 2-17 u. ferner SCHERBERICH 1995, 21, zu
ähnlichen Phänomenen in der Claudiusvita), um dann von der Bewerbung um den Konsulat bis zur
Überquerung des Rubikon die von Sueton offenbar als entscheidend bewertete Phase in der literarisch
anspruchsvolleren Form einer zusammenhängenden, der Geschichtsschreibung verwandten Erzählung
zu bieten (18-33), die schließlich wieder in eine thematische Präsentation des eigentlichen Bürgerkrieges und der sich anschließenden Regierung Caesars übergeht (34-75), ein Wechsel der von Sueton
explizit markiert wird (34,1: *ordo et summa rerum, quas deinde gessit, sic se habet*). Die Ermordung
Caesars geht zwar aus der rubrizierenden Aufzählung seiner *vitia* hervor, ist selbst aber wiederum in
anspruchsvollerer Manier ausgeführt (76-87), wobei neben dem Vorbild der Sterbeszenen in der Historiographie auch an den Einfluß der *exitus illustrium virorum*-Literatur zu denken ist.

102 Vgl. z.B. Plut. Caesar 15-17 oder Plut. Cato minor 2-3 sowie ferner WEIZSÄCKER 1931, 81 f.; STEIDLE
1951, 13 ff.150 ff.; GEIGER 1988, 250 ff., u. STADTER 1996.

103 Vgl. Plut. Aemilius Paulus 1,1-4: ἐμοὶ |μὲν| τῆς τῶν βίων ἅψασθαι μὲν γραφῆς συνέβη δι’ ἑτέρους,
ἐπιμένειν δὲ καὶ φιλοχωρεῖν ἤδη καὶ δι’ ἐμαυτόν, ὥσπερ ἐν ἐσόπτρῳ τῇ ἱστορίᾳ πειρώμενον ἁμῶς
γέ πως κοσμεῖν καὶ ἀφομοιοῦν πρὸς τὰς ἐκείνων ἀρετὰς τὸν βίον. (2) οὐδὲν γὰρ ἀλλ’ ἢ συνδιαιτήσει καὶ συμβιώσει τὸ γινόμενον ἔοικεν, ὅταν ὥσπερ ἐπιξενούμενον ἕκαστον αὐτῶν ἐν μέρει διὰ τῆς
ἱστορίας ὑποδεχόμενοι καὶ παραλαμβάνοντες ἀναθεωρῶμεν ‚ὅσσος ἔην οἷός τε‘, τὰ κυριώτατα
καὶ κάλλιστα πρὸς γνῶσιν ἀπὸ τῶν πράξεων λαμβάνοντες. (3) ‚φεῦ φεῦ, τί τούτου χάρμα μεῖζον ἂν
λάβοις‘ (4) <καὶ> πρὸς ἐπανόρθωσιν ἠθῶν ἐνεργότε ρον sowie ferner DUFF 1999, 30 ff.; FRAZIER
1999, 43 ff., u. LAMBERTON 2001, 73 f.

104 Vgl. BECK 1998, v.a. 41 ff.

105 Vgl. dag. z.B. MOUCHOVÁ 1968, 106, u. GUGEL 1977, 149 ff.

zum Vorwurf gemacht wurde.[106] Es ist allerdings fraglich, ob sich daraus Hinweise auf die jeweilige Leserschaft gewinnen lassen. Die wichtigste Einschränkung des Rezipientenkreises der suetonischen Biographien ist wohl ihre Abfassung in lateinischer Sprache, deren Beherrschung man im griechischen Reichsteil auch unter den Gebildeten nur bedingt voraussetzen konnte, wie Plutarchs Eingeständnis seiner anfänglich eher bescheidenen Lateinkenntnisse eindrucksvoll illustriert.[107]

Dennoch handelt es sich bei der Aufteilung nach Sprachen wohl doch um ein zu simples Schema. Und auch die Beobachtung, daß Plutarch Ereignisse der römischen Geschichte und lateinische *termini technici* meist erklärt,[108] griechische aber voraussetzt, kann nicht uneingeschränkt als Argument dafür herangezogen werden, daß er von einem rein griechischen Publikum ausgeht.[109] Denn ein Blick auf die von MARTIN HOSE herausgearbeiteten historischen Inhalte der antiken Schulbildung verdeutlicht,[110] daß Plutarch auch bei seinen römischen Lesern Kenntnisse der klassischen griechischen Geschichte voraussetzen konnte. Eine Differenzierung des jeweiligen Publikums kann also nur entlang seiner vermuteten Interessen sinnvoll vorgenommen werden, die sich jedoch nicht empirisch verifizieren lassen. Auf diese Weise ergeben sich jedoch die Bilder des ,typischen Plutarchlesers', der stärker an moralphilosophischen Fragestellungen interessiert ist, einerseits und des ,typischen Suetonlesers', der eher den Erwerb biographisch geordneten historischen Faktenwissens beabsichtigt, andererseits zeichnen, die beide eine gewisse Plausibilität für sich verbuchen können.

Zusammenfassend läßt sich festhalten, daß die einzige Übereinstimmung zwischen den Kaiserbiographien Plutarchs und denen Suetons darin besteht, daß sie beide eine – im übrigen nicht identische – Reihe römischer Herrscher in chronologischer Ordnung behandeln. Weder die Form der Präsentation noch die vom Autor verfolgte Intention zeigen größere Übereinstimmungen. Auch das von beiden jeweils angesprochene Publikum dürfte nicht identisch gewesen sein, so daß auch eine Bezugnahme des späteren auf den früheren zwingend erforderlich war. Trotz des auffälligen Befundes, daß die Gattung der dynastisch geordneten Herrscherbiographie innerhalb weniger Jahrzehnte offenbar zweimal erfunden wurde,[111] kann man sich der pointierten Formulierung RONALD SYMES anschließen, mit der er den Vorbildcharakter Plutarchs

---

106 Vgl. die von STEIDLE 1951, 1f., zusammengestellte Literatur.

107 Vgl. Plut. Demosthenes 2,2.

108 Vgl. DUFF 1999, 301ff.

109 Vgl. v.a. STADTER 2002.

110 Vgl. HOSE 1994, 5ff.

111 Eine andere Erklärung schlägt BOWERSOCK 1998, 204ff., vor, der die plutarchischen Kaiserviten in die letzten Jahre Domitians datiert und vermutet, daß sie durch den Kontext ihrer Entstehung korrumpiert und somit der allgemeinen *damnatio memoriae* dieser Zeit zum Opfer gefallen seien.

für Sueton bestreitet: „He merely preceded, he did not show the way. Suetonius had already written De viris illustribus."[112]

b) Die Datierung der *Caesares* und die Reihenfolge ihrer Abfassung

Auch wenn hier mit der überwiegenden Mehrheit der Forschungsliteratur von einer zeitlichen Priorität der Schrift *de viris illustribus* gegenüber den Kaiserbiographien ausgegangen wird, ist daran zu erinnern, daß uns gesicherte Kenntnisse hierüber nicht zur Verfügung stehen.[113] Ebenso verfügen wir über keinerlei externe Zeugnisse zur Abfassung oder Publikation der *Caesares* sowohl in ihrer Gesamtheit als auch hinsichtlich einzelner Viten, mit Ausnahme der Nachricht, daß die gemeinsam mit dem Anfang der Caesarvita verlorene *praefatio* eine Widmung an Septicius Clarus enthielt.[114] Daher wird in der Regel diese Information in Kombination mit einer in der Hadriansbiographie der *historia Augusta* enthaltenen Notiz, daß Septicius gemeinsam mit Sueton vermutlich 122 n. Chr. nach einem gesellschaftlichen Fauxpas gegenüber der Kaiserin ihrer Posten als *praefectus praetorii* beziehungsweise *ab epistulis* enthoben worden seien,[115] zur Datierung der Kaiserbiographien oder zumindest des zuerst veröffentlichten Teils herangezogen.

Doch weist diese Argumentation eine Reihe von Schwachstellen auf. Bereits das *factum brutum* der lediglich in der *historia Augusta* überlieferten Absetzung der beiden Beamten wurde verschiedentlich in Zweifel gezogen. Handelt es sich bei der *historia Augusta* als solcher ja bekanntermaßen schon um keine sonderlich zuverlässige Quelle, so ist in diesem Fall deswegen besondere Vorsicht geboten, weil Sueton zu den erklärten Vorbildern ihres Verfassers zählt: Die für Sueton letztlich vorteilhafte Anekdote einer ungerechten Behandlung durch den Kaiser büßt daher zusätzlich an Glaubwürdigkeit ein.[116] Ferner ist die Datierung dieser Angelegenheit nur aus ihrer

---

112 Vgl. SYME 1980a, 110. Dabei erwägt er die Möglichkeit, daß sich die beiden Autoren zumindest indirekt kannten: Unter den Adressaten der Briefe des jüngeren Plinius, der Suetons literarischer Patron war, befinden sich mit Sosius Senecio und Minucius Fundanus auch zwei Förderer Plutarchs (vgl. SYME 1980a, 111, u. ferner GEIGER 1988, 248).

113 S.o. S. 238f.

114 Vgl. Lyd. mag. 2,6 u. ferner MORGAN 1986.

115 Vgl. SHA Hadr. 11,3: *Septicio Claro praefecto praetorii et Suetonio Tranquillo epistularum magistro multisque aliis, quod apud Sabinam uxorem in [i]us[s]u eius familiarius se tunc egerant, quam reverentia domus aulicae postulabat, successores dedit, uxorem etiam ut morosam et asperam dimissurus, ut ipse dicebat, si privatus fuisset.*

116 Den älteren Forschungsstand fassen LAMBRECHT 1984, 23, und BENEDIKTSON 1993, 382f., zusammen, die neuesten Beiträge stammen von LINDSAY 1994, der sich für die Authentizität der *historia Augusta*-Nachricht ausspricht, und BALDWIN 1997, der noch einmal die Argumente der Skeptiker anführt, zugleich jedoch darauf verweist, daß auch er die Authentizität prinzipiell für möglich hält.

Plazierung innerhalb der Hadriansvita möglich, so daß auch die Angabe des Jahres 122 n. Chr. nur bedingte Gültigkeit für sich beanspruchen kann.[117] Doch auch wenn mit der Mehrheit der Forschungsliteratur von der Authentizität dieser Nachricht ausgegangen wird, so bleibt es doch reine Spekulation, daß Septicius Clarus, zu dessen weitgespanntem Freundeskreis unter anderem der jüngere Plinius gehörte, wegen dieses Vorfalls nicht nur seinen Posten verloren hat, sondern auch noch in einem solchen Maße in Ungnade gefallen ist, daß es für seinen langjährigen Protegé Sueton undenkbar geworden wäre, ihn zum Widmungsträger der Kaiserbiographien machen.[118]

Als größter Unsicherheitsfaktor in diesem Zusammenhang erweist sich jedoch, daß wir nicht wissen, auf welche Teile der Sammlung sich die Widmung an Septicius Clarus erstreckt hat. Unter den verschiedenen Vorschlägen nehmen neben der Annahme einer geschlossenen Publikation aller zwölf Viten vor 122 n. Chr.[119] diejenigen einen prominenten Platz ein, die Suetons Verwendung von Originaldokumenten und seine Kenntnis von Eigennamen, deren Häufigkeit im Laufe der Reihe der *Caesares* abnimmt, mit dem Verlust des Postens als *ab epistulis* und damit des Zugangs zu den kaiserlichen Archiven in Zusammenhang bringen.[120] Allerdings konnten in neueren Untersuchungen zur biographischen Technik Suetons diese Unterschiede, die sich zu einem Großteil auf die Verwendung oder Nichtverwendung der möglicherweise schon publiziert vorliegenden Augustusbriefen beschränken,[121] überzeugend auch auf andere Weise erklärt werden.[122]

---

117   Zwar wird unmittelbar zuvor Hadrians auf 122 n. Chr. datierbare Britannienreise geschildert, doch steht auch der Aussagewert der Einreihung an dieser Stelle angesichts der generellen Unzuverlässigkeit der *historia Augusta* zur Debatte. So haben sich CROOK 1956/7 u. GASCOU 1978 mit guten Gründen für 128 ausgesprochen, während ALFÖLDY 1979 u. SYME 1980b, 68f., weiterhin 122 favorisieren.

118   Vgl. ferner BALDWIN 1997, der die Möglichkeit einer Aussöhnung Hadrians mit Sueton zu einem späteren Zeitpunkt erwägt.

119   Vgl. z.B. BALDWIN 1975a, 69; CIZEK 1977, 189ff.; ALFÖLDY 1979, 253; LAMBRECHT 1984, 23; SCHERBERICH 1995, 13, u. FLACH 1998, 189f.

120   Vgl. v.a. TOWNEND 1959, 286ff. Der Einschnitt wird allerdings unterschiedlich angesetzt. Waren für TOWNEND 1959, 288, nur die Caesar- und Augustusbiographie während der Amtszeit als *ab epistulis* entstanden, so sah SYME 1958a, 501.780, die Zäsur zwischen Nero und Galba, und zuletzt sprach sich ABRAMENKO 1994, 86ff., für einen Einschnitt zwischen Vespasian und Titus aus, weil er in den Biographien der Flavier eine zunehmend kritische Haltung dem Kaiserhaus gegenüber erkennt und diese mit der Absetzung Suetons in Verbindung bringt (eine alternative Erklärung der hier besonders relevanten Stelle Suet. Dom. 8,2 bieten PAILLER / SABLAYROLLES 1994, 38f.).

121   Die Frage, ob Sueton die Augustusbriefe in publizierter Form vorlagen (eine spätere Edition bezeugt Gell. 15,7,3), wird kontrovers diskutiert (vgl. bejahend z.B. MALCOVATI 1977 u. BALDWIN 1983, 47f. 155 sowie dag. TOWNEND 1959, 286f.); eine interessante Position wird von WALLACE-HADRILL 1983, 94f., vertreten: „Suetonius produces his quotations with the air of one who is certainly not handling well-known material. ... The error is to reduce the issue to black-and-white alternatives: either the letters were published or they were in secret imperial archives. But the fluid conditions of the ancient book-trade allow for grey areas. A text might enjoy limited circulation or limited availability

Angesichts dieses wenig ermutigenden Befundes sind wir also bei dem Versuch, die Entstehungszeit der Kaiserbiographien genauer einzugrenzen, auf den Text selbst angewiesen. Da dieser jedoch datierbare Bezüge auf die Gegenwart des Autors nicht in der gewünschten Zahl und Exaktheit enthält,[123] geraten hier vor allem die Unterschiede zwischen den ersten und zweiten sechs Biographien in den Blickpunkt. Diese weichen nicht nur in ihrer Länge, sondern zum Teil auch in ihrer Struktur deutlich voneinander ab, wenn Aussagen über den letzten Punkt auch durch den stark individuellen Charakter der einzelnen suetonischen Biographien erschwert werden. Diese Beobachtungen hatte GLEN BOWERSOCK in einem bereits 1969 erschienen Aufsatz zum Anlaß genommen, die Abfassung der zweiten sechs Kaiserviten als zeitlich früher gegenüber der ersten Hexade mit den Lebensläufen der julisch-claudischen Herrscher anzusetzen und sie in trajanische Zeit zu datieren.[124] Weniger an der absoluten Datierung in trajanische Zeit, die ohnehin Spekulation bleiben muß, als vielmehr an der Umkehrung der relativen Chronologie in den suetonischen *Caesares* hat sich unmittelbar Widerspruch entzündet, der vor allem von KEITH BRADLEY formuliert wurde und der rasch zur *communis opinio* der Forschung avancierte.[125] Allerdings stellte BRADLEY selbst ausdrücklich fest, daß auch er keine definitiven Argumente für die von ihm vertretene Sichtweise präsentieren könne, sondern sie ihm aufgrund der angeführten Gründen lediglich plausibler erscheine.[126]

Tatsächlich erweist sich der Gedanke, daß Sueton die letzten sechs Viten zuerst geschrieben, wenn auch nicht notwendigerweise bereits veröffentlicht hat,[127] aus einer Reihe von Gründen als erwägenswert. Daß eine streng chronologische Vorgehensweise für die Behandlung der Geschichte des Prinzipats nicht die einzig denkbare Mög-

---

without being formally 'published'. ... Certainly Augustus was known as a letter-writer to a limited number of *cognoscenti* before Suetonius."

122   Vgl. v.a. CONINCK 1983 sowie ferner z.B. BALDWIN 1983,180f., u. HURLEY 2001, 8f.

123   Von SYME 1958a, 780, war der Versuch unternommen worden, aus der Erwähnung der 126 n. Chr. gestorbenen Domitia Longina (Suet. Tit. 10,2) einen Anhaltspunkt zu gewinnen, da Sueton von ihr wie von einer Verstorbenen zu sprechen scheint (vgl. dag. jedoch BALDWIN 1983, 46).

124   Vgl. BOWERSOCK 1969b. Zur geringeren Überzeugungskraft der Untersuchungen des Wortgebrauchs vgl. BRADLEY 1973, 259f., u. BALDWIN 1983, 468ff.

125   Vgl. BRADLEY 1973. Die Möglichkeit einer Zustimmung zum Vorschlag BOWERSOCKs wurde jedoch verschiedentlich erwogen: vgl. BALDWIN 1983, 49.181f.296.545f., u. FUHRMANN 1999, 331.

126   Vgl. BRADLEY 1973, v.a. 261: „But there is no *proof* for either view." u. ferner die Einschätzung von BOWERSOCKs Vorstoß durch SYME 1980a, 117: „The notion is ingenious. It provokes thought but it fails to convince." Die Unsicherheit über diesen Punkt ist unter anderem auf eine auffällige Eigenheit der Kaiserbiographien zurückzuführen: Sueton verzichtet weitgehend auf Querverweise zwischen den einzelnen Viten, zu denen sich eigentlich angesichts der sich vielfach überlappenden Lebenszeiten der Dargestellten reichlich Gelegenheit geboten hätte; s.u. S. 282f.

127   Vgl. BALDWIN 1983, 181f. Anm. 202, und die von WALLACE-HADRILL 1983, 1, betonte Möglichkeit einer zunächst nur in Form einer Rezitation erfolgten Veröffentlichung.

lichkeit dargestellt hat, kann bereits ein Seitenblick auf die Reihenfolge der Entstehung der taciteischen Historien und Annalen verdeutlichen. Im Gegenteil läßt sich sogar argumentieren, daß in der Wahrnehmung der frühen Adoptivkaiserzeit die als eigene Gegenwart empfundene Epoche mit den sich überschlagenden Ereignissen des Vierkaiserjahres begonnen hat.[128] Bei historischer Literatur im Rom der Republik wie der frühen Kaiserzeit handelt es sich jedoch in ihrer überwiegenden Mehrheit – Livius bildet die prominenteste Ausnahme – um Zeitgeschichtsschreibung. In der Regel wird erst in einem zweiten Schritt die fernere Vergangenheit, die vom Autor nicht mehr selbst erlebt wurde und die möglicherweise zudem bereits von einem Vorgänger kompetent dargestellt worden war, in den Blick genommen.

Weitere Argumente dafür, sich die Entstehung der suetonischen Kaiserbiographien von der zweiten Hexade her vorzustellen, ergeben sich aus der Struktur der Viten selbst. Zunächst ist hier noch einmal auf ihre auffällige Kürze zurückzukommen, die weder mit der geringen objektiven Bedeutung der dargestellten Herrscher, wie sich vor allem bei Domitian zeigt, noch mit der fehlenden subjektiven Wertschätzung durch den Autor, in der Titus bekanntermaßen sehr weit oben rangiert, zu erklären ist.[129] Vielmehr bietet sich ein Vergleich mit den Kurzbiographien aus der Sammlung *de viris illustribus* an, deren umfangreichere Stücke durchaus den Umfang der Otho- oder der Titusbiographie erreichen können. Eine Parallele zu Suetons Sammelbiographien ergibt sich auch aus der heute weitgehend anerkannten Zusammenfassung der Biographien der drei Bürgerkriegskaiser sowie der drei Flavier zu je einem Buch, die von ISAAC CASAUBONUS in seiner Genueser Edition von 1595 aufgrund der in der Suda enthaltenen Nachricht, daß Sueton Kaiserbiographien in acht Büchern geschrieben habe, vorgenommenen wurde.[130]

In der Diskussion wurden darüber hinaus zahlreiche Unterschiede im Aufbau der einzelnen Viten bislang nicht hinreichend berücksichtigt.[131] Diese lassen erst bei einer

---

128 Daß die Ereignisse der Jahre 68 und 69 n. Chr., die Tacitus zu einem *longus et unus annus* zusammenfaßt (dial. 17,3), als Fluchtpunkt im historischen Horizont der Zeitgenossen figurierten, zeigt auch die Nachricht bei Flavius Josephus (bell. Iud. 4,496), diese seien bereits von zahlreichen Autoren dargestellt worden. Einige wenige Beispiele sind in Form knapper Testimonien noch greifbar: So schrieb Pompeius Planta, der unter Vespasian und Trajan hohe Ämter in der Provinzverwaltung bekleidete, über die Schlacht von Betriacum (vgl. Schol. ad Iuv. 2,99) und der als Unterredner im *dialogus de oratoribus* bekannte Vipstanius Messalla über die Belagerung Cremonas (vgl. Tac. hist. 3,25,2).

129 Vgl. dag. den jedoch allenfalls auf die drei Kaiser des Jahres 69 zutreffenden Einwand von BRADLEY 1973, 262: „It needs to be reemphasized that the content of a Suetonian life was influenced partly by the amount of information available to the author, partly by the length of time spent by the subject in public life, partly by the length of subject's life. These basic facts are perhaps sometimes neglected."

130 Vgl. die *praefatio* in der Edition von IHM 1908, viii.

131 BOWERSOCK 1969b, 121f., hat zum einen auf die Plazierung der Rubrik zu den *artes liberales*, die in der Domitiansvita erstmals nach den Informationen zur äußeren Erscheinung und damit an der Stelle behandelt wird, an der sie sich auch bei den julisch-claudischen Kaisern regelmäßig wiederfindet, und

‚Inversion' der Entstehungszeit der beiden Hexaden eine folgerichtige Entwicklung erkennen, die von dem kleinen Format der Stücke aus *de viris illustribus* über die in vielerlei Hinsicht stark experimentellen sechs Kaiserviten der zweiten Hälfte hin zu den kunstvoll angelegten und weitaus umfangreicheren Biographien der julisch-claudischen Dynastie reicht.[132] Die Besonderheiten der zweiten Hexade zeigen sich dabei sowohl auf der Makroebene, beispielsweise im durchgängig chronologischen Aufbau der Othovita[133] und in der stark an ein Enkomion erinnernden Gliederung der Titusbiographie,[134] als auch auf der Ebene von Detailbeobachtungen, wie dem weitgehenden Fehlen expliziter Verweise innerhalb einer Vita[135] oder der noch nicht standardisierten Verwendung einzelner Kategorien[136] beziehungsweise deren Plazierung in der jeweiligen Lebensbeschreibung.[137] Behält man dagegen die herkömmliche Chronologie bei, so bleibt man als Erklärung für diese Phänomene, die dann nur als ‚Verfall' der suetonischen Darstellungskunst gedeutet werden können, auf die problematische These eines Zusammenhangs mit Suetons Zugang zu den kaiserlichen Archiven angewiesen.[138]

---

zum anderen auf den in der ersten Hexade bei negativ bewerten Kaisern charakteristischen zweigliedrigen Aufbau verwiesen, der bei Domitian noch entwickelt wird (vgl. dag. BRADLEY 1973, 261).

132   Vgl. BALDWIN 1983, 296: „Also, the possibility that the last six *vitae* were composed first, short and experimental in the manner of the *De viris illustribus*, and that the more elaborate came later, had better to be remembered." Der – allerdings nicht in vergleichbaren Relationen – nachlassende Umfang der Biographien in der Reihe von Augustus bis Nero erklärt sich möglicherweise aus der Bedeutung der beiden ersten Herrscher für die Etablierung der neuen Staatsform (vgl. GIUA 1995, 541f., u. SALLMANN / SCHMIDT 1997a, 49), sowie aus Suetons spezifischen Interessen, die hier wie auch in *de viris illustribus* einen Schwerpunkt in der späten Republik und der augusteischen Zeit aufweisen (vgl. WALLACE-HADRILL 1983, 2.50ff., der ferner vermutet, Sueton habe zunächst nur die beiden ersten Biographien konzipiert und sei erst durch deren Erfolg zu einer Fortsetzung veranlaßt worden).

133   Vgl. STEIDLE 1951, 105.

134   Vgl. LEO 1901, 9f.

135   Einem einzigen Beispiel aus der zweiten Hexade (Vit 18) stehen neun Beispiele in den ersten sechs Biographien gegenüber (vgl. Aug. 90; Tib. 70,5; Cal. 8,6.32,3.35,2; Claud. 29,1.35,1.36,2 u. Nero 22,5 sowie ferner MOUCHOVÁ 1968, 65).

136   So werden beispielsweise die von Kaisern veranstalteten *spectacula* erstmals in der Domitiansvita als eigenständiger Punkt in Form einer Rubrik behandelt (vgl. Suet. Dom. 4,1-2 u. ferner Vesp. 19,1 u. Tit. 7,3.8,2), während dieses Vorgehen später zur Regel wird (vgl. Suet. Iul. 39; Aug. 43-45; Tib. 7,1.47; Cal. 18-20; Claud. 21 u. Nero 11-13).

137   In der zweiten Hexade steht die Rubrik ‚Äußeres' lediglich in der Vespasiansvita vor der *exitus*-Schilderung und bildet mit den übrigen ‚privaten' Eigenschaften einen thematischen Komplex (vgl. Suet. Vesp. 20), wie es in den Biographien der julisch-claudischen Kaiser mit Ausnahme der Nerovita zu Regel wird (vgl. Suet. Iul. 45; Aug. 79-80; Tib. 68; Cal. 50 u. Claud. 30-31 sowie Nero 51).

138   Die vorgeschlagenen Erklärungen operieren zumeist mit dem Verlust des Interesses am Gegenstand oder einer Abneigung gegen die Monarchie als Institution nach seiner Entlassung als *ab epistulis* (vgl. z.B. TOWNEND 1967, 90f.; SYME 1980a, 118ff., u. LINDSAY 1995, 3).

Aber auch die Schwierigkeiten des hier vertretenen Vorschlages zur relativen Chronologie der Kaiserviten sollen nicht verschwiegen werden. Der Anfang der Galbabiographie weist mit den lapidaren Worten *progenies Caesarum in Nerone defecit* nur minimale Spuren eines Proömium auf,[139] wenn auch zu bedenken ist, daß die folgende Zusammenstellung der sich auf den Dynastiewechsel beziehenden Prodigien diese Funktion wenigstens zum Teil erfüllt[140] und Sueton generell auf eine historische Einordnung der von ihm geschilderten Lebensläufe verzichtet. Gleichwohl ist es nur schwer vorstellbar, daß dem Werk nicht eine allgemeine *praefatio*, die wahrscheinlich auch eine Dedikationsadresse beinhaltete, vorangestellt gewesen sein sollte. Die Lösung dieses Problems kann einerseits in dem bereits angedeuteten Unterschied zwischen Abfassung und Publikation bestehen, andererseits aber auch in der Möglichkeit einer Überarbeitung der älteren zweiten Hälfte nach Fertigstellung der ersten Hexade. Beide Erklärungen sind freilich gleichermaßen spekulativ.

Festzuhalten bleibt jedoch, daß gute Argumente für eine Inversion der beiden Hexaden innerhalb der suetonischen Kaiserbiographien in Hinsicht auf ihre relative Chronologie sprechen, während für die traditionelle Reihung im wesentlichen nur ihre Übereinstimmung mit der historischen Abfolge der römischen Herrscher und der Befund der einzigen für die Überlieferung des Textes ins Mittelalter verantwortlichen Handschrift spricht. Dabei ist allerdings in Rechnung zu stellen, daß auch die Anordnung der Biographien in der Handschriftentradition durch eine gezielte Angleichung an die historische Reihung entstanden sein kann, die von einem späteren Bearbeiter oder im Rahmen einer zweiten Auflage bereits von Sueton selbst vorgenommen worden sein könnte.[141] Aus diesen Gründen wird dem weiteren Verlauf dieser Untersuchung die Annahme zugrunde gelegt, daß Sueton nach der Arbeit an *de viris illustribus* mit den Biographien des Vierkaiserjahres und der Flavier begonnen hat und erst dann in einem zweiten Schritt zu den Herrschern aus der julisch-claudischen Dynastie übergangen ist.

Für den Versuch einer absoluten Datierung ist mit dieser Festlegung der relativen Chronologie freilich wenig gewonnen. Weil der Verlust des Postens *ab epistulis* als

---

139 Vgl. Suet. Galba 1 („Die Dynastie der Caesaren endete mit Nero."). Fraglich scheint allerdings, ob diese Worte zwingend als unmittelbare Anknüpfung an die Nerovita zu verstehen sind (vgl. BRADLEY 1973, 257f.: „*Galba* 1 does make an effective transition from Nero 57, a description of public and private reactions to Nero's death, to the year of the four emperors; but it does not make a successful introduction to the events of 68/69 alone.").

140 Vgl. GUGEL 1977, 28ff.60ff.152.

141 In diesem Zusammenhang sei ein erneuter Verweis auf die Überlieferungsgeschichte der beiden taciteischen Großwerke gestattet, die offenbar bereits Hieronymus in einer Ausgabe vorlagen, die sich an der Chronologie der behandelten Ereignisse und nicht der Reihenfolge der Entstehung orientierte (vgl. Hier. comm. in Zachariam 3,14: *Cornelius quoque Tacitus, qui post Augustum usque ad mortem Domitiani vitas Caesarum triginta volumimibus exaravit* u. ferner V. ALBRECHT 1992, II 903).

Erklärung für die nachlassende Qualität nicht mehr benötigt wird, kann er auch als Datierungshilfe nicht mehr herangezogen werden.[142] Damit und unter der Voraussetzung, daß eine Widmung an Septicius Clarus auch denkbar erscheint, wenn dieser nicht mehr als *praefectus praetorii* fungiert, fällt der einzige auswertbare Hinweis auf eine Abfassungszeit fort. Denkbar ist daher jeder beliebige Zeitpunkt nach dem Ende der Korrespondenz mit Plinius durch dessen Tod im zweiten Jahrzehnt des 2. Jh. n. Chr. bis zu Suetons eigenem Ableben, über das wir allerdings keinerlei Kenntnis haben.[143] Gleichwohl läßt die hier vertretene Sichtweise einer literarischen Entwicklung, die über die antiquarische Schriftstellerei und die den Literaten und Intellektuellen gewidmeten Kurzbiographien hin zu den Lebensbeschreibungen der römischen Kaiser verläuft, eine etwas spätere Abfassungszeit, ungefähr in den späten zwanziger oder dreißiger Jahren des 2. Jh. n. Chr., wahrscheinlich werden.

c) Die Konzeption der *Caesares*: Der Inhalt und seine Vermittlung

Die Wahrnehmung der suetonischen *Caesares* in der modernen Forschung läßt sich auch als eine Folge enttäuschter Erwartungen begreifen, die zumeist daraus resultierten, daß an Suetons Werk Vorstellungen herangetragen wurden, die von den jeweiligen Interpreten allgemein und überzeitlich mit der Gattung der Biographie verbunden wurden. So lastete man es Sueton beispielsweise an, daß er im Gegensatz zu Plutarch nicht die Schilderung eines Charakters als moralisches Phänomen und ethisches Exempel angestrebt habe.[144] Diese Beobachtung trifft sicher etwas Richtiges, wie sich bereits an der Entscheidung für die vorrangige Verwendung eines Rubrikenschemas ablesen läßt, in dem die Informationen aus verschiedenen Lebensabschnitten thematisch und nicht unter Beachtung der individuellen Chronologie zusammengefaßt werden, so daß eine charakterliche Entwicklung nur sehr eingeschränkt zum Ausdruck kommen kann. Zu einem negativen Werturteil kann eine solche Feststellung jedoch erst vor dem Hintergrund einer spezifischen, in diesem Fall vor allem an Plutarch orientieren Erwartungshaltung gegenüber antiken Biographien werden.

Vielleicht als Reaktion auf die Enttäuschung, daß Sueton offenbar nicht primär an der Individualität der von ihm dargestellten Personen interessiert ist, wurde die Intention seines Werkes vielfach in der Propagierung eines überindividuellen Herrscherideals gesehen, in dem die Vorstellungen des Autors und seiner Rezipienten, in denen

---

142 Zu einer möglichen hadrianfeindlichen Tendenz der Flavierbiographien im Zusammenhang mit der Demission Suetons vgl. CARNEY 1968 u. ABRAMENKO 1994.

143 Vgl. MACÉ 1900, 226ff., u. BALDWIN 1983, 46ff.

144 Vgl. die von STEIDLE 1951, 1f., zusammengestellte Literatur, sowie dag. z.B. MOUCHOVÁ 1968, 106, u. GUGEL 1977, 149ff.

man in diesem Zusammenhang zumeist die römischen Ritter und kaiserlichen Verwaltungsbeamten erblickt,[145] von einem idealen Herrscher literarisch Gestalt gewonnen hätten.[146] Die Kaiserbiographien Suetons werden in diesem Deutungsansatz daher bis zu einem gewissen Grad als funktionales Äquivalent zur Gattung des mittelalterlichen und frühneuzeitlichen Fürstenspiegel angesehen.[147] Eine wichtiges Argument stellen in diesem Zusammenhang die einzelnen Kategorien dar, die vor dem Hintergrund der am Kaiserhof in vielfältigen Formen kursierenden Tugendkatalogen[148] als gesellschaftlich vorgeprägtes, der Evaluation des jeweiligen Herrschers dienendes Schema verstanden werden,[149] das Sueton bei der Abfassung seiner Biographien mehr oder weniger zwangsläufig übernommen habe.[150] Dabei wird allerdings dem flexiblen Charakter des jeweils in hohem Maße auf die einzelne Person zugeschnitten Rubrikenschemas keine hinreichend Beachtung geschenkt.

Dabei wird insbesondere der Panegyricus des jüngeren Plinius, die wahrscheinlich deutlich erweiterte schriftliche Fassung seiner 100 n. Chr. vor Trajan gehaltenen *gratiarum actio*,[151] als zeitgenössische Parallele herangezogen.[152] Doch kann gerade der Vergleich mit der Pliniusrede den divergenten Charakter des suetonischen Ansatzes verdeutlichen. Denn trotz der in beiden Texten vorrangig verwendeten thematischen Gliederung lassen sich signifikante kompositorische Unterschiede aufzeigen.[153] Vor allem verbietet aber die fundamental verschiedene Kommunikationssituation eine engere Parallelisierung. Denn auch in der überarbeiteten Fassung bleibt der okkasionelle Rahmen der vom amtierenden Konsul gehaltenen Dankesrede für die Rezeption des Panegyricus konstitutiv. Während auf diese Weise für Plinius der Kaiser als

---

145 Vgl. v.a. WALLACE-HADRILL 1983, 157: „Suetonius writes from the point of view of the subject anxious about his neck, his pocket, his standing, and his comfort. It follows that it is the presence or absence of vice that most concerns him. The virtues are largely negative ones." Zur Diskussion des Adressatenkreises s.u. S. 321ff.

146 Vgl. WITTKE 1974, 47f.; CIZEK 1977, 154ff.; GASCOU 1984, 711ff.; WALLACE-HADRILL 1983, 142ff., LEWIS 1991, 3628.3649ff.; BRADLEY 1991,3713ff., u. GIUA 1995, 541ff.

147 Zur Gattung des Fürstenspiegels und ihrer Bedeutung für die antike Literatur vgl. SCHULTE 2001, v.a. 16ff., unter dessen Definition eines Fürstenspiegel Suetons Kaiserbiographien nicht fallen.

148 Vgl. WALLACE-HADRILL 1983, 145ff., u. ferner BRADLEY 1991, 3719f., zur Rolle der hadrianischen Münzemissionen.

149 Vgl. z.B. WALLACE-HADRILL 1983, 143f.: „What he does is to measure each Caesar against a set scale of criteria. Each virtue/vice category applies as it were a litmus test. A good emperor will show up positively on the tests of clemency, civility liberality and continence, a tyrant negatively on the same tests."

150 Vgl. v.a. BRADLEY 1991, 3714f.3721ff.

151 Vgl. Plin. ep. 3,13 u. 3,18. Die Deutung des Panegyricus als antiker Fürstenspiegel ist allerdings nicht unumstritten (vgl. bejahend HADOT 1972, 601f., u. dag. die Skepsis bei SCHULTE 2001, 218ff.).

152 Vgl. WALLACE-HADRILL 1983, 144.155, u. BRADLEY 1991, 3717ff.

153 Vgl. z.B. LEWIS 1991, 3628.

direkter Adressat fungiert, wendet sich Sueton formal an seinen Widmungsträger Septicius Clarus. Den Kaiserviten fehlt darüber hinaus sowohl der explizite didaktische Anspruch, der im Panegyricus deutlich hervortritt,[154] als auch das bei Plinius naturgemäß prominente laudatorische Element. Die weitgehende Abwesenheit des letzteren stellt im übrigen auch den wichtigsten Unterschied der suetonischen Biographien zum häufig mit Blick auf die Rubrikengliederung als Modell ins Spiel gebrachten Enkomion dar.[155]

Dennoch trifft der Vergleich mit panegyrischen und enkomiastischen Texten insofern etwas Richtiges, wenn mit ihm auf die Existenz paränetischer Momente in den Kaiserbiographien hingewiesen werden soll. Ein Modellcharakter sowohl der positiv gezeichneten Herrscher wie – im abschreckenden Sinne – auch der negativ aufgefaßten ist nicht zu leugnen, doch dürfte sich dieser nicht exklusiv auf den Kaiser, sondern vielmehr – wie gerade die Betonung ‚privater' Eigenschaften nahelegt[156] – auf die Leserschaft im allgemeinen erstreckt haben.[157] Dieser didaktische Impuls hat jedoch einen entschieden anderen Charakter als die moralpädagogische Intention, wie sie etwa in den Parallelbiographien Plutarchs deutlich zutage tritt. Eher bietet sich ein Vergleich mit der paränetischen Empfehlung eines bestimmten Lebensstiles an, wie wir sie in den plinianischen Porträtbriefen oder in einigen Kapiteln der gellianischen *noctes Atticae* kennengelernt haben. Dieses protreptische Moment verbindet die Kaiserbiographien im übrigen erneut eng mit den *viri illustres*, denn den dort porträtierten Intellektuellen dürfte im gesellschaftlichen Kontext der Bildungskultur des 2. Jh. n. Chr. eine ähnliche Vorbildfunktion zugekommen sein.

Andererseits kann aber keinesfalls die Rede davon sein, daß Sueton die moralische Bewertung der von ihm porträtierten Herrscher allein dem Leser überließe.[158]

---

154 Vgl. z.B. Plin. paneg. 73,6 und ferner seine eigenen Aussagen zur Intention des Panegyricus: *primum ut imperatori nostro virtutes suae veris laudibus commendarentur, deinde ut futuri principes non quasi a magistro, sed tamen sub exemplo praemonerentur, qua potissimum via possent ad eandem gloriam niti* (Plin. ep. 3,18,2).

155 Vgl. v.a. STEIDLE 1951, 129ff., sowie dag. LEWIS 1991, 3665f., u. ZIMMERMANN 1999, 44f., der die Sonderstellung der Biographien Suetons und Plutarchs gegenüber dem panegyrischen Charakter der übrigen biographischen und zeitgeschichtlichen Produktion der Zeit betont.

156 Vgl. insbesondere Suet. Vesp. 21 u. Aug. 78 mit der Beschreibung eines typischen Tagesablaufes.

157 Vgl. WALLACE-HADRILL 1983, S. 179f. „It was a commonplace of ancient thought and of imperial panegyric that the ruler set an example which his subjects almost inevitably followed, and the proper way to rule was not simply by imposing laws, but by setting the right example."

158 Vgl. dag. TOWNEND 1967, 92: „He leaves it open to us to judge for ourselves, in a way that the eloquence of Tacitus seldom permits, as he constrains our agreement by the subtely and force of his language. … With Suetonius, the opposite is rather apparent: that he never makes up his mind about the nature of his subject, nor seeks to give a consistent account, … He allows us to construct our own figures from his materials, and we feel that the results are real."

Wenn er direkte auktoriale Kommentare auch nur sparsam einsetzt,[159] so charakterisiert er seine Personen doch in hinreichender Deutlichkeit durch die Auswahl und Anordnung der über sie berichteten Fakten. Hinter diese von WOLF STEIDLE erstmals prominent vertretene Einsicht kann es kein Zurück geben.[160] Und doch sollte darüber hinaus bedacht werden, daß die Fakten auch bereits *per se* und gleichsam durch Sueton hindurch charakterisierend wirken, vielleicht in stärkerem Maße als es im Einzelfall seinen Intentionen entsprach.[161] Häufig scheint sich Sueton auf eine partielle Meinungsbildung über den Charakter seiner *Caesares* zu beschränken, wodurch er sich ebenso von der Biographie plutarchischer Prägung[162] wie von der prononciert senatorischen Geschichtsschreibung eines Tacitus[163] unterscheidet. Wenn man Sueton jedoch deswegen zubilligen wollte, er sei es, der in Wirklichkeit *sine ira et studio* schreibe,[164] wäre man selbst Opfer der subtilen Leserführung des Biographen geworden, der es auch gerade unter dem Mantel einer ‚objectivité affectée'[165] verstanden hat, seine Perspektive auf die ersten zwölf römischen Herrscher der Nachwelt zu vermitteln.[166]

---

159 Vgl. z.B. Suet. Iul. 76,1; Cal. 22,1; Nero 19,3 u. Vesp. 1,1 sowie ferner EKTOR 1980, 318f.; BRADLEY 1991, 3703, u. SCHERBERICH 1995, 21.

160 Vgl. v.a. STEIDLE 1951, 102ff., der als erster Suetons ‚Prinzip der Charakterisierung durch Fakten' betont hat, sowie ferner CIZEK 1977, 65ff.; GASCOU 1984, 688ff.; BRADLEY 1991, 3702f.; LEWIS 1991, 3653, u. V. ALBRECHT 1992, II 1116: „Suetons Bewertung der Fakten kommt indirekt in der Anordnung des Stoffes zum Ausdruck, wobei die synchrone Sicht gegenüber der diachronen überwiegt. Einzelzüge werden in Gradationen angeordnet und wirken so auf den Leser: Als geschickter Psychologe suggeriert der Biograph Urteile, statt sie auszusprechen. So läßt er dem Leser den Schein der Freiheit."

161 Vgl. SHOTTER 1993, 11: „... true to his original profession, Suetonius was a cold and unemotianal cataloguer of his subjects' characteritics. Even the most commonly-heard criticism – his fondness for a lewd or outrageous anecdote – can be described to his conviction that he should not suppress anything that he read or heard; a caveat of ‘it is said that ...' may have been sufficient for conscience. The fact remains, however, that whatever his overall intentions, Suetonius nearly always wrote down the worst version of an incident that he knew."

162 Vgl. SHOTTER 1993, 12: „Suetonius remained external to his subjects, making no general estimate of character and omitting the philosophical or moral reflections we might have expected from Plutarch. There is in fact what amounts to a refusal to enter into a character's thoughts: indeed it is probably this cold recital which lacks an attempt to comprehend that makes Suetonius often appear hostile, despite the fact that in essence there is little he says ... that is not mentioned in other sources."

163 Vgl. SONNABEND 2002, 176f.

164 Vgl. Tac. ann. 1,1,4 sowie ferner EKTOR 1980 u. BENEDIKTSON 1993, 377.

165 Vgl. GASCOU 1984, 675ff.

166 Vgl. WALLACE-HADRILL 1983, 149f.: „In that he documents both virtues and vices with characteristic scholarly impartiality, Suetonius differs from both the panegyrist and writer of invective. But one point he does hold in common with them is that the function of virtues is to generate popularity, of vices to induce hatred."

In gleicher Weise liegt es auf der Hand, daß sich allein aus der Reihung von in ähnlichen Kategorien beschriebenen Personen für den Leser die Möglichkeit einer vergleichenden Bewertung nach moralischen, aber auch realpolitischen Gesichtspunkten ergibt. Bei der Beantwortung der Frage, inwieweit hierin eine wesentliche Intention des Autors besteht, ist jedoch Vorsicht geboten.[167] Denn Sueton legt schon bei der Thematisierung von inhaltlichen Bezügen innerhalb einer Biographie eine auffällige Zurückhaltung an den Tag, explizite Querverweise zwischen den Biographien fehlen dagegen vollständig.[168] Wenn in der Forschungsliteratur dennoch die Bezogenheit der einzelnen Biographien aufeinander vorausgesetzt wird,[169] so geschieht dies lediglich auf der Grundlage impliziter Bezugnahmen, deren jeweilige Interpretation jedoch den Schluß auf eine generelle Tendenz des gezielten Verweisens zwischen den Biographien nicht zuläßt.[170] Die Option einer vergleichenden Betrachtung der einzelnen Herrscher für den Leser soll hiermit ebensowenig ausgeschlossen werden wie die Möglichkeit, daß derartige Überlegungen auch für den Verfasser eine – wenn auch untergeordnete – Rolle gespielt haben können. Es dürfte jedoch angesichts des Verzichts auf jede Form der Explizierung einer solchen Intention von Seiten des Autors zu weit führen, in der Konzeption seiner Biographien „geschichtsphilosophische Ziele" und den Versuch, „das Phänomen des Prinzipats als in der Kaiserperson individualisierte Reichsgeschichte zu deuten," zu erblicken.[171]

Im Vordergrund steht für Sueton, so die im folgenden zu untermauernde These, weder eine Art nachträglicher Evaluation der ersten zwölf *principes* noch die Würdigung der einzelnen Machthaber aus einer moralphilosophischen Perspektive, wenngleich vom Autor natürlich bewußt ein bestimmtes Bild der historischen Persönlichkeiten tradiert wird, sondern die Vermittlung von Wissen über die *Caesares* mit Blick auf die spezifischen Bedürfnisse und Interessen der Bildungskultur des 2. Jh. n. Chr. Suetons primäre Intentionen bei der Abfassung der Kaiserviten lassen sich mit den Schlagwörtern der Information und Unterhaltung seiner Leser skizzieren, zu denen als

---

167 Vgl. V. ALBRECHT 1992, II 1109: „Ein wichtiges Problem, das noch der konsequenten Untersuchung harrt, ist die Bezogenheit der verschiedenen Lebensbeschreibungen aufeinander."

168 Vgl. MOUCHOVÁ 1968, 65.

169 Vgl. z.B. LEO 1901, 142; STEIDLE 1951, 73, u. GUGEL 1977, 143: „Zuletzt aber hat sich gezeigt, daß Suetons Viten nicht bloß für sich allein gesehen werden dürfen, sondern immer in ihrer Bezogenheit auf die anderen Viten. Suetons Biographiensammlung ist als Einheit konzipiert, der einzelne Kaiser nur ein Mosaikstein im Gesamtgefüge, nach den Grundsätzen der Übereinstimmung und des Gegensatzes charakterisiert und daher nicht völlig zu verstehen, ohne in Beziehung zu den anderen zu setzen."

170 Vgl. die Diskussion der betreffenden Stellen bei MOUCHOVÁ 1968, 65ff., die sich kritisch mit den von STEIDLE 1951, 73, für die These einer zusammenhängenden Komposition in Anspruch genommen Berichten über den Tod des Tiberius auseinandersetzt (vgl. Suet. Tib. 73,3-4 u. Cal. 12,4).

171 Vgl. LAMBRECHT 1984, 25ff.; BRADLEY 1991, 3720ff.; SALLMANN / SCHMIDT 1997a, 47, u. für die Zitate SALLMANN 2001, 1085.

drittes Element die Belehrung in Form der Tradierung von Modellen bestimmter Verhaltensweisen tritt. Gerade hier zeigt sich die große Nähe, die die *Caesares* trotz ihrer traditionellen biographischen Form in funktionaler Hinsicht zu einem Werk wie den gellianischen *noctes Atticae* aufweisen. Dabei wird wie von Gellius so auch von Sueton beim Aspekt der Unterhaltung der Akzent nicht ausschließlich auf die *delectatio* des Lesers beim Akt der Lektüre gelegt, sondern beide Autoren berücksichtigen darüber hinaus auch die Eignung der von ihnen dargebotenen Informationen zur aktiven Verwendung durch den Rezipienten im Rahmen der ‚Salonkultur' des 2. Jh. n. Chr.

Suetons Kaiserbiographien weisen also nicht nur, wie schon lange beobachtet wurde, in der literarischen Technik,[172] sondern auch in der intentionalen Motivierung ein große Nähe zu *de viris illustribus* auf.[173] Dies zeigt sich bereits in der vorwiegenden Verwendung einer wissenschaftlich-nüchternen Diktion,[174] die Quintilians Klassizismus näher steht als dem zeitgenössischen Archaismus.[175] Mit der Bereitschaft zur Aufnahme von in ihrem Wortlaut unveränderten Zitaten und von unübersetzten griechischen oder umgangssprachlichen *termini* bewegt sich Sueton außerdem in größerer Nähe zur Fachschriftstellerei[176] als zu den elaborierten Stilprinzipien der Historiographie.[177] Der Anspruch der Utilität wird aber vor allem in der Organisation des Textes der Kaiserviten deutlich, der auch demjenigen Leser vielfältige Orientierungshilfen gibt, der keine durchgängige Lektüre des gesamten Werkes beabsichtigt, sondern daran interessiert ist, bestimmte Passagen gezielt lesen oder schnell nachschlagen zu können.

---

172 S.o. S. 239ff.

173 Vgl. DIHLE 1987, 64ff., der Sueton allerdings zugleich in die Nähe der Geschichtsschreibung rückt; zu den Unterschieden zwischen der zeitgenössischen Historiographie und Sueton s.u. S. 271ff.

174 Vgl. z.B. LEO 1901, 144; WALLACE-HADRILL 1983, 203f., u. SCHERBERICH 1995, 21ff.

175 Vgl. z.B. CIZEK 1977, 14ff., u. SHOTTER 1993, 35ff., sowie dag. SALLMANN / SCHMIDT 1997a, 49: „Suetons scheinbar sachlicher Stil, rhetorisch aber gewollter Duktus kann sich neben der pathetischen Dramatik und der berühmten δεινότης des Tacitus behaupten. Anders als in den zwanglos skizzierten *Viri illustres* (...) bewegt sich Suetons Sprache hier mit gepflegter Schlichtheit zwischen prätentiösen Purismen und blühendem Modernismus auf der Linie des quintilianischen Stilideals, ohne die eigene Zeit und des beginnenden Archaismus zu verleugnen ...“. Gegen die Berechtigung des Begriffes Archaismus hat sich SCHINDEL 1994, v.a. 341, ausgesprochen, der das Phänomen als „Ausdruck eines ‚Historismus'“ versteht, „einer Verstärkung der geschichtlichen Dimension im Bewußtsein einer Epoche, die aufgrund inneren und äußeren Friedens Muße für die Vergangenheit findet.“

176 Zur charakteristischen Stilistik lateinischer Fachtexte vgl. FÖGEN 2003.

177 Vgl. WALLACE-HADRILL 1983, 19ff.; GASCOU 1984, 345, u. v. ALBRECHT 1992, II 1110: „Stilistisch gehört er in die Nähe der Fachschriftsteller. Sueton gehört zu den Autoren, die das *mot juste* suchen; er strebt nicht nach rhetorischem Pomp, sondern nach cäsarischer *elegantia*, allerdings ohne Purismus.“, sowie dag. STEIDLE 1952, 125f., der vor dem Hintergrund seiner These eines starken Einflusses autochthon römischer Vorbilder eine Nähe zum Sprachduktus republikanischer *res gestae* sieht. Zum Prosarhythmus vgl. MACÉ 1900, 379ff.; D'ANNA 1954, 211ff., u. SCHERBERICH 1995, 27ff.

Daher wiederholen die *Caesares* auf der Ebene der zwölf Einzelviten großformatig die Katalogstruktur von *de viris illustribus*, weisen aber zugleich eine differenzierte und zu einem hohen Prozentsatz rekurrente Binnengliederung auf, deren Orientierungsfunktion für den Leser noch auf verschiedene Weise verstärkt wird. So läßt sich etwa eine beträchtliche Ausweitung in der Verwendung von Präskripten beobachten. Während bei Nepos und in den suetonischen *viri illustres* lediglich der Name des Porträtierten im Nominativ syntaktisch verbunden oder unverbunden dem eigentlichen Text vorangestellt wird,[178] findet sich dieses Gliederungsprinzip in den Kaiserbiographien auch vor den einzelnen Rubriken innerhalb der jeweiligen Biographie. Die syntaktische Anbindung an den folgenden Text ist dabei zur ausnahmslosen Regel geworden, ein stilistischer Vorteil, der mit dem Verzicht auf die ausschließliche Verwendung des Nominativs erkauft wurde. Die Verwandtschaft der bei sehr vielen Rubriken in den *Caesares* zu beobachtenden Eigenheit, daß ein inhaltlicher Schlüsselbegriff an den Anfang gerückt wird,[179] mit den Präskripten der Kurzbiographien wird dann noch deutlicher, wenn man sich beides mit den Mitteln der antiken Textgestaltung – sei es durch Rubrizierung, sei es in der Form einer ἔκθεσις –[180] hervorgehoben denkt.[181]

Die vom Autor angelegte textimmanente Gliederung nachzuvollziehen, wird heute dadurch erschwert, daß die modernen Suetonausgaben die in der Handschriftentradition und frühen Drucken des 15. Jh. aufgekommene und von ERASMUS in seiner Baseler Edition von 1518 übernommene Kapitelzählung fortführen, obwohl von CARL LUDWIG ROTH bereits 1858 auf die inhaltlich wesentlich adäquatere Gliederung des Haupttextzeugen, des am Ende des 9. Jh. im Martinskloster von Tours entstandenen und heute in Paris befindlichen *codex Memmianus*,[182] hingewiesen wurde:

> „Sed nolui tamen nescius esses, lector benevole, reperisse me in Memmiano codice aliam capitum divisionem tam commodam tamque luculentam, ut ipsius Tranquilli manu instituta esse videatur."[183]

---

178 S.o. S. 243f.

179 Vgl. NISSEN 1886, 497f.; SCHMIDT 1891, 32; LUCK 1964, 231; MOUCHOVÁ 1968, 45; WITTKE 1974, 46f. mit Anm. 121, u. CIZEK 1977, 53.

180 Vgl. SCHRÖDER 1999, 103f.

181 Vgl. WALLACE-HADRILL 1983, 13.

182 Zu Datierung, Beschreibung und Namensgebung der Handschrift vgl. die *praefationes* in den Editionen von ROTH 1858, xx-xxiii, u. IHM 1907, vii-x. Die von RICHARD BENTLEY vertretene These, daß alle erhaltenen Suetonhandschriften auf den *codex Memmianus* als Archetypen zurückgingen, kann als widerlegt gelten (vgl. ROTH 1858, xxiii-iv, u. IHM 1907, xi-xii).

183 Vgl. ROTH 1858, xii-xiii („Ich möchte aber den geneigten Leser nicht darüber in Unkenntnis lassen, daß ich im *codex Memmianus* eine andere Kapiteleinteilung gefunden habe, die so zweckmäßig und überzeugend ist, daß es den Anschein hat, Sueton habe sie selbst vorgenommen."). Zwar hatte auch ERASMUS den *codex Memmianus*, der ihm von seinem Schüler und Freund LORD WILLIAM BLOUNT

Zwar behielt ROTH aus Gründen der Praktikabilität die von ihm für irreversibel gehaltene Erasmuszählung bei, stellt ihr aber die Einteilung des *codex Memmianus* konkurrierend zur Seite, indem er sie in der Abschnittgliederung des Textes nachbildete.[184]

Der Herausgeber der heute maßgeblichen Edition, MAXIMILIAN IHM, übernahm diesen geglückten Kunstgriff und begründete seine Entscheidung auch in der *praefatio* seiner 1907 erschienen *editio maior*.[185] Da der betreffende Passus jedoch in der *editio minor*, die seit 1908 in zahlreichen Neuauflagen erschienen ist und wesentlich größere Verbreitung gefunden hat, den Kürzungen in der *praefatio* zum Opfer gefallen ist, konnte sich die Kapiteleinteilung des *codex Memmianus*, trotz ihrer bequemen Zugänglichkeit und verschiedener Versuche, ihr unter Hinweis auf ihre mögliche Authentizität mehr Bedeutung beizumessen,[186] in der wissenschaftlichen Öffentlichkeit gegenüber der Erasmuszählung kaum Gehör verschaffen. Ob die Einteilung wirklich auf Sueton zurückgeht, kann anhand einer Handschrift aus dem 9. Jh. naturgemäß nicht definitiv beantwortet werden. Da sich jedoch an zahlreichen Punkten Überein-

---

MOUNTJOY zugänglich gemacht worden war, herangezogen, doch beschränkt er sich in seiner Verwendung auf Fragen der Textüberlieferung, wie auch die Widmungsepistel an die sächsischen Fürsten Friedrich und Georg zeigt, in der er als einzige Handschrift der *codex Memmianus* Erwähnung findet: „Ac Suetonium quidem nescio quo deo prospicio, et antehac non ita passim depravatum, nunc eruditorum meaque opera purum, ni fallor, et integrum habemus, suffragante mihi ad hoc negocii, pervetusto quodam codice, quem e bibliotheca monasterii, apud Nervios olim, nunc Tornacenses, vulgato cognomine divi Martini, nobis exhibuit nobilissimus ille Gulielmus Montioius, qui id temporis regias vices ea in urbe gerebat.").

184 Es ist allerdings auf von beiden Herausgebern vorgenommene Veränderungen hinzuweisen, die sie in den *praefationes* zwar summarisch als Korrekturen rechtfertigen, an den einzelnen Stellen aber nicht nachgewiesen haben. So lassen sich etwa in der nach dem Ausweis des *codex Memmianus* aus 62 Absätzen bestehenden Caesarbiographie 9 und in den 72 Absätzen der Tiberiusbiographie 12 Abweichungen zu dem von IHM gedruckten Text nachweisen. Die prozentuale Häufigkeit der Abweichungen ist im übrigen in den kürzeren Biographien der zweiten Hexade geringer. In der Vitelliusvita sind die von IHM gewählten Einteilungen in allen 14 Fällen mit dem *codex Memmianus* identisch.

185 Vgl. IHM 1907, xxviii: „De capitum distinctione, quam supra tetigi, Rothio adsentiendum fuit, qui etsi ordinem numerandique morem a scribis saeculi XV inductum et ab Erasmo in editione Basileensi sanctum quamuis non raro incommodiorem mutare noluit, tamen capitum diuisionem qualis in Memmiano perbene instituta deprehenditur, lectori uersiculorum initiis reductis indicandam censuit, paucis tantummodo aliter administratis quae necessario refingenda erant."

186 Vgl. FUNAIOLI 1931, 612f.: „Die gewöhnliche Kapitelanordnung unserer Ausgaben datiert endgültig von Erasmus (ed. Basel 1518); der Memmianus hat eine andere, wahrscheinlich die ursprüngliche.", u. LUCK 1965, 231: „Der Aufbau wäre einfach genug, wird aber durch die herkömmliche Kapiteleinteilung, die auf die Basler Ausgabe des Erasmus von 1518 zurückgeht, verwischt und überdeckt und ist deshalb noch nie in allen Einzelheiten richtig angegeben worden. Manche Zusammenhänge versteht erst, wer die Gliederung in Kapitel und Abschnitte, die unsere Aufgaben aufweisen, einfach ignoriert. ... Es würde sich ein Philologe wirkliche Verdienste erwerben, wenn er auf Grund der Spuren im Codex Memmianus, der Haupthandschrift der ‚Caesares', eine neue, verständigere Gliederung aller Kaiser-Viten entwerfen könnte."

stimmungen mit der immanenten Gliederung des Textes ergeben, kann zumindest der oben wiedergegeben Einschätzung ROTHS beigepflichtet werden.

Da der Umfang der Rubriken in den *Caesares* denjenigen der Mehrzahl der in *de viris illustribus* versammelten Porträts deutlich überschreitet, schien es Sueton offenbar darüber hinaus ratsam, eine weitere Gliederungshilfe, deren er sich zuvor in seinen antiquarischen Schriften bedient hatte, auf die Biographie zu übertragen.[187] In diesen Fällen faßt Sueton in einem einleitenden Satz bereits die Punkte zusammen, die er im weiteren Verlauf der Rubrik sukzessive behandeln will.[188] Wegen der Analogie zu der aus der Rhetorik bekannten Strategie hat sich für diese Erweiterung des Präskriptes, mit der Sueton ein weiteres Gliederungsmittel für den umfangreicheren Text der Kaiserbiographien gewinnt, die Bezeichnung als *divisio* oder *partitio* eingebürgert.[189]

Mit der Gliederung der einzelnen Rubriken mit Hilfe von Präskripten und *divisiones*[190] nähern sich Suetons Kaiserbiographien ebenso wie mit ihrem systematischen Aufbau im Großen, der zunächst durch die einzelnen Kaiser, dann durch die grosso modo vergleichbare Reihenfolge der Kategorien bestimmt ist, den Strukturprinzipien der Fachschriftstellerei an.[191] Dennoch unterscheiden sie sich vor allem durch die Variationen, die im Aufbau der einzelnen Biographien zu beobachten sind, und durch die einzelnen aufwendiger gestalteten Passagen, wie sie sich häufig etwa im Zusammenhang mit der Schilderung der Todesumstände eines Kaisers finden, deutlich von der Form einer klassischen τέχνη, die ausschließlich der Vermittlung des Lernstoffes eines bestimmten Faches dient.

Ein Vergleich bietet sich jedoch mit jener Gruppe von Schriften an, deren Autoren ihr Augenmerk weniger auf die Vermittlung des gesamten für ein bestimmtes Ge-

---

187 Vgl. TOWNEND 1967, 84, der auf ein Fragment aus Suetons *liber de genere vestium* verweist (Frg. 168 REIFFERSCHEID). Vergleichbare Gliederungen finden sich bereits in den frühsten griechischen Beispielen für Enkomien (vgl. z.B. Isokr. Euag. 22) und in einigen Nepos-Viten (s.o. S. 243f.).

188 Vgl. z.B. Suet. Nero 19,1: *peregrinationes duas omnino suscepit: Alexandrinam et Achaicam.* Auf die Defizite dieses Gliederungsprinzips hat TOWNEND 1967, 85f., hingewiesen: „At all events, having adopted *divisio* in order to make clear the scheme of his arrangement *per species*, he soon begins to use it more and more, until it becomes a positive mannerism and often tends to confuse the reader instead of assisting him. This is largely because once he has announced the topics to be dealt with he is lieky to proceed from one to the next without repeating the key word or marking the transition in any way. … Often, indeed, it is extremely difficult even for the reader with his eye open for this particular feature of arrangement, to decide how the material is intended to be classified."

189 Vgl. Cic. Brut. 302; div. in Caec. 45; inv. 1,31 u. TOWNEND 1967, 84ff.

190 Vgl. TOWNEND 1967, 86, zur *divisio*: „No other feature, perhaps, displays so clearly the method of the *grammaticus* turned biographer."

191 Vgl. dag. WALLACE-HADRILL 1983, 22: „Suetonius' natural affinities are with the abundant technical literature of the early empire – Vitruvius on architecture, Frontinus on aqueducts, Celsus on medicine, the jurists, physiognomists, agronomists, metricians and grammarians."

biet einschlägigen Fachwissens denn vielmehr auf die für die Allgemeinbildung relevanten Informationen gelegt haben.[192] Bücher dieser Art sind seit dem sich in der späten Republik vollziehenden Paradigmenwandel in der gesellschaftlichen Verankerung gerade von historischem Wissen in reicher Zahl entstanden. In einen funktionellen Zusammenhang mit Sueton lassen sich von den uns erhaltenen Werken vor allem die Exempelsammlung des Valerius Maximus[193] und der Geschichtsabriß des Velleius Paterculus,[194] die beide in tiberianischer Zeit entstanden sind, stellen.[195]

Zu solchen Schriften, die primär der Vermittlung historischen Wissens dienen, weisen die Kaiserbiographien auch in der Präsentation des Materials eine Reihe von Gemeinsamkeiten auf. Das gilt zunächst für die Tendenz zur Erzählung in abgeschlossenen Kleinformen, die durch die Gattung des *exemplum* bei Valerius Maximus evident ist, aber auch bei Velleius Paterculus in Form der ‚unit composition', eines Kompositionsprinzip, in dem aus der parataktischen Reihung kleiner Einheiten the-

---

192 Zur Unterscheidung zwischen dem auf praktische Verwendbarkeit zielenden Fachbuch und dem der
    Befriedigung der *curiositas* dienenden Sachbuch vgl. FUHRMANN 1974, 181ff., u. V. ALBRECHT 1992,
    I 450ff., der den Unterschied zwischen „bohrenden Einzeluntersuchungen" und „lesbaren Gesamtdarstellungen" vor allem im Bemühen um eine „ansprechende literarische Gestaltung" erblickt. Es wäre
    gleichwohl zu erwägen, ob nicht auf weite Strecken des suetonischen Werks die von STEINMETZ
    1982, 291f., für den literarkritischen Umgang mit Fachprosa aufgestellten Regeln anzuwenden sind:
    „Es ist ein Kennzeichen fachwissenschaftlicher Veröffentlichungen, daß sie nicht Literatur im Sinne
    von Kunstprosa oder auch nur von gefälliger Unterhaltung sein wollen. Sie stehen außerhalb einer
    irgendwie ästhetisch bestimmten Zielsetzung, sie wollen den Leser informieren und sonst nichts. Sie
    beanspruchen, sachlich Richtiges vorzubringen, und wollen folglich nach den Kriterien sachlich richtig und sachlich falsch beurteilt werden. Aber, wenn man einmal von der philologischen Arbeit der
    Edition möglichst authentischer Texte absieht, so können fachwissenschaftliche Werke auch Gegenstand philologischer Untersuchung und ästhetisch-philologischen Kriterien beurteilt werden, und zwar
    in dreierlei Weise. Denn da ein fachwissenschaftlicher Text den Leser sachlich informieren will, kann
    erstens gefragt werden, welche Darstellungsformen die jeweilige Fachwissenschaft entwickelt hat, ob
    diese Formen für die genannten Zwecke geeignet sind und wie geschickt oder ungeschickt diese Formen gehandhabt werden; zweitens kann gefragt werden, ob der darzustellende Stoff sachgerecht und
    das Fassungsvermögen des Lesers berücksichtigend gegliedert, daß heißt aber auch geordnet und geistig bewältigt ist; und schließlich kann drittens gefragt werden, ob die Sprache so durchgearbeitet ist,
    daß sie dem doppelten Anspruch der Sachlichkeit und der Deutlichkeit gerecht wird, das aber heißt,
    ob sie hinsichtlich des Stoffes angemessen, also sachgemäß ist und ob sie hinsichtlich des Lesers auf
    die Verständlichkeit achtet. So besehen hat wissenschaftliche Literatur stets eine fachliche und eine
    didaktische Komponente."
193 Vgl. Val. Max. 1 praef. 1 (*quae apud alios latius diffusa sunt, quam ut breviter cognosci possint, ab
    illustribus electa auctoribus digerere ..., ut documenta sumere volentibus longae inquisitionis labor
    absit*) sowie ferner z.B. HONSTETTER 1977, 7ff.; BLOOMER 1992, 11ff.; SKIDMORE 1996, 103ff., u.
    WARDLE 1998, 6ff..
194 Vgl. z.B. WOODMAN 1975; STARR 1981 u. SCHMITZER 2000, 287ff.
195 Ausführlicher s.o. S. 6f.

matisch zusammengehörige Gruppen gebildet werden, eine wichtige Rolle spielt.[196] In ähnlicher Weise stellt die Gruppierung kleiner Informationseinheiten zu Rubriken das Grundprinzip der suetonischen Biographie dar, das jedoch jederzeit und in fließenden Übergängen zu größeren und erzählerisch ambitionierteren Einheiten ausgebaut werden kann.

Der Übergang von einer stärker narrativ gestalten und daher auch primär chronologisch geordneten Passage zu einem Abschnitt mit vorwiegend thematischer Gliederung wird von Sueton in der Augustusvita explizit gemacht: *proposita vitae eius velut summa parte<s> singillatim neque per tempora sed per species exequar, quo distinctius demonstrari cognoscique possint.*[197] Der Wechsel zwischen den beiden zentralen Darstellungsmodi der *narratio* und des Rubrikenschemas, die von Sueton hier mit den Schlagworten einer Gliederung *per tempora* beziehungsweise *per species* bezeichnet werden, ist allgemein charakteristisch für seine biographische Technik.[198] Da eine Gliederung nach thematischen Rubriken zur Folge hat, daß in den entsprechenden Teilen der Biographie die Kongruenz in der zeitlichen Ordnung von Geschichte und Erzählung aufgehoben wird, läßt sie sich aus narratologischer Perspektive als eine Reihe von Analepsen beziehungsweise Prolepsen beschreiben.[199]

Mit der optionalen Verwendung von *narratio* oder Rubrik als Phänomen der Makroebene korrespondiert der Wechsel zwischen unterschiedlich ‚intensiven' Darstellungsformen bei der Gestaltung der kleineren Einheiten. Denn diese erhalten ihre charakteristische Struktur durch das Nebeneinander von einerseits vorwiegend informativen und andererseits stärker narrativ angelegten Partien, die sich hinsichtlich der erzählerischen Dichte deutlich voneinander unterschieden. Dieser Wechsel läßt sich in narratologischer Terminologie als ein Zusammenspiel von summary und Szene be-

---

196 Vgl. STARR 1980. Die Orientierungsfunktion der Kapitelüberschriften bei Valerius Maximus, deren Echtheit neuerdings zu recht wieder diskutiert wird (vgl. BLOOMER 1992, 17f.27f.), übernimmt bei Velleius der stereotype Beginn der einzelnen thematischen Abschnitte mit einer Datierung, die neben der Angabe des chronologischen Verhältnisses zum letzten berichteten Ereignis meist die Nennung eines bekannten Namens oder Ereignisses beinhaltet.

197 Vgl. Suet. Aug. 9,1 („Nachdem ich bis jetzt gleichsam eine Übersicht über sein Leben vorgelegt habe, werde ich die einzelnen Teile nun nicht nach chronologischen, sondern nach thematischen Gesichtspunkten durchgehen, damit auf diese Weise die Darstellung und das Verständnis klarer wird.").

198 Zur Rubrik bei Sueton vgl. DELLA CORTE 1958, 204: „Ogni rubrica rappresenta un complesso, che annovera tutto quanto interessa, senza tenere conto del tempo in cui il fatto è avvenuto."; MOUCHOVÁ 1968, 17: „In den beschreibenden Partien fasst Sueton in ein Ganzes, das gewöhnlich als Rubrik bezeichnet wird, solche Tatsachen zusammen, die aus verschiedenen Zeitabschnitten des Lebens des betreffenden Kaisers stammen, miteinander aber verwandt sind und sich auf ein und dasselbe Thema beziehen."; CIZEK 1977, 52ff., u. GASCOU 1984, 390ff.

199 Vgl. GENETTE 1998 [1972/1983], 21ff.

greifen, da in den stärker narrativen Partien das Erzähltempo im Verhältnis zur gesamten Lebensschilderung deutlich verlangsamt wird.[200]

Den für Suetons biographische Technik charakteristischen Wechsel zwischen diesen beiden Darstellungsformen kann bereits der uns erhaltene Anfang der Caesarvita eindrucksvoll verdeutlichen. Denn dieser Abschnitt erhält sein spezifisches Relief dadurch, daß die Ebene einer beinahe fachwissenschaftlichen Informationsvermittlung immer wieder durch narrativ anspruchsvoll gestaltete Passagen aufgelockert wird: Zunächst erhalten wir – beginnend mit der auch in anderen Biographien als Einleitung ähnlicher Rubriken fungierenden Angabe zum Verlust des Vaters[201] – auf engstem Raum und syntaktisch dicht verwoben[202] eine Fülle von Einzelinformationen zu verschiedenen Ereignissen in diesem Lebensabschnitt:

> *annum agens sextum decimum patrem amisit; sequentibusque consulibus flamen Dialis destinatus dimissa Cossutia, quae familia equestri sed admodum dives praetextato desponsata fuerat, Corneliam Cinnae quater consulis filiam duxit uxorem, ex qua illi mox Iulia nata est; neque ut repudiaret compelli a dictatore Sulla ullo modo potuit.*[203]

An die letzte Information knüpft sich nun ein doppelter ‚Exkurs', der den Reigen der nüchternen Fakten zunächst mit einer miniaturhaften historisch-biographischen Erzählung unterbricht:

> *quare et sacerdotio et uxoris dote et gentilicis hereditatibus multatus diversarum partium habebatur, ut etiam discedere e medio et quamquam morbo quartanae adgravante prope per singulas noctes commutare latebras cogeretur seque ab inquisitoribus pecunia redimeret, donec per virgines Vestales perque Mamercum Aemilium et Aurelium Cottam propinquos et adfines suos veniam impetrauit.*[204]

---

200   Vgl. GENETTE 1998 [1972/1983], 61ff.

201   Vgl. Suet. Aug. 8,1 u. Nero 6,3. Alternativ können ähnlich gelagerte Rubriken auch mit dem Verweis auf das Anlegen der *toga virilis* eingeleitet werden: vgl. Suet. Galba 4,3; Vesp. 2,2 u. ferner Tib. 7,1.

202   Die Zusammenstellung ganz unterschiedlicher Inhalten in einer syntaktischen Einheit steht bei Sueton gleichberechtigt neben der parataktischen Reihung (vgl. SCHERBERICH 1995, 21f.).

203   Vgl. Suet. Iul. 1,1 („Als er fünfzehn war, verlor er seinen Vater; im folgenden Jahr wurde er zum Jupiterpriester gewählt und heiratete, nachdem er die Verbindung mit Cossutia gelöst hatte, eine Frau aus dem Ritterstand, die aber hinreichend vermögend war und mit der er noch als Kind verlobt worden war, die Tochter des vierfachen Konsuls Cinna, die bald darauf Julia zur Welt brachte; von Sulla konnte er auf keine Weise dazu gebracht werden, sich von ihr scheiden zu lassen.").

204   Vgl. Suet. Iul. 1,2 („Daher wurde er seiner Priesterstelle, der Mitgift seiner Frau und der Erbschaft seiner Familie beraubt und zudem als Anhänger der gegnerischen Seite betrachtet, so daß er sogar untertauchen mußte und, obwohl er an viertägigen Wechselfieber litt und dieses sich verschlimmerte, gezwungen war, beinahe jede Nacht sein Quartier zu wechseln und sich von seinen Verfolgern freizukaufen, bis er schließlich durch die Fürsprache der Vestalischen Jungfrauen sowie des Mamercus Aemilius und des Aurelius Cotta, Freunde und Verwandte von ihm, eine Begnadigung erreichen konnte.").

Auf die Schilderung dieser Episode folgt nun noch die ebenso detaillierte Wiedergabe der wegen ihres pointierten Charakters möglicherweise den Lesern als Zitat geläufigen Reaktion Sullas:

> satis constat Sullam, cum deprecantibus amicissimis et ornatissimis viris aliquamdiu dene-gasset atque illi pertinaciter conenderent, expugnatum tandem proclamasse sive divinitus sive aliqua coniectura: vincerent ac sibi haberent, dum modo scirent eum, quem incolu-mem tanto opere cuperent, quandoque optimatium partibus, quas se cum simul defendis-sent, exitio futurum; nam Caesari multos Marios inesse.[205]

Wie das ausgewählte Beispiel zeigt, können diese narrativen ‚Erweiterungen' hinsichtlich ihrer jeweiligen Ausgestaltung signifikante Unterschiede aufweisen. Ließe sich im ersten Fall die These vertreten, daß es sich um ein, wenn auch sehr kurzes und biographisch auf die Person Caesars zentriertes Stück dramatischer Historiographie handelt, deren Einfluß auf Sueton sonst insbesondere in der Gestaltung der Sterbeszenen spürbar ist, kann der zweite Teil als Apophthegma klassifiziert werden, das ebenso auf die Information des Lesers über die historische Situation wie auf seine Unterhaltung zielt. Eine in diese Richtung weisende Gestaltung der *facta et dicta* seiner Protagonisten findet bei Sueton weitaus häufiger statt als die Funktionalisierung zum *exemplum*, da die für die Definition des *exemplum* zentralen normativen Aspekte[206]

---

205   Vgl. Suet. Iul. 1,3 („Es ist hinlänglich bekannt, daß Sulla, nachdem er die Bitten der mit ihm eng befreundeten und überaus angesehenen Männer lange Zeit abgelehnt hatte, jene sie aber dennoch hartnäckig fortsetzten, schließlich nachgab und dabei – sei es aufgrund göttlicher Eingebung, sei es weil er eine Vermutung hatte – ausrief: Sie sollten ihren Sieg haben und ihn dazu, solange sie nur wüßten, daß derjenige, dessen Rettung sie nun mit aller Macht erstreben, dereinst der Sache der Optimaten, die sie gemeinsam mit ihm verteidigt hätten, ihr Ende bereiten werde; denn in Caesar stecke mehr als ein Marius."). Zur Begründung, warum die Sueton gerade diese Episode in detaillierter Form darstellt, wurde auf Plutarch verwiesen, der gleichfalls die Konfrontation mit Sulla und das sich anschließende Seeräuberabenteuer ausführlicher schildert (Plut. Caesar 1-2), und die Vermutung ins Feld geführt, daß beide Autoren hier von einer gemeinsame Quelle abhängig sind (vgl. zusammenfassend STEIDLE 1951, 13ff.). Doch lassen sich auch darüber hinaus gehende Gründe für eine ausführliche Behandlung dieser Stelle plausibel machen: Denn neben dem Beitrag zur Charakterschilderung, den beide Episoden fraglos leisten und der für Plutarch im Vordergrund gestanden haben dürfte, läßt sich für Sueton vermuten, daß er gerade die Bekanntheit des Sulla-Diktums zum Anlaß genommen hat, um seinen Lesern auf diese Weise zugleich die ihnen vielleicht nicht präsente situative Einbindung dieses geflügelten Wortes zu bieten. Ein ähnlicher Fall liegt möglicherweise in der Vitelliusvita vor: s.u. S. 279.

206   Vgl. STIERLE 1973, 357: „Das Exemplum konstituiert sich aus den drei Momenten Situation – Entscheidung – Ausgang der Situation. ... Sofern gegebene Situation und Exemplum durch Isomorphie verbunden sind, läßt sich der Ausgang des Exemplums begreifen als Vorgriff auf den Ausgang der eigenen Situation. Das Exemplum zeigt, wohin es führen muß, wenn man sich einer gegebenen Situation so oder so entscheidet. In dieser Isomorphie liegt das überredende, zur Handlung oder zur Unterlassung auffordernde Moment des Exemplums." u. ferner v. MOOS 1988, 69ff.

sich in den Kaiserbiographien nur am Rande konstatieren lassen.[207] Zwar weist die Darstellung seiner Figuren hin und wieder einen paränetischen Zug auf, doch unterscheidet sich diese Protreptik deutlich von den moraldidaktischen Zielsetzungen der antiken Historiographie[208] oder der Biographie à la Plutarch.[209]

Das von Sueton in seinen Kaiserbiographien umgesetzte Konzept läßt sich also als ein Wechselspiel zwischen einem faktenorientierten Grundgerüst von Informationen auf der einen Seite und an ausgewählten Stellen eingestreuten, stilistisch aufwendiger gestalteten Erzählpartien auf der anderen Seite beschreiben. Mit beidem, sowohl mit der über weite Strecken sachlichen und nüchternen Diktion als auch mit der Präsentation historischen Wissens in Form von kleinen, häufig anekdotisch zugespitzten *narrationes* unterscheidet sich Sueton von der traditionellen Geschichtsschreibung und ihren literarischen Ansprüchen, die sich nicht zuletzt auch die stilistische Homogenität des Gesamtwerkes umfaßten.

Die Beantwortung der Frage, warum Sueton dieser literarischen Technik den Vorzug gegeben hat, obwohl er damit eine Reihe von Defiziten in Kauf nahm, die ihm vor allem im Vergleich mit der Historiographie immer wieder angekreidet wurden,[210] wurde durch die von ANDREW WALLACE-HADRILL vorgeschlagene Interpretation in ein neues Licht gerückt, der es plausibel machen konnte, daß den Kaiserbiographien das Konzept einer ,not-history' zugrunde liegt.[211] Dieses ,mirror-image of history' läßt sich auf der stilistischen Ebene[212] ebenso nachweisen wie in der Anordnung des Stoffes in Rubriken und dem damit einhergehenden Verzicht auf eine Glie-

---

207 Auch die in der rhetorischen Verwendung des Exempels dominierende argumentative Dimension ist für Sueton nicht zentral (vgl. allg. V. MOOS 1988, 48ff.; CHAPLIN 2000, 1ff., u. WITTCHOW 2001, 37ff., der das Exempel „vornehmlich in seiner Ausprägung als kleine Erzählung mit Zeigegestus" (S. 13) auffaßt und daher den Begriff mit dem der Anekdote weitgehend synonym verwendet (S. 13.19), zugleich aber mit seinen Hinweis auf die Narrativität als „eine Möglichkeit des *exemplum*", doch „eine Notwendigkeit der Anekdote" (S. 31.72f.372) einen entscheidenden Unterschied benennt).

208 Vgl. z.B. Pol. 6,54,3; Sempronius Asellio Frg. 2 HRR (= Gell. 5,18,9); Sall. Iug. 4,5; Liv. praef. 10; Tac. hist. 1,3 u. ann. 4,33 mit FORNARA 1983, 84ff.112ff., sowie ferner speziell zur normativen Funktion des historischen *exemplum* in der römischen Republik MUTSCHLER 2000a; MUTSCHLER 2000b; STEMMLER 2000 u. STEMMLER 2001.

209 Vgl. WALLACE-HADRILL 1983, 23f., u. BRADLEY 1991, 3713f., sowie dag. GASCOU 1984, 430ff.

210 Vgl. z.B. FLACH 1972, v.a. 285: „Zieht man Bilanz, kommt eine stattliche Zahl bezeichnender Mängel zusammen ... Die hervorstechendsten sind: Verstöße gegen die Chronologie, Verallgemeinerungen, Unterdrückung wichtiger Varianten, Vernachlässigung des historischen Kontextes, Ungenauigkeit in der Zuweisung der Verantwortung, Zerreißung von Zusammengehörigkeiten, Fehleinordnung oder willkürliche Zurechtbiegung einzelner Fakten, fehlende Geschlossenheit." (vgl. ferner FLACH 1998, 175ff.)

211 Vgl. WALLACE-HADRILL 1983, 8ff., u. ferner unabhängig GASCOU 1984, 344f.

212 Vgl. WALLACE-HADRILL 1983, 19ff.

derung anhand der Chronologie,[213] wie sie in der antiken Geschichtsschreibung die
Regel ist,[214] oder in der weitgehenden Ausblendung politisch-militärischer zugunsten
privat-persönlicher Aspekte.[215] Darüber hinaus ist auf die fundamentalen Differenzen
in intentionaler Hinsicht zu verweisen, so etwa auf das Fehlen einer explizit gemachten didaktischen Zielsetzung.[216]

Sueton wird zwar mit dieser Hinwendung zu den kleineren Formen der narrativen
Präsentation nicht eigentlich beabsichtigt haben, ein Alternativmodell zur Historiographie im Allgemeinen zu etablieren, wie die Analogie mit der Rolle des anekdotischen
Erzählens als ‚la petite histoire' zur Überwindung des historistischen ‚grand récit' in
den postmodernen Ansätzen der Geschichtswissenschaft nahelegen könnte.[217] Doch
ist bereits verschiedentlich beobachtet worden, daß die Vermeidung einer zu großen
Nähe zur Historiographie als Reaktion auf die wenige Jahre zuvor erschienen Geschichtswerke des Tacitus zu verstehen ist[218] und insofern doch eine Alternative zur
‚klassischen' antiken Geschichtsschreibung formuliert. In diesem Zusammenhang ist
auch nicht irrelevant, daß Suetons Ansatz in der Folgezeit Modellcharakter gewinnt
und sich in der späteren Kaiserzeit gegenüber dem noch einmal bewußt und spürbar

---

213   Vgl. WALLACE-HADRILL 1983, 10ff., der jedoch zugleich auf Ausnahmen wie die *exitus*-Szenen der
      Kaiser und die erste Hälfte der Caesarvita hinweist. Das Rubrikenschema als solches legt die Vermu-
      tung eines wie auch immer gearteten ‚Zettelkastens', wie er für Plinius den Älteren wahrscheinlich ist
      (vgl. Plin. ep. 3,5,17), nahe (vgl. SCHERBERICH 1995, 24, u. zurückhaltend WALLACE-HADRILL 1983,
      15); doch sollte die Wahl Gliederung nach Rubriken nicht als zwangsläufige Folge der Verwendung
      eines Zettelkastens, sondern als bewußte Entscheidung Suetons zur Disposition seines Materials ver-
      standen werden.
214   Zu thematischen Gliederungsprinzipien in der nicht annalistischen Historiographie vgl. JAL 1997.
215   Vgl. WALLACE-HADRILL 1983, 15ff.129ff. Militärische Aktionen erwähnt Sueton nur, wenn sie für
      die Person unmittelbar relevant sind (vgl. z.B. Suet. Iul. 34-36 u. Aug. 9-18), und fokussiert ihre Dar-
      stellung häufig auf den Aspekt des Umgangs des Kaisers mit den Soldaten (vgl. v.a. Suet. Iul. 57-67
      u. dag. Plut. Caesar. 18-27). Den aus dieser Schwerpunktsetzung resultierenden kulturgeschichtlichen
      Wert der suetonischen Kaiserbiographien betont zu recht SONNABEND 2002, 174ff.
216   Vgl. WALLACE-HADRILL 1983, 23f.: „His tone is nothing but didactic. One of the most remarkable
      features is the rarity with which he intervenes to comment his material. He does not speek *in propria
      persona*, except to comment on truth or falsehood. He offers no epigramms or *sententiae*. He does not
      even use value-laden adjectives to guide the reader towards approval or disapproval." u. ferner BRAD-
      LEY 1991, 3713f., sowie dag. GASCOU 1984, 430ff.
217   Zur Bedeutung der Anekdote innerhalb des unter anderem von STEPHEN GREENBLATT inaugurierten
      ‚New Historicism' vgl. v.a. FINEMAN 1989. Daß sich die antike Historiographie und ihre Verwendung
      der Anekdote in dieser Diskussion nur bedingt verorten lassen, zeigen SALLER 1980 und insbesondere
      WITTCHOW 2001, 20ff.
218   Vgl. z.B. LEO 1901, 1; TOWNEND 1967, 81f.; SYME 1980a, 111f., u. WALLACE-HADRILL 1983, 1f.9.
      Von einer Kenntnis der taciteischen Schriften durch Sueton sollte aufgrund der literarischen Kom-
      munikationsbedingungen des 2. Jh. n. Chr. ausgegangen werden (vgl. z.B. CIZEK 1977, 46 Anm. 80,
      mit der Vermutung, Sueton sei bei Septicius Clarus Zeuge einer Rezitation der Annales geworden).

bemüht auf republikanische Muster rekurrierenden[219] taciteischen Konzept letztlich durchsetzt.[220]

Daß es indessen nicht Suetons eigentliche Intention war, eine der monarchischen Herrschaftsform adäquate Form der Geschichtsschreibung zu etablieren,[221] zeigt sich in dem deutlich subsidiären Charakter seiner Kaiserbiographien, mit dem sie sich als ein typisches Werk des 2. Jh. n. Chr. erweisen. Denn die ihnen zugrundeliegende Auswahl und Präsentation der historischen Informationen setzten gerade in ihrem Verzicht auf Vollständigkeit und Systematik die ganz anders gearteten Geschichtswerke des Tacitus und seiner uns nicht erhaltenen Vorläufer voraus, die dem zeitgenössischen Rezipienten im Gegensatz zum modernen Leser jederzeit zur Verfügung standen.[222] Sueton intendiert weniger eine Ablösung der traditionellen Geschichts-

---

219 In der Nachfolge RONALD SYMES war die Sicht auf Tacitus überwiegend von Bewunderung geprägt; in den letzten Jahren zeichnet sich jedoch eine kritischere Perspektive ab, in der beispielsweise die der annalistischen Konzeption zugrundeliegenden ‚anachronistischen' Züge deutlicher hervortreten (vgl. z.B. KRAUS 2000, 463, u. SONNABEND 2002, 184f., sowie dag. v.a. SYME 1958a, I 144ff.).

220 Die immense Nachwirkung Suetons in den folgenden Jahrhunderten ist verschiedentlich dargestellt (vgl. z.B. LEO 1901, 268ff.; TOWNEND 1967, 96ff.; SALLMANN / SCHMIDT 1997a, 50ff., u. BOWERSOCK 1998, 206ff.) und in der älteren Forschung mit eindeutiger Parteinahme für Tacitus in der Regel bedauert worden (vgl. z.B. LEO 1901, 1: „Als Tacitus die Annalen schrieb, arbeitete Sueton an seinen *Caesares*. Der grosse Schriftsteller erfüllt in der alten Kunstform, als Abschluß einer langen Reihe, den Stoff des ersten Jahrhunderts der Monarchie für immer mit seinem Geiste; der *scholasticus* findet für denselben Stoff eine neue Form, eine Form wie sie dem Zeitalter zukam, in dem die lebendigen Kräfte des römischen Geistes versiegen wollten. Das Lustrum um 115-120 n. Chr. ist wie die Wasserscheide der römischen Geschichtsschreibung; der Fluss der suetonischen Biographie geht durch die folgenden Jahrhunderte, und Tacitus bleibt in der Vergangenheit." u. SYME 1980a, 125: „History under the Caesars prolonged for a season the tradition of the Republic. Under the benevolent despotism of Trajan it was in danger of becoming obsolete or undesirable. Tacitus by various devices was able to prevent his senatorial annals from degenerating into a sequence of biographies. Suetonius saw what the public wanted. And so, *in posterum valescit*.").

221 Vgl. dag. z.B. GUGEL 1977, 144ff.: „Mit Suetons Caesares ist also die historische Biographie an die Stelle der annalistischen Geschichtsschreibung getreten. Sueton wollte nun gewiß nicht Geschichte schreiben im herkömmlichen Sinn der ἱστορία, sondern er hat auf Grund der soziologischen Bedingtheit die Zeitgeschichte in der ihr jetzt einzig gemäßen Form geboten, und dies nicht als ‚Ergänzung der Geschichtswerke', ‚wie das die biographischen Sammelwerke für frühere Epochen der Geschichte leisteten' [vgl. LEO 1901, 268 u. 319], sondern, wie wir meinen, durchaus mit dem Anspruch, gleichberechtigt neben die Geschichtswerke zu treten." (S. 148); LAMBRECHT 1984, 21.156f.; DIHLE 1987, 42ff.64ff.78ff; LAMBRECHT 1995, 535f.; SALLMANN / SCHMIDT 1997a, 46f., u. SALLMANN 2001, 1086: „Daher tritt auch diese ‚historisch-private Biographie' gleichberechtigt neben die pragmatische Form der Annalen und Historien, wenn auch mit einer gewissen Verschiebung des Anspruches vom Nutzen zur Unterhaltung."

222 Vgl. TOWNEND 1967, 84: „But if Suetonius irritates modern readers in this way, it is because they are hoping to use him as an historical source, to provide a factual account of the events of such-and-such an emperor's reign. This is not, of course, how Suetonius intended his lifes to be read. He could hardly have dreamed that an age would come when readers lacked even the certain books of Tacitus' *An-*

schreibung als vielmehr ihre Ergänzung durch eine Erweiterung des Spektrums derjenigen literarischen Formen, die sich mit der Vermittlung von Vergangenheitswissen beschäftigen.[223]

Entscheidender für die Bevorzugung der kleinen Formen dürfte ohnehin weniger der Gegensatz zur Historiographie gewesen sein als die anderen Vorteile, die mit dieser literarischen Strategie verbunden waren. In ihrer 1968 erschienenen Untersuchung konstatiert BOHUMILA MOUCHOVÁ einen auffälligen Gegensatz zwischen „der Geschicklichkeit Suetons zur wirksamen Bearbeitung kleinerer Einheiten" und „seiner geringen Fähigkeit, daraus ein einheitliches biographisches Ganzes zu schaffen."[224] Diese Beobachtung ist von ihr zu recht als grundlegend für die Interpretation der Kaiserviten eingestuft worden, doch gilt es, die ihr innewohnende negative Perspektive zu überwinden, indem man die Ursache weniger in Suetons Unvermögen als in seiner Darstellungsabsicht sucht. Denn daß Sueton zur Gestaltung auch größerer narrativer Komplexe, wie zum Beispiel der Sterbeszene Neros,[225] durchaus in der Lage war, wird heute niemand mehr ernsthaft bezweifeln.[226] Eine adäquate Interpretation der Kaiserbiographien muß sich daher von der Frage leiten lassen, welche Gründe Sueton bewogen haben, seinem primär der Vermittlung konkreter Informationen dienenden Text mit einzelnen elaborierten Passagen gleichsam Relief zu verleihen.

Eine ansprechende Gestaltung der kleine erzählerischen Formen erhöht zunächst einmal die Lesbarkeit des Textes und leistet auf diese Weise einen wichtigen Beitrag zum unterhaltenden Charakter der Kaiserbiographien.[227] Die anekdotische Präsentationsweise bringt aber weitere Vorteile mit sich: Das in dieser Form narrativ aufbereitete Wissen eignet sich in hohem Maße zur Memorierung und damit auch zur Wiederverwendung im Kontext der zeitgenössischen Bildungskultur, die in verschiedenen gesellschaftlichen Institutionen dem Einzelnen reichlich Gelegenheit bot, kulturelle Kompetenz zu demonstrieren. Ein Blick in die Literatur, die im 2. Jh. n. Chr. mit der Zielsetzung geschrieben wird, Teilnehmer eines Symposions mit hinreichend Rede-

---

nals and *Histories*, not to mention the less brilliant historical works of Aufidius Bassus and the elder Pliny."

223 Vgl. WALLACE-HADRILL 1983, 9f.

224 Vgl. MOUCHOVÁ 1968, 102f. u. 105f.: „Er zeigt seine Kompositionskunst eher in kleineren Einheiten, wo er ein einzelnes Ereignis schildern oder eine bestimmte Eigenschaft des Kaisers dokumentieren kann. Die Zusammenfügung dieser Teile der Biographie zu einem einheitlichen und logisch abgerundeten Ganzen bereitete Sueton aber Schwierigkeiten."

225 Vgl. Suet. Nero 40-50.

226 Vgl. z.B. TOWNEND 1967, 93ff.; BALDWIN 1983, 509ff.; LOUNSBURY 1987, 63ff.; LOUNSBURY 1991, passim, u. ARAND 2002, 115f., sowie dag. MOUCHOVÁ 1968, 59.105.

227 Vgl. MURPHY 1991, 3781: „Undoubtedly the chief reason for the 'Lives' to enduring charm and interest is the Suetonian anecdote. Suetonius' text, in fact, is a veritable cento of anecdotes and surely the vividness and vivacity of the 'Lives' result from his frequent, not to say, constant use of that literary device."

stoff auszustatten, kann zur Illustration dienen: Auch Athenaios oder Plutarch in seinen συμποσιακά bieten ihren Stoff bereits in narrativ aufbereiteter Form, um dem Rezipienten auf diese Weise die ,Nutzanwendung' zu erleichtern. Für Sueton stellte daher sicherlich neben ihrer Lesbarkeit auch die Erzählbarkeit dieser literarischen Kleinformen ein entscheidendes Argument für ihre vielfältige Verwendung dar.

Ausgehend von der Annahme, daß die von Sueton gewählte Präsentationsform eine eng an den Bedürfnissen des 2. Jh. n. Chr. orientierte Vermittlung biographischen Wissens darstellt, deren anekdotische Komponente vor allem auf den doppelten Unterhaltungswert für den primären Akt der Lektüre wie für die sekundäre Anwendung des Materials durch den Leser abzielt, soll nun exemplarisch die Vitelliusvita mit Blick auf ihre Struktur, ihre inhaltlichen Schwerpunkte und die zur Präsentation der ausgewählten Informationen angewandte Technik untersucht werden. Eine vollständige Interpretation dieser Biographie, die alle von philologischer und historischer Seite mit ihr verbundenen Fragestellungen berücksichtigt, kann dabei freilich nicht geleistet werden. Das Augenmerk soll statt dessen zum einen auf den „Dienstleistungen des Autors gegenüber dem Leser"[228] liegen, das heißt auf den von ihm zur Gliederung seines Materials verwendeten Strategien wie Rubriken, Präskripte und *divisiones*. Zum anderen soll der Wechsel zwischen den primär der Informationsvermittlung dienenden Passagen, die in einer sachlich-nüchterner Diktion abgefaßt sind, und den an vielen Stellen eingestreuten aufwendiger gestalteten Passagen im Mittelpunkt des Interesses stehen. Zu diesem Zweck wurde bewußt eine Biographie ausgewählt, die traditionell zu den kompositorisch eher schwachen Stücken der Kaiserviten gerechnet wird, weil sich gerade hier Suetons spezifische Interessen und Intentionen, die sich von der modernen Erwartungshaltung gegenüber einer literarischen Lebensbeschreibung zum Teil deutlich unterscheiden, besonders gut aufzeigen lassen.

3. Von Capri zu den *scalae Gemoniae*:
Vitellius' Leben zwischen Rubrik und *narratio*

a) Im Schatten der Forschung: Suetons Vitelliusvita

Da sich das Interesse der Forschung auf die umfangreicheren Biographien der *principes* aus der julisch-claudischen Dynastie und auf die historisch relevanteren Flavier konzentrierte, standen die drei ,Kurzzeitherrscher' des Vierkaiserjahres lange Zeit im Schatten der wissenschaftlichen Aufmerksamkeit. Erst in den letzten Jahrzehnten des 20. Jh. läßt sich eine verstärkte Beschäftigung mit den drei von Sueton ursprünglich in

---

228 Vgl. KRASSER 1999, 62.

einem Buch zusammengefaßten Biographien beobachten.[229] In diesen Untersuchungen dominiert die sich aufgrund der Materiallage anbietende Fragestellung eines Vergleiches der suetonischen Viten mit den aus Plutarchs Kaiserbiographien erhaltenen Lebensbeschreibungen Galbas und Othos[230] sowie insbesondere im Falle des Vitellius, dessen plutarchisches Pendant bekanntlich verloren ist, mit den Berichten in den taciteischen Historien.[231] Gerade in der Beschäftigung mit Vitellius stand dabei die Frage nach der Glaubwürdigkeit der antiken Quellen, die ein vorwiegend negatives Bild seiner kurzen Regentschaft zeichnen, im Vordergrund.[232] Dieser Ansatz, der auf einer Linie mit den Tendenzen zu einer positiveren Bewertung auch anderer von den antiken Autoren primär negativ gezeichneter Herrscher liegt, hat gerade für Suetons Vitelliusvita, die von der erfolgreichen ,Geschichtspolitik' der Flavier nicht unbeeinflußt ist,[233] auch seine unbestrittene Berechtigung.

Der Schwerpunkt der gegenwärtigen Untersuchung soll jedoch weniger auf der propagandistischen Provenienz des Vitelliusbildes liegen, das seine politische Relevanz inzwischen verloren hatte, sondern die Frage in den Vordergrund rücken, welche biographischen Informationen Sueton zur Tradierung auswählt und in welcher Form er diese präsentiert. In diesem Zusammenhang ist zunächst der Aufbau der Biographiengruppe der drei ,Kurzzeitherrscher' im allgemeinen wie der Vitelliusvita im besonderen von Interesse, ein Aspekt, der aufgrund der oben skizzierten Ausrichtung der Forschung sowie wegen der vorherrschenden Meinung, die zweite Hexade der Kaiserbiographien stelle gegenüber der ersten einen literarischen Rückschritt und daher kein lohnendes Untersuchungsobjekt dar, bislang vernachlässigt wurde.[234] Geht man allerdings statt von einer Degeneration von Suetons biographischer Technik von deren Entwicklung in der zweiten Werkhälfte aus, rücken gerade die Viten der drei Bürgerkriegsherrscher in den Blickpunkt des Interesses, da sie gleichsam das Experimentierfeld für Suetons Strategien der Wissenspräsentation dargestellt haben.

---

229 S.o. S. 255. Auch in Kommentaren werden die drei Biographien stets gemeinsam behandelt vgl. VENINI 1977; MURSION 1992 u. SHOTTER 1993.

230 Vgl. BALDWIN 1983, 530ff.; BRAUN 1992 u. BENEDIKTSON 1997.

231 Vgl. BRAUN 1990.

232 Vgl. z.B. ENGEL 1977; RICHTER 1992; MURISON 1987; MURISON 1993, 143ff., u. ASH 1999, 95ff.

233 Vgl. allg. NICOLS 1978, 95ff., u. FRANCHET D'ESPÈREY 1986, 3048ff., sowie zu Vitellius RICHTER 1992, v.a. 259. Zur Wechselwirkung der flavischen Geschichtspolitik mit der zeitgenössischen Historiographie vgl. Tac. hist. 2,101,1 (*scriptores temporum, qui potiente rerum Flavia domo monumenta belli huiusce composuerunt, curam pacis et amorem rei publicae, corruptas in adulationem causas tradidere*) sowie ferner BRACHER 1987 [1948], 88ff., u. BRIESSMANN 1955.

234 Vgl. z.B. die Pauschalurteile von HAENISCH 1937, 65.71, der für die Biographien des Vierkaiserjahres eine rein chronologische Erzählweise postuliert, u. dag. STEIDLE 1951, 105f., mit der Beobachtung, „daß Sueton soweit wie möglich die Gruppierung nach Sachgesichtspunkten der chronologischen Erzählung vorgezogen hat."

Aus dieser Perspektive erweisen sich auch die Unterschiede zwischen den drei Biographien selbst weniger als Zufall denn als zielgerichtete Entwicklung. Während die Lebensbeschreibungen Galbas und vor allem Othos noch stark chronologisch ausgerichtet sind und allenfalls über ein rudimentäres Rubrikenschema verfügen, bietet die Biographie des Vitellius mit ihrem Wechsel zwischen chronologisch und thematisch organisierten Abschnitten das erste gelungene Beispiel für den später charakteristischen Aufbau einer suetonischen Vita.[235] Da es inzwischen weitgehend anerkannt ist, daß Sueton diese Grobstruktur flexibler handhabt als früher angenommen,[236] kann es auch nicht verwundern, daß die Vitelliusvita im Vergleich mit dem von GEOFFREY LEWIS herausgearbeiteten Idealaufbau einer suetonischen Biographie einige signifikante Eigenheiten aufweist.[237]

Neben diesen Phänomenen auf der Ebene der ‚Makrostruktur' soll ein besonderes Augenmerk dem überlegten Wechsel zwischen den beiden unterschiedlichen Schreibstilen gelten. Von diesen ist der eine, der primär auf die Vermittlung möglichst vieler Einzelinformationen zielt, zumeist in den durch thematische Rubriken gegliederten Abschnitten anzutreffen, während der andere, der sich als eine auch stilistisch ambitionierte Form der fortlaufenden *narratio* begreifen läßt, die chronologisch aufgebauten Passagen dominiert, mit denen sich Sueton daher auch in größerer Nähe zur Historiographie oder zur Biographie plutarchischer Prägung bewegt. Dem Wechsel zwischen diesen beiden für Suetons *Caesares* charakteristischen Präsentationsformen entspricht auch die Gliederung des folgenden interpretatorischen Durchgangs durch die Vitelliusbiographie, da sich eine Reihe von Beobachtungen jeweils einer der beiden literarischen Techniken zuweisen lassen.

---

235 Die Unterscheidung zwischen chronologisch-erzählenden und thematisch gegliederten Passagen innerhalb den Kaiserbiographien geht auf LEO 1901, 2ff., zurück (vgl. ferner MOUCHOVÁ 1968, 17ff.; CIZEK 1977, 49ff.56ff., u. GASCOU 1984, 349ff.).

236 Vgl. z.B. STEIDLE 1951, 2ff.; LUCK 1964, 230; CIZEK 1977, 54ff.; WALLACE-HADRILL 1983, 66ff.; LAMBRECHT 1984, 18; LEWIS 1991, 3641; V. ALBRECHT 1992, II 1108, u. SALLMANN 2001, 1085, sowie dag. mit Betonung der Inflexibilität des suetonischen Schemas LEO 1901, 2ff., u. FUHRMANN 1999, 331.

237 Vgl. LEWIS 1991, 3641: „Due regard for Suetonius' versatility of variation in working out his themes is, as will appear, of vital importance. In outline, however, the present observation holds good that typically the 'Caesars' are tripartite, offering (1) a chronological based account of the family background and preimperial career, covering ancestry, parentage, birth and boyhood, the *toga virilis* and subsequent *prima militia* (*stipendia*) and *tirocinium fori*, *honores* and under each, the appropriate *res gestae*, and culminating in accession to power; (2) scrutiny by more or less standard criteria of performance as emperor, for the most part essentially static and proceeding by 'rubrics' or standardised headings; (3) narrative, with omens, of removal from power and death, whetherby violence or illhealth, commonly with an epiloque containing standard documentary data and final honours (if any), and sometimes other addenda."

b) Im Dunstkreis des Hofes: Das Leben vor dem Antritt der Herrschaft in Rubriken

Die Vitelliusbiographie beginnt mit einem thematisch organisierten Abschnitt, dessen einzelne Rubriken zur Abstammung, Geburt und Jugend des Kaisers sich jedoch häufig sowohl in ihrer Reihung untereinander als auch in ihrer jeweiligen Binnengliederung an der chronologischen Abfolge der Ereignisse orientieren.[238] Die praktisch alle Kaiserviten eröffnende Rubrik zu den Vorfahren des Porträtierten[239] ist im Vergleich zur Kürze der gesamten Vita verhältnismäßig umfangreich ausgefallen[240] und von Sueton zum Teil in Form eines abwägenden *in utramque partem disserere* gestaltet,[241] weil die antivitellianische Propaganda diesem im traditionalen Denken der Römer naturgemäß zentralen Punkt offenbar besondere Aufmerksamkeit geschenkt hatte. Die von Sueton gewählte diskursive Darstellungsform zeugt ebenso wie seine explizite Aussage, in der er die von ihm beobachteten Diskrepanzen in Überlieferung auf die *adulatores obtrectatoresque imperatoris Vitelli* zurückführt,[242] von einem deutlich

---

238 Aufgrund dieses ambivalenten Charakters wird die Einleitungspartie einer suetonischen Biographien häufig den chronologischen Teilen zugerechnet (vgl. z.B. LEO 1901, 2; CIZEK 1977, 59ff., u. LEWIS 1991, 3641), doch sind die einzelnen Rubriken in der Vitelliusvita primär thematisch definiert, ihre Übereinstimmungen mit der Chronologie ergeben sich erst sekundär aus der Anordnung gemäß den anthropologischen Gesetzmäßigkeiten.

239 Daß dieser Punkt bei Titus und Domitian fehlt, stellt keine wirkliche Ausnahme dar, weil die Abstammung der Flavier in der Vespasiansvita behandelt wird und die drei Viten ursprünglich ein gemeinsames Buch bildeten (vgl. Suet. Vesp. 1). Daß Sueton dieser Rubrik besondere Bedeutung beimißt, steht sicherlich in Zusammenhang mit dem in Rom vielfach zu beobachtenden Interesse an der Genealogie (vgl. STEIDLE 1951, 91.111 u. WALLACE-HADRILL 1983, 101ff.), ob der Leser durch diese Rubrik aber angehalten werden soll, „alles Kommende vor dem Hintergrund der Ahnen sehen" (vgl. GUGEL 1977, 107, unter Berufung auf Suet. Nero 1,2), erscheint dagegen fraglich.

240 Vgl. dag. die lakonische Kürze bei Tac. hist. 2,50,1: *origo illi e municipio Ferentio, pater consularis, avus praetorius* sowie ferner HANSLIK 1962, 1706ff., MURISON 1992, 130ff., u. SHOTTER 1993, 31.

241 Eine enge Parallele bietet die entsprechende Rubrik der Tiberiusvita, in der Sueton die Geschichte der *gens Claudia* resümierend zusammenfaßt (vgl. Suet. Tib. 1-2). Zur Bereitschaft Suetons, positive und negative Aspekte nebeneinander zu erwähnen vgl. LEWIS 1991, 3668f. Als Teil der feindseligen Darstellung des Vitellius wird dieser Abschnitt von BALDWIN 1983, 283, verbucht: „The biography commences with the wanted investigation of imperial ancestors. But the various reports concerning the low origins of Vitellius' first ancestor are soon dropped with the dismissive formula *quod discrepat, sit in medio* (Vit. 2,1). A marked contrast with the customary dissection of such topics."

242 Vgl. Suet. Vit. 1,1: *Vitelliorum originem alii aliam et quidem diversissimam tradunt, partim veterem et nobilem, partim vero novam et obscuram atque etiam sordidam; quod ego per adulatores obtrectatoresque imperatoris Vitelli evenisse opinarer, nisi aliquanto prius de familiae condicione variatum esset.* u. 2,1: *sed quod discrepat, sit in medio* sowie ferner dag. MURISON 1992, 134: „Suetonius here affects not to be interested in the *minutiae* of the sordid origins of the family, but only after he has given us them!".

höheren Grad an Methodenbewußtsein und reflektiert-kritischem Umgang mit der von ihm vorgefundenen Tradition, als Sueton im allgemeinen zuerkannt wird.[243]

Neben dieser erstaunlich offenen Anordnung, die dem Leser angesichts des kontroversen Materials die Möglichkeit zur Bildung eines eigenen Urteils ermöglichen soll, ist der auffälligste Zug dieses ersten Abschnittes die dichtgedrängte Fülle von Einzelinformationen, die Sueton zu den einzelnen bekannten Vorfahren präsentiert. Vitellius' Vater Lucius spielt in diesem Zusammenhang naturgemäß eine prominente Rolle, doch findet keine markante Absetzung dieser ‚Unterrubrik' statt, wie sie in anderen Biographien zu beobachten ist.[244] Die Art und Weise, in der Sueton in diesem Zusammenhang ein Diktum des Lucius Vitellius anführt, ist jedoch in Hinsicht auf die vermuteten Rezeptionsinteressen seines Publikums aufschlußreich: Nachdem Vitellius' Vater eine kurze Würdigung erhalten hat, geht Sueton von der Behandlung seiner regulären Ämterlaufbahn zu seiner ‚Karriere' als Schmeichler verschiedener Kaiser über und erhält auf diese Weise die Möglichkeit, zur Illustration seines *mirum in adulando ingenium* reiches anekdotischen Material anzubringen.[245] Darunter befindet sich am Ende der wohl als Klimax konzipierten Reihe folgendes Apophthegma: *huius et illa vox est: ‚saepe facias', cum saeculares ludos edenti Claudio gratularetur.*[246]

Die betonte Stellung des Personalpronomens, die Verwendung von *ille* und der von der klassischen Struktur des Apophthegmas abweichende Aufbau, in dem die hier in Form eines Temporalsatzes gebotene situative Einbindung erst auf das Zitat folgt, legen die Vermutung nahe, daß Sueton von der Bekanntheit des Ausspruches bei seinen Lesern ausging und diese Stelle bewußt auf eine Kontextualisierung des geläufigen Zitates hin konzipierte, um seinen Lesern auf diese Weise nicht nur das Diktum als solches, sondern zugleich die Kenntnis der ursprünglichen Personenkonstellation und damit des historischen Rahmens zu vermitteln. Darüber hinaus mußten sich auch die von ihm hier versammelten Parallelbeispiele für extreme *adulatio* dank ihrer Katalogstruktur für eine Anwendung dieser Wissensbestände durch den Rezipienten als hilfreich erweisen, da eine solche thematische Reihung beispielsweise der typischen

---

243   Vgl. z.B. FLACH 1998, 177: „In seiner Vita des Vitellius, c. 10,3 und 13,2, gab er selbst die augenfälligsten Verleumdungen als Beweise aus, ohne zu durchschauen, wie einseitig sich die flavische Geschichtsschreibung darauf verlegt hatte, Vespasians Gegenspieler zu einem gefühllosen Unmenschen und hemmungslosen Vielfraß herabzuwürdigen."

244   Vgl. ähnlich Suet. Galba 3,3-4 u. Vesp. 1,2-4 sowie mit deutlicher Absetzung als ‚Unterrubrik' Suet. Otho 1,2; Aug. 3,1 u. Tib. 4,1 sowie ferner MOUCHOVÁ 1968, 23.

245   Vgl. Suet. Vit. 2,2-3,1.

246   Vgl. Suet. Vit. 2,5 („Von ihm stammt auch jener Ausspruch: ‚Mögest Du sie noch oft feiern!', mit dem er Claudius zur Ausrichtung der [sc. alle hundert Jahre stattfindenden] Säkularspiele beglückwünschte.") sowie ferner allgemein zur ‚gradation des effets' bei Sueton vgl. CIZEK 1977, 118ff., u. GASCOU 1984, 697ff.

Gesprächssituation eines Symposions entgegenkam, in der *idealiter* von jedem Teilnehmer ein Beitrag zu dem gerade angesprochenen Thema erwartet wurde.[247]

Wie die Anfangsworte der ersten Rubrik – *Vitelliorum originem alii aliam et quidem diversissimam tradunt*[248] – den Inhalt des Folgenden getreulich widerspiegeln, so beginnt auch der zweite Abschnitt mit einer einschlägigen Formulierung: *A. Vitellius L. filius imperator natus est VIII. Kal. Oct.*[249] Im Gegensatz jedoch zur von Sueton variabel gestalteten Einleitung der Rubrik zur Abstammung, bedient er sich für diese ,Geburtsnotiz' eines festen Formulars, das mit Ausnahme der unvollständigen Caesarbiographie in allen Kaiserviten anzutreffen ist und mit dem regelmäßig eine Rubrik eröffnet wird, die verschiedene Ereignisse aus der frühen Kindheit umfaßt. Es besteht neben dem formelhaften *natus est* aus der Nennung des Namens im Nominativ, der Angabe von Tag und Jahr der Geburt[250] sowie in aller Regel des Geburtsortes.[251]

Eine auf den ersten Blick unauffällige Variation findet sich darüber hinaus in den Biographien der drei Bürgerkriegskaiser: Bei ihnen fügt Sueton zur Namensnennung das in diesem Fall wohl nicht als Teil des Eigennamens verstandene Substantiv *imperator* hinzu.[252] Doch gerade daraus ergibt sich ein weiterer Hinweis auf die Herkunft dieses Formulars. Denn mit Angaben zum Namen, der sozialen Stellung und der Herkunft beginnen die Mehrzahl der erhaltenen Kurzbiographien in der Sammlung *de viris illustribus*, deren im einzelnen variierte Gestaltung den formelhaften Charakter noch erkennen läßt: *M. Antonius Gnipho ingenuus in Gallia natus;* <*L.*> *Ateius Philo-*

---

247 Aus diesem Grund weist auch die zeitgenössische Symposialliteratur in der Regel eine ausgeprägte Katalogstruktur auf (vgl. z.B. Athen. 4,165d-169a; 6,248d-2252f u. 8,338d-347c).

248 Vgl. Suet. Vit. 1,1 („Über die Herkunft der Vitellier wird gibt es verschiedene, und zwar stark von einander abweichende Berichte.").

249 Vgl. Suet. Vit. 3,2 („Der Kaiser Aulus Vitellius, der Sohn des Lucius, wurde am 24. September geboren.").

250 Gelegentlich gibt Sueton auch die Tageszeit an: vgl. Aug. 5,1; Nero 6,1 u. Vesp. 2,1.

251 Die Nennung des Geburtsortes fehlt außer bei Vitellius nur bei Otho. Bei Tiberius, dessen vermeintlicher Geburtsort zunächst in indirekter Rede angeführt wird (vgl. Suet. Tib. 5,1), und Titus, bei dem zwischen Namen und *natus est* eine umfangreiche, ihn als *amor ac deliciae generis humani* preisende Apposition eingeschoben ist (vgl. Suet. Tit. 1), lassen sich kleinere Abweichungen von diesem Schema feststellen. Zum umstrittenen Geburtsort Caligulas nimmt Sueton ausführlich Stellung, präsentiert reichlich Quellenmaterial und demonstriert einmal mehr sein Methodenbewußtsein (vgl. Suet. Cal. 8 sowie ferner z.B. PETER 1897, II 241; FUNAIOLI 1931, 619; STEIDLE 1951, 68, u. FLACH 1998, 176).

252 Vgl. Suet. Galba 4,1 u. Otho 2,1. Ein Blick auf die sonstige Verwendung des Wortes durch Sueton zeigt, daß es als Teil der Kaisertitulatur nur in der Wendung *praenomen imperatoris* (vgl. Iul. 76,1; Tib. 26,2 u. Claud. 12,1) verwendet wird und es abgesehen von einigen wenigen Fällen, in denen es den Feldherr im engeren Sinne bezeichnet, stets den Charakter der Amtsbezeichnung des Kaisers hat, wie vor allem die häufige Verbindung mit *consalutare* belegt (vgl. Nero 8,1.13,2; Galba 10,1; Otho 6,3 u. Vit. 8,1).

logus libertinus Athenis est natus; *Q. Caecilius Epirota Tusculi natus, libertus At-ti<ci> equitis Romani.*[253]

Dieser biographische ‚Baustein' wurde also von Sueton in seine Kaiserviten integriert, wobei er auf die im neuen Kontext weitgehend funktionslose Angabe der sozialen Stellung als Kaiser bald verzichtete.[254] Den Formelcharakter dieser ‚Geburtsnotiz' als solcher behielt er jedoch in aller Regel bei, weil er mit ihm gerade dem erfahrenen Rezipienten biographischer Literatur einen eindeutigen Lesehinweis auf den folgenden thematischen Komplex geben konnte. Die Funktion dieser rezeptionssteuernden *tituli* wird dann noch deutlicher, wenn man sie sich durch Rubrizierung oder ἔκθεσις in der antiken Handschrift hervorgehoben denkt: Sie dienen der Orientierung desjenigen, der die Biographie *in toto* zur Kenntnis nimmt, ermöglichen aber zugleich dem selektiven Leser das gezielte Nachschlagen bestimmter Informationen und erfüllen auf diese Weise die Funktionen von Kapitelüberschriften.[255] Daß gerade diese Angaben innerhalb der suetonischen Biographie derart prominent plaziert werden, erklärt sich zum einen aus der gesellschaftlichen Bedeutung, die dem Geburtstag als Teil des Kaiserkultes und mit Abstrichen auch dem Geburtsort zugemessen wurde.[256] Zum anderen zeigt sich hierin aber auch die allgemeine Relevanz biographischer Basisdaten, die wir bereits im Zusammenhang mit dem synchronistischen Kapitel der *noctes Atticae* kennengelernt haben.[257]

In der Vitelliusvita folgen auf die ersten als *titulus* fungierenden Worte zunächst die Nennung eines alternativen Geburtstages und die Angabe des Geburtsjahres über die Namensnennung der Konsuln. An die relativ detaillierte Schilderung des bei der Geburt erstellten Horoskops – Prodigien werden von Sueton häufiger in dieser Rubrik behandelt –,[258] dessen offenbar negativer Inhalt allerdings aus der Reaktion der Eltern

---

253 Vgl. Suet. gramm. 7,1 („Marcus Antonius Gnipho wurde als freier Mann in Gallien geboren"); 10,1 („<Lucius> Ateius, ein Freigelassener, wurde in Athen geboren") u. 16,1 („Quintus Caecilius Epirota wurde in Tusculum geboren und war ein Freigelassener des römischen Ritters Atticus"); ferner s.o. S. 237ff.

254 Als alternative Erklärung für den auffälligen Befund der ausschließlichen Kennzeichnung dieser Kaiser als *imperator* ist eine Anspielung auf die Akklamation durch das Militär für die drei Bürgerkriegsherrscher denkbar, doch fehlen explizite Äußerungen Suetons zur Rolle der Soldaten im Vierkaiserjahr, wie sie Plutarch seiner Galbabiographie vorangestellt hat (vgl. Plut. Galba 1-2).

255 Zur Entwicklung der Kapitelüberschrift vgl. SCHRÖDER 1999, 125f.

256 Sueton selbst erwähnt, daß das Geburtshaus des Titus noch zu seiner Zeit besichtigt werden konnte (vgl. Suet. Tit. 1) und daß dasjenige des Augustus sogar zu einem *sacrarium* umgestaltet worden war (vgl. Suet. Aug. 5,1). Auch sein Bemühen, gerade im Zusammenhang mit der Geburt eines Kaisers alternative Daten zu erwähnen (vgl. Suet. Vit. 3,2; Aug. 5-6 u. Tib. 5) und – wie im Falle der aufwendigen Diskussion von Caligulas Geburtsort (vgl. Suet. Cal. 8) – sorgfältig gegeneinander abzuwägen, belegt das Interesse Suetons und seiner Leser an Informationen dieser Art (vgl. STEIDLE 1951, 68ff.).

257 S.o. S. 172ff.

258 Vgl. Suet. Galba 4,1-2; Tit. 2 u. Nero 6,1-2.

erschlossen werden muß, schließt sich ein Komplex an, der Vitellius' Rolle unter den vorherigen Kaisern beleuchtet. Unter den für den Protagonisten wenig vorteilhaften Nachrichten verdient vor allem diejenige, daß er Tiberius auf Capri als Lustknabe zu Diensten gewesen sein soll, Aufmerksamkeit.[259] Sie ist zum einen wegen der geringen Plausibilität des Berichteten und der Tatsache von Interesse, daß Sueton hier tatsächlich Opfer der antivitellianischen Propaganda geworden zu sein scheint,[260] zum anderen deswegen, weil Suetons Verzicht, diese Stelle zu einem Verweis auf die Tiberiusvita zu nutzen, ein bezeichnendes Licht auf seine biographische Technik wirft.[261]

Im Gegensatz zu Plutarch, der innerhalb seiner Parallelbiographien bereitwillig Querverweise setzt, wenn sich die dargestellten Ereignisse überschneiden, findet sich bei Sueton keine einzige explizite Bezugnahme auf eine andere Biographie und auch nur eine sehr begrenzte Zahl von internen Verweisen.[262] Dieser Befund muß um so mehr erstaunen, als sich die Lebenszeiten der dargestellten Personen vielfach überlappen und daher reichlich Gelegenheit zu solchen Verknüpfungen bestanden hätte.[263] Sueton verzichtet jedoch fast immer darauf, verschiedene Darstellungen ein und desselben Ereignisses zueinander in Beziehung zu setzen, weil ihn ausschließlich die aus der jeweils gewählten Perspektive sichtbare Seite des historischen Geschehens interessiert. So fällt Suetons Blick bei den Geschehnissen auf Capri einmal nur auf Tiberius und seine moralischen Verfehlungen und bleibt das nächste Mal ausschließlich auf die Rolle des Vitellius in diesem Zusammenhang fokussiert.

Dieses „‚fractionnement' des mêmes événements" läßt sich auch innerhalb ein und derselben Biographie beobachten.[264] Ein interessantes Beispiel hierfür bietet Neros Griechenlandreise, auf die Sueton zunächst im Zusammenhang mit den positiven oder zumindest neutralen Aspekten seiner Regierung kurz zu sprechen kommt, um Neros Projekte eines Isthmuskanals und einer Militärexpedition ins Kaspische Meer zu erwähnen.[265] Ein zweites Mal gerät sie im Kontext der negativen Aspekte seiner Herrschaft ins Blickfeld und aus dieser Perspektive rückt das Bild Neros als Sänger und Wagenlenker, dem sich in Griechenland eine vermeintlich ideale Bühne bietet, in

---

259   Vgl. Suet. Vit. 3,2: *pueritiam primamque adulescentiam Capreis egit inter Tiberiana scorta, et ipse perpetuo spint[he]riae cognomine notatus existimatusque corporis gratia initium et causa incrementorum patri fuisse.*

260   Vgl. ferner z.B. Cass. Dio 63,4,2 und zur chronologischen Unmöglichkeit MURISON 1987.

261   Das gleiche gilt auch für die übrigen hier versammelten Nachrichten, etwa die Bemerkung, Vitellius sei *Claudio per aleae studium familiaris* gewesen (vgl. Suet. Claud. 33,2 und zu Suetons Interesse an kaiserlicher Spielleidenschaft ferner Aug. 71.83; Cal. 41,2; Nero 30,3 mit WALLACE-HADRILL 1983, 47f., der auf Suetons Schrift περὶ τῶν παρ' Ἕλλησι παιδιῶν verweist).

262   Vgl. MOUCHOVÁ 1968, 65ff.

263   Für eine Zusammenstellung der in mehreren Viten erwähnten Ereignisse vgl. GASCOU 1984, 373ff.

264   Vgl. GASCOU 1984, 348ff., mit zahlreichen Beispielen.

265   Vgl. Suet. Nero 19,2.

den Vordergrund.[266] Bei der dritten Erwähnung schließlich dient sie als rein chronologisch-geographischer Referenzrahmen für sein Verhalten nach dem Mord an seiner Mutter.[267] Die drei Stellen innerhalb der Nerovita werden lediglich mit einem sich auf das *factum brutum* der Reise beziehenden Querverweis – *Achaiam, ut diximus, petit*[268] – miteinander verbunden und stehen ansonsten ebenso isoliert wie die Erwähnung der Griechenlandreise in der Vespasiansvita: Hier liegt der Fokus ausschließlich auf der Person Vespasians und seines Verhaltens als Mitreisender in der Entourage Neros.[269]

Die Synthetisierung der unterschiedlichen Blickrichtungen zu einem einheitlichen historischen Szenario bleibt dem Leser überlassen oder wird als historisches Hintergrundwissen bei diesem vielmehr vorausgesetzt. Denn gerade in dem Verzicht auf die Erzeugung solcher Synthesen tritt der subsidiäre Charakter der Kaiserbiographien besonders deutlich zutage: Der historische Hintergrund war in Form der taciteischen Geschichtswerke jederzeit abrufbar und mußte von Sueton nicht über interne Verweisen in sein Werk projiziert werden.[270] Das Unbehagen der modernen Forschung an Suetons Präsentationsweise ist daher auch zu einem Großteil darauf zurückzuführen, daß seine subsidiär konzipierten Werke heute anstelle der verlorenen historiographischen Literatur als Primärquellen genutzt werden müssen.[271]

Durch die Fokussierung auf die Perspektive der jeweils porträtierten Person tritt das Ereignis natürlich auch in seiner charakterisierenden Funktion plastischer hervor.[272] Die Beobachtung, daß Sueton seine Protagonisten ,durch Fakten charakterisiere', kann, seit sie von WOLF STEIDLE als zentrales Prinzip seiner Darstellungskunst herausgestellt wurde, als *communis opinio* der Forschung gelten.[273] Gleichwohl erschöpft sich die Funktion der dargebotenen Informationen nicht in der Charakterisierung der Protagonisten, deren moralphilosophische Evaluation für Sueton – und hierin unterscheidet er sich deutlich von Plutarch – kein zentrales Anliegen darstellt. Denn der Eindruck, Sueton tradiere lediglich die *disiecta membra* von Ereignissen,[274] entsteht nur vor der Folie einer historiographischen Erwartungshaltung. Betrachtet man

---

266 Vgl. Suet. Nero 22,3-24.
267 Vgl. Suet. Nero 34,4.
268 Vgl. Suet. Nero 22,3 („er fuhr, wie wir gesagt haben, nach Griechenland").
269 Vgl. Suet. Vesp. 4,4. Auf ein weiteres illustratives Beispiel für diese biographische Technik hat WALLACE-HADRILL 1983, 13, hingewiesen: Die Verschwörung des Varro Murena und Fannius Caepio gegen Augustus wird von Sueton viermal unter verschiedenen Fragehorizonten thematisiert (vgl. Suet Aug. 19,1; 56,4; 66,3 u. Tib. 8), während der Historiker Cassius Dio einer einmaligen und zusammenhängenden Präsentation den Vorzug gibt (vgl. Cass. Dio 54,3).
270 Vgl. WALLACE-HADRILL 1983, 13.
271 Vgl. z.B. TOWNEND 1967, 84, u. s.o. S. 273f.
272 Vgl. MOUCHOVÁ 1968, 76f.
273 Vgl. STEIDLE 1951, 102ff., sowie ferner z.B. CIZEK 1977, 65ff. ; GASCOU 1984, 688ff.; BRADLEY 1991, 3702f.; LEWIS 1991, 3653, u. v. ALBRECHT 1992, II 1116.
274 Vgl. BRINGMANN 1971; DÖPP 1972; FLACH 1972 u. FLACH 1998, 189ff.

die von ihm wiedergegeben Fakten dagegen als Teil einer auf den biographischen Aspekt fokussierten Informationsvermittlung, wirken sie nicht länger isoliert, sondern stellen im Kontext einer Buchgesellschaft, die über verschiedene literarische Medien zur Tradierung historischer Informationen verfügte, eine adäquate Vermittlungsform personenzentrierten Wissens dar.

Geht man von der Kapiteleinteilung des *codex Memmianus* als wenn auch nicht nachweisbar authentischer, so doch zumindest inhaltlich sinnvoller Gliederung aus, so folgt nun die Rubrik zur Karriere des Vitellius vor seiner Akklamation zum Kaiser. Obwohl dieser thematische Komplex praktisch in allen Kaiserbiographien zu finden ist, unterliegt seine jeweilige Gestalt und vor allem sein Umfang doch je nach den individuellen Gegebenheiten starken Schwankungen und verdeutlicht auf diese Weise eindrucksvoll die Flexibilität des Rubrikenschemas.[275] Sueton verwendet für die Einleitung dieses Abschnittes kein festes Formular. Im Falle des Vitellius dient ein Rückbezug auf die voranstehende Erörterung seines Verhaltens unter der Herrschaft seiner Vorgänger als Überleitung, die zugleich den Charakter einer knappen Zusammenfassung hat: *trium itaque principum indulgentia non solum honoribus verum et sacerdotiis amplissimis auctus.*[276] Daran schließt sich unmittelbar eine knappe Skizzierung des weiteren Inhaltes an: *proconsulatum Africae post haec curamque operum publicorum administravit et voluntate dispari et existimatione*, ehe im folgenden die beiden auf diese Weise eingeführten Aspekte ausführlicher thematisiert werden.[277] Für diese von Sueton bereits in seinen antiquarischen Schriften verwendete Form der Textorganisation durch vorweggenommene Gliederungen hat GAVIN TOWNEND unter Verweis auf analoge Strategien der Lesersteuerung in der Rhetorik die treffende Bezeichnung als *divisio* eingeführt.[278]

---

275 Während die Behandlung der frühen Karriere bei den jung an die Macht gelangten *principes* Augustus und Caligula fortgefallen ist, wird sie bei Tiberius, der den Großteil seines Lebens politisch tätig war, ohne Kaiser zu sein, entsprechend ausführlich abgehandelt (vgl. Suet. Tib. 7-21 sowie ferner Galba 6,1; Otho 4; Vesp. 2,3; Tit. 4,1; Dom. 1-2; Claud. 5-7 u. Nero 7).

276 Vgl. Suet. Vit. 5 („Durch die Gunst dreier Kaiser war er nicht nur mit hohen politischen Ämtern, sondern auch mit bedeutenden Priesterstellen ausgezeichnet worden.").

277 Vgl. Suet. Vit. 5 („Er war als Prokonsul in Afrika tätig und übernahm danach die Verantwortung für die öffentlichen Bauten, wobei er beiden Aufgaben mit unterschiedlichem Engagement nachging und seine Leistung daher auch unterschiedliche Bewertungen fand."). Zwar wird die disparate Bewertung, die Vitellius in beiden Funktionen gefunden hat, in der *divisio* knapp thematisiert, doch zeigt gerade Suetons Verzicht, diesen Gegensatz im folgenden aufzugreifen, daß seine Akzentsetzung auch hier keine primär moralphilosophische ist (vgl. dag. CIZEK 1975, 125f., mit der Vermutung, daß Sueton das Prokonsulat gezielt im Zusammenhang mit den Tempelplünderungen erwähnt, um auch eine der wenigen positiven Nachricht über Vitellius negativ zu konnotieren).

278 Vgl. TOWNEND 1967, 84ff., der auf ein Fragment aus Suetons *liber de genere vestitum* verweist (Frg. 168 REIFFERSCHEID), u. s.o. S. 266.

Mit der Verwendung solcher der Orientierung des Lesers dienenden *divisiones* bewegt sich Sueton ebenso in der Nähe zur anspruchsvolleren Fachschriftstellerei wie mit der – wenn auch nicht durchgängigen – Wahl von Anfangsworten mit ausgeprägten Signalcharakter für den Inhalt der folgenden Rubrik.[279] Ein gutes Beispiel für den Beginn eines thematischen Blockes, der zugleich als *titulus* fungiert, liegt im nächsten Abschnitt vor, der mit *uxorem habuit Petroniam* eingeleitet wird und Vitellius' erste Ehe, das gespannte Verhältnis zu seiner Frau, den mutmaßlichen Mord an ihrem gemeinsamen Sohn sowie seine zweite Ehe behandelt.[280] Dabei entspricht es Suetons allgemeinen Gepflogenheiten, daß er in dieser Rubrik, die er häufig mit dem vorangestellten Stichwort *uxor* im Singular einleitet, auch die weiteren Ehen des Kaisers behandelt.[281] Die mit dem Verzicht auf die Beachtung der Chronologie des Lebenslaufes einhergehende summarische Behandlung des Themenkomplexes ‚Familie' an einer einzigen Stelle innerhalb der Biographie macht das Verfahren der Anordnung biographischer Fakten in Rubriken noch einmal besonders augenfällig,[282] ehe Sueton zur Schilderung der Herrschaftsübernahme durch Vitellius und damit zu einer anderen Präsentationsform übergeht.

Bereits an dem ersten Abschnitt der Vitelliusvita, in dem Sueton die Vorfahren und das Leben des späteren Kaisers vor seiner Thronbesteigung in thematisch geordneten Rubriken präsentiert, lassen sich eine Reihe von Beobachtungen zur biographischen Technik machen, die auch für die anderen Kaiserviten charakteristisch sind. Dies gilt sowohl auf der elementaren Ebene der Verwendung einzelner ‚Bausteine' – wie beispielsweise des festen Formulars der sogenannten Geburtsnotiz – als auch bei großflächigeren Anordnungsstrategien – wie etwa der Gliederung des Textes durch *divisiones* oder der Tendenz zur Bildung thematischer Reihen. Aber auch einige Züge, die für die Haltung des Biographen zu den von ihm dargestellten Personen generell von Bedeutung sind, treten schon hier deutlich zutage: Indem er darauf verzichtet, die einzelnen von ihm dargebotenen Informationen auch über den jeweiligen Abschnitt hinaus zueinander in Bezug zu setzen, läßt er zwar einerseits der charakterisierenden Wirkung der Fakten freien Lauf. Er steht aber auf der anderen Seite auch, wie vor

---

279 Die Anfangsworte einiger Abschnitte der Vitelliusvita enthalten vor diesem funktionalen Hintergrund nebensächliche Informationen (vgl. z.B. Suet. Vit. 7,1: *a Galba in inferiorem Germaniam contra opinionem missus est* u. 14,1: *pronus vero ad cuiuscumque et quacumque de causa necem atque supplicium*), doch nimmt die Tendenz zum primär informativen Charakter des Eingangspassus im Laufe der Zeit zu, wie vor allem das Beispiel der Claudiusvita zeigt (vgl. SCHMIDT 1891, 32f.).

280 Vgl. Suet. Vit. 6 u. zur historischen Glaubwürdigkeit MURISON 1993, 150ff.

281 Vgl. Suet. Galba 3,4; Vesp. 3; Tit. 4,2; Tib. 7,2-3; Claud. 26-27 u. Nero 35,1-3 sowie ferner MOUCHOVÁ 1968, 28ff.

282 Das Thema eignet sich für eine separate Behandlung natürlich in besonderem Maße, wie auch die Bereitschaft Plutarchs zeigt, an dieser Stelle gelegentlich von seinem primär chronologisch organisierten Schema abzuweichen (vgl. z.B. Plut. Cato minor 24-25).

allem sein Umgang mit der Überlieferung zu den Vorfahren des Vitellius veranschaulicht, seinen Quellen nicht kritiklos gegenüber und wählt die von ihm wiedergegebenen Wissensbestände daher durchaus gezielt aus.

c) ‚Einmal Germanien und zurück': Der Weg auf den Thron als *narratio*

Im Anfangsteil der Biographie steht für Sueton die Vermittlung einzelner Fakten im
Vordergrund. Diese werden zwar in einer Reihenfolge präsentiert, die sich grob an
der natürlichen Chronologie der anthropologischen Gesetzmäßigkeiten eines Lebenslaufes orientiert, für deren konkrete Anordnung und Wahrnehmung sich jedoch das
Rubrikenschema und das mit ihm verbundene thematische Organisationsprinzip als
ausschlaggebend erwiesen hat. Daran schließt sich in der Lebensbeschreibung des
Vitellius ein zweiter Abschnitt an, in dem die einzelnen biographischen Fakten in
einem kohärenten chronologischen Zusammenhang dargeboten und in Anlehnung an
historiographische Darstellungstechniken erzählt werden.

Sueton stellt erneut eine zentrale Information an den Anfang und läßt mit der Mitteilung, daß Vitellius von Galba mit der Verwaltung der machtpolitisch bedeutsamen
Provinz *Germania inferior* betraut wurde, die Erzählung derjenigen Ereignisse beginnen, an deren Ende Vitellius als neuer Kaiser in Rom eintrifft. Auch innerhalb dieser
prinzipiell als fortlaufende *narratio* konzipierten Passage lassen sich inhaltliche Zäsuren nachweisen, sie sind jedoch weniger deutlich ausgeprägt als im thematisch gegliederten ersten Teil. Nimmt man erneut die Kapiteleinteilung des *codex Memmianus*
zum Ausgangspunkt, so ergibt sich ein erster Abschnitt, der die für Vitellius wenig
vorteilhafte Behandlung der Hintergründe seiner Berufung zum Statthalter in Germanien und einen Bericht über seine finanziellen Schwierigkeiten vor dem Antritt dieses
Amtes enthält.[283] Mit der Ankunft in Germanien setzt sodann die zweite Phase der Erzählung ein, deren Relevanz für die weitere Entwicklung von Sueton im Einleitungssatz sogleich deutlich hervorgehoben wird:

> adventientem male animatus erga principem exercitus pronusque ad res novas libens ac su-
> pinis manibus excepit velut dono deum oblatum, ter consulis filium, aetate integra, facili
> ac prodigo animo.[284]

Die sich anschließende Schilderung ist mit anekdotischem Material stark angereichert
und führt den stilistisch deutlich gehobenen Ton des Einleitungssatzes fort.[285] Sie

---

283   Vgl. Suet. Vit. 7,1-2.
284   Vgl. Suet. Vit. 7,3 („Den Ankommenden empfing das Heer, das gegen den Kaiser eingestellt und zu
      einem Aufstand bereit war, freudig und mit offenen Armen, wie ein Geschenk der Götter, da er der
      Sohn eines dreifachen Konsuls war, im besten Alter stand und als umgänglich und großzügig galt.").

dient dem Zweck, Vitellius' Anbiedern bei den Soldaten und damit seine aktive Beteiligung an der weiteren Entwicklung zu verdeutlichen.[286] Sueton läßt sodann unmittelbar die Ausrufung des Vitellius zum Imperator folgen. In einer stark auf den Protagonisten fokussierten Perspektive wird der Leser Zeuge,[287] wie dieser von einer impulsiv bis irrational handelnden Soldateska zur Unzeit, nämlich bereits am Abend, aus seinem Schlafgemach fortgerissen und *ita ut erat in veste domestica* zum Kaiser proklamiert wird.[288] Es schließt sich die Schilderung der improvisierten Prozession durch die Straßen der Colonia Agrippinensis an, während deren er das Schwert Caesars in Händen hält, das von einer anonym bleibenden Person aus dem Marsheiligtum entwendet und ihm dargeboten wurde.[289] Darauf folgt die Erwähnung des aus Suetons Sicht offenbar mißglückten Versuchs des Vitellius, den Brand seines Hauptquartiers in der gleichen Nacht als positives Vorzeichen zu interpretieren.[290] Die Erzählung des zentralen Ereignisses seiner Proklamation gehört mit ihrem plastischen, dem Prinzip der ἐνάργεια verpflichteten Detailreichtum und ihrer aufwendigen narrativen Präsentation, die eine Beeinflussung durch die tragische Geschichtsschreibung vermuten lassen, sowie mit der ironisch-distanzierten Brechung des Geschehens zu den literarisch ambitioniertesten Passagen in der Biographie des Vitellius wie den Kaiserviten insgesamt.[291]

Sueton verläßt im folgenden die Nahperspektive, die er in der Schilderung der *acclamatio*-Szene eingenommen hatte, und nimmt statt dessen die Aufstandsbewegung als Ganzes in den Blick, wenn auch Vitellius weiterhin logisches wie zumeist auch grammatisches Subjekt der Handlung bleibt. Nach einer kurzer Mitteilung über den von Vitellius angenommenen Germanicus-Namen[292] und über die strategischen Ent-

---

285 So gehört beispielsweise die religiöse Dignität evozierende Wendung *supinis manibus* sonst eher der Dichtersprache an (vgl. z.B. Verg. Aen. 4, 203 u. Ov. met. 8,679).

286 Vgl. Suet. Vit. 7,3-8,1. Tacitus dagegen zeigt Vitellius in einer wesentlich passiveren Rolle (vgl. v.a. Tac. hist. 1,50-52 u. ferner ASH 1999, 105ff.).

287 Vgl. dag. Tac. hist. 1,55-57.

288 Vgl. Suet. Vit. 8,1 („so wie er war, in den Kleidern, die er zu Hause trug") u. ferner MURISON 1992, 150, der wohl zu recht vermutet, daß die Spontaneität der Akklamation inszeniert war.

289 Vgl. LOUNSBURY 1987, 99f.: „For it becomes clear that the mere detail can be so disposed as to carry an emotional impact: *porrectum sibi a quodam* is properly casual for this casual, comic principate."

290 Die Schilderung einer mißglückten *acclamatio* muß auf Suetons primäre Leser durch den Kontrast zu den ihnen aus den verschiedenen Medien der kaiserlichen Selbstdarstellung vertrauten Präsentationen dieses Ereignisses noch weitaus eindringlicher gewirkt haben. Daß Sueton verschiedene Stellen der Vita bewußt als Gegensatz zur zeitgenössischen Wahrnehmung solcher ‚emblematic scenes' gestaltet hat, um damit Vitellius' fehlende Eignung zu unterstreichen, hat BURKE 1998 etwa für die Schilderung des *iter* (vgl. Suet. Vit. 10,2) und des *adventus* in Rom (vgl. Suet. Vit. 11,1) plausibel gemacht.

291 Vgl. LOUNSBURY 1987, 99f.

292 Vgl. Suet. Vit. 8,2 u. zur Ablehnung des Augustus-Titels ferner TIMONEN 1993, 138.

scheidungen, die er nach der Nachricht von Galbas Tod getroffen hat,[293] geht Sueton ausführlicher auf weitere Prodigien ein, die dem neuen Thronprätendenten zuteil
wurden,[294] ohne diese – wie an anderen Stellen –[295] in einer eigenständigen Rubrik zu
versammeln.[296] Er setzt sich allerdings auch hier partiell über die chronologische Ordnung der Erzählung hinweg, da das letzte, mit *mox Viennae* datierte Prodigium wohl
erst nach dem Eintreffen der Nachricht vom Tod Othos bei Vitellius anzusetzen ist,
auf die Sueton jedoch erst im Anschluß eingeht.[297] Gleichwohl gelingt es ihm, in der
Aufzählung der Vorzeichen untereinander die zeitliche Abfolge zu beachten,[298] ohne
deswegen auf den Effekt einer inhaltlichen Klimax verzichten zu müssen.[299]

Die wiedergegebenen Vorzeichen beziehen sich hier wie auch sonst in den Kaiserbiographien beinahe ausschließlich auf die Übernahme oder den Verlust der Herrschaft.[300] Als singulär erweist sich hingegen die an dieser Stelle gegebene Deutung
der Prodigien, die explizit auf später von Sueton behandelte Ereignisse vorausweist:
quibus ostentis par respondit exitus; nam confirmatum per legatos suos imperium per

---

293 Vgl. Suet. Vit. 9 u. ferner Tac. hist. 1,51-70. Bei Tacitus erhält Vitellius die Nachricht von Galbas
     Tod erst auf dem Marsch (vgl. Tac. hist. 1,64,1 u. ferner MURISON 1992, 151).

294 Vgl. Suet. Vit. 9. Zum Brand des Hauptquartiers tritt noch der Tag der *acclamatio* hinzu, wenn man
     der von GUGEL 1977, 65, vertretenen Deutung folgt, daß die Information, die Ausrufung sei *neque
     diei neque temporis ratione habita* erfolgt, als Hinweis darauf zu verstehen ist, daß die *acclamatio* an
     einem zweiten Tag im Monat und damit an einem Unglückstag stattgefunden hat (an einem *dies post-
     riduanus*; vgl. Gell. 5,17 u. Macr. sat. 1,16,21 sowie ferner RÜPKE 1995, 563ff.). Ob Sueton allerdings
     angesichts der sich in diesem Jahr überschlagenden Ereignisse das doch sehr spezielle Faktenwissen,
     daß Vitellius am 2. Januar zum Kaiser ausgerufen wurde (während der Abfall von Galba bereits am 1.
     Januar erfolgte: vgl. Tac. hist. 1,55,3-57,1 u. ferner MURISON 1993, 82), bei seinen Lesern vorausset-
     zen konnte, erscheint zumindest fraglich.

295 Vgl. die Zusammenstellung bei GUGEL 1997, 28f.

296 Vgl. ferner Suet. Vit. 11,2; 13,3 u. 14,4 mit der Erwähnung weiterer Vorzeichen.

297 Vgl. MURISON 1993, 143ff.

298 Vgl. MOUCHOVÁ 1968, 34, die der Stelle allerdings den Charakter einer Rubrik zuspricht.

299 Vgl. GUGEL 1977, 65, u. ferner allg. GASCOU 1984, 400: „Lorsqu'il veut illustrer un trait de charac-
     tère ou un aspect quelconque de l'activité d'un César, Suétone se contente souvent d'énumérations
     vagues, sans références aux dates, et en adoptant parfois une disposition 'impressioniste' plutôt que
     chronologique, d'où un fourmillement de faits qu'on ne sait comment situer dans le temps."

300 Vgl. WALLACE-HADRILL 1983, 191f. Zur von Sueton selten kommentierten Reaktion der betroffenen
     Personen auf die Vorzeichen vgl. Suet. Iul. 59.81 u. Otho 8,5 sowie ferner DELLA CORTE 1958, 53ff.,
     gegen dessen These, Sueton bewerte die Kaiser danach, ob sie den Prodigien die ihnen zukommende
     Bedeutung beimessen oder nicht, sich mit guten Gründen MOUCHOVÁ 1968, 37ff., ausgesprochen hat.
     Zur Funktion der Vorzeichen in Suetons biographischer Technik vgl. ferner GUGEL 1977, 28: „Die
     Untersuchung aller in den Kaiserviten Suetons vorkommenden Vorzeichen läßt nirgends ihre bloß
     dem Zufall überlassene Verwendung erkennen, noch werden sie aus bloßem Sammeleifer oder einer
     übertriebenen, kleinlichen Liebe zum historischen Detail in den Lebenslauf eingefügt; vielmehr sind
     sie ein Mittel biographischer Technik, die erzählte Handlung oder die beabsichtigte Charakterisierung
     wirkungsvoll zu unterstreichen oder entscheidende Einschnitte im Leben der Kaiser zu markieren."

se retinere non potuit.[301] Sueton greift diese Deutung zudem nach Vitellius' Tod noch einmal auf und bestätigt sie auch rückblickend ausdrücklich.[302] Diese doppelte Bezugnahme zweier Stellen aufeinander stellt den einzigen Fall eines explizit markierten internen Querverweises innerhalb der zweiten Hexade der Kaiserbiographien dar[303] und unterstreicht damit den experimentellen Charakter der Vitelliusvita.

Den nächsten deutlicheren Einschnitt bildet die Nachricht von Othos Tod, an die sich die Erwähnung der beiden einzigen als positiv bewerteten Maßnahmen der Regierung des Vitellius anschließt. Bei diesem von Sueton hier scheinbar chronologisch eingeordneten Abschnitt handelt es sich allerdings eher um die Behandlung der oftmals vom Streben nach Popularität getragenen *initia imperii* eines neuen Herrschers, für die Sueton in den späteren Biographien eine eigene Rubrik entwickelt, die dann an die Spitze des die Herrschaft *per species* darstellenden Teiles tritt.[304] Denn zumindest die zweite Regierungshandlung, die Sueton nach der Entlassung der Prätorianerkohorten anführt und die in der Bestrafung derjenigen Personen bestand, die im Zusammenhang mit der Ausschaltung Galbas bei Otho um eine Belohung nachgefragt haben, ist mit großer Sicherheit erst nach dem Eintreffen des Vitellius in Rom anzusiedeln.[305] Der Abschnitt endet mit der expliziten Bemerkung *egregie prorsus atque magnifice et ut summi principis spem ostenderet, nisi cetera magis ex natura et priore vita sua quam ex imperii maiestate gessisset.*[306] Durch dieses Fazit wird der hier im chronologischen Zusammenhang dargebotene, aber vorwiegend thematisch organisierte Textteil zur später in Rubriken erfolgenden Behandlung der Herrschaft des Vitellius in Bezug gesetzt, in der keine weiteren positiven Aspekte mehr thematisiert werden.[307]

Daß die Chronologie der Ereignisse jedoch weiterhin die Grundlage der Darstellung bildet, unterstreicht Sueton dadurch, daß er mit dem Anschluß *namque itinere incohato* einen engen zeitlichen Bezug zu der folgenden Schilderung von Vitellius' Marsch nach Rom, seinem Besuch des Schlachtfeldes von Betriacum und seines Einzuges in die Hauptstadt herstellt. Es sind nicht zuletzt diese drei Episoden, aus denen sich ein wenig vorteilhaftes Bild des Vitellius bei Sueton ergibt. Wird schon das Ver-

---

301 Vgl. Suet. Vit. 9 („Mit diesen Vorzeichen stimmte sein Ende überein; denn die Herrschaft, die seine Offiziere für ihn errungen hatten, konnte er aus eigener Kraft nicht verteidigen.").

302 Vgl. Suet. Vit. 18 u. ferner GASCOU 1984, 358.

303 Vgl. MOUCHOVÁ 1968, 65, mit neun Beispielen aus der ersten Hexade.

304 Vgl. Suet. Dom. 3; Tib. 22-25; Cal. 13-16; Claud. 11-13 u. Nero 9 sowie ferner WITTKE 1974, 46ff.

305 Vgl. MURISON 1992, 155.

306 Vgl. Suet. Vit. 10,1 („Er hatte ganz und gar vortrefflich und großartig reagiert und gab Anlaß zu der Hoffnung, er werde sich als ausgezeichneter Kaiser erweisen, wenn er sich nicht in seinen weiteren Entscheidungen mehr nach an seiner Veranlagung und nach an seinem früheren Lebensstil orientiert hätte denn an der Würde seines Amtes.").

307 Vgl. dag. STEIDLE 1951, 105, der Suet. Vit. 10-11 als die *initia imperii* versteht und den thematischen Teil bereits hier beginnen läßt.

halten seiner Soldaten auf ihrem weiteren Vormarsch explizit als *ritu triumphantium* und damit als einem neuen Herrscher wenig angemessen bezeichnet,[308] so leistet ins- besondere die Darstellung von Vitellius' Besuch des Schlachtfeldes von Betriacum, dem Ort der Niederlage Othos, einen entscheidenden Beitrag zur negativen Charakte- risierung des Protagonisten.

Vor allem das *dictum* des Vitellius *optime olere occisum hostem et melius civem*, das Sueton als seine Reaktion auf das Zurückschaudern einiger seiner Begleiter ange- sichts des Verwesungsgeruches der zahllosen Leichen – die Schlacht lag zu dem Zeit- punkt seines Besuches über vier Wochen zurück – wiedergibt,[309] dürfte in den Ohren seiner zeitgenössischen Leser wenig Sympathie für den letzten Bürgerkriegsherrscher hervorgerufen haben. Gerade die überaus desavouierende Wirkung des mit Allitera- tion und paralleler Konstruktion überraschend kunstvoll gestalteten Apophthegmas legt allerdings den Verdacht nahe, daß Sueton kein authentisches Zitat, sondern eine auf genau diese Wirkung berechnete Fiktion der flavischen Seite wiedergibt.[310] Da es sich hier aber um eine der wenigen Stellen handelt, an denen die vorwiegend distan- ziert-abwägende Darstellung von auktorial geäußerter Entrüstung durchbrochen wird – Sueton läßt Vitellius die Worte *detestabili voce* sprechen –,[311] drängt sich über das letztlich nicht zu lösende Problem der historischen Authentizität[312] hinaus die Frage nach der Intentionalität des an dieser Stelle wie in der gesamten Biographie gezeich- neten Vitelliusbildes auf.

---

308 Vgl. Suet. Vit. 10,2 sowie ferner zur Parallelüberlieferung MURISON 1993, 145f., u. zum Charakter als
    ‚emblematic scene' BURKE 1998.

309 Vgl. Suet. Vit. 10,3 („ein erschlagener Feind rieche sehr gut, noch besser aber ein erschlagener
    Mitbürger").

310 Vgl. FLACH 1998, 177.

311 Vgl. LOUNSBURY 1987, 102: „Suetonius did not seek to impose his *ethos* on his material after the ap-
    preciable fashion of Tacitus. This is not to maintain that he made, in the narrative, no explicit com-
    ment upon the deeds and traits of his characters. Sometimes he is even indignant, as at the the exqui-
    site harshness of Tiberius toward his exiled wife (Tib. 50,1), or the brutal loutishness of Vitellius
    visiting the battlefield at Bedriacum, ... Yet, these are exceptional cases. He aims for a concretion of
    effect, an impassive, imperturbable gaze, to which he matches his chill Latinity and through which the
    audience are induced to adopt an equal vision. They are asked, not to apprehend emotionally and by
    intellect what he means them to apprehend, but to see the same." Das Adjektiv *detestabilis* dient Sue-
    ton sonst nur noch je einmal zur Charakterisierung des Tiberius (vgl. Suet. Tib. 63,1), von Neros Va-
    ter (vgl. Suet. Nero 5,1) und von Nero selbst (vgl. Suet. Nero 6,1).

312 Tacitus, der kein freundlicheres Bild des Besuches zeichnet, erwähnt das Diktum nicht, allerdings ist
    seine Schilderung recht knapp und verfolgt eine andere Zielsetzung (vgl. Tac. hist. 2,70,1 u. ferner
    MORGAN 1992, 29: „Though Tacitus appears anyway to have disinclined simply to bow to conven-
    tion, to the extent that he makes one oblique reference to the smell of victory, his aim is not to disgust
    his audience with the specific details of the emperor's conduct at the site or his comments on this un-
    pleasantness. Rather, he was seeking to bring out the horrors of the scene as a whole, playing Vitellius
    off against the other participants, military and civilian, living and dead.").

Hat Sueton mit der Tradierung einer Information wie dieser bewußt einen Akt der *damnatio* durch *memoria* vorgenommen, wie mit Blick auf die ‚Fliegenfänger-Anekdote' in der Domitiansvita von FRANK WITTCHOW pointiert formuliert wurde?[313] Der Gedanke an eine gleichsam negative Kommemoration liegt im Falle des Vitellius aufgrund der Dichte, in der Sueton hier unvorteilhafte Einzelheiten tradiert,[314] natürlich besonders nahe. Zudem läuft eine gegenteilige Deutung Gefahr, in Sueton mit Teilen der älteren Literatur einen epigonalen ‚Kopisten' zu erblicken, der in blinder Abhängigkeit von seinen Quellen steht. Eine solche Sichtweise würde jedoch seinem an verschiedenen Stellen greifbaren kritischen Urteilsvermögen[315] nicht gerecht werden. Zudem berücksichtigt eine solche Deutung nicht in hinreichendem Maße, daß Sueton sich über die Vorgänge des Vierkaiserjahres, an denen sein Vater unmittelbaren Anteil hatte,[316] auf vielfältige Weise, unter anderem mittels mündlicher Überlieferung, informieren konnte und daher keinesfalls gezwungen war, ein von anderen präfiguriertes Vitelliusbild unhinterfragt zu übernehmen.[317]

Ob Sueton allerdings wirklich mit dem Anspruch auftrat, in Konkurrenz zu einer vom Senat ausgesprochenen *damnatio memoriae* zu treten,[318] ob er und eine explizit geschichtspolitische Zielsetzung in der Art verfolgte, daß die Biographien der negativ bewerteten Kaiser eine gezielte Verurteilung mit Blick auf die Nachwelt darstellen sollen, erscheint gleichwohl fraglich. Denn vor dem Hintergrund dieser Intention erscheint Suetons Vorgehen schon in der Vitelliusvita wenig konsequent: Sein reflektierter Umgang mit der Überlieferung zur Herkunft der Vitellier[319] wäre in dieser Interpretation ebenso ein Fremdkörper wie die Tradierung solcher Informationen, die

---

313 Vgl. Suet. Dom. 3,1: *inter initia principatus cotidie secretum sibi horarum sumere solebat nec quicquam amplius quam muscas captare ac stilo praeacuto configere, ut cuidam interroganti, essetne quis intus cum Caesare, non absurde responsum sit a Vibio Crispo, ne muscam quidem* mit WITTCHOW 2001, 348f.358: „Für Sueton ist eine Anekdote wie um den Fliegenfänger Domitian eine Weise, wie Senatoren statt einer *damnatio memoriae* eine *damnatio* durch *memoria* an einem Kaiser vornehmen können. Das ist eine andere Strategie, mit dem allgegenwärtigen Kaiser umzugehen, als sie Tacitus verfolgt hat, aber sie gehört in die gleichen Kommunikationsbedingungen." sowie ferner STEIDLE 1951, 94, u. LAMBRECHT 1995, 519.

314 Vgl. z.B. CIZEK 1977, 152f.231ff., u. BALDWIN 1983, 283ff.

315 Vgl. z.B. Suet. Cal. 8.

316 Vgl. Suet. Otho 10,1 (*interfuit huic bello pater meus Suetonius Laetus, tertiae decimae legionis tribunus angusticlavius*). Suetons Vater dürfte allerdings wegen seiner Nähe zu Otho gerade für Vitellius keine allzu objektive Quelle gewesen sein (vgl. BALDWIN 1983, 285).

317 Vgl. GASCOU 1984, 335ff.457, sowie speziell zur Darstellung der Bürgerkriegsherrscher MURISON 1992, xiiff., u. SHOTTER 1993, 33ff. Die wenigen positiven Nachrichten über Vitellius (vgl. RICHTER 1992, v.a. 233f.) werden von MURISON 1992, 152ff., zusammengefaßt.

318 Eine *damnatio memoria* muß in einer Gesellschaft mit dem Komplexitätsgrad der römischen Kaiserzeit weitgehend wirkungslos bleiben. Zu den Auswirkungen der über Domitian verhängten *damnatio memoriae* vgl. PAILLER / SABLAYROLLES 1994.

319 Vgl. Suet. Vit. 1,1 u. s.o. S. 278ff.

für die Bewertung des Vitellius als neutral oder gar positiv einzustufen sind.[320] Im Gegensatz zu Plutarchs moralphilosophisch begründeter Zielsetzung einer ethischen Evaluation der von ihm dargestellten Personen erfolgt bei Sueton eine Meinungsbildung über den ‚Charakter' seiner *Caesares* häufig nur partiell, ohne daß die Synthese der einzelnen Züge zu einem homogenen Ganzen angestrebt wird.[321]

Auch wenn der Entwurf eines geschlossenen Charakterbildes nicht Suetons primäres Ziel darstellt, geben seine Kaiserviten – wie jede andere literarische Lebensbeschreibung auch – natürlich gleichwohl Auskunft über die Wertmaßstäbe ihres Autors und seiner Gesellschaft,[322] weswegen sie in den letzten Jahren auch zu recht als Quelle für diese Fragestellungen herangezogen wurden.[323] In besonderem Maße gilt dies für Stellen wie die vorliegende, an denen die Leser durch das sorgfältige Arrangement und eine der seltenen auktorialen Bewertungen zur Bewertung der gegebenen Informationen nachdrücklich aufgefordert werden. Hier berührt sich seine Intention mit der sonst eher innerhalb der antiken Historiographie anzutreffenden Absicht, das Bild seiner Zeitgenossen wie das kommender Generationen von den dargestellten Personen aktiv zu beeinflussen.[324] Angesichts der vor diesem Hintergrund wenig konsequenten Gestaltung der Kaiserbiographien, der sparsamen Verwendung auktorialer Kommentierung,[325] des Fehlens einschlägiger programmatischer Aussagen[326] sowie des betont subsidiären Charakters des Werkes, das erst durch die Zufälle der Überlieferungsgeschichte zur beinahe alleinigen Quelle über die römische Kaiserzeit wurde, ist es allerdings wenig wahrscheinlich, daß die *damnatio* durch *memoria* Suetons primäre Wirkungsabsicht darstellte.[327]

---

320 Vgl. Suet. Vit. 5 u. 10,1. Derartige Züge fehlen in den von Josephus (bell. Iud. 4,588-96) und Philostrat (Ap. 5,29-43) gezeichneten Vitelliusbildern vollständig.

321 Vgl. SHOTTER 1993, 12: „Suetonius remained external to his subjects, making no general estimate of character and omitting the philosophical or moral reflections we might have expected from Plutarch. There is in fact what amounts to a refusal to enter into a character's thoughts: indeed it is probably this cold recital which lacks an attempt to comprehend that makes Suetonius often appear hostile, despite the fact that in essence there is little he says ... that is not mentioned in other sources." u. dag. GASCOU 1984, 675ff., für den es sich um eine ‚objectivité affectée' handelt.

322 Vgl. v.a. SWAIN 1997.

323 Vgl. z.B. NEWBOLD 1997 u. PICCIRILLI 1998.

324 Vgl. POMEROY 1991, viii: „Commendation or condemnation, commiseration or exaltation, all suggest that the historian feels that his own efforts are achieving something important, even that he is contributing in his own way to the process of history-making ... What is clear is that the historians of the ancient world claim a power in their societies which is beyond the dreams or – probably – the wishes of a modern historical writer." u. ferner z.B. MARINCOLA 1997, 158ff.

325 Vgl. z.B. Suet. Iul. 76,1; Cal. 22,1; Nero 19,3 u. Vesp. 1,1 sowie ferner EKTOR 1980, 318f.; BRADLEY 1991, 3703, u. SCHERBERICH 1995, 21.

326 Auch unter diesem Aspekt erweist sich der Verlust der *praefatio* als bedauerlich.

327 Daß die Kaiserbiographien gleichwohl in der Wahrnehmungskategorie einer *damnatio* durch *memoria* rezipiert werden konnten, zeigt wohl am eindrucksvollsten eine in der *historia Augusta* überlieferte

Sueton schildert im folgenden Vitellius' ebenfalls noch auf dem Schlachtfeld von Betriacum geäußerten Sarkasmus gegenüber Otho und thematisiert den angesichts der Bürgerkriegsumstände unangemessen triumphalen Einzug in Rom.[328] Auch wenn die Tendenz, die den wiedergegebenen Fakten innewohnt, auch hier durchgängig antivitellianisch ist, legt doch die Beibehaltung der chronologischen Abfolge und der damit einhergehende Verzicht auf eine Anordnung des Materials in Form einer inhaltlichen Klimax die Vermutung nahe, daß die Stigmatisierung des letzten Bürgerkriegskaisers als Tyrann für ihn nicht das einzige Anliegen darstellt.[329] Vielmehr könnten die hier mitgeteilten Informationen auch dazu dienen, am Beispiel des Vitellius ein negatives Rollenmodell von allgemein für einen römischen Befehlshaber inakzeptablen Verhaltensweisen zu geben. Eine solche Funktionalisierung wäre jedenfalls der potentiellen Lebenswirklichkeit eines größeren Teils von Suetons zeitgenössischen Lesern kommensurabel gewesen und dürfte daher auch ihr Interesse gefunden haben.

Mit dem *adventus* des neuen Herrschers in der Hauptstadt des *imperium Romanum* endet der chronologisch organisierte Abschnitt, der den Leser Vitellius' Weg von Rom nach Germanien und von dort auf den Kaiserthron mitverfolgen ließ. Die hier angewandte narrative Technik unterscheidet sich von derjenigen der Historiographie lediglich in der extremen Fokussierung auf den Protagonisten, die sich am deutlichsten daran ablesen läßt, daß der Leser vom entscheidenden Waffengang erst gemeinsam mit Vitellius hört und auch den Ort des Geschehens nicht vor dem Protagonisten betritt, während die Schilderung der Schlacht von Betriacum in der Vita des persönlich anwesenden Otho erfolgt.[330] Mit weiten Teilen der kaiserzeitlichen Geschichtsschreibung hat Sueton auch die auf ἐνάργεια der Darstellung und Dramatisierung des Geschehens zielende Detailfülle gemeinsam, wie sie vor allem in der Schilderung von Vitellius' *acclamatio* zutage tritt.[331] Indem sich Sueton in den chronologischen Partien an die Erzählstrategien der Historiographie, zumal ihrer ‚tragischen' Variante,[332] anlehnt, artikuliert er zugleich einen deutlich gesteigerten literarischen Anspruch.

Geschichte: Commodus läßt einen Leser der suetonischen Caligulavita den Löwen vorwerfen, angeblich weil er sich Caligula wegen ihres gemeinsamen Geburtstag verbunden fühlte. Wahrscheinlicher ist, daß er in der literarischen Stigmatisierung des Vorgängers eine Gefahr auch für seinen eigenen Nachruhm erblickte; eine Sorge, die sich mit seiner Darstellung in der *historia Augusta* als berechtigt erwiesen hat: *eum etiam, qui Tranquilli librum vitam Caligulae continentem legerat, feris obici iussit, quia eundem diem natalis habuerat, quem et Caligula* (vgl. SHA Comm. 10,2 mit STEIDLE 1951, 9).

328 Vgl. Suet. Vit. 10,3-11,1 u. ferner zum *adventus* als ‚emblematic scene' BURKE 1998.

329 Vgl. dag. z.B. CIZEK 1977, 231ff., u. SCHEID 1984, 178f. mit Anm. 3, die auf die zahlreichen Parallelen der suetonischen Biographie zum klassischen Muster einer Tyrannendarstellung verweisen.

330 Vgl. Suet. Otho 9,2. Ein weiteres Beispiel für das Fehlen von Querverweisen in Suetons Kaiserviten.

331 Einen Unterschied zur mit den „grands événements" befaßten Historiographie erblickt GASCOU 1984, 414ff., in der Vielzahl der angeführten Details.

332 Die durch ULLMAN 1942 angeregte intensive Beschäftigung mit der tragischen Geschichtsschreibung (vgl. z.B. ZEGERS 1959; WALBANK 1960 u. BRINK 1960) hat in jüngerer Zeit an Schärfe verloren, da

Dabei wird an einigen Besonderheiten dieses Abschnittes – wie vor allem der die weitere Handlung vorwegnehmenden Bestätigung eines Prodigiums – erneut der experimentelle Charakter der Vitelliusvita deutlich. Denn während die Darstellung Galbas und vor allem diejenige Othos noch einen fast durchgängig chronologischen Aufbau zeigen,[333] haben wir mit der Lebensbeschreibung des Vitellius das erste Beispiel für die konsequente Anwendung der Variation zwischen der Präsentation von Informationen in Form von Rubriken und der Verwendung einer literarisch ambitionierten *narratio* vorliegen. Daß sich dieses Darstellungsprinzip an zahlreichen anderen Stellen der Kaiserviten beobachten läßt,[334] zeigt nicht nur, daß es sich um wichtiges Merkmal der biographischen Technik Suetons handelt, sondern stellt auch ein wichtiges Argument für die zeitliche Priorität der Entstehung der zweiten Hexade der *Caesares* dar. Mit dem Wechsel des literarischen Stils geht zugleich eine gewisse Akzentverschiebung zwischen den Polen der *utilitas* und *delectatio* zugunsten des zweiten Aspektes einher, ohne daß allerdings der informative Charakter des Textes völlig aufgeben würde.

d) *sed vel praecipue luxuriae saevitiaeque deditus*: Die Ausübung der Herrschaft in Rubriken

Um die nur wenige Monate umfassende Herrschaft des Vitellius darzustellen, wechselt Sueton erneut die literarische Technik und greift wieder auf ein primär thematisch organisiertes Rubrikenschema zurück, wenn auch angesichts der Kürze des behandelten Zeitraumes die Abgrenzung von einer chronologischen Anlage nicht immer leicht

---

deutlich geworden ist, daß es sich dabei nicht um ein ausformuliertes historiographisches Programm handelt (so schon SCHWARTZ 1905), sondern vielmehr um eine für die hellenistische Zeit allgemein charakteristische Entwicklung: Die veränderte politische Situation führte zu einer anderen Wahrnehmung von Geschichte, da diese von Produzenten wie Rezipienten historiographischer Literatur zunehmend weniger gestaltet als vielmehr erlitten wurde. Die neue Perspektive auf historisches Geschehen zeigt sich in der Betonung des Waltens der τύχη in der Neuen Komödie oder in der Fokussierung der Kunst auf das Pathos ebenso wie in der starken Akzentuierung der μίμησις und ἡδονή in den historischen Werken (vgl. FORNARA 1983, 124ff.; GENITLI / CERRI 1988, 43f.; MALITZ 1990, 335f.; LENDLE 1992, 184ff., u. LUCE 1998 [1997], 163ff.). Aufgrund der vergleichbaren Rahmenbedingungen läßt sich eine analoge Ausrichtung der historiographischen Produktion der römischen Kaiserzeit vermuten.

333 Vgl. STEIDLE 1951, 105.

334 Anspruchsvoll gestaltete Passagen kommen in Form abgeschlossener Erzählungen mit meist anekdotischem Charakter allerdings auch in den thematischen Abschnitten vor (vgl. LOUNSBURY 1987, 99f.: „Such abrupt diminutions of narrative concentration vary again and again the stream of happenings."), gleichwohl erscheint aufgrund der Unterschiede in Quantität und Qualität eine Betonung der Differenz zwischen thematischen und chronologischen Blöcken sinnvoll.

fällt.[335] Den Auftakt bildet eine Rubrik mit unterschiedlichen Tabuverletzungen des neuen Herrschers, deren Inhalt im Einleitungssatz treffend zusammengefaßt und zugleich auf das Fazit des chronologischen Teiles bezogen wird: *magis deinde ac magis omni divino humanoque iure neglecto*.[336]

Im Einzelnen findet sich hier zunächst eine Übersicht über die von Vitellius als Kaiser bekleideten *honores*, die Sueton in anderen Biographien zu einer eigenständigen Rubrik zusammenfaßt.[337] Hier jedoch stehen diese Angaben ganz unter dem Aspekt des Tabubruches und sollen vor allem den Umstand betonen, daß Vitellius diese Ämter an einem *dies ater*, dem Jahrestag der Niederlage an der Allia,[338] übernommen hat.[339] Das zweite in dieser Rubrik besprochene σκάνδαλον stellt die auf dem Marsfeld abgehaltene Totenfeier für Nero dar, deren Behandlung Sueton explizit als symbolisch für die generelle Regierungspraxis des Vitellius verstanden wissen will: *et ne cui dubium foret, quod exemplar regendae rei publicae eligeret*.[340] Daß er an dieser Stelle eine der seltenen auktorialen Deutungen einflicht, wirft ein bezeichnendes Licht auf den Grad der gesellschaftlichen Ächtung, der jede Form einer *imitatio Neronis* seit flavischer Zeit unterworfen war. Weniger wahrscheinlich ist dagegen, daß diese eher vage Anspielung auf die Herrschaft Neros, die ebenso wie die Darstellung der Jugend des Vitellius unter den letzten Herrschern aus der julisch-claudischen Dynastie ohne Verweis auf die entsprechenden Viten erfolgt,[341] ausreicht, um Fernbezüge zwischen den beiden Biographien herzustellen. Es erscheint daher auch fraglich, ob Sueton Vitellius als einen „Néron pire encore" erscheinen lassen wollte,[342] nicht zuletzt deshalb, weil der Akzent in der Schilderung selbst eher auf Vitellius' unange-

---

335 Vgl. LEO 1901, 7: „... die kurzen Geschichten der Männer, die erst in den letzten Monaten ein kaiserliches Dasein führen, hatten eine Richtung auf den Tod, von der nicht abzulenken war ...". Zu den ‚chronological signposts' bei der Behandlung länger regierender Kaiser vgl. LEWIS 1991, 3664f.

336 Vgl. Suet. Vit. 11,2 („Seine Mißachtung allen göttlichen und menschlichen Rechtes nahm in der Folgezeit mehr und mehr zu").

337 Vgl. Suet. Aug. 26-28,2; Cal. 17,2; Claud. 14-16 u. Nero 14 sowie ferner STEIDLE 1951, 111f.

338 Vgl. RÜPKE 1995, 567ff.

339 Vgl. Suet. Vit. 11,2 u. ferner Tac. hist. 2,91,1, der das Datum der Übernahme des Oberpontifikats in der Schwebe läßt: *apud civitatem cuncta interpretantem funesti ominis loco acceptum est, quod maximum pontificatum adeptus Vitellius de caerimoniis publicis XV kalendas Augustas edixisset, antiquitus infausto die Cremerensi Alliensique cladibus: adeo omnis humani divinique iuris expers, pari libertorum, amicorum socordia, velut inter temulentos agebat.*

340 Vgl. Suet. Vit. 11,2 („Damit es jedem klar würde, wen er sich zum Vorbild für seine Herrschaft ausgewählt hatte.") u. ferner Tac. hist. 2,95,1.

341 Vgl. Suet. Vit. 3,2-4.

342 Vgl. CIZEK 1977, 153, u. ferner zur Nachwirkung dieser Gleichsetzung in Antike ASH 1999, 104f.

brachter Wertschätzung von Neros Liedkunst denn auf politischen Aspekten im engeren Sinne liegt.[343]

Nicht nur die seit Erasmus' Baseler Ausgabe von 1518 gebräuchliche Kapiteleinteilung, sondern auch einige Interpreten lassen mit der nun folgenden resümierenden Formulierung *talibus principiis magnam imperii partem non nisi consilio et abitrio vilissimi cuiusque histrionum et aurigarum administravit et maxime Asiatici liberti* einen neuen Abschnitt beginnen.[344] Doch zeigt der Inhalt des Folgenden, in dem ausschließlich das Verhältnis des Vitellius zu dem Freigelassenen Asiaticus geschildert wird, daß es sich hier keineswegs um die sonst gelegentlich anzutreffende Rubrik zum schädlichen Einfluß schlechter Ratgeber handelt,[345] sondern vielmehr die Reihe der gesellschaftlichen Verfehlungen des Vitellius fortgesetzt wird und daß die Kapiteleinteilung des *codex Memmianus*, der hier keinen Einschnitt setzt, sich erneut als kongruent mit den vom Autor gesetzten inhaltlichen Zäsuren erweist.

Waren maliziöse Untertöne schon bei der Erwähnung der ersten beiden Tabubrüche nicht zu überhören, gewinnen sie bei diesem betont an die letzte Stelle der Rubrik gesetzten Beispiel die Oberhand: Während Tacitus die Rolle des Asiaticus explizit mit der anderer kaiserlicher Freigelassener parallelisiert und dabei vor allem ihren Einfluß auf die Entscheidungen des jeweiligen Herrschers im Auge hat,[346] geht es Sueton um das individuelle Agieren des Vitellius in der Beziehung zu Asiaticus. Diese malt er in einer ausführlichen und mit konkreten Details, wie der Bemerkung, daß der später zum römischen Ritter erhobenen Asiaticus in Puteoli Getränke verkauft habe, nicht geizenden Erzählung breit aus.[347] Gemäß der thematischen Ausrichtung des Abschnittes überwiegt das Interesse an Vitellius' gesellschaftlichen Fehlverhalten hier auch

---

343 Erneut wird der Umstand, daß Vitellius Neros Gunst gerade dadurch gewonnen hatte, daß er ihm zu einem Auftritt als Kitharöde verholfen hatte (vgl. Suet. Vit. 4), von Sueton nicht als Parallele explizit und zur Zeichnung eines Charakterbildes dienstbar gemacht.

344 Vgl. Suet. Vit. 12 („Nach einem solchen Beginn übte er seine Herrschaft zum Großteil nicht anders aus, als indem er nach dem Rat und dem Urteil der verächtlichsten Schauspieler und Wagenlenker und besonders seines Freigelassenen Asiaticus regierte.") sowie ferner z.B. STEIDLE 1951, 105, u. CIZEK 1977, 60f.

345 Vgl. Suet. Galba 14,2 u. Claud. 28-29.

346 Vgl. Tac. hist. 2,95,2-3: *nondum quartus a victoria mensis, et libertus Vitellii Asiaticus Polyclitos, Patrobios et vetera odiorum nomina aequabat* u. ferner ASH 1999, 112.

347 Vgl. Suet. Vit. 12: *hunc adulescentulum mutua libidine constupratum, mox taedio profugum cum Puteolis poscam vendentem reprehendisset, coiecit in compedes statimque solvit et rursus in deliciis habuit; iterum deinde ob nimiam contumaciam et furacitatem gravatus circumforano lanistae vendidit dilatumque ad finem muneris repente subripuit et provincia demum accepta manumisit ac primo imperii die aureis donavit anulis super cenam, cum mane rogantibus pro eo cunctis detestatus esset severissime talem equestris ordinis maculam* u. ferner MURISON 1992, 159, zur Bedeutung von *posca*.

Suetons oft gerügte *curiositas in eroticis*,[348] die sich in dieser Vita noch in der Behauptung artikuliert, Vitellius habe seine frühe Jugend in den tiberianischen Villen auf Capri zugebracht,[349] ohne sich jedoch zu einer eigenen Rubrik zu verdichten.[350]

Der folgende Abschnitt wird von einem *titulus* eingeleitet, der zugleich eine *divisio* darstellt: *sed vel praecipue luxuriae saevitiaeque deditus*.[351] Unmittelbar anschließend findet sich nur die Behandlung der *luxuria*, während diejenige der *saevitia* in einem zweiten, im *codex Memmianus* als neuer Abschnitt markierten Teil erfolgt.[352] Das in der ersten Rubrik zusammengetragene Material bezieht sich ausschließlich auf Vitellius' Tafelluxus, ohne daß Sueton beispielsweise auf die gleichfalls sehr aufwendige Ausrichtung öffentlicher Spiele zu sprechen kommt, obwohl die vom jeweiligen Herrscher veranstalteten *spectacula* sonst durchaus Beachtung finden und solche von Tacitus auch für Vitellius bezeugt werden.[353] Es ist durchaus vorstellbar, daß Sueton die Behandlung der von ihm im allgemeinen unter die positiven Aspekte einer Herrschaft eingereihten *spectacula*[354] in der Vitelliusvita absichtlich unterdrückt hat. Geht man aber von der früheren Entstehung der zweiten Hexade aus,[355] so läßt sich zudem beobachten, daß Suetons Interesse an diesem Aspekt erst im Laufe der Arbeit an den Kaiserbiographien zugenommen hat,[356] da sich innerhalb der zweiten Hexade nur in der Domitiansvita eine eigenständige Berücksichtigung dieses Punktes findet.[357]

---

348 Gegen den Vorwurf einer chronique scandaleuse ist Sueton verschiedentlich verteidigt worden: vgl. z.B. STEIDLE 1951, 11: „Noch ein weiterer Punkt erklärt sich zu einem großen Teil aus dem Interesse der Biographie für die scheinbar unbedeutenden Züge, nämlich Suetons Ausspüren intimer Details, verborgener *vitia*, insbesondere *in eroticis*, kurz gesagt seine vielgeschmähte *curiositas*, die eine notwendige Begleiterscheinung fast jeder biographischen, ja überhaupt jeder die Menschen individuell bewertenden Haltung ist."; GUGEL 1977, 73f.; BALDWIN 1983, 501ff., u. WALLACE-HADRILL 1983, 175f., sowie ferner allg. KRENKEL 1980.

349 Vgl. Suet. Vit. 3,2.

350 Für eigene Rubriken vgl. Suet. Galba 22; Dom. 22; Iul. 49-52; Aug. 68-71; Tib. 42-45; Cal. 24-25.36 u. Nero 28-29 sowie ferner GUGEL 1977, 73ff.

351 Vgl. Suet. Vit. 13,1 („Aber seine größten Schwächen waren die Verschwendungssucht und die Grausamkeit.").

352 Vgl. Suet. Vit. 14,1.

353 Vgl. v.a. Tac. hist. 2,94,3: *ipse sola perdendi cura stabula aurigis extruere, circum gladiatorum ferarumque spectaculis opplere, tamquam in summa abundantia pecuniae inludere* sowie ferner Tac. hist. 2,70,1.71,1 u. 2,95,1.

354 Vgl. BRADLEY 1981.

355 S.o. S. 254ff.

356 Vgl. dag. STEIDLE 1951, 111f., u. LEWIS 1991, 3662ff., die in den *res gestae Divi Augusti* das Vorbild für suetonische Rubriken wie *congiaria*, *spectacula* oder *opera publica* sehen.

357 Vgl. Suet. Vesp. 19,1; Tit. 7,3.8,2 u. Dom. 4,1-2 sowie ferner Iul. 39; Aug. 43-45; Tib. 7,1.47; Cal. 18-20; Claud. 21 u. Nero 11-13. Zur zeitlich den *Caesares* vorausgehenden Schrift *de spectaculis* vgl. WALLACE-HADRILL 1983, 124ff.

Die von Sueton thematisch kohärent ausgewählten Fakten werden von ihm in einer sorgsam arrangierten *gradatio* dargeboten,[358] die bei der schieren Menge der von Vitellius verzehrten Speisen einsetzt, um anhand zweier *famosissimae super ceteras cenae* detailliert zu verdeutlichen, welche enormen Aufwendungen er für Gelage aufbrachte und einforderte, um schließlich mit der das religiöse Gefühl ebenso wie den guten Geschmack verletzenden Mitteilung zu schließen, Vitellius habe sich auch an Opferspeisen und an Resten vom Vortag vergriffen.[359]

Obwohl dieser Passus mit seinem ausgeprägten Invektivencharakter ein schlechtes Beispiel darstellt,[360] läßt sich doch auch hier erahnen, welche Rolle Informationen über das Privatleben der Kaiser bei Sueton spielen können. Zwar berichten auch Tacitus und Cassius Dio über Vitellius' Vorliebe für aufwendige Gelage,[361] doch stellen weitergehende Informationen zum Tagesablauf eines Herrschers eine Besonderheit biographischer Literatur dar.[362] Dabei beschränkt sich Suetons Interesse an Aspekten dieser Art durchaus nicht nur auf die Zahl der Mahlzeiten, sondern erstreckt sich gelegentlich auch auf den ganzen *ordo vitae* im Sinne eines geregelten Tageablaufes.[363] Mit dem Interesse an Fragen der richtigen Lebensführung gerade auch im Alltag steht Sueton in seiner Zeit ebensowenig alleine[364] wie generell mit seiner Bereitschaft, Aspekte des Privatlebens ausführlicher zu thematisieren.[365] Die Option, alltägliche und aus der Perspektive der Historiographie periphere Begebenheiten zur Sprache bringen, die Sueton heute zur geschätzten Quelle für die Kulturgeschichte der römischen Kaiserzeit macht,[366] stellte daher vielleicht auch schon für ihn ein Argument dar, mit

---

358 Zu solchen ‚crescendo'-Effekten bei Sueton vgl. CIZEK 1977, 118ff., u. GASCOU 1984, 697ff.

359 Vgl. Suet. Vit. 13 sowie ferner DEMANDT 1996, 37f., u. ASH 1999, 96ff. Ein religiöser Frevel liegt allerdings auch bereits in der zuvor geschilderten Benennung einer gewaltigen Schüssel als *clipeus Minervae* πολιούχου vor, um so mehr, wenn hier ein Wortspiel mit πολιούχος (‚Beschützerin der Stadt') und πολυχόος (‚vielfassend') vorliegt (vgl. MURISON 1992, 161, u. SHOTTER 1993, 181).

360 Daß Sueton hier den von der flavischen Propaganda auf Vitellius applizierten klassischen Tyrannentopoi aufgesessen sei, wurde verschiedentlich konstatiert: vgl. z.B. MURISON 1992, 160, u. FLACH 1998, 177, sowie ferner allg. RICHTER 1992, 243ff.

361 Vgl.Tac. hist. 2,62,1 (*epularum foeda et inexplebilis libido: ex urbe atque Italia irritamenta gulae gestabantur strepitibus ab utroque mari itineribus; exhausti conviviorum adparatibus principes civitatum; vastabantur ipsae civitates; degenerabat a labore ac virtute miles adsuetudine voluptatum et contemptu ducis*); 2,95,2 u. Cass. Dio 64,3-4 sowie zu Vitellius' *patina* ferner Plin. n.h. 35,263 (*at, Hercules, Vitellius in principatu suo X' HS condidit patinam, cui faciendae fornax in campis exaedificata erat, quoniam eo pervenit luxuria, ut etiam fictilia pluris constent quam murrina*).

362 Die einzige Parallelstelle zu Vitellius, die zugleich eine Suetonrezeption darstellen dürfte, entstammt wiederum einer Biographie: vgl. Eutrop. 7,18,2.

363 Vgl. v.a. Suet. Vesp. 21: *ordinem vitae hunc fere tenuit* u. ferner Suet. Aug. 78.

364 Vgl. z.B. Pin. ep. 3,1 u. 3,5 sowie ferner DEMANDT 1996, 34ff.

365 Dies kann auch ein Vergleich der Berücksichtigung privater Aspekte in Plinius' Panegyricus und in den *res gestae Divi Augusti* zeigen (vgl. BRADLEY 1991, 3718).

366 Vgl. z.B. WALLACE-HADRILL 1983, 175ff.; ALFÖLDY 1986, 398ff., u. PICCIRILLI 1998, 183f.

Blick auf die Interessen seiner zeitgenössischen Leser der Biographie den Vorzug vor der Geschichtsschreibung zu geben.

Eine ausführlichere Behandlung von Vitellius' *vita privata* in geschlossener Form findet allerdings nicht statt, wie überhaupt die diesbezügliche Disposition der Augustusbiographie manchmal etwas vorschnell als Programm der gesamten Kaiserviten aufgefaßt wird.[367] Wenn Sueton das Privatleben in einer eigenen Rubrik behandelt, plaziert er diese ebenso häufig unmittelbar nach der Schilderung der *vita publica* wie nach der Schilderung des Todes des jeweiligen Herrschers.[368] Die Darstellung der *vita privata* des Vitellius erfolgt dagegen en passant über die gesamte Biographie hinweg, vor allem im thematischen Anfangsteil[369] und in der Erfassung seiner Regierung unter den Kategorien von gesellschaftlichem Fehlverhalten, Speiseluxus und Grausamkeit.

Im nächsten Abschnitt erfolgt die Behandlung der in der gemeinsamen *divisio* zu beiden Rubriken bereits angekündigten *saevitia*. Erneut bilden die einzelnen hier versammelten Vorfälle eine Klimax, wie auch auf einer höheren Ebene die drei Rubriken untereinander eine sich steigernde Reihe ergeben.[370] Sueton changiert in der Darstellung von Vitellius' *saevitia* zwischen der Verallgemeinerung seines Wütens auf möglichst weite Personenkreise und der Konkretisierung seines häufig sadistischen Verhaltens am Einzelfall: Dies gilt für das wahllose Töten ihm nahestehender *nobiles*[371] ebenso wie für sein Vorgehen gegen seine ehemaligen Gläubiger, *ex quibus quendam in ipsa salutatione supplicio traditum statimque revocatum, cunctis clementiam laudantibus, coram interfici iussit, velle se dicens pascere oculos.*[372] Die antivitellianische Tendenz der Darstellung ist hier besonders augenfällig, da die von Sueton – oder bereits von seinen Quellen – suggerierte Quantität in der Parallelüberlieferung ebenso wenig Bestätigung findet[373] wie die ,Qualität' der geschilderten Details, die zudem,

---

367 Vgl. Suet. Aug. 61,1: *quoniam qualis in imperis ac magistratibus regendaque per terrarum orbem pace belloque re p. fuerit, exposui, referam nunc interiorem ac familiarem eius vitam quibusque moribus atque fortuna domi et inter suos egerit a iuventa usque ad supremum vitae diem* u. ferner z.B. SCHMIDT 1891, 33. Zu den ,Abweichungen' in anderen Biographien STEIDLE 1951, 106; WITTKE 1974, 44f., u. LAMBRECHT 1984, 19f.

368 Zur ersten Gruppe gehören Augustus (61-96) noch Tiberius (68-71), Caligula (50-55) und Claudius (30-42), zur zweiten dagegen Nero (51-56), Galba (21-22), Otho (12,1) und Domitian (18-22). Die Vitelliusvita wurde von SCHMIDT 1891, 36ff., zu der letzteren Gruppe gezählt, vgl. dag. aber den berechtigten Widerspruch von LAMBRECHT 1984, 20, Anm. 60.

369 Vgl. v.a. Suet. Vit. 6.

370 Vgl. CIZEK 1977, 132f.

371 Vgl. Suet. Vit. 14,1.

372 Vgl. Suet. Vit. 14,2 ("Einen von ihnen ließ er direkt von der morgendlichen Aufwartung zur Richtstätte führen, dann rief er ihn wieder zurück und, als alle seine Milde lobten, befahl er, ihn an Ort und Stelle zu töten, und fügte hinzu, er wolle seine Augen weiden.").

373 Vgl. Cass. Dio 64,5,2-3, mit der Version, daß Vitellius die sich vor ihm versteckenden Gläubiger gegen die Annullierung seiner Schulden verschont, u. ferner allg. MURISON 1992, 160ff.

wie ein Blick in die taciteischen Historien zeigt, offenbar ursprünglich einer einzigen Situation entstammen und lediglich des Effekts halber auf mehrere Fälle verteilt wurden.[374]

Es folgen zwei weitere Beispielreihen, von denen die erste einen Einzelfall bringt, der eine Verbindung aus *saevitia* und *avaritia* darstellt, da Vitellius, nachdem ihm ein zum Tode Verurteilter zugerufen hat ,*heres meus es*', nicht nur diesen, sondern auch seinen Miterben hinrichten läßt. Die anschließend genannte Opfergruppe, die aus den Anhängern des falschen Rennstalls besteht, bleibt ohne engeren inhaltlichen Bezug.[375] Während in den zuvor erzählten Einzelfällen entsprechend der klassischen Struktur des Apophthegmas Vitellius als der Protagonist derjenige war, der auf die geschilderte Reaktion mit einem überraschenden und pointierten *factum* oder *dictum* reagierte, werden bei der nächsten Opfergruppe die Rollen vertauscht: Denn als Grund für die Verfolgung der *vernaculi et mathematici* wird angeführt, daß diese ein Edikt, mit dem Vitellius ihre Ausweisung aus Rom und Italien bis zu den Kalenden des Oktober befohlen hatte,[376] ihrerseits mit einem öffentlichen Anschlag beantwortet haben, der von Sueton im Wortlaut wiedergegeben wird: *et Chaldaeos dicere, bonum factum, ne Vitellius Germanicus intra eundem Kalendarum diem usquam esset.*[377] Das wörtliche Zitat zeigt ebenso wie die akzentuierte Schlußstellung, daß Suetons Interesse hier weniger dem Schicksal der mehrfach aus Rom verbannten Wahrsager, sondern vielmehr dem Charakter ihrer Verlautbarung als *prodigium* gilt. Dieses stellt er, obwohl es sich erst mit einer gewissen Verspätung erfüllt,[378] offenbar in eine Reihe mit anderen von ihm referierten Vorzeichen, die dazu dienen, die verbliebene Lebenszeit von Herrschern zu terminieren.[379]

Nach der Erwähnung dieses aus der Rubrik in gewisser Weise herausfallenden, aber wohl nicht explizit als Vorverweis instrumentalisierten *prodigium*,[380] schließt Sueton die Reihe mit Beispielen für die *saevitia* des Vitellius mit dem Vorwurf des Muttermordes ab. Dessen Ungeheuerlichkeit steigert er zunächst noch durch die Figur einer germanischen Wahrsagerin, die ihn zu dieser Tat anstiftet, ehe er eine Alterna-

---

374 Vgl. Tac. hist. 3,38-39 u. ferner MURISON 1992, 163: „We can now see what has happened: the individual parts of the story of this one murder [i.e. Junius Blaesus] (if that is what it was) were ,generalized' into a separate murder or a series of murders in anti-Vitellian propaganda."

375 Vgl. Suet. Vit. 14,3.

376 Die Datierung des Ediktes ist unklar: Während die Erwähnung bei Tacitus nahelegt, daß Vitellius noch nicht in Rom war (hist. 2,62,2), führt es Cassius Dio unmittelbar nach der Ankunft an (64,1,4).

377 Vgl. Suet. Vit. 14,4 („Die Wahrsager lassen ihrerseits wissen, daß sich Vitellius Germanicus an den besagten Kalenden nirgends mehr aufhalten soll.").

378 Vgl. dag. Cass. Dio 64,1,4 u. ferner MURISON 1992, 164.

379 Vgl. Suet. Dom. 14-16; Iul. 81 u. Aug. 97 sowie ferner vgl. SAUER 1930, 50ff.

380 Vgl. WALLACE-HADRILL 1983, 191f., der festhält, daß Sueton im Gegensatz zur Geschichtsschreibung die von ihm angeführten Vorzeichen nicht zur Dramatisierung des Geschehens nutzt.

tivüberlieferung anführt, nach der seine Mutter sich aus Überdruß an seiner aktuellen Entwicklung Gift von ihm erbeten und *haud sane difficulter* erhalten habe.[381] Diese wenig schmeichelhafte Episode, die bereits wenige Tage vor Vitellius' eigenen Tod spielt, bildet zugleich den Schlußpunkt des thematisch organisierten Teiles, in dem Sueton, nachdem er die wenigen von ihm als positiv eingestuften Maßnahmen im Zusammenhang mit den *initia imperii* angeführt hatte,[382] die negativ bewerteten Ereignisse aus Vitellius' kurzer Herrschaft in drei Rubriken zusammengefaßt hat.[383]

Dabei kann auch dieser Abschnitt in vielerlei Hinsicht wertvolle Aufschlüsse zur Entwicklung der suetonischen Darstellungstechnik in den thematisch organisierten Abschnitten seiner Biographien liefern. Dies gilt zum einen auf der technischen Seite für die Verwendung von *divisiones*, die durchaus auch großflächigere Textzusammenhänge strukturieren können, oder für das Prinzip der Anordnung der einzelnen Einträge einer Rubrik in der Form einer *gradatio*, das einen wichtigen Unterschied zu den zumindest überwiegend chronologisch aufgebauten narrativen Sequenzen darstellt. Von allgemeinem Interesse sind zum anderen aber auch einige Aspekte der inhaltlichen Seite: So lassen sich einige der Rubriken, die in den späteren Biographien zum festen Repertoire der Darstellung der Regierung des jeweiligen Kaiser gehören, in der Vita des Vitellius bereits *in nuce* erkennen. Andere charakteristische Schwerpunkte, wie das Interesse am Privatleben der Herrscher, sind dagegen schon hier voll ausgeprägt. Das gilt nicht zuletzt auch für Suetons Vorliebe für eine anekdotisch zugespitzte Darstellung des Geschehens, die vor allem in der an *dicta et facta* besonders reichen Rubrik zur *saevitia* des Vitellius zum tragen kommt.

e) Der Kaiser als Pförtner: Vitellius' Lebensende als *narratio*

Sueton läßt den folgenden Abschnitt mit einer Datierung beginnen – *octavo imperii mense desciverunt ab eo exercitus* –[384] und markiert damit in wünschenswerter Deutlichkeit den erneuten Übergang von der Gliederung *per species* zur Anordnung *per tempora*, die für den nun einsetzenden chronologisch fortlaufenden Bericht vom Be-

---

381 Vgl. Suet. Vit. 14,5.

382 Vgl. Suet.Vit. 10,1.

383 Suetons moralische Bewertungskategorien sind verschiedentlich katalogisiert worden (vgl. z.B. WITTKE 1974, 47f.; WALLACE-HADRILL 1983, 152ff.; LEWIS 1991, 3628ff., u. LAMBRECHT 1995, 513: „Immer wieder spricht er von den *uirtutes abstinentia, ciuilitas, clementia, liberalitas, moderatio* und den *uitia arrogantia, auaritia, cupiditas, infamia* (!), *libidines, licentia, luxuria, saeuitia, superbia*."), ohne daß sich eine überzeugende Erklärung für die Auswahl im konkreten Einzelfall ableiten ließe.

384 Vgl. Suet. Vit. 15,1 („Im achten Monat seiner Herrschaft fiel das Heer von ihm ab"). Sueton rechnet offensichtlich von seiner Akklamation im Januar an, während Vitellius selbst von seiner im April erfolgten Anerkennung durch den Senat her datierte (vgl. SHOTTER 1993, 184).

ginn des Bürgerkrieges mit Vespasian bis zu Vitellius' gewaltsamen Tod am 20. Dezember 69 n. Chr. ausschlaggebend ist. Das sich vor allem in Norditalien abspielende militärische Geschehen der folgenden Monate, dem Tacitus breiten Raum gewährt,[385] findet bei Sueton nur am Rande Erwähnung, da sich Vitellius selbst in Rom beziehungsweise zur Erholung nach einer schweren Krankheit in dem latinischen Städtchen Aricia aufhielt.[386] Aus dieser spezifisch biographischen Fokussierung heraus reduzieren sich der Frontwechsel mehrerer Legionen und die entscheidende Niederlage seiner verbliebenen Truppen in der zweiten Schlacht von Betriacum, deren *narratio* Tacitus zu einem Glanzstück dramatischer Geschichtsschreibung gemacht hat,[387] bei Sueton auf eine einzige Partizipialgruppe: *atque ubique aut superatus aut proditus*.[388] Mit dieser denkbar knappen Zusammenfassung der militärischen Lage leitet er bereits zu Vitellius' Versuch über, sein Leben durch eine freiwillige Abdankung zu retten, und konzentriert sich im folgenden ausschließlich auf das Geschehen im Gesichtsfeld seines Protagonisten.

Die Ereignisse in Rom zwischen dem 17. und 20. Dezember entfalten nun ihrerseits in einer der narrativ ambitioniertesten Passagen der Kaiserviten[389] ihre Qualitäten als Tragödienstoff:[390] Denn Vitellius, der laut Sueton zweimal von der Soldateska und der *plebs urbana* an seiner Abdankung und der Einhaltung der zu diesem Zweck mit Flavius Sabinus, dem Bruder Vespasians, getroffenen Vereinbarungen gehindert worden war,[391] entschied sich schließlich um und ließ die auf dem Kapitol zusammengetriebenen Anhänger der Flavier mit Feuer und Schwert niedermachen.[392] Dabei soll er dem Schauspiel des brennenden Jupitertempels vom gegenüberliegenden Palatin aus zugesehen haben, und zwar *inter epulas*, wie Sueton maliziös hinzufügt.[393] Daß

---

385 Vgl. Tac. hist. 2,96-3,63.

386 Vgl. Tac. hist. 3,36,2 u. 3,38,1 mit HANSLIK 1962, 1722.

387 Vgl. Tac. hist. 3,21-34.

388 Vgl. Suet. Vit. 15,2 („nachdem er an allen Fronten geschlagen oder verraten worden war") sowie ferner GASCOU 1984, 358f., u. MURISON 1992, 164ff.

389 Vgl. LOUNSBURY 1987, 99f.

390 Zu den tragikomischen Zügen des Geschehens vgl. SCHEID 1984, 181f.187ff., der unter anderem aufgrund des Datums dieser Ereignisse die reizvolle Vermutung äußert, daß Sueton Vitellius über die Beschreibung seines Endes als eine Art *saturnalicius princeps* darzustellen sucht.

391 Die knapp dargestellte zweite Abdankungsszene bietet ein gutes Beispiel für Suetons Fähigkeit, mit der Erwähnung einiger bezeichnender Details das Charakteristische einer Situation zu erfassen: *cunctis reclamantibus rem distulit ac nocte interposita diluculo sordidatus descendit ad rostra multisque cum lacrimis eadem illa, verum e libello testatus est* (vgl. Suet. Vit. 15,2). Zu der Bedeutung von *libellus* an dieser Stelle vgl. LOYD 1969, 142f.

392 Vgl. Tac. hist. 3,64-75, v.a. 3,72,1: *facinus post conditam urbem luctuosissimum foedissimumque*.

393 Vgl. Suet. Vit. 15,3. Von TOWNEND 1964, 365, stammt die reizvolle Vermutung, hier eine Anspielung auf Neros Verhalten beim Brand Roms zu sehen (vgl. Suet. Nero 38,2: *hoc incendium e turre Maecenatiana prospectans laetusque flammis, ut aiebat, pulchritudine Halosin Ilii in illo suo scaeni-*

ihn wenig später Reue über sein Vorgehen überkam, leitet zur detaillierten Schilderung einer weiteren Abdankungsszene über, in deren Mittelpunkt Vitellius' Versuche stehen, seinen Dolch als Symbol der Herrschaft[394] an die ihn umstehenden Würdenträger zu übergeben. Als diese sich weigern, versucht er schließlich, den Dolch im *Concordia*-Tempel niederzulegen,[395] doch auch daran hindert ihn die Volksmenge und ruft ihm statt dessen zu, er sei die *concordia*, woraufhin er seine Entscheidung ein weiteres Mal ändert und sogar *Concordia* als neuen Beinamen annimmt.[396]

Mit der Entsendung von Unterhändlern zu den gegnerischen Truppen endet diese Szenefolge, die aufgrund ihrer bewußt gestalteten Dramaturgie erneut die Vermutung einer charakterisierenden Tendenz nahelegt. Diesen Eindruck verstärkt noch ein Blick auf die Parallelüberlieferung: So gibt Tacitus einen deutlich differenzierteren Bericht der Vorkommnisse, in dem manche für Vitellius vorteilhafte Einzelheiten, wie seine passive Rolle bei der Erstürmung des Kapitols, enthalten sind.[397] Sueton macht hier bewußt Gebrauch von der ‚Macht des Faktischen', indem er durch gezieltes Erwähnen und Verschweigen seinen Lesern ein bestimmtes Bild der Ereignisse vor Augen stellt, das gerade durch seine Detailfülle und Plastizität keine geringe Suggestionskraft entfaltet. Mit um so größerer Verwunderung erfährt der Leser aber unmittelbar im Anschluß, daß der zuvor geradezu als ‚model of perfidy'[398] gezeichnete und durch den Brand des Jupitertempels religiös desavouierte Vitellius ausgerechnet die Vestalinnen als Unterhänderinnen für seine Sache gewinnen konnte.[399] Hierin kommt besonders eindrucksvoll die schon zuvor beobachtete Tendenz zum Ausdruck, daß sich Suetons Interesse an der kohärenten Zeichnung und Bewertung eines Charakters auf das für die Erzählbarkeit einer Geschichte notwendige Maß beschränkt.

---

co habitu decantavit), doch ist aufgrund des weitgehenden Fehlens anderer Beispiele für Verweise zwischen den Biographien der von MURISON 1992, 170, artikulierten Skepsis der Vorzug zu geben.

394 Vgl. Tac. hist. 3,68,2: *velut ius necis vitaeque civium reddebat*.

395 Vgl. Suet. Vit. 15,4. Tacitus faßt diesen Abdankungsversuch mit den früheren zusammen: vgl. Tac. hist. 3,68 sowie ferner KÖNIG 1984 u. MURISON 1992, 168f.: „Vitellius may well have tried to abdicate once more, and it looks as if Tacitus has artistically reshaped a somewhat repetive and untidy reality; at any rate, it is easier to imagine that three attempts were reduced to one than to explain how a single attempt came to be tripled."

396 *Concordia* ist als *cognomen* singulär, als Parole auf kaiserlichen Münzserien allerdings gängig und auch für Vitellius belegt (vgl. MATTINGLY/SYDENHAM 1923, 274ff., u. MATTINGLY 1965, 368ff.).

397 Vgl. Tac. hist. 3,69-71.75,3 sowie ferner WISEMAN 1978; WELLESLEY 1981; SCOTT 1984; MURISON 1992, 170f., u. ASH 1999, 118ff. Es ist allerdings auch zu bedenken, ob hier nicht die von STEIDLE 1951, 72, beobachtete „αὔξησις τῶν πράξεων des biographischen Helden" eine Rolle spielt und die aktive Rolle des Vitellius daher zumindest zum Teil aus der Gattungsdifferenz und weniger mit der Absicht einer *damnatio* durch *memoria* erklärt werden kann.

398 Vgl. BALDWIN 1983, 285.

399 Vgl. Suet. Vit. 16.

Vor der sich anschließenden, durch vielleicht noch größere ἐνάργεια geprägten Schilderung, wie Vitellius zunächst zu fliehen versucht, dann aber in den menschenleeren Palast zurückkehrt und sich schließlich in der Zelle des Pförtners versteckt,[400] findet sich im *codex Memmianus* ein Absatz. Auf diese Weise wird die zwischen seinen letzte politische Aktionen und der Schilderung seines Todes eingeschobene Episode, die ihn noch einmal gleichsam in Nahaufnahme zeigt, dort auch formal deutlich abgesetzt. Die wie häufig in den chronologischen Teilen eher leichte Zäsur wird dabei erneut in Form einer Zeitangabe realisiert: *postridie responsa opperienti nuntiatum est per exploratorem hostes appropinquare.*[401] Sueton läßt auf diese Nachricht, mit der er auch implizit das Scheitern der zuvor erwähnten Verhandlungen mitteilt, unmittelbar Vitellius' letzten Fluchtversuch folgen, während er von Tacitus und Cassius Dio erst nach der Eroberung der Stadt durch die flavischen Truppen angesetzt wird.[402] Überhaupt scheint die Gestaltung der Stelle wesentlich von der Absicht getragen zu sein, Vitellius' schwankendes und kopfloses Verhalten in seinen letzten Stunden dem Leser plastisch vor Augen zu stellen.

Und doch ist es Tacitus, der an dieser Stelle mit *mobilitas ingenii* und *pavor* explizit auf moralphilosophische beziehungsweise psychologische Erklärungsmuster rekurriert, während Sueton den von ihm gegebenen Bericht unkommentiert läßt.[403] Von den individuellen Entscheidungen der beiden Autoren abgesehen wird hier zugleich ein genereller Unterschied in der Erzählstruktur der beiden Gattungen deutlich. Für weite Teil der römischen Geschichtsschreibung war das bereits von Sempronius Asellio in Rom eingeführte thukydideisch-polybianische Programm verbindlich, demzufolge der Historiker nach den hinter den Handlungen und Ereignissen stehenden Motiven und Überlegungen zu fragen hatte: *non nobis modo satis esse video, quod factum esset, id pronuntiare, sed etiam, quo consilio quaque ratione gesta essent, demonstrare.*[404] Mit dieser scharfen Abgrenzung[405] wurde in der Geschichtsschreibung ein Erwartungshorizont etabliert, der in der in dieser Hinsicht weniger ambitionierten

---

400 Vitellius' Versteck, das Tacitus nur sehr vage als *pudenda latebra* bezeichnet (vgl. Tac. hist. 3,84,4 sowie allgemein zum Unterdrücken anstößiger Details durch Tacitus, SYME 1958a, 189f., dag. aber auch SCHUNK 1955, 125f.), beschreibt Sueton detailliert: *confugitque in cellulam ianitoris, religato pro foribus cane lectoque et culcita obiectis* (vgl. Suet. Vit. 16).

401 Vgl. Suet. Vit. 16 („Als er am folgenden Tag auf Nachrichten wartete, wurde ihm von einem Kundschafter mitgeteilt, daß die Feinde im Anmarsch seien.").

402 Vgl. Tac. hist. 3,84,4 u. Cass. Dio 64,20,1.

403 Vgl. Tac. hist. 3,84,4 sowie ferner SYME 1958a, 189f.; EKTOR 1980, 325f.; BRAUN 1990, 208, u. ASH 1999, 124.

404 Vgl. Frg. 1 HRR = Gell. 5,18,8 („Meiner Ansicht nach reicht es nicht aus, wenn ich nur die Ereignisse berichte, sondern ich muß auch zeigen, aufgrund welchen Planes und welcher Überlegung diese geschehen sind.").

405 Die durch Asellios Verdikt über das gegenteilige Verfahren noch verstärkt wird: *id fabulas pueris est narrare, non historias scribere* (vgl. Frg. 2 HRR = Gell. 5,18,9).

Biographie keine Parallele hatte. Dadurch erhält Sueton, weil er nicht zu einer Deutung des Geschehens in ethisch-moralischen oder psychologisierenden Kategorien verpflichtet ist, die Freiheit, sein Augenmerk stärker auf eine möglichst ansprechende *narratio* zu legen. Damit verbindet sich für den Biographen zugleich der Vorteil, daß er die Details seiner Erzählung zur Charakterisierung des Protagonisten nutzen kann. So ist es denn auch Sueton, der die beiden letzten Getreuen des Vitellius als Bäcker und Koch identifiziert[406] und damit seinen Lesern über die aktuelle Szenerie hinaus die Möglichkeit gibt, einen – von ihm freilich nicht explizit realisierten – Bezug zur Darstellung seiner Speisegewohnheiten zu schlagen.[407]

Es ist erneut eine der zeitlichen Orientierung dienende Angabe – *irruperant iam agminis antecessores*[408] –, mit der Sueton die Szene von der nächsten abgrenzt. Diese eröffnet er mit dem Eindringen der ersten flavischen Soldaten in den verlassenen Kaiserpalast und präsentiert dem Leser im folgenden die Ereignisse bis zum Tode des Vitellius in deutlich angezogenem Erzähltempo, ohne jedoch auf eine detaillierte *narratio* zu verzichten.[409] In dieser Schilderung, die häufig als wenig anspruchsvoll und von Sensationslust geprägt abqualifiziert wurde,[410] tritt ebenso wie in der vorherigen Episode Suetons Interesse an der Darstellung der ‚letzten Stunden' seiner Protagonisten deutlich zutage, das hier wie auch in den anderen Kaiserviten mit einer stilistisch ambitionierten Präsentation des Lebensendes und seiner Umstände einher geht.[411] Daß Sueton mit dieser Schwerpunktsetzung keineswegs alleine steht, kann die allgemein intensive Beschäftigung mit Sterbeszenen in der römischen Literatur der Kaiserzeit verdeutlichen,[412] mit der wir uns bereits am Beispiel der plinianischen Porträtbriefe ausführlicher auseinandergesetzt haben.[413]

---

406 Der Authentizität dieser Nachricht skeptisch gegenüber steht MURISON 1992, 172.

407 Eine Anspielung auf Vitellius' *luxuria* ist wohl auch darin zu sehen, daß Sueton als Fluchtziel anstelle des von Tacitus angegebenen konkreten Ortes Terracina, den Vitellius' Bruder besetzt hielt (vgl. Tac. hist. 3,84,4 u. Cass. Dio 64,20,1), nur allgemein auf das zu vielfältigen Assoziationen Raum gebende Kampanien verweist (vgl. STÄRK 1995, 131f.). Zur generellen Tendenz, in der Schilderung der Sterbeszene verschiedene Motive der Lebensbeschreibung wiederaufzunehmen s.u. S. 312 mit Anm. 462.

408 Vgl. Suet. Vit. 17,1 ("Die Vorhut war bereits [sc. in den Palast] eingedrungen").

409 Vgl. Suet. Vit. 17,1-2.

410 Vgl. die Angaben bei BRAUN 1990, 205, dag. aber auch SAUER 1930, 52: „Mit dem Tod des Domitian enden die Viten des Sueton auf einer Höhe der Darstellung, wie sie die Geschichtsschreibung nicht oft erreicht hat. Dies Ende ist, da uns die Kaiserviten des Marius Maximus verloren gegangen sind, das Ende der großen Todesdarstellungen überhaupt. Man könnte dann erst wieder den Lactanz, de mortibus persecutorum nennen."

411 Vgl. Suet. Galba 19-20; Otho 9,3-12,1; Vesp. 20; Tit. 10; Dom. 17,1-2; Iul. 81,4-82,3; Aug. 97-99; Tib. 72-74; Cal. 58; Claud. 44-45 u. Nero 47-49 sowie ferner LEWIS 1991, 3638: „An emperor's death was never trivial: it touched the whole Roman world.".

412 Vgl. SCHUNK 1959, 41ff.; STEILDE 1951, 91; LOUNSBURY 1987, 63ff., u. ARAND 2002, v.a. 18f.

413 S.o. S. 88ff.

Dabei weisen Suetons Schilderungen insbesondere zur *exitus illustrium virorum-*Literatur, die sich in der Adoptivkaiserzeit aus ihrer ursprünglich engen okkasionellen Bindung zusehends löste, vielfältige Parallelen auf.[414] Dies gilt zum einen für die Wirkungsabsicht in Hinblick auf die Nachwelt, wenn diese bei den negativ gezeichneten Kaisern in Umkehrung der positiven Kommemorationsabsicht der Autoren der *exitus-*Schriften auch die Form einer partiellen *damnatio* durch *memoria* annehmen kann.[415] Zum anderen gilt dies aber vor allem für die Darstellungstechnik, zu deren Rekonstruktion wir aufgrund der schlechten Überlieferungslage der *exitus-*Literatur allerdings auf indirekte Zeugnisse, vor allem auf einige Szenen in den taciteischen Geschichtswerken, angewiesen sind.[416] Dennoch können vor allem die Dramatisierung und Emotionalisierung des Geschehens sowie die Detailliertheit der Schilderung als charakteristisch für diese Literaturform gelten.[417]

Vor diesem Hintergrund ist auch die kleine, in der Überlieferung zu Vitellius singuläre Szene zu sehen, in der Sueton mit wenigen Strichen einen Dialog zwischen dem in seinen Versteck aufgespürten Kaiser und seinen Häschern skizziert, dessen Pointe darin besteht, daß diese den von ihnen Gesuchten zunächst nicht erkennen und den vermeintlichen Pförtner nach Vitellius' Aufenthaltsort ausfragen.[418] Die Kuriosität der Szene zielt sicherlich auf die *delectatio* der Leser, die Art der Darstellung dient aber auch erneut der Demontage des letzten Bürgerkriegsherrschers, der seinem kaiserlichen Amt so wenig würdig erscheint, daß er sogar mit dem Türwächter verwechselt werden konnte. In ähnlicher Weise gewinnt der Fortgang des Dialoges vor der Folie der zeitgenössischen Erwartungen an das Verhalten eines römischen *nobilis* den Charakter einer Invektive, wenn der schließlich erkannte Vitellius – erneut nur bei Sueton – die gegnerischen Soldaten mit einer fadenscheinigen Begründung bittet, ihn in sicheren Gewahrsam zu nehmen, und sei es im Gefängnis.[419] Nicht nur die Angst um sein Leben, die hier erkennbar wird, mußte Vitellius dabei aus der Perspektive seiner

---

414 Vgl. dag. WALLACE-HADRILL 1983, 58, der ausgehend von der Beobachtung, daß die Autoren von *exitus illustrium virorum-*Schriften von Sueton in seinen *viri illustres* offenbar nicht behandelt wurden, dessen Desinteresse an dieser Literaturform ableitet.

415 Vgl. RONCONI 1966, 1261ff., mit der aufgrund der Überlieferungslage nicht verifizierbaren Vermutung, diese Intention habe bereits Phainias in seinem Werk περὶ τῶν ἐν Σικελίᾳ τυράννων verfolgt.

416 Vgl. v.a. Tac. ann. 16,7-35 sowie ferner z.B. 15,60-63 u. 15,67.

417 Vgl. MARX 1937, 97f.; LOUNSBURY 1987, 63ff., u. LEWIS 1991, 3657ff.

418 Vgl. Suet. Vit. 17,1: *irruperant iam agminis antecessores ac nemine obvio rimabantur, ut fit, singula. ab his extractus e latebra, sciscantes, quis esset – nam ignorabatur – et ubi esse Vitellium sciret, mendacio elusit.*

419 Vgl. Suet. Vit. 17,1: *deinde agnitus rogare non destitit, quasi quaedam de salute Vespasiani dicturus, ut custodiretur interim vel in carcere.*

Zeitgenossen zum Nachteil gereichen,[420] sondern auch die Bereitschaft, nötigenfalls ins Gefängnis zu gehen, was einem Mann von Stand gewöhnlich erspart blieb.[421]

Von dem Kontrast, daß Vitellius, der eben noch auf dem römischen Kaiserthron saß, in der Rolle des gemeinen Verbrechers gezeigt wird,[422] lebt auch die sich anschließende Schilderung, wie er in Fesseln und unter Spottrufen in der Parodie eines Triumphzug über die *via sacra* zum Kapitol geführt wird.[423] Dieser Bezug wird von Sueton explizit hergestellt, wenn er bei der Erwähnung der auch für die Blickführung des Lesers aufschlußreichen Einzelheit,[424] daß Vitellius von seinen Peinigern gezwungen wurde, der umherstehenden Menge sein Gesicht zu zeigen, hinzufügt *ceu noxii solent*.[425] Dies gilt in gleicher Weise für die Hinrichtung auf den *scalae Gemoniae*[426]

---

420 Die Sichtweise der römischen Kaiserzeit kommt am deutlichsten bei Valerius Maximus zum Ausdruck, der seine Rubrik *de cupiditate vitae*, in der er zahlreiche Beispiele für unwürdiges Verhalten angesichts des Todes zusammengestellt hat, folgendermaßen einleitet: *verum quia excessus e uita et fortuitos et uiriles, quosdam etiam temerarios oratione attigimus, subiciamus nunc aestimationi eneruves et effeminatos, ut ipsa comparatione pateat quanto non solum fortior, sed etiam sapientior mortis interdum quam uitae sit cupiditas* (vgl. Val. Max. 9,13 praef.). Der gleichen Kategorien bedient sich aber auch noch RUDOLF HANSLIK in seinem Fazit zu Vitellius' Leben: „Vitellius war ein Mann von ausgesprochen spießbürgerlichem Charakter. Er aß und trank gerne und liebte Freunde um sich, in deren Wahl er keine glückliche Hand hatte. ... Was ihm völlig fehlte, war die Charakterfestigkeit eines L. Verginius Rufus, den Lockungen einer Erhebung auf den Kaiserthron zu widerstehen, und die eines Otho, einem verlorenen Spiel durch ein mannhaftes Ende einen einigermaßen versöhnlichen Ausgang zu geben." (vgl. HANSLIK 1962, 1733).

421 Der *communis opinio*, daß es in Rom außer der Untersuchungshaft und der Verwahrung vor der Hinrichtung keine Gefängnisstrafe gegeben hat, wird allein von EISENHUT 1972, widersprochen, doch auch er kann nur auf wenige Fälle für eine Inhaftierung hochstehender Personen verweisen.

422 Vgl. WALLACE-HADRILL 1983, 109: „... Suetonius not only took for granted the traditional social hierarchy but attached great significance to a man's precise place within it, and the fluctuations in his standing."

423 Vgl. Cass. Dio 64,20,3 mit SCHEID 1984, 183ff., u. SHOTTER 1993, 189.

424 Während Sueton die passive und hilflose Rolle des abgesetzten Kaisers betont, nutzt Tacitus darüber hinaus den Blick durch die Augen des Vitellius, um dessen Herrschaft noch einmal in Kurzform vor seinen Lesern Revue passieren zu lassen (vgl. Tac. hist. 3,85: *Vitellium infestis mucronibus coactum modo erigere os et offere contumelis, nunc cadentes statuas suas, plerumque rostra aut Galbae occisi locum contueri* u. ferner KEITEL 1992, 350f.).

425 Vgl. Suet. Vit. 17,1 ("wie es bei Verbrechern üblich ist") u. ferner Plin. paneg. 34,3 mit MURISON 1992, 172f.

426 Vgl. z.B. Suet. Tib. 53,2; 61,4; 75,1 u. Tac. ann. 6,19,3-4 sowie ferner SHOTTER 1993, 190, u. BURKE 1998: „In the final scene there is no need to subvert an official imperial advertisement, for the meaning of the *locus* is self-evident. The details and sensationalism, which were previously parodic, now emphasize propriety and consistency through minute characterological correspondences. This is the reason that Suetonius' recapitulation of Vitellius' life at this point is so effective: because character is related so closely to the *locus* which typifies it. ... Now at last, status, character, place, space and text are one, in a complex but satisfying unity that is the product of Suetonius' own subtle - and easily underestimated - literary artistry."

und das Schleifen des Leichnams am Haken in den Tiber,[427] ohne daß Sueton seinen zeitgenössischen Lesern diese Deutung hätte vorgeben müssen.[428]

In der Betonung der schmerzlichen und schmachvollen Momente bei der Schilderung des Todes eines Herrschers kann in gewisser Weise ein Topos der literarischen Tyrannendarstellung erblickt werden.[429] Allerdings vermögen die beiden in der Regel für die Verwendung eines solchen Topos ausschlaggebenden Motive an dieser Stelle nicht völlig zu überzeugen. Da nämlich Vitellius' Leben nicht durchgängig negativ bewertet wird, besteht auch keine innere Notwendigkeit, die Biographie mit der Schilderung eines ‚schmählichen Endes' des Protagonisten inhaltlich abzurunden.[430] Auch macht das generell eher distanzierte und nüchterne Verhältnis Suetons zu den von ihm dargestellten Herrschern unwahrscheinlich, daß der Gedanke einer gerechten Strafe für ein moralisch verfehltes Leben einen zwingenden Beweggrund dargestellt hat.[431]

Möglicherweise hat in diesem Zusammenhang neben dem moralisch fragwürdigen Reiz, den eine solche dramatische Schilderung bereits *per se* entfaltet,[432] aber die Auseinandersetzung mit der in der zeitgenössischen Literatur dominierenden Form von Todesdarstellungen eine wichtige Rolle gespielt. Denn indem Sueton die unrühmlichen Aspekte der Situation ganz in den Vordergrund treten läßt, rückt er seine Schilderung von Vitellius' Lebensende in einen scharfen Gegensatz zur Gattungstradition der *exitus illustrium virorum*-Schriften, deren Anliegen es war, das Sterben ihrer Protagonisten in einer möglichst würdigen Weise zu zeigen.[433] Suetons Bruch mit den Wahrnehmungsgewohnheiten seiner Leser dürfte um so prononcierter gewesen sein, da er selbst an anderen Stellen das Lebensende seiner Protagonisten durchaus in den

---

427 Zur Mißhandlung des Leichnams als fester Bestandteil der Schilderung eines als unwürdig empfundenen Lebensendes bei Sueton und anderen antiken Autoren vgl. ARAND 2002, 114ff.214ff.

428 Die drastischen Details erfahren in der späteren Historiographie noch eine Steigerung: vgl. z.B. Eutr. 7,18,4-5 u. Oros. 7,8,8 sowie ferner ARAND 2002, 62 Anm. 340.

429 Vgl. z.B. CIZEK 1975 u. SCHEID 1984, 181f.185.187ff., sowie ferner allg. ARAND 2002, v.a. 102ff.

430 Vgl. ARAND 2002, 242: „Hauptfunktion der Todesdarstellung schlechter Herrscher ist es daher, das zuvor dargestellte schlechte Leben durch ein schlechtes Ende dergestalt inhaltlich ‚abzurunden' beziehungsweise Leben und Tod so in einen für die Gesamtabsicht glaubwürdigen Kausalzusammenhang zu bringen, daß sich Prinzipien des geschilderten schlechten Lebens auch im Tod wiederfinden." Für eine in diese Richtung weisende Deutung der *exitus*-Szene des Vitellius vgl. CIZEK 1975, 126ff.: „Et là, dans l'absence du courage et dans la cruauté des dieux à son égard, se trouve la clef de voûte de la biographie et réside aussi la portée de sa mort."

431 Vgl. ARAND 2002, 218: „Deutlich ist ... geworden, daß die Darstellungen der Vermittlung eines Strafgedankens dienen, in dem in einem Konsens zwischen Leserschaft und Autor das negativ bewertete Leben mit einem entsprechendem Tod bestraft wird."

432 Vgl. ARAND 2002, 242: „Eine ebenfalls nicht zu unterschätzende Funktion der Todesdarstellungen ist die Unterhaltung. ‚Sex & Crime' sind nicht erst in der Literatur oder im Film der Moderne ein erfolgreiches Muster der Unterhaltung."

433 Zu den *exitus*-Schriften s.o. S. 88ff. Auch in den Sterbeszenen der älteren römischen Literatur läßt sich die Tendenz beobachten, das *decorum* des jeweiligen Todes zu betonen (vgl. SAUER 1930, 40ff.).

traditionellen Kategorien beschreibt. Dies gilt vor allem für die auch sonst vorwiegend positiv gezeichneten Herrscher wie Caesar, Augustus oder Vespasian,[434] während bei der detaillierten Schilderung von Neros gleichfalls sehr unheroischen *exitus* und bei dem relativ ausführlichen Bericht über Claudius' Pilzvergiftung ein ähnliches Spiel mit den Gattungskonventionen zu vermuten ist.[435]

Überraschenderweise verzichtet Sueton im Falle des Vitellius auch darauf, seine letzten Worte mitzuteilen, obwohl die *ultima verba* sonst einen festen Bestandteil der Kaiserviten[436] wie auch von *exitus*-Szenen ganz allgemein bilden.[437] Welche Bedeutung dem letztem Diktum eines Sterbenden zugemessen werden konnte, zeigt beispielsweise Suetons verschiedene Versionen berücksichtigende Diskussion dieses Aspektes in der Galbabiographie.[438] Aus der von Tacitus an einer Stelle ausdrücklich hinzugefügten Bemerkung, der Betroffene sei *nullo dicto factove memorando* gestorben,[439] geht überdies hervor, daß eine solche Mitteilung von den zeitgenössischen Lesern geradezu erwartet wurde. Um so erstaunlicher muß das Fehlen dieser Information an unserer Stelle wirken, das nur damit erklärt werden kann, daß die einzigen bekannten *ultima verba* nur schlecht zu dem von Sueton hier sehr dicht und kohärent gezeichneten Bild eines sich unwürdig und passiv verhaltenden Vitellius gepaßt hätten.[440] In die gleiche Richtung weist es, wenn Sueton im Gegensatz zu Tacitus und Cassius Dio den gescheiterten Versuch eines *miles Germanicus*, Vitellius mit seinem Schwert Schlimmeres zu ersparen, unerwähnt läßt,[441] da die auf diese Weise zum Ausdruck gebrachte Loyalität wenigstens eines seiner ehemaligen Untergebenen das einheitlich gezeichnete Bild beeinträchtigt hätte.

---

434 Vgl. Suet. Galba 19-20; Iul. 81,4-82,3 u. Aug. 97-99.

435 Vgl. Suet. Nero 47-49 u. Claud. 44-45 sowie ferner ARAND 2002, 115f.

436 Vgl. Galba 20,1; Otho 11,1; Vesp. 24; Iul. 82,2-3; Aug. 99,1 u. Nero 49,1-4 sowie ferner MOUCHOVÁ 1968, 52, u. GUGEL 1977, 95ff., die beide die Funktion der *ultima verba* vor allem in ihrem Beitrag zur Charakterisierung erblicken.

437 Vgl. SAUER 1930, 14 mit Anm. 4; MARX 1937, 97f.; SCHUNK 1959, 53f.; GNILKA 1979, 7; LOUNSBURY 1987, 77f., u. ARAND 2002, 116f., sowie zur Bedeutung ,letzter Worte' in der Neuzeit GUTHKE 1990.

438 Vgl. Suet. Galba 20,1 *sunt qui tradant, ad primum tumultum proclamasse eum: quid agitis commilitones? ego vester sum et vos mei; donativum etiam pollicitum. plures autem prodiderunt optulisse ultro iugulum et ut hoc agerent ac ferirent, quando ita videretur, hortatum* u. ferner Tac. hist.1,41,2: *extremam eius vocem, ut cuique odium aut admiratio fuit, varie prodidere. alii suppliciter interrogasse, quid mali meruisset, et paucos dies exsolvendo donativo deprecatum; plures obtulisse ultro percussoribus iugulum: agerent ac ferirent, si ita e re publica videretur. non interfuit occidentium, quid diceret.*

439 Vgl. Tac. ann. 15,70,2.

440 Tacitus hingegen führt sie an und thematisiert den sich aus ihnen zu seiner übrigen Darstellung ergebenden Kontrast: *una vox non degeneris animi excepta, cum tribuno insultanti se tamen imperatorem eius fuisse respondit* (vgl. Tac. hist. 3,85).

441 Vgl. Tac. hist. 3,84,5 u. Cass. Dio 64,21,1-2.

Sueton, der an anderen Stellen durchaus auch konkurrierende Versionen erwähnt, zeichnet das Bild von Vitellius' *exitus* hier mit großer Bestimmtheit.[442] Doch die klare Darstellung kommt nicht durch die Verwendung moralphilosophisch-psychologischer *termini* oder durch auktoriale Deutungen des Geschehens zustande, wie sie für die Historiographie taciteischer Prägung kennzeichnend sind: Während Tacitus Vitellius' Gang über das Forum explizit als *foedum spectaculum* bezeichnet,[443] beschränkt sich Sueton auf einen rein ‚faktischen' Bericht, der allerdings durch gezieltes Erwähnen und Verschweigen eine stärker charakterisierende Tendenz aufweist als die Darstellung in den taciteischen Historien.[444] Obwohl bereits Tacitus' Technik an dieser Stelle fast biographisch zu nennen ist,[445] geht Suetons Fokussierung auf die Hauptperson hier wie auch in anderen *exitus*-Szenen noch darüber hinaus.[446] Der Protagonist bleibt dabei allerdings erstaunlich passiv: „The Tacitean Vitellius is an actor upon a stage; action is passed before the eyes of the Suetonian Vitellius like a film."[447]

Ehe Sueton Vitellius' eigentlichen *exitus* auf den *scalae Gemoniae* schildert, geht er zunächst ausführlicher auf die Reaktion der dem *spectaculum* beiwohnenden *plebs urbana* ein, die denjenigen, dem sie vor kurzem noch als Kaiser gehuldigt hatte,[448] mit Mist und Kot bewirft sowie als *incendiarius* und *patinarius* beschimpft. Stellt schon

---

442 Vgl. BALDWIN 1983, 508f. „Suetonius' displays two basic techniques in these scenes. In some, variant accounts are surveyed and research is paraded in the shifting of rival details. ... Others are retailed with confidence, as though there were no dispute over the details."

443 Vgl. Tac. hist. 3,84,5 sowie ferner BORZSÁK 1973, 65f.; PERKINS 1990 u. KEITEL 1992, die zeigen konnten, daß Tacitus die Kategorie des *spectaculum* als Leitmotiv bei der Gestaltung der Ereignisse des Vierkaiserjahres und insbesondere bei der Darstellung der kurzen Herrschaft des Vitellius verwendet hat (vgl. Tac. hist. 2,70,1 u. 2,88,3).

444 Vgl. LOUNSBURY 1987, 67ff., u. BRAUN 1990, 208: „Bezeichnend für Sueton ist dabei, daß er die Handlungsweise wie auch sonst die Sachen für sich sprechen läßt, im Gegensatz zu Tacitus, der Eigenschaften und Stimmungen explizit, Urteile ausspricht und überhaupt die Dinge beim Namen nennt: ..." sowie ferner die Interpretation von Neros *exitus* durch STEIDLE 1951, 94f.: „Auf diese Weise ist eine ganz einheitliche Gestaltung zustande gekommen, die – daran kann kein Zweifel sein – mit großem Kunstverstand gemacht ist und so gut wie ausschließlich auf Auswahl und Gruppierung der Fakten beruht. Wenn einmal ein charakterisierendes Abstraktum wie die erwähnte *fiducia* auftaucht, so geschieht es – ebenso wie bei allem bisher Behandelten, obwohl es bis jetzt noch nicht ausdrücklich erwähnt wurde – mehr nebenbei und ohne daß seine beherrschende Funktion im Ablauf der Erzählung irgendwie hervorgehoben würde. Zur Abstraktion gezwungen ist erst die moderne Interpretation, die Leitmotive aufspürt, wo bei Sueton nichts anderes vorliegt als eine bestimmte Auswahl und Ordnung der Ereignisse selbst."

445 Vgl. SCHUNK 1959, 73.

446 Vgl. LOUNSBURY 1987, 71, u. BRAUN 1990, 205ff.

447 Vgl. LOUNSBURY 1987, 104.

448 Explizit gemacht wird dieser Gedanke wiederum nur von Tacitus: *et vulgus eadem pravitate insectabatur interfectum qua foverat viventem* (vgl. Tac. hist. 3,85 sowie zur Interaktion der *plebs* mit Vitellius ferner YAFETZ 1969 u. NEWBOLD 1972).

diese von Sueton unter den wahrscheinlich weitaus zahlreicheren Beleidigungen getroffene Auswahl einen geschickten, wenn auch erneut nicht explizit gemachten Verweis auf den zuvor dargestellte Brand des Kapitol einerseits[449] und die als besonders
illustratives Beispiel seines Tafelluxus erwähnte gewaltige *patina* andererseits[450] dar,
so ist für die Entwicklung seiner biographischen Technik vor allem der folgende Abschnitt von Bedeutung:

> *parte vulgi etiam corporis vitia exprobrante; erant enim in eo enormis proceritas, facies*
> *rubida plerumque ex vinulentia, venter obesus, alterum femur subdebile impulsu olim*
> *quadriguae, cum auriganti Gaio ministratorem exhiberet.*[451]

Die Beschreibung der äußeren Erscheinung der Kaiser, die in praktisch allen anderen Biographien eine eigene, manchmal recht umfangreiche Rubrik bildet,[452] stellt
hier einen Teil der *narratio* dar und wird zudem gleichsam dem Publikum seiner Hinrichtung in den Mund gelegt. Den einzigen vergleichbaren Fall bietet die Othovita, in
der die Beschreibung des Äußeren zwischen der Darstellung des Selbstmordes und
der Reaktion auf seinen Tod steht und auch thematisch eng eingebunden unter der
Fragestellung erfolgt, wie der Gegensatz zwischen Othos verweichlichter Erscheinung
und seinem ‚mannhaften' Freitod erklärt werden kann.[453] Gleichfalls im Anschluß an
die Schilderung der Sterbeszene, jedoch ohne enge inhaltliche Anbindung, findet sich
diese Rubrik in den Biographien Galbas und Domitians, während Titus' äußere Erscheinung schon zu Beginn seiner Vita behandelt wird.[454] In der zweiten Hexade steht
diese Rubrik lediglich in der Vespasiansvita vor der *exitus*-Schilderung und bildet mit
den übrigen ‚privaten' Eigenschaften einen thematischen Komplex,[455] wie es dann in
den Biographien der julisch-claudischen Kaiser mit Ausnahme der Nerovita zur Regel
wird.[456] In der unterschiedlichen Plazierung der Beschreibung des Äußeren,[457] die

---

449 Vgl. Suet. Vit. 15,3.

450 Vgl. Suet. Vit. 13,2 u. ferner SHOTTER 1993, 190.

451 Vgl. Suet. Vit. 17,2 („Daneben machte ihm ein Teil des Pöbels auch seine körperlichen Gebrechen
      zum Vorwurf; er war nämlich sehr groß, sein Gesicht war vom vielen Wein gerötet, sein Bauch stand
      vor und ein Bein war lahm, seit dem Zusammenstoß mit einem Rennwagen, als er sich für Caligula
      bei einem Wagenrennen als Helfer zur Verfügung gestellt hatte.").

452 Vgl. Suet. Galba 21; Otho 12,1; Vesp. 20; Tit. 3,1; Dom. 18; Iul. 45; Aug. 79-80; Tib. 68; Cal. 50;
      Claud. 30-31 u. Nero 51 sowie Cal. 3,1 (zu Germanicus) u. Galba 3,3 (zum Vater Galbas) mit STOK
      1995, 109ff. Zu den Beschreibungen des Äußeren in den *viri illustres* vgl. BALDWIN 1983, 495ff., u.
      STOK 1995, 133ff.

453 Vgl. Suet. Otho 12,1: *tanto Othonis animo nequaquam corpus aut habitus competit.*

454 Vgl. Suet. Galba 21; Dom. 18 u. Tit. 3.

455 Vgl. Suet. Vesp. 20.

456 Vgl. Suet. Iul. 45; Aug. 79-80; Tib. 68; Cal. 50 u. Claud. 30-31 sowie Nero 51 (nach der *exitus*-Schil-
      derung).

sich von ihrem ‚natürlichen' Platz am Ende des Lebens[458] hin zu einem festen Punkt in der Darstellung der *vita privata* bewegt, wird erneut der experimentelle Charakter der Biographien der späteren Kaiser deutlich.

Als experimentell muß im Falle des Vitellius aber nicht nur die Plazierung gelten, sondern in erster Linie die narrative Umsetzung. Sueton wiederholt diese ambitionierte Form der Präsentation solcher Informationen[459] in den späteren Biographien nicht mehr. Der Grund hierfür dürfte wohl darin zu suchen sein, daß durch eine solche Anordnung das gezielte Nachschlagen dieses Aspektes deutlich erschwert wurde und Sueton offenbar hier der *utilitas* gegenüber dem ästhetischen Lesegenuß den Vorrang eingeräumt hat. Diese Entscheidung wird verständlicher, wenn man sich vor Augen hält, daß die zeitgenössische Öffentlichkeit an der äußeren Erscheinung ein so großes Interesse hatte, daß man geradezu von einer physiognomischen Mode sprechen kann, die sich unter anderem in den Werken des Polemon von Laodikeia spiegelt.[460] Die Relevanz der Informationen steigert sich außerdem noch einmal dadurch, daß gerade das Aussehen der Kaiser im ganzen *imperium Romanum* durch verschiedene Medien, vor allem in Form von Statuen und Münzbildern, verbreitet wurde und somit vielfältige Vergleichsmöglichkeiten zu Suetons literarischer Darstellung bestanden.[461]

Dies gilt auch für das von Vitellius gezeichnete Porträt, dessen Einzelheiten zudem wie auch schon die Beleidigungen auf das bisher geschilderte Leben verweisen sollen,[462] wobei Sueton mit dem Hinweis, daß Vitellius' Hinken von seinen Hilfsdiensten bei den Wagenrennen Caligulas herrührt, explizit auf den Anfangsteil der Vita zurückgreift.[463] Suetons Vitelliusbild erhält auf diese Weise ein geschickt realisiertes Fazit, in dem er einige der zur negativen Charakterisierung beitragenden Fakten noch

---

457 Die Beschreibung der äußeren Erscheinung spielt in der Biographie vor Sueton eine eher untergeordnete Rolle (vgl. BALDWIN 1983, 497f., u. STOK 1995, 112f.), zumindest hinsichtlich einer Darstellung, „in which the whole body is photographically described" (vgl. EVANS 1969, 5.89ff.).

458 Vgl. LEWIS 1991, 3661, der auf die Tradition der *laudatio funebris* verweist.

459 Vgl. aber auch MURISON 1992, 173, der zu recht von einer „somewhat tasteless artistry" spricht.

460 Zu Polemon vgl. z.B. GLEASON 1995, 21ff. Sueton wurde verschiedentlich in engen Zusammenhang mit dieser ‚Schule' gebracht (vgl. EVANS 1935, 61ff.77ff.; COUISSIN 1953, u. V. ALBRECHT 1992, II 1114), doch geben seine Schilderungen wenig konkrete Anhaltspunkte, die über die weitverbreitete Meinung, daß ein Zusammenhang zwischen äußerer Erscheinung und Charakter besteht, hinausgehen (vgl. GASCOU 1984, 598ff.; BRADLEY 1991, 3726f., u. STOK 1995, 117ff.129f.).

461 Vgl. v.a. Suet. Claud. 30 u. ferner BRADLEY 1991, 3726f.

462 Die pointenhafte Verwendung von Motiven aus der Lebensbeschreibung gehört zur generellen Strategie Suetons und anderer antiker Autoren, um einen engen Bezug der Schilderung des Todes auf das Leben des Protagonisten zu erreichen (vgl. ARAND 2002, 106.112ff.).

463 Vgl. Suet. Vit. 4,1. Über die von Sueton der *facies rubida plerumque ex vinulentia* und dem *venter obesus* vor dem Hintergrund des zeitgenössischen Interesses an Fragen der Diätetik zugemessene Bedeutung wüßten wir sicher mehr, wenn sich seine Schrift *de vitiis corporalibus* erhalten hätte (vgl. Serv. ad Aen. 7,627 sowie ferner BALDWIN 1983, 498; STOK 1995, 127ff., u. ASH 1999, 101f.).

einmal Revue passieren läßt.[464] Damit zählt dieser Abschnitt zu den nicht allzu zahlreichen Stellen innerhalb der Kaiserbiographien, an denen die Intention einer Invektive oder vielleicht besser einer *damnatio* durch *memoria* deutlich in den Vordergrund tritt. Gleichzeitig fehlt aber auch hier das nüchterne Interesse an der reinen Informationsvermittlung nicht völlig, da mit Vitellius' *enormis proceritas* auch eine nicht *per se* negativ konnotierte Eigenschaft Erwähnung findet.

Auf dieses eher implizit gezogene Fazit folgt nach der relativ kurzen Darstellung seines Todes das gleichsam offizielle und in allen Kaiserbiographien wiederkehrende Fazit, für das Sueton analog zur Geburtsnotiz[465] ein festes Formular verwendet. Dies besteht in der Regel aus der Perfektform eines Verbums des Sterbens mit dem verstorbenen Herrscher als Subjekt und aus Angaben zum Alter, der Dauer der Herrschaft sowie gelegentlich zum Todesort.[466] Im Falle des Vitellius verwendet Sueton nur eine rudimentäre Form dieser Notiz, die sich auf die Angabe des Lebensalters in Jahren beschränkt,[467] dafür aber eine singuläre Mitteilung zum Schicksal zweier naher Verwandter enthält: *periit cum fratre et filio anno vitae septimo quinquagesimo*.[468] Ein Leser, der sich die Mühe macht, das hier angegebene Alter auf das zuvor mitgeteilte

---

464　Vgl. BRAUN 1990, 210.

465　S.o. S. 280f.

466　Vgl. Suet. Galba 23 (*periit tertio et septuagesimo aetatis anno, imperii mense septimo*); Tit. 11 (*excessit in eadem qua pater villa Id. Sept. post biennium ac menses duos diesque XX quam successerat patri, altero et quadragesimo aetatis anno*); Dom. 17,3 (*occisus est XIIII. Kal. Octb. anno aetatis quadragensimo quinto, imperii quinto decimo*); Iul. 88 (*periit sexto et quinquagesimo aetatis anno*) ; Aug. 100,1 (*obiit in cubiculo eodem, quo pater Octavius, duobus Sextis, Pompeio et Ap\<p\>uleio, cons. XIIII. Kal. Septemb. hora diei nona, septuagesimo et sexto aetatis anno, diebus V et XXX minus*); Cal. 59 (*vixit annis viginti novem, imperavit triennio et decem mensibus diebusque octo*); Claud. 45 (*excessit III. Id. Octob. Asinio Marcello Acilio Aviola coss. sexagesimo quarto aetatis, imperii quarto decimo anno*) u. Nero 57,1 (*obiit tricensimo et secundo aetatis anno, die quo quondam Octaviam interemerat*). Erneut stammen zwei der drei Ausnahmen, in denen diese formelle Fazit in die *narratio* des *exitus* integriert ist, aus der zweiten Hexade: vgl. Otho 11,2 (*et circa lucem demum expergefactus uno se traiecit ictu infra laevam papillam irrumpentibusque ad primum gemitum modo celans modo detegens plagam exanimatus est et celeriter, nam ita praeceperat, funeratus, tricensimo et octavo aetatis anno et nonagensimo et quinto imperii die*); Vesp. 24 (*dumque consurgit ac nititur, inter manus sublevantium extinctus est VIIII. Kal. Iul. annum agens aetatis sexagensimum ac nonum superque mensem ac diem septimum*) u. Tib. 73,1 (*sed tempestatibus et ingravescente vi morbi retentus paulo post obiit in villa Lucullana octavo et septuagesimo aetatis anno, tertio et vicesimo imperii, XVII. Kal. Ap. Cn. Acerronio Proculo C. Pontio Nigr\<in\>o conss.*).

467　Aus den zum Teil widersprüchlichen Angaben der Quellen zum Todestag ergibt sich ein Datum zwischen dem 20. und 23. Dezember 69 n. Chr. (vgl. HOLZAPFEL 1913, 296ff.), die größte Plausibilität hat der 20. Dezember für sich (vgl. HOLZAPFEL 1918, v.a. 102, u. ferner MURISON 1992, 171.173).

468　Vgl. Suet. Vit. 18 („Er starb zusammen mit seinem Bruder und seinem Sohn im Alter von 56 Jahren."). Die Entscheidung Suetons an dieser Stelle auf Bruder und Sohn des Vitellius zu verweisen ist merkwürdig, zumal von einer wirklichen zeitlichen Koinzidenz der Todesfälle nur bedingt die Rede sein kann (vgl. Tac. hist. 4,80,1 u. Cass. Dio 64,22,1-2 mit MURISON 1992, 173).

Geburtsjahr zurückzurechnen, wird eine Diskrepanz zur früheren Angabe feststellen, die ihre Ursache vielleicht in einer Verwechslung mit dem Bruder Lucius hat.[469] Eine fehlende Harmonisierung dieser Art ist in den Kaiserbiographien jedoch nicht ohne Parallele[470] und liegt auf einer Linie mit Suetons generellem Verzicht zur Synthetisierung der von ihm dargebotenen Informationen.[471] Sueton geht an Stellen wie dieser offenbar von einem Leser aus, der die Angaben der Geburtsnotiz und der Todesnachricht aus unterschiedlichen Anlässen nachschlägt und isoliert zur Kenntnis nimmt.

In ähnlicher Weise verwendet auch Tacitus Todesnachrichten, die aus dem Fluß der historiographischen Erzählung heraustreten und nicht selten über die Angabe des Alters hinaus einige zentrale persönliche Daten enthalten, die einer kurzen Charakterisierung des Verstorbenen dienen.[472] Dabei ist Tacitus nicht der erste Historiker, der beim Tod einer bedeutenderen Persönlichkeit dieser eine Art Nekrolog innerhalb seiner historiographischen Darstellung gewährt, vielmehr ist dieses Verfahren bereits vom Älteren Seneca als Bestandteil der Gattungstradition erkannt und in seiner diachronen Entwicklung zutreffend beschrieben worden:

> quotiens magni alicuius <viri> mors ab historicis narrata est, totiens fere consummatio totius vitae et quasi funebris laudatio redditur. hoc, semel aut iterum a Thucydide factum, item in paucissimis personis usurpatum a Sallustio, T. Livius benignus omnibus magnis viris praestitit. sequentes historici multo id effusius fecerunt.[473]

Aus der bloßen Todesnachricht entwickelte sich also eine Art biographisches Fazit, das gerade innerhalb der annalistischen Historiographie einen wichtigen Anlagerungspunkt für eine dramatisierte Schilderung der *exitus*-Szene bildete.[474] Die Angabe des Alters, der Dauer der Regierung oder eines anderen für die betreffende Person relevanten Zeitraumes gehört dabei zu den festen Bestandteilen dieser Resümees.[475] Ob

---

469 Vgl. Suet. Vit. 3,2 u. 18 sowie ferner HOLZAPFEL 1918, 105ff.

470 Vgl. Suet. Galba 23 u. Otho 11,2 sowie ferner SHOTTER 1993, 191.

471 S.o. S. 282f.

472 Vgl. z.B. Tac. hist. 3,86,1-2 (Vitellius); hist. 2,49,4-50,2 (Otho) u. hist. 1,49,2-4 (Galba) sowie ferner SYME 1958b; SCHUNK 1959, 54f., u. POMEROY 1991, 192ff.

473 Vgl. Sen. Suas. 6,21 („Jedesmal wenn der Tod eines bedeutenden Mannes von den Historikern berichtet wird, geben sie fast immer eine kurze Zusammenfassung seines ganzen Lebens und halten gleichsam seine Leichenrede. Diese literarische Technik wurde, nachdem sich Thukydides ihrer ein- oder zweimal bedient hatte, von Sallust nur bei sehr wenigen Personen angewandt, doch Livius war so frei, sie bei allen bedeutenden Männern zu verwenden. Die späteren Historiker sind damit noch weitaus großzügiger verfahren.") u. ferner BRUNS 1898, 55f.: „Können wir uns diesem Urtheil anschliessen? Bei Sallust fehlt uns die Möglichkeit der Kontrolle, denn Seneca denkt natürlich an die verlorenen Historien, nicht die erhaltenen Monographien. Was Thukydides betrifft, so hat Seneca offenbar die Worte über Themistokles und Perikles im Sinn."

474 Vgl. BRUNS 1898, 53ff., der für eine ausführlichere *summa* die Bezeichnung als Elogium eingeführt hat.

475 Vgl. BRUNS 1898, 56.

hierin eine auch für die Biographie verbindliche Gattungstradition greifbar wird oder ob Sueton diesen historiographischen ‚Baustein' in seine Kaiserviten integriert hat,[476] weil er mit seiner Hilfe zentrale Informationen in einer festen und daher von seinen Lesern antizipierbaren Form vermitteln konnte, läßt sich aufgrund des fragmentarischen Überlieferungszustandes gerade der hellenistischen Biographie nicht mit letzter Sicherheit entscheiden. Daß bei Nepos und in den suetonischen *viri illustres* ein festes Formular für Todesnachrichten fehlt, weist aber in die Richtung einer bewußten Übernahme Suetons, die vielleicht in naheliegender Analogie zum Formular der Geburtsnotiz erfolgt ist.

Sueton läßt auf die Todesnachricht in der Regel thematisch passende Angaben zu den letzten Ehren,[477] der Reaktion der Bevölkerung auf den Tod des Herrschers[478] oder zur Konsekration[479] folgen. Im Vergleich mit den übrigen Kaiserviten als erneut singulär erweist sich dagegen die Verknüpfung der Todesnachricht des Vitellius mit der Deutung eines Prodigiums, das zuvor innerhalb der chronologischen Erzählung seiner Herrschaftsübernahme und im Zusammenhang mit anderen sich auf seine Regierung beziehenden Vorzeichen erwähnt worden war: Auf seinem Marsch von Köln nach Italien hatte sich während eines Gerichtstages ein Hahn auf die Schulter und den Kopf des Vitellius gesetzt, was in Suetons Deutung mit der Niederlage gegen den flavischen General Antonius Primus parallelisiert wird, der während seiner Kindheit im heutigen Toulouse auf den Spitznamen ‚Hahnenschnabel' hörte.[480] Diese eher skurril anmutende Erklärung dürfte auch auf Suetons zeitgenössische Leser einen gesuchten Eindruck gemacht haben. Dabei muß es leider offen bleiben, ob er die angesichts der Herkunft des Antonius Primus wesentlich näher liegende Deutung über das Homonym *gallus/Gallus* in der Bedeutung Hahn/Gallier schlichtweg übersehen hat[481] oder ob er eine bewußt abweichende und ausgefallene Interpretation vorlegen wollte.

Während die pointierte Schlußstellung dieser Prodigiendeutung mit dem generellen Interesse des Autors wie seiner Zeit an übernatürlichen Phänomenen dieser Art hinreichend erklärt werden kann,[482] so ist es doch bemerkenswert, daß hier einer der wenigen expliziten Querverweise in den Kaiserbiographien und das einzige Beispiel

---

476 Vgl. dag. LEWIS 1991, 3638.3661, der gemäß seinem generellen Ansatz auch dieses Element auf autochthon römische Traditionen zurückgeführt wissen will.

477 Vgl. Suet. Galba 23; Otho 11,2; Dom. 17,3 u. Cal. 59

478 Vgl. Suet. Tit. 11 u. Nero 57,1-2.

479 Vgl. Suet. Iul. 88; Aug. 100,2-4 u. Claud. 45.

480 Vgl. Suet. Vit. 9 u. 18: *nec fefellit coniectura eorum qui aurugio, quod factum ei Viennae ostendimus, non aliud portendi praedixerant quam venturum in alicuius Gallicani hominis potestatem, siquidem ab Antonio Primo adversarum partium duce oppressus est, cui Tolosae nato cognomen in pueritia Becco fuerat: id valet gallinacei rostrum.*

481 Vgl. SHOTTER 1993, 191.

482 Vgl. Plin. ep. 1,18 mit WALLACE-HADRILL 1983, 191ff.

aus der zweiten Hexade vorliegt.[483] Dieser empirische Befund verweist noch einmal auf den experimentellen Charakter der Viten der chronologisch späteren sechs Kaiser, in denen Sueton seine biographische Technik, die er in der Kleinform der *viri illustres* entwickelt hatte, seinem neuen Gegenstand anpaßt.

Mit der Auflösung dieses Vorzeichens endet die Vitelliusvita. In diesem ,Triumph der Prodigien' über Vitellius' Herrschaft, die aus Suetons Perspektive offenbar von vorneherein unter einem schlechten Stern stand, dürfte in rudimentärer Form auch ein abschließendes Urteil enthalten sein, doch wird von Sueton weder hier noch in anderen Biographien ein formelles Fazit gezogen. Vielmehr gewinnt am Ende der Lebensbeschreibung erneut sein Interesse an der Vermittlung auch solcher Informationen, die uns abseitig und irrelevant erscheinen mögen, die Oberhand gegenüber dem Entwurf eines einheitlichen Charakterbildes und seiner Bewertung.[484] Zugleich liefert aber gerade die *exitus*-Szene der Vitelliusvita ein prominentes Beispiel dafür, daß Sueton innerhalb kleinerer Abschnitte durchaus an einer kohärenten Charakterisierung seiner Personen interessiert ist. Zu diesem Zweck bedient er sich in erster Linie einer geschickten Auswahl der von ihm präsentierten Informationen, doch es gelingt ihm auch, über die reine Ebene der Fakten hinaus literarische Darstellungsmuster und Lesegewohnheiten der zeitgenössischen Rezipienten für seine Intentionen fruchtbar zu machen. Dies gilt vor allem für den Rekurs auf die *exitus illustrium virorum*-Literatur, deren kommemorative Funktion von Sueton an dieser Stelle jedoch zu einer *damnatio* durch *memoria* umgedeutet wird.

Der Negativcharakterisierung des Protagonisten dient im Falle des Vitellius auch die Beschreibung des Äußeren, die in den späteren Biographien als eigene und in der Regel wertneutrale Rubrik in Erscheinung tritt, hier aber von Sueton in einer äußerst raffinierten Form zugleich zu einem resümierenden Rückverweis auf die Biographie des letzten Bürgerkriegsherrschers genutzt wird. Experimentellen Charakter zeigt ferner die sich anschließende Todesnachricht, die statt der später innerhalb dieses biographischen ,Bausteins' üblichen Angaben unter anderem den Hinweis darauf enthält,

---

483   Vgl. Suet. Aug. 90; Tib. 70,5; Cal. 8,6.32,3.35,2; Claud. 29,1.35,1.36,2 u. Nero 22,5 sowie ferner MOUCHOVÁ 1968, 65ff.

484   Vgl. SHOTTER 1993, 12: „When Suetonius and Tacitus have describend the same event, the difference between them is immediately obvious. For example, in their account of the death of Vitellius whilst characteristically Suetonius provides more items of information, it is Tacitus who comes nearer to understanding Vitellius and appreciating the loneliness of the man-in-power, no matter how unscrupulous he may have been. Suetonius account is external and inquisitive, whilst Tacitus' is aimed at revealing the mind of Vitellius, and providing the reader with the means to understand. Tacitus' understanding of the event is encapsulated in Vitellius' patethetic, but pertinent, observation, "yet I was your emperor", whilst Suetonius' indifference is demonstrated by the fact that he appears more conscerned to press on the derivation of *Becco*, the childhood name of the Flavian General, Antonius Primus."

daß sich mit seinem Tod ein zuvor berichtetes Prodigium erfüllt habe. Dabei stellt
bereits die explizite Bezugnahme auf das an einer anderen Stelle geschilderte Vorzeichen eine singuläre Erscheinung innerhalb *Caesares* dar. Überhaupt gehört der weitgehende Verzicht auf die Explizierung von Zusammenhängen und auf die auktoriale
Deutung des Geschehens zu den auffälligsten Merkmalen von Suetons biographischer
Technik, eine Besonderheit, die bei einem Vergleich mit der historiographischen Darstellung der gleichen Ereignisse etwa bei Tacitus noch deutlicher zutage tritt.

Während Sueton seinem Leser in dieser Hinsicht gewissermaßen weniger bietet
als die Geschichtsschreibung, so erweist sich die von ihm gewählte Form auf anderen
Gebieten doch als ebenbürtig, wenn nicht überlegen. Dies zeigt sich vor allem in der
konsequenten Fokussierung auf den Protagonisten und der damit einhergehenden größeren Detailliertheit bei der Schilderung von Ereignissen in seiner unmittelbaren Umgebung, die eine effektvolle Dramatisierung des historischen Geschehens ermöglicht.
Mit der auch stilistisch ambitionierten Darstellung, wie sie für die narrativen Partien
der Kaiserbiographien, insbesondere bei der Ausgestaltung der *exitus*-Szenen charakteristisch ist, gelingt es Sueton daher durchaus, in Konkurrenz zu der Schilderung der
gleichen Ereignisse beispielsweise bei Tacitus zu treten und der durch die Geschichtsschreibung vermittelten historischen ,*vulgata*' für den Leser interessante neue Facetten hinzuzufügen.

4. Form und Funktion der suetonischen Biographie

Die Vita des letzten Bürgerkriegskaisers, an der sich trotz ihres in vielen Punkten singulären Charakters die Entwicklung der biographischen Technik Suetons vorteilhaft
und gleichsam *in statu nascendi* studieren läßt, liefert reiches Anschauungsmaterial
für die beiden zentralen Intentionen des Autors: die an den Bedürfnissen der Bildungskultur des 2. Jh. n. Chr. orientierte Vermittlung biographischen Wissens und die
delectatio des Lesers durch eine narrativ und stilistisch ansprechende Präsentation
ausgewählter Passagen. Zwar werden die meisten Zeitgenossen die Reihe der ersten
zwölf römischen Kaiser ganz unwillkürlich auch in ,geschichtsphilosophischen' Kategorien wahrgenommen haben, doch wurde diese Sichtweise von Sueton im Gegensatz
zu Tacitus nicht in den Vordergrund gestellt. Ebenso dürfte es generell kaum möglich
sein, eine Biographie zu schreiben, ohne über eine bestimmte Vorstellung vom Charakter der dargestellten Person zu verfügen, doch im Gegensatz zu Plutarch besteht in
der Vermittlung dieses Bildes nicht Suetons zentrales Anliegen. Aus diesem Grund
müssen auch Vergleiche der Kaiserbiographien mit Gattungen wie dem griechischen
Enkomion, der römischen *laudatio funebris* oder den *res gestae* des Augustus ihr Ziel

verfehlen,[485] da diese dem Spektrum biographischer Literatur zwar am Rande angehören, aufgrund ihrer dezidiert panegyrischen Zielsetzung jedoch andere Strategien der Personendarstellung favorisieren.

Da Sueton keine Synthese der präsentierten Wissensbestände anstrebt, bleiben die Ansätze zu einer positiven Kommemoration ebenso isoliert wie diejenigen Stellen, an denen die Darstellung eines Herrschers durch Auswahl und gegebenenfalls Interpretation der wiedergegebenen Fakten den Charakter einer Invektive mit dem Ziel einer *damnatio* durch *memoria* gewinnt. Daß Sueton von der sich aus der Tradierung historischer Wissensinhalte ergebenden Möglichkeit, das Bild einer Person bei der Nachwelt dauerhaft zu prägen, nur zurückhaltend und gleichsam partiell Gebrauch gemacht hat, stellt vielleicht eine der auffälligsten Besonderheiten seiner Kaiserbiographien dar. Mit diesem sachlichen Umgang mit seinen Protagonisten unterscheidet sich Sueton auch signifikant von der Personendarstellung in den plinianischen Porträtbriefen oder den gellianischen *noctes Atticae*, in denen vor allem das zeitgenössische Anliegen des *claros viros colere* sehr viel deutlicher zu spüren ist.

Auch die Präsentation von Handlungsmodellen spielt bei Sueton eine geringere Rolle als bei den beiden zuvor untersuchten Autoren oder als in den Parallelbiographien Plutarchs. Dennoch läßt sich auch in den *Caesares* ein paränetisches Element beobachten. Es bezieht sich allerdings nicht im Sinne eines Fürstenspiegels auf die Persönlichkeit der porträtierten Kaiser in ihrer Gesamtheit, sondern beschränkt sich auf einzelne Züge vorbildlichen Verhaltens, deren Träger die Herrscher selbst, aber auch andere im Rahmen der Biographien auftretende Figuren sein können. Inhaltlich handelt es sich bei den Stellen, die einen ausgeprägten Modellcharakter aufweisen, in der Regel nicht um politische oder militärische Großtaten. Vielmehr stehen für Sueton – wohl mit Blick auf die realen Nachahmungsmöglichkeiten seiner Rezipienten – eher ‚private' Aspekte, wie beispielsweise die adäquate Organisation des Tagesablaufes, im Vordergrund.[486]

Wer in der Beschäftigung mit Suetons Kaiserbiographien den Aspekt der Wissensvermittlung in den Vordergrund rückt, erweckt leicht den Anschein, das Rad der Forschung zurückdrehen zu wollen. Denn in den letzten Jahrzehnten hat man sich zu recht mehr und mehr von dem Bild eines Autors verabschiedet, dem sein Rang als Literat streitig gemacht wurde, weil er angeblich „nicht mit dem Geiste, sondern wesentlich mit den Händen" gearbeitet habe.[487] Doch weit davon entfernt, die wichtigen Fortschritte in der Bewertung der literarischen Qualität der *Caesares* aufgeben zu wollen, versteht sich die vorliegende Untersuchung vielmehr als Weiterentwicklung

---

485 Vgl. NISSEN 1886, 496ff., u. STUART 1928, 189ff., sowie dag. SCHMIDT 1891, 8ff.; STEIDLE 1951, 109f., u. LEWIS 1991, 3641f.

486 Vgl. z.B. Suet. Vesp. 21 u. Aug. 78; s.o. S. 260.

487 Vgl. SCHANZ 1896, 44, u. ferner die Zeugnisse bei BRADLEY 1991, 3702 Anm. 5.

dieses Ansatzes. Dabei gilt es allerdings den heterogenen Charakter der Kaiserbiographien, die sich aus stilistisch und narrativ anspruchsvolleren Passagen einerseits und aus primär der Informationsvermittlung dienenden Partien andererseits zusammensetzen, stärker zu betonen. Ein vertieftes Verständnis des Zusammenspiels dieser beiden Elemente, das sich aus narratologischer Perspektive als Wechsel zwischen summary und Szene beschreiben läßt und mit einer Veränderung der erzählerischen Dichte einhergeht,[488] würde möglicherweise auch eine Erklärung dafür liefern, warum Suetons schriftstellerische Fähigkeiten zu Beginn und am Ende des 20. Jh. so konträre Bewertungen gefunden haben.

Suetons Ambitionen als Schriftsteller konzentrieren sich zum einen auf das anekdotische Erzählen, das bei ihm wie allgemein im biographischen Schrifttum der Antike eine prominente Rolle spielt. Die Vermittlung personenbezogenen Wissens in anekdotischer Zuspitzung vereint dabei die Vorteile einer gesteigerten Lesbarkeit[489] mit einem höheren Grad an Memorabilität der gleichsam szenisch präsentierten Fakten. Darüber hinaus liegen die biographischen Informationen auf diese Weise bereits in einer Form vor, die eine unmittelbare ‚Wiederverwendung' des durch die Lektüre erworbenen Wissens in der gebildeten Gesprächskultur erlaubt.[490] In der Vitelliusvita lassen verschiedene Partien eine solche ‚Aufbereitung' des Wissensstoffes erkennen, so etwa die Sammlung von Belegen für das Vitellius' Vater attestierte *mirum in adulando ingenium*,[491] die sich in ihrer Tendenz zur Bildung einer thematischen Reihe beispielsweise mit Athenaios' Schrift δειπνοσοφισταί berührt.[492] Auf diese Weise wird der Leser in die Lage versetzt, auch bei fortgeschrittener Behandlung eines Themas noch mit einem neuen Beitrag glänzen zu können. Daß die Anwendung auch entlegenen Wissens in zahlreichen Situationen möglich war oder sogar erwartet wurde, können schlaglichtartig die Rahmenhandlungen der *noctes Atticae* verdeutlichen:[493] Solche gellianische Szenen, in denen der gelehrte Gedankenaustausch in einer Buchhandlung[494] ebenso gepflegt wird wie an Bord eines Schiffes[495] oder im Vorfeld einer

---

488 S.o. S. 233ff.

489 Vgl. TOWNEND 1967, 93: „The last proof of Suetonius' success must be that he is intensely readable."

490 Daß auch die Biographien Plutarchs in diesen Kategorien rezipiert werden konnten, verdeutlicht die von Menander Rhetor (392, 28-33) im Zusammenhang mit der Vorbereitung der λαλιά gegebene Lektüreempfehlung: χρησιμώτατοι δὲ πρὸς τὴν λαλιὰν καὶ οἱ Πλουτάρχειοι βίοι, ὥσπερ εἰς ἄλλην πολλὴν καὶ παντοδαπὴ παίδευσιν· καὶ γὰρ πλήρεις εἰσὶν ἱστοριῶν καὶ ἀποφθεγμάτων καὶ παροιμιῶν καὶ χρειῶν· ταῦτα γὰρ πάντα καταμιγνύναι ταῖς λαλιαῖς χρήσιμον, ἵνα πανταχόθεν τὴν ἡδοσνὴν θηρεύσωμεν.

491 S.o. S. 279.

492 Vgl. z.B. Athen. 4,165d-169a; 6,248d-2252f u. 8,338d-347c.

493 Vgl. KRASSER 1995, 87ff., u. KRASSER 1999, 57ff.; s.o. S. 14f.

494 Vgl. Gell. 5,4; 13,31 u. 18,4.

495 Vgl. Gell. 2,21 u. 19,1.

kaiserlichen *salutatio*,[496] dürften treffend den sozialen Kontext beschreiben, in dem sich auch für die zeitgenössischen Lesern der suetonischen *Caesares* die Gelegenheit bot, ihre der bei der Lektüre erlernten Wissensbestände anzuwenden.

Zum anderen sind es die häufig in der Art einer chronologischen *narratio* angelegten längeren Abschnitte, auf die Sueton vor allem zur Schilderung zentraler Vorgänge wie der Herrschaftsübernahme oder dem Tod eines Kaisers zurückgreift, in denen sich ein deutlich gehobener Gestaltungswille artikuliert. Hier bedient er sich auch der von ihm sonst eher gemiedenen narrativen Strategien der Geschichtsschreibung, wobei er vor allem ihre dramatischen Elemente effektvoll zu nutzen weiß. In der Dramatisierung und Emotionalisierung des Geschehens, die Sueton unter anderem durch eine Form der ἐνάργεια erreicht, die gezielt auch von der Geschichtsschreibung in der Regel vernachlässigte Details in den Blick nimmt,[497] zeigt sich allerdings eine stärkere Ausrichtung an der *curiositas* und *delectatio* des Publikums.

Doch neben diesen von Sueton bewußt eingesetzten literarischen *lumina* bestehen die *Caesares* zugleich aus Partien, in denen die Interessen des Fachschriftstellers, die am deutlichsten in der Gliederung und Organisation der Biographien durch Rubriken, Präskripte und *divisiones* zutage treten, auch im Text selbst die Oberhand behalten. Daß Sueton nicht zuletzt aus seinem antiquarischen Hintergrund zu verstehen ist, hat in jüngerer Zeit vor allem ANDREW WALLACE-HADRILL nachdrücklich hervorgehoben.[498] Die Betonung des primär informativen Charakters eines Textes geht allerdings beinahe zwangsläufig mit der Attestierung geringerer stilistischer Qualität einher, wie bereits das Urteil der *historia Augusta* verdeutlichen kann, Sueton schreibe *non tam diserte quam vere*.[499] Doch die Entscheidung gegen die anspruchsvollen Darstellungstechniken der Historiographie ist nicht gleichbedeutend mit dem Verzicht auf jeden literarischen Anspruch. Vor allem in der Ausrichtung am Prinzip der *brevitas*,[500] aber

---

496 Vgl. Gell. 6,4.

497 Vgl. LOUNSBURY 1987, 116ff.

498 Vgl. WALLACE-HADRILL 1983, v.a. 128: „Antiquarianism is the key, not only to his chapter on games, but to his whole picture of Caesars as administrators. This is the Ariadne's thread to which we must hold if his chapters are not to appear (as they have to many) an ill-assorted jumble of quirkishly selected trivia." u. ferner z.B. V. ALBRECHT 1992, II 1105.

499 Vgl. SHA Probus 2,6: *illud tantum contestatum volo me et rem scripsisse, quam, si quis voluerit, honestius eloquio celsiore demonstret, et mihi quidem id animi fuit, <ut> non Sallustios, Livios, Tacito<s>, Trogos atque omnes disertissimos imitarer viros in vita principum et temporibus disserendis, sed Marium Maximum, Suetonium Tranquillum, Fabium Marcellinum, Gargilium Martialem, Iulium Capitolinum, Aelium Lampridium ceterosque, qui haec et talia non tam diserte quam vere memoriae tradiderunt* u. ferner STEINMETZ 1982, 141ff.

500 Vgl. LOUNSBURY 1987, 115f.: „The age was captivated by *brevitas*. A capacious concept, it was a virtue, or a fault, of style and of matter: it embraced, or was related to, rapidity, haste, compresssion, density, it would encourage, ingenious amplification of the whole through a stelly and pointed brevity in each part. ... *Brevitas* was a *virtus narrandi*, ..."

auch in seinem Bemühen um *variatio* zeigt Sueton vielfältige Berührungspunkte mit den generellen stilistischen Strömungen der Kaiserzeit.

Dennoch steht in den informativen Passagen der literarische Anspruch sicher erst an zweiter Stelle.[501] Gerade weil sein primäres Interesse der Vermittlung biographischen Wissens gilt, wäre es wünschenswert Aufschluß darüber zu gewinnen, welche Überlegungen bei der Bewertung der Relevanz einer Information ausschlaggebend waren. Doch die Eruierung von allgemeinen Auswahlkriterien erweist sich vor allem aufgrund der Flexibilität, mit der Sueton innerhalb seines Rubrikenschemas auf die individuellen Lebensumstände der jeweiligen Person eingeht, als schwierig. Auch die relativ wenigen Stellen, an denen die Auswahl der präsentierten Fakten thematisiert wird, geben inhaltlich keinen weiteren Aufschluß, im Gegenteil tritt gerade hier sein Anspruch hervor, Vollständigkeit zumindest *summatim* anzustreben.[502] Rückschlüsse auf die Interessen des Autors erlauben jedoch naturgemäß vor allem diejenigen Themen, die in der Mehrzahl der Viten Berücksichtigung finden, wie die Rechtsprechung, die *spectacula* sowie andere Formen der kaiserlichen Euergesie oder die Beschäftigung der Herrscher mit den *studia liberalia*.[503]

Daß es sich hierbei nicht nur um zentrale Interessenfelder des Autors, sondern auch um Gegenstände von allgemeiner Relevanz für das zeitgenössische Publikum handelt, ist eine häufig gezogene, hermeneutisch allerdings nicht ganz unproblematische Schlußfolgerung, die wesentlich auf der Erwähnung dieser Gegenstände in den Kaiserbiographien beruht. Da das von Sueton gezeichnete Bild der kaiserzeitlichen Gesellschaft und ihrer Interessen aber in sich konsistent ist und nicht im Widerspruch zur Parallelüberlieferung steht, kann die Annahme, daß Autor und Publikum dem Inhalt gleichermaßen Bedeutung beigemessen haben, dennoch eine große Plausibilität für sich verbuchen.[504] Dem Versuch, aus den Biographien Suetons einen ‚Kanon' des in Hinsicht auf die ersten zwölf römischen Herrscher Wissenswerten zu extrahieren, stehen jedoch die unsystematische Auswahl der jeweils tradierten Fakten sowie der generelle Charakter der *Caesares* als subsidiäre Literatur entgegen, da Sueton nicht von einem Leser ausgegangen ist, der seine Informationen zur Geschichte der frühen römischen Kaiserzeit nur seinen Werken entnehmen konnte.

Die Einbettung der *Caesares* in die überaus reiche literarische Landschaft ihrer Entstehungszeit, in der Werke, die der Vermittlung historischen Wissens dienten, in

---

501 Vgl. SHOTTER 1993, 38: „In short, Suetonius did not consider himself an artist in a primary sense; his aim was to produce information, and style was only a vehicle for this."

502 Vgl. z.B. Suet. Tib. 61,2: *singillatim crudeliter facta eius exequi longum est; genera velut exemplaria saevitiae, enumerare sat erit* u. ferner Dom. 1,3; Iul. 34,1; Aug. 51,1; Cal. 26,1.37,3; Claud. 29,1; Nero 37,1 sowie STEIDLE 1951, 108f., der an diesen Stellen allerdings Suetons Verzicht auf die vollständige Wiedergabe aller verfügbaren Fakten in den Vordergrund rückt.

503 Vgl. z.B. WALLACE-HADRILL 1983, 119ff., 124ff., u. 83ff.

504 Vgl. WALLACE-HADRILL 1983, 176.

großer Zahl und in vielfältigen Formen – deren Spektrum von traditionellen Geschichtswerken taciteischer Prägung bis hin zu verschiedenen Breviarien und Epitomierungen reicht – präsent und verfügbar waren,[505] ist auch die Vorraussetzung für eine adäquate Bestimmung des zeitgenössischen Publikums. Dabei erschwert es der Umstand, daß der ursprüngliche Rezipient aus einer breiten Angebotspalette historiographischer und biographischer Literatur wählen konnte, zugleich erheblich, aus dem Inhalt der Kaiserbiographien Rückschlüsse auf die vom Autor intendierten Leser zu ziehen, da das in ihnen präsentierte Wissen kein geschlossenes Ganzes darstellen muß.[506] Es kann daher auch nicht verwundern, wenn die bislang vorwiegend sozioökonomisch ausgerichteten Versuche, Suetons Publikum zu verorten,[507] als gescheitert gelten können, obwohl insbesondere das von FRANCESCO DELLA CORTE etablierte Bild des ‚piccolo equestre' als Rezipient der Kaiserbiographien[508] trotz vielfältig geäußerter Kritik[509] weiterhin Vertreter findet.[510]

Von der Einschränkung abgesehen, daß die im 2. Jh. n. Chr. freilich kaum noch anzutreffenden Anhänger einer dezidiert senatorischen und zum Prinzipat in Opposition stehenden Sicht der römischen Geschichte an Suetons ‚unkritischem' Umgang mit der Vergangenheit möglicherweise Anstoß genommen hätten,[511] kommt als Rezipient der suetonischen *Caesares* prinzipiell jeder über eine hinreichende Lesefähigkeit und die entsprechende freie Zeit verfügende Römer in Frage. Wenn der Verzicht auf eine durchgängige Orientierung an elaborierten stilistischen Prinzipien auch zunächst auf ein „Publikum mittlerer Bildung" hindeuten könnte,[512] so ermöglicht die durchdachte Organisation des Textes doch zugleich andere Rezeptionsformen als lediglich die einer Lektüre *in toto*. Daher ist auch die punktuelle Verwendung der Biographien als ‚Wissensspeicher' durch denjenigen denkbar, der für eine narrativ ansprechendere

---

505 Vgl. z.B. STEINMETZ 1982, 145, u. FLACH 1998, 259.

506 Vgl. WALLACE-HADRILL 1983, 24f.: „The error is to make the *Caesars* an alternative type of history to the *Annals*, written differently because of a different type of person. It is not history at all."

507 Die Spanne reicht von der Identifizierung senatorischer Ansichten in den Kaiserbiographien (vgl. PETER 1897, 70, u. MACÉ 1900, 84ff.) bis zur Konzeption des ‚Mannes auf der Straße' als dem intendierten Publikum (vgl. PARATORE 1959).

508 Vgl. DELLA CORTE 1958, v.a. 173ff.

509 Vgl. z.B. GASCOU 1976; WALLACE-HADRILL 1983, 24f.74f.99ff., u. LEWIS 1991, 3625f.

510 Vgl. z.B. CONTE 1994, 549, u. PICCIRILLI 1998, 185f.

511 Vgl. WALLACE-HADRILL 1983, 110ff.; BALDWIN 1983, 337ff., u. ALFÖLDY 1986, 400f.: „Somit können wir von Sueton erwarten, daß für ihn das römische Staats- und Gesellschaftsdenken nicht nur ein Grund für das Nachtrauern guter, aber vergangener Zeiten ist, sondern daß er uns das vermittelt, was die breite Mehrheit der Oberschicht im römischen Reich auf dem Höhepunkt der Geschichte des Imperium Romanum von seiner eigenen staatlichen und gesellschaftlichen Ordnung aus einer realistischen und gesunden Position gedacht hat."

512 Vgl. FUNAIOLI 1931, 621f.

Präsentationsform historischen Wissens möglicherweise zu den Geschichtswerken des Tacitus greift.

Innerhalb des Spektrums potentieller Leser dürfte allerdings die breite Schicht der wirtschaftlich und sozial aufsteigenden *homines novi*, die nicht über den Bildungshintergrund der eingesessenen Oberschicht verfügten, ein besonderes Interesse an einem Werk wie den *Caesares* gehabt haben, da sie diesen Lesern als eine Art 'short cut' zu dem gesellschaftlich geforderten Wissen über die zentralen Personen der Vergangenheit gedient haben dürfte.[513] Suetons Publikum sollte jedoch nicht auf diese Leserschicht eingeschränkt werden, da die in den Kaiserviten enthaltenen Informationen in thematischer wie in quantitativer Hinsicht weit über das hinausgegangen sein dürften, was im Rahmen auch der oberschichtlichen Schulbildung vermittelt wurde. Historische Gegenstände gerieten dort zwar im Zusammenhang mit der Vergillektüre[514] oder als Materialvorlage für Deklamationsübungen in den Blick,[515] spielten aber stets eine untergeordnete Rolle. Außerdem lagen die inhaltlichen Schwerpunkte eher auf der Geschichte des klassischen Griechenlands und der römischen Republik, während die frühe Kaiserzeit weitgehend unberücksichtig blieb.[516]

Suetons Kaiserbiographien schließen also in gewisser Weise eine Lücke in der zeitgenössischen literarischen Landschaft und reihen sich als historisch-biographisches Wissenskompendium in ein dichtes Netz ähnlich gelagerter Werke ein, die im Kraftfeld der Bildungskultur des 2. Jh. n. Chr. entstanden sind. Die Form der Präsentation und der mit ihr verbundene literarische Anspruch dürfte dabei zwischen den verschiedenen Veröffentlichungen ebenso variiert haben wie in den *Caesares* selbst zwischen den Partien ein und derselben Schrift. Dennoch lassen sich mit den Schlagworten der *utilitas* und *delectatio* die allgemeinen Interessen der Zeit recht treffend auf den Punkt bringen. Eine Kontextualisierung der *Caesares*, die ihre Interaktion mit den Bedürfnissen und den Interessen der zeitgenössischen Bildungsgesellschaft berücksichtigt, liefert daher nicht nur für den Inhalt, sondern auch für die spezifische Form der suetonischen Biographie überzeugendere Erklärungen als der Rekurs auf die

---

513 Diese These ist von BLOOMER 1992, 11ff.259, für die *facta et dicta memorabilia* des Valerius Maximus vertreten worden (vgl. dag. auch SKIDMORE 1996, 53ff.103ff., der in diesem Werk ein ethisch-moralisches Kompendium mit der römischen Oberschicht als Adressaten erblickt).

514 Vgl. Serv. Aen. 6,752: *qui bene considerant, inveniunt omnem Romanam historiam ab Aeneae adventu usque ad sua tempora summatim celebrasse Vergilium* sowie ferner HÄUSSLER 1976, 299ff.; NICOLAI 1992, 177ff., u. EIGLER 2003, 64ff.

515 Vgl. Quint. inst. 2,4,18-21. Bei Quintilian bildet historiographische Literatur mit Blick auf eine Erweiterung des stilistischen Repertoires darüber hinaus einen integralen Bestandteil des von ihm empfohlenen Lektürekanons (vgl. Quint. inst. 10,1,31-34 sowie ferner AX 1990 u. NICOLAI 1992, 55ff. 61ff.).

516 Vgl. NICOLAI 1992, 32ff., u. HOSE 1994, 5ff.

Gattungstradition, deren Verbindlichkeit angesichts der Pluralität biographischer Literaturformen in der Antike ohnehin nicht allzu hoch veranschlagt werden sollte.

V. Fazit

Ausgehend von der doppelten Fragestellung nach der gesellschaftlichen Funktionalisierung biographischen Wissens auf der einen und den verschiedenen Formen seiner Vermittlung auf der anderen Seite wurden in der vorliegenden Arbeit thematisch einschlägige Partien aus der plinianischen Briefsammlung und den gellianischen *noctes Atticae* sowie die Vitelliusvita als charakteristischer Vertreter der suetonischen Kaiserbiographien eingehender betrachtet. Für eine solche Untersuchung bietet sich das 2. Jh. n. Chr., das zu recht als das große Zeitalter der antiken Biographie gilt, in besonderer Weise an. Denn in dieser Epoche sind mit Suetons *Caesares* und Plutarchs Parallelviten nicht nur zwei klassische Beispiele für die Gattung der Biographie im engeren Sinne entstanden, sondern bei den zeitgenössischen Autoren läßt sich darüber hinaus auch außerhalb dieser ,Kerngattung' ein vielfältiges Interesse an der Vermittlung biographischer Daten und an der literarischen Darstellung von Personen erkennen.

Aus diesem Grund wurden hier neben Sueton bewußt zwei Autoren aus differenten Gattungszusammenhängen ausgewählt, in deren Werken biographische Elemente jedoch gleichwohl eine prominente Rolle spielen. Dies gilt sowohl für die Briefsammlung des jüngeren Plinius, deren 250 Schreiben zu rund einem Fünftel aus sogenannten Porträtbriefen bestehen, in denen die Darstellung einer – von Adressat und Autor verschiedenen – Person den zentralen Gegenstand bildet, wie auch für die *noctes Atticae* des Gellius, die trotz der für die Gattung ,Buntschriftstellerei' programmatischen Vielfalt der behandelten Themen bei immerhin einem Sechstel der rund 400 Kapitel biographische Informationen eindeutig in den Vordergrund stellen. Obwohl die drei Werke innerhalb eines relativ engen zeitlichen Rahmens von nur rund 80 Jahren entstanden sind und obwohl sie als Teile der lateinischen, ja sogar im engeren Sinne der stadtrömischen Literatur auch dem gleichen kulturellen Kontext angehören, wurden sie bislang nicht gemeinsam und vergleichend in den Blick genommen, da man sie primär in der diachronen Perspektive ihrer jeweiligen Gattungszusammenhänge wahrgenommen hat. Aus einem solchen Blickwinkel mußte die Forschung jedoch beinahe zwangsläufig zu negativen Urteilen über einige der für die drei Werke charakteristischen Aspekte kommen, da sie nur die Abweichungen von den Traditionen der jeweiligen Gattung, nicht aber die Gründe für die sehr bewußt vorgenommenen Modifizierungen beobachten konnte.

An die Stelle eines gattungsgeschichtlichen Zugriffs wurde hier daher der Versuch gesetzt, eine Interpretation dieser Texte unter einer synchronen Perspektive und einer primär funktionsgeschichtlichen Fragestellung vorzunehmen. Dem Ansatz liegt die allgemeine Annahme zugrunde, daß gesellschaftliche und literarische Entwicklungen in einem engen Zusammenhang stehen und sich vielfach wechselseitig bedingen. Aus diesen Vorüberlegungen haben sich die beiden zentralen Leitfragen nach den Funktionen, die von Informationen über prominente Personen der Vergangenheit wie der Gegenwart im Kontext der Bildungskultur des 2. Jh. übernommen werden können, und nach den von den zeitgenössischen Autoren zu ihrer Vermittlung gewählten literarischen Formen ergeben.

Analog zu dieser doppelten Zielsetzung lassen sich auch die Ergebnisse im wesentlichen zwei Feldern zuweisen: Sie beziehen sich zum einen auf die spezifischen kulturellen und gesellschaftlichen Rahmenbedingungen, wie sie durch die Bildungskultur der römischen Oberschicht im 2. Jh. n. Chr. geschaffen wurden, und beschäftigen sich dabei insbesondere mit der Rolle, die Informationen über das Leben berühmter Persönlichkeiten in verschiedenen Situationen des sozialen Lebens gespielt haben. Zum anderen ermöglicht der hier verfolgte gattungsübergreifende Zugriff einen synchronen Blick auf die literarische Landschaft der Epoche, aus dessen Perspektive eine Reihe von Charakteristika der untersuchten Autoren, die vor dem Hintergrund ihrer jeweiligen Gattungstradition nicht hinreichend erklärt werden konnten und daher in der Regel als degenerative Abweichungen und Verfallssymptome gedeutet wurden, in einem neuen Licht erscheinen, da es plausibel gemacht werden kann, daß es sich um überlegte und adäquate Reaktionen der einzelnen Autoren auf die kulturellen Rahmenbedingungen ihrer Zeit handelt. Da gesellschaftliche und literarische Entwicklungen sich jedoch gegenseitig in hohem Maße beeinflussen, kann es nicht überraschen, daß auch die auf diesen beiden Feldern erzielten Ergebnisse sich vielfach als eng miteinander verzahnt erwiesen haben.

Um den Blick auf die hier skizzierten Entwicklungen abschließend noch einmal historisch zu schärfen und die spezifische Wahrnehmung biographischer Informationen in der Gesellschaft und der Literatur des 2. Jh. n. Chr. in aller Deutlichkeit hervortreten zu lassen, bietet sich ein Vergleich mit der Art der Erinnerung an bedeutende Personen der Vergangenheit an, die von Cicero im Proömium zum fünften Buch seiner philosophischen Schrift *de finibus bonorum et malorum* beschrieben wird und die in vielfacher Hinsicht als charakteristisch für den Umgang mit kulturellem Wissen in der späten Republik gelten kann. Zwar versteht es sich angesichts der stark personenzentrierten Wahrnehmung historischen Geschehens und der vor allem im Kontext der römischen Kultur großen Bedeutung der *exempla*-Tradition von selbst, daß biographischen Informationen in der Antike stets ein hoher Stellenwert zukam.[1] Gleich-

---

1   S.o. S. 2ff.

wohl kann das ausgewählte Beispiel verdeutlichen, daß sich das Interesse des 2. Jh. n. Chr. an den ‚großen Männern' der Vergangenheit sowohl hinsichtlich der quantitativen Bedeutung innerhalb der literarischen Produktion als auch hinsichtlich der dieser Beschäftigung beigemessenen gesellschaftlichen Relevanz signifikant von der Praxis der vorangegangenen Jahrhunderte unterscheidet.

Cicero blickt im Jahre 45 v. Chr. nach mehr als drei Jahrzehnten auf seine Studienzeit in Athen zurück und schildert in einer zu Recht vielfach gerühmten Szene den Besuch, den er damals mit einer Gruppe junger Römer dem Gelände der platonischen Akademie abgestattet hatte. Diesen situativen Rahmen nutzt er zu einer ausführlichen Erörterung des als *genius loci* bekannten Phänomens und der durch Orte vermittelten Erinnerung an historisch bedeutsame Persönlichkeiten, das auch in anderen Schriften seine Aufmerksamkeit gefunden hat.[2] Neben ihrem Wert als Zeugnis für eine gleichsam touristische Wahrnehmung berühmter Orte bereits in der Antike[3] ist diese Stelle auch für den Umgang mit den *clari viri* der Vergangenheit zur Zeit Ciceros und für die Unterschiede im Vergleich mit dem 2. Jh. n. Chr. aufschlußreich.

Denn die Figuren des ciceronianischen Dialoges zeigen zwar ein ähnlich lebhaftes Interesse an dem Leben der *viri memoria digni* vergangener Epochen wie auch Gellius und seine Leser. Doch diese Faszination bleibt stets mit einem gewissen Maß an Schuldbewußtsein verbunden. Dies wird von Cicero in besonders eindrucksvoller Weise darin eingefangen, daß er seinen jungen Vetter Lucius, als er von Marcus Piso Frugi gefragt wird, mit welchen Personen der attischen Geschichte er sich während seines Aufenthaltes bisher beschäftigt und welche Erinnerungsorte er in diesem Zusammenhang aufgesucht habe, erröten und seine Antwort in spürbar verlegenen Ton vortragen läßt.[4] Der Grund für sein Unbehagen geht aus der Reaktion des Fragestellers hervor, der ihm im unmittelbaren Anschluß einen väterlichen Rat erteilt:

atqui, Cicero, inquit, ista studia, si ad imitandos summos viros spectant, ingeniosorum sunt; sin tantum modo ad indicia veteris memoriae cognoscenda, curiosorum. te autem hortamur omnes, currentem quidem, ut spero, ut eos, quos novisse vis, imitari etiam velis.[5]

---

2 Vgl. Cic. de or. 3,6 u. leg. 2,4. Zu Ciceros Interesse an der damit verbundenen erkenntnistheoretischen Problematik vgl. DÖRRIE 1978, 213ff.

3 S.o. S. 185f.

4 Vgl. Cic. fin. 5,2,5: *tum Piso: quoniam igitur aliquid omnes, quid Lucius noster? inquit. an eum locum libenter invisit, ubi Demosthenes et Aeschines inter se decertare soliti sunt? suo enim quisque studio maxime ducitur. et ille, cum erubuisset: noli, inquit, ex me quaerere, qui in Phalericum etiam descenderim, quo in loco ad fluctum aiunt declamare solitum Demosthenem, ut fremitum assuesceret voce vincere. modo etiam paulum ad dexteram de via declinavi, ut ad Pericli sepulcrum accederem. quamquam id quidem infinitum est in hac urbe; quacumque enim ingredimur, in aliqua historia vestigium ponimus.*

5 Vgl. Cic. fin. 5,2,6 („Ein solcher Eifer, Cicero, läßt, wenn er auf die Nachahmung bedeutender Männer zielt, allerdings auf eine große Begabung schließen; wenn er aber sein Ziel nur darin hat, Spuren

Die Erinnerung an berühmte Persönlichkeiten der Vergangenheit soll also laut Cicero gerade nicht um ihrer selbst willen geschehen, weil ein solches Interesse Gefahr läuft, von den Zeitgenossen als Zeichen bloßer *curiositas* oder als eine Form rein ‚musealer' und damit wirklichkeitsferner Gelehrsamkeit verstanden zu werden.[6] Eine intensive Beschäftigung mit den *viri memoria digni* ist allein dann gerechtfertigt, wenn aus ihr ein adhortativer Impetus zur Nachahmung der großen Männer und ihrer Leistungen erwächst. Stellt man Ciceros Proömium vor diesen Hintergrund, so erklärt sich sowohl seine Funktion als Überleitung zu dem folgenden philosophischen Gespräch als auch der apologetische Tonfall, mit dem das ‚überschüssige' Interesse und Engagement der beteiligten Personen am *genius loci* und der Erinnerung an die *viri illustres* der Vergangenheit kommentiert wird.[7]

Das schlechte Gewissen, das die Figuren des ciceronianischen Dialoges wegen ihrer möglicherweise zu intensiven Beschäftigung mit historischen Persönlichkeiten empfinden, markiert einen der wesentlichen Unterschiede zum 2. Jh. n. Chr. und dem Umgang mit biographischen Informationen, wie er uns beispielsweise im Rahmen des synchronistischen Kapitels der *noctes Atticae* (17,21) oder in den Kaiserbiographien Suetons entgegentritt. Die Erklärung für diese Unterschiede liegt in der allgemeinen Wandlung des Umgangs gerade mit historischen Wissensbeständen im Zuge der Etablierung der Bildungskultur der römischen Oberschicht: Die Kenntnis biographischer Fakten ist nicht länger eine Art Zusatzwissen, das seinen Träger schnell dem Verdacht aussetzt, in seiner ‚Ausbildung' zum *vir nobilis* die falschen Prioritäten zu setzen, sondern nimmt einen so zentralen Platz in der oberschichtlichen Allgemeinbildung ein, daß Lücken oder Fehlleistungen auf diesem Gebiet, wie sie sich etwa der von Gellius angeführte *sophista ille* ἀπαίδευτος hat zuschulden kommen lassen,[8] zur gesellschaftlichen Bloßstellung und zu signifikanten Einbußen an Distinktion führen.

Will man vor dem Hintergrund der als Kontrastfolie angeführten Cicero-Passage die für die Bildungskultur des 2. Jh. n. Chr. charakteristischen Veränderungen zusammenfassen und gleichzeitig die Ergebnisse der Untersuchung der behandelten Autoren

---

aus alten Tagen kennenzulernen, verrät er lediglich eine große Neugier. Wir ermahnen dich also alle, ohne daß es nötig wäre, wie ich hoffe, daß du jene, die du kennenlernen willst, auch nachahmen möchtest.").

6   Vgl. ASSMANN 1994, 24ff.

7   Vgl. DÖRRIE 1978, 216: „Ein nur theoretischer Wissensgewinn wird mithin abwertend der curiositas zugeordnet. Viel höheren Wert hat ein Impuls, wenn er eine Veränderung der Lebensführung bewirkt. Hier tritt deutlich zu Tage, daß der tragende Gedanke dieses Abschnittes seinen genuinen Platz (seinen ‚Sitz im Leben') im Protreptikos, in der Mahnrede zu Philosophie hat. Ja, eine Verbindungslinie zum Thema conversio ist unverkennbar: Ein zunächst nicht logisches, von außen her erregtes πάθος kann, als ein heilsamer Anstoß, die Hinwendung zur Philosophie herbeiführen."

8   Vgl. Gell. 17,21,1 u. s.o. S. 172ff.

resümieren, so lassen sich die einzelnen Beobachtungen den folgenden vier übergrei-
fenden Aspekten zuordnen.

Eine erste wichtige Entwicklung zeigt sich, wie bereits angedeutet, auf der Ebene
der Fakten selbst: Biographische Basisinformationen wie die Lebensdaten berühmter
Persönlichkeiten sind von der Peripherie ins Zentrum der zeitgenössischen Allgemeinbildung vorgedrungen und können daher jetzt auch in verschiedenen sozialen
Situationen, die vom zwanglosen Gespräch über das Symposion bis zu einem öffentlichen Auftritt vor Publikum reichen, abgefragt werden. Die Beschäftigung mit dem
Leben der *viri memoria digni* ist – mit anderen Worten – von einem in den Augen der
Standesgenossen nach Rechtfertigung verlangenden ‚Hobby‘ zu einer Pflichtaufgabe
für denjenigen geworden, der sich der vollen Anerkennung durch die führenden Kreise sicher sein wollte. Diese Entwicklung bietet daher geradezu ein Paradebeispiel für
die Verschiebungen, die sich im Zuge der Etablierung der Bildungskultur seit dem 1.
Jh. n. Chr. im Gefüge der Werte und Verhaltensnormen der römischen Oberschicht
vollzogen haben und die sich beispielsweise in der von Plinius intensiv geführten Debatte um einen standesgemäßen Ausgleich zwischen den traditionellen *negotia* auf der
einen und dem intellektuellen *otium* auf der anderen Seite spiegeln.[9]

Das zweite charakteristische Moment im spezifischen Umgang des 2. Jh. n. Chr.
mit biographischem Wissen stellt die Tendenz dar, einzelne Informationen nicht nur
als konkrete Fakten zu vermitteln, sondern deren Tradierung mit der Präsentation der
dargestellten Personen als Modelle zu verbinden. Dabei handelt es sich in der Regel
nicht um den Aufruf zur *imitatio* einer Persönlichkeit in ihrer Gesamtheit, wie er dem
summarischen Verweis Ciceros auf die attischen Redner und Philosophen zugrunde
liegt, sondern um die exemplarische Vermittlung ausgewählter Kompetenzen und
Verhaltensweisen, die zudem häufig in einem engen Zusammenhang mit dem richtigen Agieren in verschiedenen Situationen des zeitgenössischen Lebens stehen. Die
besondere Relevanz dieses Aspektes erklärt sich aus dem Umstand, daß in der Bil-
dungs- und Konversationskultur der römischen Oberschicht das Augenmerk nicht nur
auf der Aneignung und der Wiedergabe des schieren Faktenwissens, sondern zugleich
und sogar in erster Linie auf der adäquaten Präsentation dieser Bildungsinhalte im
sozialen Kontext liegt. Gerade biographischen Informationen, die sich aufgrund ihrer
personalen Struktur in besonderer Weise zur Verwendung als Modelle anboten, kam
in diesem Zusammenhang eine hohe Funktionalität und Normativität im Rahmen der
zeitgenössischen Wissensvermittlung zu. Es läßt sich daher bereits aufgrund der gesellschaftlichen und literarischen Rahmenbedingungen vermuten, daß dieser Aspekt
in den zeitgenössischen Texten eine prominente Rolle spielt, und diese Annahme findet ihre Bestätigung sowohl in der Funktionalisierung der Personendarstellungen in

---

9   S.o. S. 101 ff. 120 ff. 129 ff. 135 ff. u. 145.

den plinianischen Porträtbriefen[10] und den gellianischen *noctes Atticae*[11] als auch partiell in der Darstellung der römischen Kaiser durch Sueton.[12]

Als dritter zentraler Aspekt läßt sich die große Bedeutung begreifen, die von den Zeitgenossen der adäquaten Kommemorierung bedeutender Persönlichkeiten beigemessen wurde und die sich in Anlehnung an eine Formulierung des jüngeren Plinius als Ethos des *claros viros colere* beschreiben läßt.[13] Diese zentrale Denkkategorie der kaiserzeitlichen Oberschicht erweist sich zwar in gewisser Weise als eine Weiterentwicklung republikanischer Formen gentilizischer *memoria*, sie unterscheidet sich von diesen jedoch zugleich markant. Denn im Vergleich zur Abfassungszeit von Ciceros *de finibus bonorum et malorum* hat sich sowohl der Kreis der für eine solche Kommemoration geeigneten Personen, als auch die zur Gewährleistung der *memoria* gewählten Mittel signifikant verändert. Im Denken der republikanischen *nobiles* wurde *gloria* und die mit ihr verbundene *fama apud posteriores* vorwiegend durch politische und militärische Leistungen für die *res publica* erworben; ihre Pflege war die Aufgabe der *gens* und der traditionell hierfür zur Verfügung stehenden Medien. Aus diesem Grund ist auch das Fehlen dieses Aspektes in der Cicero-Passage nicht überraschend, sondern erklärt sich aus der fehlenden Zugehörigkeit der attischen Dichter und Denker zur römischen Nobilität. Mit dem Ende der Republik verloren die gentilizischen Formen der *memoria* allerdings gerade auf literarischem Gebiet zusehends an Bedeutung, und an ihre Stelle trat das Ethos des *claros viros colere*, der gezielten Kommemorierung von Personen, die sich ihr Anrecht auf die Erinnerung durch die Nachwelt häufig gerade mit ihren Leistungen auf literarischem oder allgemein kulturellem Gebiet erworben haben.

Die Anfänge dieser Entwicklung liegen allerdings bereits in der späten Republik. Es ist wiederum Cicero, der die Verehrung von *viri illustres* explizit mit dem Konzept der gentilizischen *memoria* vergleicht, wenn er seinen Leser an anderer Stelle mitteilt, daß Brutus eine Büste des Demosthenes neben den Wachsbildnissen seiner Vorfahren aufgestellt hat.[14] Daß auf diese Weise der attische Redner und andere prominente Personen der griechischen und römischen Geschichte zu ‚geistigen Ahnen‘ erhoben werden, wird im Laufe des 1. Jh. n. Chr. zu einer gängigen Praxis, die sich in den zeitgenössischen Texten[15] ebenso wiederspiegelt wie in den archäologischen Befunden.[16]

---

10   S.o. S. 101f.119ff. u. 142f.

11   S.o. S. 166ff. u. 227ff.

12   S.o. S. 260.293 u. 318.

13   Vgl. v.a. Plin. ep. 1,17,1-2 u. ferner KRASSER 1993a; s.o. S. 24ff.

14   Vgl. Cic. or. 110: *Demosthenes quidem cuius nuper inter imagines tuas ac tuorum, quod eum credo amares, cum ad te in Tusculanum venissem, imaginem ex aere vidi, nil Lysiae subtilitate cedit, nil argutiis et acumine Hyperidi, nil levitate Aeschini et splendore verborum.*

15   Vgl. Sen. epist. 64,9-10: *suspiciendi tamen sunt et ritu deorum colendi. quidni ego magnorum virorum et imagines habeam incitamenta animi et natales celebrem? quidni ego illos honoris causa sem-*

Im 2. Jh. n. Chr. tritt zu dieser Verehrung der ‚Klassiker' schließlich die bewußt vorgenommene Kommemorierung von Zeitgenossen, deren Leistungen gerade durch den Vergleich mit den kanonisierten Größen der Vergangenheit ein besonderes Lob gezollt wird.

Gleichzeitig wird auf diese Weise aber auch der lange Zeit konstante ‚Kanon' der etablierten *summi viri* gezielt um vorbildliche Figuren der eigenen Zeit erweitert.[17] Die damit einhergehende affirmative Aufwertung der Gegenwart, die vor dem Hintergrund des während der frühen Kaiserzeit vorwiegend deszendenten Geschichtsbildes zusätzliche Bedeutung gewinnt, hat sich als gemeinsames Charakteristikum der plinianischen wie der gellianischen Auswahl und Präsentation von Personen erwiesen.[18] Aber auch Suetons Entscheidung, die ersten zwölf römischen Herrscher zu behandeln und seinen Lesern verschiedene *exempla* aus der frühen Kaiserzeit zu präsentieren, stellt eine signifikante Verschiebung der als vorbildlich empfundenen Epoche hin zur eigenen Gegenwart dar, um so mehr, wenn man davon ausgeht, daß Sueton sein Werk entgegen der üblichen Anordnung der Biographien mit der Darstellung des Vierkaiserjahres und der flavischen Dynastie, also mit der jüngeren Vergangenheit, begonnen hat.[19] Diese programmatische Gleichstellung der eigenen Gegenwart mit den großen Gestalten der römischen und griechischen Geschichte stellt neben der konkreten Vorbildfunktion der dargestellten Personen einen weiteren wichtigen Beitrag zur Herausbildung der spezifischen Identität der kaiserzeitlichen Oberschicht im Kontext der Bildungskultur dar.

Diese spezifischen Funktionalisierungen biographischer Informationen gehen – dies stellt die vierte zentrale Beobachtung dar – auf der Seite der literarischen Gestaltung der einzelnen Texte mit einer Reihe charakteristischer Entwicklungen einher, die auch über die Gattungsgrenzen hinweg zahlreiche Gemeinsamkeiten erkennen lassen. Die verschiedenen Phänomene der Interaktion der literarischen Form mit den kulturellen Rahmenbedingungen lassen sich dabei in ihrer Mehrzahl den folgenden Feldern zuordnen.

Das bereits auf den ersten Blick auffälligste Charakteristikum der lateinischen Literatur des 2. Jh. stellt die – von der Forschung häufig kritisierte – prominente Rolle

---

per appellem? quam venerationem praeceptoribus meis debeo, eandem illis praeceptoribus generis humani, a quibus tanti boni initia fluxerunt. si consulem videro aut praetorem, omnia, quibus honor haberi honori solet, faciam: equo desiliam, caput adaperiam, semita cedam. quid ergo? Marcum Catonem utrumque et Laelium sapientem et Socraten cum Platone et Zenonem Cleanthenque in animum meum sine dignatione summa recipiam? ego vero illos veneror et tantis nominibus semper adsurgo.

16 Vgl. NEUDECKER 1988, 71ff., u. ZANKER 1995, 196f.

17 Vgl. v.a. Plin.ep. 6,21,1 *sum ex iis, qui mirer antiquos, non tamen (ut quidam) temporum nostrorum ingenia despicio. neque enim quasi lasse et effeta natura nihil iam laudabile parit*; ferner s.o. S. 96f.

18 S.o. S. 95ff. u. 208f.

19 Zur Frage der Reihenfolge der Abfassung der Caesares s.o. S. 252ff.

anekdotischer Erzählformen dar. Eine solche Präsentationsweise erweist sich jedoch
vor dem zeitgenössischen Hintergrund als eine besonders geeignete literarische Form,
da sich mit der Anekdote, die im biographischen Schrifttum der Antike als Beitrag zur
Charakterisierung der Protagonisten wie zur Unterhaltung des Lesers bereits auf eine
lange Tradition zurückblicken konnte, im Kontext der Bildungskultur noch einmal
eine Reihe weiterer Vorteile verbinden mußten: Denn als pointierte Kleinform entspricht sie in mustergültiger Weise dem zeitgenössischen Ideal der *brevitas* und wird
damit den gestiegenen ästhetischen Ansprüchen der Zeitgenossen ebenso gerecht wie
sie den Autoren Gelegenheit gibt, literarische Virtuosität unter Beweis zu stellen. Ferner zeichnen sich anekdotisch aufbereitete Informationen durch ein hohes Maß an
Memorabilität aus und bieten sich außerdem in besonderer Weise zur unmittelbaren
Anwendung in unterschiedlichen Situationen des zeitgenössischen gesellschaftlichen
Lebens an. Betrachtet man beispielsweise die von Sueton an vielen Stellen seiner Kaiserbiographien eingestreuten Anekdoten aus dieser Perspektive, erscheinen sie nicht
länger als unnötige Abschweifungen, sondern als eine bewußt gewählte und eng auf
die Bedürfnisse des zeitgenössischen Publikums abgestimmte Präsentationsform.[20]

Neben der besonderen Bevorzugung der Anekdote zeigt sich aber auch eine generelle Tendenz zur Komposition kleinerer, in sich abgeschlossener erzählerischer Einheiten, die jedoch in einem zweiten Schritt wieder kunstvoll aufeinander bezogen
werden können und auf diese Weise einen raschen Wechsel der Perspektive und eine
je unterschiedliche Fokussierung erlauben. Die Entwicklung dieser Technik des komplementären Erzählens läßt sich in der plinianischen Briefsammlung, in der sich bei
einigen der porträtierten Personen das vollständige Bild erst nach der Lektüre mehrerer Schreiben zusammensetzt[21] ebenso beobachten wie am Beispiel der Darstellung
des Demosthenes durch Gellius, die in der Form einer aus mehreren Kapiteln zusam-
mengesetzten ‚lockeren biographischen Szenenfolge' erfolgt.[22] Aber auch innerhalb
der biographischen Großform der *Caesares* bedient sich Sueton einer Art von ‚unit-
composition'[23] und legt zugleich großen Wert auf die Gestaltung einzelner Partien –
beispielsweise auf die elaborierte Schilderung von Sterbeszenen –,[24] die der Leser
sicherlich vergleichend lesen und zueinander in Bezug setzen soll.

Eine Form der Lektüre, die auch das gezielte Nachschlagen bestimmter Informationen umfaßt, wird von den zeitgenössischen Autoren ganz gezielt dadurch ermöglicht, daß sie ihren Lesern unterschiedliche Orientierungshilfen an die Hand geben.

---

20   S.o. S. 274f.
21   Zum ‚Triptychon des Vestricius Spurinna' s.o. S. 125ff.
22   S.o. S. 191ff.
23   S.o. S. 267ff.
24   Zur *exitus*-Szene in der Vitellius-Vita s.o. S. 301ff.

Hierzu gehören verschiedene Formen textimmanenter Gliederung, wie die bei Sueton
zu beobachtende Anordnung des Materials nach thematischen Rubriken oder die geschickte Wahl der Anfangsworte eines Abschnittes.[25] Das Spektrum erstreckt sich
aber auch auf die in der Antike sonst eher ungewöhnliche Verwendung von den Inhalt
zusammenfassenden Überschriften – wie sie in den *noctes Atticae* vorliegen – und
reicht bis hin zu paratextuellen Elementen wie Inhaltsverzeichnissen und Indizes, die
nicht nur für Gellius,[26] sondern möglicherweise auch für Plinius bezeugt sind.[27] Derartige Dienstleistungen des Autors für seine Leser finden in der lateinischen Literatur
seit der frühen Kaiserzeit verstärkt Verwendung, ihre adäquate Interpretation wird jedoch dadurch erschwert, daß sie bislang von den Editoren nur selten in hinreichendem
Maße berücksichtigt wurden.

Diese verschiedenen textimmanenten und paratextuellen Orientierungshilfen, die
auf eine schnelle Erschließung der einzelnen Informationen abzielen, haben sich bei
den untersuchten Autoren als eng verzahnt mit denjenigen Präsentationsformen erwiesen, die ganz bewußt auf den ästhetischen Genuß des Lesers zielen. Hierin zeigt sich
besonders deutlich, in welchem Maße die Nützlichkeit des vermittelten Inhalts mit der
Absicht Hand in Hand geht, den Leser zugleich auch zu unterhalten. Daher lassen sich
nicht nur Gellius, sondern auch Plinius und Sueton mit vollem Recht zu demjenigen
stratum der römischen Literatur des 2. Jh. n. Chr. zählen, zu dessen Charakterisierung
PETER STEINMETZ die treffende Wendung von der ‚belehrenden Unterhaltung – unterhaltenden Belehrung‘ geprägt hat.[28]

Die Entwicklung solcher, häufig sehr spezifischer Formen der Präsentation und
Funktionalisierung biographischer Informationen wurde wesentlich dadurch bedingt,
daß von der blühenden Bibliothekslandschaft und dem prosperierenden Buchhandel
des 2. Jh. n. Chr. literarische Werke in einer Menge zur Verfügung gestellt wurden,
mit der die Aufnahmefähigkeit des einzelnen Lesers längst nicht mehr Schritt halten
konnte. Vor dem Hintergrund dieses Überangebotes vollzog sich rasch eine Speziali-
sierung zwischen stärker systematisch und vollständig angelegten Werken einerseits
und andererseits solchen Schriften, in denen die Vermittlung ausgewählter Informationen mit vielfältigen anderen Intentionen verbunden und kombiniert wurde. Dabei
wurden die Werke der zweiten Gruppe von ihren Verfassern häufig bewußt als subsidiär beziehungsweise komplementär zu den übrigen für den Zeitgenossen verfügbaren
Büchern definiert. Mit dem Verzicht darauf, in ihrem Werk erneut die Gesamtheit des
zeitgenössischen Wissens wiederzugeben, gewannen die Autoren jedoch zugleich die

---

25 S.o. S. 258ff.
26 S.o. S. 157f.
27 Zu Indizes in der Briefsammlung des jüngeren Plinius s.o. S. 68f.
28 Vgl. STEINMETZ 1982, 239.

Freiheit, bei der Auswahl, dem Arrangement und der Präsentation biographischer Informationen neue und individuelle Schwerpunkte zu setzen.[29]

Versucht man abschließend, die Antworten auf die hier verfolgte doppelte Leit-
frage nach der gesellschaftlichen Bedeutung biographischen Wissens im Kontext der
Bildungskultur des 2. Jh. n. Chr. einerseits und den zu seiner Vermittlung von den
zeitgenössischen Literaten gewählten literarischen Formen andererseits zusammenfassen, so lassen sich die folgenden vier Punkte als zentrale Aspekte herausgreifen:

(1) Die elementaren Informationen zum Leben berühmter Personen der Vergangenheit sind als biographisches Basiswissen zum Teil der oberschichtlichen Allgemeinbildung geworden, deren sichere Beherrschung gesellschaftlich erwartet wird.

(2) In einigen Schriften, vor allem in solchen, die sich im zeitgenössischen Kontext bewußt als komplementäre Form von Literatur verstehen, wird die Vermittlung
biographischer Daten auf vielfältige Weise mit der Präsentation der dargestellten Personen als Modelle für bestimmte, im Rahmen der Zeit erwünschte Kompetenzen und
Verhaltensweisen verbunden.

(3) Literarische Darstellungen von Personen erweisen sich daher als wichtiges
Instrument der Kommunikation über gesellschaftliche Normen und damit auch der
Stiftung von Identität innerhalb der römischen Oberschicht, die sich im 2. Jh. n. Chr.
ganz wesentlich über Bildung definierte. Bei der Interaktion der drei untersuchten
Autoren mit ihrem gesellschaftlichen Kontext handelt es sich daher auch keineswegs
um ein rein passives Reagieren ‚weltfremder Stubengelehrter'. Vielmehr läßt sich
rückblickend festhalten, daß sie gerade mit den häufig innerhalb ihrer Werke prominent plazierten Personendarstellungen bewußt Einfluß auf ihre Zeit nehmen wollten.

(4) Die drei Autoren haben zur Umsetzung dieser verschiedenen Funktionalisierungen biographischer Informationen ein überraschend homogenes Repertoire literarischer Formen herausgebildet, das über die Gattungsgrenzen hinweg zahlreiche Überschneidungen aufweist. Daß dieses Ensemble biographischer Präsentationsformen
eine erstaunlich hohe innere Konsistenz aufweist und zudem in einer engen Interaktion mit den spezifischen kulturellen und gesellschaftlichen Rahmenbedingungen der

---

29 Zu einem vergleichbaren ‚Medienwandel' auf dem Gebiet der historiographischen Literatur des 4. Jh.
    n. Chr. vgl. EIGLER 2003, v.a. 25: „Es ist auffällig, daß trotz des nachweislich großen Interesses an
    der ‚Alten Römischen Geschichte' diese keine monumentale historiographische, etwa der des Livius
    vergleichbare Darstellung in der Spätantike erfahren zu haben scheint. Es ergibt sich damit eine merk-
    würdige Verschiebung. Die literarischen Gattungen, die wie z.B. die Annalistik sich Geschichte zum
    Darstellungsgegenstand gewählt haben, überlieferten von der ‚Römischen Geschichte' eher Ereig-
    nisse der Kaiserzeit. ... Die ‚Alte Römische Geschichte', nicht aber Ereignisse und Personen der
    Kaiserzeit, begegnen dagegen vielmehr in fragmentarisierter, in den meisten literarischen Gattungen
    enthaltener Stoff. Dieser ist der eigentlichen historischen Bezüge entkleidet, ‚entgeschichtlicht'. Als
    Bildungsgut ist er allen Gebildeten in seinen wesentlichen Zügen bekannt und steht als Reservoir von
    Möglichkeiten historischer Sinnbezüge zur Verfügung."

Bildungskultur der römischen Oberschicht des 2. Jh. n. Chr. steht, konnte in der bislang dominierenden primär gattungshistorischen Perspektive nicht adäquat gewürdigt werden und in der Verdeutlichung dieser Zusammenhänge kann daher einer der wesentlichen Vorzüge einer synchronen und funktionsgeschichtlichen Vorgehensweise erblickt werden.

Literaturverzeichnis

Ausgaben und Übersetzungen

ADLER 1931: Suidae Lexicon ed. Ada Adler, 4 Bde., Leipzig 1928-1938

BRAUNGART 1990: Georg Philipp Harsdörfer, Ars Apophthegmatica, 2 Bde., hrsg. u. eingeleitet von Georg Braungart, Frankfurt 1990

ERASMUS 1518: Desiderius Erasmus, C. Suetonius Tranquillus, Dion Cassius Nicaeus etc., Basel 1518

FLACH 1991: Dieter Flach, Die sogenannte Laudatio Turiae. Einleitung, Text, Übersetzung und Kommentar, Darmstadt 1991

FRH: Hans Beck u. Uwe Walter, Die frühen römischen Historiker, Bd. 1, Darmstadt 2001

HALM 1863: Rhetores Latini minores ed. Karl Halm, Leipzig 1863

HELM 1963: Apulei Platonici Madaurensis opera quae supersunt vol. II fasc. 2: Florida, rec. Rudolf Helm, Leipzig 1963

HOSIUS 1903:A. Gellii noctium Atticarum libri xx rec. Karl Hosius, Leipzig 1903

HRR: Historicorum Romanorum Reliquiae ed. Hermann Peter, 2 Bde., Leipzig ²1914 u. ²1916

IHM 1907: C. Suetoni Tranquilli de vita Caesarum libri viii rec. Maximilianus Ihm, Leipzig 1907

IHM 1908: C. Suetoni Tranquilli de vita Caesarum libri viii rec. Maximilianus Ihm, editio minor, Leipzig 1908 (=1993)

KAYSER 1871: Flavii Philostrati opera auctiora edidit Carl Ludwig Kayser, Bd. 2, Leipzig 1871

LINDSKOG / ZIEGLER 1973: Plutarchi vitae parallelae rec. Cl. Lindskog u. K. Ziegler, Bd. III,2, Leipzig ²1973

MARSHALL 1968: A. Gellii noctes Atticae rec. Peter K. Marshall, Oxford 1968 (²1990)

MARTINET 1997: C. Suetonius Tranquillus. Die Kaiserviten – De vita Caesarum. Berühmte Männer – De viris illustribus, Lat.-dt., herausgegeben und übersetzt von Hans Martinet, Düsseldorf-Zürich 1997

MAYER 2001: Tacitus: Dialogus de oratoribus ed. Roland Mayer, Cambridge 2001

MENSCHING 1963: Eckart Mensching, Favorin von Arelate. Teil 1: Memorabilien und Omnigena historia, Berlin 1963

MERRILL 1922: C. Plini Caecili Secundi epistularum libri decem rec. Elmer Truesdell Merrill, Leipzig 1922

PHILIPS / GIEBEL 1998: C. Plinius Caecilius Secundus. Sämtliche Briefe, lat./dt., übers. u. komm. von Heribert Philips u. Marion Giebel, Stuttgart 1998

RABE 1985: Hermogenis opera ed. Hugo Rabe, Stuttgart 1985 (= 1913)

RADEMACHER 1901: Demetrii Phalerei qui dicitur de elocutione libellus rec. Ludwig Rademacher, Leipzig 1901

REIFFERSCHEID 1860: C. Suetoni Tranquilli praeter Caesarum libros reliquiae ed. Augustus Reifferscheid, Leipzig 1860

ROTH 1858: C. Suetoni Tranquilli quae supersunt omnia rec. Carl Ludwig Roth, Leipzig ^{1}1858 (= ^{2}1877 u. ^{3}1893)

SCHUSTER 1958: C. Plini Caecili Secundi epistularum libri novem, epistularum ad Traianum liber, panegyricus rec. Mauritius Schuster, ed. Rudolf Hanslik, Leipzig ^{3}1958 (= 1992)

SCHWARTZ 1887: Scholia in Euripidem rec. Eduard Schwartz, Berlin 1887

SEEL 1969: Arno Seel, Laus Pisonis. Text, Übersetzung, Kommentar, Diss. Erlangen 1969

SPENGEL 1854: Rhetores Graeci rec. Leonard Spengel, Leipzig 1854

STOUT 1962: Plinius, Epistulae. A critical edition by Selatie Edgar Stout, Bloomington 1962

VAN DEN HOUT 1988: M. Cornelii Frontonis epistulae rec. Michael P.J. van den Hout, Leipzig 1988

VERDIÈRE 1954: Raoul Verdière, T. Calpurnii Siculi De Laude Pisonis et Bucolica et M. Annaei Lucani De Laude Caesaris Einsidlensia quae dicuntur carmina, Brüssel 1954

VOLLMER 1891: Laudationum funebrium Romanorum historia et reliquiarum editio, Friedrich Vollmer, Leipzig 1891

VOLLMER 1898: P. Papinii Statii silvarum liber ed. und komm. von Friedrich Vollmer, Leipzig 1898

WEISS 1875: Aulus Gellius: Die Attischen Nächte. Zum ersten Male vollständig übersetzt und mit Anmerkungen versehen von Fritz Weiss, 2 Bde., Leipzig 1875 (=
Darmstadt 1992)

ZINTZEN 1967: Damascii vitae Isidori reliquiae ed. Klemens Zintzen, Hildesheim
1967

Forschungsliteratur und Kommentare

ABRAMENKO 1994: Andrik Abramenko, Zeitkritik bei Sueton. Zur Datierung der
Vitae Caesarum, Hermes 122 (1994), 80-94

V. ALBRECHT 1967: Michael von Albrecht, Vergils Geschichtsauffassung in der ‚Heldenschau', WS n.F. 1 (1967), 156-182

V. ALBRECHT 1995: ders., Meister römischer Prosa, Heidelberg ³1995

V. ALBRECHT 1992: ders., Geschichte der römischen Literatur, 2 Bde., Bern-München
1992

ALFÖLDY 1979: Géza Alföldy, Marcius Turbo, Septicius Clarus und die Historia
Augusta, ZPE 36 (1979), 233-253

ALFÖLDY 1980: ders., Die Rolle des Einzelnen in der Gesellschaft des römischen
Kaiserreichs. Erwartungen und Wertmaßstäbe, SHAW 1980/8, Heidelberg 1980

ALFÖLDY 1986: ders., Römisches Staats- und Gesellschaftsdenken bei Sueton, in:
ders., Die römische Gesellschaft. Ausgewählte Beiträge, Heidelberger Althisto-
rische Beiträge und Epigraphische Studien 1, Stuttgart 1986, 396-433 (zuerst:
AncSoc. 11/12 (1980/81), 349-385)

ALÖLFY 1991: ders., Augustus und die Inschriften: Tradition und Innovation. Die Geburt der imperialen Epigraphik, Gymnasium 98 (1991), 289-324

ALÖLFY 1995: ders., Bricht der Schweigsame sein Schweigen? Eine Grabinschrift aus
Rom, MDAI(R) 102 (1995), 251-268

ALONSO-NÚÑEZ 1990: Jose Miguel Alonso-Núñez, The Emergence of Universal
Historiography from the 4th to 2nd Centuries B.C., in: Herman Verdin et al.,
Purposes of History. Studies in Greek Historiography from the 4th to the 2nd
Centuries BC, Leuven 1990, 173-192

ALONSO-NÚÑEZ 1995: ders., Drei Autoren von Geschichtsabrissen der römischen
Kaiserzeit: Florus, Iustinus, Orosius, Latomus 54 (1995), 346-360

AMELING 1983: Walter Ameling, Herodes Atticus, 2 Bde., Hildesheim 1983

AMELING 1984: ders., Aulus Gellius in Athen, in: Hermes 112 (1984), 484-490

ANDERSON 1986: Graham Anderson, Philostratus. Biography and Belles Lettres in the Third Century A.D., London 1986

ANDERSON 1990: ders., The Second Sophistic: Some Problems of Perspektive, in: D.A. Russel, Antonine Literature, 91-110

ANDERSON 1993: ders., The Second Sophistic. A cultural Phenomenon in the Roman Empire, London 1993

ANDERSON 1994: ders., Aulus Gellius: A Miscellanist and his World, in: ANRW 2,34,2, Berlin-New York 1994, 1834-1862

ANDRE 1965: Jean-Marie André, L'otium chez Valère-Maxime et Velleius Paterculus ou la réaction morale au début du principat, REL 43 (1965), 294-315

ANDRE 1993: ders., Hadrien littérateur et protecteur des lettres, in: ANRW 2,34,1, Berlin-New York 1993, 583-611

ANDREWS 1938: A. Carleton Andrews, Pliny the Younger, Conformist, CJ 34 (1938), 143-154

D'ANNA 1954: Giovanni D'Anna, Le idee letterarie di Suetonio, Florenz 1954 (1967²)

ARAND 2002: Tobias Arand, Das schmähliche Ende. Der Tod des schlechten Kaisers und seine literarische Gestaltung in der römischen Historiographie, Prismata 13, Frankfurt 2002

ASBACH 1881: Julius Asbach, zur Chronologie der Briefe des jüngeren Plinius, RhM 36 (1881), 38-49

ASH 1997: Rhiannon Ash, Severed heads: Individual portraits and irrational forces in Plutarch's *Galba* and *Otho*, in: Judith Mossman, Plutarch and his Intellectual World, London 1997, 189-214

ASH 1999: dies., Ordering Anarchy. Armies and Leaders in Tacitus' Histories, London 1999

ASH 2003: ,Aliud est enim epistulam, aliud historiam ... scribere' (*epistles* 6,16,22): Pliny the Historian?, in: Arethusa 36 (2003), 211-225

ASSMANN 1992: Jan Assmann, Das Kulturelle Gedächtnis. Schrift, Erinnerung und politische Identität in frühen Hochkulturen, München 1992 (³1999)

ASSMANN 1994: Aleida Assmann, Das Gedächtnis der Orte, in: dies. u. Anselm Haverkamp, Stimme, Figur. Kritik und Restitution in der Literaturwissenschaft, Stuttgart-Weimar 1994, 17-35

ASTARITA 1984: Maria Laura Astarita, Note di cronologia gelliana, Orpheus 5 (1984), 422-432

ASTARITA 1993: dies., La cultura nelle 'Noctes Atticae', Catania 1993

ASTARITA 1995: dies., Un' evoluzione nei recenti studi su Aulo Gallio, BstudLat 25,1 (1995), 172-188

AUBRION 1989: Etienne Aubrion, La 'correspondance' de Pline le Jeune, in: ANRW 2,33,1, Berlin-New York 1989, 304-374

AUHAGEN 2003: Ulrike Auhagen, *Lusus* und *gloria* – Plinius' *hendecasyllabi* (ep. 4,14; 5,3 und 7,4), in: Luigi Castagna u. Eckard Lefèvre, Plinius der Jüngere und seine Zeit, München-Leipzig 2003, 3-14

AX 1990: Wolfram Ax, Die Geschichtsschreibung bei Quintilian, in: ders., *Memoria rerum veterum*. Neue Beiträge zur antiken Historiographie und alten Geschichte, FS C.J. Classen, Palingenesia 32, Wiesbaden 1990, 133-168

BADIAN 2000: Ernst Badian, The road to prominence, in: Ian Worthington, Demosthenes. Statesman and orator, London-New York 2000, 9-44

BAIER 2003: Thomas Baier, ΚΤΗΜΑ oder ΑΓΩΝΙΣΜΑ: Plinius über historischen und rhetorischen Stil (*epist.* 5,8), in: Luigi Castagna u. Eckard Lefèvre, Plinius der Jüngere und seine Zeit, München-Leipzig 2003, 69-81

BALDWIN 1969: Barry Baldwin, The Authorship and Purpose of Lucian's *Demosthenis Encomium*, Antichthon 3 (1969), 54-62

BALDWIN 1973: ders., Studies in Lucian, Toronto 1973

BALDWIN 1975a: ders., Suetonius: birth, disgrace and death, Acta classica 18 (1975), 61-70

BALDWIN 1975b: ders., Studies in Aulus Gellius, Lawrence, Kansas 1975

BALDWIN 1983: ders., Suetonius, Amsterdam 1983

BALDWIN 1997: ders., Hadrian's dismissal of Suetonius: a reasoned response, Historia 46 (1997), 254-256

BALENSIEFEN 2002: Lilian Balensiefen, Die Macht der Literatur. Über die Büchersammlungen des Augustus auf dem Palatin, in: Wolfram Hoepfner, Antike Bibliotheken, Mainz 2002, 97-116

BALTRUSCH 1989: Ernst Baltrusch, Regimen morum. Die Reglementierung des Privatlebens der Senatoren und Ritter in der römischen Republik und der frühen Kaiserzeit, Vestigia 41, München 1989

BARDON 1952: Henry Bardon, La Littérature Latine Inconnue, Bd. 1, Paris 1952

BARDON 1956: ders., La Littérature Latine Inconnue, Bd. 2, Paris 1956

BARDON 1968: ders., Les empereurs et les lettres latines d'Auguste á Hadrien, Paris ²1968

BARDON 1971: ders., La notion d'intellectuel à Rome, Studii Clasice 13 (1971), 95-107

BARIGAZZI 1993: Adelmo Barigazzi, Favorino di Arelate, in: ANRW 2,34,1, Berlin-New York 1993, 556-581

BARNES 1980: T.D. Barnes, Curiatius Maternus, Hermes 109 (1981), 382-384

BARNES 1986: ders., The Significance of Tacitus' Dialogus de oratoribus, HSCP 90 (1986), 225-244

BARWICK 1936: Karl Barwick, Zwei antike Ausgaben der Pliniusbriefe?, Philologus 91 (1936), 423-448

BAUER 1914: Albert Bauer, Lukians Δημοσθένους ἐγκώμιον, Paderborn 1914

BAUMAN 1974: Richard Alexander Bauman, Impietas in Principem, Münchener Beiträge zur Papyrusforschung und antiken Rechtsgeschichte 67, München 1974

BAUMBACH 200: Manuel Baumbach, Art.: Protos Heuretes, DNP 10, Stuttgart 2001

BAYER 2002: Karl Bayer, Suetons Vergilvita. Versuch einer Rekonstruktion, Classica Monacensia 27, Tübingen 2002

BEALL 1988: Stephen M. Beall, Civilis eruditio. Style and content in the ,Attic nights' of Aulus Gellius, Diss. Berkeley 1988

BEALL 1997: ders., Translation in Aulus Gellius, CQ 47 (1997), 215-226

BEALL 1999: ders., Aulus Gellius 17,8: Composition and the Gentleman Scholar, CPh 94 (1999), 55-64

BEARD 1998: Mary Beard, Vita inscripta, in: Widu Wolfgang Ehlers, La biographie antique, Entretiens 44, Genf 1998, 83-118

BECK 1998: Mark Beck, Plutarch, and the Use of Anecdotes in the Lives, Diss. University of North Carolina at Chapel Hill 1998

BELL 1985: Albert A. Bell, A New Approach to the Laus Pisonis, Latomus 44 (1985), 871-878

BELL 1989: ders., A Note on Revision and Authenticity in Pliny's Letters, AJPh 110 (1989), 460-466

BELLEN 1998: Heinz Bellen, Grundzüge der römischen Geschichte. Bd. 2: Die Kaiserzeit von Augustus bis Diocletian, Darmstadt 1998

BENEDIKTSON 1993: D. Thomas Benediktson, A survey on Suetonius Scholarship 1938-1987, CW 86,6 (1993), 377-447

BENEDIKTSON 1997: ders., Structure and fate in Suetonius' Life of Galba, CJ 92,2 (1997), 167-173

BERRENDONNER 2001: Clara Berrendonner, La formation de la tradition sur M.' Curius Dentatus et C. Fabricius Luscinus: un homme nouveau peut-il être un grand homme?, in: Marianne Coudry u. Thomas Späth, L'invention des grands hommes de la Rome antique / Die Konstruktion der großen Männer Roms, Paris 2001, 97-116

BERTHOLD 1959: Heinz Berthold, Aulus Gellius. Auswahl und Aufgliederung seiner Themen, Diss. Leipzig 1959

BERTHOLD 1980: ders., Aulus Gellius. Seine Bedeutung als Vermittler antiker Bildungs- und Kulturtraditionen, WZHalle 29,3 (1980), 45-50

BERTHOLD 1985: ders., Interpretationsprobleme im Miszellanwerk des Aulus Gellius, WZRostock 34,1 (1985), 12-15

BERTHOLD 1987: ders., Aulus Gellius, Attische Nächte. Aus einem Lesebuch der Zeit des Kaisers Marc Aurel, Leipzig 1987

BERTHOLD 1996: ders., Synkrisis Rom – Griechenland im 2. Jh. n. Chr. am Beispiel des Aulus Gellius, in: E.G. Schmidt et al., Griechenland und Rom. Vergleichende Untersuchungen zu Entwicklungstendenzen und –höhepunkten der antiken Geschichte, Kunst und Literatur, Erlangen-Jena 1996, 503-512

BESSONE 1982: Luigi Bessone, La tradizione epitomatoria Liviana, ANRW 2,30,2, Berlin-New York 1982, 1230-1263

BESSONE 1987: ders., Plinio e i due Rufi, Virginio e Cluvio, Helmantica 38 (1987), 135-144

BESSONE 1996: ders., La storia epitomata: introduzione a Floro, Problemi e ricerche di storia antica 19, Rom 1996

BEUTEL 2000: Frank Beutel, Vergangenheit als Politik. Neue Aspekte im Werk des jüngeren Plinius, Frankfurt 2000

BINDER 1995: Gerhard Binder, Öffentliche Autorenlesungen. Zur Kommunikation zwischen römischen Autoren und ihrem Publikum, in: ders. u. Konrad Ehrlich, Kommunikation durch Zeichen und Wort, BAC 23, Trier 1995, 265-332

BINDER 2003: Vera Binder, *Vir elegantissimi eloquii et multae undecumque scientiae* – Das Selbstverständnis des Aulus Gellius zwischen Fachwissen und Allgemein- bildung, in: Marietta Horster u. Christiane Reitz, Antike Fachschriftsteller: Lite- rarischer Diskurs und sozialer Kontext, Palingenesia 80, Stuttgart 2003, 105-120

BIRLEY 1997: Anthony R. Birley, Hadrian. The Restless Emperor, London, 1997

BIRLEY 2000a: ders., Onomasticon to the Younger Pliny. Letters and Panegyrik, München-Leipzig 2000

BIRLEY 2000b: ders., The Life and death of Cornelius Tacitus, Historia 49 (2000), 230-247

BITTNER 1999: Stefan Bittner, Ciceros Rhetorik – eine Bildungstheorie. Von der Redetechnik zur humanitären Eloquenz, Frechen 1999

BLANCK 1992: Horst Blank, Das Buch in der Antike, München 1992

BLASS 1893: Friedrich Blass, Die Attische Beredsamkeit, Bd. 3,1: Demosthenes, Leipzig ²1893

BLASS 1898: ders., Die attische Beredsamkeit, Bd. 3,2: Demosthenes' Genossen und Gegner, Leipzig ²1898

BLEICKEN 1995: Jochen Bleicken, Die Verfassung der römischen Republik, Paderborn ⁷1995

BLÖSEL 2003: Wolfgang Blösel, Die *memoria* der *gentes* als Rückgrat der kollektiven Erinnerung im republikanischen Rom, in: Ulrich Eigler, Ulrich Gotter, Nino Luraghi u. Uwe Walter, Formen römischer Geschichtsschreibung von den Anfängen bis Livius, Darmstadt 2003, 53-72

BLOOMER 1992: W. Martin Bloomer, Valerius Maximus and the Rhetoric for the New Nobility, Chapel Hill 1992

BLUMENBERG 1976: Hans Blumenberg, Der Sturz des Protophilosophen. Zur Komik der reinen Theorie, anhand einer Rezeptionsgeschichte der Thales-Anekdote, in: Wolfgang Preisendanz u. Rainer Warning, Das Komische, Poetik u. Hermeneutik 7, München 1976, 11-64

DE BLOIS 2001: Lukas de Blois, The political significance of friendship in the Letters of Pliny the Younger, in: Michael Peachin, Aspects of Friendship in the Graeco-Roman World, Portsmouth 2001, 129-134

BODEL 2001: John Bodel, Epigraphy and the ancient historian, in: ders., Epigraphic Evidence. Ancient history from inscriptions, London 2001, 1-56

BONNER 1977: Stanley F. Bonner, Education in Ancient Rome. From the elder Cato to the younger Pliny, London 1977

BOURDIEU 1987 [1979]: Pierre Bourdieu, Die Feinen Unterschiede. Kritik der gesell-schaftlichen Urteilskraft, Frankfurt 1987 [frz.: La Distinction. Critique sociale du jugement, Paris 1979]

BOURDIEU 1990 [1982]: ders., Was heißt sprechen? Die Ökonomie des sprachlichen Tausches, Wien 1990 [frz.: Ce que parler veut dire. L'économie des échanges linguistiques, Paris 1982]

BORZSAK 1973: István Borzsák, Spectaculum. Ein Motiv der ‚tragischen Geschichts-schreibung' bei Livius und Tacitus, ACD 9 (1973), 57-67

BOWERSOCK 1969a: Glen W. Bowersock, Greek Sophists in the Roman Empire, Oxford 1969

BOWERSOCK 1969b: ders., Suetonius and Trajan, in: Jacqueline Bibauw, Hommages à Marcel Renard, Coll. Latomus 101 (1969), Bd. 1, 119-125

BOWERSOCK 1998: ders., *Vita Caesarum*. Remembering and Forgetting the Past, in: Widu Wolfgang Ehlers, La biographie antique, Entretiens 44, Genf 1998, 193-216

BOWIE 1970: Ewen L. Bowie, Greeks and Their Past in the Second Sophistic, Past and Present 46 (1970), 3-41

BOWIE 2003: ders., Art.: Zweite Sophistik, DNP 12/2, Stuttgart 2003, 851-857

BOWMAN 1994: Alan K. Bowman, Life and Letters on the Roman Frontier: Vindolanda and its People, London 1994

BOWMAN / THOMAS 1983: Alan K. Bowman u. J. David Thomas, Vindolanda: The Latin Writing-Tablets, London 1983

BOWMAN / THOMAS 1994: Alan K. Bowman u. J. David Thomas, The Vindolanda Writing-Tablets (Tabulae Vindolandenses II), London 1994

BRACHER 1987 [1948]: Karl Dietrich Bracher, Verfall und Fortschritt im Denken der frühen römischen Kaiserzeit, Studien zu Politik und Verwaltung 21, Wien ²1987 [zuerst: Tübingen Diss. 1948]

BRADLEY 1973: Keith R. Bradley, The composition of Suetonius' Caesars again, JIES 1 (1973), 257-263

BRADLEY 1981: ders., The Significance of the *Spectacula* in Suetonius' *Caesares*, RSA 11 (1981), 129-137

BRADLEY 1985: ders., The Rediscovery of Suetonius, CPh 80 (1985), 254-265

BRADLEY 1991: ders., The Imperial Ideal in Suetonius' 'Caesares', in: ANRW 2,33,5, Berlin-New York 1991, 3701-3732

VON BRANDT 1996: Ahasvar von Brandt, Werkzeug des Historikers, Stuttgart ¹⁴1996

BRANDT 2002: Hartwin Brandt, Wird auch silbern mein Haar. Eine Geschichte des Alters in der Antike, München 2002

BRAUN 1990: Ludwig Braun, Vitellius und Tiberius bei Tacitus und Sueton, WJA 16 (1990), 205-219

BRAUN 1992: ders., Galba und Otho bei Plutarch und Sueton, Hermes 120 (1992), 90-102

BRAUND 2000: David Braund, Learning, Luxury and Empire: Athenaus' Roman Patron, in: ders. u. John Wilkins, Athenaeus and his World. Reading Greek Culture in the Roman Empire, Exeter 2000, 3-22

BRIESSMANN 1955: Adalbert Briessmann, Tacitus und das flavische Geschichtsbild, Hermes Einzelschriften 10, Wiesbaden 1955

BRINGMANN 1971: Klaus Bringmann, Zur Tiberiusbiographie Suetons, RhM 114 (1971), 268-285

BRINK 1960: C. Brink, Tragic History and Aristotle's School, PCPhS 6 (1960), 14-29

BROUWERS 1991: Johannes H. Brouwers, Plinius Minor over de historiografie (Epist. 5.8), Lampas 24 (1991), 5-18

BRUGNOLI 1968: Giorgio Brugnoli, Studi Suetoniani, Lecce 1968

BRUNS 1896: Ivo Bruns, Das literarische Porträt der Griechen, Berlin 1896

BRUNS 1898: ders., Die Persönlichkeit in der Geschichtsschreibung der Alten. Untersuchungen zur Technik der antiken Historiographie, Berlin 1898

BRUNT 1975: Peter A. Brunt, Stoicism and the Principate, Papers of the British School at Rome 43 (1975), 7-35

BRUNT 1994: ders., The Bubble of the Second Sophistic, BICS 39 (1994), 25-51

BUCKLER 2000: John Buckler, Demosthenes and Aeschines, in: Ian Worthington, Demosthenes. Statesman and orator, London-New York 2000, 114-158

BÜTLER 1970: Hans Peter Bütler, Die geistige Welt des jüngeren Plinius, Heidelberg 1970

BURCKHARDT 1929: Jacob Burckhardt, Griechische Kulturgeschichte, Bd. 3, Leipzig 1929

BURKE 1998: John W. Burke, Emblematic Scenes in Suetonius' Vitellius, Histos 2 (1998), http://www.dur.ac.uk/Classics/histos/1998/burke.html

BURKE 1991: Peter Burke, Geschichte als soziales Gedächtnis, in: Aleida Assmann u. Dietrich Harth, Mnemosyne. Formen und Funktionen der Erinnerung, Frankfurt 1991, 289-304

BURKE 1996 [1995]: ders., Die Geschichte des 'Hofmann'. Zur Wirkung eines Renaissance-Breviers über angemessenes Verhalten, Berlin 1996 [engl.: The Fortunes of Courtier: the European Reception of Castiglione's Cortegiano, Cambridge 1995]

BURLANDO 1995: Annalaura Burlando, Plutarco: Vita di Demostene / Vita di Cicerone. Introduzione, traduzione e note, Mailand 1995

BURRIDGE 1992: Richard A. Burridge, What are the Gospels? A comparison with Graeco-Roman biography, Cambridge 1992

CAMERON 1965: Alan Cameron, The Fate of Pliny's Letters in the Late Empire, CQ 15 (1965), 289-298

CANCIK 1990: Hubert Cancik, Art.: Erinnerung / Gedächtnis, in: HrwG 2, Stuttgart 1990, 299-323

CANCIK-LINDEMAIER / CANCIK 1987: Hildegard Cancik-Lindemaier u. Hubert Cancik, Zensur und Gedächtnis, in: Aleida Assmann u. Jan Assmann, Kanon und

Zensur: Beiträge zur Archäologie der literarischen Kommunikation II, München 1987, 169-189

CASTAGNA / LEFÈVRE 2003: Luigi Castagna u. Eckard Lefèvre (Hgg.), Plinius der Jüngere und seine Zeit, München-Leipzig 2003

CARDAUNS 2001: Burkardt Cardauns, Marcus Terentius Varro. Einführung in sein Werk, Heidelberg 2001

CARNEY 1968: T.F. Carney, How Suetonoius' lives reflect on Hadrian, PACA 11 (1968), 7-21

CASSON 1976: Lionel Casson, Reisen in der Alten Welt, München 1976

CASSON 2002: ders., Bibliotheken in der Antike, Düsseldorf-Zürich 2002

CHAMPLIN 1980: Edward Champlin, Fronto and Antonine Rome, Cambridge (Massachusetts)-London, 1980

CHAPLIN 2000: Jane D. Chaplin, Livy's Exemplary History, Oxford 2000

CHRIST 1988: Karl Christ, Geschichte der römischen Kaiserzeit von Augustus bis Konstantin, München 1988

CHRISTES 1975: Johannes Christes, Bildung und Gesellschaft. Die Einschätzung der Bildung und ihrer Vermittler in der griechisch-römischen Antike, Darmstadt 1975

CHRISTES 1979. ders., Sklaven und Freigelassene als Grammatiker und Philologen im antiken Rom, Forschungen zur antiken Sklaverei 10, Wiesbaden 1979

CHRISTES 1996: ders., Der Gebildete im republikanischen Rom im Spannungsfeld von *negotium* und *otium*, in: Rudolf W. Keck, Erhard Wiersing u. Klaus Wittstadt, Literaten – Kleriker – Gelehrte. Zur Geschichte der Gebildeten im vormodernen Europa, Köln 1996

CHRISTES 1997a: ders., Art.: Artes liberales, DNP 2, Stuttgart 1997, 62-3

CHRISTES 1997b: ders., Art.: Enkyklios Paideia, DNP 3, Stuttgart 1997, 1037-1040

CIZEK 1961: Eugen Cizek, Sur la composition des Vitae Caesarum de Suétone, StudClass 3 (1961), 355-360

CIZEK 1974: ders., Structure du *De Grammaticis et Rhetoribus*, REL 52 (1974), 303-317

CIZEK 1975: ders., La mort de Vitellius dans les 'Vies des douze Césars' de Suétone, REA 77 (1975), 125-130

CIZEK 1977: ders., Structures et idéologie dans les Vies des Douzes Césars de Suetone, Bukarest-Paris 1977

CIZEK 1989: ders., La littérature et les circles culturels et politiques à l'époque de Trajan, in: ANRW 2,33,1, Berlin-New York 1989, 3-35

COLEMAN 1986: Kathleen M. Coleman, The Emperor Domitian and Literature, ANRW 2,32,5, Berlin-New York 1986, 3087-3115

DE CONINCK 1983: Luc De Coninck, Suetonius en de Archivalia, Verhandelingen van de Koninklijke Academie voor Wetenschappen, Letteren en Schone Kunsten van België, Klasse der Letteren, Jg. 45, 104, Brüssel 1983

DE CONINCK 1991: ders., Les sources documentaires de Suétone, 'Les XII Césars': 1900-1990, in: ANRW 2,33,5, Berlin-New York 1991, 3675-3700

CONNORS 2000: Catherine Connors, Imperial Space and Time: The Literature of Leisure, in: Oliver Taplin, Literature in the Greek and Roman Worlds. A New Perspective, Oxford 2000, 492-518

CONTE 1991: Gian Biaggio Conte, L'inventario del mondo. Forma della natura e progetto enciclopedico nell'opera di Plinio il Vecchio, in: ders., Generi e lettori. Lucrezio, l'elegia d'amore, l'enciclopedia di Plinio, Mailand 1991, 95-144

CONTE 1992: ders., Empirical and Theoretical approaches to Literary Genre, in: Karl Galinsky, The Interpretation of Roman Poetry: Empiricism or Hermeneutics?, Studien zur Klassischen Philologie 67, Frankfurt 1992, 104-123

CONTE 1994: ders., Latin Literature. A History, Baltimore and London 1994

COOPER 2000: Craig Cooper, Philosophers, Politics, Academics. Demosthenes' rhetorical reputation in antiquity, in: Ian Worthington, Demosthenes. Statesman and orator, London-New York 2000, 224-245

DELLA CORTE 1958: Francesco della Corte, Suetonio *eques Romanus*, Florenz 1958 (^{2}1967)

DELLA CORTE 1992: ders., Plinio fra Tacito e Suetonio, in: DERS., Opuscula XIII, Genua 1992, 175-185

COUDRY / SPÄTH 2001: Marianne Coudry u. Thomas Späth (Hgg.), L'invention des grands hommes de la Rome antique / Die Konstruktion der großen Männer Roms, Paris 2001, 97-116

COUISSIN 1953: J. Couissin, Suétone physiognomiste dans les vies des XII Césars, REL 31 (1953), 234-256

COVA 1966: Pier Vicenzo Cova, La critica letteraria di Plinio il Giovane, Brescia 1966

COVA 1975: ders., Contributo allo studio della lettera Pliniana sulla storia, RCCM 17 (1975), 117-139

CRAVERI 2001: Benedetta Craveri, La Civiltà della conversazione, Mailand 2001

CROCE 1902: Benedetto Croce, Estetica, Bari 1902

CROOK 1956/7: John A. Crook, Suetonius ab epistulis, PCPhS n.s. 4 (1956-7), 18-22

CUGUSI 1974: Paolo Cugusi, Ricerche sulla letteratura latina dell'etá traianea, Cagliari 1974

CUGUSI 1983: ders., Evoluzione e forma dell'epistolografia latina nella tarda reubblica e nei primi due secoli dell'impero, Rom 1983

CUGUSI 1989: ders., L'epistolografia. Modelli e tipologie di comunicazione, in: Guglielmo Cavallo, Paolo Fedeli u. Andrea Giardina, Lo spazio letterario di Roma antica, Bd. 2: La circulazione del testo, 1989, 379-419

DAVID 1998: Jean-Michel David, Les enjeux de l'exemplarité à la fin de la république et an début du principat, in: ders., Valeurs et mémoire à Rome. Valère Maxime ou la vertu recomposée, Paris 1998, 9-17

DAVIES 2000: Penelope J.E. Davies, Death and the Emperor. Roman Imperial Funerary Monuments from Augustus to Marcus Aurelius, Cambridge 2000

DEANE 1918: Sidney N. Deane, Greek in Pliny's Letters, CW 12 (1918), 41-44 u. 50-54

DEISSMANN 1909: Adolf Deissmann, Licht vom Osten, Tübingen [3]1909

DEMANDT 1996: Alexander Demandt, Das Privatleben der römischen Kaiser, München 1996

DIHLE 1954: Albrecht Dihle, Wolf Steidle und die antike Biographie, GGA 1954, 45-55

DIHLE 1956: ders., Studien zur griechischen Biographie, AAWG 3,37, Göttingen 1956 ([2]1970)

DIHLE 1977: ders., Der Beginn des Attizismus, A&A 23 (1977), 162-77

DIHLE 1987: ders., Die Entstehung der historischen Biographie, SHAW 1986/3, Heidelberg 1987

DIHLE 1989: ders., Die griechische und lateinische Literatur der Kaiserzeit, München 1989

DIHLE 1998: ders., Zur antiken Biographie, in: Widu Wolfgang Ehlers, La biographie antique, Entretiens 44, Genf 1998, 119-146

DILKE 1957: Oswald Ashton Wentworth Dilke, The Literary Output of the Roman emperors, G&R n.s. 4 (1957), 78-97

DIRKSEN 1851: Heinrich Eduard Dirksen, Die Auszüge aus den Schriften der römischen Rechtsgelehrten in den Noctes Atticae des A. Gellius, Abhandlungen der Akademie der Wissenschaften, Berlin 1851, 31-77 (= in: Friedrich Daniel Sanio,

H.E. Dirksens Hinterlassene Schriften zur Kritik und Auslegung römischer Rechtsgeschichte und Alterthumskunde, Leipzig 1871, Bd. 1, 21-63)

DÖPP 1989: Siegmar Döpp, *Nec omnia apud priores meliora*: Autoren des frühen Prinzipats über ihre eigene Zeit, RhM 132 (1989), 73-101

DÖRRIE 1978: Heinrich Dörrie, *Summorum virorum vestigia*. Das Erlebnis der Vergangenheit bei Cicero (leg. 2,4 und fin.5,1-8), Grazer Beiträge 7 (1978), 207-220

DRAGIÇEVIÇ 1936: Niclas-Marc Dragiçeviç, Essai sur le charactère des lettres de Pline le Jeune, Mostar 1936

DRERUP 1916: Engelbert Drerup, Aus einer alten Advokatenrepublik. Demosthenes und seine Zeit. Mit einem Anhange: Der Krieg als Erwecker literarischer Kunstform, Paderborn 1916

DRERUP 1923: ders., Demosthenes im Urteile des Altertums. Von Theopomp bis Tzetzes: Geschichte, Roman, Legende, Studien zur Geschichte und Kultur des Altertums 12, Würzburg 1923

DREXLER 1954: Hans Drexler, Die moralische Geschichtsauffassung der Römer, Gymnasium 61 (1954), 168-190

DREXLER 1966: ders., Die Entdeckung der Individualität, Salzburg 1966

DROYSEN 1960 [1937]: Johann Gustav Droysen, Historik. Vorlesungen über Enzyklopädie und Methodik der Geschichte, Darmstadt [4]1960 (= München-Berlin 1937)

DUCOS 1990: Michèle Ducos, La vie et la mort dans la correspondance de Pline le Jeune, in: La vie et la mort dans l'antiquité, Actes du colloque organisé en janvier 1990 par l'Association Guillaume Budé, Dijon 1990, 93-107

DUFF 1960 [1927]: John Wight Duff, A Literary Histroy of Rome in the Silver Age, London [2]1960 (New York [1]1927)

DUFF 1999: Tim Duff, Plutarch's Lives. Exploring Virtue and Vice, Oxford 1999

ECK 1981: Werner Eck, Altersangaben in senatorischen Grabinschriften: Standeserwartungen und ihre Kompensation, ZPE 41 (1981), 127-34

ECK 1987: ders., Römische Grabinschriften. Aussageabsicht und Aussagefähigkeit im funerären Kontext, in: Henner von Hesberg u. Paul Zanker, Römische Gräberstraßen. Selbstdarstellung – Status - Standard, München 1987, 61-83

ECK 1995a: ders., Die Umgestaltung der politischen Führungsschicht – Senatorenstand und Ritterstand, in: ders., Die Verwaltung des römischen Reiches in der hohen Kaiserzeit. Ausgewählte und erweiterte Beiträge, Bd. 1, Basel 1995, 103-158

ECK 1995b: ders., ,Tituli honorarii', curriculum vitae und Selbstdarstellung in der Hohen Kaiserzeit, in: Heikki Solin, Olli Salomies, Uta-Maria Liertz, *Acta Colloqui*

Epigraphici Latini 1991, Helsinki 1995, 211-237 (= ders., Tra epigrafia, prosopografia e archeologia. Scritti scelti, rielaborati ad addiornati, Rom 1996, 319-344)

ECK 1998: ders., Sozialstruktur und kaiserlicher Dienst, in: ders., Die Verwaltung des römischen Reiches in der hohen Kaiserzeit. Ausgewählte und erweiterte Beiträge, Bd. 2, Basel 1998, 219-244

ECK 1999: ders., Elite und Leitbilder in der römischen Kaiserzeit, in: Jürgen Dummer u. Meinolf Vielberg, Leitbilder der Spätantike – Eliten und Leitbilder, Stuttgart 1999, 31-56

ECK 2001: ders., Die große Pliniusinschrift aus Comum: Funktion und Monument, in: Gabriella Angeli Bertinelli u. Angela Donati, Varia Epigraphica. Atti del Colloquio Internazionale di Epigrafia, Bertinoro, 8-10 giugno 2000, Faenza 2001, 225-235

ECK 2002: ders., Art. L. Verginius Rufus, DNP 12, Stuttgart 2002, 63-64

ECO 1985: Umberto Eco, A Portrait of the Elder as a Young Pliny: How to Build Fame, in: Marshall Blonsky, On Signs: a semiotics reader, Oxford 1985, 289-302

EGELHAAF-GAISER 2002: Ulrike Egelhaaf-Gaiser, Panegyrik, Denkmal und Publikum: Plinius, Brief 8,4 und die Kommemoration der Dakertriumphe im Orts- und Medienwandel, in: Christoph Auffarth u. Jörg Rüpke, Ἐπιτομὴ τῆς οἰκουμένης: Studien zur römischen Religion in Antike und Neuzeit, Potsdamer Altertumswissenschaftliche Beiträge 6, Stuttgart 2002, 99-122

EGELHAAF-GAISER 2004: dies., Gelehrte Tischgespräche beim Fest. Die Konstruktion der Vergangenheit von Pythien, Isthmien und Parilien in der Gelageliteratur des Plutarch uund des Athenaios, in: Annette Hupfloher, Heiligtum und Kult im kaiserzeitlichen Griechenland, Stuttgart 2004 (im Druck)

EHLERS 1998: Widu Wolfgang Ehlers, Einleitung, in: ders., La biographie antique, Entretiens 44, Genf 1998, 1-5

EIGLER 2003: Ulrich Eigler, *lectiones vetustatis*. Römische Literatur und Geschichte in der lateinischen Literatur der Spätantike, Zetemata 115, München 2003

EIGLER / GOTTER / LURAGHI / WALTER 2003: Ulrich Eigler, Ulrich Gotter, Nino Luraghi u. Uwe Walter (Hgg.), Formen römischer Geschichtsschreibung von den Anfängen bis Livius, Darmstadt 2003

EISENHUT 1972: Werner Eisenhut, Die römische Gefängnisstrafe, ANRW 1,2, Berlin-New York 1972, 268-82

EKTOR 1980: J. Ektor, L'impassibilité et l'objectivité de Suétone. Confrontation avec Tacite, LEC 48 (1980), 317-326

ELSNER 1996: Jas Elsner, Inventing imperium: texts and propaganda of monuments in Augustan Rome, in: ders., Art and Text in Roman Culture, Cambridge 1996, 32-53

ENGEL 1977: Rudolf Engel, Das Charakterbild des Kaisers Vitellius bei Tacitus und sein historischer Kern, Athenaeum 55 (1977), 345-368

EVANS 1935: Elizabeth C. Evans, Roman descriptions of personal appearance in history and biography, HSCPh 46 (1935), 43-84

EVANS 1941: dies., The study of physiognomy in the second century AD, TAPhA 72 (1941), 96-108

EVANS 1969: dies., Physiognomics in the Ancient World, TAPhA 95,5, Philadelphia 1969

FANTHAM 1981: Elaine Fantham, The synchronistic Chapter of Gellius (17,12) and some aspects of Roman Chronology and Cultural History between 60 and 50 B.C., LCM 6 (1981), 7-17

FANTHAM 1998 [1996]: dies., Literarisches Leben im antiken Rom, Stuttgart-Weimar 1998 (engl. Baltimore-London 1996)

FAUSER 1994: Markus Fauser, Art.: Chrie, HWdR 2, Tübingen 1994, 190-196

FEDELI 1989: Paolo Fedeli, I sistemi di produzione e diffusione, in: Gallo Cavallo et al., Lo spazio letterario di Roma antica, Bd. 2: La circulazione del testo, 1989, 343-378

FEHRLE 1983: Rudolf Fehrle, Cato Uticensis, Darmstadt 1983

FELL 1992: Martin Fell, Optimus Princeps? Anspruch und Wirklichkeit der imperialen Programmatik Kaiser Trajans, München 1992

FEIN 1994: Sylvia Fein, Die Beziehungen der Kaiser Trajan und Hadrian zu den litterati, Beiträge zur Altertumskunde 26, Stuttgart 1994

FINEMAN 1989: Joel Fineman, The History of the Anecdote: Fiction and Fiction?, in: H.A. Veeser, The New Historicism, New York-London 1989, 49-76

FISCHER-BOSSERT 2001: Wolfgang Fischer-Bossert, Der Porträttypus des sog. Plotin. Zur Datierung von Bärten in der römischen Porträtkunst, AA 2001, 137-152

FLACH 1972: Dieter Flach, Zum Quellenwert der Kaiserbiographien Suetons, Gymnasium 79 (1972), 273-289

FLACH 1998: ders., Römische Geschichtsschreibung, Darmstadt ³1998

FLAIG 1993: Egon Flaig, Politisierte Lebensführung und ästhetische Kultur. Eine semiotische Untersuchung am römischen Adel, Historische Anthropologie 1,2 (1993), 193-217

FLAIG 1995: ders., Die *Pompa Funebris*. Adlige Konkurrenz und annalistische Erinnerung in der Römischen Republik, in: Otto Gerhard Oexle, Memoria als Kultur, Göttingen 1995, 115-148

FLAIG 1999: ders., Über die Grenzen der Akkulturation. Wider die Verdinglichung des Kulturbegriffs, in: Gregor Vogt-Spira u. Bettina Rommel, Rezeption und Identität. Die kulturelle Auseinandersetzung Roms mit Griechenland als europäisches Paradigma, Stuttgart 1999, 81-122

FLAIG 2001: ders., Kulturgeschichte ohne historische Anthropologie. Was römische Ahnenmasken verbergen. Rezension von Harriet Flower, Ancestor Masks and Aristocratic Power in Roman Culture [= FLOWER 1996], in: International Journal of the Classical Tradition 7 (2001), 226-244

FLAIG 2002: ders., Bildung als Feindin der Philosophie. Wie Habitusformen in der hohen Kaiserzeit kollidierten, in: Andreas Goltz et al., Gelehrte in der Antike: Alexander Demandt zum 65. Geburtstag, Köln 2002, 121-136

FLAIG 2003: ders., Ritualisierte Politik. Zeichen, Gesten und Herrschaft im Alten Rom, Göttingen 2003

FLECK 1993: Martin Fleck, Cicero als Historiker, Beiträge zur Altertumswissenschaft 39, Stuttgart 1993

FLOWER 1996: Harriet I. Flower, Ancestor Masks and Aristocratic Power in Roman Culture, Oxford 1996 (^{2}2001)

FLOWER 2003. dies., ‚Memories' of Marcellus. History and Memory in the Roman Republican Culture, in: Ulrich Eigler, Ulrich Gotter, Nino Luraghi u. Uwe Walter, Formen römischer Geschichtsschreibung von den Anfängen bis Livius, Darmstadt 2003, 39-52

FÖGEN 2003: Thorsten Fögen, Metasprachliche Reflexionen antiker Autoren zu den Charakteristika von Fachtexten und Fachsprachen, in: Marietta Horster u. Christiane Reitz, Antike Fachschriftsteller: Literarischer Diskurs und sozialer Kontext, Palingenesia 80, Stuttgart 2003, 31-60

FORNARA 1983: Charles William Fornara, The nature of History in Ancient Greece and Rome, Berkeley-Los Angeles 1983

FRANCHET D'ESPEREY 1986: Sylvie Franchet d'Espèrey, Vespasian, Titus et la littérature, ANRW 2,32,5, Berlin-New York 1986, 3048-3086

FRAZIER 1999: Françoise Frazier, Histoire et morale dans les Vies parallèls de Plutarque, Paris 1999

FREDE 1997: Michael Frede, Euphrastes of Tyre, in: Richard Sorabji, Aristotle and After, BICS Suppl. 68, London 1987, 1-11

FREI 1992: Hans Frei, Louis Henry Sullivan, Zürich 1992

FRIEDLÄNDER 1996 [1862-71]: Ludwig Friedländer, Darstellungen aus der Sittengeschichte Roms, Essen 1996 (= Leipzig [10]1920-1923; erste Auflage Leipzig 1862-1871)

FUHRMANN 1960: Manfred Fuhrmann, Das systematische Lehrbuch. Ein Beitrag zur Geschichte der Wissenschaften in der Antike, Göttingen 1960

FUHRMANN 1974: ders., Die römische Fachliteratur, in: ders., Römische Literatur, Neues Handbuch der Literaturwissenschaft 3, Frankfurt 1974, 181-194

FUHRMANN 1975: ders., Über kleine Gattungen als Gegenstand der Anfangslektüre, AU 18,5 (1975), 24-43

FUHRMANN 1999: ders., Geschichte der römischen Literatur, Stuttgart 1999

FUNAIOLI 1927: Gino Funaioli, I Cesari di Suetonio, Raccolta di Scritti in onore di R. Ramorino, Pubbl. dell'Univ. Catt. Del Sacro Cruore, Serie quarta: Scienze filol., t. 7, Mailand 1927, 1-26

FUNAIOLI 1931: ders., Art.: C. Tranquillus Suetonius, RE 2. Reihe, 7. Halbband, Stuttgart 1931, 593-641

GALAND-HALLYN 1991: Perrine Galand-Hallyn, Bibliographie suétonienne (Les 'Vies des XII Césars') 1950-1988. Vers une réhabilitation, in: ANRW 2,33,5, Berlin-New York 1991, 3576-3622

GALINSKY 1996: Karl Galinsky, Augustan Culture. An Interpretive Introduction, Princeton 1996

GALLO 1975: Italo Gallo, Frammenti da papiri, Bd. I, Rom 1975

GAMBERINI 1983: Federico Gamberini, Stylistic Theory and Practice in the Younger Pliny, Altertumswissenschaftliche Texte und Studien 11, Hildesheim 1983

GARCEA 1997: Alessandro Garcea, Tipi di testo nelle *Noctes Atticae*: strutture tematiche e comunicative, Quaderni del Dipartimento di filalogia, linguistica e tradizione classica, Bologna 1997, 207-236

GARSON 1974: R.W. Garson, Observations on the death-scenes in Tacitus' *Annals*, Prudentia 6 (1974), 23-32

GASCOU 1976: Jacques Gascou, Suétone e l'odre équestre, REL 54 (1976), 257-277

GASCOU 1978: ders., Nouvelles données chronologiques sur le carrière de Suétone, Latomus 37 (1978), 436-444

GASCOU 1984: ders., Suètone historien, Rome 1984

GAZICH 2003: Roberto Gazich, Retorica dell'esemplarità nelle *lettere* di Plinio, in: Luigi Castagna u. Eckard Lefèvre, Plinius der Jüngere und seine Zeit, München-Leipzig 2003, 123-141

GEIGER 1975: Joseph Geiger, Zum Bild Julius Caesars in der römischen Kaiserzeit, Historia 14 (1975), 444-453

GEIGER 1979: ders., Munatius Rufus and Thrasea Paetus on Cato the Younger, Athenaeum 57 (1979), 48-72

GEIGER 1981: ders., Plutarch's Parallel Lives: The Choice of Heroes, Hermes 109 (1981), 85-104

GEIGER 1985: ders., Cornelius Nepos and ancient political Biography, Historia Einzelschriften 47, Stuttgart 1985

GEIGER 1988: ders., Nepos and Plutarch. From Latin to Greek Political Biography, ICS 13 (1988), 245-256

GEIGER 2002: ders., *Felicitas temporum* and Plutarch's Choice of Heroes, in: Philip Stadter u. Luc van der Stockt, Sage and Emperor. Plutarch, Greek Intellectuals, and Roman Power in the Time of Trajan (98-117 A.D.), Löwen 2002, 93-102

GEMOLL 1924: Wilhelm Gemoll, Das Apophthegma. Literarhistorische Studien, Wien 1924

GENETTE 1989 [1987]: Gérard Genette, Paratexte. Das Buch vom Beiwerk des Buches, Frankfurt-New York 1989 [frz.: Seuils, Paris 1987]

GENETTE 1998 [1972/1983]: Gérard Genette, Die Erzählung, München ²1998 [frz.: Discours du récit, Paris 1972, u. Nouveau discours du récit, Paris 1983]

GENTILI / CERRI 1988: Bruno Gentili u. Giovanni Cerri, History and Biography in Ancient Thought, Amsterdam 1988

GENTRY 1991: Frank Gentry, Renatus Gotthelf Löbel and the Conversationslexikon, in: Karl-Heinz J. Schoeps, ‚Was in den alten Büchern steht...': Neue Interpretationen von der Aufklärung zur Moderne. Festschrift für Reinhold Grimm, Frankfurt u.a. 1991, 99-123

GEORGIADOU 1988: Aristoula Georgiadou, The *Lives of the Caesars* and Plutarch's other *Lives*, ICS 13 (1988), 349-356

GIBSON 2003: Roy K. Gibson, Pliny and the Art of (in)offensive Self-praise, Arethusa 36 (2003), 235-54

GIEBEL 1999: Marion Giebel, Reisen in der Antike, Düsseldorf-Zürich 1999

GIGANTE 1986: Marcello Gigante, Biografia e dossografia in Diogene Laerzio, Elenchos 7 (1986), 7-102

GIOVANNINI 1987: Adalberto Giovannini, Pline et les délateurs de Domitian, in: Opposition et résistances a l'empire d'Auguste a Trajan, Entretiens 33, Genf 1987, 219-240

GLEASON 1995: Maud W. Gleason, Making men: sophistics and self-presentation in ancient Rome, Princeton 1995

GNILKA 1973: Christian Gnilka, Trauer und Trost in Plinius' Briefen, Symbolae Osloenses 49 (1973), 105-125

GNILKA 1979: ders., *Ultima verba*, JbAC 22 (1979), 5-21

GNILKA 1993: ders., Kultur und Conversion, Basel 1993

GÖRLER 1979: Woldemar Görler, Kaltblütiges Schnarchen. Zum literarischen Hintergrund der Vesuv-Briefe des jüngeren Plinius, in: Glen W. Bowersock et al., Arktouros. Hellenic Studies presented to Bernhard M.W. Knox, Berlin 1979, 427-433

GOLDBERG 1995: Sander M. Goldberg, Epic in Republican Rome, New York 1995

GRAINGER 2003: John D. Grainger, Nerva and the Roman Succession Crisis of AD 96-99, London 2003

GRANT 1994: Michael Grant, The Antonines. The Roman Empire in Transition, London-New York 1994

GREBE 1989: Sabine Grebe, Die vergilische Heldenschau. Tradition und Fortwirken, Studien zur klassischen Philologie 47, Frankfurt 1989

GRIMAL 1955: Piere Grimal, Deux figures de la Correspondance de Pline: le philosophe Euphratès et le rhéteur Isée, Latomus 14 (1955), 370-383

GUIA 1991: Maria Antoniett Giua, Una lettura della biografia svetoniana di Tiberio, in: ANRW 2,33,5, Berlin-New York 1991, 3733-3747

GOAR 1987: Robert J. Goar, The Legend of Cato Uticensis form the First Century B.C. to the fifth A.D., Collection Latomus 197, Brüssel 1987

GÖRGEMANNS 1997a: Herwig Görgemanns, Art.: Biographie, DNP 2, Stuttgart 1997, 682-687

GÖRGEMANNS 1997b: ders., Art.: Epistolographie, DNP 3, Stuttgart 1997, 1164-1169

GOETZL 1951/52: Johanna Goetzl, *Variatio* in the Plinian epistle, CJ 47 (1951/52), 265-268

GOLDHILL 2001: Simon Goldhill, Introduction. Setting an Agenda: 'Everything is Greece to the wise', in: ders., Being Greek under Rome: cultural identity, the second sophistic and the development of empire, Cambridge 2001, 1-25

GRAINDOR 1930: Paul Graindor, Un milliardaire antique. Hérode Atticus et sa famille, Kairo 1930

GRIFFIN 1999: Miriam Griffin, Pliny and Tacitus, Scripta Classica Israelica 18 (1999), 139-158

GROTHE 1971: Heinz Grothe, Anekdote, Stuttgart 1971 [²1984]

GRUEN 1990: Erich S. Gruen, Studies in Greek Culture and Roman Politics, Cincinnati Classical Studies n.s. 7, Leiden 1990

GÜNGERICH/HEUBNER 1980: Rudolf Güngerich, Kommentar zum Dialogus des Tacitus, aus dem Nachlaß herausgegeben von Heinz Heubner, Göttingen 1980

GUGEL 1977: Helmut Gugel, Studien zur biographischen Technik Suetons, WS Beiheft 7, Wien-Köln-Graz 1977

GUILLEMIN 1927: Anne-Marie Guillemin, Sociétés de gens de lettres au temps de Pline, REL 5 (1927), 261-292

GUILLEMIN 1929: dies., Pline et la vie littéraire de son temps, Paris 1929

GUNDEL 1958: Hans Georg Gundel, Art.: Vestricius Spurinna, RE, 2. Reihe, 16. Halbband, 1958, 1791-1798

GUTHKE 1990: Karl S. Guthke, Letzte Worte. Variationen über ein Thema der Kulturgeschichte des Westens, München 1990

HACHMANN 1995: Erwin Hachmann, Die Führung des Lesers in Senecas *Epistulae morales*, Münster 1995

HADOT 1972: Pierre Hadot, Fürstenspiegel, RAC 8, 1972, 555-632

HÄHNER 1999: Olaf Hähner, Historische Biographik. Die Entwicklung einer geschichtswissenschaftlichen Darstellungsform von der Antike bis ins 20. Jahrhundert, Frankfurt 1999

HAENISCH 1937: Enno Haenisch, Die Cäsarbiographie Suetons, Bethel bei Bielefeld 1937

HÄUSLE 1980: Helmut Häusle, Das Denkmal als Garant des Nachruhms, Eine Studie zu einem Motiv in lateinischen Inschriften, Zetemata 75, München 1980

HÄUSSLER 1976: Reinhard Häußler, Studien zum historischen Epos der Antike, Bd. 1: Das historische Epos der Griechen und Römer bis Vergil, Heidelberg 1976

HAHN 1989: Johannes Hahn, Der Philosoph und die Gesellschaft. Selbstverständnis, öffentliches Auftreten und populäre Erwartungen in der hohen Kaiserzeit, Stuttgart 1989

HAIGHT 1940: Elisabeth Hazelton Haight, The Roman Use of Anecdotes, New York 1940

HÅKANSON 1989: Lennart Håkanson, Zu den Historikerfragmenten D.Ä., Suas. 6, PCPS Suppl. 15 (1989), 14-19

HALTENHOFF 2000: Andreas Haltenhoff, Wertbegriff und Wertbegriffe, in: Maximilian Braun, Andreas Haltenhoff u. Fritz-Heiner Müller, *Moribus antiquis res stat*

Romana. Römische Werte und römische Literatur im 3. und 2. Jh. v. Chr., Beiträge zur Altertumskunde 134, München 2000, 15-29

HALTENHOFF 2001: ders., Institutionalisierte Geschichte. Wesen und Wirken des literarischen *exemplum* im alten Rom, in: Gert Melville, Institutionalität und Symbolisierung. Verstetigung kultureller Ordnungsmuster in Vergangenheit und Gegenwart, Köln 2001, 213-218

HANSLIK 1958: Rudolf Hanslik, Art.: Verginius Rufus, RE, 2. Reihe, 16. Halbband, 1958, 1536-1541

HANSLIK 1962: ders., Art.: A. Vitellius 7b), RE Suppl. 9, Stuttgart 1962, 1706-1733

HARDIE 1983: Alex Hardie, Statius and the Silvae. Poets, Patrons und Epideixis in the Graeco-Roman World, Liverpool 1983

HARDING 2000: Philipp Harding, Demosthenes in the underworld. A chapter in the *Nachleben* of a *rhetor*, in: Ian Worthington, Demosthenes. Statesman and orator, London-New York 2000, 246-271

HARLOW / LAURENCE 2002: Mary Harlow u. Ray Laurence, Growing Up and Growing Old in Ancient Rome. A Life Course Approach, London-New York 2002

HARRIS 1989: William V. Harris, Ancient Literacy, London 1989

HARRISON 2000: S.J. Harrison, Apuleius. A Latin Sophist, Oxford 2000

HELDMANN 1982: Konrad Heldmann, Antike Theorien über Entwicklung und Verfall der Redekunst, Zetemata 77, München 1982

HELM 1927: Rudolf Helm, Art.: Lukianos, RE 26. Halbband, Stuttgart 1927, 1725-1777

HELM 1955: ders., Art.: Valerius Maximus, RE 15. Halbband, Stuttgart 1955, 90-116

HENDERSON 2002: John Henderson, Pliny's Statue: the Letters, Self-Portraiture and Classical Art, Exeter 2002

HENDERSON 2003: ders., Portrait of the Artist as a Figure of Style: P.L.I.N.Y's Letters, Arethusa 36 (2003), 115-125

HENDERSON 2004: ders., Morals und Villas in Seneca's Letters. Places to Dwell, Cambridge 2004

HENDRIX 2000: Harald Hendrix, Historiographical Anecdotes as Depositories and Vehicles of Cultural Memory, in: Hendrik van Gorp u. Ulla Musarra-Schroeder, Genres as Repositories of Cultural Memory, Amsterdam 2000, 17-26

HENRY 1994: Madeleine M. Henry, On the Aims and Purposes of Aulus Gellius' 'Noctes Atticae', in: ANRW 2,34,2, Berlin-New York 1994, 1918-1941

HEURGON 1969: Jacques Heurgon, Pline le Jeune tenté par l'histoire, Revue des Études Latines 47 bis (1969), 345-354

HILZINGER 1997: Sonja Hilzinger, Anekdotisches Erzählen im Zeitalter der Aufklärung. Zum Struktur- und Funktionswandel der Gattung Anekdote in Historiographie, Publizistik und Literatur des 18. Jahrhunderts, Stuttgart 1997

HIRZEL 1895: Rudolf Hirzel, Der Dialog. Ein literarhistorischer Versuch, 2 Bde.,
Leipzig 1895

HOCK 1986: Ronald F. Hock, General Introduction to Volume I, in: ders. u. Edward
O'Neil, The Chreia in Ancient Rhetoric, 1986, 1-47

HOCK / O'NEIL 1986: Ronald F. Hock u. Edward O'Neil, Theon of Alexandria, in:
dies., The Chreia in Ancient Rhetoric, 1986, 61-112

HOCK / O'NEIL 2002: dies., The Chreia and Ancient Rhetoric. Classroom Exercises.
Writings from the Greco-Roman World 2, Atlanta 2002

HÖLKESKAMP 1987: Karl-Joachim Hölkeskamp, Die Entstehung der Nobilität. Studien zur sozialen und politischen Geschichte der Römischen Republik im 4. Jhdt.
v. Chr., Stuttgart 1987

HÖLKESKAMP 1996: ders., *Exempla* und *mos maiorum*. Überlegungen zum kollektiven Gedächtnis der Nobilität, in: Hans-Joachim Gehrke u. Astrid Möller, Vergangenheit und Lebenswelt. Soziale Kommunikation, Traditionsbildung und historisches Bewußtsein, ScriptOralia 90, Tübingen 1996, 301-338

HÖLKESKAMP / STEIN-HÖLKESKAMP 2000: Karl-Joachim Hölkeskamp u. Elke Stein-
Hölkeskamp (Hgg.), Von Romulus zu Augustus. Große Gestalten der römischen
Republik, München 2000

HÖLSCHER 1984: Tonio Hölscher, Staatsdenkmal und Publikum. Vom Untergang der
Republik bis zur Festigung des Kaisertums in Rom, Xenia 9, Konstanz 1984

HÖLSCHER 2001: ders., Die Alten vor Augen. Politische Denkmäler und öffentliches
Gedächtnis im republikanischen Rom, in: Gert Melville, Institutionalität und
Symbolisierung. Verstetigung kultureller Ordnungsmuster in Vergangenheit und
Gegenwart, Köln 2001, 183-211

HÖMKE 2002: Nicola Hömke, Gesetzt den Fall, ein Geist erscheint. Komposition und
Motivik der ps.-quintilianischen *Declamationes maiores* x, xiv und xv,
Heidelberg 2002

HOFACKER 1903: Carl Hofacker, De clausulis C. Caecili Plinii Secundi, Diss. Bonn
1903

HOFFER 1999: Stanley E. Hoffer, The anxieties of Pliny the Younger, Atlanta 1999

HOLFORD-STREVENS 1982: Leofranc Holford-Strevens, Fact and Fiction in Aulus
Gellius, LCM 7 (1982), 65-68

HOLFORD-STREVENS 1988: ders., Aulus Gellius, London 1988

HOLFORD-STREVENS 1997a: ders., Aulus Gellius: The Non-Visual Portraitist, in: Mark J. Edwards u. Simon Swain, Portraits. Biographical representation in the Greek and Latin Literature of Roman Empire, Oxford 1997, 93-116

HOLLERBACH 1964: Hans-Rainer Hollerbach, Zur Bedeutung des Wortes χρεία, Diss. Köln 1964

HOLZAPFEL 1913: Ludwig Holzapfel, Römische Kaiserdaten, Klio 13 (1913), 289-304

HOLZAPFEL 1918: ders., Römische Kaiserdaten (Fortsetzung), 15 (1918), 99-121

HOLZBERG 1989: Niklas Holzberg, Literarische Tradition und politische Aussage in den Feldherrnviten des Cornelius Nepos, WJA 15 (1989), 159-173

HOLZBERG 1994: ders., Der griechische Briefroman. Versuch einer Typologie, in: ders., Der griechische Briefroman: Gattungstypologie und Textanalyse, Classica Monacensia 8, Tübingen 1994, 1-52

HOMEYER 1962: Helene Homeyer, Zu den Anfängen der griechischen Biographie, Philologus 106 (1962), 75-85

HOMEYER 1964: dies., Die antiken Berichte über den Tod Ciceros und ihre Quellen, Baden-Baden 1964

HONSTETTER 1977: Robert Honstetter, Exemplum zwischen Rhetorik und Literatur. Zur gattungsgeschichtlichen Sonderstellung von Valerius Maximus und Augustinus, Diss. Konstanz 1977

HORSFALL 1989: Nicholas Horsfall, The Uses of Literacy and the *Cena Trimalchionis* I u. II, G&R 36 (1989), 74-89 u. 194-209

HOSE 1994: Martin Hose, Erneuerung der Vergangenheit. Die Historiker im Imperium Romanum von Florus bis Cassius Dio, Beiträge zur Altertumskunde 45, Stuttgart 1994

HOSE 1999: ders., Kleine griechische Literaturgeschichte, München 1999

HOSE 2002: ders., Die Erforschung des Vergessens als Aufgabe der Klassischen Philologie, in: Jürgen Paul Schwindt, Klassische Philologie *inter disciplinas*. Aktuelle Konzepte zu Gegenstand und Methode eines Grundlagenfaches, Heidelberg 2002, 41-49

HOSIUS 1910: Karl Hosius, Art.: A. Gellius, RE 13. Halbband, Stuttgart 1910, 992-998

HUNINK 2001: Vincent Hunink, Apuleius of Madauros: Florida. Edited with a commentary, Amsterdam 2001

HURLEY 2001: Donna W. Hurley, Suetonius: Divus Claudius, Cambridge 2001

HUTCHINSON 1998: G.O. Hutchinson, Cicero's Correspondence. A literary Study, Oxford 1998

JACQUES / SCHEID 1998 [1996]: François Jacques u. John Scheid, Rom und das Reich in der Hohen Kaiserzeit (44 v. Chr. – 260 n. Chr.), Bd. 1.: Die Struktur des Reiches, Stuttgart-Leipzig 1998 (frz.: Rome et l'intégration de l'Empire, Bd. 1: Les structures de l'Empire Romain, Paris ³1996)

JAEGER 1997: Mary Jaeger, Livy's written Rome, Ann Arbor 1997

JAL 1997: M. Paul Jal, Historiographie annalistique et historiographie thématique dans l'antiquité classique : quelques remarques, REL 75 (1997), 27-37

JAUSS 1972: Hans Robert Jauß, Theorie literarischer Gattungen und Literatur des Mittelalters, in: ders., Grundriß der romanischen Literaturen des Mittelalters, Bd. 1, Heidelberg 1972, 107-138

JENSEN 1997: Jens Peter Jensen, Aulus Gellius als Literaturkritiker: Impressionist oder Systematiker? Versuch einer Aufstellung seiner literaturkritischen Werttypologie, Classica et Medievalia 48 (1997), 359-406

JONES 1992: Brian W. Jones, The Emperor Domitian, London 1992

JONES 1970: Christopher P. Jones, Cicero's Cato, RhM 113 (1970), 188-196

JONES 1971: ders., Plutarch and Rome, Oxford 1971

JONES 1991: Frederick Jones, Naming in Pliny's Letters, Symbolae Osloenses 66 (1991), 147-170

JOLLES 1958 [1930]: Andre Jolles, Einfache Formen: Legende, Sage, Mythe, Rätsel, Spruch, Kasus, Memorabile, Märchen, Witz, Darmstadt ²1958 (= ¹1930)

JONES 1996: Brian W. Jones, Suetonius: Domitian. Edited with Introduction, Commentary and Bibliography, London 1996 (²2001)

JONES 2000: ders., Suetonius: Vespasian. Edited with Introduction, Commentary and Bibliography, London 2000

KAIMIO 1979: Jorma Kaimio, The Romans and the Greek Language, Helsinki 1979

KARVOUNIS 2002: Christos Karvounis, Demosthenes. Studien zu den Demegorien orr. XIV, XVI, XV, IV, I, II, III, Classica Monacensia 24, Tübingen 2002

KASSEL 1958: Rudolf Kassel, Untersuchungen zur griechischen und römischen Konsolationsliteratur, Zetemata 18, München 1958

KASTER 1995: Robert A. Kaster, C. Suetonius Tranquillus. *De Grammaticis et Rhetoribus*, Oxford 1995

KEITEL 1992: Elizabeth Keitel, *Foedum spectaculum* and related motifs in Tacitus Histories II-III, RhM 135 (1992), 342-351

KEMPFER 1973: Klaus W. Kempfer, Gattungstheorie. Information und Synthese, München 1973

KENNEDY 2003: George A. Kennedy, Progymnasmata. Greek Textbooks of Prose Composition and Rhetoric, translated with introduction and notes, Leiden-Boston 2003

KIERDORF 1978: Wilhelm Kierdorf, Ciceros „Cato", RhM 121 (1978), 167-184

KIERDORF 1980: ders., *Laudatio Funebris*. Interpretationen und Untersuchungen zur Entwicklung der römischen Leichenrede, Beiträge zur Klassischen Philologie 106, Meisenheim am Glan 1980

KLEBERG 1967: Tönnes Kleberg, Buchhandel und Verlagswesen in der Antike, Darmstadt 1967

KLEINGÜNTHER 1933: Adolf Kleingünther, ΠΡΩΤΟΣ ΕΥΡΕΤΗΣ. Untersuchungen zur Geschichte einer Fragestellung, Philologus Supplementband 26,1, Leipzig 1933

KNOCHE 1934: Ulrich Knoche, Der römische Ruhmesgedanke, Philologus 89 = n.F. 43 (1934), 102-124

KÖNIG 1984: Ingemar König, Exire de imperio - cedere imperio. Tacitus und Sueton über die Abdankungsversuche des Vitellius, in: Vincenzo Giuffré, Sodalitas. Scritti in onore di A. Guarino, Neapel 1984, 295-314

KORENJAK 1998: Martin Korenjak, Le Noctes Atticae di Gellio: i misteri della paideia, SIFC 16 (1998), 80-82

KORENJAK 2000: ders., Publikum und Redner. Ihre Interaktion in der sophistischen Rhetorik der Kaiserzeit, Zetemata 104, München 2000

KORENJAK 2003: ders., Tityri sub persona. Der antike Biographismus und die bukolische Tradition, A&A 44 (2003), 58-79

KORNHARDT 1936: Hildegard Kornhardt, *Exemplum*. Eine bedeutungsgeschichtliche Studie, Göttingen 1936

KRASSER 1993a: Helmut Krasser, *Claros colere viros* oder über engagierte Bewunderung. Zum Selbstverständnis des jüngeren Plinius, Philologus 137 (1993), 62-71

KRASSER 1993b: ders., *extremos pudeat rediisse* - Plinius im Wettstreit mit der Vergangenheit. Zu Vergilzitaten beim jüngeren Plinius, A&A 39 (1993), 144-154

KRASSER 1995: ders., Entwicklungen der römischen Lesekultur in trajanischer Zeit, in: Barbar Kühnert, Volker Riedel u. Rismag Gordesiani, Prinzipat und Kultur im 1. und 2. Jahrhundert, Bonn 1995, 79-89

KRASSER 1996: ders., *"sine fine lecturias"*. Zu Leseszenen und literarischen Wahrnehmungsgewohnheiten zwischen Cicero und Gellius, unveröffentlichte Habilitationsschrift, Tübingen 1996

KRASSER 1998: ders., Art: Aulus Gellius, DNP 4, Stuttgart 1998, 896-897

KRASSER 1999: ders., Lesekultur als Voraussetzung für die Rezeption von Geschichtsschreibung in der Hohen Kaiserzeit, in: Martin Zimmermann, Geschichtsschreibung und politischer Wandel im 3. Jh. n. Chr., Historia Einzelschriften 127, Stuttgart 1999, 57-69

KRASSER 2000: ders., Art.: Plinius Caecilius Secundus, C. (der Jüngere), DNP 9, Stuttgart 2000, 1141-1144

KRASSER 2002: ders., Poeten, Papageie und Patrone. Statius Silve 2,4 als Beispiel einer kulturwissenschaftlichen Textinterpretation, in: Jürgen Paul Schwindt, Klassische Philologie *inter disciplinas*. Aktuelle Konzepte zu Gegenstand und Methode eines Grundlagenfaches, Heidelberg 2002, 151-168

KRASSER 2004: ders., Universalisierung und Identitätskonstruktion. Formen und Funktionen der Wissenskodifikation im kaiserzeitlichen Rom, in: Günter Oesterle, Erinnerungskulturen und ihre Theoriebildung, Göttingen 2004 (im Druck)

KRAUS 2000: Christina Shuttleworth Kraus, The path between truculence and servility: Prose literature from Augustus to Hadrian, in: Oliver Taplin, Literature in the Greek and Roman Worlds. A new perspective, Oxford 2000, 438-467

KRENKEL 1980: Werner A. Krenkel, Sex und politische Biographie, WZRostock 29 (1980), 65-76

KRETZSCHMER 1860: A.C.H. Julius Kretzschmer, De A. Gellii fontibus, Bd. 1: de auctoribus A. Gellii grammaticis, Posen 1860

KRETZSCHMER 1862: ders., Zu A. Gellius gegen Hrn. Mercklin, JKPh 85 (1862), 361-368

KRETZSCHMER 1863: ders., Entgegnung, JKPh 87 (1863), 440

KRIECKHAUS 2002: Andreas Krieckhaus, Fallstudien zu senatorischen Familien und ihren Heimatstädten im 1. und 2. Jahrhundert n. Chr., Diss. Düsseldorf 2002

KRISCHER 1982: Tilman Krischer, Die Stellung der Biographie in der griechischen Literatur, Hermes 110 (1982), 51-64

KROLL 1924: Wilhelm Kroll, Studien zum Verständnis der römischen Literatur, Stuttgart 1924 (= [2]1964)

KÜHLMANN 2004: Wilhelm Kühlmann, Polyhistorie jenseits der Systeme. Zur funktionellen Pragmatik und publizistischen Typologie frühneuzeitlicher ‚Buntschriftstellerei', in: Helmut Krasser, Dietmar Rieger u. Friedrich Vollhardt, Schatzkammern des Wissens. Wissensspeicherung und Medien der Bildungskultur, Göttingen 2004 (im Druck)

KÜHNERT 1961: Friedmar Kühnert, Allgemeinbildung und Fachbildung in der Antike, Berlin 1961

KYTZLER 1974: Bernhard Kytzler, Die nachklassische Prosa Roms, in: Manfred Fuhrmann, Römische Literatur, Neues Handbuch der Literaturwissenschaft, Bd. 3, Frankfurt 1974, 291-322

LAKMANN 1995: Marie-Luise Lakmann, Der Platoniker Tauros in der Darstellung des Aulus Gellius, Leiden 1995

LAKMANN 1997: dies., Favorinus von Arelate: Aulus Gellius über seinen Lehrer, in: Beata Czapla et al., *Vir bonus dicendi peritus*. Festschrift für Alfons Weische, Wiesbaden 1997, 233-243

LAMBERTON 2001: Robert Lamberton, Plutarch, New Haven-London 2001

LAMBRECHT 1984: Ulrich Lambrecht, Herrscherbild und Principtasidee in Suetons Kaiserbiographien. Untersuchungen zur Caesar- und Augustus-Vita, Diss. Bonn 1984

LAMBRECHT 1995: ders., Suetons Domitian-Vita, Gymnasium 102 (1995), 508-536

LANGER 1998: Ulrich Langer, Heinrich von Treitschke. Politische Biographie eines deutschen Nationalisten, Düsseldorf 1998

LATACZ 1993: Joachim Latacz, Einführung in die griechische Tragödie, Göttingen 1993

LAUSBERG 1960: Heinrich Lausberg, Handbuch der literarischen Rhetorik. Eine Grundlegung der Literaturwissenschaft, München 1960

LAUSBERG 1991: Marion Lausberg, Cicero - Seneca - Plinius. Zur Geschichte des römischen Prosabriefes, Anregung 37 (1991), 82-100

LEACH 1990: Eleanor W. Leach, The Politics of Self-Presentation: Pliny's Letters and Roman Portrait Sculpture, Classical Antiquity 9 (1990), 14-40

LEACH 2003: dies., *Otium* as *luxuria*: Economy of Status in the Younger Pliny's *Letters*, in: Arethusa 36 (2003), 147-165

LEEMANN 1949: Anton D. Leemann, Gloria, Leiden 1949

LEFÈVRE 1977: Eckard Lefèvre, Plinius-Studien I. Römische Baugesinnung und Landschaftsauffassung in den Villenbriefen (2,17; 5,6), Gymnasium 84 (1977), 519-541

LEFÈVRE 1979: ders., Argumentation und Struktur der moralischen Geschichtsschreibung der Römer am Beispiel von Sallusts Bellum Iugurthinum, Gymnasium 86 (1979), 249-277

LEFÈVRE 1987: ders., Plinius-Studien. III: Die Villa als geistiger Lebensraum (1,3; 1,24; 2,8; 6,31; 9,36), Gymnasium 94 (1987), 247-262

LEFÈVRE 1988: ders., Plinius-Studien IV. Die Naturauffassung in den Beschreibungen der Quelle am *Lacus Larius* (4,30), des Clitumnus (8,8) und des Lacus Vadimo (8,20), Gymnasium 95 (1988), 236-269

LEFÈVRE 1989: ders., Plinius-Studien V. Vom Römertum zum Ästhetizismus, Gymnasium 96 (1989), 113-128

LEFÈVRE 1996a: ders., Pliniusstudien VI. Der große und der kleine Plinius. Die Vesuvbriefe (6,16; 6,20), Gymnasium 103 (1996), 193-215

LEFÈVRE 1996b: ders., Pliniusstudien VII. Cicero das unerreichbare Vorbild, Gymnasium 103 (1996), 333-353

LEFÈVRE 2003: ders., Plinius' Klage um die verlorengegangene Würde des Senats, in: Luigi Castagna u. Eckard Lefèvre, Plinius der Jüngere und seine Zeit, München-Leipzig 2003, 189-200

LEFKOWITZ 1981: Mary R. Lefkowitz, The Lives of the Greek Poets, London 1981

LEHMANN 2004: Gustav Adolf Lehmann, Demosthenes von Athen. Ein Leben für die Freiheit. Biografie, München 2004

LENDLE 1992: Otto Lendle, Einführung in die griechische Geschichtsschreibung, Darmstadt 1992

LEO 1901: Friedrich Leo, Die griechisch-römische Biographie nach ihrer litterarischen Form, Leipzig 1901

LEO 1912: ders., Satyros ΒΙΟΣ ΕΥΡΙΠΙΔΟΥ, NGG 1912, 273-90 (= ders., Ausgewählte kleine Schriften, Bd. 2, Rom 1960, 365-83)

LEPPIN 1992: Hartmut Leppin, Die *laus Pisonis* als Zeugnis der senatorischen Mentalität in der Kaiserzeit, Klio 74 (1992), 221-236

LEPPIN 2002: ders., Atticus – zum Wertewandel in der späten Republik, in: Jörg Spielvogel, *Res publica reperta*. Zur Verfassung und Gesellschaft der römischen Republik und des frühen Prinzipats, FS Jochen Bleicken, Stuttgart 2002, 192-202

LEVICK 1985: Barbara M. Levick, Verginius Rufus and the four Emperors, RhM 128 (1985), 318-346

LEUZE 1911: Oskar Leuze, Das synchronistische Kapitel des Gellius, RhM 66 (1911), 237-274

LEWIS 1991: R. Geoffrey Lewis, Suetonius' 'Caesares' and their literary antecedents, ANRW 2,33,5, Berlin-New York 1991, 3623-3675

LEWIS 1993: ders., Imperial Autobiography, Augustus to Hadrian, ANRW 2,34,1, Berlin-New York 1993, 629-706

LILJA 1969: Saara Lilja, On the nature of Pliny's letters, Arctos 6 (1969), 61-79

LILJA 1978: dies., Descriptions of human Appearance in Pliny's Letters, Arctos 12 (1978), 55-62

LILLGE 1918: Friedrich Lillge, Die literarische Form der Briefe Plinius' des Jüngeren über den Ausbruch des Vesuvs, Sokrates 72 (1918), 209-34 u. 273-97

LINDSAY 1993: Hugh Lindsay, Suetonius: Caligula. Edited with Introduction and Commentary, London 1993

LINDSAY 1994: ders., Suetonius as *ab epistulis* to Hadrian and the early history of imperial correspondence, Historia 43 (1994), 454-468

LINDSAY 1995a: ders., Suetonius: Tiberius. Edited with Introduction, Commentary and Bibliography, London 1995

LINDSAY 1995b: ders., Suetonius on the character of Horace, AULMA 83 (1995), 69-82

LOUNSBURY 1987: Richard C. Lounsbury, The arts of Suetonius: an introduction, New York 1987

LOUNSBURY 1991: ders., *Inter quos et Sporus erat*: The Making of Suetonius' Nero, in: ANRW 2,33,5, Berlin-New York 1991, 3748-3779

LOYD 1969: Oscar James Loyd, Books in Suetonius De Vita Caesarum, Diss. North Carolina 1969

LUCE 1990: Torry J. Luce, Livy, Augustus, and the Forum Augustum, in: Kurt A. Raaflaub u. Mark Toher, Between Republic and Empire, Berkeley 1990, 128-138

LUCE 1998 [1997]: ders., Die griechischen Historiker, Düsseldorf-Zürich 1998 (engl.: The Greek Historians, London-New York 1997)

LUCK 1961: Georg Luck, Brief und Epistel in der Antike, Altertum 7 (1961), 77-84

LUCK 1964: ders., Die Form der suetonischen Biographie und die frühen Heiligen-viten, in: A. Stuiber u. A. Hermann, Mullus. FS für Th. Klauser, Münster 1964 (= JbAC Ergänzungsband 1), 230-241

LUDOLPH 1997: Matthias Ludolph, Epistolographie und Selbstdarstellung. Unter-suchung zu den 'Paradebriefen' Plinius' des Jüngeren, Classica Monacensia 17, Tübingen 1997

LÜHR 1976: Franz-Frieder Lühr, *Res inauditae, incredulae.* Aspekte lateinischer Unterhaltungsliteratur bei Petronius, Plinius dem Jüngeren und Gellius, AU 19 (1976), 5-19

LUKINOVICH 1990: Alessandra Lukinovich, The Play of Reflections between Literary Form and the Sympotic Theme in the *Deipnosophistae* of Athenaios, *in*: Oswyn Murray, Sympotica, A Symposion on the Symposion, Oxford 1990, 263-271

MACK / O'NEIL 1986: Burton L. Mack u. Edward N. O'Neil, Hermogenes of Tarsus, in: Ronald F. Hock u. Edward O'Neil, The Chreia in Ancient Rhetoric, 1986, 153-182

MACE 1900: Alcide Macé, Essai sur Suétone, Paris 1900

MACMULLEN 1984: Ramsay MacMullen, Christianizing the Roman Empire (A.D. 100-400), New Haven 1984

MALCOVATI 1977: Enrica Malcovati, Augusto fonte di Suetonio, in: FS Rudolf Hanslik, WS Beiheft 8 (1977), 76-85

MALITZ 1985: Jürgen Malitz, Helvidius Priscus und Vespasian, Hermes 113 (1985), 231-246

MALITZ 1990: ders., Das Interesse an der Geschichte. Die griechische Geschichte und ihr Publikum, in: Herman Verdin et al., Purposes of History. Studies in Greek Historiography from the 4th to the 2nd Centuries BC, Leuven 1990, 323-349

MANUWALD 2001: Gesine Manuwald, Der Dichter Curiatius Maternus in Tacitus' Dialogus de oratoribus, GFA [Göttinger Forum für Altertumswissenschaft] 4 (2001), 1-20

MANUWALD 2003: dies., Eine ,Schule' für Novum Comum (epist. 4,13). Aspekte der liberalitas des Plinius, in: Luigi Castagna u. Eckard Lefèvre, Plinius der Jüngere und seine Zeit, München-Leipzig 2003, 203-217

MARACHE 1952: René Marache, La critique littéraire de la langue latine et le développement du goût archaïsant, Rennes 1952

MARACHE 1953: ders., La mise en scène des Nuits Attiques. Aulu-Gelle et la diatribe, Pallas 1 (1953), 84-95

MARACHE 1957: ders., Mots nouveaux et mots archaïques chez Fronton et Aulu-Gelle, Paris 1957

MARCH 1990: Jennifer March, Euripides the Misogynist?, in: Anton Powell, Euripides, women and sexuality, London 1990

MARINCOLA 1997: John Marincola, Authority and Tradition in Ancient Historio-graphie, Cambridge 1997

MARINCOLA 1999: ders., Genre, Convention and Innovation in Greco-Roman Historiography, in: Christina S. Kraus, The limits of historiography: genre and narrative in ancient historical texts, Mnemosyne 191, Brill 1999, 281-324

MARROU 1957: Henri-Irenee Marrou, Geschichte der Erziehung im klassischen Altertum, Freiburg i. Br. 1957

MARSHALL 1963: Peter K. Marshall, The Date of Birth of A. Gellius, CPh 58 (1963), 143-149

MARX 1937: Friedrich A. Marx, Tacitus und die Literatur der exitus illustrium virorum, Philologus 92 = 46 n.F. (1937), 83-103

MARZI 1991: Mario Marzi, Demàde politico e oratore, Atene e Roma 36 (1991), 70-83

MASELLI 1993: Giorgio Maselli, Osservazioni sui 'lemmata' delle 'Noctes Atticae', Orpheus n.s. 14 (1993), 18-39

MASLAKOW 1984: G. Maslakov, Valerius Maximus and Roman Historiographie. A Study of the *exempla* Tradition, ANRW 2,32,1, Berlin u. New York 1984, 437-496

MATTINGLY / SYDENHAM 1923: Harold Mattingly u. Edward Allen Sydenham, The Roman Imperial Coinage, Bd. 1: Augustus to Vitellius, London 1923 (= [2]1948)

MATTINGLY 1965: Harold Mattingly, Coins of the Roman Empire in the British Museum, Bd. 1: Augustus to Vitellius, London 1965

MAURACH 1991: Gregor Maurach, Seneca. Leben und Werk, Darmstadt 1991

MAYER 2003: Roland Mayer, Pliny and the *gloria dicendi*, Arethusa 36 (2003), 227-234

MEHL 2001: Andreas Mehl, Römische Geschichtsschreibung. Grundlagen und Entwicklungen, Stuttgart 2001

MEIER 1992: Christian Meier, Art.: Adel II.1. Adel und Aristokratie in der Antike, in: Otto Brunner et al., Geschichtliche Grundbegriffe, Bd. 1, Stuttgart [4]1992 ([1]1972), 2-11

MEISTER 1924: Richard Meister, Zur Frage des Kompositionsprinzips in den Briefen des Plinius, in: ΧΑΡΙΣΜΑ. Festgabe zur 25-jährigen Stiftungsfeier, Wien 1924, 27-33

MELLOR 1988: Ronald Mellor, Roman Historiography and Biogrpaphy, in: Michael Grant u. Rachel Kitzinger, Civilisation of the Ancient Mediterranean, Bd. 3, New-York 1988, 1541-1562

MERCKLIN 1857/60:Ludwig Mercklin, Die Citiermethode und Quellenbenutzung des A. Gellius in den Noctes Atticae, JKPh Suppl. 3 (1857-1860), 633-710

MERCKLIN 1861: ders., Rezension zu Kretschmer, JKPh 83 (1861), 713-724

MERCKLIN 1863: ders., Zur weiteren Beglaubigung des Hrn. Kretzschmer, JKPh 87 (1863), 428-440

MERRILL 1895: Elmer Truesdell Merrill, The Codex Riccardianus of Pliny's Letters, AJPh 16 (1895), 468-490

MERTON 1989 [1965]: Robert K. Merton, Auf den Schultern von Riesen. Ein Leitfaden durch das Labyrinth der Gelehrsamkeit, Frankfurt 1989 [amerikan.: On the shoulders of Giants. A Shandean Postscript, New York 1965]

MERWALD 1964: Günter Merwald, Die Buchkomposition des jüngeren Plinius, Erlangen-Nürnberg 1964

MIELSCH 2003: Harald Mielsch, Traditionelle und neue Züge in den Villen des Plinius, in: Luigi Castagna u. Eckard Lefèvre, Plinius der Jüngere und seine Zeit, München-Leipzig 2003, 317-324

MISCH 1949: Georg Misch, Geschichte der Autobiographie, Bd. 1: Das Altertum, Frankfurt ³1949

MOMIGLIANO 1993: Arnaldo Momigliano, The development of Greek Biography. Four lectures, Cambridge Massachusetts ²1993 (¹1971)

MOMMSEN 1909 [1850]: Theodor Mommsen, Ueber die Quellen der Chronik des Hieronymus, Ges. Schriften 7 (1909), 606-32 (zuerst: Abhandlungen der Sächsischen Akademie der Wissenschaften 2 (1850), 669-693)

MOMMSEN 1869: ders., Zur Lebensgeschichte des jüngeren Plinius, Hermes 3 (1869), 31-139

MONTANARI 1998: Franco Montanari, Art: Hermippos aus Smyrna, DNP 5, Stuttgart 1998, 439-440

V. MOOS 1988: Peter von Moos, Geschichte als Topik. Das rhetorische Exemplum von der Antike bis zur Neuzeit und die *historiae* im ‚Policratus' Johanns von Salisbury, Hildesheim 1988

MORELLO 2003: Ruth Morello, Pliny and the Art of Saying Nothing, Arethusa 36 (2003), 187-209

MORELLO / GIBSON 2003: Ruth Morello und Roy K. Gibson, Introduction, Arethusa 36 (2003), 1-5

MORGAN 1986: J.D. Morgan, Suetonius' Dedication to Septicius Clarus, CQ 36 (1986), 544-545

MORGAN 1992: M. Gwyn Morgan, The Smell of Victory: Vitellius at Bedriacum: (Tac. Hist. 2.70)., CPh 87 (1992), 14-29

MORRIS 1992: Ian Morris, Death-Ritual and Social Structure in Classical Antiquity, Cambridge 1992

MOUCHOVÁ 1968: Bohumila Mouchová, Studie zu den Kaiserbiographien Suetons, Prag 1968

MRATSCHEK-HALFMANN 1993: Sigrid Mratschek-Halfmann, *Divites et praepotentes*. Reichtum und soziale Stellung in der Literatur der Prinzipatszeit, Historia Einzelschriften 70, Stuttgart 1993

MRATSCHEK 2003: dies., *Illa nostra Italia*. Plinius und die Wiedergeburt der Literatur in der Transpadana, in: Luigi Castagna u. Eckard Lefèvre, Plinius der Jüngere und seine Zeit, München-Leipzig 2003, 220-241

MÜLLER 1965: Reimar Müller, Die Wertung der Bildungsdisziplinen bei Cicero. Βίος πρακτικός und Bildung, Klio 43-45 (1965), 77-173

MÜLLER 1980: Wolfgang W. Müller, Der Brief als Spiegel der Seele. Zur Geschichte eines Topos der Epistolartheorie von der Antike bis zu Samuel Richardson, A&A 26 (1980), 138-157

MÜNZER 1901/02: Friedrich Münzer, Die Entstehung der Historien des Tacitus, Klio 1 (1901/2), 300-330

MURGIA 1980: Charles E. Murgia, The Date of Tacitus' Dialogus, HSCPh 84 (1980), 99-125

MURGIA 1985: ders., Pliny's Letters and the Dialogus, HSPh 89 (1985), 171-206

MURISON 1987: Charles L. Murison, Tiberius, Vitellius and the Spintriae, Ancient History Bulletin 1 (1987), 97-99

MURISON 1992: ders., Suetonius: Galba, Otho, Vitellius. Edited with Introduction and Notes, London 1992

MURISON 1993: ders., Galba, Otho and Vitellius. Careers and controversies, Spudasmata 52, Hildesheim 1993

MURPHY 1991: John P. Murphy, The Anecdote in Suetonius' Flavian ‚Lives', in: ANRW 2,33,5, Berlin-New York 1991, 3780-3793

MUTSCHLER 2000a: Fritz-Heiner Mutschler, *Virtus* und kein Ende? Römische Werte und römische Literatur im 3. und 2. Jahrhundert v. Chr., Poetica 32 (2000), 23-49

MUTSCHLER 2000b: ders., Norm und Erinnerung. Anmerkungen zur sozialen Funkion von historischem Epos und Geschichtsschreibung im 2. Jh. v. Chr., in: Maximilian Braun et al., *Moribus antiquis res stat Romana*. Römische Werte und römische Literatur im 3. und 2. Jh. v. Chr., Beiträge zur Altertumskunde 134, München 2000, 87-124

MUTSCHLER 2003: ders., Geschichtsbetrachtung und Werteorientierung bei Nepos und Sallust, in: Andreas Haltenhoff et al., *O tempora, o mores!* Römische Werte und römische Literatur in den letzten Jahrzehnten der Republik, Beiträge zur Altertumskunde 171, München-Leipzig 2003, 259-285

NAUMANN 1974: Heinrich Naumann, Noch einmal: Suetons Virgil-Vita, Philologus 118 (1974), 131-144

NAUMANN 1979: ders., Lücken und Einfügungen in den Dichter-Viten Suetons, WS 92 (1979), 151-165

NAUMANN 1981: ders., Suetonius' Life of Vergil: The Present state of the Question, HSPh 85 (1981), 185-187

NAUTA 1990: Ruurd R. Nauta, Gattungsgeschichte als Rezeptionsgeschichte am Beispiel der Entstehung der Bukolik, A&A 36 (1990), 116-151

NAUTA 2002: ders., Poetry for Patrons. Literary Communication in the Age of Domitian, Mnemosyne Supplement 206, Leiden 2002

NETTLESHIP 1883: Henry Nettleship, The *Noctes Atticae* of Aulus Gellius, AJP 4 (1883), 391-415

NEUDECKER 1988: Richard Neudecker, Die Skulpturenausstattung römischer Villen in Italien, Mainz 1988

NEWBOLD 1971: Ron F. Newbold, Vitellius and the Roman Plebs, Historia 21 (1971), 308-319

NEWBOLD 1997: ders., Hostility and goodwill in Suetonius and the 'Historia Augusta', AncSoc 28 (1997), 149-174

NICOLAI 1992: Roberto Nicolai, La storiografia nell'educazione antica, Pisa 1992

NICOLS 1978: John Nicols, Vespasian and the *partes Flavianae*, Historia Einzelschriften 28, Stuttgart 1978

NICOLS 1980: ders., Pliny and the Patronage of Communities, Hermes 108 (1980), 365-385

NIEMIRSKA-PLISZYŃSKA 1955: J. Niemirska-Pliszyńska, De elocutione Pliniana in epistularum libris novem conspicua, Lublin 1955

NIKITINSKI 1998: Oleg Nikitinski, Plinius der Ältere: Seine Enzyklopädie und ihre Leser, in: Wolfgang Kullmann u.a., Gattungen wissenschaftlicher Literatur in der Antike, ScriptOralia 95, Tübingen 1998, 341-359

NIQUET 2002: Heike Niquet, *Monumenta virtutum titulique*. Senatorische Selbstdarstellung im spätantiken Rom im Spiegel der Denkmäler, Stuttgart 2000

NOCK 1933: Arthur Darby Nock, Conversion. The Old and the New in Religion from Alexander the Great to Augustine of Hippo, Oxford 1933

NORDEN 1983 [1898]: Eduard Norden, Die antike Kunstprosa, Bd. 1, Darmstadt ^{9}1983 (Leipzig ^{1}1898)

NOVARA 1982/83: Antoinette Novara, Les idées romaines sur le progrès d'après les écrivains de la République: essai sur le sens latin du progrès, 2 Bde., Paris 1982-1983

ÖNNERFORS 1974: Alf Önnerfors, Vaterporträts in der römischen Poesie. Unter besonderer Berücksichtigung von Horaz, Statius und Ausonius, Stockholm 1974

OFFERMANN 1975: Helmut Offermann, Plinius naiv?, in: Andreas Patzer, Apophoreta für Uvo Hölscher zum 60. Geburtstag, Bonn 1975, 122-144

OFFERMANN 1993: ders., Offenheit oder Demaskierung: Plinius, Anregung 39 (1993), 83-92 u. 162-171

OLIVA 1993: Allessandra Oliva, Plinio Ep. V,8 e Tucidide 1.22.4, Athenaeum 81 (1993), 279-283

OPELT 1963: Ilona Opelt, Art.: Epitome, RAC 5, Stuttgart 1963, 944-973

OTTO 1962 [1890]: August Otto, Die Sprichwörter und sprichwörtlichen Redensarten der Römer, Hildesheim 1962 (= Leipzig 1890)

OTTO 1919: Walter Otto, Zur Lebensgeschichte des jüngeren Plinius, Sitzungs-berichte der bayerischen Akademie der Wissenschaften 10, München 1919

PAILLER / SABLAYROLLES 1994: Jean-Marie Pailler u. Robert Sablayrolles, *Damnatio memoriae*: une vraie perpétuité, Pallas 40 (1994), 11-55

PARATORE 1959: Ettore Paratore, Claude et Néron chez Suétone, Rivista di cultura classica et mediovale 1 (1959), 326-341

PARKIN 2003: Tim G. Parkin, Old Age in the Roman World: A Cultural and Social History, Baltimore 2003

PECCHIURA 1965: Piero Pecchiura, La figura di Catone Uticense nella letteratura Latina, Turin 1965

PELLING 1997: Christopher B.R. Pelling, Art.: Biography, OCD, Oxford [3]1997, 241-242

PERKINS 1990: Caroline A. Perkins, Vitellius the *spectaculum*: A Note on *Histories* 3.84.5, CB 66 (1990), 47-49

PERL 1984: Gerhard Perl, Geschichtsschreibung in der Zeit der römischen Republik und in der Kaiserzeit, Klio 66 (1984), 567-573

PETER 1897: Hermann Peter, Die geschichtliche Literatur über die römische Kaiserzeit bis Theodosius I. und ihre Quellen, 2 Bde., Leipzig 1897

PETER 1901: ders., Der Brief in der römischen Literatur, Leipzig 1901 (= Hildesheim 1965)

PETER 1911: ders., Wahrheit und Kunst. Geschichtsschreibung im Klassischen Altertum, Leipzig-Berlin 1911

PHILIPS 1986: Heribert Philips, C. Plini Caecili Secundi Epistulae (in Auswahl). Mit einer Einführung, textkritischem Apparat und Kommentar, Paderborn 1986

PICCIRILLI 1998: Luigi Piccirilli, I testi biografici come testimonianza della storia della mentalià, in: Widu Wolfgang Ehlers, La biographie antique, Entretiens 44, Genf 1998, 147-192

PICONE 1977: Giusto Picone, L'eloquenza di Plinio: Teoria e prassi, Palermo 1977

PIGHI 1944: Giovanni Battista Pighi, Vestricio Spurinna, Aevum 19 (1944), 114-141

PÖSCHEL 1940: Hans Pöschel, Von der antiken Anekdote, Frankfurter Zeitung 383/384 (1940), 4

POMEROY 1991: Arthur J. Pomeroy, The Appropiate Comment. Death Notices in the Ancient Historians, Studien zur Klassischen Philologie 58, Frankfurt 1991

POTTER 1999: David S. Potter, Literary Texts and the Roman Historian, London-New York 1999

POWNALL 2004: Frances Pownall, The Moral Use of History in Fourth-Century Prose, Ann Arbor 2004

DE PRETIS 2003: Anna de Pretis, ‚Insincerity', ‚Facts', and ‚Epistolarity': Approaches to Pliny's *Epistles* to Calpurnia, Arethusa 36 (2003), 127-146

PUGLIARELLO 1997: Mariarosaria Pugliarello, 'Disparilitas' e 'memoria' nella trama delle 'Noctes Atticae', Serta antiqua et mediaevalia, Rom 1997, 95-109

QUASS 1993: Friedemann Quass, Die Honoratiorenschicht in den Städten des griechischen Ostens. Untersuchungen zur politischen und sozialen Entwicklung in hellenistischer und römischer Zeit, Stuttgart 1993

RADICKE 1997: Jan Radicke, Die Selbstdarstellung des Plinius in seinen Briefen, Hermes 125 (1997), 447-469

RADICKE 2003: ders., Der öffentliche Privatbrief als ‚kommunizierte Kommunikation' (Plin.epist. 4,28), in: Luigi Castagna u. Eckard Lefèvre, Plinius der Jüngere und seine Zeit, München-Leipzig 2003, 23-34

VON RANKE 1874: Leopold von Ranke, Geschichte der romanischen und germanischen Völker, Sämtliche Werke Bd. 33, Leipzig ²1874

RAWSON 1985: Elisabeth Rawson, Intellectual Life in the Late Roman Republic, Baltimore 1985

RAWSON 1986: dies., Cassius and Brutus: the memory of the Liberators, in: I.S. Moxon et al., Past Perspectives. Studies in Greek and Roman historical writing, Cambridge 1986, 101-119

REINHARDT 1996: Dirk Reinhardt, „Kollektive Erinnerung" und „kollektives Gedächtnis". Zur Frage der Übertragbarkeit individualpsychologischer Konzepte auf gesellschaftliche Phänomene, in: Clemens Wischermann, Die Legitimität der Erinnerung und die Geschichtswissenschaften, Stuttgart 1996, 87-99

REINSBERG 1989: Carola Reinsberg, Ehe, Hetärentum und Knabenliebe im antiken Griechenland, München 1989

REPGEN 1982: Konrad Repgen, Über Rankes Diktum von 1824: „bloss sagen, wie es eigentlich gewesen", Historisches Jahrbuch 102 (1982), 439-449

RICHTER 1992: Brigitte Richter, Vitellius: Ein Zerrbild der Geschichtsschreibung. Untersuchungen zum Prinzipat des A. Vitellius, Prismata 3, Frankfurt 1992

RIDLEY 1983: Ronald T. Ridley, *Falsi triumphi, plures consulatus*, Latomus 42 (1983), 372-382

RIGGSBY 1995: Andrew M. Riggsby, Pliny on Cicero and Oratory: Self-Fashioning in the Public Eye, AJPh 116 (1995), 123-135

RIGGSBY 1998: ders., Self and Community in the Younger Pliny, Arethusa 31 (1998) 75-98

RIGGSBY 2003: ders., Pliny in Space (and Time), in: Arethusa 36 (2003), 167-186

ROBBINS 1910: Frank Egleston Robbins, Tables of Contents in the MSS of Pliny's Letters, CPh 5 (1910), 476-487

RÖMER 1983: Franz Römer, Die plinianische ‚Anthropologie' und der Aufbau der Naturalis historia, WS 17 (1983), 104-108

RÖMER 1987: ders., Vom Spuk zur Politik. Der Gespensterbrief des Jüngeren Plinius, Wiener humanistische Blätter 29 (1987), 26-36

RÖMER 1990: ders., Zum Aufbau der Exempelsammlung des Valerius Maximus, WS 103 (1990), 99-107

ROLLER 1997: Matthew B. Roller, Color-Blindness: Cicero's Death, Declamation, and the Production of History, CPh 92 (1997), 109-130

ROMERI 2000: Luciana Romeri, The λογόδειπνον: Athenaeus between Banquet and Anti-Banquet, in: David Braund u. John Wilkins, Athenaeus and his World. Reading Greek Culture in the Roman Empire, Exeter 2000, 256-271

RONCONI 1966: Alessandro Ronconi, *Exitus illustrium virorum*, RAC VI, Stuttgart 1966, 1258-1268

RONNING 2003: Christian Ronnig, Soziale Identität – Identifikation – Identifikations-figur. Versuch einer Synthese, in: Barbara Aland, Johannes Hahn, Christian Ronnig, Literarische Konstituierung von Identifikationsfiguren in der Antike, Studien und Texte zu Antike und Christentum 16, Tübingen 2003, 233-251

ROSENMEYER 1985: Thomas G. Rosenmeyer, Ancient Literature Genres: A Mirage?, Yearbook of Comparative and General Literature 34 (1985), 74-84

ROSENMEYER 2001: Patricia A. Rosenmeyer, Ancient Epistolary Fictions. The Letter in Greek Literature, Cambridge 2001

ROTHE 1989: Susanne Rothe, Kommentar zu ausgewählten Sophistenviten des Philostratos. Die Lehrstuhlinhaber in Athen und Rom, Heidelberg 1989

RUDD 1992: Nial Rudd, Strategies of Vanity: Cicero, Ad familiares 5.12 and Pliny's letters. in: Tony Woodman u. Jonathan Powell, Author and audience in Latin literature, Cambridge 1992, 18-32

RÜPKE 1995: Jörg Rüpke, Kalender und Öffentlichkeit. Die Geschichte der Repräsentation und religiösen Qualifikation von Zeit in Rom, RGVV 40, Berlin-New York 1995

RÜPKE 1997: ders., Geschichtsschreibung in Listenform: Beamtenlisten unter römischen Kalendern, Philologus 141 (1997), 65-85

RÜPKE 2001: ders., Kulturtransfer als Rekodierung: Zum literaturgeschichtlichen und sozialen Ort der frühen römischen Epik, in: ders., Von Göttern und Menschen erzählen. Formkonstanzen und Funktionswandel vormoderner Epik, Stuttgart 2001, 42-64

RUTLEDGE 2001: Steven H. Rutledge, Imperial inquisitions. Prosecutors and informants from Tiberius to Domitian, London-New York 2001

RYDER 2000: Timothy T.B. Ryder, Demosthenes and Philipp II., in: Ian Worthington, Demosthenes. Statesman and orator, London-New York 2000, 45-89

SALLER 1980: Richard Saller, Anecdotes as historical evidence for the Principate, G&R 27 (1980), 69-83

SALLER 1982: ders., Personal Patronage under the early empire, Cambridge 1982

SALLMANN 1979: Klaus Sallmann, *Quo verius tradere posteris possis.* Plin. epist. 6,16, WJA 5 (1979) 209-218

SALLMANN 1984: ders., Der Traum des Historikers: Zu den 'Bella Germaniae' des Plinius und zur julisch-claudischen Geschichtsschreibung, in: ANRW 2,32,1, Berlin-New York 1984, 578-601

SALLMANN 2001: ders., Art.: C. Suetonius Tranquillus, DNP 11, Stuttgart-Weimar 2001, 1084-1088

SALLMANN / SCHMIDT 1997a: Klaus Sallmann u. Peter L. Schmidt, Art.: C. Suetonius Tranquillus (§ 404), in: Klaus Sallmann, Die Literatur des Umbruchs. Von der römischen zur christlichen Literatur (117 bis 284 n. Chr.), HLL 4, München 1997, 14-53

SALLMANN / SCHMIDT 1997b: dies., Art.: Aulus Gellius (§ 408), in: Klaus Sallmann, Die Literatur des Umbruchs. Von der römischen zur christlichen Literatur (117 bis 284 n. Chr.), HLL 4, München 1997, 68-77

SANDY 1997: Gerald Sandy, The Greek World of Apuleius. Apuleius and the Second Sophistic, Mnemosyne Supplementband 174, Leiden-New York-Köln 1997

SAUER 1930: Kurt Sauer, Untersuchungen zur Darstellung des Todes in der griechisch-römischen Geschichtsschreibung, Diss. Frankfurt 1930

SCHÄFER 1982: Rudolf Schäfer, Die Anekdote. Theorie – Analyse – Didaktik, München 1982

SCHANZ 1896: Martin Schanz, Geschichte der römischen Literatur bis Gesetzge-bungswerk des Kaisers Justinian, Bd. 3: Die Zeit von Hadrian 117 bis auf Constantin 324, HdbA 8,3, München 1896

SCHANZ / HOSIUS 1927: Martin Schanz u. Carl Hosius, Geschichte der römischen Literatur bis zum Gesetzgebungswerk des Kaisers Justinian, Bd. 1: Die römische Literatur in der Zeit der Republik, HdbA 8,1, München ⁴1927 (= ⁵1959)

SCHANZ / HOSIUS 1935: dies., Geschichte der römischen Literatur bis zum Gesetzge-bungswerk des Kaisers Justinian, Bd. 2: Die römische Literatur in der Zeit der Monarchie bis auf Hadrian, HdbA 8,2, München ⁴1935 (= ⁵1959)

SCHEER 1993: Tanja Scheer, Mythische Vorväter. Zur Bedeutung griechischer Heroenmythen im Selbstverständnis kleinasiatischer Städte, München 1993

SCHEID 1984: John Scheid, La mort du tyran. Chroniques de quelques morts program-mées, in: Du châtiment dans la cité: supplices corporels et peine de mort dans le monde antique, Table Ronde organisée par l'Ecole Française de Rome, Rom 1984, 177-193

SCHENK 1999: Peter Schenk, Formen von Intertextualität im Briefkorpus des jüngeren Plinius, Philologus 143 (1999), 114-134

SCHEPENS 1980: Guido Schepens, L'autopsie dans la méthode des historiques grecs du Vᵉ siècle avant J.-C., Brüssel 1980

SCHEPENS / DELCROIX 1996: Guido Schepens u. Kris Delcroix, Ancient Paradoxogra-phy: Origin, Evolution, Production and Reception, in: Oronzo Pecere u. Antonio Stramaglia, La letteratura di consumo nel mondo Greco-Latino, Cassino 1996, 373-460

SCHERBERICH 1995: Klaus Scherberich, Untersuchungen zur vita Claudii des Sueton, Köln 1995

SCHETTINO 1975: Maria Teresa Schettino, Questioni di biografia Gelliana, GFF 8 (1975), 75-87

SCHETTINO 1986: dies., Interesse storici e letture storiografiche di Aulo Gellio, in: Latomus 45 (1986), 347-366

SCHETTINO 1987: dies., Aulo Gellio e l'annalistica, in: Latomus 46 (1987), 123-145

SCHEUER 1994: Helmut Scheuer, Art.: Biographie, Historisches Wörterbuch der Rhetorik, Bd. 2, Tübingen 1994, 30-43

SCHEUER 1997: ders., Art. Biographie, Reallexikon der deutschen Literaturwissenschaft, Bd. 1., Berlin u. New-York 1997, 233-236

SCHIBEL 1971: Woflgang Schibel, Sprachbehandlung und Darstellungsweise in römischer Prosa. Claudius Quadirigarius, Livius, Aulus Gellius, Amsterdam 1971

SCHINDEL 1963: Ulrich Schindel, Demosthenes im 18. Jahrhundert. Zehn Kapitel zum Nachleben des Demosthenes in Deutschland, Frankreich, England, Zetemata 31, München 1963

SCHINDEL 1994: ders., Archaismus als Epochenbegriff: Zum Selbstverständnis des 2. Jhs., Hermes 122 (1994), 327-341

SCHLAFFER 1997: Heinz Schlaffer, Art.: Anekdote, Reallexikon der deutschen Literaturwissenschaft, Bd. 1, Berlin u. New York 1997, 87-89

SCHMAL 2002: Stephan Schmal, Cato, Sallust und Tacitus. Politik und Geschichtsschreibung im republikanischen und kaiserzeitlichen Rom, in: Andreas Goltz et al., Gelehrte in der Antike: Alexander Demandt zum 65. Geburtstag, Köln 2002, 87-104

SCHMIDT 1991: Peter L. Schmidt, Suetons 'Pratum' seit Wessner (1917), in: ANRW 2,33,5, Berlin-New York 1991, 3794-3825

SCHMIDT 1997a: ders., Paratextuelle Elemente in lateinischer Fachprosa, in: Jean-Claude Fredouille et al., Titres et articulations du texte dans les œuvres antiques. Actes du Colloque International de Chantilly 13-15 décembre 1994, Paris 1997, 223-232

SCHMIDT 1997b: ders., Die Livius-Epitome, HLL 4 (1997), § 464

SCHMIDT 2001: ders., Die *Libri de viris illustribus*: Zu Entstehung, Überlieferung und Rezeption einer Gattung der römischen Historiographie, in: Marianne Coudry u. Thomas Späth, L'invention des grands hommes de la Rome antique / Die Konstruktion der großen Männer Roms, Paris 2001, 173-188

SCHMIDT 1891: Wilhelm Schmidt, De Romanorum imprimis Suetonii arte biographica, (Diss. Marburg 1891) Köln 1891

SCHMIDT 1914: ders., De ultimis morientum verbis, Marburg 1914

SCHMITT 1997: Marcelo Tilman Schmitt, Die römische Außenpolitik des 2. Jahrhunderts n. Chr., Stuttgart 1997

SCHMITZ 1997: Thomas Schmitz, Bildung und Macht. Zur sozialen und politischen Funktion der zweiten Sophistik in der griechischen Welt der Kaiserzeit, Zetemata 97, München 1997

SCHMITZER 2000: Ulrich Schmitzer, Velleius Paterculus und das Interesse an der Geschichte im Zeitalter des Tiberius, Heidelberg 2000

SCHÖNBERGER 1990: Otto Schönberger, Die Vesuvbriefe des jüngeren Plinius, Gymnasium 97 (1990), 526-548

SCHÖNEGG 1999: Beat Schönegg, Senecas *epistulae morales* als philosophisches Kunstwerk, Bern 1999

SCHRÖDER 1999: Bianca-Jeanette Schröder, Titel und Text. Zur Entwicklung lateinischer Gedichtüberschriften. Mit Untersuchungen zu lateinischen Buchtiteln, Inhaltsverzeichnissen und anderen Gliederungsmitteln, Untersuchungen zur antiken Literatur und Geschichte 54, Berlin-New York 1999

SCHULTE 2001: J. Manuel Schulte, Speculum regis. Studien zur Fürstenspiegel-Literatur in der griechisch-römischen Antike, Antike Kultur und Geschichte 3, Münster-Hamburg-London 2001

SCHUNK 1955: Peter Schunk, Römisches Sterben. Studien zu Sterbeszene in der kaiserzeitlichen Literatur, insbesondere bei Tacitus, Diss. Heidelberg 1955

SCHUNK 1959: ders., Galba, Otho und Vitellius in den Historien des Tacitus, SO 39 (1959), 38-82

SCHUSTER 1951: Mauritius Schuster, Art.: Plinius der Jüngere, RE 41. Halbband, Stuttgart 1951, 439-456

SCHWARTZ 1905: Eduard Schwartz, Art.: Duris von Samos, RE 10. Halbband, Stuttgart 1905, 1853-1856

CHWINDT 2000: Jürgen Paul Schwindt, Prolegomena zu einer ‚Phänomenologie' der römischen Literaturgeschichtsschreibung. Von den Anfängen bis Quintilian, Hypomnemata 130, Göttingen 2000

SCOTT 1984: R. T. Scott, A Note on the City and the Camp in Tacitus, Histories 3.71, AJAH 9 (1984), 109-111

SEHLMEYER 1999: Markus Sehlmeyer, Stadtrömische Ehrenstatuen der republikanischen Zeit. Historizität und Kontext von Symbolen nobilitären Standesbewußtseins, Historia Einzelschriften 130, Stuttgart 1999

SEIBERT 1993: Peter Seibert, Der literarische Salon. Literatur und Geselligkeit zwischen Aufklärung und Vormärz, Stuttgart 1993

SHARPLES 2001: Robert Sharples, Art.: Sotion, DNP 11, Stuttgart 2001, 754-755

SHELTON 1987: Jo-Ann Shelton, Pliny's Letter 3.11: Rhetoric and Autobiography, Classica et Mediaevalia 38 (1987), 121-139

SHERWIN-WHITE 1966: Adrian N. Sherwin-White, The Letters of Pliny. A Historical and Social Commentary, Oxford 1966

SHOTTER 1967: David Colin Arthur Shotter, Tacitus and Verginius Rufus, CQ 17 (1967), 370-381

SHOTTER 1993: ders., Suetonius Tranquillus, Gaius: Lives of Galba, Otho and Vitellius, Westminster 1993

SKARD 1965: Eiliv Skard, Die Heldenschau in Vergils Aeneis, SO 40 (1965), 53-65

SKIDMORE 1996: Clive Skidmore, Practical Ethics for Roman Gentlemen. The Work of Valerius Maximus, Exeter 1996

SOLARI 1950: Arturo Solari, L'antistoricismo nell'attività letteraria di Plinio, Rendiconti dell'accademia nazionale dei Lincei, Classe di Scienze morali, storiche e filologiche, 8,5 (1950), 457-462

SONNABEND 2002: Holger Sonnabend, Geschichte der antiken Biographie. Von Isokrates bis zur Historia Augusta, Stuttgart 2002

SPANNAGEL 1999: Martin Spannagel, *Exemplaria principis*. Untersuchungen zu Entstehung und Ausstattung des Augustusforums, Archäologie und Geschichte 9, Heidelberg 1999

SPENCER 2002: Diana Spencer, The Roman Alexander. Reading a Cultural Myth, Exeter 2002

STADTER 1996: Philip A. Stadter, Anecdotes and the Thematic Structure of Plutarchean Biography, in: José Antonio Fernández Delgado u. Francisca Pordomingo Pardo, Estudios sobre Plutarco: Aspectos formales, Madrid 1996, 292-303

STADTER 2002: Philip A. Stadter, Plutarch's Lives and their Roman Readers, in: Erik Nis Ostenfeld, Greek Romans and Roman Greeks. Studies in Cultural Interaction, Aarhus 2002, 123-135

STANGL 1886: Th. Stangl, Zur kritik der briefe Plinius des jüngeren. I. Alter und umfang der Riccardianischen handschrift sowie ihre verzeichnisse der briefempfänger und briefanfänge, Philologus 45 (1886), 642-679

STANZEL 1987: Karl-Heinz Stanzel, Dicta Platonica. Die unter Platons Namen überlieferten Aussprüche, Darmstadt 1987

STARR 1980: Raymond J. Starr, Velleius' Literary Techniques in the Organization of his History, TAPhA 110 (1980), 287-301

STARR 1981: ders., The Scope and Genre of Vell. History, CQ 31 (1981), 162-174

STARR 1990: Raymond J. Starr, Pliny the Younger on Private Recitations and C. Titius on Irresponsible Judges. Latomus 49 (1990) 464-472

STÄRK 1995: Ekkehard Stärk, Kampanien als geistige Landschaft. Interpretationen zum antiken Bild des Golfes von Neapel, Zetemata 93, München 1995

STEIDLE 1951: Wolf Steidle, Sueton und die antike Biographie, Zetemata 1, München 1951

STEIN-HÖLKESKAMP 2003: Elke Stein-Hölkeskamp, Vom *homo politicus* zum *homo litteratus*. Lebensziele und Lebensideale in der römischen Elite von Cicero bis zum jüngeren Plinius, in: Karl-Joachim Hölkeskamp, Jörn Rüsen, Elke Stein-Hölkeskamp u. Heinrich Theodor Grütter, Sinn (in) der Antike. Orientierungs-systeme, Leitbilder und Wertkonzepte im Altertum, Mainz 2003, 315-334

STEINMETZ 1964: Peter Steinmetz, Gattungen und Epochen der griechischen Literatur aus der Sicht Quintilians, Hermes 92 (1964), 454-466

STEINMETZ 1971: ders., Die literarische Form des 'Agricola' des Tacitus, in: Gerhard Radke, Politik und literarische Kunst im Werk des Tacitus, Stuttgart 1971, 129-141

STEINMETZ 1982: ders., Untersuchungen zur römischen Literatur des zweiten Jahrhunderts nach Christi Geburt, Palingenesia 16, Wiesbaden 1982

STEMMLER 2000: Michael Stemmler, *Auctoritas exempli*. Zur Wechselwirkung von kanonisierten Vergangenheitsbildern und gesellschaftlicher Gegenwart in der späten Republik, in: Bernhard Linke u. Michael Stemmler, *Mos maiorum*. Untersuchungen zu den Formen der Identitätsstiftung und Stabilisierung in der römischen Republik, Stuttgart 2000, 141-205

STEMMLER 2001: ders., Institutionalisierte Geschichte. Zur Stabilisierungsleistung und Symbolizität historischer Beispiele in der Redekultur der römischen Republik, in: Gert Melville, Institutionalität und Symbolisierung. Verstetigung kultureller Ordnungsmuster in Vergangenheit und Gegenwart, Köln 2001, 219-240

STEPHAN 2002: Eckhard Stephan, Honoratioren, Griechen, Polisbürger. Kollektive Identitäten innerhalb der Oberschicht des kaiserzeitlichen Kleinasien, Hypomnemata 143, Göttingen 2002

STERTZ 1993: Stephen A. Steertz, *Semper in omnibus varius*: The Emperor Hadrian and Intellectuals, in: ANRW 2,34,1, Berlin-New York 1993, 612-628

STIERLE 1973: Karlheinz Stierle, Geschichte als Exemplum – Exemplum als Geschichte, in: Reinhart Koselleck u. Wolf-Dieter Stempel, Geschichte – Ereignis und Erzählung, Poetik und Hemeneutik 5, München 1973, 347-375

STOK 1995: Fabio Stok, Ritratti fisiognomico in Svetonio, in: Italo Gallo u. Luciano Nicastri, Biografia e autobiografia degli antici e dei moderni, Neapel u.a. 1995, 109-135

STRASBURGER 1982a [1966]: Hermann Strasburger, Die Wesensbestimmung der Geschichte durch die antike Geschichtsschreibung, in: ders., Studien zur alten Geschichte, Bd. 2, Hildesheim 1982, 963-1016 (zuerst: Sitzungsberichte der Wiss. Gesell. an der Johann-Wolfgang-Goethe-Universität, Bd. 5, Frankfurt 1966)

STRASBURGER 1982b [1972]: ders., Homer und die Geschichtsschreibung, in: ders., Studien zur alten Geschichte, Bd. 2, Hildesheim 1982, 1057-97 (zuerst: SHAW 1972,1)

STRAUB 1998: Jürgen Straub, Personale und kollektive Identität. Zur Analyse eines theoretischen Begriffs, in: Aleida Assmann u. Heidrun Friese, Identitäten, Frankfurt 1998, 73-104

STRAUSS 1973 [1962]: Claude Lévi-Strauss, Das wilde Denken, Frankfurt 1973 [frz.: La pensée sauvage, Paris 1962]

STROBEL 1983: Karl Strobel, Laufbahn und Vermächtnis des jüngeren Plinius. Zu CIL V 5262, in: Werner Huß u. Karl Strobel, Beiträge zur Geschichte, Bamberger Hochschulschriften 9, Bamberg 1983, 37-56

STROBEL 2003: ders., Plinius und Domitian: der willige Helfer eines Unrechtssystems? Zur Problematik historischer Aussagen in den Werken des jüngeren Plinius, Luigi Castagna u. Eckard Lefèvre, Plinius der Jüngere und seine Zeit, München-Leipzig 2003, 303-314

STRUBE 1964: Nicolaus Strube, Plinius der Jüngere II 7: Eine sprachliche und stilistische Analyse, WS 77 (1964), 185-191

STUART 1928: Duane Reed Stuart, Epochs of Greek and Roman Biography, Sather Classical Lectures 4, Berkeley 1928

SULLIVAN 1988 [1896]: Louis Henry Sullivan, The Tall Office Building Artistically Considered, in: Robert Twombly, Louis Sullivan: The Public Papers, Chicago-London 1988, 103-113 [zuerst: Lippincott's Magazine 57 (March 1896), 403-9]

SUMNER 1970: Graham Vincent Sumner, The Truth about Velleius Paterculus. Prolegomena, HSPh 74 (1970), 257-297

SWAIN 1996: Simon Swain, Hellenism and Empire: Language, Classicism and Power in the Greek World (A.D. 50-250), Oxford 1996

SWAIN 1997: ders., Biography and Biographic in the Literature of the Roman Empire, in: Mark J. Edwards u. Simon Swain, Portraits. Biographical representation in the Greek and Latin Literature of Roman Empire, Oxford 1997, 1-37

SYKURTIS 1927: Joannes Sykutris, Isokrates' Euagoras, Hermes 62 (1927), 24-53 (wiederabgedruckt in: Friedrich Seck, Isokrates, WdF 351, 1976, 74-103)

SYKUTRIS 1931: ders., Art.: Epistolographie, RE Suppl. 5, Stuttgart 1931, 186-210

SYME 1958a: Ronald Syme, Tacitus, 2 Bde., Oxford 1958

SYME 1958b: ders., Obituaries in Tacitus, AJPh 79 (1958), 18-31

SYME 1960: ders., Pliny's Less Successful Friends, Historia 9 (1960), 362-79 (= ders., Roman Papers II, Oxford 1979, 477-495)

SYME 1964: ders., Pliny and the Dacian Wars, Latomus 23,2 (1964), 750-759 (= ders., Roman Papers VI, Oxford 1991, 142-149)

SYME 1968: ders., People in Pliny, JRS 58 (1968), 135-151 (= ders., Roman Papers II, Oxford 1979, 694-723)

SYME 1980a: ders., Biographers of Caesars, MH 37 (1980), 104-128

SYME 1980b: ders., Guard Prefects of Trajan and Hadrian, JRS 70 (1980), 64-80

SYME 1985a: ders., Correspondents of Pliny, Historia 34 (1985) 324-359 (= ders., Roman Papers V, Oxford 1988, 440-477)

SYME 1985b: ders., The Dating of Pliny's Latest Letters, CQ 35 (1985), 176-185 (= ders., Roman Papers V, Oxford 1988, 478-489)

SYME 1991a: ders., Verginius Rufus, in: ders., Roman Papers VII, Oxford 1991, 512-520

SYME 1991b: ders., Vestricius Spurinna, in: ders., Roman Papers VII, Oxford 1991, 541-550

SYME 1991c: ders., Pliny's Early Career, in: ders., Roman Papers VII, Oxford 1991, 551-567

SYME 1991d: ders., A Political Group, in: ders., Roman Papers VII, Oxford 1991, 568-587

THEANDER 1959: Carl Theander, Plutarchs Forschungen in Rom: Zur mündlichen Überlieferung als Quelle Biographien, Eranos 57 (1959), 99-131

THRAEDE 1962: Klaus Thraede, Das Lob des Erfinders. Bemerkungen zur Analyse der Heuremata-Kataloge, RhM 105 (62), 158-186

THRAEDE 1970: ders., Grundzüge griechisch-römischer Brieftopik, Zetemata 48, München 1970

THURN 2001: Nikolaus Thurn, Der Aufbau der Exempelsammlung des Valerius Maximus, Hermes 129 (2001), 79-94

TILL 1940: Rudolf Till, Die Anerkennung literarischen Schaffens in Rom, Neue Jahrbücher für Antike und deutsche Bildung 3 (1940), 161-174

TIMONEN 1993: Asko Timonen, Emperor's „*ars recusandi*" in Biographical Narrative, Arctos 27 (1993), 133-148

TIMPE 1987: Dieter Timpe, Geschichtsschreibung und Prinzipatsopposition, in: Opposition et résistances a l'empire d'Auguste a Trajan, Entretiens 33, Genf 1987, 65-102

TOBIN 1997: Jennifer Tobin, Herodes Attikos and the City of Athens. Patronage and Conflict under the Antonines, Amsterdam 1997

TOHER 1990: Mark Toher, Augustus and the Evolution of Roman Historiography, in: Kurt A. Raaflaub u. Mark Toher, Between Republic and empire, Berkeley 1990, 139-154

TOWNEND 1959: Gavin B. Townend, The date of composition of Suetonius' Caesares, CQ n.s. 9 (1959), 285-293

TOWNEND 1961a: ders., The Hippo inscription and the career of Suetonius, Historia 10 (1961), 99-109

TOWNEND 1961b: ders., The Reputation of Verginius Rufus, Latomus 20 (1961), 337-341

TOWNEND 1964: ders., Cluvius Rufus in the *Histories* of Tacitus, AJPh 85 (1964), 337-377

TOWNEND 1967: ders., Suetonius and his Influence, in: T.A. Dorey, Latin Biography, London 1967, 79-111

TRAUB 1955: Henry Willis Traub, Pliny's Treatment of History in Epistolary Form, TAPhA 86 (1955), 213-232

TRISOGLIO 1972: Francesco Trisoglio, La personalità di Plinio il Giovane nei suoi rapporti con la politica, la società e la letteratura, Turin 1972

TSCHIEDEL 1981: Hans Jürgen Tschiedel, Caesars Anticato. Eine Untersuchung der Testimonien und Fragmente, Darmstadt 1981

TUPLIN 2000: Christopher Tuplin, Nepos and the Origin of Political Biography, in: Carl Deroux, Studies in Latin Literature and Roman History 10, Brüssel 2000, 124-161

ULLMAN 1942: Berthold L. Ullman, History and Tragedy, TAPhA 73 (1942), 25-53

USSANI 1970: Vincenzo Ussani jr., Leggendo Plinio il Giovane I.: *historia - nomen inertiae*, RCCM 12 (1970), 271-348

USSANI 1971: ders., Leggendo Plinio il Giovane II.: *oratio - historia*, RCCM 13 (1971), 70-135

VARDI 1993: Amiel D. Vardi, Why *Attic Nights*? Or: What's in a name?, CQ 43,1 (1993), 298-301

VARDI 2003: ders., Canons of Literary Texts at Rome, in: Margalit Finkelberg u. Guy G. Stroumsa, Homer, the Bible, and Beyond. Literary and Religious Canons in the Ancient World, Leiden 2003, 131-152

VEBLEN 1918 [1899]: Thorstein Veblen, The Theory of the Leisure Class. An econo- mistic study of institutions, New York 1918 ([1]1899)

VENINI 1977: Paola Venini, C. Suetonio Tranquillo: Vite di Galba, Otone, Vitellio, Turin 1977

VERMEULEN 1981: Antonius Johannes Vermeulen, Art.: gloria, RAC 11, Stuttgart 1981, 195-225

VERWEYEN / WITTING 1997: Theodor Verweyen u. Gunter Witting, Art.: Apophtheg- ma, Reallexikon der deutschen Literaturwissenschaft, Bd. 1, Berlin- New York 1997, 106-108

VESSEY 1994: D.W.T. Vessey, Aulus Gellius and the Cult of the Past, in: ANRW 2,34,2, Berlin-New York 1994, 1863-1917

VEYNE 1990 [1976]: Paul Veyne, Brot und Spiele. Gesellschaftliche Macht und po- litische Herrschaft in der Antike, Darmstadt 1990 [frz.: Le Pain et le cirque: sociologie historique d'un pluralisme politique, Paris 1976)

VEYNE 1988: ders., Die Originalität des Unbekannten. Für eine andere Geschichts- schreibung, Frankfurt 1988

VIDMAN 1982: Ladislav Vidman, Fasti Ostiensis, Prag [2]1982

VIELBERG 1988: Meinolf Vielberg, Bemerkungen zu Plinius d.J. und Tacitus, WJA 14 (1988) 171-183

VIGOURT 2001: Annie Vigourt, M.' Curius Dentatus et C. Fabricius Luscinus: les grandes hommes ne sont pas exceptionnels, in: Marianne Coudry u. Thomas Späth, L'invention des grands hommes de la Rome antique / Die Konstruktion der großen Männer Roms, Paris 2001, 117-130

VILJAMAA 1991: Toivo Viljamaa, Suetonius on Roman Teachers of Grammar, in: ANRW 2,33,5, Berlin-New York 1991, 3826-3851

VOGT-SPIRA 2000: Gregor Vogt-Spira, Gellius, die römische Komödie und die Kategorie der Imitatio, in: Ekkehard Stärk u. Gregor Vogt-Spira, Dramatische Wäldchen, FS Eckahrd Lefèvre, Hildesheim 2000, 683-698

VOGT-SPIRA 2003: ders., Die Selbstinszenierung des jüngeren Plinius im Diskurs der literarischen imitatio, in: Luigi Castagna u. Eckard Lefèvre, Plinius der Jüngere und seine Zeit, München-Leipzig 2003, 51-65

WALBANK 1960: Frank W. Walbank, History and Tragedy, Historia 9 (1960), 216-234

WALBANK 1990: ders., Profit or Amusement: Some Thoughts on the Motives of Hellenistic Historians, in: Herman Verdin et al., Purposes of History. Studies in Greek Historiography from the 4th to the 2nd Centuries BC, Leuven 1990, 253-266

WALLACE-HADRILL 1983: Andrew Wallace-Hadrill, Suetonius. The Scholar and his Caesars, London 1983 (= [2]1995)

WALLACE-HADRILL 1989: ders., Patronage in Roman society: from Republic to empire, in: ders., Patronage in Ancient Society, London-New York 1989, 49-88

WALLACE-HADRILL 1997: ders., Mutatio morum: the idea of a cultural revolution, in: Thomas N. Habinek u. Alessandro Schiesaro, The Roman Cultural Revolution, Cambridge 1997, 3-22

WALTER 2001: Uwe Walter, Die Botschaft des Mediums. Überlegungen zum Sinnpotential von Historiographie im Kontext der römischen Geschichtskultur zur Zeit der Republik, in: Gert Melville, Institutionalität und Symbolisierung. Verstetigung kultureller Ordnungsmuster in Vergangenheit und Gegenwart, Köln 2001, 241-279

WALTER 2003: ders., AHN MACHT SINN. Familientradition und Familienprofil im republikanischen Rom, in: Karl-Joachim Hölkeskamp, Jörn Rüsen, Elke Stein-Hölkeskamp u. Heinrich Theodor Grütter, Sinn (in) der Antike. Orientierungssysteme, Leitbilder und Wertkonzepte im Altertum, Mainz 2003, 255-278

WARDLE 1993: Diana Wardle, Did Suetonius write in Greek? AClass 34 (1993), 91-103

WARDLE 1996: dies., Vespasian, Helvidius Priscus and the Restoration of the Capitol, Historia 45 (1996), 208-222

WARDLE 1998: dies., Valerius Maximus: Memorable Deeds and Sayings, Book 1, translated with Introduction and Commentary, Oxford 1998

WARMINGTON 1999: Brian Herbert Warmington, Suetonius: Nero. Edited with Introduction, Notes and Bibliography, London [2]1999 ([3]2000)

WEBER 1993: Volker Weber, Anekdote. Die andere Geschichte – Erscheinungsformen der Anekdote in der deutschen Literatur, Geschichtsschreibung und Philosophie, Stauffenburg Colloquium 26, Tübingen 1993

WEHRLI 1959: Fritz Wehrli, Die Schule des Aristoteles, Heft 10: Hieronymos von Rhodos. Kritolaos und seine Schüler. Rückblick, Basel 1959

WEHRLI 1973: ders., Gnome, Anekdote und Biographie, MH 30 (1973), 193-208

WEHRLI 1974: ders., Die Schule des Aristoteles, Supplement 1: Hermippos der Kallimacheer, Basel 1974

WEHRLI 1983: ders., Der Peripatos bis zum Beginn der römischen Kaiserzeit, in: Hellmut Flashar, Die Philosophie der Antike, Bd. 3: Ältere Akademie, Aristoteles, Peripatos, Basel u. Stuttgart 1983, 459-558

WEILEDER 1998: Andreas Weileder, Valerius Maximus: Spiegel kaiserlicher Selbstdarstellung, München 1998

WEISCHE 1989: Alfons Weische, Plinius der Jüngere und Cicero. Untersuchung zur römischen Epistolographie in Republik und Kaiserzeit, in: ANRW 2,33,1, Berlin-New York 1989, 375-386

WEISS 1984: Peter Weiß, Lebendiger Mythos. Gründerheroen und städtische Gründungstraditionen im griechisch-römischen Osten, WJA 10 (1984), 179-208

WEISSENBERGER 1998: Michael Weißenberger, Art.: Isaios [2], DNP 5, Stuttgart 1998, 1116

WEIZSÄCKER 1931: Adolf Weizsäcker, Untersuchungen über Plutarchs biographische Technik, Problemata 2, 1931

WELLESLEY 1981: K. Wellesley, What Happened on the Capitol in December AD 69?, AJAH 6 (1981), 166-190

WEST 1985: Martin L. West, Ion of Chios, BICS 32 (1985), 71-78

WHITE 1974: Peter White, The Presentation and the Dedication of the Silvae and the Epigramms, JRS 64 (1974), 40-61

WHITE 1975: ders., The Friends of Martial, Statius, and Pliny, and the Dispersal of Patronage, HSCPh 79 (1975), 265-300

WHITMARSH 2001: Tim Whitmarsh, Greek Literature and the Roman Empire. The Politics of Imitation, Oxford 2001

WILKES 1972: John Wilkes, Julio-Claudian Historians, CW 65 (1972), 177-203

WILKINS 2000: John Wilkins, Dialogue and Comedy: The Structure of the Deipnosophistae, in: David Braund u. John Wilkins, Athenaeus and his World, Exeter 2000, 23-37

WIMMEL 1960: Walter Wimmel, Kallimachos in Rom, Hermes Einzelschriften 16, Wiesbaden 1960

WINNICZUK 1975: Lidia Winniczuk, The ending Phrases of Pliny's Letters, EOS 63, (1975), 319-328

WISEMAN 1978: Timothy P. Wiseman, Flavians on the Capitol, AJAH 3 (1978), 163-178

WISEMAN 1979: ders., Clio's Cosmetics. Three Studies in Greco-Roman Literature, Leicester 1979

WITTCHOW 2001: Frank Wittchow, Exemplarisches Erzählen bei Ammianus Marcellinus. Episode, Exemplum, Anekdote, Beiträge zur Altertumskunde 144, München-Leipzig 2001

WITTKE 1974: Wolfgang Wittke, Das Tiberiusbild und seine Periodisierung in der Tiberiusvita Suetons, 2Bde., Diss. Freiburg 1974

WOODMAN 1975: Anthony J. Woodman, Questions of Date, Genre, and Style in Velleius: Some Literary Answers, CQ 25 (1975), 272-306

WOODMAN 1988: ders., Rhetoric in classical historiography, Portland 1988

WOOLF 1994: Greg Woolf, Becoming Roman, staying Greek: culture, identity and the civilizing process in the Roman east, PCPhS 40 (1993-94), 116-143

YAFETZ 1969: Zevi Yafetz, Vitellius and the "Fickleness of the Mob", Historia 18 (1969), 557-569

ZANKER 1968: Paul Zanker, Forum Augustum. Das Bildprogramm, Tübingen 1968

ZANKER 1970: ders., Zum Trajansforum in Rom, AA 1970, 499-544

ZANKER 1995: ders., Die Maske des Sokrates. Das Bild des Intellektuellen in der antiken Kunst, München 1995

ZANKER 1997: ders., Augustus und die Macht der Bilder, München ³1997 (¹1987)

ZECCHINI 1980: Guiseppe Zecchini, La mortè di Catone e l'opposizione intellettuale a Cesare e ad Augusto, Athenaeum 58 (1980), 39-56

ZECCHINI 1984: ders., Alessandro Magno nella cultura dell'età antonina, in: Marta Sordi, Alessandro Magno tra storia e mito, Mailand 1984, 195-212

ZEGERS 1959: Norbert Zegers, Wesen und Ursprung der tragischen Geschichtsschreibung, Köln 1959

ZELZER 1964: Klaus Zelzer, Zur Frage des Charakters der Briefsammlung des jüngeren Plinius, WS 77 (1964), 144-161

ZELZER 1994/95: Michaela Zelzer, Der Brief in der Spätantike. Überlegungen zu einem literarischen Genos am Beispiel der Briefsammlung des Sidonius Apollinaris, WS 107/108 (1994/5), 541-551

ZIMMERMANN 1986: Bernhard Zimmermann, die griechische Tragödie, München-Zürich 1986

ZIMMERMANN 1999: Martin Zimmermann, Enkomion und Historiographie, in: ders., Geschichtsschreibung und politischer Wandel im 3. Jh. n. Chr., Historia Einzelschriften 127, Stuttgart 1999, 17-56

ZUM HINGST 1995: Anja zum Hingst, Die Geschichte des Großen Brockhaus. Vom Conversationslexikon zur Enzyklopädie, Wiesbaden 1995

Allgemeines Register

Abbildung einer sozialen Gruppe 24ff.,
  75f., 141f., 145f., 149, 207ff., 226
ab epistulis 95[246], 238f., 252f., 257f.
Abstammung s. Vorfahren
Adressatenbezug eines Briefes 57f., 69f.,
  75ff., 99f., 107f., 114f., 116[361], 118f.,
  119f.
Adressatenkreis s. Zielpublikum
Aefulanus Marcellinus 75[135]
Aelian 153, 195[266]
Aemilius Paulus 38[213], 202[302], 250
Aeschines 133, 194, 327[4]
Äußeres, Schilderung des 37f., 135f., 184,
  215f., 217f., 311ff., 316
Agricola 112
Alexander Aetolus von Pleuron 187
Alexander der Große 165[112], 172, 174,
  176, 191, 201[299]
Allgemeinbildung 18ff., 154f., 159f., 165,
  172ff., 190, 227, 251, 266f., 321ff.,
  328f., 334
Alter 99, 101, 112, 118ff., 132
amor immortalitatis 25ff., 51, 53, 57ff.,
  76f., 79ff., 95f., 143, 214f.
Analepse 268
Anekdote 21, 33ff., 43, 74f., 132f., 150[19],
  167f., 169ff., 178, 179, 186, 191ff.,
  202f., 205, 228, 244, 249f., 252, 272,
  274f., 286f., 292[313], 294[334], 301, 319,
  332f.
Anfangsworte s. *titulus*
Anordnungsstrategien s.a. Gliederung des
  Textes
    bei Gellius 157, 198, s.a. *variatio*
    bei Plinius 98, 106, 114, 123 s.a.
    variatio
    bei Sueton 243f., 258ff., 284f.
Antinous 221

Antiquarische Literatur s. Literatur,
  antiquarische
Antonius Julianus 210[335]
Antonius Pius 123[406], 224, 226[436]
Antonius Primus 315
Anwendung von Wissen 36ff., 159ff.,
  164ff., 170, 190, 205, 225, 227f.,
  231[456], 262f., 274f., 319, 329f., 332
Apollinaris Sulpicius 209, 214
Apollodor von Athen 173, 176
Apollonius von Tyana 135[476], 137[494]
ἀπομνημονεύματα–Literatur 38, 43, 76,
  91[219], 154, 167f., 206f., 228
Apophthegma 33, 34, 43, 133, 168, 171,
  197, 198, 203, 213f., 228, 230, 231f.,
  249[100], 270, 279, 290, 300 s.a.
  Anekdote
Apuleius 13, 41, 151, 152[31], 206[316]
Aquilius Regulus s. Regulus
Archaismus 18, 156f., 218, 263
Archelaos, König von Makedonien 187
Aricia 302
Aristodemos 199f., 203
Aristogeiton 217
Aristoteles 178, 191, 200[296], 201[299], 216,
  230, 241[52]
Aristophanes 35[198], 181[188], 183f., 186
Arrius Antoninus 75[135]
ars <-> ingenium 161f., 204
Artemidor 129[440], 137
Arulenus Rusticus 92
Asconius 125[418]
Asiaticus 296f.
(Lucius) Ateius 280f.
Athen 146, 150, 152f., 154, 165, 176,
  185f., 188, 192, 195, 199, 210[338],
  211, 217, 224f., 327f.
Athenaios 153f., 190[243], 205[313], 275, 319
Ti. Claudius Atticus 211[345]

T. Pomponius Atticus 77[143], 173, 176[162], 241[54]
Attius Clemens 133f., 137[492], 138f.
Attizismus 17, 18, 131[451], 204, 218
Aufidius Bassus 84[182]
Aufstieg, sozialer 16ff., 151f., 160f., 183f., 191, 231[456], 240, 323 s.a. *homines novi*
Augustin 65
Augustus 247, 253, 281[256], 297[356], 283[269], 298[365], 309, 317f.
Augustusbiographie Suetons 253[120], 256[132], 284[275], 299
Augustus-Forum 5
Autobiographie 44, 53[11]
Autopsie 185
Betriacum, Schlacht von 255[128], 289ff., 302
Bevorzugung der kleinen Form 31f., 65ff., 79ff., 106, 112f., 128f., 141f., 167ff., 190ff., 228, 242, 267ff., 320f., 332
Bewunderung, engagierte s. *claros viros colere*
bibliotheca Ulpiana 241[57]
Bibliothek von Alexandria 187, 234, 241[57]
Bibliotheken 6, 13f., 64f., 155, 173, 180, 229, 241[57], 242, 333
Bildung als Legitimation 15ff., 19f., 161f.
,Bildungsbart' 15
Bildungsreise 152f., 185f., 211ff., 327f.
Biographiedefinition 42ff., 234ff. s.a. Interesse, biographisches
βίος θεωρητικός s. *vita actvia <-> contemplativa*
Bradua 213[360], 221
brevitas 7f., 65, 106, 112, 142, 320f., 332 s.a. Bevorzugung der kleinen Form
Briefcharakter 57ff., 118, 99f., 112f., 114f., 118f., 132f., 141, 145 s.a. Briefdefinition
Briefdefinition 51f., 57ff., 65, 66[86], 71, 75f., 99f., 106, 112f., 141f., 145
Briefsammlung 51f., 59f., 65ff., 219[393]
Brieftheorie s. Briefdefinition
Briefzyklus 69, 115[356], 123[410]

Brockhaus, Friedrich Arnold 231f.
Bruttius Praesens 122f.
M. Junius Brutus 8[45], 9[47], 90[216], 92[227], 95, 330
Bürgerkrieg s. Vierkaiserjahr
Buntschriftstellerei 153f., 179, 198, 223f., 225
Caecilius Statius 183[199]
Caesar 90[216], 241[57], 247[86], 250[101], 287, 309
Caesarbiographie Suetons 250[101], 253[120], 265[184], 269ff., 280
Caligula 281[256], 311f.
Caligulabiographie Suetons 280[251], 284[275], 292[327]
Calpurnia 73
Calvisius Rufus 114f., 119f., 133[468]
Caninius Rufus 69[102], 123[410]
Capri 282, 297
Casaubonus, Isaac 255
C. Cassius Longinus 9[47], 92[227], 95
Cassius Dio 298, 304, 309
Castiglione, Baldassare 231f.
Cato der Ältere 4, 120, 191, 330[15]
Cato der Jüngere 8f., 90ff., 95, 229, 330[15]
Celsus Polemaeanus 13
Chaironeia 178, 192, 200f., 203
Charakterschilderung 37f., 43f., 128f., 180, 242, 244f., 250f., 258, 260f., 283f., 303, 310, 316f., 332
Chrie 33, 40f., 43, 168ff., 197ff., 200, 213f.
Chronographie 172ff., 227ff.
Cicero 5, 6[29], 18[118], 28[116], 51, 52f., 55, 60, 63, 77[143], 80f., 85[187], 87[196], 90[216], 120, 143, 150[19], 153, 157[61], 173[141], 191f., 194f., 196, 200, 217, 326ff.
Cinna 269
circuli, literarische 14f.
claros viros colere 24ff., 94ff., 100, 103f., 115, 127f., 142, 208f., 318, 330f. s.a. Kommemoration
Claudius 279, 282[261], 309
Claudiusbiographie Suetons 250[101], 285[279]
Clodius Thrasea Paetus s. Thrasea Paetus
Cluvius Rufus 82[167], 83, 105f.

codex Beluacensis 68f., 77, 130[444]
codex Hersfeldensis 239
codex Memmianus 264ff., 284, 286, 296,
    297, 304
Colonia Agrippinensis 287
Columella 158[67]
Commodus 292[327]
Comum 64, 115
Concordia 303
Corellius Rufus 70, 94, 102[283], 128f.
Cornelius Minicianus 75[135]
Cornelius Nepos s. Nepos
Cornutus Tertullus 75[135]
Cortegiano, libro del 231f.
(Vestricius) Cottius 93[237], 117f., 124ff.
Cremutius Cordus 92[230]
crimen inertiae 122 s.a. *otium-negotia-*
    Debatte
,cultural revolution' 4ff.
curiositas in eroticis 297
cursus honorum 11f., 61, 62, 73, 101,
    109, 114, 117f., 121, 124, 210f.,
    250[101], 277[237], 284, 294 s.a. *otium-*
    negotia-Debatte
damnatio durch *memoria* 291f., 306, 313,
    316, 318
Dakerkriege 85[186]
de grammaticis et rhetoribus 239ff.
Deklamationen 205f., 323
delectatio 36f., 38, 67, 142, 144f., 157,
    158f., 170, 187, 193, 198, 205, 228f.,
    262f., 270, 274f., 296, 306, 308, 312,
    317, 319f., 323, 332f.
Demades 199[289], 199[290], 203f.
Δημάδειον 203[306]
Demetrios von Phaleron 59, 202[300]
Demokrit 177, 182
Demonax 222
Demosthenes 49, 60[51], 133, 166f., 174,
    178, 191ff., 224, 327[4], 330, 332
de viris illustribus (Gattung) 3, 8, 202[300],
    228f., 234, 237ff., 255ff.
de viris illustribus (Werk Suetons) 49, 88,
    238[34], 239ff., 252, 255ff., 260, 263f.,
    266, 280f., 306[414], 311[452], 315f.
Detailreichtum s. ἐνάργεια
Dialog 153f., 218[384], 234

Diatribe 154
Dichterpatronage 13
Dichtung 64, 67, 89, 101, 103, 115, 120f.
Dienstleistungscharakter 155ff. s.a.
    Gliederung des Textes
dies ater 294
dies postriduanus 288[294]
Dilettantismus 160f.
Dio Chrysostomos 13, 169[125]
Diogenes Laertios 37[207], 169[129], 216
Diogenes von Sinope 169[125]
Dionysios von Halikarnassos 202[300]
Dionysios von Milet 140[503]
divisio 266, 284f., 297, 299, 301, 320 s.a.
    Gliederung des Textes
Domitia Longina 254[123]
Domitian 54, 70[110], 82ff., 85[185], 92, 93f.,
    95, 97[257], 101[276], 111f., 145, 247,
    255, 291
Domitiansbiographie Suetons 255, 256[136],
    278[239], 290, 297, 305[410], 311
ἐγκύκλιος παιδεία 18
Ehren, postume 188, 200[296], 277[237], 295,
    315
ἔκθεσις 243f., 264, 281 s.a. Gliederung
    des Textes
ἔκφρασις 56[33]
Elogium 314[474]
Empfehlungsschreiben 66, 71f., 116
ἐνάργεια 110f., 287, 293, 296, 302ff.,
    317, 320
Enkomion 42, 43, 45[244], 74, 107ff.,
    116ff., 124, 126f., 131ff., 134ff., 141,
    244[74], 256, 259f., 266[187], 317f.
Ennius 25, 151[27], 156
Ephoros 249
Epigonalitätsempfinden 27, 30, 62f., 96f.,
    134[471] s.a. Geschichtsbild,
    deszendentes
Epikedion 107f.
Epiktet 134[473], 136[478], 213, 222
(Q. Caecilius) Epirota
Epitomierung 7f., 173, 322
Erasmus 264
Eratosthenes von Kyrene 173, 176
Erinnerung, kontrapräsentische 8f., 20[126],
    90f.

Erucius Clarus 150
Erzählen, komplementäres 69f., 101,
    106f., 125ff., 228, 332 s.a.
    Szenenfolge, biographische
Etymologie 148, 165[112], 187f.
Euergesie 11, 13f., 64f., 210f., 212, 321
Euphrates 130[443], 133ff.
Euripides 35[198], 167, 174, 177, 179ff.,
    234
exempla-Tradition 3f., 33, 38, 97, 101[276],
    127f., 171, 208f., 217, 267, 270f.
exitus illustrium virorum 8f., 26, 88ff.,
    109ff., 126f., 250[101], 306, 308f.
exitus-Schilderung 2f., 88ff., 102f.,
    109ff., 187f., 250[101], 256[137], 305ff.,
    316f., 332
Extemporieren, rhetorisches 131, 211
‚fact and fiction’ s. Fiktionalität
Fabius Pictor 25
Fabius Rusticus 82[167]
C. Fabricius 171, 230
Fachschriftstellerei 263, 266, 285, 320
Fachterminologie 159, 220f.
C. Fannius 93
Fannius Caepio 283[269]
Favorin von Arelate 154[43], 168, 209, 214,
    220[397], 225[433]
Fiktionalität
    in Anekdoten 34f., 203[304]
    in Biographien 34f., 181f., 184f.,
    203[304]
    bei Gellius 150, 181f., 203[304], 207f.,
    213f., 219, 226
    bei Plinius 67[88]
    bei Sueton 275ff., 290
Flavier 276, 290, 301ff., 331
Flavius Josephus 255[128]
Flavius Sabinus 302
Florus 19, 240
Fokussierung 31f., 74, 85f., 117, 143,
    167, 190, 197f., 202f., 282ff., 287,
    293, 301f., 304, 310, 317, 332
‚fractionnement’ des mêmes événements
    282f.
Fronto 13, 19[123], 151, 152[31], 209, 211,
    218, 225
Frugi s. Piso Frugi

Fürstenspiegel 258ff., 318
Galba 104, 247, 248[92], 248[94], 276, 286ff.
Galbabiographie Suetons 253[120], 257,
    277, 294, 311
Gattungsexperimente 45f., 65f., 74, 86f.,
    107ff., 116ff., 141, 153ff.
Geburtsdatum 182, 193, 280f.
Geburtsnotiz 280f., 285, 313, 315
Geburtsort 280f.
Gedichte s. Dichtung
Cn. Gellius 151
genius loci 327f.
γένος Εὐριπίδου καὶ βίος 180ff.
Geschichte im Unterreicht 18f., 251, 323
Geschichtsbild, deszendentes 9[49], 26f.,
    96f., 208f., 230f., 331 s.a.
    Epigonalitätsempfinden
Geschichtsschreibung 2ff., 5, 18f., 25, 28,
    38, 43, 45, 46, 55, 79ff., 103, 104ff.,
    127, 142f., 145f., 165, 170f., 177f.,
    198, 229f., 235, 248f., 254f., 263,
    271ff., 283, 286, 292f., 298f., 300[380],
    304f., 314f., 317, 320ff., 334[29]
    dramatische 270, 287, 293, 302, 320
    moralische 249
    pragmatische 32
    senatorische 32, 90f.
    republikanische 2ff., 10, 25, 81f.,
    86[190], 156f., 255
Gliederung des Textes 7, 23f., 30ff., 68f.,
    157f., 231[456], 243f., 263ff., 320, 322,
    332f.
(Marcus Antonius) Gnipho 280f.
Gnome 33f.
Grabinschriften 11f., 15, 61, 105f., 113,
    188, 200[296]
C. Gracchus 203
gradatio 279[246], 298f., 301
Grammatik s. Philologie
Granius Licianus 19
Griechischkenntnisse 64, 66[86], 161, 198,
    237[29]
Hadrian 10, 123[406], 133[467], 140[503], 221,
    224, 236, 238f., 252f., 258[142], 259[148]
Hagiographie 184
Harmodios 217
Harsdörfer, Georg Philipp 231f.

Hellanikos 177f.

Helvidius Priscus 91f., 93

Herennius Senecio 92

Hermippos von Berytos 240[50]

Hermippos von Smyrna 192f., 202[300], 203[304], 204[309]

Herodes Atticus 19[123], 140, 151, 152[31], 166, 196, 205f., 206ff., 218

Herodot 25[146], 84, 177f., 249

Hesiod 177

Hexadeninversion 254ff., 276f., 296, 297, 311f., 313[466], 315f., 331

Hieronymus 239, 257[141]

Hippokrates 177, 182

Hippo Regius 238[36]

historia Augusta 252f., 292[327], 320

historia magistra vitae 38, 249

Homer 177

homines novi 16ff., 23, 104, 111, 160, 165, 323 s.a. Aufstieg, sozialer

Horoskop 281f. s.a. Vorzeichen

Q. Hortensius 196f., 205, 230

humanitas 136, 159[75]

Hygin 8, 171, 181, 202[300], 241, 246[84]

Identitätsstiftung 28f., 76, 97, 104, 174, 205f., 331, 334

imagines maiorum 330f.

Indizes 68f., 77, 243f., 333 s.a. Gliederung des Textes

Inhaltsverzeichnis 7, 31, 156f., 171, 189, 205[313], 243, 333 s.a. Gliederung des Textes

Intellektueller, professioneller 5f., 131f., 135ff., 161, 207f., 240f.

Interesse, biographisches 1ff., 181f., 227, 325
    in der Epistolographie 71ff.
    in der Geschichtsschreibung 2ff., 43, 89f.
    in anderen Gattungen 3, 42ff., 89f.
    in der peripatetischen Philosophie 37f., 234, 242, 246
    im Kontext der Bibliothek von Alexandria 187, 234, 241[57], 246

Interesse, juristisches 152[31], 159, 164[104], 176, 186, 194, 321

Inversion der Hexaden s. Hexadeninversion

Ion von Chios 24, 43[230], 154[42], 207[319]

Isaios 194

Isaios (ὁ Ἀσσύριος) 130ff.

Isidor von Sevilla 237

Isokrates 43, 126

Julius Africanus 241[56]

Julius Caesar s. Caesar

Julius Frontinus 60[54]

Julius Paulus 210[335]

Julius Secundus 241[56]

Julius Victor 59[47]

Junius Blaesus 300[374]

Junius Brutus s. Brutus

Jurisprudenz s. Interesse, juristisches

Kaiserkult 281

Kallistratos 192f., 205

Kanonisierung 6, 27, 29, 37, 156f., 245, 321, 331

Kapiteleinteilung bei Sueton 264ff., 284, 290

Kapitelüberschriften 7, 31, 157f., 179f., 263ff., 268[196], 281, 333 s.a. Gliederung des Textes

Karneades 172

Karriere, politische s. *cursus honorum*

Katalogstruktur 189f., 205, 243f., 264, 279f., 319

Kastor von Rhodos 173

Klimax s. *gradatio*

Kleine Form s. Bevorzugung der kleinen Form

Konkurrenz der Künste 126

Kommemoration 4ff., 24ff., 60ff., 72, 76f., 79ff., 94ff., 100, 102ff., 116ff., 124ff., 130ff., 142ff., 188, 208f., 214f., 226, 291f., 306, 318, 330f. s.a. *claros viros colere*

Kommemoration, gentilizische 4ff., 26, 95, 330

Kommemoration von Zeitgenossen 95ff., 127f., 208f., 230f., 331

Kommentare, auktoriale 260f., 290, 292, 295, 304f., 307, 310, 317

Komplementarität s.a. Subsidiarität
  bei Plinius 69f., 101, 106f., 113,
  121f., 128f., 145
  bei Gellius 174, 177f., 182, 189f.
  bei Sueton 282f., 293, 313f.
Konsekration 315
Konsolationsbrief 107
Konversationskultur 36ff., 136, 160, 162,
  166, 169f., 179, 189f., 197, 205, 209,
  213, 225f., 228, 319f., 329f.
‚Konversationslexikon‘ 160, 231f., s.a.
  Konversationskultur
‚Konversion‘ 184f., 192f., 205, 328[7]
‚Konzertredner‘ 130f., 205
Kritik am Prinzipat 8f., 26, 61f., 89ff.,
  229, 321
Kritolaos 199f.
Lais 198
Laktanz 305[410]
λαλία 214[366], 319[490]
Lampenfieber 194f., 205, 224
Lateinkenntnisse 218ff., 250f.
laudatio funebris 103f., 108f., 312[458],
  317f.
Laus Pisonis 12f.
lemmata s. Kapitelüberschriften
Letzte Ehren s. Ehren, postume
Libo s. Scribonius Libo
libri de Cottio 93f., 125f., 140, 142
Literatur, antiquarische 5f., 236, 237ff.,
  258, 266, 320f.
Livius 5, 7f., 28[160], 30, 84, 132f., 155,
  156f., 163, 255, 314, 334[29]
L. Livius Andronicus 182f.
Lucius Cicero 327f.
Lucius Verus 226[436]
lucubratio 152, 204[309]
Lukian 26, 204f., 222
luxuria-Kritik 122, 196ff., 205, 230,
  297ff., 305[407]
Lykurg 176
(Caecilius?) Macrinus 117
Macrobius 198[285]
Marc Aurel 225[430], 226[436]
Marius Maximus 305[410]
marmor Parium 182[190]
Märtyrer, stoischer 92f., 94, 111

Martial 12f, 55, 65[79], 70
Memorabilie 33, 211ff. s.a. ἀπομνη-
  μονεύματα–Literatur
memoria, gentilizische s. Kommemoration
Memorierbarkeit 36f., 170, 228, 274f.,
  319, 332
Menander 178, 182f., 189, 201
Menander Rhetor 319[490]
Menedemos 178
Milon von Kroton 187
Minicius Fundanus 75[135], 109[320], 252[112]
Mirabilienliteratur 36, 158f., 170f., 190,
  198
mise-en-abîme 216
Miszellanwerk s. Buntschriftstellerei
Modellcharakter 17f., 21, 29, 36ff., 48f.,
  57, 76, 78, 85, 91ff., 97, 101f., 104,
  111, 113, 119ff., 123f., 127f., 129,
  132, 139f., 142f., 146, 151f., 166ff.,
  183f., 185f., 191, 195f., 198f., 203f.,
  206, 208f., 213f., 216, 218f., 225f.,
  227ff., 250, 260, 262f., 293, 318,
  329f., 334
mos maiorum 122, 171, 174f., 230
Munatius Rufus 91
Musonius Rufus 216
Mysterien 152[32]
Naevius 35[198], 176, 178[175], 181[188], 183[199],
  188, 200[296]
narratio bei Sueton 268ff., 277, 286ff.,
  301ff., 319f. s.a. Virtuosität,
  literarische
negotia 10, 123f., 129ff., 134, 137ff.,
  160f.
Nekrolog 314
Neoteriker 77[140]
(Cornelius) Nepos 3[14], 8, 52f., 157[59], 173,
  181, 194, 202[300], 241, 244f., 246[84],
  246[85], 264, 315
(Maecilius / Metilius) Nepos 75[135], 130,
  132f.
Nero 91, 94, 111, 247[87], 257, 274, 282f.,
  295f., 302[393], 309, 310[444]
Nerobiographie Suetons 253[120], 256[132],
  282f., 311
Nerva 10[59], 83[174], 93, 95, 102[284], 112,
  117[368], 247

‚not-history' 229f., 271ff.

officia s. *negotia*

officium amicitiae 100, 123[408]

Opposition, stoische 91f., 321 s.a. Kritik
am Prinzipat

ὀψιμαθής s. *semidoctus*

Orakel 184 s.a. Vorzeichen

ordo vitae s. Tagesablauf

Orientierungshilfen s. Gliederung des
Textes

Otho 114[351], 247, 248[92], 248[94], 276,
288ff., 311,

Othobiographie Suetons 242[58], 255f., 277,
280[251], 294, 311

otium 10, 14[91], 114f., 117, 121, 123, 134,
138, 152[28] s.a. *otium-negotia*-Debatte

otium-negotia-Debatte 9ff., 14[91], 61ff.,
73f., 76, 101ff., 114f., 120ff., 129ff.,
135ff., 145, 329

Pacuvius 188

παιδεία 162f., s.a. Sophistik, Zweite

Pamphila 177

Panaitios 172

Panegyrik 25f., 208, 259f., 318

Paradoxographie s. Mirabilienliteratur

Paränese s. Protreptik

Paratexte s. Gliederung des Textes

πεπαιδευμένος 16, 39, 64, 199, 201,

Peregrinus Proteus 225

περὶ βίων 38

περὶ ἐνδόξων ἀνδρῶν s. *de viris illustribus*

Peripatos s. Philosophie, peripatetische

Petron 18

Phainias 306[415]

Philipp II., König von Makedonien 194,
201[298], 201[299], 224

Philochoros 181, 183[197], 184

Philokrates-Frieden 195

Philologie 14, 165, 213, 240f.,

Philosoph, Darstellung des 37f., 135f.,
215f.

φιλοσοφία ἐκ παραδειγμάτων 38, 249

Philosophie 14, 74, 118f., 133ff., 213,
215ff., 327f.
    kynische 136f., 215ff.
    peripatetische 37f., 178, 200, 234,
    242

stoische 91f., 111, 135[476], 136, 213,
222f.

Philostrat 130[445], 135[476], 136[478], 137[494],
179, 184, 196, 205f., 208[327], 209[334],
210ff.,

Phlegon von Thralles 36

Phokion 172[137]

Physiognomie 217f., 312. s.a. Äußeres,
Schilderung des

Pindar 126

L. Piso Frugi 170f.

M. Piso Frugi 327f.

Plato 43, 146, 150[19], 154, 191, 192ff.,
230, 330[15]

Plautus 183[199], 188

Plinius der Ältere 7[40], 26, 28[160], 30, 55,
69, 70, 80f., 82[167], 82[168], 84[182], 86[195],
90, 94, 118, 132f., 152[29], 153ff., 158,
163, 237[29], 241[56], 243, 272[213]

Plinius der Jüngere 236, 238, 253, 258,
259f., 298[365]

Plutarch 28, 38f., 45, 153f., 174, 192ff.,
206, 223[420], 234, 237, 242, 247ff.,
258, 260f., 270[205], 271, 275, 276,
281[254], 282f., 292, 317f., 319[490], 325

Pointiertheit 36, 170f., 191, 196f., 200ff.,
228

Polemon von Laodikeia 217[383], 312

Polybios 304f.

Polydeukes 221f.

pompa funebris 5f.,

Pompeius Julianus 137

Pompeius Planta 255[128]

Pompeius Saturninus 75[135]

Pompeius Trogus 19

Pomponius Bassus 75[135], 121, 122[405]

Pomponius Secundus 241[56]

postume Ehren s. Ehren, postume

Postumius Tubertus 176f.

Praeneste 150

Präskript 243f., 264, 266, 320 s.a.
Gliederung des Textes

Prinzipatsopposition s. Kritik am Prinzipat

Privatisierung der Perspektive auf historisches Geschehen 32, 38, 272,
298f., 301, 318

Prodigien s. Vorzeichen

professional, intellektueller s.
  Intellektueller, professioneller
professores 240f. s.a. Intellektueller,
  professioneller
Prokop 34[191]
Prolepse 268
πρῶτος εὑρετής 3
Protreptik 37ff., 74, 118ff., 132ff., 138f.,
  155f., 169ff., 209[333], 260, 270f., 318
‚Prunkgelehrsamkeit' 163
Puteoli 296
Querverweise 245, 254[126], 256, 262,
  282f., 288f., 293, 295, 302[393], 310f.,
  315ff. s.a. Gliederung des Textes
Quintilian 6, 26[149], 28[160], 116, 131[453],
  133, 240, 245, 263,
Quintilii 224f.
Radulfus de Diceto 150[17]
Rahmenhandlungen bei Gellius 14f., 75f.,
  150, 166, 191, 206f., 230f., 319f.
Rechtsprechung s. Interesse, juristisches
(Aquillius) Regulus 70, 72, 75[135], 85[185],
  85[188], 100[273], 115[357], 126[428], 129,
  133[468], 137[492]
(Atilius) Regulus 172[130]
res gestae divi Augusti 297[356], 298[365],
  317f.
Rezitation 14, 64, 83, 85[185], 125, 254[127],
  272[218]
Rhetorik 19f., 40f. 42, 45[244], 58f., 64, 67,
  81, 87, 102, 112, 116f., 130ff., 168ff.,
  184, 192ff., 210ff., 239ff., 259f.
Romulus 170f.
Rubrikengliederung 23, 131, 135, 234f.,
  243f., 249f., 258ff., 277, 278ff.,
  294ff., 319f., 332f. s.a. Gliederung
  des Textes
Rubrik ‚Äußere Erscheinung' 256[137],
  311ff., 316
Rubrik ‚*erotica*' 297
Rubrik ‚frühe Karriere' 284
Rubrik ‚Familie' 285
Rubrik ‚*honores*' 294
Rubrik ‚*initia imperii*' 289
Rubrik ‚Privatleben' 299
Rubrik ‚schlechte Ratgeber' 296
Rubrik ‚*spectacula*' 256[136], 297, 321

Rubrik ‚*studia liberalia*' 255[131], 321
Rubrik ‚Todesumstände' 305f. s.a. *exitus*-
  Schilderung
Rubrik ‚Vorzeichen' 288
Rubrizierung 243f., 264, 281 s.a.
  Gliederung des Textes
Sallust 79[150], 84, 86[190], 128[434], 175, 314
Sammelbiographie s. *de viris illustribus*
Santra 8
Sardus 83[175]
Satyros 35[198], 181, 203[304], 234
scalae Gemoniae 307, 310
Schlagfertigkeit 196f., 201, 203, 205, 226,
  230
Scipio 35[198], 96, 172, 174, 181[188]
L. Scribonius Libo 173
Selbstdarstellung 10f., 24, 27f., 53f.,
  57ff., 72[115], 85[189], 103f., 106f., 169,
  119[381], 125[416], 134, 140f., 142f.,
  151f., 152f., 160f., 208, 214
semidoctus 39, 162f.
Sempronius Asellio 304f.
Seneca der Ältere 26[149], 90, 314
Seneca der Jüngere 6, 96, 118f., 153,
  241[56]
senectus otiosa 120ff., s.a. Alter
sententia 168
septem artes liberales 18
Septicius Clarus 60[52], 67f., 143f., 252f.,
  258, 260, 272[218]
Servius Sulpicius 176[163]
Sidonius Apollinaris 88[203], 142[514]
L. Silanus 94
Silius Italicus 55, 61, 63, 94
Sokrates 43[231], 44[236], 91, 92[229], 111, 177,
  182, 191, 330[15]
Solon 176
Sophistik, Zweite 16ff., 29f., 129ff., 166,
  203f., 205f., 223f.
Sophokles 177, 182f.
Sosius Senecio 252[112]
Sotion 198
spectacula s. Rubrik ‚*spectacula*'
Spurinna 70, 114ff., 136, 140, 228[441]
Statius 12f., 70, 77, 89[206], 107f., 115[358],
  141f.
Sterbedatum 182f., 200, 313f.

Sterbenotiz s. Todesnachricht
Sterbeszene s. *exitus*-Schilderung
Streben nach Unsterblichkeit s. *amor immortalitatis*
studia 10f., 61ff., 73f., 76, 86[190], 97, 101, 114f., 120ff., 129ff., 134ff., 144f., 152[28] s.a. *otium-negotia*-Debatte
Suasorie 133, 141
Subsidiarität 30ff., 113, 155ff., 165, 182, 190, 195, 201f., 227, 228f., 273f., 283, 292, 321f., 333f.
Suda 180ff.
Sueton 153[37], 179, 190, 202[300], 203[308]
Suetonius Laetus 238[36], 291
Sulla 197[274], 269f.
summary und Szene 268f., 319
Symposion 14, 205, 213, 274f., 279f., 329
Symposialliteratur 37, 153f., 190, 205, 213[354], 274f., 279f., 319, 332
Szenenfolge, biographische 167, 191, 228 s.a. Erzählen, komplementäres
Tacitus 11[62], 12f., 32, 61[57], 62, 63, 80[151], 82[167], 83ff., 88[203], 89[205], 90, 91ff., 102[284], 103, 104ff., 108, 111[333], 112, 121, 124, 129, 254f., 257[141], 260[158], 261, 263[175], 272f., 276, 283, 286ff., 294ff., 301ff., 317, 322f.
Tagesablauf 118f., 121, 124, 145, 260, 298, 318
Tauros 208[326], 208[327], 209, 214, 220f.
τελευταί 89f., 93[236]
Terentius Iunior 123[406]
Terracina 305[407]
Tertullian 151
Thales 169[129]
Theophrast 178, 194f., 205, 224[424]
Theopomp 249
Thrasea Paetus 91, 93[232]
Thukydides 3, 28[160], 32, 35[197], 84, 177f., 249, 304f., 314
Tiberius 247[87], 267, 282, 290[311],
Tiberiusbiographie Suetons 265[184], 278[241], 280[251], 282, 284[275]
Tiro 51[5], 60[52], 183[199]
Titinius Capito 27[156], 70, 79ff., 88f., 93ff., 100, 109, 115[358], 143

titulus 281f., 285, 297, 332f. s.a. Gliederung des Textes
Titus 255, 281[256]
Titusbiographie Suetons 242[58], 253[120], 255f., 278[239], 280[251], 311
Todesnachricht 313ff., 316
Todesort 313
L. Torquatus 197[274]
Trajan 83[174], 93, 116, 117[368], 121[395], 127, 236, 238[36], 241[57], 247[86], 254, 255[128], 259
Trajansforum 13
Triptychon des Vestricius Spurinna 125ff., 332
Triumphzug 289f., 307
Tyrann, Schilderung als 293, 298[360], 308
ultima verba 92f., 309
Ummidia Quadratilla 72
,unit-composition' 267f., 332 s.a. Bevorzugung der kleinen Form
Unsterblichkeit, literarische s. *amor immortalitatis*
Unterhaltung des Lesers s. *delectatio*
urbanitas 39[216], 41, 136, 146, 153, 162[91], 169, 197ff., 203, 230f.
Utilität zweiter Ordnung 158f. s.a. *utilitas*
utilitas 157ff., 263, 296, 312, 323, 332f.
Valerius Maximus 6f., 27[154], 90, 157[59], 267f., 307[420], 323[513]
Valerius Probus 241[56]
variatio 31, 67ff., 154ff., 167, 198, 205[313], 207, 243, 320f.
Varro 5, 8, 26, 30, 155, 163, 173[142], 181, 189[240], 190, 202[300], 237[29], 241
Varro Murena 283[269]
Velleius Paterculus 7f., 19, 267f.
Vergil 5, 63, 156, 185[216], 240, 323
Verginius Rufus 83, 94, 99ff., 121f., 127f., 140
Vespasian 92, 240, 255[128], 279[243], 302, 309
Vespasiansbiographie Suetons 253[120], 278[239], 283, 311
Vestalinnen 303
Vestricius Cottius s. Cottius
Vestricius Spurinna s. Spurinna
Vibius Crispus 291[313]

Vierkaiserjahr 83, 104ff., 248f., 255, 275ff., 281[254], 291, 310[443], 331
Villa Kephisia 212f., 220f.
Vindex 104f.
Vipstanius Messalla 255[128]
Virtuosität, literarische 23f., 40f., 65ff., 161[88], 190, 268ff., 277, 286ff., 301ff., 319f., 332
Vitellius 114[351], 247, 275ff., 332[24]
Lucius Vitellius (Bruder des Kaisers) 305[407], 313f.
Lucius Vitellius (Vater des Kaisers) 279, 319
Vitelliusbiographie Suetons 265[184] 275ff.,
vita activa <-> contemplativa 123, 132, 138f. s.a. otium-negotia-Debatte
Vita Euripidis 180ff.
Vitruv 18[118], 266[191]

Voconius Romanus 66, 75[135], 99f., 112f., 115, 116[361], 133[468]
Vorbildfunktion s. Modellcharakter
Vorfahren 183f., 193f., 210f., 244, 277[237], 278f.
Vorzeichen 257, 277[237], 281f., 287ff., 294, 300, 315f.
Wahrsager 300
Wanderanekdote 203[308]
Werkverzeichnis 20f., 189, 219[393]
Wiedererzählbarkeit s. Anwendbarkeit
Wissenschaftspropädeutik 156[52], 214[366]
Worte, letzte s. ultima verba
Xenophon 43, 117[369], 126[426], 168
Xerxes 61
Zäsur 286, 289, 296, 304, 305, s.a. Gliederung des Textes
Zielpublikum 77f., 118f., 141f., 159ff., 236, 250f., 258f., 321ff.
Zitat 20f., 62[60], 64, 66[86], 201, 213f., 216, 228, 244, 197[277], 263, 300
Zosimos 73

Stellenregister

Aelian
var. 1,25   172[137]
var. 8,12   195[266]
var. 11,9   172[137]

Aeschines
leg. 2,34-35   195

Apuleius
apol. 9   152[31]
flor. 7,7-8   217[378]
flor. 9   206[316]
flor. 22   206[316]

Athenaios
4,165d-169a   190[243], 205[313], 280[247], 319[492]
6,248d-2252f   190[243], 205[313], 280[247], 319[492]
8,338d-347c   190[243], 205[313], 280[247], 319[492]
13,588c   198[285]

Augustin
retract. 2,20   65

Cassius Dio
54,3   283[269]
62,26,1   91[222]
63,4,2   282[260]
64,1,4   300[376]
64,3-4   298[361]
64,20,1   304, 305[407]
64,20,3   307[423]
64,21,1-2   309[441]
64,22,1-2   313[468]
67,13,2   92[226]
68,2,4   105[299]
69,8,3   133[467]
72,35,1   226[436]
72,36,4   9[52]

Cicero
ac 1,9   5[27]
Att. 4,6,4   77[143]
Att. 8,9,1   77[143]
Att. 16,5,5   51[5], 60[52]
Brut. 131   193[251]
Cato 35-36   120[388]
de or. 1,46-48   217
de or. 1,260-261   194f., 204[309]
de or. 2,36   38[211], 249[99]
de or. 2,51-64   80[157], 86[194]
de or. 2,62   85[187]
de or. 2,63   2[5]
de or. 3,6   327[2]
de or. 3,213   133[464]
div. 2,22   89[209]
div. 2,96   204[309]
fam. 2,4,1   56[33]
fam. 5,12,3   85[187]
fam. 5,12,7   126[426]
fam. 9,21,1   66[86]
fam. 5,12,5   2[6], 80[156], 249[96]
fam. 16,16,2   59[47]
fin. 5,1-5   185[216], 326ff.
fin. 5,5   204[309]
fin. 5,42   2[6]
leg. 1,5-7   79[148], 80[157]
leg. 1,8   81
leg. 2,4   327[2]
off. 1,133-137   153
or. 15   193[251]
or. 100   330[14]
Tusc. 1,34   28[161]
Tusc. 4,44   204[309]
Verr. 2,4,82   143

Demetrius	
de elocut. 223-35	58f., 65[78]
Diogenes Laertios	
5,21	216[375]
Dion Chrysostomos	
32,8	216[373]
72,4	216[373]
72,11	169[125]
Dionysios von Halikarnassos	
ant. 2,25	176[163]
ant. 5,17,2	108[317]
Rhet. 11,2	38[211], 249[99]
Eutropius	
7,18,2	298[362]
7,18,4-5	308[428]
Flavius Josephus	
bell. Iud. 4,496	255[128]
bell. Iud. 4,588-96	292[320]
Florus	
Verg. praef. 3,2-8	240
Fronto	
ad M. Caes. 4,3,1	162[94]
Gellius	
praef. 1	159[80], 160[84]
praef. 2-3	155f., 207
praef. 4-10	152, 161
praef. 6-9	78[147], 153f., 198
praef. 8	237[28]
praef. 11-12	156[54]
praef. 12	160f., 164
praef. 12-17	154f., 159
praef. 14	152, 161, 204[309]
praef. 15	40, 156f., 169
praef. 16	161
praef. 17-18	30[173], 156
praef. 19	161, 163
praef. 21	152[32]
praef. 25	30[178], 157f.
1,1	215[366], 231[456]

1,2	212ff., 220
1,2,1	210
1,2,2	212
1,2,3-13	213
1,2,6	218f.
1,5	41[222], 196ff., 230
1,8	198f.
1,14	171, 230
1,23	158[71], 165[105], 165[112]
1,24	165[105], 188, 200[296]
1,25,18	161
2,1	165[105], 165[108]
2,21	319f.
2,22	161[87]
3,3	183[199]
3,11	165[105], 177
3,13	165[105], 192ff.
3,15	187
3,17	198, 230
3,19	161[87]
4,1 cap.	153
4,3,2	176[163]
4,18	165[105], 174[146]
4,20	183[199]
5,3	165[105]
5,4	319f.
5,9	165[105], 170[132]
5,18,8	304
5,18,9	271[208], 304[405]
6,1	165[105], 174[146]
6,4	319f.
6,19	165[105], 174[146]
7,3	172[130]
7,4	172[130]
7,6,12	150
7,8,5	35, 181[188]
7,9	183f.
7,10	165[105], 165[109]
8,9 cap.	195f., 205f., 224
8,13 cap.	151[24]
9,2	215ff.
9,2,1	210
9,2,6-7	212[351]
9,2,9-11	216f.
9,3	165[105], 201[299]
9,4	156[54], 158[72], 159, 190
9,4,5	2[3], 164[104]

9,7,3   153[37]
9,9,4   161[87]
10,1   188
10,12   158[72]
10,17   165[105]
11,3,1   150, 161
11,3,4   156
11,7,3   163[96]
11,9   199f.
11,10   203
11,14   170f.
11,16   161
12,4   151[27]
12,12   200
13,2   165[105], 229
13,5   178
13,9   183[199]
13,18,2   150
13,20   214[362], 230
13,31   319f.
14,3   165[105]
14,6   156[54], 229[444]
14,7,13   189[242]
15,4   165, 183f.
15,6,1   161
15,7,3   253[121]
15,16   165[105],187
15,17,3   177[170]
15,20   165[105], 167, 179ff., 213[354], 227f.,
15,20 cap.   179f.
15,20,1-2   183f.
15,20,2-4   184
15,20,5   184f.
15,20,6-7   186
15,20,8-9   187f.
15,20,10   188f., 200[296]
15,23   177f.
15,28   194f.
15,30,1   163[96]
16,10   161[87]
16,13,2   151[24]
17,4   189
17,18   165[105], 165[112]
17,21   166, 172ff., 189, 191, 201, 227, 281, 328

17,21,1   1f., 20, 159, 161, 164, 172ff., 220f.
17,21,2   174
17,21,3   177
17,21,16   175f., 177[166]
17,21,18   174,177,182
17,21,19   176[161]
17,21,25   178
17,21,28-35   176
17,21,25   178
17,21,31   178, 200f.
17,21,35   200
17,21,42   182f.
17,21,44-45   176, 178[175], 200[296]
17,21,49-50   177
18,2   158[71], 185[217]
18,4   319f.
18,10   185[216], 214, 220f.
18,10,8   2[3], 159, 164[104], 220f.
19,1   319f.
19,9,5   152
19,9,10-14   152[31]
19,12   221ff.
19,12,1   152[31], 185[216], 207[320], 210, 215[367], 218f., 222
20,10,6   2[3], 159, 160[84], 164[104]

Herodot
1,1,1   25[146], 84[183]

Hieronymus
chron. 190   240
comm. in Zachariam 3,14   257[141]

Historia Augusta
Hadr. 11,3   239[37], 252f.
Comm. 10,2   292[327]
Probus 2,6   320

Isokrates
or. 9,1-4   126[426]
or. 9,5   118[378]
or. 73-75   126[426]
or. 76-77   118[378]

Julius Victor
rhet. 27   59[47], 65[78]

Lactanz
inst. 3,25   17[106]
inst. 7,15,14   209[332]

Livius
praef. 9   2[5]
praef. 10   271[208]

Lucan
9,961-979   185[216]

Lukian
bis acc. 6   216[373]
Demonax 24   222
Demonax 33   222
hist. conscr. 29 185
Peregrinus 19-20 225[432]

Lydos
mag. 1,34   236[20]
mag. 2,6   252

Macrobius
sat. 2,2,11   198[285]

Martial
11,48   185[216]
11,50   185[216]
14,190   8[43]

Menander Rhetor
392, 28-33   319[490]

Nepos
Att. 16,3   53[9]
Alk. 11,6   245[80]
Cato. 3,3   4[18]
Hann. 13,4   245[80]
Pelop. 16,1,1   249[96]
Timoth. 4,4-6   245[80]

Orosius
7,8,8   308[428]

Pausanias
1,8,2   200[296]
2,33,3-5   200[296]

Philostrat
Ap. 5,29-43   292[320]
soph. 1,18,1   199[288]
soph. 1,20,3   131[452]
soph. 1,25,5   136[478]
soph. 1,25,536   211[345]
soph. 1,25,539   224[425], 226[435]
soph. 2,1,545-552 210f.
soph. 2,1,547-552 212
soph. 2,1,549   224
soph. 2,1,552   216[368], 226[435]
soph. 2,1,554-555 224
soph. 2,1,555-556 225[430], 226[435]
soph. 2,1,559-561 224f., 226[435]
soph. 2,1,562   212[349]
soph. 2,1,562-563 225[430]
soph. 2,1,563-564 225[432], 226[435]
soph. 2,1,564   219[393], 223, 226[435]
soph. 2,1,565   196, 205f., 224, 226[435]

Photios
Bibl. 242,8   42[227]

Plinius der Ältere
n.h. praef. 16   28[160]
n.h. praef. 24-26 152[29], 198[283]
n.h. 7,110   133[464]
n.h. 7,180-186   90, 187[230]
n.h. 35,11   26[149]
n.h. 35,263   298[361]

Plinius der Jüngere
ep. 1,1   60[52], 67f., 85[186], 87[201], 157[60]
ep. 1,2   64[70], 67[88], 125[418],
ep. 1,8   64[77], 67[88], 125[418]
ep. 1,10   133ff.
ep. 1,11   66[87]
ep. 1,12   70[105], 72[119], 94, 99[262], 99[267], 102[283], 115[359], 118[372], 129[437]
ep. 1,13,1   134[171]
ep. 1,16,6   66[85], 77[143]
ep. 1,16,8   134[171]

ep. 1,17,1-2 27[156], 95, 100[275], 118[372], 330
ep. 1,17,3 89, 93, 95, 115[358]
ep. 1,18 315[482]
ep. 1,24,4 236
ep. 2,1 99ff., 115[359], 118[372], 121f.
ep. 2,3 130ff.
ep. 2,13,7 66, 100
ep. 2,5 67[88], 125[418]
ep. 2,5,4 65[79]
ep. 2,5,6-8 67, 126[422], 157[62]
ep. 2,7 117f., 118[372], 122
ep. 2,7,1-2 114[351]
ep. 2,13 116[361]
ep. 3,1 114ff., 145[527], 298[364]
ep. 3,5 118, 123f., 145[527], 298[364]
ep. 3,5,3 241[56]
ep. 3,5,17 272[213]
ep. 3,6 51, 64[75], 123[411]
ep. 3,7 63, 69[102], 70[105], 74[129], 94, 99[262], 115[359], 123[411]
ep. 3,7,8 185[216]
ep. 3,7,13 61
ep. 3,7,14 11[60], 61f.
ep. 3,10 93[237], 124ff., 140, 142
ep. 3,11 94[239], 111, 129[440], 137
ep. 3,13 67[88], 116[364], 125[418], 259f.
ep. 3,18 67[88], 116[364], 125[418], 127, 259f.
ep. 3,20,10 86[192]
ep. 3,21 73[122], 74[129], 99[262], 115[359]
ep. 3,21,3 80[154]
ep. 4,2 70[108], 72[116], 75[135], 85[185], 129[438], 133[468], 137[492]
ep. 4,5 133[464]
ep. 4,7 126[428]
ep. 4,13 64[77]
ep. 4,12,7 63[69]
ep. 4,14 64[71]
ep. 4,16 134[171]
ep. 4,17 70[105], 72[119], 118[372], 129[437]

ep. 4,19 73
ep. 4,23 121, 122[405], 124[413]
ep. 4,27 64[71]
ep. 4,28 64[75], 100[274]
ep. 5,3 64[71], 97[256]
ep. 5,3,5 101[276]; 121
ep. 5,5 73[122], 73[126], 74[129], 94[244], 99[262], 115[359], 118[372]
ep. 5,5,3 93[235]
ep. 5,8 79ff.
ep. 5,8,1 25[147], 79f., 143
ep. 5,8,2 80
ep. 5,8,3 63[69], 80[152]
ep. 5,8,4-5 80f.
ep. 5,8,6-11 81, 87[199]
ep. 5,8,12 82
ep. 5,8,13 82
ep. 5,8,14 83f.
ep. 5,10 238[34], 246[83]
ep. 5,14 75[135], 118[372]
ep. 5,16 74[129], 75[135], 99[262], 109[320], 115[359]
ep. 5,17 120[393], 128[434]
ep. 5,19 73
ep. 5,21 74[129], 75[135], 99[262], 115[359]
ep. 6,1 100[276]
ep. 6,4 67[88]
ep. 6,8 71[114], 118[372]
ep. 6,10 105ff.
ep. 6,11 134[171]
ep. 6,16 54[16], 70[107], 80[150], 86[194], 86[195], 94
ep. 6,16,1 109[323]
ep. 6,16,3 86,
ep. 6,16,22 85[189]
ep. 6,20 54[16], 70[107], 86[194]
ep. 6,21,1 27, 63[66], 96, 134[171], 331[17]
ep. 6,26 118[372]
ep. 7,3 122f., 145[527]
ep. 7,4 64[71]
ep. 7,9,8 66[85], 66[86]
ep. 7,13,1-2 66[85]
ep. 7,20 67[88], 80[151], 125[418]
ep. 7,22 71[114], 75[135], 118[372]

ep. 7,25   123[406]
ep. 7,28   143f.
ep. 7,33   60[53], 80[150], 86[194], 94[239], 104, 111, 126[423], 143
ep. 7,33,10   85[187]
ep. 8,7   67[88], 125[418]
ep. 8,12,4   89, 93
ep. 8,12,5   109[321]
ep. 8,18   74[129], 99[262], 115[359], 118[372]
ep. 8,21   64[71], 67[88]
ep. 8,21,4   67, 157[62]
ep. 8,23   75[135], 73[124], 74[129], 94[244], 118[372]
ep. 9,3,1   10[53], 60, 103[290]
ep. 9,3,2   61
ep. 9,6,1   115[356]
ep. 9,9   126[422]
ep. 9,13   93[237]
ep. 9,14,1-2   63[69]
ep. 9,19   60[54], 83, 105ff., 188[237]
ep. 9,19,1   106[306]
ep. 9,22   73[122], 118[372]
ep. 9,27   83, 85[185]
ep. 9,28   66, 100, 142
ep. 9,36,3   64[73]
ep. 10,4   116[361]
paneg. 34,3   307[425]
paneg. 55,6-11   126[425]
paneg. 61,7-62,2   114[352]

Plutarch
Aemilius Paulus 1,1-4   38[213], 202[302], 250
Alexander 1,2   202[303], 248[95]
Caesar 1-2   270[205]
Caesar 11,3-4   249[100]
Caesar 15-17   250[102]
Caesar 18-27   272[215]
Caesar 39-46   249[100]
Cato minor 2-3   250[102]
Cato minor 24-25   285[282]
Demosthenes 2,2   251
Demosthenes 4   193, 195[262], 204[309]
Demosthenes 5-6   193f., 195[262], 204[309]

Demosthenes 7   195[262], 204[309]
Demosthenes 8   195[262], 204[309]
Demosthenes 11   195[262], 204[309]
Demosthenes 12   199
Demosthenes 14   199, 201[298]
Demosthenes 16   195[263]
Demosthenes 17-18   196[267]
Demosthenes 20-21   201[298]
Demosthenes 25   199, 203[308]
Demosthenes 27-30   200[296]
Dem.-Cic.synk. 3   199
Galba 1-2   248, 281[254]
Galba 2,5   248
Galba 19-20   248[92]
mor. 540c-542a   223[420]
mor. 803c   204[309]
Nikias 1,5   248[95]
Otho 14,2   247[90]
Pompeius 8,7   248[95]
symp. 5,2,675a   156[53]

Polybios
6,54,3   271[208]
10,21,8   85[187], 249[96]

Quintilian
inst. 1,11,5   204[309]
inst. 2,4,18-21   323[515]
inst. 3,1,21   26[149]
inst. 3,7,1-28   116f.
inst. 3,8,6   133[466]
inst. 6,3,17   39[216], 162[91]
inst. 9,4,19   59[47]
inst. 10,1,31   28[160]
inst. 10,1,31-34   323[515]
inst. 10,1,101   84[182]
inst. 10,3,23-27   204[309]
inst. 10,3,30   204[309]
inst. 11,3,7   133[464]
inst. 11,3,54   204[309]
inst. 11,3,68   204[309]
inst. 11,3,230   204[309]
inst. 12,1,14   204
inst. 12,2,30   38

Sallust
Catil. 3,1-2   79[150], 86[190]

Cat. 10,1-3   175   Sueton
Iug. 4,3   86[190]   Aug. 3,1   279[244]
Iug. 4,5-6   128[434], 271[208]   Aug. 5,1   280[250], 281[256]
Iug. 41,2-3   175   Aug. 9,1   268
                                                 Aug. 19,1   283[269]
Sempronius Asellio   Aug. 26-28,2   295[337]
Frg. 1 HRR   304   Aug. 43-45   297[357]
Frg. 2 HRR   271[208], 304[405]   Aug. 51,1   321[502]
                                                 Aug. 56,4   283[269]
Seneca der Ältere   Aug. 61-96   299[368]
contr. 1 praef. 6-7   209[332]   Aug. 61,1   299
contr. 1 praef. 11   26[149]   Aug. 66,3   283[269]
suas. 6,21   3[10], 90   Aug. 68-71   297[350]
                                                 Aug. 78   260[156], 298[363],
Seneca der Jüngere   318[486]
de tranq. anim. 9,4-9 6   Aug. 79-80   311
epist. 2,3-4   6   Aug. 90   256[135], 316[483]
epist. 64,9-10   330[15]   Aug. 97   300[379]
epist. 86   96   Aug. 97-99   305[411], 309[434]
                                                 Aug. 99,1   309[436]
Servius   Aug. 100,1   313[466]
Aen. 6,752   323[514]   Aug. 100,2-4   315[477]
ad Aen. 7,627   312[463]   Cal. 3,1   311[452]
                                                 Cal. 8   280[251], 281[256],
Sidonius Apollinaris   291[315]
carm. 9,217-220   185[216]   Cal. 8,6   256[135], 316[483]
epist. 4,22,2   88[203]   Cal. 12,4   262[170]
                                                 Cal. 13-16   289[304]
Statius   Cal. 17,2   295[337]
silv. 4,4,51-55   185[216]   Cal. 18-20   297[357]
silv. 5,1,1-15   108, 126[426]   Cal. 19,3   238[36]
silv. 5,3   108[314]   Cal. 22,1   261[159], 292[325]
                                                 Cal. 24-25   297[350]
Suda   Cal. 26,1   321[502]
2,45,17-18   204[309]   Cal. 32,3   256[135], 316[483]
2,468,12-14   183f.   Cal. 35,2   256[135], 316[483]
2,468,14-16   182   Cal. 36   297[350]
2,468,16-20   184   Cal. 37,3   321[502]
2,468,20-21   184f.   Cal. 50   311
2,486,20-26   187   Cal. 50-55   299[368]
2,468,21-24   186   Cal. 58   305[411]
2,468,26-34   187   Cal. 59   313[466], 315[477]
2,468,34   188f.   Claud. 11-13   289[304]
2,469,1-5   188f.   Claud. 14-16   295[337]
4,581,18   236[20]   Claud. 21   297[357]
                                                 Claud. 26-27   285[281]
                                                 Claud. 28-29   296[345]

Claud. 29,1	256[135], 316[483], 321[502]	Iul. 44,2	241[57]
		Iul. 45	311
Claud. 30-31	311, 312[461]	Iul. 49-52	297[350]
Claud. 30-42	299[368]	Iul. 57-67	272[215]
Claud. 33,2	282[261]	Iul. 59	288[300]
Claud. 35,1	256[135], 316[483]	Iul. 76,1	261[159], 292[325]
Claud. 36,2	256[135], 316[483]	Iul. 81	288[300], 300[379]
Claud. 44-45	305[411], 309[435]	Iul. 81,4-82,3	305[411], 309[434]
Claud. 45	313[466], 315[477]	Iul. 82,2-3	309[436]
Dom. 1,3	321[502]	Iul. 88	313[466], 315[479]
Dom. 3	289[304]	Nero 1,2	278[239]
Dom. 3,1	291	Nero 5,1	290[311]
Dom. 4,1-2	256[136], 297[357]	Nero 6,1	280[250], 290[311]
Dom. 8,2	253[120]	Nero 6,1-2	281[258]
Dom. 10,1	83[174]	Nero 9	289[304]
Dom. 10,3	92[226]	Nero 11-13	297[357]
Dom. 12,2	237[27]	Nero 14	295[337]
Dom. 14-16	300[379]	Nero 19,1	266[188]
Dom. 17,1-2	305[411]	Nero 19,2	282f.
Dom. 17,3	313[466], 315[477]	Nero 19,3	261[159], 292[325]
Dom. 18	311	Nero 22,3-24	282f.
Dom. 18-22	299[368]	Nero 22,5	256[135], 316[483]
Dom. 22	297[350]	Nero 28-29	297[350]
Galba 1	257	Nero 34,4	282f.
Galba 3,3	311[452]	Nero 35,1-3	285[281]
Galba 3,3-4	279[244]	Nero 37,1	321[502]
Galba 4,1	280[252]	Nero 38,2	302[393]
Galba 4,1-2	281[258]	Nero 40-50	274
Galba 14,2	296[345]	Nero 47-49	305[411], 309[435]
Galba 19-20	305[411], 309[434]	Nero 49,1-4	309[436]
Galba 20,1	309	Nero 51	311
Galba 21	311	Nero 51-56	299[368]
Galba 21-22	299[368]	Nero 57,1	313[466], 315[477]
Galba 22	297[350]	Nero 57,2	237[27], 315[477]
Galba 23	313[466], 314[470], 315[477]	Otho 1,2	279[244]
		Otho 2,1	280[252]
gramm. 1-4	240f.	Otho 8,5	288[300]
gramm. 4,6	237[27]	Otho 9,2	293
gramm. 4,7	243, 245	Otho 9,3-12,1	305[411]
gramm. 7,1	281[253]	Otho 10,1	238[36], 247[90], 291[316]
gramm. 10,1	281[253]		
gramm. 16,1	281[253]	Otho 11,1	309[436]
gramm. 25	240f.	Otho 11,2	313[466], 314[470], 315[477]
gramm. 25,6	243, 245		
Iul. 1,1-3	269f.	Otho 12,1	299[368], 311
Iul. 34,1	250[101], 321[502]	Tib. 1-2	278[241]
Iul. 39	297[357]	Tib. 4,1	279[244]

Tib. 5,1	280[251]
Tib. 7-21	284[275]
Tib. 7,2-3	285[281]
Tib. 8	283[269]
Tib. 22-25	289[304]
Tib. 42-45	297[350]
Tib. 47	297[357]
Tib. 50,1	290[311]
Tib. 53,2	307[426]
Tib. 61,2	321[502]
Tib. 61,4	307[426]
Tib. 63,1	290[311]
Tib. 68	311
Tib. 68-70	299[368]
Tib. 70,5	256[135], 316[483]
Tib. 72-74	305[411]
Tib. 73,1	313[466]
Tib. 73,3-4	262[170]
Tib. 75,1	307[426]
Tit. 1	280[251], 281[256]
Tit. 2	281[258]
Tit. 3,1	311
Tit. 4,2	285[281]
Tit. 7,3	297[357]
Tit. 8,2	297[357]
Tit. 10	305[411]
Tit. 10,2	254[123]
Tit. 11	313[466], 315[478]
Vesp. 1	278[239], 292[325]
Vesp. 1,2-4	279[244]
Vesp. 1,1	261[159]
Vesp. 2,1	280[250]
Vesp. 3	285[281]
Vesp. 4,4	282f.
Vesp. 10,3	279[243]
Vesp. 13,2	279[243]
Vesp. 18	240
Vesp. 19,1	297[357]
Vesp. 20	256[137], 305[411], 311
Vesp. 21	260[156], 298[363], 318[486]
Vesp. 24	309[436], 313[466]
Vit. 1-3	278ff., 291
Vit. 1,1	280
Vit. 2,5	279
Vit. 3,2-4	280ff., 295f., 297, 312, 313f.

Vit. 5	284, 292[320]
Vit. 6	285, 299[369]
Vit. 7-9	286ff.
Vit. 7,1	285[279]
Vit. 7,3	286f.
Vit. 8	256[135]
Vit. 8,1	287
Vit. 9	288f., 315
Vit. 10	289ff., 292[320], 301[382]
Vit. 11,1	293
Vit. 11,2	288[296], 294ff.
Vit. 12	296f.
Vit. 13-14	297ff., 310f.
Vit. 13,3	288[296]
Vit. 14,1	285[279],
Vit. 14,4	288[296], 300
Vit. 15-17	301ff., 310f.
Vit. 17	305ff.
Vit. 17,2	310ff.
Vit. 18	288f., 313ff.

Tacitus

Agr. 1,1-2	25[147], 80[154], 84[181]
Agr. 2,1	92
Agr. 3,1	83[174], 95[249]
Agr. 42,4	93
Agr. 46,4	10[53], 61[55]
ann. 1,1,4	261[164]
ann. 1,3,7	61[57]
ann. 3,55,5	63[66]
ann. 3,65,1	25[147], 84
ann. 4,33,3	2[6]
ann. 4,33,4	83f., 271[208]
ann. 4,34-35	92[230]
ann. 12,28,2	11[60]
ann. 15,60-63	306[416]
ann. 15,67	306[416]
ann. 15,70	92[231], 309
ann. 16,7-35	306[416]
ann. 16,33-35	91
dial. 14	241[56]
dial. 16,5-6	21[134], 176[159], 193[254]
dial. 17,3	255[128]
hist. 1,3	271[208]
hist. 1,8	104f.

hist.1,41,2	309[438]
hist. 1,49,2-4	314[472]
hist. 1,50-52	287[286]
hist. 1,52	105
hist. 1,55-57	287[287], 288[294]
hist. 1,64,1	288[293]
hist. 2,49,4-50,2	314[472]
hist. 2,50,1	278[240]
hist. 2,62,1	298[361]
hist. 2,62,2	300[376]
hist. 2,70,1	290[312], 297[353]
hist. 2,71,1	297[353]
hist. 2,91,1	295[339]
hist. 2,94,3	297[353]
hist. 2,95,1	295[340], 297[353]
hist. 2,95,2-3	295[346], 298[361]
hist. 2,96-3,63	302
hist. 2,101,1	276[233]
hist. 3,21-34	302
hist. 3,25,2	255[128]
hist. 3,36,2	302[386]
hist. 3,38-39	300[374]
hist. 3,38,1	302[386]
hist. 3,64-75	302f.
hist. 3,84,4	304
hist. 3,84,5	309[441], 310
hist. 3,85	307[424], 309[440], 310[448]
hist. 3,86,1-2	314[472]
hist. 4,80,1	313[468]

Valerius Maximus
1 praef. 1	6f., 267[193]
8,7 ext. 1	204[309]

9,12	90
9,13 praef.	307[420]

Velleius Paterculus
1,17,6-7	209[332]

Vergil
Aen. 10, 467-69	62[60]

Vita Euripidis
1 p. 1,3-5	182
1 p. 1,1-2	183f.
2 p. 1,6-12	184
2 p. 2,10-11	184
2 p. 3,1-3	188f.
2 p. 3,4-14	188
3 p. 3,15-16	183f.
3 p. 3,16-18	184
3 p. 3,18-4,2	187
3 p. 4,8-11	188f.
4 p. 4,12-22	187
4 p. 4,20-22	187f.
5 p. 4,23-5,2	184f.
5 p. 5,2-12	186
5 p. 5,12-21	187
6 p. 6,1-13	186

Vitruv
5 praef. 1	80[156]
6 praef. 5	28[161]

Xenophon
Hell. 2,3,56	89[209]